EMPEROR HUIZONG
宋徽宗

by

Patricia Buckley Ebrey

伊沛霞

韓華——譯

目錄

中文版序

今天，人們大都不再自覺地從天命的角度解釋歷史了，也不相信上天會因對統治者不滿而降下災難，然而要將這些假想擱置起來，卻比想像中的困難很多。現在沒有人真的聲稱上天會如此行事，甚至不認為有無所不能的上天存在。話說回來，宋代留存的大部分文字都有這些觀念，因此，要在原始材料的基礎上進行研究，又不讓這些假設對描述個人和解釋歷史事件產生影響，並非易事。

對於這類反思史學而言，宋徽宗是一個很好的個案。他的統治下場悲慘，現存史料也使得他的一生看起來像一幕道德劇——可以看到他的種種抉擇導致最終無可挽回的崩解。在本書中，我竭力避開這個框架。如果我們採用更為中立的框架，歷史看起來就會迥然不同。我們會看到這樣一個世界：每個決定都會產生後果，然而其他人同樣有權勢與機會，從而發揮至關重要的作用，在這種複雜的均勢中，統治者的誠意不過是一個小小的因素。

因此，在本書中，我盡量不讓女真人攻陷開封這件事影響到對徽宗在位前二十年的敘述。更確切地說，我努力從徽宗看到的角度來看待各個時期，並不知曉多年以後會有什麼事情發生在他身上。沒錯，徽宗擁有太多的權力，可以重新命名政府機構、建造寺院或開設藥局，還可以派遣軍隊，然而他的權力也有限制，比如他很早就發現，幾乎沒法改變士大夫對蘇軾的看法，而無論是在位初期還是末期，他努力推動道教都遠沒有收到預期的效果。

透過徽宗的眼睛去觀察他的統治，這樣做有一個優勢，我們可以把他看作一個人，一個有著喜好與厭惡、天賦與興趣、盲區與弱點的人。同樣重要的是，隨著時間的推移，我們可以看到變化。我試著寫出，徽宗的性格並非在十七歲登上皇位時就一成不變，而是被豐富的經歷所塑造。我思考的是特定歷史時期世人如何看待徽宗，以此去理解徽宗的選擇。雖然他決定與金結盟確實帶來了災難性的後果，但這個決定是他在猶猶豫豫中做出的，而非此前諸般情勢推起的高潮。

這本書本來是用英語寫給西方讀者的，他們不熟悉宋朝的歷史，也不太傾向於用宋徽宗的缺點來解釋北宋的滅亡。我對宋徽宗的詮釋比傳統的歷史學家更具同情心，對西方讀者而言，指出這一點這就夠了。我明白，中國讀者會發現很難將傳統敘述方式置之不理。為了假定徽宗、蔡京、童貫等重要人物是無辜的，需要花一些力氣。試想一下，在有些形勢中，事件可能朝不同方向發展，例如遼能迅速鎮壓女真人的挑戰，甚至女真人第一次入侵時宋徽宗已經同意遷都……我希望中國讀者能在這方面進行思考。當人們認識到其他結局也並非不可能的時候，徽宗被囚的遭遇就會更加發人深省。

前言

一一〇〇年正月，十七歲零三個月的徽宗登上了宋朝天子寶座，從此開始了近二十六年的統治，直到一一二五年的最後一個月。宋朝差不多有一億國民，是當時世界上最富有和最先進的國家。宋徽宗以對藝術的貢獻而聞名：他是造詣很深的詩人、畫家與書法家，他熱衷於修建寺觀與園林，是開風氣之先的藝術品及文物收藏家，也是知識淵博的音樂、詩歌與道教的贊助人。在支持藝術的範圍、對藝術領域的關注及投入的時間上，世界歷史上少有君主能與他相提並論。然而，在治理國家這項主要職責上，他卻一敗塗地，正是在他統治期間，女真人在北方鞏固了實力，並大舉入侵宋朝，攻陷都城開封，擄走徽宗、數千名宗室與宮中侍從。徽宗本人也在遠離故鄉的地方，作為一名俘虜，度過了生命中的最後八年。

徽宗一生頗富戲劇性，在很大程度上，機緣在其中發揮了重大作用。如果不是他的皇兄沒有留下後嗣並在二十三歲時早逝，徽宗絕不會當上皇帝；假如他的宰相蔡京六十多歲就一命嗚呼，而不是活到八十多歲，他的朝廷政治就不會有那麼多派系紛爭；假如契丹能夠平定女真叛亂，女真也絕對不會入侵宋朝，而徽宗很可能會在皇帝的寶座上再統治十年甚至更長時間。儘管徽宗的選擇也會造成很嚴重的後果，但他自己無法控制的一些事件與事態發展也同樣重要。

對宋代及後世的中國史家而言，關於宋徽宗及其統治，需要回答的問題是究竟哪裡出了錯。徽宗的過失必須要找出來，以便警示後來的皇帝不要重蹈覆轍。如果我們從這個角度進行考察，徽宗許多文化愛好就成了他的惡習，而不是美德。他對藝術的熱愛被視為耽溺，對道教的崇尚則被視為自欺。此外，徽宗不願意聽取不同的意見，他選蔡京擔任宰相，修建奢華的園林，並在女真起而反抗契丹時決定與女真結盟，這些行為也備受後人詬病。由於存世的原始文獻充滿了這種對宋徽宗及其統治的傳統道德解釋，其影響也波及很多英語與漢語的著作。當代歷史學家大都會承認，假如當初契丹人迅速鎮壓女真的叛亂，女真就不可能對宋朝構成威脅，也就沒有理由認為宋徽宗的統治是失敗的。然而，歷史學家依然傾向於在著作中暗示，徽宗的所作所為實際上不可避免地直接導致了政權的崩潰。

中國已沒有需要進行規勸的皇帝了，為什麼還要寫一本關於宋徽宗的著作呢？我自二十世紀九〇年代中期開始研究宋徽宗及其統治時期，希望對中國文化中偏重感覺的一面進行探索，當時最先吸引我的就是作為藝術家、藝術贊助人和藝術收藏家的宋徽宗。然而，隨著閱讀的深入，我變得越來越好奇，並開始思考能否從一種不同的角度來看待宋徽宗？在歐洲歷史上，統治者被視為應當是高貴奢華的，建造宏偉華麗的宮殿、吸引才華橫溢的藝術家並構建豐富的藝術收藏，這些都是偉大統治者的分內之事，值得贊許。人們是否也可以將徽宗對奢華的追求視為君主權威的一種適當表現呢？

為了重新審視宋徽宗及其統治時期，我轉向最早的、後人改動最少的原始資料，尤其是形成於徽宗統治時的一些資料。通過閱讀宋徽宗頒布的詔諭、呈遞給徽宗的奏章、筆記與各類傳記，我逐漸積累了大量的筆記。隨著對宋徽宗研究的進展，我開始撰寫關於徽宗朝某些事件或方面的學術論文。此外，我還組織過一次有關徽宗時期的文化與政治活動的研討會，幫忙將研討會資料結集，並於近期撰寫了一本有關徽宗收藏的文物與藝術作品的專著。不過，在這段時間裡，我一直在寫一本徽宗的傳記，從徽宗的角度來觀察他的世界，並以一種前所未有的方式講述他的故事，旨在解釋，而非開脫或譴責。與之前問世的所有關於徽宗的著作相比——無論是用西方語言還是用中文所寫的著作——這本書對徽宗表達出了更多的同情。它呈現出一位更複雜但也更人性化的徽宗。

我們應該如何思考中國的皇帝制度呢？在二十世紀，隨著社會科學的發展，許多學者逐漸摒棄了儒家史觀裡各種舊的分類，開始運用新的西方概念，譬如「獨裁」（autocracy）、「專制」（absolutism）或「暴政」（despotism）。這些概念暗示皇權中的關鍵因素是法定權力，以及有無對皇權的制約。然而，能夠將獨裁或暴政理論和實際的皇帝連繫起來的學術研究不盡如人意。還有一種從權力合法性角度看待皇帝的方法，即關注他們在儀式中扮演的角色。皇家儀式在中國的原始文獻裡有詳細記載，而研究這些儀式、宇宙哲學，以及包含在其中的意識形態，不妨理解為以一種更具中國中心觀的方式來研究君主制度。將皇帝視為高級祭司，有助於糾正視皇帝為獨裁者的錯覺，但這種觀點自身也有偏見。如果著眼於中國皇帝的象徵性權威或無制衡權力都走向極端，那麼，他們似乎與其他國家君王截然不同。

在本書中，我試圖轉換視角，至少稍微偏重中國君主制度中與其他國家並無二致的那些特徵。中國的皇帝與許多國家的君主一樣，都生活在富麗堂皇的宮殿裡；他們肩負著作為複雜的貴族家族首腦的義務；他們主持場面宏大的典禮與娛樂活動，招募音樂家、建築師、畫家、詩人、科學家與學者；他們會見官員、將軍、使臣與侍從。就像其他國家的宮廷一樣，宋朝的宮廷也是一個場所，各類宗教、文學、藝術與政治活動相互交織其中，這些活動的風格與品味受到仔細審查，並期待得到皇家的慷慨資助。

那麼，宋徽宗是一個什麼樣的人呢？在即位初期，他經常提到希望繼承父皇的遺志，做一名孝順的兒子。宋徽宗兩歲的時候父親就去世了，因此，他對父親沒有什麼記憶，不過還是非常在意父親的歷史地位。隨著歲月流逝，宋徽宗提到父親的次數越來越少，並開始發起一些父親從未嘗試過的項目，比如修訂禮儀法典、收藏文物。有時他會聲稱，父親也曾打算實施某項計畫，但沒有活到願望實現的那一天。

在我看來，宗教是理解宋徽宗的關鍵之一。並非所有的宋朝皇帝都被形形色色的宗教吸引，但宋徽宗確實如此。如果我們意識到宋徽宗具有強烈的宗教情結，就很容易理解他生活中的許多細節。宋徽宗在位早期，對正統道教就有著濃厚的興趣。他接受了君權神授的古老觀念，也接受了這種觀念賦予統治者履行儀式的核心地位；他看到了儀式在「復古」上發揮的威力；此外，他接受了有關天庭以及他自己與道教神仙連繫的新啟示。宋徽宗參與宗教活動的這些方面是我理解宋徽宗的核心。

認識宋徽宗的其他關鍵點是他喜歡豪華的場面和新鮮事物。他安排別人進行創作，完成了「尚古」的儀式、雅致的建築、精巧的花園，以及最新的典籍。在北宋後來經歷的浩劫中，這些項目成果有些留存下來，有些則毀於一旦。

毫無疑問，宋徽宗可以當之無愧地被稱為才華橫溢的藝術家。他的詩歌、書法，尤其是繪畫作品，給同時代人留下了深刻的印象，除此之外，他還有一部分存世的作品，足以讓我們自行判斷。作為藝術家、教師、宮廷藝術家的贊助者，以及文化藏品宏富的收藏家，宋徽宗曾出現在許多學者的著作中。在此前出版的關於宋徽宗收藏品的一部專著中，我研究過這些文獻，不過，本書將從其他角度探索宋徽宗在藝術領域的成就，尤其是他在宮廷的藝術創作，以及他所展示的作為藝術家的自己。

與其他中國皇帝一樣，宋徽宗也從未寫過回憶錄。同時代的史家，甚至後世的歷史學家，也沒有撰寫宋徽宗一生的編年史。因此，為了撰寫本書，我不得不將多種資料和證據拼接在一起，其中既有文本典籍，也有圖像資料；既有政府公文，也有筆記軼事；既有道教的傳統經典，也有其他來源的著作。當然，這些史料都構成了挑戰，這裡舉出一例或許有助於說明——臺北國立故宮博物院收藏有一幅宋徽宗的巨幅畫像（彩圖1），上面沒有標明作畫日期或畫家署名，但臺北國立故宮博物院確定作畫日期為宋朝。觀看這幅畫像有助於我們想像宋徽宗的模樣：他正襟危坐，沒有倚在龍椅背上。他的臉圓圓的，面頰飽滿，留著細細的鬍鬚。他並不很瘦，甚至可能有點圓潤，但大部分身體都掩在衣服下面。儘管無法確定他的年齡，但畫像中並不是一位老者。他似乎正在凝視著某物，或者正陷入沉思。面對這幅畫像，我能想像出他是一個敏感而自信的人，但我也承認，別人在觀察這幅畫像時可能會對他產生不同的想像，例如，也許會看到一位和藹可親且自我滿足的人。

對歷史學家來說，至少同樣重要的是，還要意識到哪些方面是不應該從這幅畫像中推斷出來的。這幅畫像作於宋徽宗離世後，用於宮廷舉行祭祖儀式時懸掛。從宋徽宗所穿長袍的顏色或款式，我們推斷不出任何個人特徵，因為這是一組宋代祖先畫像中的一幅，在這組畫像裡，所有的宋朝皇帝都身穿紅色圓領長袍。畫像中的徽宗坐著而非站著，還將雙手藏在袖子裡，我們也不應根據這些姿勢推斷出什麼，因為並非宋徽宗本人想要被描畫成這幅形象。我們甚至無法確定這幅畫與徽宗本人有多像。這幅畫應當是宋徽宗的兒子高宗在杭州聽到父親離世的消息後才命人繪製的。但在那個時候，南方的這些畫家至少已有近十年沒有見過徽宗了。畫像可能是宮廷畫家和高宗等人根據記憶以及期望中徽宗的形象所繪製，然而，記憶永遠不是完整無缺的。

在通過文字紀錄了解宋徽宗時，我們同樣需要注意，這些資料能告訴我們什麼訊息，又不能告訴我們什麼內容。《宋會要》是最主要的政府文件匯輯，其中收錄了七千多份徽宗批閱過的文件原文或概要，包括呈遞給皇帝的奏章或皇帝頒布的詔書。此外，還有徽宗宣稱自己親筆創作的大量詩歌、書法與繪畫作品，甚至包括他寫給一位道士的很多親筆信。許多寶貴的資料收錄在徽宗朝官員的文集，以及宋徽宗身後數十年間編纂的筆記小說裡。有關徽宗在世最後二十年發生的事件，《三朝北盟會編》是內容非常豐富的史料，它引用大量的第一人稱敘述，其中很多原始資料已經不存於世了。

所有資料首先要根據各自的情況進行理解。例如，詔書與詩歌中使用的語言，受到長期以來形成的習慣影響。另外一項挑戰是，對宋徽宗帶有偏見的一些史料，需要找到適當的方式加以利用。很多歷史學家致力於研究社會與經濟史，他們已習慣從被扭曲的原始資料中努力發現婦女、農民與商人等方面的有用資訊，因為即使是帶有偏見的觀察者也可能提到一些基於準確訊息的細節。對宮廷的研究同樣如此，可能經常要以不同於原作者與編纂者設想的方式去閱讀原始資料。例如，彈劾皇帝寵臣的奏章對於研究被指責的人來說，可能不是很好的資料來源，但對研究統治者收到了哪些訊息而言，這就是最好的資料。筆記常常是我們研究人格特質時的唯一資料來源，就算這些筆記來自虛假的謠言，也可能會包含某些真實資料。在本書中，我盡量仔細核查那些坊間廣為流傳的宋徽宗故事的依據，因為我知道很多故事是基於謠言和傳聞（參見附錄A）。

在接下來的章節中，讀者將了解到宋徽宗參與的許多活動：頒布詔書、主持儀式、與宗教大師對話、炫耀自己的寶藏、與大臣們一起賦詩等。與當時的人們一樣，今天的讀者可能也想知道，宋徽宗的活動中有多少只是按照宮廷官員提供的腳本在公眾面前的表演，又有多少反映了他本人的真實感情。這些問題不好回答，而且我們對於今天的政治人物也有同樣的疑問。我們對宋徽宗說過的話和做過的事，也就是他公眾的一面，了解的程度要比對徽宗的想法或真實感覺多得多，這是不爭的事實。我盡可能通過敘述事件和細節，將我所看到的資料介紹給讀者，儘管這些事件和細節影響了我對宋徽宗的認識，但我通常會讓讀者做出自己的推論。

在寫作本書的過程中我得到了大量的幫助。首先，我參考了許多有才華的學者的論著。宋史在今天是一個相當成熟的領域，除了有關宋朝政府、宗教與藝術比較綜合的著作之外，關於宋徽宗參與道教、進行樂制改革、慈善事業、創建學校制度、園林建築、繪畫與畫院、宋金聯盟、宋金戰爭與宰相蔡京，以及很多其他專題，都有引人注目的研究。我對這些學者論著的感激會呈現在注釋中。假如不是從這麼多現代學者的著作中獲益，那麼，對我而言，要涉及如此廣泛的話題就會困難得多。

我能夠專心致力於此項目，時間也同樣重要。在我忙於研究宋徽宗生平的這幾年裡，有三次可以用整年的時間專注研究與寫作，而不用教學。對這些寶貴的時間，我很感謝約翰・西蒙・古根海姆基金會（the John Simon Guggenheim Foundation）、蔣經國基金會，以及德國洪堡基金會（the Alexander von Humboldt Foundation）。洪堡基金會的基金使我能夠在明斯特大學的漢學研究所度過一年的時光，本書的大部分就是在那裡寫的。在華盛頓大學，中國研究計畫（the China Studies Program）與歷史系資助了研究的差旅費和繪圖費用，並提供了研究生的協助。在計畫接近尾聲時，佩頓・加納利（Peyton Canary）和段曉琳幫助整理了詳細書目，補充了許多論著資訊，馬歇爾・阿格紐（Marshall Agnew）繪製了地圖。我也感謝閱讀章節草稿並給予建議、鼓勵的各位同仁。當我需要意見反饋時，賈志揚（John Chaffee）、張勉治（Michael Chang）、艾朗諾（Ronald Egan）、葛平德（Peter Golas）、蓋博堅（Kent Guy）、蔡涵墨（Charles Hartman）、黃士姍（Susan Huang）、史樂民（Paul Smith）和德野京子都慨然撥冗相助。出版社的兩名匿名評論者也提供了寶貴的建議。我的丈夫湯姆為我提供了非專業意見，他在三個不同階段閱讀了全部書稿，勇氣可嘉。

關於年代、年齡等慣例的說明

中國傳統的虛歲年齡計算與我們今天的算法不同。按照中國傳統的虛歲，一個人出生後的第一個曆年（calendar year）內稱為一歲，第二個曆年稱為兩歲，以此類推。平均來說，這種算法的年齡似乎要比西方算法大一點五歲。只有知道一個人的生日，才可能準確地對兩種算法進行轉換，不過在大多數情況下沒必要這樣做。就年輕人而言，這種差距相對較大，因此，在相關資訊允許時，他們的年齡已經被換算為西方算法的年齡。舉例來說，宋徽宗出生於一〇八二年十月，所以當他的父皇在一〇八五年的三月離世時，他的實際年齡是兩歲零五個月，但按照中國傳統的虛歲卻是四歲。他在一一〇〇年的正月登上皇位時，實際年齡是十七歲零三個月，但中國傳統年齡卻是十九歲。

本書提到的日期是中國陰曆日期，其中的陰曆年分轉換為與之重合最多的相應的西方陽曆年分。因此，大觀四年六月的第三天在本書中表示為一一一〇年六月初三。但需要知道的是，陰曆中六月不是西方所說的六月。由於中國的陰曆年始於春節，比目前西方通用的陽曆年要晚，因此，陰曆六月是夏季的最後一個月。此外，在中國陰曆十二月發生的事件通常會對應著西曆的下一個年分。這就導致宋徽宗統治結束日期的差異，按照中國陰曆，宋徽宗統治結束日期是一一二五年的十二月，如果轉換成西曆，對應的就是一一二六年的年初。中國傳統曆法與現在通用的西曆之間的另一個差異是，陰曆中每過幾年就會有一個閏月，以避免太陰年與太陽年相差太遠。因此，一一〇五年閏二月十六日意味著在一一〇五年的二月與三月之間閏月的第十六天。

為了易於理解，中國的重量、長度、距離與面積的計量單位已經被換算為近似的公制單位。這些換算是為了讓讀者對涉及數字的規模有一個概念，但不應被視為準確甚至非常接近的數字。這些計量單位不僅在不同的時間與地點會有所差異，而且有的作者為了獲得戲劇化效果，經常會使用偏大的整數來表示。但計量單位「尺」卻是一個例外，尺在中文和英文中都使用。本書中使用「尺」時，單位是中國的市尺，但它和英語中的英尺一樣，都是基於人的腳步，因此兩者大致相當（儘管市尺通常比我們目前通行的英尺計量單位要短一些）。

年代表

商朝　約西元前一五七〇—前一〇四五
周朝　前一〇四五—前二五六
漢朝　前二〇二—二二〇
唐朝　六一八—九〇七
五代　九〇七—九六〇　　遼（契丹）九〇七—一一二四
宋朝　九六〇—一二七六
北宋　九六〇—一一二六
宋太祖　九六〇—九七六年在位
宋太宗　九七六—九九七年在位
宋真宗　九九七—一〇二二年在位
宋仁宗　一〇二二—一〇六三年在位
宋英宗　一〇六三—一〇六七年在位（皇后：高皇后）
宋神宗　一〇六七—一〇八五年在位（皇后：向皇后）
熙寧（一〇六八—一〇七七）
元豐（一〇七八—一〇八五）

宋哲宗　一〇八五—一一〇〇年在位（皇后：孟皇后、劉皇后）
元祐（一〇八六—一〇九三）
紹聖（一〇九四—一〇九七）
元符（一〇九八—一一〇〇）
宋徽宗　一一〇〇—一一二五年在位（皇后：王皇后、鄭皇后）
建中靖國（一一〇一）
崇寧（一一〇二—一一〇六）
大觀（一一〇七—一一一〇）
政和（一一一一—一一一七）　金朝（女真）（一一一五—一二三四）
重和（一一一八）
宣和（一一一九—一一二五）
宋欽宗　一一二五—一一二七年在位（皇后：朱皇后）
靖康（一一二六—一一二七）
南宋　一一二七—一二七六
宋高宗　一一二七—一一六二年在位
（另外六位宋朝皇帝）
元朝　一二一五—一三六八
明朝　一三六八—一六四四
清朝　一六四四—一九一二

人物表

阿骨打（或完顏阿骨打，一〇六八—一一二三）：女真族的首領，推翻遼的統治，建立金朝。

白時中（卒於一一二七年）：徽宗統治末期的宰相。

蔡卞（一〇五八—一一一七）：蔡京的弟弟，新法派，哲宗朝後期、徽宗朝早期在三省任職。

蔡京（一〇四七—一一二六）：徽宗朝在位時間最長的宰相。

蔡絛（卒於一一四七年以後）：蔡京幼子，著有數本關於本朝的著作。

蔡鞗（約一一〇〇—一一三〇）：蔡京第五子，其妻是徽宗的女兒。陪伴被關押的徽宗，著有《北狩行錄》。

蔡攸（一〇七七—一一二六）：蔡京長子。仕途順利，升遷至宰輔，參與徽宗多個工程。

曹勳（一〇九八—一一七四）：著有《北狩見聞錄》，後被流放到北方。

陳才人：徽宗生母。

趙諶（皇子，生於一一一七年）：欽宗長子，徽宗長孫，立為皇太子。

陳次升（一〇四四—一一一九）：徽宗朝最初兩年一位直言不諱的言官，反對新法。

陳東（一〇八七—一一二七）：領導抗議示威活動的太學生，並撰寫擔憂政府不足之處的煽動性奏章（一一二五—一一二六）。

陳瓘（一〇六〇—一一二四）：徽宗統治最初兩年直言不諱的言官，反對新法，列入元祐黨人名籍。

种師道（一〇五一—一一二六）：宋軍將領，在一一二二年攻打燕京。
种師中（一〇五九—一一二六）：宋軍將領，种師道的弟弟。
笪淨之（一〇六八—一一一三）：道士，劉混康的弟子。
鄧椿（約一一二七—一一六七）：著有《畫繼》，成書於一一六七年。
鄧洵武（卒於一一二一年）：徽宗的宰輔。
董逌（約一一〇〇—一一三〇）：參與徽宗收藏文物的工作，撰有書畫鑑賞的著作。
方臘（卒於一一二一年）：領導東南部的大起義。
福金帝姬（生於一一〇三年）：徽宗的女兒，與蔡京的兒子蔡鞗結婚。
高太后（卒於一〇九三年）：神宗的母親；神宗去世後，輔佐孫子哲宗攝政。
宋高宗（一一〇七—一一八七，一一二七—一一六二年在位）：徽宗的第九子，徽宗唯一沒有被金人俘虜的兒子，南宋開國皇帝。見「趙構」。
葛勝仲（一〇七二—一一四四）：徽宗時期學官。
龔夬（一〇五七—一一一一）：一一〇〇—一一〇一年間積極進諫的言官，反對新法。
趙構（皇子，一一〇七—一一八七）：徽宗第九子，康王，一一二七年初金人攻占皇宮時，他不在宮中。一一二七年四月初一繼承王位，此後被稱為高宗。見「宋高宗」。
郭藥師（約一一二〇年代）：遼國的渤海統帥，一一二二年降宋，一一二三年到開封時被視為英雄，後來在燕京降金。
郭熙（約一〇〇一—一〇九〇）：神宗朝與哲宗朝的宮廷山水畫家。

韓忠彥（一〇三八—一一〇九）：溫和的舊法派，一一〇一—一一〇二年任宰相。
何執中（卒於一一一七年）：徽宗的侍讀之一，一一〇五—一一一六年任宰輔。
趙桓（皇子）：徽宗的長子，生於一一〇〇年，一一一五年立為皇太子，一一二五年十二月二十五日繼位，此後被稱為欽宗。見「宋欽宗」。
黃伯思（一〇七九—一一一八）：參與徽宗收藏文物的工作，撰有關於繪畫的重要著作。
黃庭堅（一〇四五—一一〇五）：著名詩人與書法家，蘇軾的朋友，徽宗禁其著作出版。
蔣之奇（一〇三一—一一〇四）：徽宗繼位第一年任知樞密院事。
趙楷（一一〇一—約一一三〇）：徽宗第三子，有藝術天賦，科舉考試的狀元。
李邦彥（卒於一一三〇年）：一一二一—一一二五年任宰輔。
李綱（一〇八三—一一四〇）：他勸諫徽宗退位，欽宗繼位後成為一名重要官員，負責開封防禦。他記錄了親身經歷。
李公麟（約一〇四一—一一〇六）：文人畫家，備受徽宗讚賞，徽宗的《宣和畫譜》收錄他多幅作品。他還是青銅、玉器、繪畫與書法的收藏家。
李誡（卒於一一一〇年）：專門從事土建工程的官員，受徽宗賞識，編纂了《營造法式》。
李彥：宦官，名列「北宋六賊」。
李煜（九三七—九七八）：南唐亡國之君，詩人、書法家與畫家，受徽宗欽佩。
梁師成（約一〇六三—一一二六）：徽宗朝的重要宦官。擅長藝術，監管土建工程。
林靈素（約一〇七六—一一二〇）：徽宗寵信的道士，神霄派的宗師。

劉皇后（一〇七九—一一一三）：哲宗的第二任皇后。
劉昺（一一〇〇年考中進士）：音樂家。
劉混康（一〇三五—一一〇八）：上清派道士，離京時與徽宗有書信往來。
明達劉皇后（卒於一一一三年）：徽宗的寵妃。一一一三年，劉氏去世，徽宗非常悲痛，追封其為皇后。
明節劉皇后（卒於一一二一年）：徽宗盛寵的皇后，她去世後徽宗很悲痛。
劉正夫（一〇六二—一一一九）：徽宗的二府官員之一。
馬擴（卒於一一五一年）：馬政之子，宋派遣到金的使臣，並記錄出使金的親身經歷，是一名積極抗金的宋軍將領。
馬政：宋派遣到金的使臣。
孟皇后／皇太后（卒於一一三五年）：哲宗的第一位皇后，一〇九六年被廢；一一〇〇年，哲宗去世後復位；一一〇二年再次被廢；一一二七年，為了鞏固高宗的皇位繼任權再次復位。
米芾（一〇五一—一一〇七）：個性怪異的畫家、書法家與收藏家，著有關於所見書畫的著作。徽宗在位時曾短暫擔任公職。
粘罕（完顏宗翰，一〇七九／一〇八〇—一一三六／一一三七）：金國大將，金太宗阿骨打的侄子。
宋欽宗（一一二五—一一二七年在位）：徽宗長子，徽宗退位時繼位，被金兵俘虜。見「趙桓」。
任伯雨（約一〇四七—一一一九）：徽宗繼位初年的舊法派言官。
宋仁宗（一〇二二—一〇六三年在位）：宋朝的第四位皇帝。
宋神宗（一〇六七—一〇八五年在位）：宋朝第六位皇帝，哲宗與徽宗的父親。

設也馬：金將領，粘罕（完顏宗翰）之子。
趙似（一〇八三—一一〇六）：徽宗二弟，朱皇后之子，哲宗同胞兄弟。
司馬光（一〇一九—一〇八六）：著名的政治家、史學家，新政的主要反對者。
趙偲（皇子，生於一〇八五年）：徽宗幼弟，越王。
蘇轍（一〇三九—一一一二）：官員和文學家，蘇軾的弟弟。
蘇軾（一〇三六—一一〇一）：著名的詩人與散文家，反對新法。徽宗對他不滿，下詔禁毀其著作。
宋太宗（九七六—九九七年在位）：宋朝第二位皇帝，太祖的弟弟。
宋太祖（九六〇—九七六年在位）：宋朝開國皇帝。
譚稹：宋朝宦官統帥。
天祚（一一〇一—一一二五年在位）：遼國皇帝，被金朝女真人推翻，並被俘虜。
童貫（一〇五四—一一二六）：徽宗寵信的宦官統帥。
王皇后（一〇八四—一一〇八）：徽宗的第一任皇后，在徽宗登上皇位之前就嫁給了他。
王安石（一〇二一—一〇八六）：神宗在位時推行新政。
王安中（一〇七六—一一三四）：徽宗在位時供職於朝廷，有文集傳世。
王黼（一〇七九—一一二六）：徽宗時任宰相。
王老志：徽宗寵信的道士與預言家。
王明清（一一二七—一二一四年以後）：南宋幾部比較可信的筆記小說作者，其中包括許多關於徽宗、蔡京及徽宗朝若干人物的故事。

王詵（約一〇四八—一一〇三）：徽宗的姑父、畫家與書法家、著名書畫收藏家。
王文卿（一〇九三—一一五三）：道士，神霄派的支持者，林靈素被斥後受徽宗寵信。
汪藻（一〇七九—一一五四）：任職於徽宗朝的祕書省，後在欽宗朝任職。
魏漢津（約一〇三〇年代—一一〇〇年代）：音樂理論家，建議重新制定音階。
斡離不（完顏宗望，卒於一一二七年）：金將領，完顏阿骨打之子。
趙俁（皇子，一〇八三—一一二七）：徽宗的大弟，燕王。
吳居厚（一〇三七—一一一三）：神宗朝與哲宗朝任轉運使，徽宗時升任尚書右丞。
吳敏（一〇八九—一一三二）：參與了徽宗退位。
吳元瑜：宮廷畫家，花鳥畫專家，徽宗在東宮時的繪畫老師。
完顏吳乞買（一一二三—一一三五年在位）：女真大將，繼承了皇位，後以金太宗著稱。
向太后（卒於一一〇一年）：神宗的皇后，哲宗與徽宗的嫡母。一一〇〇年她決定讓徽宗繼承皇位，並與徽宗共同執政六個月。
徐知常：宮廷道官，由林靈素舉薦給宋徽宗。
唐玄宗（七一二—七五六年在位）：唐朝皇帝，締造了開元盛世，安史之亂開始後退位。
楊戩（卒於一一二一年）：位高權重的宦官，參與建築工程。
葉夢得（一〇七七—一一四八）：徽宗在位時曾任職於多個機構，著有《紬書閣記》。
耶律淳（卒於一一二二年）：遼皇室成員，一一二三年在燕京登上皇位。
宋英宗（一〇六三—一〇六七年在位）：宋朝第五位皇帝，神宗的父皇，高太后的丈夫。

宇文虛中（一〇七九—一一四六）：批評與金結盟，與徽宗商議退位之事。
曾布（一〇三五—一一〇七）：徽宗繼位時任知樞密院事，後升至宰相。
張邦昌（一〇八一—一一二七）：徽宗退位時的二府大臣。受金朝安排的傀儡皇帝。
章惇（一〇三五—一一〇五）：哲宗去世時為相，徽宗統治早期被罷免。
張㲄（一作張玨，卒於一一二四年）：原為遼朝將領，先降金朝，後於一一二四年投降宋朝，導致宋金關係出現嚴重危機。
張商英（一〇四三—一一二一）：徽宗的宰相之一。
張虛白：道士。
趙良嗣（卒於一一二六年）：叛遼降宋，在宋金結盟的談判中發揮了重大作用。
趙令穰（約一〇七〇—一一〇〇）：宋朝宗室，畫家和藝術品收藏家。
趙挺之（一〇四〇—一一〇七）：徽宗的宰相之一。
鄭居中（一〇五九—一一二三）：徽宗朝的高官。
宋真宗（九九七—一〇二二年在位）：宋朝第三位皇帝，太宗之子。
宋哲宗（一〇八五—一一〇〇年在位）：宋朝第七位皇帝，神宗的兒子，徽宗的哥哥。
朱太妃（卒於一一〇二年）：哲宗的母親。
朱皇后（卒於一一二八年）：欽宗的皇后，被囚禁後自殺。
朱勔（一〇七五—一一二六）：負責為徽宗的庭院收集奇花異石，因貪得無厭而遭人憎恨。
鄒浩（一〇六〇—一一一一）：反新法派，被哲宗流放；徽宗在位時將其召回，不久列入奸黨名單。

宋朝帝后年表

（皇帝在位順序標在最前面，日期是皇帝在位日期）

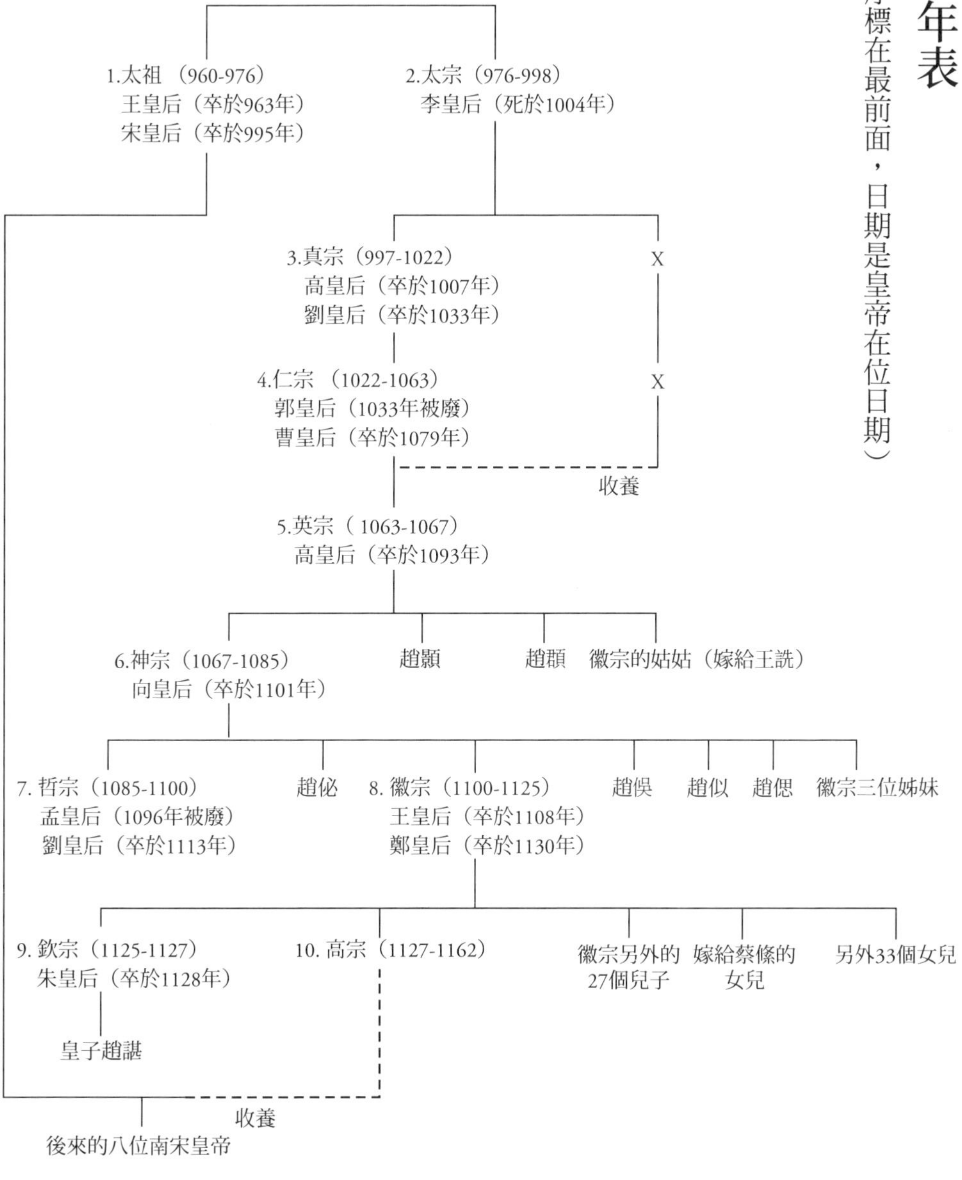
1.太祖 （960-976）
王皇后（卒於963年）
宋皇后（卒於995年）
2.太宗（976-998）
李皇后（死於1004年）
3.真宗（997-1022）
高皇后（卒於1007年）
劉皇后（卒於1033年）
X
4.仁宗 （1022-1063）
郭皇后（1033年被廢）
曹皇后（卒於1079年）
X
收養
5.英宗（ 1063-1067）
高皇后（卒於1093年）
6.神宗（1067-1085）
向皇后（卒於1101年）
趙顥
趙頵
徽宗的姑姑（嫁給王詵）
7. 哲宗（1085-1100）
孟皇后（1096年被廢）
劉皇后（卒於1113年）
趙佖
8. 徽宗（1100-1125）
王皇后（卒於1108年）
鄭皇后（卒於1130年）
趙俁
趙似
趙偲
徽宗三位姊妹
9. 欽宗（1125-1127）
朱皇后（卒於1128年）
皇子趙諶
10. 高宗（1127-1162）
徽宗另外的
27個兒子
嫁給蔡絛的
女兒
另外33個女兒
收養
後來的八位南宋皇帝

一 初涉國政

（一〇八二—一一〇八）

第一章

長在深宮（一〇八二—一〇九九）

朕時尚幼，哲宗最友愛，時召至閣中，飲食皆陶器而已。

——徽宗，一一〇二年回憶

元符三年（大致相當於一一〇〇年）正月十二日，宋徽宗的人生發生了重大的轉折。[1] 他的哥哥哲宗皇帝二十三歲（虛歲二十五歲），生病數月，御醫治療無效，在這一天駕崩。[2] 哲宗在世的兄弟有五人，由於沒有指定繼承人，哲宗的嫡母向太后（哲宗之父神宗的皇后）便選定排行第二的徽宗繼位。徽宗從未接受過繼承皇位的訓練，但在他十七年的時光中有十五年是在宮中度過的，皇帝要做些什麼，他頗有了解，儘管他從來沒有想過自己會被要求履行皇帝的職責。

宮廷生活

在皇宮中成長是什麼樣的呢？跟全國其他地方都不一樣（圖1.1）。對那些從未進入皇宮的人來說，最

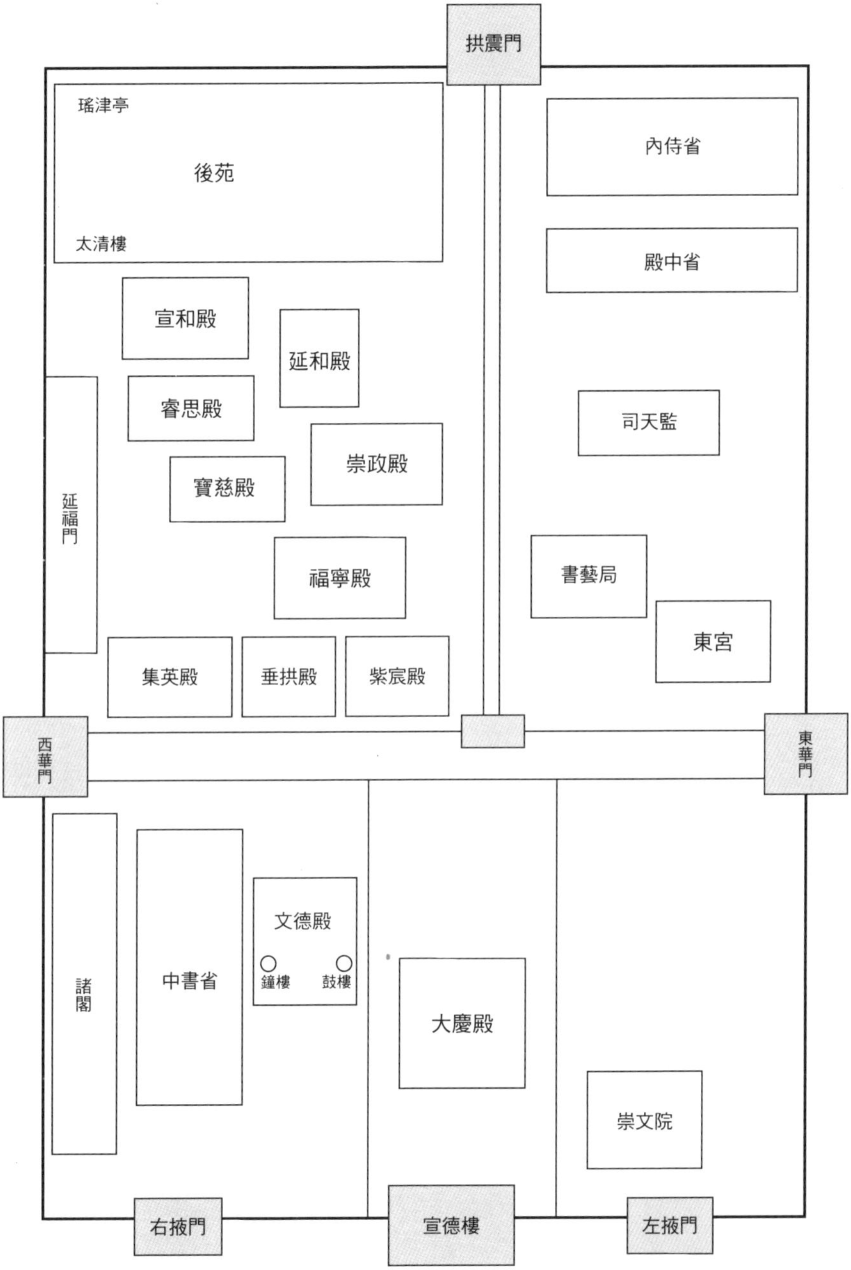
拱震門
瑤津亭
後苑
太清樓
內侍省
殿中省
宣和殿
延和殿
睿思殿
崇政殿
寶慈殿
延福門
司天監
福寧殿
書藝局
東宮
集英殿
垂拱殿
紫宸殿
西華門
東華門
諸閣
中書省
文德殿
鐘樓
鼓樓
大慶殿
崇文院
右掖門
宣德樓
左掖門

圖 1.1　汴京宮城

引人注目的是環繞皇城的五公里長的磚牆。宋朝皇宮的規模只比今天北京的紫禁城稍小，沿著高大厚重的城牆，修有七座城門、四座六十公尺高的角樓，作為防禦。最壯觀的城門是正南的（皇宮正門）宣德門。宣德樓是一座雄偉的門樓建築，上層兩邊有朵樓，屋頂上覆有燦爛的琉璃瓦。這座門樓的五座大門上了紅漆、裝飾有金釘，磚牆上則雕鏤著龍、鳳、雲彩，棟梁上也都有雕刻或彩繪。[3]

宣德門是皇帝內宮與開封城民眾、甚至與整個宋帝國之間的標誌性分界線。皇帝利用宣德樓的象徵意義，定期出現在城樓上，以示對臣民的關心。每年正月元宵節，皇城對面的御街就變成一個慶祝節日的場所，皇帝與一些宗室成員會來到宣德樓，在城樓的二層觀看表演。此外，皇帝在效壇祭祀天地之後，也要登上宣德樓宣布大赦。[4]

皇宮通常也稱「大內」，類似於尋常百姓家裡禁止陌生人進入的內宅，家裡的婦女和僕人可以在裡面隨意走動，不用擔心外人侵擾。皇帝的侍僕包括公務員，即大臣們；大臣手下的胥吏；畫家、天文學家與御醫等專業技術人員；宮女、宦官等貼身僕人；還有給皇帝擔任警衛的禁軍。皇城中為皇帝的各類侍僕留出了不同的區域。皇城內有兩條大道，一條東西向，一條南北向，將皇城劃為三塊大的區域。東西向大街從西華門一直通往東華門，將皇城一分為二：前部（南面）主要是大臣和文職人員辦公的地點，後部（北面）多為住宅區。可以進入皇城前部禮儀空間和辦公區域的官員，不能從正南門進入，那裡只有皇帝與皇后才能走，他們只能從別的門進去，如右掖門，而且大部分官員必須下馬步行入內。

在南部的中央，坐落著皇宮內面積最大也最正式的宮殿，即大慶殿，用於舉行新年朝會等重要的國家典禮。大慶殿在重大典禮時可容納兩萬多人，六座殿門均可通往大殿。大殿面闊九間，長約五十公尺，東西兩側各建有一座角樓，有五間長，東西角樓的排列使人覺得猶如寺院中結構對稱的鐘樓。主殿後是另一座大殿，東西廊各長六十間，皇帝在典禮期間使用。[5]

大慶殿往東，佇立著祕閣，該建築群約藏有四萬冊書籍。大慶殿往西是另一座大殿文德殿，殿前矗立著鐘樓與鼓樓，用於報時。從皇城的後門開始，一條南北向的大道一直縱貫至東西向道上，把皇城後半部分為兩個區域。文德殿後面的垂拱殿與紫宸殿有時也會被用作慶典場所。早在徽宗父親在位時，四位著名畫家就奉詔在垂拱殿的屏風上作畫，每人畫一面。這幾位畫家也奉詔在紫宸殿的屏風上作畫：艾宣畫四隻鶴，崔白畫竹，葛守昌畫海棠花，郭熙畫石。[6]身居高位的大臣常常出入這些大殿。皇帝最親近的顧問與大臣——被稱為兩府——每天在文德殿朝見皇上。每隔五日，數十名官員在垂拱殿覲見。此外，還有多達數百名官員要每月覲見兩次，第一次是每月初一在文德殿，第二次是每月十五在紫宸殿。此外，皇帝還會定期邀請大臣赴宴，這時他們也可能要去別的大殿。[7]

這些朝會大殿的西面是中央決策機構的辦公地點，尤其是三省與樞密院和翰林學士院。附近還有御史臺與諫院，這兩個機構的官員被稱為「言官」，因為他們的職責是對行為不端的官員、錯誤政策進行批評，並直言進諫。這些辦公地點是官員工作、文書存檔和抄錄奏疏與詔書的場所，排場自然比不上皇帝主持典禮的大殿，但也不一定會破舊狹窄。翰林院共有十間建築：其中一間供文職人員辦公用，翰林學士四間，信使和待詔各一間，兩座御書樓，還有被稱為玉堂的正中大殿。裝飾玉堂內壁的是幾位有名的藝術家。十世紀八〇年代，董羽在東西屋壁上畫了波濤洶湧的海浪，每幅長達十八公尺。幾年後，畫僧巨然在北牆上畫了一座雲霧籠罩的山峰。一〇三〇年，大臣晏殊將自己所畫的六曲山水屏風送給翰林院。如果皇帝臨幸，屏風就置於皇帝御座之後。據當時的人說，這些畫整個看上去會使人感覺自己置身於海上的仙島，傳說那些島上住著神仙。[8]

宋徽宗孩童時期的大部分時間應當是在皇城的後面度過的，那裡多為住宅和精緻秀麗的園林。在徽宗的父皇神宗在位期間，宦官宋用臣監督整修了後苑的瑤津亭。他從南邊幾百公里外的杭州運來一座獨特的亭閣，還挖了一個新池子。池子裡沒有荷花，宋神宗感到很失望，宋用臣請神宗次日再來，隨後將城裡所有盆栽荷花悉數購入宮中，種在池塘裡。第二天宋神宗親臨，看見滿池的荷花，龍心大悅，於是讓他最喜歡的畫家郭熙為此亭閣作畫一幅。宋神宗青睞的另一座花園在睿思殿，這裡樹木環繞，溪流潺湲，夏季極為涼爽。郭熙為睿思殿所繪之松岩壁畫也大獲成功，引來宮裡的人題詩數百首。[9]

文官在皇宮裡是皇帝最高級別的侍僕，但他們的人數還不是最多的。兩千多名禁軍在皇城值守，把守皇城城門的出入，並擔任皇帝的護衛。皇城中還有一千零六十九名廚師及廚師幫工，裡面所有人一日的飯食需要數千磅麵粉，每年需要幾萬隻羊、三十二噸糖。[10]

為了管理文件，文官手下配備數千名書吏。這些書吏的職業發展道路與文官截然不同，他們可能要在同一辦公地點工作數十年，可以想見，他們的子輩到了年齡也會從事類似的工作。有一類技術專家，例如天文學家、醫生與畫家，比書吏身分稍高，但地位仍比不上普通文官，他們的辦公區域集中在皇城後部的東側。[11]

官員、書吏與技術專家只是在皇城裡工作，晚上通常要回到自己家中。除了這些每日出入皇城工作的人員外，還有數千名侍僕在皇城內過夜，人數最多的是尚書內省雇用的幾千名婦女。[12] 皇宮裡的女人都不能向南越過東西大街，但被派去服侍皇室的那些侍僕，要頻繁來往於北面三分之二宮殿群內的各個庭院。不過，其中有數百人不屬於貼身侍僕，因此只是留在東北側的服務場所，那裡主要用來製衣與洗衣，儲存用餐與儀式的器物。

與在行政和軍事領域任職的男性一樣，宮女也有自己的封號及銜級制度，但這種對等是虛假的，因為宮女也是皇帝的潛在伴侶。宋徽宗在一〇八二年出生時，父親神宗已經即位十五年，當時神宗除了妻子向皇后之外，還有十三位配偶。[13] 神宗的配偶似乎全部是從侍女中選上來的。

神宗主要住在皇城西北區域中央的福寧殿，就在他召見大臣的垂拱殿後面，而皇帝的母親、祖母與配偶居住的宮殿則隨著時間推移不斷變化。徽宗年幼時，宮中地位最高的女性是神宗的母親高太后，神宗在位時她居住在寶慈宮，神宗建議為她修建一座更大的宮殿，高太后並不贊成。神宗的妻子向皇后住在隆佑宮。[14] 除了皇后與太后，這裡可能還住著大約五十名皇親，均有各自的宅邸與僕人。這些親屬包括神宗的繼母、繼祖母（神宗之前的歷代皇帝遺留下的嬪妃），神宗自己的嬪妃、子女、兩個兄弟及其家眷。

宮中大部分內務工作宮女都能做，但並不是全部：要跨越男人世界與女人世界，就用得著宦官了。自古以來，宦官在宮廷事務中一直發揮著作用，作為皇帝的貼身隨從，他們有時還會憑藉這一身分，取得支配地位。九世紀唐朝時，宦官控制著接近皇帝的渠道。為了不讓此類事件重演，宋朝統治者嚴格限制宦官人數：宋朝初期設定尚書內省與內侍省宦官的總數為一百八十人。[15]

宦官與宮女一樣，也有自己逐級晉升的職業道路。最高級宦官的職責遠遠不止是送信，他們可以被派出宮城甚至京城，並委以重任，例如檢查各路的軍事活動或稅務徵繳，少數宦官甚至成為軍隊統帥，還有一些奉命掌管普通官員與文職人員構成的政府機構。宦官還要記錄並審查宮殿內的官庫。內藏庫是保管皇室奉宸庫資金的官庫之一，貯存著錢幣、黃金、白銀與絲帛等寶藏。其他官庫貯存皇宮人員使用的物品和禮品，例如茶庫與柴炭庫、油醋庫、存放典禮禮服的儀鸞司，以及貯存來自朝貢外交使團的香料、藥材、象牙的進口香藥庫。[16]

宋徽宗出生時，宮中最有勢力的宦官是石得一，他被派去修建尚書省的新房屋，共有四千間，工程於一〇八二年年中開始，翌年年末完成。宮廷畫家郭熙負責在很多屋壁和屏風上作畫。[17]

宋徽宗的直系親屬

徽宗於一〇八二年陰曆十月初十出生在神宗寢殿福寧殿東側的偏殿內，母親被封為陳美人（後追封欽慈皇后）。[18]他在神宗的兒子中排行十一，不過實際上倒並非無足輕重。邢賢妃在一〇七一、一〇七三、一〇七七與一〇七八年分別生育了四位皇子，但沒有一個活到一〇八二年之後。宋婕妤在一〇六九年與一〇七七年生育的兩個皇子也是如此。在宋神宗的前十個皇子中，只有四個活到了三歲，僅有一個活到了五歲。徽宗出生時只有三個兄弟姊妹，分別是：八歲的姊姊賢穆，七歲的長兄哲宗，哥哥佖當時是三個月大的嬰兒，但是鑑於以往嬰兒死亡率，幾乎可以不算在內。這些皇子中，沒有一個是向皇后所生。向皇后在一〇六七年生下一位公主，但在一〇七八年，虛歲十二歲的公主就離開了人世，此後向皇后再未生育。皇位繼承權總是沿父系承襲下去，在繼承皇位方面，皇后生的兒子要比嬪妃生的兒子更受偏愛，同時也會考慮年齡。皇后的長子通常會被選為皇位繼承人，但也不是非如此不可，皇帝可以將任何一個皇子立為皇儲。

徽宗是陳皇后生的第一位皇子。陳皇后多年前入宮，是一名普通宮女，徽宗出生不久才首次被封為美人（毫無疑問是因為她生了徽宗）。鑑於皇室子弟的存活率很低，我們可以推斷她必然是費盡心思，確保兒子得到最好的照顧。從我們所了解的徽宗這段時間被照料的情況看，至少三位宮女擔任過他的奶媽。[19]

徽宗出生時，父親神宗三十四歲，事實證明他是一位在「新政」旗幟下指導政府活動巨大發展的激進皇帝（圖1.2）。雖然徽宗後來很認同父親，但絕不可能真正記得他。徽宗還在蹣跚學步時，神宗就已病入膏肓。一〇八五年三月宋神宗駕崩，徽宗才二十八個月大。

神宗去世後，徽宗的哥哥哲宗繼承皇位，時年虛歲十歲，根據西方算法則只有八歲，因為他出生於一〇七六年的陰曆十二月。前一年，在集英殿的一次宴會上，他被介紹給朝中主要的大臣，直到神宗去世前四天，他才正式被立為皇儲，據說當二府官員提出此建議時，哲宗病中的父親點頭同意。宋神宗有兩位成年的兄弟，都是高太后的親生兒子，但皇位繼承權由父傳子的原則根深蒂固，既然神宗有兒子，兩位兄弟就不會被考慮立為繼承人。[20]就祭祖儀式而言，每個皇帝都需將皇位傳給可以在太廟祭祀他的兒子。

哲宗沖歲即位，人們期望有位攝政來做實際的決策。在宋朝早期，神宗的祖父仁宗在十歲繼承皇位時，仁宗父親的皇后，即其「嫡母」擔任了攝政的職責。[21]哲宗的母親是朱德妃，地位不及嫡母向皇后。但向皇后的地位又低於她的婆婆、時年五十四歲的高太后。最終，高太后擔當了哲宗的攝政。

高太后在處理宮廷事務方面經驗豐富。她生於名將之家，母親是宋仁宗曹皇后的姊姊，因此自幼便在宮裡長大。高太后十幾歲時被選中嫁給皇帝的一位宗親，結婚後離開了皇宮。但是，大約十五年之後，高太后的丈夫被過繼給沒有子嗣的仁宗皇帝，並登上了皇位，被稱為宋英宗。英宗在位僅四年就駕崩了，長子神宗繼位。作為母親，高太后對兒子神宗影響不大，她有時懇求神宗改變政治決策，但是毫無效果。[22]然而，神宗去世後，她成為攝政者，可以按自己的心意支持那些反對神宗新政的大臣了。

即使哲宗的祖母可以替代他選擇大臣和制定政策，卻無法取代哲宗在葬禮上的位置，因為儀式規定由兒子為父皇舉行葬禮。哲宗是長子和太子，要扮演特定的角色，而徽宗與弟弟們也必須出席所有大的葬禮

圖 1.2　宋神宗畫像（無名氏），絹本設色，立軸，縱 176.4 公分，橫 114.4 公分，現藏臺北國立故宮博物院。

儀式，長達九個多月。修建陵墓大約花了七個月，其間靈柩被安置在皇宮，不論是皇帝宗室還是朝中官員，都要依次走近靈柩以示哀悼。[23]

對宋徽宗而言，母親陳美人的離開，至少是與父皇駕崩同樣的重大變化。一〇八五年十月，宋神宗的靈柩被送出皇宮、葬於皇家陵墓，當時徽宗剛滿三歲，陳美人守護著神宗靈柩一同前往，並留在陵殿中舉哀。她最終也沒有再回到皇宮。根據史書記載，陳皇后留在陵殿，沉浸在對神宗的追憶中，日漸消瘦，最後形銷骨立。她身邊的侍女勸她吃飯或服藥，她就對侍女們說：「得早侍先帝，願足矣！」[24]父皇的靈柩從皇宮中送走後，徽宗的生活就安定下來，變得相當平靜。在接下來的兩、三年裡，從一〇八五年到一〇八八年，宮廷中發生了很多事情，因為徽宗的祖母罷免了曾在神宗手下任職的大臣，代之以主張廢除新政的大臣。當然，徽宗此時還太小，對正在發生的事情毫無察覺。

在五、六歲前，徽宗的世界應該就是女性聚居的後宮，其中有他的繼母、繼祖母甚至繼曾祖母，更別說眾多年輕的宮女與幾十位乳母了，她們有的照看嬰兒，有的被留下繼續擔任皇子的保姆。她們會從所照顧的皇子身上尋找一些預示著他們長大後聰明、有教養的跡象。徽宗的一位皇兄被描述為形貌姣好、聰明伶俐，但只活到了四歲半。「初未能言，保姆常指屛間字，一再過輒識之。暨漸長，其方瞳豐角，日益美茂。而態度莊重，綽有成人之風。不甚嬉戲，故亦罕忿怒。」[25]據說，這位皇子突然生病，神宗每日早晚都要來探視。小皇子離開人世時，神宗極為傷心。

徽宗共有八位繼母，都是為神宗生養過孩子的后妃。第一位是向皇后，徽宗的嫡母，神宗的妻子。邢皇后在一〇六八年獲得了第一個封號，張婕妤與宋皇后在一〇六九年第一次被冊封；然後是德妃，即宋哲宗的母親，生育一位皇子並獲得相應的封號；接著是林婕妤、武賢妃與陳皇后。

宋徽宗四歲時就已經有了三個弟弟（俁、似、偲）與四個妹妹，但都不是徽宗的親母所生。[26] 有三位兄弟與徽宗的年齡相差無幾：趙佖比他大三個月，弟弟趙俁比他小十一個月，趙似比他小十四個月。[27] 另外，神宗的遺腹子趙偲，也大約只比徽宗小三歲。按照中國人的虛歲計算，趙佖與徽宗年齡相同，趙俁與趙似比他小一歲，趙偲小三歲。與徽宗一樣，趙俁與趙似也是幼年喪母，趙俁與趙似的母親於一〇九〇年去世。儘管在世的繼母之間可能爭過寵，但在神宗去世後，她們也沒有什麼理由再激烈相爭了。神宗去世後，這些女人現在全都是寡婦，沒必要再為了得到共同丈夫的青睞而爭鬥不已。儘管妃嬪們都想討得高太皇太后和向太后的歡心，但皇位不再是她們爭奪的關鍵，因為下一任皇帝將是哲宗的兒子，而不是她們誰的兒子。

即使徽宗年紀尚幼，我們也可以想像到，乳母每天會帶他去拜見祖母高太皇太后和嫡母向太后，可能還有他的哥哥哲宗。正如本章題記所示，徽宗曾回憶說，哲宗對弟弟們非常友好，與他們一起使用陶製餐具，而不是用更昂貴的金屬器皿與漆器。[28]

徽宗和他的兄弟還會定期獲得品銜、封號與特權上的晉升。徽宗只有十二個月大時，就被封為食邑三千戶、實封一千戶的寧國公。一〇八五年，徽宗第一次被封王，從那以後，他的封號級別與封地規模每隔一段時間都會增加。例如在一〇九五年，徽宗與趙佖十四歲，趙俁與趙似十三歲，趙偲十一歲，當時在明堂舉行儀式之後，他們都獲得了晉升。兩位年長些的皇子食邑八千戶、實封二千五百戶，接下來的兩位食邑七千戶、實封二千三百戶，最年幼的一位食邑五千八百戶、實封一千九百戶。[29]

娛樂活動

宮殿與皇家庭院裡滿是讓孩子著迷的事情，令人尤為興奮的娛樂是馬球。在空曠場地的東西兩側各豎起高十尺、寬約一尺、固定在石蓮花座上的狹窄球門。記分員手握一面紅色小旗，球一旦射中球門，記分員就舉起小紅旗。在場有樂師製造節日般的熱烈氣氛。隊員從親王、駙馬、宗室、朝中近臣中挑選，騎的是訓練有素、裝飾華麗的馬。左邊的選手穿黃衣，右邊的穿紫衣，以示區別，皇帝指揮騎馬的選手上場，樂隊鼓樂齊鳴。比賽開始前，皇帝與選手舉杯祝酒，然後，皇帝擊球後離開球場。每次球射中球門，觀眾就發出歡呼，得分的選手會下馬向觀眾致謝。[30]

小孩子也喜歡過元宵節。元宵節是在陰曆正月十五，這一天京城居民都會掛出裝飾精美的燈籠，然後流連街頭，觀賞別人的彩燈。皇宮裡的人來到宮城正南的宣德樓，登上幾層高的城樓，觀看元宵節的盛況。[31] 郊祀祭天儀式每三年舉行一次，宣德樓也是一個觀看籌備工作的好去處。提前演練祭天儀式時也必須準備祭天所需的七頭大象、馴象師和樂師，因此即使是提前演練，也吸引大批人群前來觀看。[32] 精明的商人在集聚的人群中出售大象的圖片，還有用木頭或陶瓷製作的大象模型。

在郊祀祭天的當日，也有不少場面值得觀看。大約兩萬人在大慶殿的寬敞庭院裡列隊站立。為了按時完成準備工作，一名太史局官員站在鼓樓上觀測刻漏，每小時奏報一次。列隊中不同身分的人穿著色彩鮮豔的各類服裝，好讓觀者區分宦官、官員與衛兵。文官穿著紅色朝袍，從官帽樣式可以分辨出各自的官職。作為皇子，徽宗佩戴一頂九旒冕，級別最高的大臣也佩戴同樣的帽子，但級別較低的官員帽子上旒的數量會比較少，最少的只有兩條。（參見彩圖2）

隊伍中舉著的旗、旌和幡同樣色彩斑斕，還有繪有風、雨、雷、電、木星、火星、土星、金星和水星、白鳥及鳳凰圖案的三角旗。行進隊伍在三更時分就要離開皇宮。在徽宗十歲那年，著名大臣蘇軾擔任鹵簿使導駕，負責郊祀列隊行進。蘇軾上奏，在儀式舉行到一半時，有十餘輛后妃乘坐的紅色傘蓋車跟在皇家郊祀隊伍後面，爭道搶行。在蘇軾看來，婦女不應當參與這類祭祀典禮。后妃中道迎謁已經成為一種慣例，本來就夠糟糕了，又在祭祀完成之前出現在祭祀儀式隊列中，簡直讓人難以接受。據說哲宗讀了奏章後，派人將奏章呈遞給高太皇太后，自那之後，儀式過程變得莊嚴肅穆多了。[33]

徽宗童年時參加的所有慶典中，最令人感到歡快的就是哲宗的婚禮。英宗與神宗登基時已經結婚，因此，自仁宗在一〇二四年結婚之後，皇宮中已經近七十年沒有見證過全套的皇家婚禮了。高太后開始提前為哲宗大婚做充分規畫。她從適合的人家中挑選出一百多名女孩，將她們帶進宮，最後選中了一名姓孟的女子，認為只有她配得上皇后稱號。[34] 一〇九〇年，哲宗十三歲時，高太后宣諭數名王公大臣研究皇室大婚禮儀的先例，並預備詳細的儀式步驟。

一〇九二年四月，哲宗十五歲半，皇宮為他舉行了六天多的婚禮儀式。第一天，徽宗與其他皇子隨同皇室宗親、王公大臣，身著紅色朝服齊聚文德殿，按照古代婚禮的步驟，實施「納采」與「問名」等禮儀。四天後，在其他準備儀式完成後，奉迎使前去迎娶新娘。奉迎使返回時，官員們再次身穿紅色朝袍前去迎接。一些官員列班於宣德樓外，在奉迎新娘後與舉辦婚禮大典之間的那段時間，他們在此依儀式行禮。在專門準備的殿堂內，孟氏的父母依照傳統的禮儀辭令與她話別。隨後，孟氏被迎入皇宮，一路上有時坐轎子，有時乘馬車。每座殿門都有官員和宗室列隊迎接，最後皇后來到福寧殿。哲宗身穿莊嚴正式的紗袍，頭戴通天冠，已經在那裡等候。餘下的儀式，包括禮儀規定的三次飲酒，由幾位宮中侍從伺候完成。[35]

教育

在這些年中，徽宗準備過什麼樣的生活呢？皇帝的兄弟們的處境很尷尬，試圖廢黜皇帝的大臣會主動接近他們，因此讓皇子擁有實權非常危險。然而，文化價值觀強調對皇帝與其兄弟們共同母親的孝道，更不要說還有手足之情，這就要求皇帝友好地對待眾位兄弟。在宋朝，皇子並未被授予實質性的政治軍事職務，也不會統領軍隊與管轄府州。他們被賜予充足的俸祿與所有象徵性的高等特權，比如有權擁有大批扈從，或穿戴能顯示其地位的服飾。但他們必須避免給人留下懷有政治野心的印象。任何皇帝都無法容忍皇位的潛在競爭者周圍聚集著野心勃勃或詭計多端的大臣。

皇子們要證明自己沒有政治野心，一個辦法是盡可能地以種種跡象表現自己享受放縱的生活——縱情於酒色犬馬。放蕩的皇子是一種被認可和理解的社會類型。

皇子還有一種方式來消磨時光，那就是鑽研學問與藝術，這正是神宗的兩個弟弟（徽宗的叔叔）趙顥和趙頵選擇的道路。作為高太后留在世上的兒子，趙顥、趙頵在哲宗朝的後宮女眷中很受歡迎。事實上，他們屢次請求搬出皇宮住進自己的宅邸，但因為神宗每每拒絕，徽宗的這兩位叔叔才會在成年很久後仍住在皇宮裡。他們只需履行一些不重要的禮儀職責。趙顥的碑文中記載，神宗每次郊祀，以及兩次明堂祭祀時，都由他擔任亞獻；此外，趙顥偶爾會代表神宗主持太廟祭祖。[36] 既然徽宗逐漸意識到自己身為皇帝弟弟，毫無疑問，他會特別留意這兩位叔叔，因為他們為他提供了一個也許可以效仿的範例。

趙顥和趙頵都對宗教感興趣。據說趙頵「喜浮屠、老子之言，撮其精要，刻板流布」。趙顥尤其痴迷佛教，代表皇帝參加了重大的佛事。他還喜好醫書，並自己配製藥方。趙顥精通書法與箭術，對音樂興趣濃厚。有一年，他曾為元宵節的娛樂活動創作了一些曲子。他還熱衷於收藏善本圖書，神宗鼓勵他這種興趣，每次得到異書，都會派人給他送去。[37] 趙頵在書畫與醫學上也有同樣的興趣。他的書法作品中包括幾種不同字體，畫過花、竹、蔬、果、蝦、魚、古木和江蘆等作品。他編著了一本名為《普惠乘閒集效方》的醫書，還用自己存的藥材配製藥方，為人治病。趙頵的妻子王氏也擅長繪畫，據說她在十六歲嫁給趙頵後，便醉心繪畫與文學，而不是珠寶等奢侈品。趙頵於一〇八八年去世，徽宗當時才六歲。趙顥是在八年後的一〇九六年離世，因此徽宗有更好的機會來了解他。趙頵與趙顥都有好幾個兒子，是與徽宗年齡相仿的堂兄弟。[38]

不過，在徽宗培養這些與叔叔嬸嬸相同的雅好之前，必須先精通標準的文學課程。十一世紀八〇年代末，朝中眾人共同努力，以確保哲宗接受全面的儒家教育，在某種程度上，徽宗所接受的教育形式可能也受到了這件事的影響。六十多年前專門為年幼的仁宗編寫的三本圖文並茂的書籍，此時也都為哲宗重新印製出來。其中一本關於歷史上著名的君臣，一本囊括了宋初三朝發生的一百件大事，最後一本共有三十卷，用插圖描繪了郊祀隊伍使用的各種物品，如旗幡、旗幟和裝飾華麗的車輛等。當時還多印了一些卷冊，分發給各王宮及眾高官，徽宗的早期教育中所用書籍很可能就包括這些。[39]

哲宗的一位老師范祖禹編著了八卷本的《帝學》，通過講述早先帝王的軼聞，來說明偉大的帝王尊師重教，篤好學問。這本著作如今依然存世，書中對所有用兵的先例一概不提，帝王不會由於行事果斷、開疆拓土或提高人民福祉而受到稱讚，而是因為遵從師教而被褒揚。例如，後漢開國皇帝光武帝邀請儒生入宮，指定五經博士，聆聽他們的講解，並親臨他們講學的太學，因此備受讚揚。在打敗所有敵人後，光武帝就對軍隊隻字不提。太子詢問軍事戰略時，他的回答是：衛靈公詢問孔子軍隊部署的問題時，孔子就曾表示反對。[40]在宋朝早期的皇帝中，范祖禹著重介紹了仁宗，因為正是在仁宗時期，儒家學者給皇帝講學形成了制度。[41]

一〇九一年，徽宗九歲時，有位翰林學士為宗室和皇子的教育提出一個方案。根據最終方案：皇子從八歲到十四歲，每天要背誦二十個字的段落若干。每年還要對他們的進展進行考試。[42]一〇九三年二月，徽宗十歲時，高太皇太后決定讓皇子們到宮外就學，並在以前一位皇子的住處設立了學舍，兩名大臣擔任老師，四名宦官負責管理。大約六週之後，皇子們開始學習，哲宗給每人頒賜「九經」一部，還有儒家大師孔子、孟子、荀子與揚雄的著作。[43]

在一〇九五年，哲宗請高官推薦德高望重的長者擔任皇弟們的侍讀。徽宗的侍讀中有三位是知名的學者，傅楫、朱紱和何執中。三人都有文官職位，前兩位早在將近三十年前的一〇六七年就獲得了官位。三位侍讀都是南方人，傅楫與朱紱都來自福建路仙遊縣，何執中來自稍北的今浙江境內。傅楫和何執中早年都曾經擔任地方官，後於十一世紀九〇年代來到京城。從一〇八七年開始，朱紱擔任皇宮的「大小學教授」。一〇九四年，章惇升任宰相，朱紱被召入宮中，向哲宗講授有關「正心、誠意、知人、安民」的道理。[44]接下來四年，他一直擔任皇宮侍講，並兩次獲得提拔。

傅楫或許是三位侍讀中最致力於儒家學問的，他年輕時曾師從著名的儒家學者，還娶了老師的女兒為妻。他在二十年間遊宦各地，收集了大量的藏書。此後四年，傅楫一直任太學教授。在傅楫作為皇子侍讀的五年間，建議對現有的課程進行改革，在他看來，皇子的教育一直強調書法和作文，卻犧牲了經典教育。傅楫認為皇子教育應該關注美德與禮儀，而不是書法這樣的次要技能。傅楫請求朝廷同意他的方案，將授課內容限定在探討《論語》、《孝經》與《孟子》的範圍內，不再關注唐詩與詩歌創作。[45]徽宗的侍讀還向徽宗和其他皇子講授基本的歷史知識，尤其是可以從中汲取明確的道德教訓的事件，如秦始皇與隋朝亡國之君（隋煬帝）等歷史上有名的揮霍無度的統治者，都建造了奢侈的宮殿與庭院。儒家關於節制的教導一定常常與他們實際所處宮殿的富麗堂皇之間存有矛盾。

哲宗婚後不久，又發生了一次巨變：掌握皇宮實權的高太后在一〇九三年九月初三去世了。高太后不信任十六歲的哲宗的治國能力，在病床上召見了范祖禹等幾位值得信賴的大臣，要求他們如果哲宗在她死後試圖推翻她的政策，一定要抵制。[46]事實證明，高太后的懷疑是正確的。沒過多久，哲宗便決定罷免祖母的重臣，開始恢複父皇神宗的新政。

開封府

宋徽宗開始師從宮外的老師之後，就有更多機會了解環繞皇宮的這座城市。儘管皇宮已是富麗堂皇、人口眾多，但徽宗這位年輕皇子終於能更自由地走出皇宮，到京城開封府這個更大的世界，一定還是感到異常興奮。

開封府是一座十分值得探索的城市。[47]與它之前和之後的大城市一樣，開封府也匯集了形形色色的人群：最有權有勢的人和一貧如洗的人、長住居民和初來乍到者、文人和商人，以及兵士和學生。開封府是一座莊嚴的城市，因為這裡是皇帝居住的地方和舉行重要儀式的場所，這些都不斷地確認並再塑皇帝作為上天與芸芸大眾之間的中介角色。開封府也是一座軍事堡壘，不僅有高大的城牆、環繞四周的護城河，城內軍營裡還部署著約三十萬軍隊。這些將士及其家眷是城市居民的重要組成部分。[48]

從開封府的外形可以看出，最初，這是一個州郡的治所和商業活動中心。唐朝都城長安從一開始就規畫成大城市，城牆每邊約九公里長，城內對稱分布著寬闊的大街、環繞防禦設施的圍牆，以及政府組織監管的集市。與長安形成對比的是，開封府從一座州郡治所發展而來，既沒有環繞防禦設施的城牆，也沒有進行買賣交易固定的場所。

舊城被城牆包圍，每邊城牆不足三公里，但在九五五年（幾年後宋朝才建立），舊城的城牆之外已有很多人居住，因此就新建了一圈外城牆。外城牆每邊邊長約七公里，共有二十一座城門（參見圖1.3）。新城牆將開封府的規模擴大了三倍。白色的外城牆高達十二公尺，周圍環繞著一條三十公尺寬的護城河。在宋徽宗童年時代，護城河被擴建至七十七公尺寬、幾乎五公尺深。[49] 當時，開封府的居民已經有一百二、三十萬。[50] 長安城的人口規模也差不多，但卻分散在一個更廣闊的區域，因此開封府的人口密度大約比長安城高出百分之五十（開封城的面積為四十九平方公里，長安城的面積為八十四平方公里）。[51]

汴河是城內外連接大運河的主要水道，它自西向東橫貫開封城，再通過大運河將開封府與揚州、杭州等南方重要城市相連。大米與其他穀物通常用船運入開封城。一〇七二年，日本僧人成尋曾遊覽開封府，他對汴河上「千萬」運貨的船隻讚嘆不已。[52] 貨物也從開封城門運入，比如數以千計的豬每天就由豬倌驅趕著進城。由於經營特定商品的商販喜歡相互為鄰，便不僅形成了專門買賣金銀的街巷，還有一個匯聚了鷹隼商販的客店。

具有象徵性意義的是，開封府最重要的街道是御街，從宮城南面的宣德樓開始向南，經過內城朱雀門，然後到郭城南薰門。高大的朱雀門有一百五十多公尺寬，頂部建有一座城樓。御街上各類店鋪鱗次櫛比，有士兵晝夜巡視。

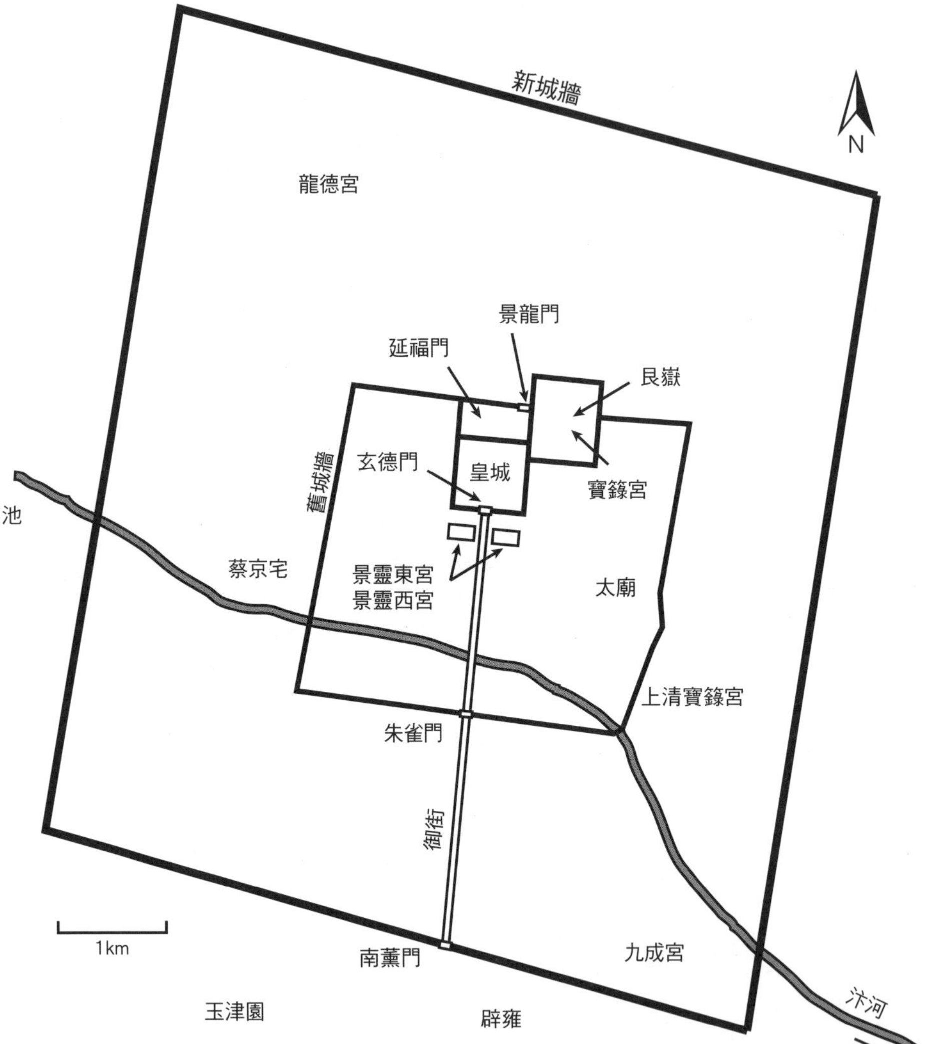
新城牆
N
龍德宮
景龍門
延福門
艮嶽
玄德門
皇城
舊城牆
寶籙宮
金明池
景靈東宮
景靈西宮
蔡京宅
太廟
上清寶籙宮
朱雀門
御街
1km
南薰門
九成宮
玉津園
辟雍
汴河

圖 1.3　開封府

宮廷外的娛樂晝夜不停。勾欄、酒肆、客棧、茶館與妓院在瓦子（娛樂區）雲集。孟元老寫道，有勾欄五十餘座，其中蓮花棚、牡丹棚、象棚與夜叉棚各能容納數千名觀眾。[53]即使是小小的酒館，可能也有幾個藝人為客人唱曲助興。

在開封城找地方吃飯一點也不難。夜市有即食食品出售，像芝麻餅、香糖果子、糰子、豆腐湯、螃蟹與蛤蜊。馬行街的夜市尤其嘈雜，整條街燈火通明，以至於蚊子與蒼蠅都會躲得遠遠的（或者人們是這麼認為的）。白天的食物更豐盛。一家餃子店有五十多口鍋灶，幾十名小工和麵、包餃子，將餃子下鍋再盛出來。在規模大一點的市場裡，小販們用別具特色的音調叫賣貨物，把賣東西變成了一種表演。大型餐館可能專門經營地方菜系，例如四川菜館「有插肉麵、大燠麵、大小抹麵、淘煎燠肉、雜煎事件、生熟燒飯」。[54]

毫無疑問，徽宗偶爾也會離開皇城，去京郊的御苑，或者更遠的皇陵。在外城正南門外的玉津園，每年都會舉行射箭比賽，款待宋朝的北鄰遼國使者。西城牆外的金明池最初是為水軍演練而開鑿，但事實證明，作為賽舟等水上遊戲的場所更受歡迎。每年二月，金明池對外開放，城裡所有人都可以去遊覽，欣賞春天的花卉。金明池邊上種著垂楊，在那裡散步是一件很愜意的事情。毋庸置疑，徽宗每年都會陪同哲宗遊覽金明池，禁軍儀仗隊騎馬扈從，他們頭上插花，手握金槍、刀劍，還有色彩絢麗的繡旗。在金明池內有「大旗獅豹，棹刀蠻牌，神鬼雜劇之類」。[55]商販們也會擺設攤位，售賣酒、茶、湯、米粥、果子和紀念品，還有碰運氣的遊戲與其他形式的賭博。金明池水面上的小船搭成雜技演員與木偶戲的表演舞臺，所有表演都有音樂伴奏。但是，金明池上最主要的活動還是大龍舟爭奪錦標的划船比賽。長三十丈的龍舟上為哲宗安了一把龍椅，後面擺放一面繪有遊龍戲水的屏風。妃嬪們可以在閣子裡觀看喜慶活動。[56]

徽宗通常與大多數官員一樣，騎著馬遊覽城市，身邊總是帶上幾名侍衛。他肯定踏訪過開封城內一些別具特色的佛寺與道觀。有些佛寺中有佛塔等建築，高高聳立，成為天際線上的標誌。皇宮西南的太平興國寺有一座七十四公尺高的佛殿，裡面供奉著一尊巨佛。皇宮東北的開寶寺矗立著一座佛塔，高五十五公尺，遍體通砌琉璃磚。[57]

皇宮南門不遠處是相國寺。這座佛寺由國家出資修建，皇帝經常親臨，有時是去賞燈，有時是去祈雨。在天聖節，朝中官員要去相國寺進香。相國寺也以其藝術品著稱，包括一組五百羅漢的鍍金青銅佛像。日本僧人成尋曾在一〇七二年遊歷相國寺，他提到了主殿內一座高六丈的彌勒佛像。宋徽宗年輕時可能看過高文進繪製的五臺山文殊菩薩與峨眉山普賢菩薩的壁畫，可能也看到了晚近的崔白所繪的熾盛光佛與十一曜坐神的作品。[58]相國寺內每個月定期五次開放很大的集市，並以此聞名。商人經營各種各樣的商品，有各自的攤位：買賣珍禽的在庭院大門口，賣馬鞍子、馬嚼子和刀劍的在另一個區域。還有商人出售蜜餞、毛筆、墨水、帽子、圖書、古董和繪畫，還有些人是占卜算卦的。[59]

要好好享受這座城市，徽宗就得在皇宮外修建自己的府第。一〇九五年十月，當時趙佖與徽宗剛滿十三歲，哲宗宣布五位皇弟不久將搬出皇宮。四個月後，將作監提交了修建五位皇子府邸的計畫。他們的府邸將沿用先例，按序排列，年齡最大的在最東邊。[60]這項工程大約花了兩年時間，被委以主管之任的是李誡。李誡是中國歷史上最著名的建築師，在修建皇子府邸的幾年時間裡，他還編纂了現存最古老的一本建築指南。

一〇九八年三月二十日，十五歲的徽宗和趙佖搬進了各自的府邸。第二天，哲宗親幸趙佖的府邸，次日又親幸徽宗的府邸。同時，徽宗與趙佖的年俸也被定為豐厚的八千貫。[61]徽宗仍然經常回宮，參加頻繁在朝堂上舉行的儀式，包括盛大的新年典禮等重要活動，以及更常規的每月兩次或五天一次的儀式活動。在這些儀式場合中，政府等級制度與君主政體極為壯觀地展示無餘。每個人都按序排列，從徽宗這樣級別最高的親王開始往下排。皇帝一登上寶座，包括親王在內的所有人都要依次向他叩頭，皇帝的最高權威也因此形象化地得到了鞏固。徽宗偶爾也在皇宮外的儀式上代表王權。一〇九八年，在最莊嚴的郊祀大典上，徽宗被選中擔任亞獻，這是徽宗幼年時他的叔叔曾履行的職責。第二年，朝廷收復青唐，徽宗又奉命在太廟向祖宗報告這一重要的軍事勝利。[62]

才華出眾的朋友與熟人

徽宗一旦在皇宮外有了自己的府第，就可以更充分地融入精英社會群體，這個世界匯集了眾多人士，他們全都家產殷富、飽學多識、才華出眾、卓有所成或者交友廣泛。在被稱為端王的這段時間，徽宗較為自由。史料中記載了幾件趣聞軼事。一則提到徽宗喜歡玩鳥，另一則記載了徽宗通常會從北門出宮，有位想結識他的年輕人就在北門等候，一見徽宗就下馬行禮，最終徽宗對此人產生了興趣。[63]

徽宗作端王時最有趣的一件事是對他蹋球的描述。這則故事解釋了徽宗如何認識最後官至殿前指揮使的高俅。

> 在殿廬待班，邂逅。王云：「今日偶忘記帶篦子刀來。欲假以掠鬢，可乎？」晉卿從腰間取之。王云：「此樣甚新可愛。」晉卿曰：「近創造二副，一猶未用，少刻當以馳內。」至晚，遣俅齎往。

值王在園中蹴鞠，俅候報之際，睥睨不已。王呼來前詢曰：「汝亦解此技也？」俅曰：「能之。」漫令對蹴，遂愜王之意，大喜，呼隸輩云：「可往傳語都尉，既謝篦刀之況（貺），並所送人皆輟留矣。」[64]

派高俅去送篦子的王詵是徽宗的親戚（徽宗父皇的妹夫）。王詵是一位書畫收藏家和技藝嫻熟的畫家，他結交了當時許多重要的文化名流，其中最有名的是蘇軾與米芾。[65] 蘇軾是著名詩人，並且直言不諱地反對新政。米芾是書畫家、收藏家與鑑賞家，撰寫了大量有關鑑賞書畫的著作，其中也包括若干幅王詵的藏品。[66] 王詵與蘇軾交好，這使他捲入朝廷中改革者與反改革者之間的鬥爭。一〇七〇年代，王詵資助刻印蘇軾的詩集，詩集中有一部分內容後來被當作證據，指控蘇軾誹謗皇帝，王詵也被指為同謀，指控書中逐年列出他與蘇軾過去十年的交往，記錄了王詵多次贈送蘇軾貴重禮物，為蘇軾提供材料裝褙畫作，甚至借錢給蘇軾用作外甥女的嫁妝。蘇軾的詩詞很受歡迎，這加重了言官的惱怒。言官控訴說：「道路之人，則以為一有水旱之災，盜賊之變，軾必倡言，歸咎新法，喜動顏色，惟恐不甚。」蘇軾被流放，王詵如果不是公主（其妻寶安公主）懇求哥哥宋神宗保留他的官職，也會遭到流放。然而，第二年公主去世後，神宗還是將王詵貶官。[67]

一〇八五年，王詵返回開封。對年輕的徽宗來說，姑父王詵特別有魅力，因為他認識很多名人，遊歷過全國各地，是一位卓然有成的畫家與書法家，還收藏有全國最著名的書畫作品。在此時期，徽宗也開始收藏，還幫助王詵得到了一幅他想收藏的畫作。[68]

在王詵的影響下，徽宗開始自己作畫。據蔡絛記錄，徽宗還是皇子的那些年裡，對他練習文人書畫影響最大的是王詵、趙令穰與吳元瑜。[69] 趙令穰是宋朝開國之君宋太祖的後裔（五世孫），因此是徽宗的遠房親戚（皇室宗族第五代的三千四百八十八名成員之一，與徽宗的父親是同代人）。趙令穰在京城擁擠的皇室宗族成員的住宅區中長大。宗室成員可以離京去祭拜洛陽半道上的皇陵，卻不能隨意到別處遊歷，據說趙令穰一輩子都處於這種對宗室成員的地域限制內。但趙令穰的確有大量繪畫藏品可以借鑑。作為一名畫家，他以山水畫著稱，風格大多體現了文人雅趣，例如水鄉景色與「小景山水」。相比之下，吳元瑜不像王詵、趙令穰是業餘畫家，他是一位專業畫家，曾師從被公認為北宋最優秀的花鳥畫家崔白。徽宗應該在皇宮裡見過崔白畫的屏風。[70]

王詵有兩幅畫作曾經被徽宗收藏，這兩幅畫倖存至今，並備受稱讚。〈煙江疊嶂圖〉（圖1.4）描繪的是瀰漫的雲霧和依稀可辨的兩艘小船，以及江邊陡起的重巒疊嶂。一〇八八年，蘇軾為此畫題了一首二十八行的詩（賦詩十四韻），王詵看後步韻唱和，蘇軾詩興大發，又唱和一首，王詵則再次賦詩回應。在第一首詩中，王詵認同當時新出現的一項理論，認為繪畫是一種適合於文人的藝術形式，還列舉了一些他視為典範的士大夫畫家。在給王詵的和詩中，蘇軾也評論了繪畫藝術，強調「畫山何必山中人，田歌自古非知田」。作為恭維，蘇軾將王詵比作鄭虔。鄭虔曾獻給唐玄宗一卷詩、書、畫，唐玄宗署尾親題「鄭虔三絕」，指的就是鄭虔的詩、書、畫。[71]

徽宗從王詵及其圈子中獲得了什麼呢？他可能明白了一個人不必非得成為專業畫家，多年致力於完善畫技也可以畫出意蘊深長的高雅作品。他可能看到了詩書畫的實踐方式可以相互補充，從而在文人的社會生活中達致和諧；他可能還看到了收藏書畫是一種巨大的資源，不僅可以提高自己的藝術實踐，還能吸引米芾這些有趣的人來欣賞自己收藏的名作。

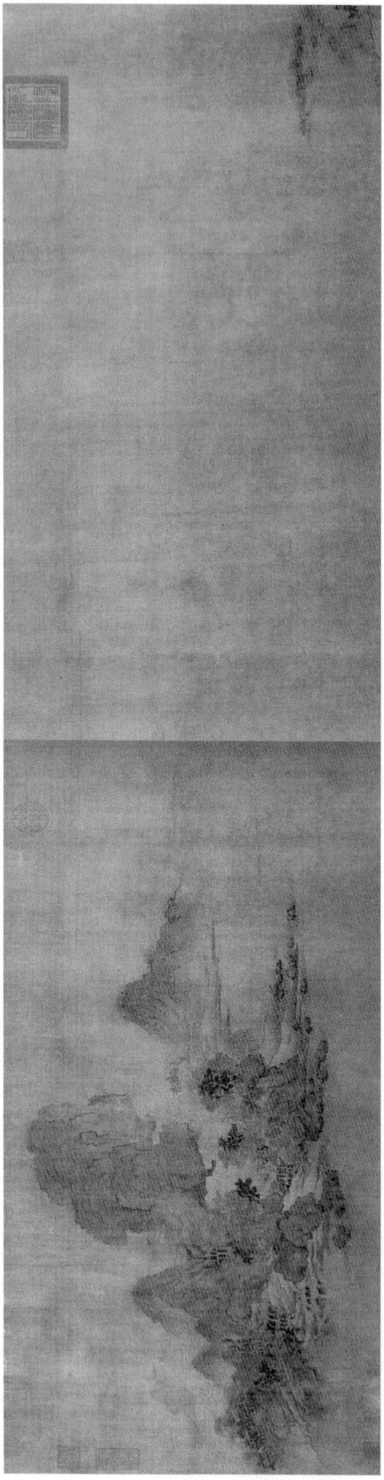

圖 1.4　〈煙江疊嶂圖〉，絹本，設色，縱 45.2 公分，橫 166 公分，現藏於上海博物館。

家事

一〇九六年，就在徽宗入住端王府前，宮廷陷入了騷亂，起因是四年前嫁給哲宗的年輕妻子孟皇后被控使用巫術。哲宗從來沒有喜歡過孟皇后，或許因為她是高太后挑選的，哲宗容忍甚至鼓勵自己寵幸的劉婕妤對年輕的皇后不恭。哲宗也沒有制止對皇后的神祕行為的指控。這件事的起因是孟皇后年幼的公主病倒了，孟皇后便向略通醫學的姊姊尋求幫助。由於給公主開的藥毫不見效，孟皇后的姊姊便帶來一些道教用來治病的「符水」。她拿出符水，孟皇后大驚失色，告訴姊姊宮中嚴禁這類東西。不久，哲宗來探視公主，似乎並沒有對符水感到不安，還認為提議用符水給公主治病是人之常情。儘管如此，謠言開始在宮中傳播開來，引起對邪惡力量的恐慌。公主的病情惡化時，皇后發現了公主身旁的紙錢（用來祭神的），開始疑心是她的對手劉婕妤派人做了手腳。後來，有三個人——皇后的養母、一名女尼與一個宦官——被指控協助皇后使用妖術。

哲宗命令一名宦官頭目對後宮所謂的陰謀進行司法調查。有三十名宮女與宦官受到嚴刑拷打，有的肢體被打殘，有的被割下舌頭，最後出現了各種各樣的指控。女尼被指控使用「所厭者伏、所求者得」的禱詞施行巫毒之類的神祕儀式；宦官被指控畫了劉婕妤的畫像，然後用針釘穿畫像的心臟，希望以這種方式殺死她；養母被指控在一張符紙上寫了「歡喜」字，然後燒成灰，放在哲宗飲用的茶裡，希望以這種方式改變哲宗的情感。官員詳細地與哲宗討論調查結果，他們很清楚嚴酷拷打之下的審問未必能查明真相。官員們意識到哲宗感覺自己處於危險之中，最後默許哲宗廢黜孟皇后，將其貶入瑤華宮。被控使用巫術的女尼、宦官與養母三人皆被處死。[72] 根據後來向太后的說法，徽宗在聽說在這些調查中死去的宮女時，流下了眼淚。[73]

一〇九九年是徽宗及其家族的又一個多事之秋。在這年二月，徽宗最小的弟弟趙偲開始準備從皇宮搬到自己的府第。四月，哲宗帶著大量隨從親臨郡王府。這一次是在徽宗最大的弟弟趙俁的王府設宴。兩週後，哲宗又召集大家舉行宴會，這次是在徽宗的二弟趙似的府第。由於這一次哲宗的兩位母親，即嫡母向太后與生母朱太妃都與哲宗同行，因此討論的議題很可能是為兩位年齡稍長的郡王趙佖與徽宗安排婚事。[74]

被選中嫁給徽宗的女子姓王，當時十六歲，比徽宗小兩歲。關於她的家庭背景，只知道她來自京城，父親是一位地方官。親王的妻子都要從有名望的家庭中挑選，當然，徽宗本人不會參與對這位特別的年輕女子的挑選過程。一〇九九年六月，徽宗大婚，王氏被迎娶至徽宗的府第，成為徽宗的妻子。婚後不久，嫡母向太后賜給徽宗兩名妾，即鄭氏與王氏，作為禮物。徽宗早就認識她們，因為之前在徽宗入宮拜見向太后時，太后就曾派鄭、王去陪侍徽宗，二人頗得徽宗喜愛。[75]

在皇宮裡，人們開始擔心哲宗的健康。從哲宗的宰輔曾布留下的日誌中，我們了解到哲宗願意與二府官員談論他的疾病，因此很可能哲宗的母親與兄弟也聽說了哲宗的病情。[76]開始只是比較厭煩的病症，還不算令人擔憂。一〇九九年五月十八日，哲宗說自己長期被咳嗽與便祕困擾，服用了很多藥也沒起多大作用，他讓二府官員舉薦精通醫理的醫生。御醫耿愚由於精通脈論、善用古方而被舉薦。哲宗認真遵循御醫們的建議，健康狀況卻沒有改善。一〇九九年七月，侍候哲宗的醫官被留宿在宮中三天。那時，哲宗的腹瀉與胸悶非常嚴重，連粥和藥都咽不下。耿愚給哲宗配製了哲宗母親推薦的一種溫脾藥丸。[77]

隨著天氣轉冷，哲宗的健康有所好轉，可以和大家一起激動地期待一位皇子的降生。哲宗的妃嬪們到此時為止為他生了四個孩子，但都是公主，其中一位在襁褓中就夭折了。一〇九九年八月初八，第一個皇子出生時，哲宗的身體狀況可以參加慶祝活動。皇子一出生，哲宗就立刻命宦官將消息傳給二府大臣。二府大臣次日見到哲宗時，哲宗告訴他們，他的兩位母親都非常高興，大臣們又說，不但兩位太后喜不自禁，全國上下都在慶祝皇子的降生。一名宦官被派往皇陵，向祖先報告喜訊，與此同時，重臣與宗室也奉命前往南北郊壇和太廟祭告。此外，翰林院起草一份聖諭，宣布對所有流人以下的罪犯實行大赦。但就在這時，哲宗再次病倒了，連著兩天取消了臨朝。八月十四日，哲宗見到二府大臣時說，御醫耿愚開了一些催吐的藥，他的病情稍有好轉，但還是沒有食欲，而且腹部也經常疼痛。[78]

徽宗自然也參加了一〇九九年八月二十一日在集英殿為他的新生皇侄舉辦的慶祝宴會。哲宗心情很好，他慷慨地賞賜給二府大臣和弟弟們很多禮物，包括衣服、做工精緻的金腰帶，以及配上馬鞍的駿馬。衣服都是由皇家作坊製成，包括紅羅繡抱肚、白綾褲、黃綾襯衫、勒帛紫羅公服。後來二府大臣前來拜謝哲宗賞賜禮物時，都穿上了賞賜的服飾，騎著賞賜的馬匹。徽宗和眾親王也穿著哲宗頒賜的服飾各自回府。然而，從文化的角度看，宴會似乎並不成功。哲宗後來與二府官員都覺得為盛會創作的樂詞無一令人滿意，他們討論了任命哪些人有可能提高宮廷的文學水平。[79]

哲宗的新生皇子受到所有人的熱情迎接，但哲宗決定將皇子的母親劉賢妃封為皇后，就不是每個人都贊同了，很多人因為孟皇后被廢的事指責劉氏。一〇九九年九月二十七日，劉賢妃被正式冊封為皇后。這一天，徽宗與其他親王一起在文德殿迎接。劉皇后的慶典應當沒有七年前孟皇后的儀式那樣複雜，因為新皇后已經住在皇宮裡，不用穿過正南門進去。[80]

由於劉賢妃被冊封為皇后，徽宗間接失去了兩位侍讀。諫官鄒浩上疏反對冊封劉氏，激怒了哲宗。[81]哲宗在朝殿上與鄒浩爭論，他告訴鄒浩，祖宗本有先例，鄒浩回奏道：「祖宗大德可法者多矣，陛下不之取，而效其小疵。」[82] 哲宗不僅將鄒浩貶官，還革職發配到偏遠的南方。那裡是著名的「死地」之一，毫無抵抗力的北人到那裡可能會染上瘴癘。為了嚴懲鄒浩，開封府奉命當天就派人押送他出城。但是，鄒浩的許多朋友都前來相助，其中兩位是徽宗的侍讀傅楫與朱紱，使得這件事受到了拖延。哲宗龍顏大怒，托言二人資助鄒浩的旅費，將他們革職。哲宗甚至因尚書右丞黃履為鄒浩辯護，罷了他的官職。[83]

哲宗心緒不佳，也許是因為剛出生的皇子身體欠安。閏九月十五日，哲宗告訴二府官員，皇子受了驚嚇，御醫正用藥物調理他的腸道。從那時開始，二府官員每日都會詢問皇子的健康，並常常對他的醫療護理提出一些建議。閏九月二十六日，皇子（還沒有起名）似乎有所好轉，但就在那天晚些時候，一名信使向二府官員報告，皇子已經夭折了，接下來三天哲宗都不會上朝視事。三天後，哲宗年僅兩歲的公主也夭折了。[84]

儘管哲宗遭遇不幸，但一些常規的宮廷生活還是要繼續。九月，親王趙偲終於搬進了自己的府第，宗室成員組成了儀仗隊，陪他從皇宮搬進新宅。隨著趙偲的搬出，哲宗的五位弟弟全都住在宮牆之外了。[85]

哲宗的生日是十二月八日，一年一度的慶典活動是一個重大的宮廷盛會。正式典禮開始前兩天要排練一番。[86] 在參加紫宸殿舉行盛宴的眾多賓客中，還有遼、高麗與西夏的使節，專程來開封參加盛典。開封的大臣大都出席了宴會，座次根據品銜高低排列。親王按品銜依次坐在哲宗右邊最尊貴的位置。慶典活動共有九輪，每一輪都安排了娛樂活動、食物與美酒。翰林院的官員每年要編寫新的樂詞，用來祝酒或歌唱。教坊樂部根據演奏樂器的不同，穿的衣服也五顏六色——緋色、紫色或綠色，他們的樂器包括拍板、琵琶、箜篌、鼓、編鐘、簫、笙、塤或笛子。表演舞蹈的藝人有男有女。別的娛樂活動還包括雜技、雜劇與蹴鞠。當天的慶典結束前，賓客們都會收到很多禮物。[87]

生日宴會不久，哲宗又病倒了。他整日嘔吐，什麼東西都咽不下去，還咳嗽不停。知樞密院事曾布說這些都是虛弱的症狀，需要用食物調理。哲宗說他已經服用了差不多一百粒補中丸，曾布則建議，皇上還很年輕，不應該服用溫熱的藥，這可能會耗損更多的陽氣。第二天，哲宗患了喉炎，說話非常費勁。接下來三天哲宗病情沒有改善，但還是繼續上朝。為了避免呼吸冷空氣，除了每天去拜見母親，他都在屋裡待著。到十二月二十一日，御醫告訴宰輔，皇上病情嚴重，目前脈氣微弱。不過，即使到了這個時候，宰輔還是沒有討論那個不祥的話題：哲宗一旦駕崩會發生什麼事。[88]

一一〇〇年的新年那天，哲宗病得很重，不能主持照例舉行的新年盛大朝會。到了初四，在紫宸殿舉行的例行宴會宣布取消。哲宗不僅仍然咳嗽和嘔吐，腹部疼痛也變得更嚴重了。宰輔提議在開封城裡的寺觀進行七天的祈禳道場，並宣布大赦——仁宗皇帝就是在一〇五六年一場大赦之後痊癒的。宰輔獲允到內宮探視躺在福寧殿東側臥室的哲宗。哲宗戴著帽子，穿著短外套，坐在御座上，但他說臟腑還是不舒服，也沒有藥物緩解這種症狀。在官員們的建議下，哲宗同意舉行祈禳道場，大赦天下，並採用更多的艾灸治療。那一天，御醫對哲宗全身都進行了艾灸，直到他疼痛難忍。第二天，大臣們帶來更多的藥物讓哲宗嘗試，但都毫無益處。一一〇〇年正月十二日上午，哲宗駕崩，當時他的二十三歲生日剛剛過去一個月。[89]

徽宗成長的皇宮——宋朝的皇宮——與西方的皇宮相比如何呢？[90]兩者的異同之處都值得注意。從建築空間而言，宋朝宮殿和別處的宮殿一樣，都類似精英的家庭住宅，但規模更加宏大。從社會空間而言，宋朝皇宮中有很多人，從位高權重者到各類僕役，他們之間的交往受到精心設計的宮廷禮節與儀式的約束，跟其他地方的宮殿並無二致。宮廷裡進行的某些儀式，與更加明確的宗教場合舉行的儀式在結構上很相似。這些儀式既體現了統治者的神聖身分，又涉及宮廷社會中細微分級的社會等級，甚至在禮儀的形式上也常常很相似，例如在歐亞大陸的大部分地區，統治者出現在比較公共的場合時，都會隨身帶著或者豎起各式各樣的華蓋，人們見到統治者也要下跪。

與其他國家一樣，宋朝宮廷裡發生的事情也能迅速散布出去，有些是個人的傳聞，還有一些是關於新時尚的報告——率先在宮廷裡出現的禮儀、娛樂活動和服裝方面的創新。但在這些方面，我們最好也注意與其他國家的差異。儘管宋朝皇宮之外的民眾看起來很快就會仿效宮廷女性的服裝款式，但男性的服裝卻並非如此，宮中男性的衣著似乎從來都不是一個令人感興趣的話題，這也許是因為從某種意義上說，從皇帝以下的所有男性都是統一身穿與官職相配的制服。

在宋朝宮殿裡，男女有別是必須遵守的規矩。在重要的宮廷宴會上，無論是後宮妃嬪還是公主都不能出席。有時候，有誥命的女性（例如高官的妻子）被邀請參加宮廷的女性聚會。然而，那些會使不相關的男男女女聚在一起的社交場合，則盡可能避免。公主們長到適婚年齡，一般是十五、十六歲，就會結婚，會有豐厚的嫁妝，通常包括一座宅邸。但她們在宮廷文化中的作用微乎其微，哪怕是她們可能會跟誰結婚的小道消息也不太多。

皇子與公主在宮廷中長大，沒有什麼機會結識跟他們沒有親戚關係的同齡孩子。在歐洲，從中世紀開始，貴族就經常出現在宮廷裡，貴族的兒子會被送進宮做青年男侍，或者僅僅為了接受教育。但在宋朝宮廷沒有類似的情況，除了宗室外，幾乎不存在世襲貴族。徽宗兒時唯一認識的玩伴就是他的兄弟姊妹，官員的兒子與同族人的兒子不會和他在皇宮裡一起長大。宮廷裡的成年人也與同齡人相隔絕。與歐洲君主不同，哲宗與他的皇后沒有出身貴族的男男女女來服侍，哲宗很多時間與宰輔一起度過，但他們並不幫助哲宗更衣，從事這類個人服務的是宮裡的宦官或宮女，因此，宋朝宮廷遠不像歐洲宮廷那樣具有公共性。哲宗沒有與他可以比較隨意來往的堂兄弟或者其他顯貴親戚一同出去騎馬或狩獵。像他的各位前任一樣，哲宗也舉行宴會，但是只有那些明確被邀請的人才能參加，宗室甚至不能像法國貴族在路易十四的凡爾賽宮那樣，隨意出現在皇宮中並希望獲准參加聚會。

宋朝宮廷文化一個最顯著的特徵是統治者相對安靜。在整個十八世紀，歐洲大部分統治者都擁有幾處宮殿，他們會花大量時間從一個宮殿前往另一個宮殿，甚至有時也會去拜訪其他統治者。皇室的入城儀式是重大活動，人們用文字和繪畫廣為慶祝。同時，皇室也通過這種旅行，向更廣泛的社會公眾展示著皇室的尊嚴。相比之下，儘管宋朝指定了四座都城，但皇帝從來沒有去過西京（洛陽）、北京（大名府）和南京（歸德府），而是幾乎完全住在開封——名義上的東京。與之相比，唐朝對東都洛陽的利用率要高得多，甚至曾將朝廷移到洛陽。宋朝統治者離開皇宮履行典禮儀式時，場面確實也非常壯觀，但他們通常不會去遠離京都的地方，因此遠離京城的地方民眾也就不太可能見到聖駕。

宋徽宗獲准搬進端王府後，避開了宮廷生活中的許多社會束縛。儘管如此，正如第二章所述，他重新被召回宮廷時，也只是象徵性地反對了一下。

第二章

登基（一一〇〇）

（哲宗眾兄弟）俱神宗之子，莫難更分別，申王病眼，次當立端王。

——向太后對二府官員宣布哲宗駕崩時說

無論在哪個王室，君主的離世都會引發一場危機。就算君主離世在預料之中，繼承君位之人也已選定，但沒人知道新君主即位後能否有效地處理國事，能否維持對政府機器的控制，能否以一種對自己有利的方式管理君臣之間錯綜複雜的人際關係。如果君主意外駕崩，也沒有指定繼承人，就可能出現一場繼位之爭。高層官員、寵妃和主要的宮廷侍僕都知道，如果自己支持的候選人登上皇位，就可以獲得更好的待遇，因此他們有動機去千方百計地促成。

在宋朝前一百四十年的歷史中，共有六次皇位繼承，沒有哪兩次是相似的。[1] 出於我們也許永遠無法得知的原因，宋朝皇室一直飽受精神和身體健康問題的困擾，在皇宮出生的皇子存活率非常低。開國皇帝宋太祖駕崩時有兩個兒子在世，但都沒有繼承皇位，而是弟弟太宗奪取了皇位，並迫使他的母親宣稱，宋太祖希望將皇位傳給弟弟。這種旁支繼統打破了長期以來的原則，即皇帝的兒子繼承大統，因為只有皇帝的兒子才有資格在祭祖時擔任繼承人的角色。正常情況下，應當是宋太祖的長子繼承皇位，但他不久突然自殺了，而沒過兩年，另一個小一點的兒子也在二十三歲時猝然離世。

宋朝的第二位皇帝一直等了很久，才明確表示皇位將由自己的兒子繼承，而不是哥哥（也就是開國皇帝）的後裔。宋太宗五十七歲時，腿上一處舊傷復發，這時他才將自己的第三個兒子真宗立為太子。雖然立了太子，但也未能避免在駕崩後遺孀和宰相之間為此發生爭鬥。太后及其同夥試圖將他們的候選人，即太宗的長子推上皇位，而宰相呂端則堅持遵循太宗的遺囑，這件事自然也使他獲得了新皇帝的信任。

宋真宗直到一〇一八年才立太子，那一年他五十二歲，已執掌朝政二十年，當時他的六個兒子中僅剩下一位在世。但真宗之所以推遲這麼久才立儲，也許並不僅僅因為兒子們體弱多病。他顯然是擔心會被逼退位。事實上，真宗在一〇二〇年病重時，宰相和宦官首領就曾要求他退位，傳位給太子。真宗不僅拒絕，還殺了這位膽大包天的宦官首領，宰相也被免官。

真宗的繼承人仁宗，活得夠長，照道理應該有成年的兒子可以繼承皇位，但是他的三個兒子都沒有活到成年（十三個女兒中，也只有四個長大成人）。一〇五六年，仁宗四十七歲，已在位三十五年。這一年他大病一場，連續十天精神錯亂，連人都認不出來，皇后都被嚇壞了。[2]仁宗病癒後，一位言官連上十七封奏疏，催促他選一位繼承人，其他大臣也紛紛進言。最終，仁宗立大堂兄的兒子為太子（英宗）。英宗當時已成年，他小時候曾被當作潛在的繼子送入宮中撫養數年，因此仁宗和皇后對他非常了解。

英宗登基時有三個兒子，最小的八歲，最大的十五歲。不幸的是，他很快就染上了精神和身體上的疾病，在位僅四年就駕崩了。[3]英宗去世後，十九歲的長子神宗登上皇位。儘管這次繼位完全符合邏輯，但宰相韓琦認為，英宗若在清醒時就將神宗的名字寫下來，事情會順利得多。神宗因此非常感激韓琦和其他二府大臣，對這些比他年長很多的大臣也更加言聽計從。[4]神宗也是剛到中年就駕崩了，臨死前才將哲宗立為太子（如果他當時還頭腦清醒，明白事理的話）。

某種程度上，徽宗的繼位與太宗有些類似：他也是前任皇帝的弟弟，而不是兒子。但徽宗登基時年齡比太宗小得多（剛滿十七歲），也從未被懷疑曾上下其手，以旁系繼位。

登基之日

曾布的政治日記中能找到哲宗之死和徽宗繼位最完整的記述。當時曾布任知樞密院事，廁身二府大臣之列。[5]對這段歷史敘述最詳細的典籍是《續資治通鑑長編》，其中大量參考了這部日記，同時也借鑑了一些別的文獻資料。

哲宗駕崩時，四位二府大臣分別是章惇、蔡卞、曾布和許將（見表2.1），他們幾位已在二府共事五年多。一一〇〇年正月十二日，這幾位大臣來到內東門，等候宣召入宮。他們得知哲宗病情嚴重，原本計畫當天在宮中及城內寺觀舉行祈禱儀式。[6]但他們走到內東門時，被宦官首領梁從政告知不能入內。隨後，幾人來到哲宗的主要寢宮福寧殿，發現那裡已準備好了垂簾，以便向太后召見他們。太后跟他們說，哲宗已經駕崩，由於哲宗沒有子嗣，繼位之事必須商定。根據曾布的紀錄：

> 眾未及對，章惇厲聲云：「依禮典律令，簡王乃母弟之親，當立。」余（曾布）愕然未及對，太后云：「申王（佖）以下俱神宗之子，莫難更分別。申王病眼，次當立端王（徽宗），兼先皇帝曾言：

表 2.1　徽宗繼位過程中的主要人物

駕崩的哲宗皇帝	一一〇〇年正月十二日拂曉前駕崩
女性長輩	
太后向氏	哲宗的嫡母，神宗的遺孀
太妃朱氏	哲宗的生母
可能的繼承人 （哲宗的弟弟們）	
趙佖，一〇八二年七月生	申王，有眼疾
趙佶，一〇八二年十月生	徽宗，當時為端王
趙俁，一〇八三年九月生	
趙似，一〇八三年十二月生	朱太妃的兒子
趙偲，一〇八五年八月生	
二府	
章惇	宰相
蔡卞	蔡京的弟弟
曾布	關鍵紀錄的作者
許將	
其他官員	
蔡京	翰林學士承旨
宦官首領	
梁從政	

> 『端王生得有福壽。』嘗答云：『官家方偶不快，有甚事。』」[7]
>
> 余即應聲云：「章惇並不曾與眾商量，皇太后聖諭極允當。」蔡卞亦云：「在皇太后聖旨。」許將亦唯唯，夔遂默然。[8]
>
> 是時，都知、押班、御藥以下百餘人羅立簾外，莫不聞此語。議定遂退，梁從政引坐於慈德宮南廡司飾閣前幕次中。殿廷上下時有哭者，從政等呵止之，令未得發聲。余呼從政，令召管軍及五王。從政云：「五王至，當先召端王入。即位訖，乃宣諸王。」少選，引喝內侍持到問聖體榜子，云：「三王皆已來，唯端王請假。」遂諭從政，令速奏皇太后，遣使宣召。[9]

在等候徽宗時，曾布對宦官說，二府大臣要親眼看到哲宗的遺體，驗證皇帝確已駕崩。太后同意後，梁從政引他們進入。

> 開御帳，見大行已冠櫛小斂訖，覆以衣衾，從政等令解開覆面白巾，見大行面如傅粉。[10]

離開前，曾布讓梁從政準備好帽子和御衣，待端王一到就可即位。梁從政告訴他，已經準備妥當。

在很多別的國家，如果沒有事先指定繼承人，通常由皇室的男性長輩來挑選一位，而在中國，卻是由太后擔任「皇帝製造者」。[11]當然，在這種情況下，最好要讓二府大臣贊同她的選擇。

在等候端王的同時，二府大臣開始起草哲宗的遺詔。得知端王已經到達，他們便隨他一起來到了殿堂。

余等皆同升至寢閣簾前。皇太后坐簾下，諭端王云：「皇帝已棄天下，無子，端王當立。」王踧踖固辭，云：「申王居長，不敢當。」太后云：「申王病眼，次當立，不須辭。」余等亦云：「宗社大計，無可辭者。」都知以下捲簾，引端王至簾中，猶固辭，太后宣諭：「不可。」余等亦隔簾奏言：「國計不可辭。」聞簾中都知以下傳聲索帽子，遂退立廷下。少選，捲簾，上頂帽被黃背子，即御座。二府、都知以下各班草賀訖，遂發哭。[12]

二府大臣退下，繼續商議以哲宗名義發布的遺詔，並召翰林學士承旨蔡京進宮動筆起草。[13] 蔡京後來成為徽宗朝的重要人物，不過他此時就已經參與了徽宗的故事，只是當時他的弟弟蔡卞已高居二府大臣，比他的官職還要高。

二府大臣一旦準備好遺詔，就要宦官向朝廷百官宣讀，但還沒來得及宣讀，徽宗就召他們入殿了。

上御座，宣名奏萬福訖，升殿。上密諭章惇，語聲低，同列皆不聞。余云：「臣等皆未聞聖語。」惇云：「請皇太后權同處分事。」上亦回顧余等云：「適再三告娘娘，乞同聽政。」余云：「陛下聖德謙挹，乃欲如此，然長君無此故事，不知皇太后聖意如何。」上云：「皇太后已許，適已謝了，乃敢指揮。兼遺制未降，可添入。」[14]

於是二府大臣又叫回蔡京，修改遺詔。詔書已經修裱，內容除了指定徽宗繼承皇位，還提到了哲宗的病情，希望葬禮從簡，官員們只要短期服喪——這些都是遺詔中的常見內容。[15] 遺詔的宣讀也依照常規進行：

班定，引宰臣升殿受遺制，西向宣讀訖，降階。再拜訖，宰臣燒香、奠茶酒訖，又再拜。方宣遺制，時止哭，然上下內外慟哭聲不可遏。移班詣東序，賀皇帝即位，又奉慰訖，宰臣、親王、嗣王、執政皆升殿慟哭，上亦掩面號泣。[16]

二府大臣勸徽宗為社稷大計克制自己的悲傷，隨後，他們拜見向太后，奏知遺詔中增加的段落。太后說：「官家年長聰明，自己哪裡理會得他事？」大臣們告訴太后是徽宗說她已經同意了，太后說：「只為官家再三要如此。」[17]

從曾布的紀錄可以看出，向太后非常確定地希望徽宗繼承哲宗的皇位。她在別處還說到，徽宗非常聰明，有次還明確說其他皇子都沒法跟他比。[18]還有一次，曾布提到神宗很聰明，向太后則說徽宗很像他的父親。[19]毫無疑問，太后很喜歡徽宗，而且認為他是神宗在世兒子裡最有能力的一個。徽宗幼年喪母（生母陳嬪妃在神宗陵前去世），因此向太后非常重視徽宗的教育。而且，徽宗的生母已不在人世，這對他被選中繼承皇位也許是有利的，因為不會再有一位皇母（如哲宗的生母朱太妃）與向太后競爭母親的權威。由於徽宗只比趙佖小三個月，他們的年齡差別只是象徵意義上的。但趙佖患有眼疾，即使只是視力不好，也不再是皇位的最佳人選，因為皇帝每天必須閱讀成堆的奏疏等等。在徽宗登基的當天，曾布、許將和蔡卞討論了選擇他繼承皇位的問題，三人均認為顯然應該選擇徽宗，而章惇提議讓第四位皇子趙似繼位是別有用心。另一種可能是，宮中其他人，比如宦官首領，在向太后面前說了徽宗的好話。太后還懷疑朱太妃與幾個大宦官暗中串通，讓她的兒子趙似取代徽宗登基。曾布記錄了他後來與向太后的一次談話，太后說，她問宦官梁從政繼位的事情該如何辦，梁回說聽章惇的，可能他明白章惇支持朱太妃之子似繼位。可以想像，也許有別的宦官提議支持徽宗。[20]

非常重要的是，當時朝中沒有人提出不要從哲宗的弟弟而要從兒輩皇族中物色繼承人。神宗沒有在世的孫子，可能英宗也沒有在世的重孫，但太宗後嗣中肯定有與哲宗之子輩分相當的，太祖後代中肯定也有很多與哲宗之子同輩。[21]但向太后的選擇也許最符合人之常情，因為將神宗的兒子推上皇位意味著皇位仍由她丈夫的後代繼承，況且這個新皇帝還是她自己撫養長大的。

一一〇〇年正月十二日這一天的決定，幾乎徹底改變了徽宗的生活。假如皇位由他的哥哥或弟弟繼承，他就可以繼續做皇帝的兄弟，在這個位置上會有一些責任，卻能有更多時間去尋求文化上的造詣。然而，從徽宗穿上皇袍登上皇位的那一刻起，他身邊就圍滿了官員和宦官，這些人都想影響他在新角色上的作為。

向太后參政

徽宗被要求繼位時，第一反應就是請求嫡母向太后垂簾聽政。[22]這在今人看來不足為奇，一個剛滿十七歲的少年，可能會對掌管大宋帝國那樣龐大複雜的事業感到膽怯，但對徽宗的同代人而言，徽宗虛歲十九，完全是成年人了，因此，徽宗請求向太后垂簾聽政的反應出人意料。

徽宗告訴大臣，他希望與向太后同掌朝政，大臣們立即退下商議如何安排。他們找到了兩個不同的先例。一個是此前仁宗與哲宗年少，太后親臨朝殿，與小皇帝一起垂簾聽政，大臣們同時向二人稟奏，實際上是與太后議事。在禮儀上，太后也被視為國家統治者，她的生日被定為節日進行祝賀，她的聽政也要向宋朝的主要外交盟友遼國遣使通報。大臣們找到的另一種先例是，在英宗生病期間，大臣先在朝中拜見英宗，再去後宮拜見太后，稟告太后他們與英宗討論過的事宜，太后有權裁奪。這種方式只是一種權宜之計，從禮儀上太后也沒有被視為國家統治者。曾布認為，既然徽宗和英宗都已成年，英宗的先例是最適合的。其他大臣提出了一些異議，但最後還是都同意了曾布的提議。[23]

曾布說服其他二府大臣後，隨即向徽宗稟奏，詳細描述了英宗朝的安排，並解釋說當時的環境與徽宗現在十分相似，因為都是皇帝本人要求太后參政。「章獻（真宗的遺孀）時仁宗方十三，宣仁（英宗的遺孀高氏）時大行方十歲。陛下豈可（像他們那樣）坐簾中？」然後徽宗與二府大臣一同去拜見向太后。太后先是堅稱這些都非她所願，但後來還是同意了。大臣們稱讚太后的賢德，並具體安排了聽政的細節，包括太后不用親自去前後殿，也不用聽取所有奏疏，而是在二府大臣朝見徽宗後，再前往內東宮向太后奏事。而且，太后的生日也不定為節日，她聽政也不用遣使通報遼國，這些具體安排不同於高太后攝政時的那些做法。[24]

接下來幾天，向太后一直忙著處理後宮嬪妃的事，例如為徽宗亡母追授封號，為哲宗的嬪妃安排住所和頒賜封號。正月十四日，她下了一道手詔，說自己不久就不再參與朝政，也不再接受奏疏。又過了幾天，太后不像以前那樣積極聽政了，對大臣和徽宗決定的事基本上都表示同意。二月初五，太后又寫了一封手詔送至三省，說她心意已決，一旦哲宗在陵墓被安葬、靈牌升入供奉祖先的太廟後，她就不再參與朝政。[25]

曾布在政治日記中詳細記錄了與向太后的對話。這些對話大部分是關於宮中事務，而不是朝廷的政策。二月初二，太后談到了哲宗駕崩前的最後幾天和治療情況。同一天，她還抱怨說自己的閱讀能力不足以處理政府文件。她說自己一直不認識「瞎」這個字，直到在一份邊疆奏疏的一個名字中看到才認得。章惇安慰她說，太后的聖明足以處理這些事務，並提醒說禪宗的六祖慧能也不識字。二月十二日，太后告訴曾布，她懷疑哲宗生母朱氏曾與章惇及一個宦官密謀，讓自己的兒子趙似繼承皇位。大約一個月後，曾布和太后再次談論這件事，指責朱氏與另一個宦官暗中勾結，那個宦官把朱氏的物什帶到哲宗臥病的大殿，朱氏顯然希望在哲宗駕崩時自己在場，親眼看到繼位之事按照她希望的方式發展。[26]

向太后只有在為數不多的幾件事上立場強硬，其中一件涉及後宮：我們在第一章提到，哲宗廢黜了孟皇后，隨後將她的對手劉氏冊封為皇后，向太后希望能找機會逆轉這件事。在哲宗統治末年，有三位女性具有至高的權威：向太后，她是神宗的遺孀，哲宗、徽宗的嫡母；朱氏，神宗的貴妃，哲宗的生母；劉氏，哲宗的遺孀，被冊封為皇后還不到三個月。徽宗繼位改變了她們的地位以及其他許多方面。她們三人都擁有自己的寢宮，還有眾多被分派去伺候她們的宦官和宮女。一一〇〇年，與朱氏一同住在聖瑞宮的就有七百人。[27] 徽宗的生母在十多年前就去世了，唯一具備徽宗母親身分的是向太后，因此她的地位只會進一步鞏固。向太后與朱氏的寢宮相隔不遠，二人做了很多年的鄰居，但她對朱氏沒有什麼好感或同情。不過，她更不喜歡劉氏。朱氏與劉氏現在跟皇位繼承的主脈都沒有什麼密切關係了，她們可能已經料到，過去逢迎她們的一些人會把注意力轉向更有前程的主子，比如很快將成為新皇后的徽宗年輕的妻子。

向太后並不關心兒媳劉氏，與劉氏相比，她更喜歡孟氏。孟氏出身書香門第，一進宮就修習婦道。不過太后倒也承認，孟氏與劉氏的競爭兩人都有責任，因為她們的脾氣都有點大，但她仍然認為孟氏被廢不合規矩，因為廢黜孟氏的向太后手詔是偽造的。她本人都沒有見過這份詔書，更別說親筆寫了。[28]

向太后對這件事一直耿耿於懷，她曾與韓忠彥和曾布討論，但兩位大臣都不贊成她的想法。兩人同徽宗商量這件事時，徽宗讓他們對太后解釋，從原則上講，弟弟不能改變哥哥遺孀的地位。[29]韓忠彥的行狀中記下了大臣、太后與徽宗之間的討論：

初欽聖皇太后垂簾共政，而故相章申公惇猶未去位。公與申公簾對，皇太后曰：「登極之恩博矣，無所不被。廢后孟氏可復也。」公退謂申公曰：「有故事乎？事體之間無所傷乎？」曰：「無傷。」及以事對，上曰：「復孟氏則可，而皇太后欲復孟氏而廢劉氏，奈何？復一廢一，則上累永泰，豈小哉？公等執政也，其執之。」公曰：「陛下之言乃謨訓也，其敢不執！」退見皇太后。皇太后盛以廢復為言，不可易。公援引古今，具道其所以然，以死爭之。皇太后之議遂格。[30]

在曾布的政治日記中，向太后堅持認為皇帝只能有一位皇后，這是自古以來的規矩。不過，只有章惇支持這種觀點，其他大臣都保持沉默。另一位大臣蔣之奇進而爭辯道，廢黜劉氏相當於將哲宗的錯誤彰顯於眾，而且徽宗作為小叔子，改變兄長遺孀的地位也不合禮儀。太后只好妥協，勉強同意立兩位皇后。一一〇〇年六月二十三日，在郊壇宣布孟氏恢復皇后的身分。[31]

數月後，曾布開始擔心，太后是否真能如承諾的那樣，盡早放棄參政。五月初九，徽宗的第一個皇子出生，曾布提醒徽宗，「陛下已生子，皇太后弄孫，無可垂簾之理」。徽宗答道，攝政本來就不是太后的意願，況且她也降下手詔，等哲宗靈位供奉在太廟以後就會還政，這也就是一、兩個月後的事了。曾布趁機向徽宗解釋權力的複雜性。他警告徽宗，太后身邊的親隨可能不希望她失去朝中影響力，徽宗應該提防他們製造事端。徽宗儘管不相信嫡母會這麼容易受騙，但答應保持警惕。[32] 接著，曾布要徽宗提前做出決定，在太后還政後，哪些事情應當繼續向她稟報。徽宗說，除了親王和公主的事，其他事宜都不用向太后報告。曾布這才感到寬慰。

在這場對話的最後，曾布請求徽宗一定不要將前述他們說的事告訴別人。他引用了一句著名的古文：「君不密則失臣，臣不密則失身。」[33] 接著又說道：「願陛下更賜垂意，此語稍泄露，臣實無所措身矣。」徽宗答道：「會得，會得！此豈可漏也？」[34] 顯然，曾布並不信任太后身邊的那些人，可能也不信任太后本人。

很多歷史學家在描述宋代的政治史時，假設向太后是在徽宗登基第一年做決策的人，也正是她召回了很多保守派。他們假定，向太后的觀點肯定與她的婆婆高氏十五年前攝政時很相似，然而仔細研究史料就會發現，情況並非如此。向太后的作用相對較小，而且下文會提到，她更感興趣的是把改革派蔡京留在京城，而不是召回某一位保守派。[35]

黨爭

徽宗剛登上皇位，就為自己定下了一項任務，即改善已使一代人受到影響的殘酷的派系鬥爭。一開始，他對自己能做到的事情想得有些天真。從理論上講，皇帝擁有所有的權力：他可以頒布法律，也可以按照自己的意願任命或罷免官員。但實際上，他必須透過官員工作，而官員們有各種方法抵制他們不希望實施的舉措。同時，每天都要與相互之間強烈不滿的官員打交道，徽宗不得不學會如何篩選、評估他們提出的常常相互矛盾的建議。

在徽宗登上皇位之前的三十年，宋朝有三次皇位的更替導致數十位政府最高官員被罷免：第一次是神宗繼位；第二次是小皇帝哲宗繼位，高太后攝政；第三次是哲宗在祖母去世後開始親政。那些在哲宗在世最後六年中被罷免的官員，把徽宗繼位視為他們恢復朝官的一次機會，而那些在哲宗最後幾年中支持徽宗繼位的官員，也下定決心要坐穩位置。

同其他許多時代和地方一樣，宋代的宮廷政治也主要集中在京城。絕大部分政府官員在京外任職，基本上不會去爭奪朝中的影響，而位於中央核心職位上的幾百名京官，通常會將出京任職視為流放，是被迫離開實權職位。儘管爬上中央政府核心職位上的官員大多曾經在地方任職，但他們一旦爬到官僚機構的上層，就幾乎都不願意再回到地方上三百多個府州軍監（或二十六路）擔任基層管理職務了。

研究宋朝這段時期的政治，有一種方式是從兩個主要的政治舞臺入手，大致可以定義為朝廷和文人輿論圈。定期拜見皇帝的幾十位朝中官員組成了一個小團體——兩府宰輔、諫官和臺官，以及朝廷主要機構與部門的負責人——在那些定期向皇帝報告的事情上有著最直接的影響力。這些事大部分與人事任命有關，比如應當任命和提拔誰，誰應該被罷免和降職。同時，對從軍事行動到稅務改革等方面的重要舉措，皇帝也要明確授權。朝廷決定的都是一些至關重要的事件，關係到很多人的前程；這些事件可能還會導致重大開銷，或影響不同行業的經濟命運。毫不奇怪，很多人對朝廷發生了什麼事情以及誰在朝廷有影響抱有極大的興趣。通過官方公告、口口相傳或是書信往來等方式，朝廷的決策往往會快速傳播開來。[36]

與朝廷形成主要競爭的另一個權力中心是一個很不具體的群體，被稱為「外議」、「公論」、「文人」或「士大夫」。在某種意義上，這些詞語指的是一些受過教育但沒在官府任職的人士所談論的事情。但是這個群體並不限於那些沒有官職的人，事實上，「言官」與表達那些外圍觀點有密切的連繫。對於這些擔任諫官或臺官的人而言，批評政府的政策、方案和官員行為就是職責所在。諫官和臺官的很多奏疏在那些對政治感興趣的人士中廣為流傳，而奏疏的作者通常也希望能像影響皇帝及其主要幕僚一樣，影響這部分對政治感興趣的群體。這類奏疏往往都言辭犀利。作者自稱具有道德合法性，而他們反對的那些人則被貼上自私、不道德、邪惡和諂媚等標籤。他們很少考慮到品德高尚的人對形勢的分析也可能會迥然不同。他們認定某項建議不明智則提出建議的人肯定也人格低劣；如果某個政客品格低下，那無論他提出什麼建議都是有害的。[37]這不是在朝廷商議國是時的語言，也未必是文人與親朋好友談論政治時的語言，而是作為一類指控書式的奏疏，顯然，皇帝讀起來也不會很愉悅。

在過去的三十年中，大的政治分歧都在新政的支持派和反對派之間產生。一〇六九年，在徽宗出生的十多年前，神宗與宰相王安石開始推行新政。這些政策涉及政府事務的方方面面，從科舉考試制度到平民百姓的差役。新政中爭議最大的是對農民實施青苗法、將勞務換為稅收的募役法，以及徵收商業稅並使政府參與貿易的市易法。[38]

事實證明，推行新政是一件非常困難的事。每次有新政策宣布，曾為神宗的父祖效力的前朝老臣就猛烈抨擊。反對派認為，新政並非一系列能使政府更適應經濟發展的新措施，只是一個失控的官僚機構在不停地頒布新法。在這些批評者看來，王安石與新政支持者未能很好地理解儒家的一個原則，即良政要依賴良吏而非良法。此外，激怒反對派的還有一個原因，那就是他們無法在不危及自己仕途的前提下表達對新政的批評意見。在神宗的認可下，王安石將反對新法的朝官相繼調出京城。自漢代以來，確保對政策批評的通道暢通就一直是中國政府機構的一條基本原則，因此，迫使反對者噤聲被視為逾越了政治合法行為的界線。對新政持反對意見的朝廷重臣司馬光也在一〇七一年辭官，退隱洛陽（開封以西一百七十公里），隨後，他周圍很快聚集了許多對政府發展方向感到不滿的人。另一位名人蘇軾，我們在第一章提到過，他是徽宗的姑父王詵的朋友，也遭到貶謫，出京擔任了一系列的州級職務。一〇八〇年，蘇軾的很多詩詞被認為暗含譏諷，因此被罷官流放。[39]

宋神宗支持新政，首先是希望增加政府收入，從而對北方毗鄰的契丹和党項發起進攻，收復唐代（六一八—九〇七）曾經控制但後來又失去的領土。政府已經將過半的收入都用於軍費開支，但仍在部署軍隊上感到吃力，難以對敵軍取得決定性的勝利。一〇八〇年，為儲備實施新政產生的盈餘物資，新的元豐庫建成，到了一〇八二年已存儲八百萬貫。[40]然而，前方軍事行動的進展卻令人失望。一〇八一—一〇八二年，宋軍與党項族西夏國在西北部（今甘肅境內）開戰，奪回了六座城寨，但卻損失了六十萬大軍。[41]

神宗駕崩後的一〇八五年，高太后召回反對新法的重臣司馬光，當時他已經六十多歲，疾病纏身。很多官員也被召回京城，包括蘇軾和他的弟弟蘇轍。當時的新年號是元祐，所以在此期間復官的那些人又被稱為「元祐派」或「元祐黨人」。[42]在這段時期，王安石推行的新政並沒有根據政策自身的優缺點逐條進行考慮，而是被全盤廢除。很快，神宗在位時建立的整個財政體系幾乎全部被破壞，到一〇八六年四月王安石去世時，他的大部分新政措施都被推翻。王安石的追隨者們也受到了無情的攻擊，尤其是呂惠卿和章惇，這二人都被罷官放逐。同時，改革派還受到了文字獄的迫害。蔡確被指控誹謗太后，被貶到偏遠的南方，沒幾年就去世了。[43]

一旦保守派的政敵被驅逐，他們也就無法再維持保守派內部的團結了，很快，保守派之間就開始爭鬥，幾乎與之前針對改革派一樣殘酷。一〇九一年，蘇軾從地方調回京城任職沒幾年，就因為寫了一首詩而被程頤的學生指責為行為不端。[44]

一〇九三年，哲宗開始親政。他召回了一些改革派，而這些人一回來就立刻罷免了八年前驅逐他們的那些人，甚至還想要懲罰已經去世的人。在他們的強烈要求下，哲宗同意毀掉司馬光墓前的御碑。[45]

徽宗被推上皇位時，章惇、曾布和蔡卞三人都在場，他們都認為自己才是改革派的領導者。由於蔡卞被王安石招為女婿，他的身分比別人更特殊。然而，到了十一世紀九〇年代末，這三位改革運動的領導者彼此之間幾乎不存在什麼認同，他們在哲宗面前表現得更像是對手而非盟友。在哲宗朝廷之外的人看來，任職朝廷的官員可能像是一個有凝聚力的派系，但只有在朝中圈內的人才清楚這種種的仇恨、嫉妒和彼此的個性衝突。沒有哪兩個人能一直處於同一戰線，甚至連蔡卞和蔡京兩兄弟也做不到。[46]

當然，中國歷史上存在殘酷黨爭的也不只是宋朝。至少在漢代、唐代和明代都有黨爭，而且，在其他君主政體下，宮廷中主要派別間的激烈鬥爭也並不鮮見。[47] 通常來說，執政大臣掌權的時間越長，他招致的批評和樹敵也就越多。這就是徽宗不得不面對的、生活中的政治現實。減少或克服這些敵對行為，對徽宗來說是一種挑戰。

在位培訓

徽宗登基後幾個星期內實施的大部分活動都出於禮制規定。哲宗去世後第二天，新皇帝宣布大赦，減輕那些被哲宗降職、停職和貶謫官員的懲罰。同一天，朝廷派一名使者前往遼國皇宮，宣布哲宗駕崩和徽宗繼位。同時，哲宗駕崩的消息還要通知各州官員、士兵和普通民眾。眾多官員奉命操辦哲宗的葬禮，由章惇總其責。兩天後，給哲宗看病的太醫被免職和罰俸。次日，徽宗追封生母，並派人尋找她的親戚。再往後一天（正月十七日），徽宗召回了之前的兩個老師傅楫和朱紱，二人都是在兩個月前受鄒浩事件（在第一章提到）牽連而被貶斥。第二天，哲宗的一些私人物品被賜予他身邊的幾位重要官員。又過了一天（正月十九日），徽宗的哥哥趙佖被加封為陳王。三天後的正月二十二日，徽宗的幾個弟弟也被賜予新封號。[48]

比這些例行法令更重要的，是為重要崗位挑選合適的官員。徽宗登基的最初幾個月中，他一再被告誡，統治天下的祕訣是在關鍵職位上任命品行端正和才能出眾的官員，尤其是諫官、臺官和二府大臣。徽宗的幕僚向他保證，一旦他將適當人選安排到位，就可以無為而治了。大臣們也向宋朝初期的皇帝提出過類似的建議，主張無為而治，這可以理解為以一種禮貌的方式表示「讓我們來替你管理朝中事務吧」。[49]

徽宗首先任命了一批被哲宗貶謫的官員。他顯然對這些人的大致情況了如指掌，也聽過反對他們被貶的爭論。而且，他登基時頒布的大赦已經解除了對這些人的懲罰。

徽宗對保守派的興趣，讓他所繼承的兩府中的改革派大臣感到了威脅，這毫不意外。章惇和蔡卞強調要保留哲宗的政策，把詆毀神宗或哲宗的人排除在政府之外。[50] 然而，徽宗還是一再對保守派表現出興趣。正月十九日，哲宗去世僅七天，徽宗就要二府大臣準備一份有資格擔任高級官職的人員名單，其中包括此前任職的人。第二天，這份名單準備好時，徽宗與二府大臣逐一討論了上面的人員。根據曾布的記載，徽宗看起來很了解這些人，對於要任用哪些人，也有自己的見解：

> 丁亥，赴早臨，遂乞奏事，以前執政及從官等姓名面奏，呂惠卿居首。上遽指之曰：「且令在

邊。」次至韓忠彥，上云：「此當召。」……及黃履，上云：「此三人（韓忠彥、李清臣和黃履）皆可召。」[51]

黃履由於為鄒浩辯解而被免，鄒浩則是因為反對冊封劉氏為皇后惹惱了哲宗。下一位討論的是安燾，然後是蔣之奇。

上亦云：「當召，復兼學士見闕。」[52]又及葉祖洽，余云：「在朝無所附麗，亦可用。」上許之。至呂嘉問、蹇序辰輩，余亦云：「陛下必已知此人。」上云：「知。」次及葉濤，余云：「嘗為中書舍人，有氣節，敢言，可用。」次邢恕並朱服三人，[53]上亦知其反覆，夔獨指濤云：「唯此人可用。」

他們接著又議論了八個人，選出五名任用，其中包括曾布的弟弟曾肇。曾布解釋說，他的弟弟沒有加入任何派系，當初被罷免只是因為在編纂史書。討論結束後，大臣們又去拜見了太后，太后表示「並上所取舍，皆合公議」。曾布試圖恭維一下太后：「皇帝、皇太后洞照人材如此，臣等更無可言者。」[54]

這些初步任命中蘊含的政治含義未能逃過蔡卞和章惇的注意。曾布試圖寬慰蔡卞，說他至少可以指望著皇上不會把蘇軾或蘇轍召回來。[55]顯然，曾布已經察覺到徽宗不喜歡這兩個人，而這肯定不僅僅是基於他們的政治觀點，因為皇上一直在下令召回那些和他們一樣強烈反對改革的官員。

當然，要真正掌握二府內部微妙的人際關係，徽宗還得花些時間。曾布記錄了很多他試圖在這些方面向徽宗進諫的對話。有一次，徽宗問到黃履，曾布提醒說，黃履是因為維護鄒浩才被罷官的。徽宗又問鄒浩說了哪些冒犯的話，曾布回答說與哲宗的皇后劉氏有關，但大臣們並不知道所有的細節。曾布解釋說，黃履沒有與其他大臣商量就向哲宗進諫，戰略上犯了錯誤。「若大臣肯同開陳，人主雖怒，豈可盡逐。」徽宗點頭表示認同。曾布又提出，在臺官和諫官職位上尚有很多空缺。另有一次，曾布進諫說，他認為有三人適合擔任「言事官」。徽宗自己提出鄒浩也是適合人選，並說將他貶到一個死地不太公平。曾布補充道，被貶到死地的大臣不只鄒浩一人。陳次升被流放到南安，那裡容易感染多種熱帶疾病，被貶至當地的官員、士兵已經死亡大半。八天之後，曾布向徽宗進言，強調將那些被貶至死地的人快快召回來的重要性。曾布說：「如浩者，萬一不得生還，於朝亦非美事。」[56]

從曾布的記述可以看出，徽宗是一名有好奇心的學生，經常提一些問題。例如五月的一天，曾布陳述了一些任命的建議後，徽宗向他問起文書工作的事：

> 是日，上又言：「三省文字多遲滯。」余云：「以經歷處多，三省六曹皆得一兩日限，又有假，故每一文字須旬乃可出。」
>
> 上云：「三省與密院文字，多少相較幾何？」余云：「密院十分之一二爾，尚書省乃萬機所在，密院邊事息則益少，非其比也，逐日進呈文字不過一二內臣及武臣差除爾。三省議論、所降號令，無非繫天下休戚，以至進退人材，區別中外臣僚奏請是非，無非大事，豈密院所可比。」上亦矍然。[57]

在徽宗的大臣中間，矛盾與競爭從來都不是隱而不見的，而徽宗必須學會如何與大臣們打交道。由於章惇負責修建哲宗的陵墓，不得不長期離開皇宮，這就給了別人機會離間徽宗對他的信任。在曾布的政治日記中，他毫不隱瞞自己千方百計地詆毀章惇。例如，二月二十一日曾布評論說，哲宗非常聰明，但受章惇的觀點影響太過，甚至採取了章惇的說話方式。最開始時，章惇說范純粹主張放棄疆土，應當殺頭，哲宗回答說，怎麼能因為一句評論就將一個人全盤否定呢？但後來，哲宗慢慢習慣了章惇的方式，也會說：「殺了他！斬了他！」就跟章惇一模一樣。曾布繼續說道，在貶斥保守派上，章惇常常不擇手段。曾布聲稱，章惇這麼做其實是為了報私怨。[58]

作為皇帝，徽宗的行為要受到官員提交奏疏進行監督和評論。[59] 剛開始，徽宗還不太習慣這種方式，為人們知道他在宮中放紙鳶而感到不安。徽宗想調查究竟是誰將他的一只風箏放到宮外。曾布奏請徽宗不要調查：「陛下即位之初，春秋方壯。罷朝餘暇，偶以為戲，未為深失。然恐一從詰問，有司觀望，使臣下誣服，則恐天下向風而靡寔，將有損於聖德。」據說徽宗一直對此事耿耿於懷。[60]

保守派的回歸

第一位被任命為朝官的保守派是韓忠彥，他在二月接到正式的任命詔書。曾布對徽宗說，有人將任命韓忠彥和另外七人的詔書刻印出來，他認為這證明士人在稱頌徽宗的舉措。[61] 韓忠彥第一次上朝時，向徽宗簡要陳述了他的溫和立場，提出重點關注四件事：廣仁恩、開言路、去疑似、息用兵。韓忠彥認為，近年來政府過快地懲罰政治錯誤，降人以罪，這可能會讓政府失去支持。為了贏得民心（他這裡指的是受過教育的士人），政府要更寬容。他認為，應當放寬言路，因為統治者要依賴別人為耳目。韓忠彥還說，近幾年來，如有官員意見與宰相有衝突，別人就認為他會被罷免。為了改變這種情況，徽宗應當獎勵那些提出建設性意見的人。關於第三件事，他說「法無新舊，便民則為利；人無彼此，當材則可用」。他還認為，最近西北地區的戰役耗資巨大，但軍事行動沒有帶來任何實際的價值。[62]

韓忠彥希望結束的軍事行動是一年前發起的青唐戰役。青唐位於宋朝主要敵手西夏的正南，被宋朝西北邊境外的吐蕃占領（見地圖2.1）。徽宗剛登上皇位沒幾天，就接到了關於當地局勢的奏報。[63]由於情況複雜，曾布幾天後整理出一些奏疏呈給徽宗，這些奏疏都是哲宗在世的最後幾個月接到的，討論是否放棄青唐。曾布向徽宗解釋，這場戰役的起因是吐蕃部族內部的繼位之爭，並闡述了他本人對那裡形勢的擔憂。曾布認為並沒有一個簡單的解決方案。他還指出，保留這個地區是實現神宗雄心大業的一種方式。而且，由於之前已經公開將占領此地作為宋朝成功的標誌，如果放棄，勢必招致國內及鄰邦的嘲笑。[64]

這些奏疏是為了讓徽宗了解青唐最新的進展，裡面都是晦澀的地名、令人混淆的吐蕃各部落親屬關係和發音奇怪的吐蕃人名，讀起來並不容易，但徽宗也不難識別出上奏者的不同觀點。吐蕃人開始反抗後，章惇主張朝廷應擴大戰線，襲擊西夏，以示懲罰，因為他們曾向吐蕃提供幫助。作為回應，曾布則認為軍隊和當地百姓已經疲倦不堪，再啟邊釁會使情況變得更糟。他曾提醒哲宗，宋朝在一〇七五年試圖將宗主權擴大到交趾的行為就失敗了，而西夏比交趾強大得多。[65]人員傷亡漸次上升，鄰路軍隊的安撫使向皇帝呈上了一份長篇奏疏，批評整個青唐之戰。他在奏疏中說，由於那個地區位於偏遠山區，部隊補給極為困難。而且，當地吐蕃人占有很大優勢，他們了解地形，宋軍一旦逼近，他們能夠分散開。曾布也再次加入議論，他指出青唐戰役是一個巨大的錯誤。他聲稱，大宋帝國「以四海之大，所不足者非地土，安用此荒遠之地？兼青唐管下部族，有去青唐馬行六十三日者，如何照管？兼生羌荒忽，語言不通，未易結納，安

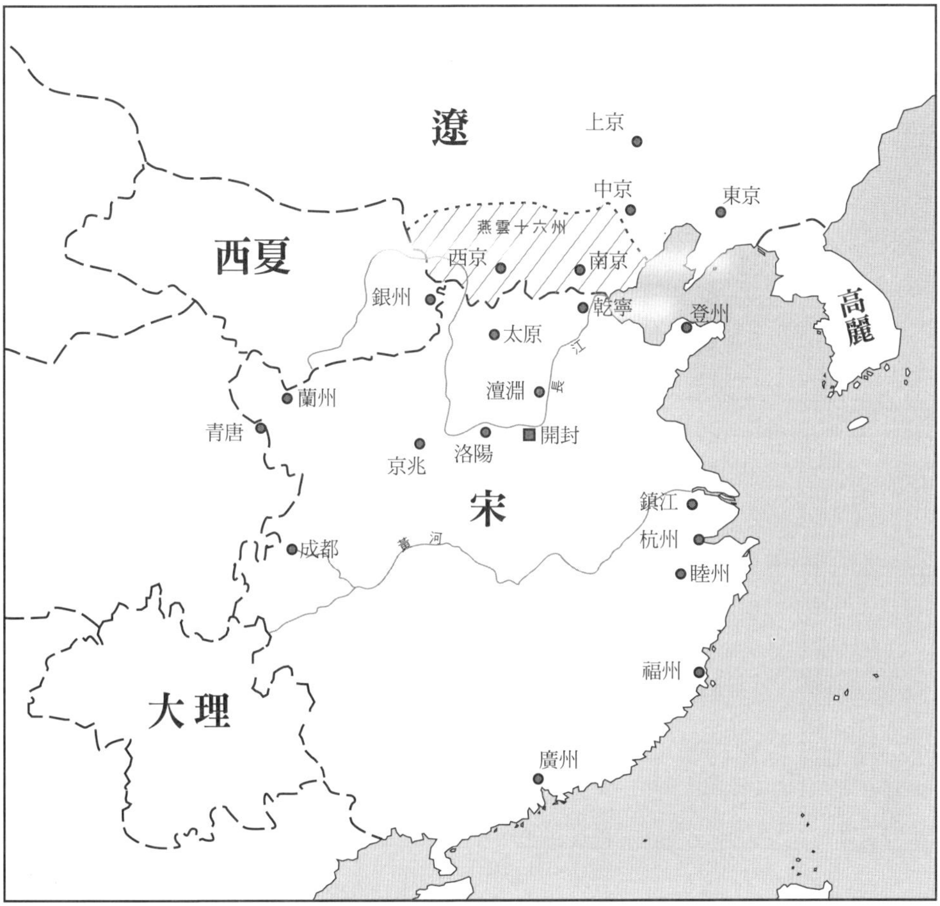

地圖 2.1　燕雲十六州位置示意圖

能常保其人人肯一心向漢」？[66] 其他官員也同樣擔心，他們甚至建議，將新得到的領土還給吐蕃人不失為明智的做法。[67] 徽宗一時之間沒有做出決定。

一一〇〇年的二月和三月，有幾位在哲宗朝因批評改革者而聞名的保守派官員，徽宗任命他們為「言官」，其中包括陳瓘和龔夬。一些知名官員也從京外別的職位上被召回京城，包括蘇轍、程頤、黃庭堅和張耒。[68] 陳瓘剛一就任，立即寫了一份奏疏呈遞徽宗，強調選擇正確人選的重要性，極力主張將鄒浩召回，並罷免反對將鄒浩調回京城的安惇。[69]

龔夬之前在一份奏疏中也強調皇帝務必要明辨是非好壞。他的奏疏是黨爭中的一個典型例子，包含了強烈的道德憤慨，但在具體細節上卻很薄弱。

> 臣聞好惡未明，人迷所向；忠邪未判，眾聽必疑。臣頃在外服，側聞朝廷聖政日新，遠邇忻戴，及被命詣闕，又聞進退人材，皆出睿斷，此固甚盛之舉也。
>
> 然而奸黨既破，則彼將早夜為計，以謀自安，不可不察。或遽於革面以求自入，或申執邪說以拒正論，或妄稱禍亂以動朝廷，或托言祖宗以迫人主，或巧事貴戚，或陰結左右。大抵奸人之情，其計百出，不可盡舉。其要則欲變亂是非，渾淆曲直，以疑誤朝廷，將幸其既敗復用、已去復留而已矣。[70]

作為對這份奏疏以及其他最近任命保守派的類似奏疏的回覆，三月二十四日，徽宗頒布了曾肇起草的一份詔書，呼籲士庶臣僚直言進諫。他在詔書中稱將「開讜正之路」，宣布所有事情都可以提出建議，包括他自己的缺點、政策、左右大臣以及國內的情況。他還承諾，建議被採用會得到獎掖，即使所指責內容不實，亦不受責罰。「永惟四海之遠、萬幾之煩，豈予一人所能遍察，必賴百辟卿士，下及庶民，敷奏以言，輔予不逮。」[71]

四月，韓忠彥被任命為吏部尚書。他被提拔後，徽宗有一次與他閒聊，問他認為當前何事最為急迫。韓忠彥強烈請求撤銷編類臣僚章疏局，理由是它可以將一名官員滿懷誠意寫出的奏疏歸為誹謗。據韓忠彥講，已有五百多份奏疏都被認為有誹謗之嫌。韓忠彥認為，只要編類臣僚章疏局繼續存在，呼籲直言朝政得失的建議，包括徽宗最近頒布詔書宣稱士庶臣僚直言進諫，都將毫無效果。徽宗顯然採納了韓忠彥的諫言，不久便告訴韓忠彥，他已經讓人把這些奏疏搬入皇宮，全部燒毀。此外，似乎也是因為韓忠彥的諫言，徽宗放棄了在一年前付出重大代價占領的西北地區的兩個州。一一〇〇年四月，鄯州被歸還；一年後的一一〇一年三月，湟州也被歸還。[72]

罷黜改革派領導者

儘管徽宗已經把很多保守派召回了朝廷，但他發現，將改革派從政府最高層趕出去絕不是件容易的事。三月十四日，在徽宗提出關於章惇的話題後，曾布說，如果皇上希望罷免章惇，就應當先驅逐蔡卞。徽宗回答說：「此極不難，只批出便可罷。」但曾布說這件事沒有那麼簡單：「進退大臣自有體，新除言事官必不久來，來必有言，若有所陳，但降出文字，則彼自不能安位，且以均勞苦去之不妨。卞既去，惇亦不能害政矣。」[73] 據說，徽宗稱讚曾布的這個策略很聰明。此外，徽宗還告訴曾布，安惇有一次在談話中說，打算率領所有臺官對章惇進行攻訐。徽宗對他說，攻擊章惇是一件該做就做的事，但不應該事先尋求皇帝的允許。

在這次對話後不久，曾布和韓忠彥想了一個方法，讓章惇和蔡卞同意將蔡京調離京城。他們對徽宗說，派遣一位有邊防經驗的高官到太原府任職非常重要，進而逐一排除了很多可能的人選，最後提到蔡京。章惇堅持蔡京應帶較高的職名出守，曾布則提議給蔡京更優的官銜。最後，曾布明確問徽宗希望任命哪一位官員，徽宗回答：「蔡京。」曾布於是拿來任命官員的聖旨要徽宗批准。然後，蔡卞說：「兄不敢辭行，然論事累與時宰違戾，人但云為宰相所逐。」但徽宗並沒做出回應。後來在一次上朝時，徽宗公開對曾布說，他們已經把蔡京、張商英和范鏜這幾位改革派驅逐出去了，還剩幾個人需要對付。[74]

曾布與盟友努力將蔡京貶出京師，但很快遇到了一個比蔡京弟弟更大的阻力：向太后。四月初二，徽宗見到曾布，提醒他向太后希望將蔡京留在京城。後來，曾布去拜見太后，太后果然堅持留住蔡京。曾布警告說，如果太后不讓步，自己就告老還鄉，但太后說：「干樞密甚事？」曾布回答：「君子小人不可同處。」太后則反駁說：「先帝時亦同在此。」曾布仍然力陳不已，最後太后不得不對他說，他該離開了。[75]

宮外的人聽說蔡京終究還是被留在京城，猜測是章惇運用自己的影響力把他留了下來。正如曾布向徽宗解釋的那樣，從這件事可以看出，外界並不了解宮裡的事，因為章惇事實上也很討厭蔡京。曾布還說，三省的其他大臣也不會凡事都一板一眼地按照章惇的命令去做。[76]

當然，被曾布指控捲入黨爭的那些人，也會向他發起類似的攻擊。一次，蔡卞力勸徽宗不要任用陳瓘，因為他與曾布走得太近。還有一次，徽宗告訴曾布，安惇和吳居厚指控他、韓忠彥和蔣之奇結黨，還包括所有近期被任命的言事官。聽到此事，曾布隨即提出要歸養林泉，這一招他以後還用過很多次，而徽宗每次都堅持說不予考慮。[77]

向徽宗進諫的不僅有幾位宰輔、臺官與諫官，還有許多別的朝廷官員。四月十三日，徽宗告訴曾布，他已經收到一百多份彈劾章惇的奏疏。次日，他說彈劾章惇和蔡卞的奏疏加起來有兩、三百份了。[78] 光是閱讀這麼多的奏疏，就肯定會使人心生不快了。

四月，朝廷又宣布了更多的官員任命，大部分都是提拔保守派、調離改革派。一天，徽宗甚至向曾布問起蘇軾的朋友黃庭堅，曾布回答說，黃庭堅有文學天賦，會是一名適合任命的人選。當月末，臺院官員扮演起了他們被委派的角色，開始攻擊章惇，其中陳瓘以其一貫的狂熱，指責章惇禍國罔上，稱全國的憤怒和怨恨都集中在他身上。他還指責蔡卞為章惇的所作所為出謀畫策，並將所有反對他想法的人說成對神宗不忠。[79] 諫官龔夬彈劾蔡卞的第一條罪狀就是娶了王安石之女，並倚仗學問「以欺朝廷」。他主張將蔡卞貶官。任伯雨則認為蔡卞比章惇還壞，指控他汙蔑高太后，散布哲宗第一位皇后的謠言。他還指責說，蔡卞參與摘錄大臣們的奏疏，並從中挑出毛病後將幾千人治罪。[80]

蔡卞最終還是被罷免尚書右丞一職。五月十九日，他被貶出京城，遠赴江寧擔任知府。徽宗沒有貶謫章惇，諫官們就繼續彈劾。一一〇〇年五月二十八日，陳瓘指責章惇與已經身敗名裂的蔡卞狼狽為奸，還說他的大逆不道最初的來源是妄用「紹述」二字。[81] 到了六月，徽宗已把章惇和蔡卞的眾多黨羽都貶到了京城之外，又將不少幾年前剛被他們驅逐的人召回京城任職。

但是，新任命的保守派卻令徽宗感到失望。六月初八，他對二府大臣說，他不贊成那些新上任官員的誇大言辭：「卿等可亦說與，勿令過論。」曾布對徽宗說，言事官不喜歡被別人警告，他建議徽宗在評估他們的指責時，考慮到可能有誇張之處就是了。第二天，徽宗向曾布指出，李清臣尤其有偏見，在他看來，「宣仁時事無不是者」。又過了一天，徽宗想出了一個辦法，能讓大家都知道他不贊成使用偏激的語言：他要為此貶斥諫官邢恕。但這一溫和的步驟並沒帶來明顯的效果。六月十六日，龔夬對蔡京的斥責再次激怒了徽宗。[82]

向太后從七月初一起不再聽政，在徽宗身上的罷免哲宗朝重臣的壓力，就更加沉重了。一一〇〇年七月，有一長串的官員都屢屢彈劾章惇長期把持大權、「包藏陰謀」。一一〇〇年九月初八，徽宗終於接受了章惇的致仕請求。數月之後，一一〇一年二月，六十七歲的章惇被貶至嶺南。[83]

章惇離開後，陳瓘現在將目標放在了向太后及其親戚身上。一一〇〇年九月十五日，陳瓘呈上一份奏疏，批評向太后的親戚，並指責向太后並沒有真正地還政，太后非常難過，拒絕進食。徽宗安慰她，說要貶斥陳瓘。但太后還是沒有消氣，她身邊的人建議說，只有把蔡京任命為宰執，才能讓太后安心。徽宗沒有採納這項建議，但第二天陳瓘就被貶到地方任職。[84] 徽宗對陳瓘說，自己不會讓他在外地太久，還派人給他送去一百兩黃金作為開銷。但這次降職並沒有阻止陳瓘繼續向徽宗遞呈奏疏，其中一份是關於蔡京與向太后親戚間的友誼，堅持指責向太后貪戀權力。[85]

最後一位被貶的重要改革派是蔡京。一一〇〇年十月三日，徽宗將蔡京貶逐出京師擔任地方官。曾布對徽宗說，全國上下都盼望罷免蔡京，但自從自己之前的行動惹惱了向太后，對此事就一直沒敢開口再提。[86] 隨後，在一一〇〇年十月初九，曾布被擢升為次相，職位僅次於當時的首相韓忠彥。據《宋史・曾布傳》，他位於韓忠彥之下時，事實上更強硬一些，很多重大舉措都是由他來定奪。他認為，改革派與保守派都有缺點，因此主張徽宗應盡力化解兩派的敵對情緒。本著這一精神，徽宗將第一個年號定為「建中靖國」。任命的官員中兩派都有。一一〇〇年十月二十六日的一份詔書強調了徽宗的不偏不倚：「朕於為政取人，無彼時此時之間（即元祐和紹聖），斟酌可否，舉措損益，惟時之宜；旌別忠邪，用舍進退，惟義所在。」[87]但並非所有人都贊成皇帝的這個想法。言事官任伯雨表示反對：「自古未有君子小人雜然並進可以致治者。蓋君子易退，小人難退，二者並用，終於君子盡去，小人獨留。」[88]

徽宗用了這麼長時間才貶逐章惇和蔡卞，其中一個原因是：作為一名剛繼位的皇帝，如果操之過急地驅逐效忠先帝的大臣，會被認為對先帝不敬。如果是常見的子承父位，他的孝道就會受到質疑。在《論語・學而》中，孔子說：「父在，觀其志，父沒，觀其行。三年無改於父之道，可謂孝矣。」《論語・子張》特別提到了父親的大臣：「曾子曰：『吾聞諸夫子，孟莊子之孝也，其他可能也；其不改父之臣與父之政，是難能也。』」只要哲宗還沒有入葬，人們對徽宗的期望就是不要急於將自己與先帝區別開，也不要改變朝廷的方向。

哲宗的葬禮

皇帝的葬禮是一件大事，要花費很多人力與物力。因為死亡和服喪有「不吉」的意味，與皇帝的禮儀職責存在衝突，所以必須做出很多妥協。登基不久，徽宗就召見群臣，商議他應當按什麼流程為哲宗服喪：是按照弟弟對兄長的一年喪，還是按照兒子對父親或臣子對陛下的三年喪？蔡京認為，應當服三年喪，因為徽宗是哲宗的臣子。對當朝天子而言，一個月應當轉換為一天，因此三年服喪期的二十五個月就轉換為二十五天。[89]

徽宗定期收到關於哲宗的棺木、陵墓和畫像進展情況的奏報。棺木長九尺，寬四尺，高五尺，上漆工序用了好幾天，但最終還是在正月十七日完工了，正好趕上第二天的出殯儀式。徽宗主持儀式時，眾官員聚集在福寧殿的入口，向徽宗表示安慰。然後，眾人又前往內東門，安慰向太后、劉太后（哲宗的遺孀）和朱太妃（哲宗的生母）。接著，又派信使向天、地和太廟奏告出殯儀式。到了月底，下葬的時間表確定了，包括破土動工；完成陵墓修建；以及將靈柩運出皇宮下葬，這些都選擇了黃道吉日。[90]

皇家葬禮非常複雜，大部分是由禮直官來決定。在準備第二次祭奠時，章惇和蔡卞對頭上的裹布應當用什麼顏色爭論了很長時間，最後不得不找禮直官決斷（他的結論是該用黑色）。[91] 還有一件事要徵詢大臣們的意見，即哲宗擺放在太廟的畫像。四月二十三日，在服喪百天期滿的次日，章惇帶來官員林希繪製的一幅畫像。大臣們評論說，之前御藥院提供的畫像根本不像哲宗。徽宗說蔡京曾拿來一幅畫像，也不像先帝。他提到，畫像有五六分相像他就滿意了，大臣們於是推薦林希的畫像，徽宗看後認為這是最好的一幅。在與向太后討論時，曾布主張以林希的畫像為摹本，為哲宗製作塑像（可能是放在景靈宮內）。[92]

七月，在將靈柩從皇宮運送到陵墓的途中遇到了嚴重的天氣問題——連日陰雨。七月二十二日，寺觀接到命令，要舉行儀式祈求好天氣，京師的百姓也被要求三天不得殺生，希望能得到神靈的幫助。儘管下著雨，送葬的隊伍還是到達了皇陵所在的鞏縣。但到那兒以後，大雨和泥濘使隊伍無法繼續行進，由於雨看起來沒有停的跡象，也沒有安排避雨的地方，隊伍只得在野外過了一夜。第二天（八月初一），哲宗的靈柩被安放進陵墓。隨後，先帝靈牌被依序迎回京師：先是文武百官在板橋迎接，再是哲宗的遺孀孟太后在瓊林苑，最後由徽宗在皇宮內的群英殿迎接。[93]

徽宗在登基後的第一年取得了哪些成就呢？首先，透過請向太后垂簾，徽宗避免了對他繼承皇位的主要抵制。皇太妃朱氏的兒子趙似對選擇徽宗繼位很不高興，但他的不滿並未發展為一場危機。另一個成就是迅速贏得了主要保守派的支持。徽宗召許多保守派回京，並不僅僅是表示一種姿態，而是真誠地認為他們在朝廷任職是件好事。徽宗認真聽取他們關心的事情，頒布他們寫的奏疏。而最令這些保守派高興的是，徽宗緩慢而堅定地削弱身居高位的改革派的權力，如章惇和蔡卞，甚至將他們貶逐出京。

在即位第一年中，與徽宗取得成就同樣重要的是他所學到的東西。從十七歲到十八歲之間，徽宗的大部分時間和精力都放在了皇帝必須做的兩件事上：履行重要儀式和甄選高級官員。徽宗承認大臣們有很多東西可以教他，他仔細聆聽他們說的話，試圖掌握身處政府最高位必須面對的複雜的人際關係。他將曾布視為心意相通的老師，一個願意對他直言相告並解釋許多宮廷習俗背後政治意涵的人。徽宗在第二年執政時，要比第一年聰明得多，也更了解政府真正的運轉方式。

不過，徽宗執政的第一年也不是只有政治。他與當時備受敬重的道士劉混康多次談話，討論道教思想。他還找時間和機會繼續發展自己在書畫藝術上的興趣。由於舊王府已經不需要了，徽宗就把那裡重新裝修成龍德宮，自己有時也會過去檢查工匠們的工作，並提供一些指導。此外，他有時也花時間與后妃相處。在即位第一年的年底，王皇后生下一個兒子，鄭皇妃生了一個女兒。

這些成就在後面的章節中還會更詳細地回顧。不過，我們先要看看徽宗在執政的第二年和第三年為建立聯合政府所做的努力。

第三章

謀求均衡（一一〇一—一一〇二）

臣聞邇日傳聞道路之言，有姓賈中貴人臂鷂鶻入後院捕逐禽鳥，臣未之信。……豈有仁者之君而務遊畋者乎？……恐負宗廟社稷之靈……豈復有暇逐禽獸為樂乎？

——摘自江公望一一〇〇年的上疏

登基的第二年，徽宗面臨著更多挑戰，他需要履行比第一年更多的禮儀職責。這一年不僅有向太后的葬禮，還要修建擺放哲宗畫像的大殿，以及第一次舉行郊祀祭天。徽宗履行這些職責時，試圖建立一個現在被稱為「聯合政府」的機構，即在朝中吸納對立雙方的成員一起合作。他在中樞機構保留了溫和的保守派韓忠彥與溫和的改革派曾布，但很多不那麼溫和的人也被任命為朝官。一一〇一年三月，敢於直諫的陳瓘被召回京城，任命為著作郎[1]。徽宗曾經說過，不會讓陳瓘在京外留任太久，他果然履行了承諾。

這段時期呈遞給徽宗的大量奏疏都保留了下來，尤其是一些保守派起草的奏疏。這有助於我們想像身處徽宗的皇宮內，看看他都接收到哪些訊息和想法。上疏之人指出了哪些問題？他們是如何表達事態的緊迫性的？為解決他們發現的問題，他們提出了什麼樣的建議，或是反對做什麼事情？

聯合政府

曾布在擔任次相一年半多的時間裡，不斷告訴徽宗要繞開朋黨之爭，採納雙方的最佳想法，並任用與兩派都有往來的官員，只要他們還能做出妥協。儘管還有幾位官員也提出了類似的觀點，但曾布似乎沒能將很多人拉攏到自己一邊，相反，兩派都覺得他是一個見風使舵的投機分子。

曾布被任命為尚書右僕射的最初幾個星期，徽宗聽到了很多反對這一任命的意見。臺諫官陳次升指責曾布用心險惡、濫用職權、輕視同僚與提拔親友，等等。曾布還被指責與蔡卞關係密切。[2] 對於這些批評，曾布絲毫不敢掉以輕心，而是盡可能地在徽宗身上做工作，準備回應。[3] 一一〇一年正月，向太后去世後不久，徽宗派曾布前去負責修建向太后的陵墓。曾布知道，在他離開皇宮期間，很容易受到別人的攻擊，便事先提醒徽宗，但徽宗告訴他無須擔心。一一〇一年六月，正如曾布所料，針對他的批評非常猛烈。諫官陳祐連上幾封奏疏，列舉曾布的種種過錯。曾布回到京城後，開始收集這些奏疏，想一一反駁。同時，他提醒徽宗，自己早就料到這種事情會發生。他還告訴徽宗，保守派想驅逐他，這樣他們就能「復行元祐之政，則更不由陛下聖意不回也」。徽宗回答說：「安有是理！若更用蘇軾、轍為相，則神宗法度無可言者。」[4]

一一〇一年一整年，徽宗始終支持曾布，經常將那些彈劾曾布的官員罷官免職，而支持被罷免者的官員則常常向徽宗進諫，試圖使徽宗改變聖意。六月十五日，陳祐被貶至地方任職後，諫官江公望在一次上朝時問徽宗，陳祐說過什麼話冒犯了皇上，徽宗回答說，陳祐希望貶逐曾布，並任命李清臣接替他的職務。徽宗補充說：「如此何可容旦夕？」江公望提醒徽宗說，「陛下臨御以來，易三言官，逐七諫臣，非天下所期望。」[5]

一一〇一年的年中，徽宗罷免了兩府的兩位保守派官員（范純禮和安燾），同時迫切地想更多了解可以成為替代人選的改革派官員。七月初三上朝時，徽宗要求大臣們提供兩份名單，一份是在元祐年間詆毀神宗朝政的官員，另一份是可以提拔為朝官的地方官。作為回應，曾布鼓勵徽宗保持兩派聯合的態度，不要偏向元祐派或紹聖派。他引用了另一位官員江公望的建議：「左不可用軾、轍，右不可用京、卞。」[6]

陳瓘一直等了好幾個月才開始攻擊曾布。八月二十三日，他交給曾布一封批評的信，隨後按照官方流程向皇上呈遞。徽宗看到這封信後，對曾布說：「如此報恩地邪？」曾布對信中提到的幾件事進行了辯解。一件是在撰修神宗實錄時採用了王安石的《日錄》。對曾布來說，這是一個非常好的資料來源，因為它記錄了神宗與大臣們日常面對面的談話。徽宗說：「卿一向引瓘，又欲除左右史，朕道不中，議論太偏，今日如何？」曾布只好承認自己看錯了人。韓忠彥和在場的大臣主張將陳瓘貶至州郡任職。當徽宗提出要更嚴厲地懲罰陳瓘時，韓忠彥和陸佃都進行勸阻，說：「瓘之言誠過當，若責瓘，則瓘更以此得名，曾布必能容瓘。」[7]曾布原本希望通過提拔一些知名的保守派，讓他們支持他的聯合政府戰略，但在陳瓘身上，曾布顯然並沒有成功。

幾天後，徽宗對兩名大臣說：「元祐人逐大半，（陳瓘）尚敢如此。曾布以一身當眾人擠排，誠不易。卿等且以朕意，再三慰勞之。」當天晚些時候，曾布獨自拜見徽宗。徽宗向他透露，自己已不願意再保持中立，並對曾布說「先朝法度，多未修舉」，而且「元祐小人，不可不逐」。但曾布仍然不想放棄，他試圖通過自責來讓徽宗息怒。徽宗隨即問他：「卿何所畏？卿多隨順元祐人。」顯然，一些改革者對徽宗說過，曾布與保守派走得太近。曾布否認自己懼怕任何人，但承認很少有人像他這樣獨立。不過曾布對徽宗說：「若言臣隨順及畏元祐人，不知聖意謂為如何？」徽宗笑道，自己是因為別人問起才提到這件事。[8]

上天示警

徽宗的身邊從來都不缺乏建議。大臣們可以說，他們聽到了關於徽宗做了某事的謠傳，但他們並不相信皇上真的做過，以此來間接地批評徽宗。正如本章開頭的題詞中所示，江公望就是使用這種策略批評了狩獵的問題。顯然，像徽宗這樣恪於職守的統治者不應當把時間浪費在獵殺鳥獸上面。在江公望看來，狩獵的唯一正當理由是為祭祀祖先獲取一些肉食。他還提出了兩條反對狩獵的理由：第一，這件事很危險；第二，這件事也很昂貴，因為一旦有人捕獲了一隻鳥，皇帝就得進行賞賜。把錢花在這些事情上，對於那些通過艱辛勞作為朝廷提供資金的庶民百姓而言，是很不尊重的。最後，他在奏疏中鼓勵徽宗畋獵於「仁義之場」，遊觀於「六經之囿」。由於儒家自古以來一直反對皇家狩獵，徽宗也許並不覺得江公望的奏疏是針對他個人。[9]

徽宗在位最初兩年半裡收到的措辭最為強烈的奏疏，是根據天象示警危言聳聽地進諫重新考慮官員任命等決定。在這一點上，上疏者繼承了周朝和漢朝以來的悠久傳統，就是讓統治者成為天象異常的替罪羊。[10]批評者及皇帝做出回應時使用的語言都有固定的模式，但這也不會阻止各個派系利用這些徵兆達到自己的目的，或是將自己的意圖強加於這些徵兆之上。[11]按照要求，徽宗應當謙恭地回應這些奏疏，並心甘情願地承擔責任。徽宗登基三個月後，司天監預測到了一次日食，儘管當時的日食預測已經非常準確，但人們仍然期待徽宗宣布，他將日食視作上天的警示。曾肇代擬了一份詔書，表示徽宗已經為即將到來的事件受到了適度的懲罰。皇帝在詔書中說，天象異常不可能毫無意義，「凡朕躬之闕失，若左右之忠邪，政令之否臧，風俗之美惡，朝廷之德澤有不下究；閭閻之疾苦有不上聞，咸聽直言，毋有忌諱」。[12]

在隨後的兩年中，還出現了幾次異常星象，例如，七月分發生了一次火星之行失常（偏移軌道），次年（一一〇一年）正月，天空中出現赤氣（可能是北極光）。[13] 韓宗武、陳瓘、鄒浩、朱肱、江公望、曾肇、王覿和任伯雨等官員評論這些現象的奏疏都保存了下來。[14] 例如，陳瓘在查詢了歷代史書中的星象專著後，於一一〇〇年七月向皇帝呈遞了一份長篇奏疏。他認為，在日食之後緊跟著出現火星之行失常是非常不吉利的。他引用了漢代儒學大師董仲舒的話：「國家將有失道之敗，而天乃先出災害以譴告之，不知自省，又出怪異以警懼之，尚不知變，而傷敗乃至。」最後，陳瓘還上奏說，仁宗編纂了一部關於歷朝災異的書，名為《洪範政鑑》，共十二卷。陳瓘稱，每當天象發生變化，仁宗就會查閱這本書。他認為這本書可能還在皇宮中，建議設法找到它。[15]

任伯雨的上疏是關於赤氣的。在前幾位皇帝在位時（以及先前的朝代中）也有過幾次五色之氣的報告，但似乎並未有一致的解釋。《宋史》中記錄的最近一次觀測到這種現象是在一〇八八年和一〇九九年。神宗在位期間（一〇六九年十一月），王珪將赤氣解釋為吉兆，預示著皇帝很快就會有一個皇子降生，而且王珪還在宮廷宴會上作了一首關於此事的詩。[16] 然而，發生在徽宗統治第一年年底的這次赤氣，任伯雨確信是一個可怕的警示，「蓋天之於人君，猶父之於其子，愛之深則教之至，數有滅異，或者欲陛下戒懼以謹厥初歟」？

> 正歲之始，建寅之月，其卦為「泰」，年方改元，時方孟春，月居正首，日為壬戌。是陛下本命，[17]

而赤氣起於莫夜之幽。以一日言之，日為陽，夜為陰。以四方言之，東南方為陽，西北方為陰。以五色推之，赤為陽，黑與白為陰。以事推之，朝廷為陽，宮禁為陰；中國為陽，夷狄為陰；君子為陽，小人為陰；德為陽，兵為陰。……此宮禁陰謀，下干上之證也。漸沖正西，散而為白，而白主兵，此夷狄竊發之證也。[18]

任伯雨在奏疏中旁徵博引，想要引起皇上的警惕。他從日期、方位和氣體顏色等方面進行了分析。為了表明每種跡象都預示著凶兆，他還借用陰陽、五行及本命的概念。此外，他又引用《漢書・五行志》作為權威來證實這種負面的預測，並指出唐朝在赤氣經常出現的時期政府不斷衰落。

紅色本身並非不吉利，反而常與喜慶連繫在一起，因此有些官員將赤氣解釋為一種吉兆。又過了半個月，向太后駕崩後，任伯雨另上一疏來反駁這些官員的觀點：

未半月，果有皇太后上仙之禍，其為災變，亦已明矣。今來亳州、兗州、河中府奏言：因建置道場，獲此祥應。且赤氣所起，天下皆見，如何敢移易方位，增添景象，公肆欺謾，以愚群聽？竊以天人之際，道固幽遠，災祥之出，殆不虛示。豈佞夫纖人，敗壞大體，詭辭異說，指災為祥，以輕侮天命，幻惑人主？[19]

根據《宋史》記載，任伯雨在擔任「言事官」的半年中，共上一百零八份奏疏。其他大臣建議他少寫一些，但他不為所動。[20]

一一〇一年六月，京城裡一座與皇室往來密切的宮觀遭到雷擊後被燒毀。王覿在上疏中提到，徽宗對這場火災的迅速反應是立刻前去舉行了一場道教儀式：「陛下夜不俟旦，申敕攸司，於延福宮設醮謝咎。」他稱讚徽宗對天意立即做出回應的誠意，但暗示徽宗沒有採取正確的行動。王覿引用漢代經典，指出一旦統治者不能辨明賢人和小人、背離正確軌道，也不夠節儉時，就會發生火災。他認為，除非徽宗能看到自己在這些方面的不足，否則，吉兆就不會顯示，而凶兆則會經常出現。[21]

徽宗在位前兩年所接到的報告徵兆的奏疏，現存的大部分是保守派提出的警告。[22] 然而，奏疏措辭和策略卻是兩派都慣常採用的，這一比例也只是反映了改革派與保守派奏疏留存下來的數量差異。一一〇二年中，改革派殿中侍御史錢遹彈劾曾布：「況日食、地震、星變、旱災，豈盛時常度之或愆，乃柄臣不公之所召，人神共怒，天地不容。」[23] 當然，徽宗仍是最終負責的人，因為是他任命了曾布，但他也可以通過罷免曾布輕而易舉地扭轉局勢。

徽宗登上皇位最初兩年，祥瑞的紀錄非常少。一一〇〇年九月，有人報告稱，在徽宗繼位前居住的府第（已改為龍德宮）裡長出了象徵吉祥的靈芝，徽宗隨後親自乘坐皇家馬車前去拜訪他的弟弟趙似，陳瓘和陳師錫都因為這件事上疏皇帝，想必是有人向皇上報告了這個吉兆，但陳師錫以此來提醒徽宗，不要將這類事情太放在心上。儘管他承認這種現象是因為聖人的存在而傳遞的吉兆，但他想對徽宗強調，前朝皇帝都叮囑大臣不要針對吉兆上疏，因為最好不要過於自信，而要認為目前還未臻於完美：「甘露降，醴泉出，麟鳳至，朱草生，理之自然，物之遂性耳。佞人乃謂之祥瑞，稱頌歸美，以驕帝王之心，祖宗所以戒之。」[24]

而陳瓘則採用了另一種策略，他在奏疏中說：「伏聞車駕將幸蔡王外第，都下之人老幼相傳，歡呼鼓舞，願瞻天表。人心所歸，於此可見。」讓老百姓面睹聖顏是沒有問題的，但應當是為值得的事情，比如為百姓祈福。如果徽宗不謹慎的話，人們就會傳言說他只對吉兆感興趣，那麼「天下之人將有不遠萬里而獻芝者矣」。[25]

那麼，這些奏疏對徽宗產生了什麼樣的影響呢？它們似乎並沒有使他認識到，奏告徵兆只是浪費時間或精力。相反，徽宗似乎已經養成了對於吉兆奏報的興趣，希望以此來逆轉他聽到的所有凶兆。

景靈宮

哲宗的葬禮後不到五個月，向太后駕崩（一一〇一年正月十三日），皇宮不得不再次舉行大型葬禮。太后的葬禮程序要比哲宗的葬禮簡略很多，也許部分原因在於她被安葬在神宗陵墓的一間側室內。陵墓方面的工作從一一〇一年二月十九日開始，靈柩於一一〇一年四月十七日送到陵墓旁，下葬時間在一一〇一年五月初六。[26]

在哲宗駕崩一年後，仍有一些與先帝去世相關的事情懸而未決。首先是為他在景靈宮布置的供奉靈位。景靈宮是擺放皇室祖先塑像的地方。在徽宗的時代，在皇宮之外，開封主要有兩個地點供奉皇室祖先——太廟供奉的是刻有祖先名字和尊號的木牌，遵照儒家經典中規定的禮儀祭拜，而景靈宮奉祀的則是之前皇帝和皇后的彩塑，遵守道教禮儀。[27]這個供奉塑像的宮觀與傳統的禮經沒有連繫，完全是宋代的創新。宋朝初期，皇帝將父母的畫像擺放在京城周圍十幾座寺觀之中，讓那些道士與和尚為他們祈禱。真宗發現宋朝的創始人是玉皇大帝／黃帝的後裔，便將這兩位尊為聖祖，在皇宮正南面為他們修建了一座很大的宮院，即景靈宮。後來，這座宮院內又供奉了幾位皇帝的塑像，但都沒有形成系統的制度，直到一〇八二年，神宗決定把宋朝所有皇帝和皇后的塑像都集中在景靈宮奉祀。這樣，景靈宮的面積必須擴大，為此花費了十二萬貫，補償那些房屋被占用的老百姓。[28]

景靈宮的擴建工程於一〇八二年完工之後，所有前代皇帝、皇后坐在龍椅上的粉彩塑像都被供奉在那裡。按照族譜的順序，將所有殿堂分為三個級別。首先是供奉聖祖的大殿，第二等級是六個大殿，分別供奉先前的五位皇帝、以及太祖與太宗的父親，第三等級有五個大殿，供奉先前五位皇帝的皇后（英宗的皇后，也就是神宗的母親，當時仍然在世）。供奉每位皇帝的殿內有三座塑像：皇帝本人及其最為顯赫的兩位大臣，他們也與皇帝一同接受供奉。在殿內牆壁上，還繪有一些當朝大臣的畫像。皇帝每年要四次親臨景靈宮，舉行四個季節的祭祀儀式，陪同的還有文武百官和宮廷侍從。每當到了先朝皇帝或皇后的周年忌日，僧侶和道士要去相應的大殿作法事，由宰相率領文武百官前去上香。在徽宗朝，每年大約有二十次這類活動，平均每月有一、兩次。在忌日的第二天，皇后還要帶領一些宮女進行祭奠。

神宗在擴建景靈宮時，並沒有為自己或後世的宋朝皇帝準備供奉的殿堂。神宗駕崩下葬、靈位被供奉在太廟後，有位大臣上疏建議以節儉的方式安置神宗的塑像。這位大臣認為，擴大景靈宮的占地面積將干擾附近百姓的生活。作為替代方案，皇后的塑像可以移入丈夫的大殿中，這樣就能空出一些房間。當時是高太后攝政，她沒有同意搬動皇后們的塑像，但也不想擴建場地，因此，她建議在神宗的父親英宗的殿堂後面為神宗再修一座殿堂。[29]

徽宗還是親王時，每次參加景靈宮舉行的四時祭祀，都能切身感受到給予先朝皇帝和給予其父親不同空間的待遇。徽宗登上皇位後，決定改變這種怠慢。徽宗確定的方案是在御街的另一側、正對著景靈宮的地點，再修建一座祠廟，稱為景靈西宮（見圖1.3）。神宗是這座廟院首要供奉的祖先，哲宗則被視為神宗的第一位後代。[30]

景靈西宮的碑文描述了徽宗是如何做出這一決定的，碑文由宰相曾布和韓忠彥起草，但實際上是由曾布的兒子曾紆起草。毫無疑問，碑文中的故事是按照他們認為徽宗希望的方式進行講述：開始先介紹景靈宮的歷史，包括由真宗創建，尤其稱讚了神宗使這座建築變得更加雄偉壯麗。每個殿堂的名稱也根據供奉先皇的業績一一進行了解釋。然後，碑文內容轉向徽宗：

> 今皇帝踐祚之七月，哲宗復土泰陵，議廣原廟於顯承殿之左。一日，顧謂輔臣曰：「神考盛德大業越冠古今，而原廟之制實始元豐，惟顯承僻處一隅，日迫廛市，無以稱崇報之重，宜改營新宮於馳道之西，奉神考為館御之首，詔示萬世尊異之意。」君臣踴躍，附合為一，退而表請其事，詔曰恭依。[31]曲士腐儒有以為不當遷者，皇帝持其說益堅，卒破浮議，計不中卻。

接著，碑文作者讚揚了神宗和他推行的新政，例如對學校、考試、役法和軍隊制度的改革，還提到了此後發生的兩次政治波動。然後他們稱讚徽宗的美德、智慧、魄力以及對輕重緩急的判斷。他們還報告說，在修建新廟宇時，一切都是效仿舊廟的形式，沒有添加任何多餘的奢華。此外，還解釋了為神宗、哲宗和神宗的皇后們新建的殿、門的名稱。新建築共有六百四十個房間。[32]碑文中還說，整個建設工程用時不到一年，民工和附近百姓都沒有任何抱怨。新廟宇距離皇宮前門百步之遙，百姓都摩肩接踵地來觀看。在碑文最後，作者還加上了典型的奉承話：「非皇帝睿哲至誠出於天性，而不怵於卑近之說，又何以臻此哉！」[33]

這篇碑文中提到的「卑近」小人的批評，無疑包括了陳瓘，因為他屢次上疏反對這項工程。陳瓘在奏疏中列出了反對修建新廟的五條理由。第一，原廟的左邊是尊位，但新廟正好建在西邊，不符合經旨；第二，新廟建在原刑部舊址，而刑部是執行死刑的地方，因此「殺氣」太盛；第三，雖然這個地址現在被官府占據，而非民宅，但這些官府也要遷址，而官府新遷的地點仍會占用民宅；第四，神宗一直想將供奉祖先的宗廟合在一起，但新的計畫卻要把它們分開；第五，不應驚擾死者。陳瓘將擴建景靈宮的責任歸咎於蔡京，但蔡京稱，神宗已經提及日後需要擴建，並從權威的《實錄》上找出一段話作為證據。陳瓘確信這個證據是蔡京捏造的。[34]

一一〇一年十二月，神宗的神主被供奉在景靈西宮，一一〇二年三月，哲宗的神主也被供奉在那裡。和以前一樣，神宗和哲宗朝的重要大臣也繪於殿堂的牆壁上。由於當時徽宗朝中同時任用了改革派和保守派，兩個派系均有成員被繪於廟宇牆壁之上。一一〇二年四月，徽宗為景靈西宮寫了一篇讚文，九天後，他的宰臣們也為景靈西宮寫了頌。[35]但現在這些文章都沒有存世。

郊祀

還沒等神宗的神主供奉起來，徽宗就不得不去南郊祭壇主持自己的第一次祭天儀式了。三年前，亦即一〇九八年，徽宗就在郊祀祭天中擔任亞獻，這件事對於皇帝的弟弟或兒子來說稀鬆平常，因此他對整個祭祀儀式過程已經相當熟悉，例如，陪同皇帝前往祭壇的官員行列、他必須數次登上的祭壇的高度、演奏的音樂、表演的舞蹈，等等。然而，他依然有很多內容需要學習。

儘管皇帝郊祀儀式已經有幾百年歷史，但祭祀儀式究竟應當在何處、何時以及怎樣進行，仍有很多爭論。《周禮》中說，祀天禮應當於冬至在圜丘進行，祭地則應當於夏至在方丘進行，而《禮記》中只提到郊祭，卻沒有說祭壇的形狀。歷史上很多朝代是把祀天和祭地分開，分別在夏至和冬至進行，但在宋朝的前一百年中，祀天與祭地是合祭，每三年在冬至合祭天地於南郊圜丘。[36]這種合祭儀式是否符合經典，神宗還存有疑問，便讓大臣們商議合祭形式是否恰當。正反兩種觀點都有很多支持者。最後神宗還是決定將祭祀天地的儀式分開，在一〇八〇年冬至祀天時，就沒有設置祭地的神壇，而一〇八三年則分別進行了祀天和祭地儀式。哲宗即位後，這一話題再次引起爭論。高太后決定將合祭作為一種權宜之計。哲宗親政後，張商英和許多大臣，包括蔡京在內，都勸說哲宗恢復分別祭祀的儀式。通過這件事可以看出，儘管禮儀原本應當建立秩序，但在宮廷中，它很容易就成為爭論的起源，或是表達反對意見的工具。[37]

一一〇一年，徽宗不得不考慮這些問題。據說，他希望在夏至親赴北郊主持祭地儀式，但他手下的高級官員反對這種做法。到了八月分，恢復合祭的想法被提出，徽宗先是下詔同意，但五天後又改變了主意。[38]大臣周常對禮儀有豐富經驗，他向徽宗解釋了神宗和哲宗朝在這些爭論背後的擔憂，以及參加爭論的都有哪些大臣。一些大臣主要是擔心所花的費用，有些則反對在酷暑時舉行重要儀式，建議擇日祭祀，還有一些人則建議應當由大臣而非皇帝本人主持夏祭，等等。周常認為，既然徽宗希望恢復神宗時的做法，就應當讓大臣們就合祭、分祭禮制進行一次辯論。諫官彭汝霖提出反對合祭後，韓忠彥就對關於禮儀之事進行辯論表示質疑，他說：「神祇非差除，比被臺諫攻便罷。」曾布支持分祭，指出懼怕夏天炎熱不應阻止大家心懷誠意地祭祀天地。徽宗同意曾布的意見，暫時取消了合祭。[39]

準備祭祀禮儀是一件大事，有很多小細節要解決。例如，當時在尚書省任職的陸佃請求徽宗同意，使用銀子而不是金子去裝飾放置裘皮大衣的箱子，徽宗反問道：「匣必用飾邪？」陸佃承認，這並不是禮儀的要求，只是以往的慣常做法。於是徽宗決定不對箱子進行裝飾。[40]一一〇一年十一月十四日，徽宗同意中書省、門下省的請求，將儀仗衛隊的人數定為兩萬一千五百七十五人。同一天，大樂局奏報說，自景祐（一〇三四—一〇三七）以來，祭祀時只有一套音樂，但既然現在祀天和祭地不再一起進行了，有些音樂也就不再適合了，要譜一些新的。徽宗親自幫忙，譜寫了一首「降神曲」和一首「送神曲」。[41]

這些儀式讓徽宗和他的重要大臣們忙碌了好幾天，因為皇帝要連續三天在不同地點主持凌晨的祭祀活動。曾布記錄了當時一些事件的細節。在景靈宮宣布大祭開始的那天，下雪是一個惱人的問題。

> 十一月戊寅凌晨，導駕官立班大慶殿前，導步輦至宣德門外，升玉輅，登馬導至景靈宮，行禮畢，赴太廟。平旦雪意甚暴，既入太廟，即大雪。出巡仗至朱雀門，其勢未已，衛士皆沾濕。上顧語云：「雪甚好，但不及時。」及赴太廟，雪益甚，二鼓未已。上遣御藥黃經臣至二相所，傳宣問：「雪不止，來日若大風雪，何以出郊？」布云：「今二十一日。郊禮尚在後日，無不晴之理。」經臣云：「只恐風雪難行。」布云：「雪雖大，有司掃除道路，必無妨阻。但稍衝冒，無如之何。兼雪勢暴，必不久。況乘輿順動，理無不晴。若更大雪，亦須出郊。必不可升壇，則須於端誠殿望祭。此不易之理。已降御劄頒告天下，何可中輟？」經臣亦稱善，乃云：「左相韓忠彥欲於大慶殿望祭。」布云：「必不可。但以此回奏。」
>
> 經臣退，遂約執政會左相齋室，仍草一劄子以往。左相猶有大慶之議。左轄陸佃云：「右相之言不

可易。兼恐無不晴之理。若還就大慶，是日卻晴霽，奈何？」布遂手寫劄子，與二府簽書訖進入，議遂定。上聞之，甚喜。有識者亦云：「臨大事當如此。」

第二天，徽宗要在太廟宣布行禮。

中夜，雪果止。五更，上朝享九室，布以禮儀使贊引就罍洗之際，已見月色。上喜云：「月色皎然。」布不敢對。再詣罍洗，上云：「已見月色。」布云：「無不晴之理。」上奠瓚至神宗室，流涕被面。至再入室酌酒，又泣不已。左右皆為之感泣。

是日，聞上卻常膳蔬食以禱。己卯黎明，自太廟齋殿步出廟門，升玉輅，然景色已開霽，時見日色。巳午間至青城，晚遂晴，見日。五使巡仗至玉津園，夕陽滿野，人情莫不欣悅。

在青城住了一晚，郊祀於次日凌晨正式開始。

庚辰四鼓，赴郊壇幕次，少頃，乘輿至大次，布跪奏於簾前，請皇帝行禮（景靈、太廟皆然），遂導至小次前升壇奠幣，再詣罍洗，又升壇酌獻。天色晴明，星斗燦然，無復纖雲。上屢顧云：「星斗燦然。」至小次前，又宣諭布云：「聖心誠敬，天意感格，固須如此。」

接下來舉行宴會，有位大臣可能是由於中風突然摔倒，宴會因此被打斷。徽宗命人過去協助，並傳喚太醫前來治療。

> 及亞獻升，有司請上就小次，而終不許，東向端立。至望燎，布跪奏禮畢，導還大次。故事，禮儀使立於簾外，俟禮部奏解嚴乃退。上諭都知閤守勤、閤安中，令照管布出地門，恐馬隊至難出，恩非常也，眾皆嘆息，以為眷厚。
>
> 五鼓，二府稱賀於端誠殿。黎明，升輦還內。先是，禮畢，又遣中使傳宣布以車駕還內，一行儀衛，並令攢行，不得壅閼。布遂關鹵簿司及告報三帥，令依聖旨。及登輦，一行儀仗，無復阻滯。比未及巳時，已至端門。左相乃大禮使，傳宣乃以屬布，眾皆怪之。少選，登樓肆赦。[42]

徽宗從首次主持郊祭到最後一次行禮，從來沒有抱怨過皇帝必須履行的禮儀職責。他也從未被批評對待禮儀過於輕慢，或是敷衍了事，更沒有拒絕過這方面的義務。從徽宗頒布的許多行使禮儀的詔書可以推斷出，他精於運用國家祭禮的語言，也很樂於這樣做。在徽宗履行這些禮儀職責時，宗教信仰可能是其中一個因素，但這並不意味著他沒考慮過政治因素。重大的典禮都是徽宗與大臣一同完成的，而這有助於潛在地加深他們的感情。

財政事務

在徽宗的時代，人們知道自己生活的社會比以往任何時候都要富裕——有更多的貨幣流通，更豐富的實物供應，更多人能負擔教育，等等。然而，政府依舊經常資金短缺。[43] 多數奏疏似乎都是政府收入不足及其帶來的局限，而不是關乎通常被視為整體經濟各個要素的那些方面，如貿易增長、農業和交通等。

在徽宗即位的頭三年裡，不得不批准因前代皇帝而產生的一些巨額開支，包括：為前任皇帝修建陵墓，為邊疆軍隊提供資金，以及舉行三年一次的郊祀。根據傳統，這些重大的典禮還要大量賞賜士兵與官員，總費用超過一千萬貫銅錢（當時的歲入總額至少超過一億貫）。[44] 徽宗自己也發起了一些新的建築工程，其中最著名的是耗資巨大的景靈西宮。此外，即使是按慣例給前任皇帝的嬪妃加封，也要花費一大筆錢，因為她們的月錢動輒幾千貫。[45]

那麼，徽宗是否了解這些財政事務呢？在即位的頭幾個月，徽宗要做出很多涉及巨額開銷的決定，但大臣們向他稟告時只提到了禮儀或先例，而沒有預算方面的問題。就這樣，前任皇帝的嬪妃統統得到了加封，她們的補貼也會相應增加，而哲宗朝在兩府效力的老臣每人也被賞賜二百至四百兩黃金，沒有人建議花費較少的替代方案。即使是修建哲宗陵墓的費用，似乎也沒有人直接提到過。

大臣們遲遲不與徽宗討論政府收支的細節，也許部分原因在於當時的帳目太複雜了。首先，記帳不是採用一個統一單位，而是同時用了多種計量單位：銅錢的單位是貫（字面意義是指通過中間的孔串起來的一千枚銅錢），白銀單位為兩，糧食單位是擔，絲綢以匹計，還有各州及外國上貢的各種物品。儘管在銅錢、銀兩、糧食和絲綢等主要物品的計量單位之間有一個粗略的兌換率，但不同物品間的價格波動時有發生。而且，稅賦徵收和花費支用都是以各種物品形式，必須有適當的運輸和儲存方式。就連二府大臣也發現，很難彙總政府共收入了多少錢，而這些收入又從何處來。他們無法把全國預算列在一張紙上呈給徽宗看，也無法用一張紙將全國所有資產彙總出來。

當然，徽宗也逐漸理解了分配給政府的收入與分配給皇家藏庫（當時被稱為內藏庫）收入之間的不同。屬於政府的稅收與開支由普通的政府官員處理。戶部掌管這些事務，相關的大臣通過上疏討論這些問題，並對如何使用這些收入提出建議。但政府官員不會知道皇家藏庫的帳目，因為這些帳目被視為皇帝的私人財產。只有少數幾個宦官掌管皇家藏庫，監控著裡面的存款和支出，而這些都屬於機密。由於皇家藏庫的收支平衡通常會好於政府藏庫，因此，皇帝每年都要向政府帳目上轉入一些錢，還經常批准一些貸款，這已成為一種慣例。

土地稅入中有三分之二留在地方，作為各縣、州和路的開銷。如果郝若貝（Robert Hartwell）的計算和預測準確合理的話，那麼，在一〇九三年，另外三分之一上繳至京師的土地稅大約占中央政府與皇家藏庫總收入的百分之三十，其餘百分之七十則來自國家貿易機構和國家專賣事業、差役免役費用、向城市商人徵收的銷售稅、鑄幣利潤，以及其他各種來源的收入。在支出方面，軍隊中至少五十萬士兵的薪水是最大的一部分，超過總支出的百分之三十。相比之下，宮廷的花銷還不到總支出的百分之五。[46]

皇帝與中央政府的收入被儲存在一百多個倉庫和藏庫內，有些建在皇宮內，但大多數都分散在開封及其郊區。從宋朝伊始，左藏庫就一直是政府儲存錢幣和貴重金屬的主要倉庫。它位於皇宮的正南，在相國寺和御街之間。九六五年，宋朝開國皇帝宋太祖設立了封樁庫，作為內藏庫之一，目的就是儲存各種資源以備戰時使用。而對於其他比較普通的皇家花費，則從內藏庫和宋朝第二位皇帝太宗設立的景福殿庫支出。這兩座庫都建在皇宮內。一〇四〇年，仁宗將幾個儲存國內外進貢物品的倉庫合併起來，建立了神御庫，這是另外一座專門儲存皇家財物的倉庫。[47]神宗時則又建立了一座新庫，稱為元豐庫，位於新城牆東邊、臨近虹橋的地方。元豐庫建於一〇八〇年，最開始時收存國家酒類專賣和運營渡船的利潤，目的是為以後收回燕雲十六州而儲存物資——這個地區在唐朝時曾是中原王朝的土地，但自十世紀中期以來一直被遼國占領。後來，元豐庫也開始接受從國家專營的其他貿易中獲得的資金，只有在宰相與皇帝都批准的情況下才可以支出。因此，它被視為宰相的藏庫。在皇宮外，沿著汴河還有幾座倉庫，存放各州作為稅賦收上來的米穀。例如，在東水門附近有廣濟倉，存放河南收上來的糧食；從東水門至南城牆一側陳州門之間，共有五座穀倉，儲存從江淮一帶收來的糧食。[48] 大部分稅糧繳納到政府倉庫，但也有幾個州的稅被分配給內藏庫。

內藏庫收存的物資包括：各州上貢給皇帝的物品，既作為標準化的禮物進貢，也因為皇宮中確實需要這些東西；外國進貢的物資；政府專營鹽、酒、茶的利潤；海上貿易關稅；皇家鑄幣廠製造的錢幣；政府金礦、銀礦的收入；其他稅務收入的規定比例；以及政府帳目中的盈餘。[49]

在一〇六九年實施新政之前，大約百分之十到百分之十五的全國收入都處於皇帝的控制下。[50] 一項支出是由政府還是內藏庫支付，似乎經常是臨時決定的。因此，儘管內藏庫要支付建設工程、皇宮維修的費用，並為皇室成員的出生、嫁娶或死亡承擔必要的禮物開支，但政府也要為很多在皇宮工作的人支付薪酬，包括護衛、廚子，以及在皇宮內倉庫和作坊中工作的人員，甚至還要支付親王和公主的月錢，宮女出宮時也要付給她們一筆錢。政府財政還要為皇室宗親的住房和津貼付費。但另一方面，儘管政府承擔士兵的軍餉，但在戰爭時期，內藏庫也往往要做出大量貢獻，尤其是在凱旋後對士兵們的賞賜。發生饑荒、洪水或自然災害時，內藏庫也是救災資金的主要來源。對於皇帝駕崩後的巨大開銷，包括修建陵墓和賞賜參與葬禮人員的禮物，則要進行分攤；政府承擔大部分的安葬費用，而內藏庫負責大部分的禮儀費用。此外，內藏庫的盈餘也為皇帝提供了一些自由空間，即使大臣們反對，皇帝也可以推進一些項目。根據郝若貝的分析，正是由於內藏庫在一〇六九年前已積累了足夠的盈餘，才使神宗能夠以此為新政提供資金。[51]

在徽宗登上皇位幾個月後，大臣們開始向他提起預算的事，尤其是在西北地區防守青唐所需的物資。一一〇〇年四月，在一次上朝時，徽宗批准了陝西駐軍請求的相當於一百萬貫的物資。在五月分的一次上朝，呂惠卿在奏疏中提到了鎮守邊境的士兵缺乏足夠的糧食。次月，朝廷聽說山西一個州只剩不到十天的軍隊供給，隨即要轉運使上報其他地方的供給情況。當月，徽宗得知，河北的稅收不足以支付邊界十七個州的開銷，因此，政府每年不得不向它們提供相當於兩百萬貫的物資。六月，曾布在一次上朝時與徽宗討論新政採取的財政措施。曾布告訴徽宗，茶馬司每年帶來兩百萬收入（單位可能是貫），可以用來購買兩萬匹馬。徽宗回應說，免役法帶來的收入也是預算的一個重要部分。八月，徽宗同意從內藏庫轉出兩百萬貫，為陝西的軍隊提供補給。[52]

到了一一〇〇年十月，徽宗不斷接到財政方面的奏疏。當時在戶部的虞策稱，政府目前的收入要比幾十年前少得多，必須厲行節儉。次年正月，范純粹上疏，認為必須為財政職務挑選更優秀的人才，還指出西北三路賣官鬻爵增加收入，存在著問題。他說：「富民猾商，損錢千萬，則可任三子。」幾個月後，他又因為河北修建防禦工事造成的壓力上疏，因為糧食價格上漲，士兵的軍餉都不夠吃飽飯。[53] 一一〇一年三月，陳次升也呈遞了一份奏疏，提出了多條道德建議，其中包括提升自身修養，用仁愛惠及百姓。在「崇儉」的標題下，他舉出了一些歷史上的例子，說明那些摒棄奢華生活的統治者因此繁榮昌盛，而沉迷於此的統治者則將失去一切。他稱，喜歡奢侈和新奇之物在當時尤其有害。徽宗應當視道德為華，以仁義為麗，珍玩奇貨會導致國家滅亡，而珠玉錦鏽則可能使人迷失心志。[54]

在徽宗登基第二年的年中，安燾上疏稱，神宗統治時，皇帝和政府的藏庫都是滿的，但現在卻全空了，原因就是要為邊境提供軍費。他向徽宗建議，應當遣散冗員，鼓勵所有人節儉，並嚴格遵守預算來削減開支。[55] 次月，陳瓘也在一份題為〈國用須知〉的長篇奏疏中稱，政府的府庫已經空虛。奏疏中提到，從一一〇〇年九月至一一〇一年三月，連下五道詔書，令各路將酒類專賣和常平倉中獲利的一半進獻給京師。在陳瓘看來，這就是一個取之於民卻不用之於民的例子。[56] 陳瓘認為，各州各縣積累的財富應該留在當地，以備不時之需。神宗在一〇八四年從常平倉與其他機構中取出兩百萬貫用於邊防，陳瓘說這是一個僅持續了三年的權宜之計。用各地三十年的積累去幫助一個地方，這怎麼能公平呢？陳瓘感覺全國的財富都挪用到邊防開支上了。他還想說明，神宗絕不會這樣做。「今則邊方用度百倍於昔，轉運司匱乏迫窘異於平時。」在不到一年的時間裡，通過上述五份詔書，各州各縣的積累都被沒收了，但財政短缺的問題仍未得到解決。[57] 陳瓘承認，他不太了解政府財務的很多細節，因此提不出解決方案。但他暗示，有魄力的統治者能夠解決這些問題，也不會過於壓榨國內比較富裕的地區。

除了前述奏疏，陳瓘還同時呈遞了另外一份奏疏，反對《實錄》的編撰方式，並第三次彈劾曾布。後來，徽宗見到曾布說道，陳瓘並沒有因為曾布的舉薦而感激他。作為回應，曾布反駁對他耗盡三十年積蓄的指責：「神宗理財，雖累歲甲兵，而所至府庫充積。元祐中非理耗散，又有出無入，故倉庫為之一空。乃以臣壞三十年根本之計，恐未公也。」[58] 換句話說，曾布並沒有否認國庫空虛，只是針對責任在誰進行了反駁。

徽宗和他的大臣們是否成功學到了如何在一起合作呢？在徽宗登基後的第二年和第三年，有一群經驗豐富、個人年齡都足以做徽宗父親或祖父的大臣繼續輔佐他進行複雜的國家治理。這是雙向學習的過程：

一方面，徽宗更明白事情應該怎麼去做；另一方面，大臣們也逐漸找到了引起徽宗注意或激起其興趣的方法。他們希望對皇帝產生有益的影響，但同時也不得不考慮他的個性和偏好。由於幾百名官員都可以向徽宗呈遞奏疏，他們無法控制皇帝收到的所有訊息，而且徽宗也許會對他們議程表上無關緊要的事情產生強烈興趣，例如，徽宗親自過問如何安排擺放祖先神像的殿堂。在景靈宮擴建工程竣工之時，大臣們可能已經逐漸意識到，徽宗對規畫建築工程和新建築建成有極濃的興致。

在這兩年中，徽宗必須批閱大量的官員奏疏，也必須習慣於為政府的所有過失承擔責任，包括異常天氣和日食現象。他被告知，在閱讀奏疏時要考慮到其中的誇大之辭，但要分辨出上疏官員什麼時候只是略微誇張，什麼時候又在無限誇大，仍然不是件容易的事。例如，所有藏庫真的都空了嗎，還是比之前少了一些而已，抑或只是比人們所希望的少一些？正如徽宗自己意識到的那樣，皇帝的職責中包含了很多令人厭煩的事情。

一一〇二年，徽宗逐步趕走了他在一一〇〇年召回京城的大部分保守派。五月，他罷免了韓忠彥。幾個星期後（閏六月），兩面不討好的曾布也被罷免。同時，一些改革派被提拔到兩府任職，包括閏六月任命趙挺之，七月任命蔡京，八月是張商英，還有十月的蔡卞。[59]

一些學者認為，向太后的去世是徽宗逐漸將保守派趕出宮廷的主要原因，但與這些學者的觀點不同，我認為原因在於，隨著徽宗積累更多的經驗，他的一些想法也慢慢改變了。試圖為朝廷增加多樣性，並親自管理那些不可避免的黨爭，在徽宗看來收效甚微，因此，他逐漸失去了當初那種對政治過程的熱情。我認為這並不是由於人事上的變動，更有可能是他自己改變了想法。[60]

曾布也是這樣認為的。一一〇一年末，他試圖向弟弟曾肇解釋，徽宗為什麼對哪類官員留在朝廷改變想法。在較早的一封信中，曾肇表示擔心，「善人端士」都已經離開了朝廷，而取代他們的人大部分曾在改革派手下任職。曾肇提醒兄長，他之前曾竭力反對章惇和蔡卞等改革派，就不應當期待這些人的追隨者現在會與他合作。因此，如果改革派重新掌權，對於整個曾氏家族將是一場災難。曾布在回覆時強調徽宗真心希望「破朋黨之論」,「調一士類」。但令徽宗失望的是，保守派不願意妥協，對神宗朝的所有事情仍然一味詆毀。[61]

即使認同徽宗得出的結論——試圖將長期對立的兩派拉到一起，使他們合作無間，這種努力是不值得的——可能仍然有人會問，為什麼徽宗最後選擇了改革派而不是保守派呢。對此，我認為有必要對比一下蔡京與陳瓘。在受道學（朱熹的新儒家流派）深刻影響的傳統史學中，陳瓘是這一時期最受尊重的人。[62] 他被視為非常正直的人，始終堅定不移地支持正確的事情。他任職的頭兩年呈遞給徽宗的四十多篇奏疏被作為範本保存下來，在本書中，也多次引用這些奏疏——例如反對章惇、蔡卞、蔡京、曾布、安惇和向太后的親戚的奏疏，支持鄒浩和龔夬的奏疏，如何解釋火星之行失常現象警告的奏疏，關於徽宗去弟弟的王府觀看靈芝的錯誤的奏疏，關於計畫擴建景靈宮的錯誤的奏疏，以及關於節儉之必要的奏疏。還有一些奏疏提出了一般性的建議，其中一份建議徽宗閱讀司馬光的史學巨著《資治通鑑》；他還在一份奏疏中告訴徽宗，漢唐四十多位皇帝中，只有三位值得效仿：漢文帝、漢宣帝和唐太宗。這三位皇帝都是在年輕時登上皇位，而且都具有令人欽佩的品格：漢文帝為人節儉，宣帝同情百姓，唐太宗善於納諫。[63] 陳瓘還分析了過去數十年的幾次政治逆轉，稱王安石在一〇七六年的隱退是一個重要的轉折點，因為從那以後，神宗改變了早年極端的派系鬥爭的做法，開始將保守派召回朝中。因此，如果徽宗真心希望「紹聖」，就應當遵循神宗的最終方向，而不是他開始時的改革計畫。[64]

陳瓘的奏疏言辭中肯，文字優美，徽宗似乎很喜歡這個人。徽宗第一次罷免陳瓘是在一一〇〇年十月，主要是因為他批評向太后的親戚，指責向太后把持朝政，從而惹惱了太后。為了讓陳瓘知道自己仍然很欣賞他，徽宗派人給他送去了一百兩黃金的厚禮。五個月後，徽宗把他召回京城，但沒有任命他繼續做「言事官」，因此他的奏疏不像以前那麼多了。但只要他寫了奏疏，就會直言不諱，措辭激烈。

徽宗為什麼最後會決定寧願與蔡京而不是陳瓘合作呢？從徽宗的角度看，他們二人的重要區別是，蔡京為人很積極，總是告訴徽宗他能做到的事，而陳瓘卻非常消極，更願意指出徽宗不應該去做的事。陳瓘對大多數帝王的評價都不高，他不希望徽宗花費巨資，哪怕是做好的事情。蔡京歷來被人詬病，因為他知道如何與徽宗打交道，也知道什麼事情會吸引徽宗，但這一點肯定不完全是缺點。陳瓘與一些保守派似乎總是缺乏這種基本的人際交往技巧。儘管陳瓘向徽宗呈遞了大量奏疏，但顯然沒有意識到，徽宗對那些極度誇張的奏疏反應冷淡，甚至對那些用嚴厲措辭譴責別人的奏疏會很生氣。難道陳瓘不知道，應當根據聽眾的實際情況對訊息傳達方式進行調整嗎？換句話說，他是否認為，不能因為皇帝剛剛即位，年輕而富有野心，就用一種不同的說法來講述事實？還有一種不太討巧的可能性是，陳瓘更在意的是打動保守派同僚，而不是說服徽宗。不幸的是，蔡京在同一時期的奏疏都沒有存世，因此無法進行直接的對比。但我們知道，在任命蔡京後不久，徽宗就推出了一些重大的民生和教育措施。似乎在徽宗宣布任命蔡京之前，兩人就一起討論過要完成哪些大業。而且，如果將一個很強勢的官員放在首相的位置，讓他來按照自己認為適當的方式來處理朝政，徽宗就可以將更多的精力投入皇帝職責中的禮儀與文化上了。

徽宗逐漸得出結論，聯合元豐、元祐黨人的政府是行不通的，這一結論所產生的後果將在第四章逐漸顯現，包括在一一〇二年的年中任命蔡京為宰相，以及隨後更多地採取一些比較獨裁的政策。

第四章

選擇新法（一一〇二—一一〇八）

夫擅殺生之謂王，能利害之謂王，何格令之有？臣強之漸，不可不戒。自今應有特旨處分，間有利害，明具論奏，虛心以聽。如或以常法沮格不行，以大不恭論。

——一一〇六年徽宗的詔書

在中國的整個歷史長河中，人們通常將宋朝視為一個帝王與文人精英都獲得了更多權力的時期。在這段時期，皇帝變得更加獨裁，他們將更多的權力集中在自己手中，對下屬官員的授權也更少。同時，通過競爭性的科舉制度獲得任用的士大夫精英階層也逐漸形成，他們的精神面貌和價值觀都在儒家的重振過程中進一步加強。在劉子健（James Liu）看來，統治者的獨裁和官員的黨爭在相互作用下不斷加劇：「官僚機構中的權力之爭越是激烈，他們可能就越是要依賴於皇帝的支持，或是被宮廷內皇帝身邊的人玩弄於股掌，而這反過來又助長了獨裁主義的滋生，無論他們是有意為之還是為環境所迫。」[1] 他認為，專制主義的一個重要特點就是對持異議者的鎮壓：「當獨裁者或成為獨裁者代理人的某位顯赫大臣手握大權，開始壓制甚至鎮壓持反對意見的官員、已不在官僚機構中的知識分子，以及表達強烈信念的學者，這時獨裁主義就升級為專制主義。」[2]

近年來，學者們開始質疑宋朝皇帝是獨裁者這一觀點。王瑞來強調了政府體制可能對皇帝權力產生限制的方式，皇帝受到這種體制的制約，擁有的更多是象徵性的權力，而非管理實權。[3] 思想史家認為，宋代儒學並沒有給皇帝的專制權力提供什麼依據，而是捍衛了讀書人的至高無上；真理的權威只存在於儒家經典中，士大夫階層才是傳統經典的權威解釋者，而不是皇帝。因此，在這一時期，很多儒家言論中都能看到限制皇權的思想。[4]

那麼，徽宗在這個結構中處於什麼位置呢？與宋太宗、宋神宗和宋孝宗這些努力鞏固加強皇權的皇帝不同，徽宗並未被視為宋朝最強勢的皇帝之一。然而，蔡京作為皇帝的代理人，顯然應被歸為獨裁者。蔡京在政府掌權時間超過十五年之久，在打壓異議者方面成效尤為顯著。從一一〇二年到一一〇四年，他公布了一系列黑名單，最後將三百零九名官員列為奸黨。名單上的官員如果已經去世，會被剝奪諡號；如果尚且在世，則要貶逐出京，而且沒有資格再進入官府任職。對於保守派而言，這種做法非常過分，已超出可接受的政治行為範疇。

本章將直接面對獨裁的問題。我們將仔細審視蔡京在任期前幾年採取的措施，尤其那些可以被認為是加強統治者及其代理人權力的措施。除了開列黑名單，他採取的措施還包括擴大政府的學校制度，目的是加強思想意識的一致，建議皇帝下達御筆手詔，而不是由大臣代為處理。

如果仔細分析，徽宗的例子似乎支持了一種觀點，即皇帝採取獨裁行動的能力受到了限制。無論徽宗多麼希望自己的命令被服從，但他發現，通過發布命令就能夠實現的目標是極其有限的，哪怕是那些顯而易見的目標。他希望明確列出不希望留在自己政府中的官員，但這些努力基本上事與願違。在發布最終黑名單後不到一年，徽宗就開始逐步取消正式制裁。士大夫精英階層從未喪失過質疑皇帝決定的能力，事實上，正是他們迫使皇帝做出了讓步。

蔡京擔任宰相

在宋朝，共同治理政府是一種理想，至少士大夫階層持有這種觀點。皇帝應當與二府大臣分享權力，不要讓任何一位大臣主宰政府，同時，獨立的御史臺和諫院也應當對皇帝和大臣起到制衡的作用。然而，在現實生活中，允許各種聲音暢所欲言常常會導致敵意與僵局。因此，大多數皇帝在某個時期都會讓一名大臣掌管大權，然後年復一年地把他留在那個位置上。宋朝早年的宰臣包括真宗時的王旦、仁宗時期的呂夷簡、仁宗和英宗時的韓琦、神宗時的王安石，以及哲宗時的章惇。這些位高權重的宰相都有各自的批評者，而歷史常常反映了這些批評者的觀點。

蔡涵墨（Charles Hartman）指出，有關蔡京的歷史記載肯定受到了批評者的影響。[5] 蔡京的文集沒有保存下來，而《宋史・蔡京傳》則是根據彈劾他的奏疏撰寫的，因此，要了解蔡京在徽宗生活中扮演的角色，就要仔細分析那些通常帶有偏見的證據。

在徽宗即位的當天，蔡京起草了哲宗將皇位傳給徽宗的遺詔，從那時起，蔡京就已成為徽宗故事中的一個角色。徽宗在位初年，曾布和韓忠彥曾想將蔡京貶逐出京，但向太后希望留下他，纂修神宗朝的國史。直到一一〇〇年十月，他們才找到機會將蔡京貶至州郡任職。十七個月後，也就是一一〇二年三月，蔡京被召回京師重新起用，再次擔任翰林學士承旨，負責纂修國史。次月，即四月初十，蔡京被召入覲，但他與徽宗討論的紀錄都沒有留存下來。之後的一個月內，韓忠彥被罷去宰相之職。數週後，五月二十五日，蔡京被升為尚書左丞，成為一名宰輔。又過了數週，閏六月初八，殿中侍御史錢遹彈劾曾布，指責他對改革事業不忠誠，偏愛朋友並私其所親，與當時名聲掃地的韓忠彥和李清臣是同黨。「為臣不忠，莫大於此。」當時正好出現了日食、地震和彗星，這些都成為證據，充分說明上天與神靈對任用曾布非常生氣。不出所料，曾布向皇帝請求告退，並很快獲得皇帝的准允。和此前的章惇一樣，曾布剛開始被貶為比較體面的州級官職，但在隨後的幾年，他一再落職被貶逐。[6]

在韓忠彥和曾布都被貶出尚書省後，一一〇二年七月初五，蔡京升任次相，七個月後又升任首相。[7]於是，在此後的十八年中，蔡京多次被貶職後又升遷，斷斷續續地成為主宰朝廷的人物。由於蔡京在徽宗朝中的影響力很大，關於當初是誰將他引薦給徽宗的，說法不一。有種說法是韓忠彥推薦了他，想以此掣肘曾布；韓忠彥感覺曾布的影響力過大，希望找一位比曾布更強硬的改革派，制約其勢力。另一種說法則認為，范致虛和道士徐知常在宮妾、妃嬪面前稱譽蔡京，製造對蔡京有利的輿論，因此她們向徽宗推薦了蔡京。[8]根據一一七二年的一本著作記載，曾布在無意中促成了這件事，因為他將鄧洵武所繪的一幅圖表《愛莫助之圖》轉呈給徽宗。這幅圖的一邊列出了與新政有關的紹述派官員，另一邊則列出與他們抗衡的元祐派官員。圖上共有七欄，每欄代表一個主要的政府機構，分別列出紹述派與元祐派兩大陣營中能在這些機構任職的人。在改革派的一邊僅列出了很少的人選，其中包括溫益、趙挺之、范致虛、王能甫和錢遹，但在保守派一邊，卻有文武大臣百餘人，表明這兩派力量不均衡。鄧洵武在宰相職位候選人的改革派一邊寫下了一個人的名字，卻用紙條遮住。曾布將這份圖表呈遞給徽宗時，徽宗揭去紙條後看到了蔡京的名字。據說，徽宗當時就決心起用蔡京為三省宰輔。[9]

《宋史》中對上述故事也有簡短記載，除此之外還記錄，徽宗在下詔任命蔡京取代曾布職位的當天，他將蔡京傳到延和殿，賜座，然後說：「神宗創法立制，先帝繼之，兩遭變更，國是未定。朕欲上述父兄之志，卿何以教之？」據記載，蔡京叩頭謝恩，表示願效死力來實現這些目標。[10]

相比蔡京如何踏入兩府，更重要的一個問題是，蔡京進入那裡後發生了哪些事情？蔡京任宰相的第一年，推行了一系列雄心勃勃的大政措施，對教育、國用和宗室進行改革。蔡京也許在升遷起用之前就已經和徽宗商量過這些舉措，因為他任相後迅速推出了詳細方案。而且，這些改革舉措也與蔡京有著密切連繫：蔡京一上任，這些舉措即獲推行；蔡京一旦被貶逐出朝廷，這些改革舉措隨即停止；在蔡京又再次被起用、回到朝中後，改革舉措又重新獲得啟動；而當蔡京於一一二〇年辭官告退時，這些大政舉措就永久廢除了。[11] 因此，雖然徽宗本人也完全信服這些舉措的價值，我們還是應當將之歸結到蔡京身上。蔡京升任左僕射幾個月後，孟皇后復位的決定也被逆轉，孟皇后又重新被送回道宮。[12] 向太后曾經強烈要求孟太后復位，但此時她已不在人世。那麼，到底是徽宗還是蔡京要如此急切地恢復哲宗原來的決定呢？在這個問題上，沒有留下多少相關的資料。

對徽宗來說，蔡京是一名非常高效的行政管理者。蔡京能夠從稟告給皇上的大量問題中迅速釐清頭緒，找出其中的重要問題，並提出相應的建議。他多次試圖理順政府職能，將有效的措施推廣到全國。他採取的大部分措施都是此前已嘗試過的，但僅在某些地區實施，而他希望將這些措施推廣到所有地區。蔡京非常了解政策可能遭遇失敗的原因，特別是由於官員可能會受到誘惑，企圖將資源挪為私用，因此，他多次建議制定詳細的規則和懲罰措施，試圖使官員保持誠實。以鹽政管理為例，他推行的改革制定了更為嚴格的監管措施，各階段均需比以往有更多的檢查、收據和擔保。關於教育制度，他也制定了升級和降級的詳細規則，這些規則不僅發到每所學校，還刻在石碑上，以便所有學生都能看到。[13]

此外，蔡京也是一位財政管理的奇才。他考慮了大政舉措所需的財政支持，並相應地進行設計，使舉措實施不會耗盡中央政府的資金。例如，改革學校制度和擴建宗室府第，都是由地方政府劃撥閒置土地而獲得資助；[14]而一些福利事業獲得資金支持的來源之一，是將計畫委託給寺院的僧人進行運營，作為補償，這些和尚可以獲得祠部度牒。此外，他還鼓勵寺廟和尼姑庵收養孤兒作為學徒，並將他們撫養成人。[15]同樣重要的還有擴大收入來源。蔡京一上任就立即開始恢復新政設立的一些財政機構和措施。一一〇二年七月，杭州與明州建立了市舶司，並將鹽業專賣擴大到了東南地區。一個月後，也就是一一〇二年八月，恢復了免役法，以及哲宗在位最後幾年實施的一些條款。又過了幾個月，蔡京恢復了廢棄已久的東南茶法專賣，這一制度很快就帶來了大約二百五十萬貫的年收入，每年可以用這筆收入購買一萬五千到兩萬匹馬。[16]一一〇四年七月，根據新測量的土地，與新政相關的土地稅也得到恢復。[17]等到蔡京擔任宰相的第二年和第三年，他似乎已消除了政府赤字，甚至也許開始產生盈餘。當然，從徽宗的角度看，政府收入顯著改善，但對地方來說可能就是壓榨。[18]

儘管在一一〇二年後，在徽宗的二府任職的所有官員都是改革派，但蔡京並不能使他們在任何時候都進行團隊式的合作。蔡京與弟弟蔡卞仍然視彼此為對手，以至於徽宗不得不在一一〇五年正月將蔡卞調離二府。儘管徽宗和蔡京千方百計地阻止過度的中傷行為，但蔡京還是無法使自己免遭彈劾。在蔡京任職初期，對於指責他獨霸接近皇帝的機會並謀取私利的彈劾，徽宗大多置之不理。[19]與蔡京同為宰臣的趙挺之共向皇帝呈遞了八、九份奏疏，聲稱自己不願意與蔡京在同一機構中共事。一一〇五年六月，趙挺之以生病為由，一直閉門在家，最後終於獲准告老還鄉。一一〇六年正月，正當他收拾行李準備返回家鄉時，西方天空中出現了一顆尾巴很長的彗星。這個異常天象震驚了徽宗，他認為這是上天對政府及近期活動不滿意的警示。他親自書寫詔令，召趙挺之回宮。見到趙挺之時，徽宗說：「蔡京所為，皆如卿言。」趙挺之隨後上疏抨擊蔡京的所有舉措，徽宗迅速地全部取消了這些政策。[20]

彈劾者對蔡京的指責就像此前彈劾章惇、蔡卞和曾布那樣，大多是攻擊他的動機和品格，但偶爾也會有一些具體的指責。例如，趙挺之稱，蔡京以三舍考選制替代科舉考試的想法在神宗新政中沒有依據，同時威脅到公平原則，而這一原則體現在糊住考卷上的考生名字。一一〇六年，官員方軫也提出了一些具體的指責，但他對蔡京的批評更有煽動性。方軫指控，蔡京圖謀像漢朝王莽和曹操一樣篡位。此外他還指控，蔡京對待徽宗就像對待一個小孩子，認為可以將皇帝玩弄於股掌之上；他可以對徽宗說某項措施是古已有之，或者是神宗遺志的一部分，從而說服徽宗同意每一項不合理的措施。方軫還說，蔡京送兒子蔡攸去討徽宗的歡心，不斷將奇花怪石、珍禽異獸運至宮中送給徽宗。而且，每次蔡京呈遞奏疏或提出要求時，總是讓徽宗親自寫一份手詔，這樣就能拿給士大夫們看，並聲稱這件事是皇帝自己的主意。方軫堅持認為，最近的舉措沒有一項是有用的，包括鑄造九鼎、新的大錢幣、三舍考選制、樂司，以及北郊和南郊的祭祀。方軫還稱，將官員劃為邪黨的做法已經阻礙了對政策提出批評：「以言得罪者萬人矣，誰肯為陛下言哉！」[21]

儘管有這些猛烈的抨擊，但或許是因為言辭過於誇張，一一〇六年，蔡京被罷免數月後，徽宗得出結論，自己對彗星的反應有些過激了。二府的其他成員（吳居厚、張康國、鄧洵武、劉逵與何執中）並未受到蔡京的牽連一起被貶謫。其中，劉逵支持趙挺之，並幫助他一起將蔡京的改革措施全盤廢除，其他人則傾向於支持蔡京。二府以外的官員開始對全面廢除蔡京發起的改革措施表示保留意見。翰林院的鄭居中從他在後宮的耳目處聽說，徽宗打算進行一些變動。於是他請求上殿，並在朝殿上稱，上天不可能對那些促進文化發展的措施產生不滿，比如涉及學校、禮儀和音樂的措施，或是居養院和安濟院等旨在幫助困難群體的措施。不久，徽宗開始準備召回蔡京。一一〇六年七月，徽宗恢復了數月前廢止的一些措施，尤其是有關學校的舉措。[22] 一一〇七年正月，蔡京又回到了政府中樞。

福利事業

儘管徽宗和蔡京經常稱他們的舉措是「紹述」，但他們並非只是保留或恢復由神宗和哲宗推出的措施，而是在很多方面都有所突破。徽宗與蔡京一起討論他們能完成的大業，獲得了很多啟發：為窮人、殘疾人和病人提供慈善福利；在沒有學校的地方設立學校；以及為迅速擴大的宗室群體提供新的府第。

蔡京被任命為宰相僅六天，又主持新設置的講議司。這個部門是效仿神宗朝的三司條例司舊制，旨在克服官僚機構對改革措施的阻撓。[23] 講議司於一一〇二年八月宣布成立，下面分設掌管宗室、冗官、國用、商旅、鹽澤、賦調、尹牧（管理軍隊的馬匹）的七個部門，每個部門任命一名中等官階的詳定官和一、兩名低等官階的參詳官（八品或九品）。擔任詳定官的有吳居厚、張商英和范致虛，這些官員將在中央集權下的講議司形成堅定的改革派核心。在接下來的數週裡，蔡京宣布了全面、系列的關於窮人福利、教育、官職任命和皇家宗室的改革大政措施，以及包括貨幣、茶法、稅務和免役法在內的財政事務。[24]

自古以來，人們一直認為，仁慈的統治者應當妥善照顧那些陷入困境卻又舉目無親的群體，如鰥、寡、孤、獨，宋朝早期的統治者採取過一些不定期的救助措施，尤其是對京城裡的弱勢群體。而蔡京就任宰臣後，立即著手將這些措施擴大到全國，並找到一些辦法為這些舉措提供永久資助。一一〇二年八月二十日，所有的州縣都接到命令，要求建立為窮人看病的安濟坊。二十天後，京師也設立了最初由哲宗於一〇九八年創建的居養院。一一〇三年五月，下令在全國開設病坊。一一〇四年二月初三，又下令設立漏澤園，將最初由神宗發起的這項措施進一步擴大。[25]到了一一〇七年閏十月，福利事業又擴大到為冬季無家可歸的人提供住處，因為在寒冬無棲身之地是最危險的。正如賈志揚（John Chaffee）所指出，政府的福利事業在前代也有，但在徽宗時代這些事業得到了更為系統化的發揚光大，這「代表著對窮人應享有的最低福利水平徹底地負起責任」。[26]

居養院向那些無法維持自身生計的人提供食品、衣服和住處，尤其是沒有成年子女的寡婦和鰥夫，以及孤兒和棄兒。相關條例具體規定了每人應當得到的口糧和錢幣標準（成人每天〇．七升大米，兒童減半，此外每天有十錢的小額現金，冬天還有每天五錢的取暖費）。天氣最寒冷或對住處的需求最大時，還會採取一些特別措施。[27]

設立安濟坊的原因之一似乎是擔心瘟疫的蔓延。吳居厚撰寫奏疏，建議為窮人設置治病的醫院，其中特別提到了隔離病人：「所建將理院，宜以病人輕重而異室處之，以防漸染。又作廚舍，以為湯藥飲食人宿舍，及病人分輕重異室，逐處可修居屋一十間以來，令轉運司計置修蓋。」[28]這些安濟坊的管理條例還要求醫師記錄他們收治病人的數量，以及死亡人數，並基於這些紀錄資訊獎賞和提拔那些最成功的官員。例如，一名每年收留五百至一千名病人且病人死亡率不高於百分之二十的官員，每年可以獲得五十貫的獎勵。[29]

漏澤園創建於一一〇四年，主要是為了安葬城市中的窮人。管理條例中具體規定，官員應記錄每塊穴地埋葬的死者訊息，且每個墓穴至少要挖三尺深。和屍體一起下葬的標誌上要記錄死者的姓名、年齡和埋葬日期。居養院和漏澤園的運作最近得到了考古學家的證實。在今河南省境內，考古學家發現了一處墓地遺址，裡面緊湊地排列了八百四十九座墓葬，均朝南。葬具大部分是以陶缸作為棺材。此外，還出土了三百七十二塊磚墓誌，上面刻有死者的姓名、年齡、死亡和埋葬日期，以及在何處下葬的編號。死者年齡從九歲至八十二歲，其中很多人之前在安濟坊或居養院待過，還有一些曾經是士兵或體力勞動者。[30]政府如何為這麼大規模的福利事業提供資金呢？這似乎要歸功於蔡京在財政管理上的奇才。

打壓反對者

批評徽宗統治的人認為一一〇二至一一〇四年頒布的黑名單是奇恥大辱，因此我們有必要仔細研究一下這些名單。在徽宗統治時期，黑名單並不是在宣布後就一直實施到最後，而是要不斷地對黑名單的規則和人名進行修改，這些修訂內容也是整個過程中的重要組成部分。在此前兩班政府（即高太后和哲宗時期）也有黑名單，列有禁止擔任某些官職的人員。[31]不過，徽宗列出的最終黑名單是最長的，它是為了確保擔任比較重要職位的人，尤其是擔任最重要的四、五百個職位的官員，都是支持徽宗計畫的人，不會從內部破壞這些計畫。

宣布黑名單的時間表不像學校制度改革、福利事業和宗室改革那樣與蔡京的任期正好吻合。第一批措施宣布時，曾布還在政府中居主導地位，因此蔡京擔任宰相時採取了很多糾正的措施。此外，中間經歷的多次反覆和修訂看起來不太像經驗老到的蔡京的風格，而更符合只有十九歲的徽宗的性格。也許他那時仍然幻想能夠下達聖旨就得到所有自己想要的東西。[32]

徽宗與保守派的決裂來得非常突然。在韓忠彥被罷免的當月（一一〇二年五月初六），發布了第一份黑名單。幾天後的五月初十，就在蔡京剛被召回京城但還沒有被任命為宰臣的這段時間，徽宗收到了一份奏疏，請求他驅逐朝中所有反對改革的小人。這份奏疏的作者不詳，但據推測有可能是蔡京寫的。奏疏稱，元祐黨的領導人是「神宗罪人」。在徽宗初登皇位並將他們召回朝廷後，他們馬上開始全力指責真正的改革派。一旦明確找出真正有罪的人，其他人就可以對皇帝發誓效忠，實現神宗的雄偉大業。[33]十天之後，也就是五月二十一日，徽宗貶斥了五十多名元祐派主要成員（其中很多人已經去世了，如司馬光和呂公著），並下令那些在世的元祐派官員今後也不得在京城任職。次日，又下詔責備了那些最近要求恢復上述人員封號的官員。[34]再過兩天，五月二十三日，徽宗頒布了曾布起草的一份詔書，旨在解釋他的立場，並安撫其他官員：

昔在元祐，權臣擅邦，倡率朋邪，詆誣先烈，善政良法，肆為紛更。紹聖躬攬政機，灼見群慝，斥逐流竄，具正典刑。肆朕纘承，與之洗滌，悉復收召，置諸朝廷。而締交合謀，彌復膠固，惟以沮壞事功，報復仇怨。[35]

接著，這份詔書指出，徽宗對待保守派有多麼優厚，讓他們官復原職，甚至授予更高的官職。但是，那些擔任諫官和臺官的官員卻不斷誹謗改革派。由於不能制止他們的這種做法，別無選擇，只能將他們中最極端的人罷免。為了安撫那些擔心事態的變化的官員，徽宗明確表示，不會再追究元祐黨人或元符黨人

（「元符黨人」是指在元符末年、也就是徽宗即位後第一年猛烈誹謗改革派的那些人）。詔書發布後沒幾天，五月二十五日，蔡京進入了尚書省。

在當皇帝的第一年，徽宗曾表達他對鄒浩命運的關注。鄒浩在哲宗在位的最後一年突然被罷去所有官職，貶至偏遠地區，徽宗於一一〇〇年將鄒浩召回京師，任命他做了一名「言官」。一一〇二年閏六月十五日，在蔡京入職三省後，徽宗下詔貶鄒浩至州縣任職。[36]僅僅五天後，徽宗又親自寫了一份手詔，更詳細地解釋了為何鄒浩應當受到懲罰：

> 朕仰惟哲宗皇帝嚴恭寅畏，克勤祗德，元符之末，是生越王，奸人造言，謂非后出。比閱臣僚舊疏，適見椒房訴章，載加考詳，咸有顯證。其時兩宮親臨撫視[37]，嬪御執事在旁。緣何外人得入宮禁，殺母取子，實為不根。朕為人之弟，繼體承祧，豈使沽名之賊臣，重害友恭之大義，詆誣欺罔，罪莫大焉！其鄒浩可重行黜責，以戒為臣之不忠者，而稱朕昭顯前人之意。如更有言及者，仍仰依此施行。[38]

一一〇〇年，徽宗詢問為什麼哲宗當初會罷免鄒浩，曾布回答說與哲宗的第二任皇后有關。而現在，徽宗對如何閱讀誹謗性的奏疏已經更有經驗，因此，在重新瀏覽這份存在爭議的奏疏時，他認為哲宗的決定是正確的。

蔡京被任命為宰相後，採取了似乎更為系統的措施來甄別反對者。一一〇二年九月十二日，根據對徽宗即位第一年收到的所有奏疏的分析結果，上疏官員被分為不同級別的正等或邪等（參見表4.1）。對奏疏類似的審查最早出現於元祐初期，目的是挑出邪等或誹謗官員的奏疏，另外，哲宗開始親政後也曾實施過這種做法。[39]而這一次，共五百八十三人被劃分為七等，其中包括一些最近曾擔任言事官的官員，例如任伯雨。[40]

次月，朝廷宣布了長長的降職名單。一一〇二年十一月二十二日，這份針對五百八十三名官員的分類名單被有計畫地用於任命新的職務。例如，名列最後一等的三十九人被發配到偏遠的小地方，倒數第二等的四十一人則被貶到偏遠地區。詔書中用犯上的罪名來解釋為何將這些人降職：他們都曾惡意中傷先帝朝廷。接下來的一個月，各地官員紛紛接到聖旨，要對貶到所轄區域內的這些人進行監督。[41]

比這份包含了五百多位邪等名單更著名的，是幾天之後（一一〇二年九月十六日）公布的一份只含有一百一十九人的短名單。名單中的人大部分都在元祐時期擔任過顯赫的官職，而且很多已經不在人世了，其中包括的名人有文彥博、司馬光、蘇軾、蘇轍、范祖禹和程頤，還有一些最近曾在徽宗朝中效力的人，如任伯雨、陳瓘、陳次升、鄒浩和龔夬。根據《宋史》記載，這份名單由徽宗本人御筆書寫，並刻在

表 4.1　1102 年九月十二日公布的黑名單

類別		人數	
正等	正上	6	41
	正中	13	
	正下	22	
邪等	邪下	312	542
	邪中	150	
	邪上	41	
	邪上尤甚	39	
總數		583	

石頭上，豎立於文德殿的南側的門旁。[42]

上述禁令從一一〇三年開始努力實施和推廣。三月，黑名單上元祐黨人和元符黨人的兒子和弟弟被禁止入京。[43] 接著，又下令移除呂公著、司馬光、呂大防、范純仁、劉摯、范百祿、梁燾、王岩叟在景靈西宮哲宗殿內的畫像，而這些畫像畫上去還不到兩年。五月，包括陳瓘和鄒浩在內的十二名最近為徽宗效力的大臣被革職發配到偏遠州縣，並置於行政監督之下。[44]

歷史文獻中極少看到大臣反對這些措施的記載，但當時一定會有反對的聲音。根據章甫（一〇四五—一一〇六）的墓誌的描述，儘管很多有識之士都保持沉默，但章甫在一次上朝時向徽宗提出了反對意見。他對徽宗說，在皇上統治的初期，很多被貶官員獲准遷往比較近的地區，因此人們在路上見面時會相互祝賀，但現在又恢復了政治清洗，而且還要殃及那些人的子孫，這完全背離原先的政策。徽宗沒有斥責章甫，但也沒有接受他的建議。[45]

而公開支持這些懲罰措施的人卻很容易見到。一一〇三年九月二十五日，一位官員抱怨說，這份不得任命官職的名單沒有廣為人知，他建議在所有的路與州立碑刊記這份名單。他的請求得到了批准，名單又經過修訂，總數降為九十八人，因為原來名單上的人有將近一半都過世了。[46] 不過，沒有證據表明根據這項詔令真的立起了任何石碑，也許是因為地方官員還沒有來得及採取行動，就又有一份新名單公布了。一一〇四年正月初六，徽宗以前的老師何執中建議，那些被列為邪等的人應當被逐出京城，暗指之前的詔令並沒有得到有效執行。次月，二月初六，決定對章惇和王珪的處置方式與其他保守派一樣，因為大臣們認為他們兩人也是黨人。[47]

一一〇四年六月初三，徽宗頒布了最後也是最著名的一份黑名單，下詔將三百零九名前任官員列為

「元祐奸黨」。這份名單包括六個級別（參見表4.2）。曾任宰臣的文官中以早已去世的司馬光和文彥博為首，最後幾位是曾擔任徽宗宰輔的幾名官員，其中最著名的是韓忠彥和曾布，此外還有李清臣、范純禮、安燾、陸佃、黃履、張商英和蔣之奇。下一個級別是曾任待制以上的官員，包括以蘇軾為首的很多已故官員，最後幾位也是不久前還在徽宗朝中任職的官員。接下來一個級別是「餘官」，以那些與蘇軾關係很好的人為首，如秦觀、黃庭堅、晁補之和張耒，還有很多人名現在已經辨認不出來。再往下是武官，包括兩名皇帝宗親。然後是二十九個宦官名單，可能都是伺候過高太后的內臣。最後一個級別是被列為「為臣不忠」的兩名官員，王珪（曾任神宗的宰臣，早已去世）和章惇。48

這份名單由徽宗御筆書寫，然後在文德殿門東壁刻石，隨即又下令頒示州縣，皆複刻立碑。出現在一一〇四年名單但不在早期的一百一十九人或九十八人名單中的人，大多是級別較低的官員，但也有曾布

表4.2　1104年頒布的黑名單中在世和已故官員人數

	在世	已故	小計	1102年黑名單上的人數
前任宰臣	7	20	27	21
其他前任朝廷官員	22	27	49	35
其他文官	151	26	177	37
武官	21	4	25	4
內臣	24	5	29	7
為臣不忠者	1	1	2	1
總數	226	83	309	105

資料來源：《續資治通鑑長編拾補》卷二十，第714–717頁；《元祐黨人傳》卷十，葉9b–25b；《金石萃編》卷一百四十四，葉13a–32a。最後一列「在1102年黑名單上的人數」指1104年名單中那些同樣出現在1102年名單上的人，這些人加起來不是117人（1102年名單總人數），因為有些被列入上一份名單中的人沒有出現在後一份名單中。

或章惇這樣的大臣，他們雖然反對蔡京，但並不是保守派。[49]

將自己不希望擔任朝中官職的人名公示於眾，只是徽宗努力安定朝廷的措施之一。他還試圖直接命令不同派別的官員不要再互相指責。六月初三，徽宗在宣布三百零九人黑名單的詔書中還說，「除今來入籍人數外，餘並出籍，今後臣僚更不得彈劾奏陳」。[50]但這一命令似乎沒有馬上得到遵從，因為十四天後，徽宗不得不重申這一要求。在這份詔書中，徽宗對官員的貶斥進行了解釋，並重申他決意不讓官員再往這份名單中增加更多名字：

朕嗣位之始，恭默未言，往歲奸朋，復相汲引，倡導邪說，實繁有徒。或據要路而務變更，或上封章而肆詆毀，同惡相濟，非止一端……比詔編類，具列姓名，乃下從班，博盡眾議，仍為三等，各竭所聞，庶幾僉同，罔有漏失。……悉已親書，通為一籍，載刊諸石，置在廟堂。為臣不忠，附見於末，所麗雖異，其罪惟均。朕方以仁恩遍覆天下……已定不渝，群聽式孚，毋或輒論。……今後臣僚更不得彈劾奏陳。故茲詔示，想宜知悉。[51]

在這份詔書中，徽宗一再強調他希望結束這種惡言相向或彼此攻訐不已的情況。他想讓大臣們相信，這份名單的出爐經過了精心考慮，有理智的人都應該明白為何要這樣做。

蔡京為這一版本的黑名單撰寫了一篇序言，連同碑刻名單一併頒至州縣刻石。他在開篇稱，皇帝有責任辨別善惡。為達此目的，對大量的官員奏疏仔細進行了審查，最後僅將三百零九名官員視為不應繼續擔任官職或授予謚號。蔡京還寫道，皇帝親自寫下這份名單，刻碑立在宮中，並令他為碑文撰寫序言，頒至各州縣。他對這項任務感到很榮幸，因為這有助於宣揚皇帝紹述的孝悌之德。[52]

此外，徽宗和蔡京也沒有放棄使用懷柔的方法去贏得現任與未來官員的支持。他們對神宗及其主要大臣加封榮譽，尤其是王安石。一一〇四年六月，徽宗宣布，已收集到九千八百多份神宗時期的政府文件，神宗朝主要大臣的畫像也會被繪於存放這些文件的建築物牆壁上。同月，下詔王安石配享孔廟，地位僅次於孟子，還下令國子監繪製和雕印他的畫像，並頒發全國。[53]

但這份完整的黑名單並沒有維持太久。包含三百零九人的最終名單公布不到一年，就開始根據先例對列名的官員及其家人減輕懲罰。[54]一一〇五年五月十一日，名單上官員的兄弟父子遷移之禁解除。兩個月後，七月二十二日，徽宗又下詔，允許只因上書言事獲罪的官員返回家鄉，但當地官員應當讓這些人的親屬作為擔保。又過了一個月，另外一份詔書對這一命令進行了澄清：如果那些返回家鄉的人再進行誹謗，則擔保人也要承擔同等責任。[55]六週後，九月初五，針對罪責尤為嚴重的五十八個人，朝廷宣布了另一套減輕懲罰的措施。這是因為近期出現了一系列的吉兆，比如鑄造九鼎，所以大赦的範圍甚至擴大到詆毀先帝的元祐黨人。那些被發配至邊徼蠻荒之地的人移往內地州縣，嶺南地區的應移至荊湖，荊湖移江淮，江淮移靠近京師的地區，等等，但那些已經在鄰近區域的人不得再移至四輔畿甸。詔書中列出了這五十八名官員此前各自被貶逐之地及移往的新地名。[56]

年底之前，一一〇五年十二月二十四日，徽宗又頒布了一份詔書，恢復元祐黨人和元符黨人的仕籍，理由是他們已經受到了充分的懲罰。他命人拆毀朝堂元祐黨人碑，也命令各地州縣除毀黨人碑。徽宗再次強調他的命令，官員們不得再與其他黨派相互彈劾。這次他甚至讓御史臺報告是否還有官員呈遞這類奏疏。[57]

幾天之後，在一一〇五年的最後一天，徽宗下達御筆手詔，對官員們減輕懲罰元祐黨人（黑名單上的人）的執行力度表示失望：

> 朕昨降手劄，應上書編管羈管人令還鄉里，責親屬保任，而有司只從量移。[58]……元符之末，士失所守，乘間抵巇，志在干祿，屏之遠方，已逾三載。跡其愆罪，在所不宥，今好惡已明，懲責已久，俯從寬貸，示不終棄。……其各自新，毋憚後害。[59]

幾天後，一一〇六年正月初五，天空中出現了一顆彗星，這使徽宗進一步決定要減輕對元祐、元符黨人的懲罰。[60] 彗星出現後，徽宗頒布的第一份詔書要求大臣們直言朝政闕失；允許元祐黨人重新擔任官職；並再次下詔令地方州郡除毀奸黨石碑。[61] 兩天後，徽宗又頒布了一份大赦令，宣布即使對於那些根據法令罪不可赦的人，也可以減輕懲罰。

> 朕以星文譴告，彰示天威，祇畏欽崇，靡遑寧處。是用特敷霈澤，寬宥羈縻，咸使自新，導迎和氣。已降指揮除毀元祐奸黨石刻，及與系籍人敘復注擬差遣。深慮愚人妄意臆度，覬欲更張熙豐善政，苟害繼述，必置典刑，宜喻邇遐，咸知朕意。[62]

徽宗在這裡傳遞了什麼樣的訊息呢？之前對改革持批評態度的人現在如果可以接受改革議程，就可以獲得新的任命，但他們卻不應當因此推斷徽宗已經改變對新政的看法，或是歡迎對新政提出批評。阻撓改革仍然是一種罪行，要受到懲罰。

正月十七日，三省採取具體措施恢復元祐黨人名單上官員的官籍，將這些人的新官職和任命列了出來。他們被分為幾個類別，其中有的僅在個人官階上得到提升，有的只是被委以虛職，如提舉宮觀，但也有人被委以地方行政長官這樣的重任。正月二十日，刑部奉命銷毀黑名單的名冊，以及印刷時使用的雕版。[63]

並非每個人都能理解徽宗的用意，因此，他不得不多次下詔澄清本意。正月二十四日，徽宗在詔書中稱，關於元祐黨人、元符黨人罪行的嚴重性，他從來沒有改變過看法，儘管他給這些人機會再次擔任官職，但他們不會再次控制朝政。第二天，徽宗又在詔書中提到，對於他所呼籲的直言進諫，接到的奏疏中大部分是在批評紹述的想法。儘管「因言以抵罪」是件令人遺憾的事，但每個人都應認識到，對皇帝先祖的誹謗超出可以容忍的界線，是應受到懲罰的越軌行為。[64]

三月初六，在蔡京被罷免後，對黑名單上邪黨的懲罰進一步減輕：他們被分為三類，其中劃入第三類的人允許進入京城。甚至在這些人還沒來得及到達京城，上一年解其子弟遷移的禁令就已開始顯現影響，因此，朝廷不得不在這一年兩次頒布公告（分別在七月初三和十一月二十六日），就如何應對這些來京城尋找新差使的人進一步闡明規定。[65]

從這個時候起，列入元祐黨人籍黑名單的名字開始逐漸全部去除。例如，一一〇八年三月二十八日，名單中的四十五人被仔細審查，除三人（孫固、安燾、賈易）之外，其餘的四十二人不再入元祐黨人籍。一一〇八年六月，另有九十五人從名單移出。一一一〇年三月，根據朝廷命令，那些被列入情節輕微邪等的人員在官職任命、升遷方面的待遇與常人無異。[66] 該名單中甚至還有數人擔任了非常高的官職，其中最著名的是一一一〇年被任命為宰相的張商英。

一一〇二到一一〇四年期間，徽宗曾經屢次解釋發布這些黑名單的理由。其中一個重要理由是，有了確定的名單，官員們就可以不再相互彈劾，而能將精力放在其他事務上。從一一〇五年到一一一〇年，徽宗開始不斷地收回懲罰措施，他的解釋是：現在已經可以足夠清晰地分辨出正確與錯誤了，因此，他能夠進行適度的寬大處理。徽宗並不承認當初下令禁止這些人擔任官職是錯誤的，也不承認這些被稱為罪人的官員其實是清白的，而是堅稱，對他們的懲罰已達到了目的，應當再給這些人一次機會。

那麼，為什麼徽宗會如此迅速地開始修改這些黑名單，而且還修改了這麼多次呢？唯一合理的推論是，這些元祐黨人黑名單引起了一些強烈反對。起初，徽宗以為通過更加詳細的解釋就可以化解這種危機，但後來他還是逐步撤銷這些措施，並不斷試探需要撤回多少才能夠安撫那些不滿意的人。

禁毀蘇黨著作

隨著元祐時期新政被迅速取消，王安石所著《三經新義》（即《詩經》、《尚書》和《周官》）的存本都被下令銷毀。在此之前，所有準備參加科舉考試的考生都要學習這本書。[67] 徽宗認為，保守派的著作也應當受到打壓。

徽宗在很多詔書中都斥責了所謂的「元祐學術」，不過他並未解釋這個詞的具體定義。他不希望學校裡教授這種學術，也不希望擁護它的人擔任老師。他還列出一些書籍下令禁毀。關於這件事的第一份詔書頒布於一一〇三年四月初九，「詔焚毀蘇軾《東坡集》並《後集》印版」。[68] 根據南宋的一份史料記載，有個官員提議一併銷毀蘇軾文集的印版，也獲得了批准。[69] 接下來，四月二十七日頒布的一份詔書就不僅局限於蘇軾的著作，而是下令焚毀「三蘇集」（即蘇軾和蘇轍兄弟二人以及他們的父親蘇洵的文章合集），還有蘇軾門下弟子黃庭堅、張耒、晁補之、秦觀和馬涓的文集，以及范祖禹、范鎮、劉攽和僧文瑩一些著作的印版。[70]

關於這些聖旨的實施情況紀錄不多，直到徽宗統治後期才出現一些。根據一份史料，一一二三年七月，皇帝下詔除毀在福建發現的蘇軾和司馬光文集的印版。另一份資料記載，次年，也就是一一二四年，徽宗下詔說：「朕自初服，廢元祐學術，比歲至復尊事蘇軾、黃庭堅；軾、庭堅獲罪宗廟，義不戴天，片紙隻字，並令焚毀勿存，違者以大不恭論。」[71]

引起這份再次提出警告的詔書的原因也許是，有人發現蔡京最小的兒子蔡絛寫了一本詩話著作（譯按：《西清詩話》），將元祐黨人蘇軾和黃庭堅列為重要的詩人代表。這件事導致的後果是，一一二三年九月，蔡絛被革去所有官職和稱號。[72]

這兩件事說明了一個問題，人們逐漸認識到，反對「元祐學術」的法令形同虛設。至少在蔡絛的這件事上，懲罰並沒有維持很長時間。蔡絛在一年之後就被重新任命了官職，並作為他父親的代表回到三省數月。

蘇軾及其追隨者的著作自此之後是否就很難找到了呢？史料中幾乎沒有這樣的記載。也許徽宗的政府根本沒有太多能力去執行他的命令。顯然，上述這些人的著作都保存了下來；相反，徽宗的大多數重要官員的文集卻沒有存世。

擴大太學

幾乎在徽宗開始公布他不希望在政府任職的幾百人名單的同時，他也為數千人提供了進入太學的機會，使這些人有機會通過太學的升舍法進入朝廷效力。與元祐黨人黑名單代表的大棒政策相比，太學教育可以視為一種胡蘿蔔政策。如果這兩種政策都能收到預期效果，就很容易在朝中安置一些支持新政的官員。

宋朝初期，朝廷主辦的學校教育就開始了，在一〇四三年范仲淹倡導的「慶歷新政」和一〇六九年之後的王安石變法中，它一直是改革議程中的重要組成部分。[73] 神宗統治時期，新法對汴京的政府教育制度進行了重組，在太學推行不同等級升學的三舍法。徽宗的政策將這一制度推廣到全國，從而在這方面又前進了一步。

蔡京升任宰臣後，很快提出了他的教育改革計畫。一一〇二年八月二十二日，蔡京向徽宗呈上了一份包括十點建議的奏疏，提出應當在全國設立學校，因為教育是當務之急。他還建議擴充老師、學生和學校的數量，並擴大劃撥土地的面積。不僅在各州，各縣也均須開辦學校，其中包括提供初等教育的小學。太學學生員將被分為三個等級（外舍、內舍和上舍），生員通過考核，從低級到高級依次升舍。這一制度被稱為三舍法。達到太學上舍的學生可以通過參加考核直接授以官職。[74]

為了容納擴充的學生數量，徽宗還在京城南郊營建太學之外學，賜名辟雍，得名於古籍記載的周天子所建學校的名稱。負責建造辟雍的建築師是幾年前曾為徽宗及其兄弟們設計府邸的李誡。辟雍的整組建築共有四個教室，一百間學舍，每間學舍可以容納三十名學生。[75]

從一一〇三年到一一〇五年，徽宗頒布了多份關於如何運行這些學校的詔書，內容涉及土地分配、考試、升學率、教師數量，以及避免出現異端思想等。一一〇三年至一一〇四年，京師又設立了幾所專攻醫學、算學、畫學和書法的專科學校。沒有證據表明徽宗對算學有特別的愛好，但他對其他三門學科確實有著濃厚的興趣。一一〇四年正月，政府提高了發給學生的補貼數額，同時鼓勵增加縣學數量和入學人數，大縣五十名，中縣四十名，小縣三十名。一一〇四年，三舍在全國共有二十一萬名學生，花費三百四十萬貫銅錢，消耗五十萬石大米。[76] 到了十一月，徽宗和蔡京顯然認為學校教育制度發展得非常成功，便將學校的考核制度也應用在了甄選政府官員方面。一一〇五年初，徽宗下詔允許撥給學校充足的資金，使它們支持更多的學生。十一天後，徽宗又下詔，准予太學生享受一項重要待遇：州、縣學校的學生不必服勞役，內舍的學生不需要雇人服役，最高等級上舍的學生享受的待遇與官戶人家相同。[77]

徽宗希望自己與這些擴大學校制度的舉措緊密連繫在一起。一一〇四年十一月，辟雍外舍剛剛建成，徽宗就前往視察。當時，太學包括辟雍共有三千八百名生員。徽宗先到大成殿祭拜孔子像，隨後傳喚兩名國子司業，對他們說要把自己的御筆書法作品賜給太學，並邀請太學裡的人都去觀看。顯然，徽宗在位的第五年，他一直認為，自己的臣民會為有機會親眼看到皇帝的御筆書法而激動。在徽宗視察辟雍外舍後，全國各地的文人向朝廷呈遞了數以千計的祝賀詩文。徽宗命令中書門下省評比，最終選出葛勝仲的長詩為最優。[78]

在視察辟雍之後，徽宗下達了一份御筆手詔，稱讚新學校制度的優點。這份詔書被刻在一塊石碑上，豎立在辟雍。蔡京為石碑書寫了碑額「大觀聖作之碑」，並建議模拓石碑發給諸路州學，以便複製。[79] 蔡京提出這個建議的時間是一一〇四年底，就在幾個月前，剛剛下令地方政府複製刻有元祐黨人黑名單的石碑，表明他可能想藉新石碑之舉，消除人們認為徽宗與文人、教育或儒家傳統為敵的想法。

徽宗這份詔書被擺在全國諸州縣學內，開篇即稱，傳統學校是適於改善風俗、鼓勵敬業並教育人們服從統治者的機構。老師們將在學校裡發現德才兼備的學生，推薦他們進入政府任職。神宗已認識到設立這種學校制度的必要性，並在京城啟動了良好的開端，但他未能完全實施自己的理想。徽宗宣布，新辟雍將遵循神宗的三舍法。隨著科舉考試制度的最終廢除，學生們將由了解他們的各級地方推薦進入官場。但在整個過程中必須消除異端思想：「非聖賢之書與元祐術學，悉禁習。」

一一〇六年之後，隨著徽宗逐步撤銷元祐黨人黑名單，他將更多的精力投入學校制度方面。一一〇七年，太學引入了旨在錄取德行出眾的學生的制度。根據《周禮》的描述，建立這種名為「八行八刑」的升學制度，是為了快速提拔那些被認為在八種美德方面表現優異的學生。一一〇七年九月，徽宗下詔頒布該制度，隨後，詔書很快又刻碑，豎於全國州郡縣學，其中很多以徽宗的御筆書法為碑文摹本。詔書中稱，《周禮》描述的這種制度是一種理想制度，因為人們的晉升是基於孝、悌、睦、忠等德行。[80] 那些被所在村、縣或州學推薦為具有兩項或兩項以上美德的生員，可以進入這些學校讀書一年，然後不經考試直接被錄取到太學的上舍。他們完成太學上舍的學業後，就可以授予級別和官職。在學校制度中引入道德概念的另一種體現形式時，也引入了對立的「八刑」，即八種將遭到學校除名的犯罪或不當行為，包括殺人、放火、強奸或盜竊等。[81]

即使在一一〇九年六月至一一一二年五月，即蔡京被罷免的三年間，新學校制度也繼續實施，不過加強了對入學錄取和教師資格的控制。在一一一一年或一一一二年，葛勝仲向皇上呈遞了一份長達二十五卷的報告，對歷史上所有大學進行了詳細的統計分析。他指出，自上古以來，之前還沒有人對學校進行過如此大規模的改革，至少漢朝和唐朝都沒有做出這麼偉大的事。徽宗政府共劃撥了十萬五千九百九十頃（每頃等於一百畝，或七公頃左右）土地支持辦學，小學（含）以上的學生人數共計十六萬七千六百二十二人。[82]

這些學校是否成功地向學生灌輸思想並贏得了他們對新政的支持呢？各種跡象有所混雜。一一〇八年正月三十日，徽宗寫了一份手詔，擔心政府的學校可能會為元祐黨人提供散布觀點的場所。他聽說元祐黨已吸引了一大批學生，並「教以邪說」。由於這些學生學習的不是正確的內容，「其能一道德、同風俗乎」？他命令所有教師，甚至包括鄉村和城市的教師，必須向州縣的有關部門報告並解釋他們教授的內容。[83]但另一方面，一些學校官員也的確在努力推進新政議程的實施。一一一四年，有位官員上疏抱怨，州、縣學校在選擇學生時使用的主要標準是他們的觀點是否正統。「先問時忌有無，苟語涉時忌，雖甚工不敢取。」包括「休兵以息民」或「節用以豐財」都被納入這些禁忌語言之中。[84]

但是，即使學校制度並未在所有方面完全依照徽宗所希望的那樣發展，也不能視為失敗。朱熹評論說，學校制度改革是要贏得讀書人好感，差不多兩代人之後，這一目的基本上實現了。在與一名弟子討論時，朱熹提到，蔡京擴大了學校教育後，「時論」對蔡京的評價開始日益轉好。蔡京還經常到學校視察，與學生一同吃飯，從而獲得了關注學校制度改革的好評。朱熹同時代的學者趙汝愚也指出了三舍法以及將該制度推廣到全國的一些明顯的積極影響，認為這一制度與基於當地對人才的評價而進行選拔的傳統理想比較接近，但他不贊成讓學生學習王安石的經義，也不贊成不學《春秋》。[85]

御筆手詔

從登上皇位後不久，徽宗就開始親自書寫一些詔書。蔡京做了宰臣後，徽宗就更頻繁地親筆寫聖旨，這很有可能是受到了蔡京的鼓勵。神宗也經常親筆寫詔書，蔡京對此非常清楚，因為他在一〇八二年編纂了一卷神宗的手詔。一一〇五年到一一〇八年期間，徽宗下達了很多御筆手詔，強調自己致力於儒家道德。這些手詔內容涵蓋了學校制度方面的各種事宜，如鄉村教師、學校的收入和開銷、辟雍設宴時使用的音樂，以及發放給學校的書籍，包括手詔和成套的經典文集。[86]

御筆手詔是徽宗用來強調他個人對某件事有興趣的方法。換言之，他寫這些詔書並不僅僅是為了練習書法，也並非對自己的書法感到自豪，而是認為明確表達他的個人關注將有助於實現他的目標。例如，一份勸誡內容的聖旨，其力量來自皇帝的道德權威，因此，如果由皇帝親筆書寫並直接頒布，效果就會好得多。對於旨在獎賞某位官員的詔書而言也是如此，皇帝御筆親書的祝賀代表著更多的榮譽。人們注意到，徽宗的御筆手詔經常是為一些小事寫的。例如，徽宗多次下達手詔，准許大臣擴大蔭補範圍（如允許高級大臣舉薦其子及親戚擔任官職）。[87] 吳曾（一一七〇年之後去世）在《能改齋漫錄》中記錄了徽宗為各種不緊急的事情下達的手詔，包括一一一三年為皇后弟弟釀造的酒賜名。[88] 徽宗有兩份御筆詔書留存至今，都是關於這類小事，而且都是下達給具體的大臣（參見圖4.1）。現存兩份詔書都是行書，但在其他詔書中，也有很多是以徽宗獨創的瘦金體書寫的，其中有幾份由於刻在石頭上，得以存世。[89]

然而，這些御筆手詔還具有政治目的。與之前的神宗一樣，徽宗也用這種方式繞開通常頒布命令必須經過的官僚程序。[90] 亦即，不等有關政府機構先起草詔書，再經過其他部門審核，而是由皇帝親自書寫聖

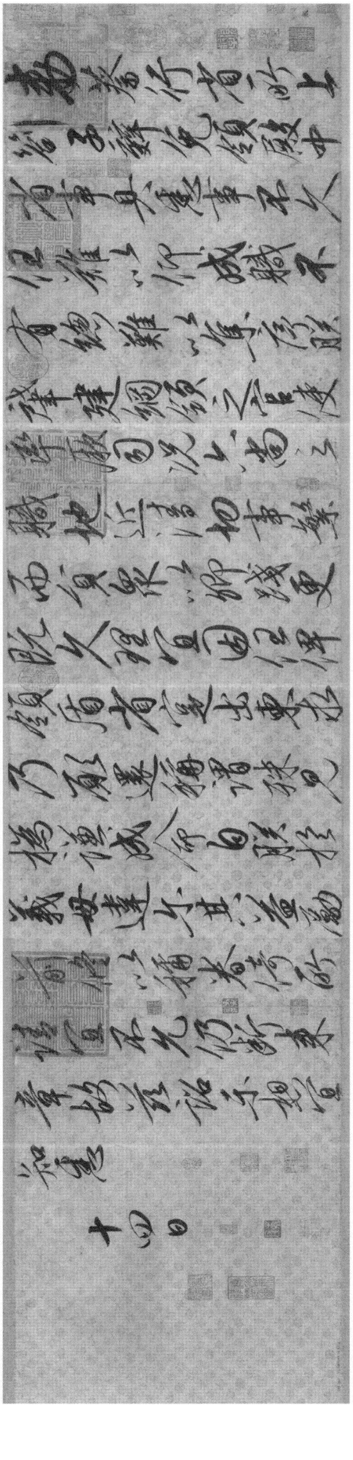

圖 4.1 徽宗《蔡行敕卷》手卷，描金八寶紙本，縱 35 公分，橫 214.6 公分，現藏於遼寧省博物館。

旨，這樣就可以立即下達到相關部門執行。此外，對於皇帝強烈關注的事情，也不必等待大臣的奏疏，而是可以採取主動。為了使這些皇帝手諭像法律一樣具有效力，從一一〇六年起，皇帝手詔每年都要收集和刊行兩次。編纂成冊的詔書會分發給各級政府，所有地方官都要遵行其中的旨意。[91]

徽宗有時還會利用手詔來避開任命官員的繁瑣程序。根據《宋史》記載，一一〇八年，蔡京推薦吳敏擔任官職。吳敏在辟雍考試中名列第一，但其他官員認為他資歷不夠，反對這項任命。於是蔡京建議徽宗御筆特召吳敏上殿，在朝殿上，徽宗當場賜予吳敏官職。從此之後，凡是獲得徽宗親自召見的人都竭力請求皇帝御筆賜詔。[92]

當代一些學者認為，御筆手詔的制度成為蔡京控制朝政的重要因素。[93]一一七五年左右，曾敏行在《獨醒雜志》中稱，早在一一〇五年，蔡京就已經厭倦了對提出的建議進行無休無止的辯論，因此他會將奏疏草案祕密呈遞給徽宗，請求徽宗御筆手書其內容。據說蔡京有次因不喜歡一項減少三省官員人數的提議，請求皇帝御筆下詔。徽宗的聖旨中有一句話是蔡京提出的：「當豐亨豫大之時，為衰亂減損之計。」[94]由於「筆」既可以指代自己寫的文章，也可以僅指代書法，因此，「御筆」這個詞也就可以理解為僅僅由徽宗謄寫的奏疏。然而，即便在這種情況下，人們仍然認為皇帝是詔書的作者，因此蔡京哪怕只提出了一句話，也會被視為有些不合法。到了南宋，有些人猜測御筆手詔並非全部由皇帝們自己書寫，有人懷疑某些宦官應對此負責，還有人則懷疑有宮中女官代筆。《宋史．梁師成傳》記載，梁師成負責處理御筆手詔，並訓練手下一些人模仿徽宗的字體。他們模仿得非常成功，竟至無人能辨其真偽。[95]但另一方面，徽宗每星期親自書寫一、兩份詔書，也並非不可能。畢竟，有些詔書內容很短，大多是為某位正在等待的大臣而寫，這幾乎不用花費什麼精力。根據蔡京的記述，徽宗在一一一五年臨幸他的府邸時，當場索取紙筆，對困擾蔡京的一件事寫下了詔書。[96] 當然，如果徽宗選擇這樣做的話，也完全可以指派宦官或宮女代勞，以他的名義書寫御筆手詔。

徽宗發現，長期以來，讓大臣執行聖旨都是一個難題，無奈之下，他下令加重對無視御筆手詔的懲罰。他寫道，儘管大臣們知道朝廷制定了法律，但並沒有自覺遵守。「比降特旨處分，而三省引用敕令，以為妨礙，沮抑不行。如或以常法沮格不行，以大不恭論。」一旦御筆手詔已經對某事做出決定，若再以詔書有違先前法律為由拒絕執行，就將以抗旨的罪名受到處罰。第二年，徽宗下令，御筆手詔對法律案件的結論是最終的，不得再向中書省上訴。隨後又頒布了一項法令，規定：若延誤了御筆手詔的執行，負責傳旨的官員應受到懲罰。哪怕只延誤一天，也可能會受到兩年的勞役拘禁，若是延誤兩天，就可能被流放三千里。[97]

當然，沒有哪位皇帝會從官僚機構的角度來看待這些官僚程序。徽宗願意為各種目的拿起御筆，倒也容易理解：有時是為了讓他喜歡的某個人高興，有時是為避開他無法控制的官僚程序，有時甚至是為了直接迎合官員與臣民的需要。隨著時間的推移，他的詔書涉及範圍越來越廣泛，也越來越不拘一格。對徽宗而言，御筆是一種非常重要的政治工具，不能閒置太長時間。

徽宗是否像傳統史家通常認為的那樣，試圖將一些有名的保守派排擠出政府，在某些情況下還濫用了專制權力呢？從那些被列入黑名單的人及其親朋好友的角度看，皇帝把他不希望進入官府任職的名單列入黑名單，無法讓人接受。名單中包括很多當時最知名的士大夫，這一事實證明了這項政策的荒謬。這些在黑名單上的人想必會同意，他們正是認為皇帝誤聽讒言，才抵制皇帝的很多政策，而他們敢於直言反對皇帝的行動，恰恰證明了他們的忠心。皇帝如若聽不進批評意見，就永遠都不會知道這些政策的不足之處。

然而，如果我們從徽宗的角度來看待對元祐黨人和元符黨人的禁令，就會得出不同的觀點。黑名單是一種對權力的主張，它表明皇帝有權選擇自己的臣子，也完全不必任用那些反對他的政策的人。而且，這些人的數量相對有限：只影響到了兩百二十六名尚在人世的官員，相對於整個官員花名冊中大約兩萬人而言，這個數目微不足道；全面的懲罰措施只持續了一年，而且名單還在不斷縮減。如果一位皇帝必須任用那些不僅頑固地反對他的計畫、而且還直言不諱地譴責這些計畫的人，他怎麼可能成就什麼事情呢？

與確定無意任用的官員名單相比，徽宗花費了更多的精力去贏得士人精英的好感。他為學校體系招募了數千名教師，並通過補貼制度，為幾十萬家境貧寒的學生提供了全日制讀書的機會。他在多份手詔中都迎合了這些教師和學生的儒家價值觀，並將之刻於石碑，豎立在學校裡。然而，如何讓士人階層，甚至包括手下的官員，按照他所希望的方式行事，這件事仍然很困難，徽宗也備受困擾。徽宗顯然認為，如果文人們能夠親眼目睹他想表達的善意，他們是會被說服的。

歷史文獻中記錄最完整的是皇帝如何任命高級官員，接受或拒絕他們的建議，儘管如此，皇帝被賦予的責任遠不止這些。到了宋朝，君主需要通過範圍廣泛的皇室活動，從贈送寺觀禮物到重振宮廷的音樂和禮儀，來履行自己的神聖和道德責任。下面幾章將圍繞徽宗在文化領域的活動，包括宗教、禮儀、藝術、音樂和建築等，這些事務給了他更多空間來追求個人的愛好和目標。在這些方面，徽宗並沒有太多地繼承父親神宗的傳統，而是將精力更多地投入到神宗基本忽視的一些事情上。徽宗信任的幾位重臣也許給了他一些建議，但這些舉措中蘊含的雄心還是來自徽宗本人。

致力輝煌

（二〇一一—二〇一三）

第五章

崇奉道教（一一〇〇—一一一〇）

敕劉混康：

累收來奏，備悉。勤恪不啻，與謦欬接也。順履時序食息，何若來春飛船西上，妙論可期。貴妃所需符子，當為應副。未問，善為輔養。三茅君聖像畫畢，止伺先生到闕，專得面付。治病佩帶符子，告求數十貼。

——宋徽宗致劉混康的信，大觀元年（一一〇七年）十一月初六

在宋文化的世界，許多廣為流傳的思想關乎我們所思考的宇宙哲學、自然科學與宗教。有些人的思想高度兼收並蓄，對自己知道的大部分東西都信之不疑。許多叫得上名字的神，不管是佛教、道教的，還是本土宗教的神，他們都相信祂們的力量。他們認為自然災害可能是上天的警告。他們理所當然地接受陰陽、氣（蒸氣、元氣）和五行（木、火、土、金、水）思想，並用這些概念討論生物學、音樂、風水和天氣。他們相信有些異人具有超能力，可以預見未來，與死者溝通，或者召喚神鬼。除了這些兼收並蓄的信仰者外，還有懷疑主義者，他們保留自己的判斷，認為有些思想也許是錯誤的，而某些自稱具有超常能力的說法則可能是騙局。那些專治一經的博學者，無論是佛教、道教還是儒教，常常覺得只有與他們的傳統相關聯的思想才是正確的，其他思想則總有各種各樣的缺陷。但是，這樣的專家少之又少，甚至在廣大的

受教育階層中也只占一小部分。[1]

在道教史上，宋代是尤其活躍且有創造性的時期，這一時期湧現出許多新的神祇崇拜與天啟傳統。[2]道教從初唐宮廷中更具等級性與貴族化的傳統，演變為一種更多樣化、更有包容性、通過社會廣泛傳播的形式。在地方上，人們常常求助道士來解決與鬼、神、魔有關的各種問題，治病驅邪的法術盛極一時。神的啟示中不斷提供新元素——新的天國、神靈、護符及經文。道士以符咒與雷法為武器，通過控制惡魔與不守規矩的鬼神，有助於提供一種神授的正義。[3]於是，官員和受過類似儒家教育的一些人開始將道教禮儀為己所用。[4]

早在宋朝之前，皇室就已是佛教、道教的主要保護者了，並隨著當朝皇帝對其中一種宗教的強烈偏愛而不時左右搖擺。道教，從早期認為統治者無為而治的觀念，到盛大的齋醮儀式，有很多地方能吸引帝王。皇帝主持的國家祭儀汲取了與道教一樣的宇宙觀，不僅有陰陽五行，還關注星象與天降祥瑞。[5]許多居於高位的道教神祇被視為帝王，稱號中帶有帝國之尊的意味，被供奉在宮觀裡，身著皇家服飾，坐在寶座上。想跟這些神祇溝通的人要採用對待皇帝一樣的禮儀（跪拜，奏書）。唐朝皇室宣稱與道教的關係非比尋常，理由是：唐朝李氏家族是早期道教哲學家老子（也姓李）的後裔。唐朝皇帝大力扶持道教，修建道教宮觀，將道家經典列入科舉考試的範圍，設立道教學校，邀請知名法師與神職人員進宮，並製作道家真經的摹本，玄宗（七一二—七五五年在位）甚至為道教經典撰寫評注，他的一些繼任者試圖透過道家的煉丹術尋求長生不老，甚至受戒成為道士。[6]

在北宋時期，道教繼續得到皇帝的青睞。但是，在徽宗之前的七位皇帝中，只有宋真宗（九九七—一〇二二年在位）與幾位唐朝皇帝一樣，積極支持道教。一〇〇八年，為了慶祝收到「神降天書」，宋真宗命各州縣修建天慶觀，這是將道教擴大到地方上的重要一步。一〇一二年，宋真宗做了兩個夢，夢中得知，宋朝皇帝有位祖先是道教最高神玉皇大帝和黃帝的化身。宋真宗齋戒淨身、舉行儀式後，親眼看到了玉皇大帝與黃帝。為了尊崇這位「聖祖」，宋真宗在開封修建了一座盛大華麗的道觀，命名為玉清昭應宮，整座建築共有兩千六百一十間屋子。宋真宗還著手收集道經，編目分類，整理成新的道教經典。他還為編纂而成的包含四千五百六十五卷的道藏撰寫序言，這部經典被製成多份抄本，頒往全國各地道觀。[7]

事實證明，與真宗一樣，徽宗也是一位熱誠的道教支持者，甚至猶有過之。[8] 他在一一一五或一一一六年認識林靈素之後更是如此，因為林靈素告訴徽宗，徽宗是長生大帝君的化身。這一事件還充分證明，如果統治者聽信阿諛奉承，就可能有糟糕的事情發生。在本章，我將盡力不讓發生在徽宗晚年的事情影響我們對他在位前十年中與道教的關係的理解。早在林靈素出現以前，徽宗就已經是一名虔誠的道教徒了。

劉混康

徽宗早年對道教的興趣，與劉混康（一〇三五—一一〇八）關係匪淺。劉混康是茅山（在今江蘇省）上清派第二十五代宗師。[9] 在十一世紀八、九十年代，劉混康在京都的精英圈中非常有名。他曾拜見過王安石、蔡卞。據《茅山志・劉混康傳》記載：有一次，孟皇后喉嚨裡卡住了一根針，御醫全都束手無策，於是劉混康應詔入宮。劉混康畫下一道神符（一張紙條，上面畫了奇形怪狀的文字，通常難以辨認），孟皇后隨即把針吐了出來。哲宗賜其稱號以示感謝，並宣布要在茅山為劉混康修建一座道觀。[10]

徽宗即位後，召劉混康入宮，當時劉混康已是六十六歲的老人。根據幾年後蔡卞奉旨撰寫的碑文，劉混康對徽宗的洞察力與美德印象深刻：「頻年之間，數承命造朝，召入宮廷，燕見終日，造膝所談，多所謂天下妙理。」[11]接下來的八年，徽宗屢屢表示對劉混康的尊寵，以及向他學道的想法。

有一次，宋徽宗向劉混康問起三茅真君的知識。[12]根據上清派傳說，三茅真君是生活在漢代的三兄弟。大茅君茅盈隱居恆山研究《老子》與《易經》，在恆山，他與長生不老的仙人、神明進行溝通，包括西王母。西王母授予他符籙，還有兩部九天玄真之經。茅盈兄弟來到南京南面的句曲山，句曲山因此得名為茅山。到徽宗時，三茅真君被視為掌管茅山下陰間亡靈住地的神靈。劉混康向徽宗闡述了茅氏兄弟如何重要，徽宗便為他們分別加封，並賜以祭祀。[13]徽宗下詔宣布三茅真君的新封號，將其描繪為變化靈妙的超自然力量，將持續千年，為大眾帶來祥瑞與福佑。在詔書結尾處，徽宗稱這次加封將有助於「我國家太平無疆之福」。[14]

劉混康向徽宗提議，為徽宗生年所主的星神（即他的本命神）修建一座宮觀。本命神的概念是基於十天干與十二地支的六十種組合，[15]一個人的生辰年分對應著北斗七星中的一個星神，該星神掌管著他的本命，因此，早期道教的一個重要方面就是將本命神與北斗七星神的崇拜結合起來。直到初唐，道教每年還要舉行六次儀式（每六十天一次，每次的標誌與其本命神相對應）。這些儀式包括，在北斗七星神與本命星神的神像前進獻水果與茶，誦讀禱文。[16]徽宗對本命神的儀式感興趣的另一個標誌，就是他親自抄寫《七星經》，頒賜劉混康。[17]這是一部流行經文，全稱為《太上玄靈北斗本命延生真經》，內容包括一些符咒，強調個人出生標誌與出生星神之間的對應關係，並詳述了在本命神的節日必須完成的儀式。[18]

徽宗在位期間，劉混康第一次在京城停留的時間很短暫。劉混康屢次請求返回茅山，一一〇二年，徽宗極為勉強地同意了。劉混康離開時，徽宗賜以禮物，其中有白玉念珠、燒香筒、紅羅龍扇、「九老仙都君」玉印，以及徽宗親自抄寫的道教經文：《度人經》、《清淨經》與《六甲神符經》。徽宗還賜予他更高的封號，為他的十名弟子頒發度牒，賜以紫衣。[19]

從徽宗在一一〇二年抄寫並作為禮物賜給劉混康的經文中，可看出徽宗正在研究道經中的重要經文，其中簡明扼要的《度人經》是古靈寶經最核心的一卷，大部分以韻文御注，適於私下誦讀。這部經文描繪了道教的各項活動；眾多的天界、神靈和魔鬼；並承諾在天界給誦讀《度人經》者留出一席之地。經文受佛教咒語的啟發，以一種很難索解的神祕語言，羅列了一份長長的天上神仙的名單。到徽宗時期，已經有很多人為《度人經》撰寫批注，因誦讀《度人經》而發生的神奇收穫也被廣為流傳。[20]《度人經》描繪的天界充滿生氣：

> 十方至真，飛天神王，長生度世，無量大神。並乘飛雲，丹輿綠輦，羽蓋瓊輪，驂駕朱鳳，五色玄龍，建九色之節，十絕靈旛，前嘯九鳳，齊唱後吹，八鸞同鳴，獅子白鶴，嘯歌邕邕，五老啟送，群仙翼轅，億乘萬騎，浮空而來，傾光回駕，監真度生。[21]

徽宗書錄的第二卷經文是《清淨經》。《清淨經》內容較短，廣受歡迎，以韻文書寫，可以追溯至唐朝，有十世紀杜光庭法師的注解。《清靜經》的風格與《度人經》迥然不同，其語言令人想起老子規勸觀察自我和他人，釋放自己心靈上的欲望，並實現與道合一的思想。[22]舉例如下：

夫人神好清，而心擾之；人心好靜，而欲牽之；常能遣其欲而心自靜，澄其心而神自清。[23]

在現存的道經中，沒有哪部的標題恰好是《六甲神符經》，不過這也許是一部通常以長標題命名的經文的簡稱。[24]六甲是用六十種干支進行占卜的方法，自從五世紀以來就是道教的一部分。

一一〇二年，劉混康離開京師後，徽宗經常寫信給他。《茅山志》中收錄了五十九封信，[25]其中十四封現存信箚的日期在一一〇三年正月至一一〇五年九月之間，這是劉混康第一次離開京師的時間。崇寧二年（一一〇三年）三月二十一日的這封信就是一例：

敕劉混康：

爾自別京師，倏改歲華。完修祠殿，備悉勤勞。近覽奏章，具知安裕。所云殿名，以「天寧萬福」可也。[26]其《清靜經》，並依所奏。

爾肅恭祀事，達於上境，所見災祥，何不具奏？此者，牟麥發生之際，惟藉膏澤之力。乃自春首以來，頗愆時雨，未濟四郊之農，甚慘千箱之望。朕心憂懼，夙夜匪遑。爾當悉心體予至懷，用斯懇切之誠，精加祈禱之意。

以名非高道，豈達清都？餘宜將愛，愈探妙理。山林幽靜，更保真常。[27]

信中提到了徽宗為劉混康抄錄的《清靜經》，劉混康此前很可能向徽宗請求，允許他向別人展示或抄錄徽宗的御書經文。

徽宗在信中提及朝廷在茅山修建的一座宮觀，「元符萬寧宮」。徽宗為此工程劃撥了大量資金，為物流運輸等細節問題提供了便利，並御賜很多禮物，大大提升了道觀的聲望和吸引力。劉混康曾請求將徽宗賜予的一些御筆書法刻在宮觀的石碑上，徽宗回覆說，自己為宮觀寫的頌詞和最近寫的送別詩可以刻在石碑上，但不要刻御筆親書的信函。[28]

在茅山修建道觀這件事上，徽宗其實是在繼續完成哲宗發起的一個工程。此工程於一一〇三年正月初九動工，一一〇六年八月十五日竣工，歷時兩年半。徽宗為每座建築親自書寫了匾額。如表5.1所示，四座主殿中有三座均與徽宗有密切關係。整個建築群有四百多間房屋。據地方志記載，工程於一一〇六年竣工時，鶴群聚集於宮觀上方，這一吉兆顯然所有人都能看到。為了支持宮觀的長久發展，徽宗還讓人留出了閒置土地，並發放大量配額的度牒。[29]

一一〇五年秋，在徽宗一再催促下，劉混康第二次回到京城，一直留到一一〇六年春。他離開時，徽宗賞賜一幅自己繪製的老子像和更多的道經。這不是徽宗為劉混康畫的唯一一幅畫像。一一〇七年，徽宗又賜給劉混康一批禮物，其中包括親手繪製的道教最重要的兩位神靈（元始天尊和靈寶道君）的畫像。徽宗說，如果這兩幅畫像和他在一年前畫的老子像放在一起，就構成了一套完整的三清像。在另一封信中，徽宗

表 5.1　茅山元符萬寧宮的主要宮殿

建築名稱	供奉的神靈／物品	地點
天寧萬壽觀	三茅真君	正中
景福萬年殿	徽宗的本命星神	東側
飛天法輪殿	徽宗謄寫的道經和其他御筆書法	西側
崇寧亭	刻有徽宗書法的石碑或匾	鄰近

來源：《全宋文》第129冊，188頁；137冊，8-9頁（《茅山志》卷二十六，葉2a-3b；《道藏》第5冊，葉665a-b）。

提到，自己完成了一幅三茅真君像，待劉混康回到京師後便賜給他。[30]徽宗賜予劉混康的另一份禮物，是一一〇六年劉離京時徽宗為他寫的一首送別詩：

當年問道屬高人，曾攬霞衣到紫宸。
身是三山雲外侶，[31]心無一點世間塵。
征鴻望極幽棲遠，賀燕歸飛洞府新。
多謝為傳心法妙，此真真外更無真。[32]

徽宗還賜予劉混康一篇規整的三十二行的頌詞，讚頌茅山的道觀。[33]其中有如下詩句：

道大無方，體用有常。
以德則帝，以業而王，
坐進此道，[34]與道無極。
神之聽之，[35]洽此萬國。[36]

劉混康返回茅山後，徽宗又開始了信函往來，寫信的頻率甚至有所增加。從一一〇六年五月到一一〇八年二月，一年半的時間，徽宗共寫了四十二封信。[37]一一〇六年六月二十日，徽宗一天之內連寫兩封，第一封提到劉混康拒絕應徽宗之請返回京城，第二封則關於茅山正在修建的新宮觀：「本宮所闕，亦可一一縷細開陳。潛神之役，未見告功，不知所修可意否？」[38]

徽宗的一些信中提及對徵兆和祥瑞的留意。《茅山志・劉混康傳》記載，他曾向皇帝呈遞多份關於災難事件的奏疏。[39] 我們沒有看到這些奏疏，但確實可以找到一些相關的要求，例如前文引用的一封信中，徽宗要劉混康報告最新出現的異象和徵兆。在一一〇七年二月的一封信中，徽宗談到自己為促成祥瑞之兆而做出的努力：「每念靈承之重，庶臻可致之祥。」他還有一次提到，劉混康曾送他一張祥符，並問能否再送一些類似的東西。一一〇六年十二月十八日，徽宗在信中引用了劉混康報告的茅山新觀開設道場時出現仙燈的現象，認為這是一個吉兆，表明上天感到滿意。[40]

自古以來，統治者一直非常關注各種徵兆，這既不是什麼新現象，也沒有特別之處。但值得一提的是，徽宗在這方面尋求一位道士的幫助。他認為歷來對徵兆的解釋無法提供所有答案，尤其是關於凶兆的解釋（異象和災難）。這些凶兆顯然預示著不好的事件，但它們到底是關於什麼事的反映，如何才能化解，對徽宗而言仍是切實的問題，也寄望於劉混康幫他解答。

從一開始，贈送禮物在徽宗與劉混康的關係中就占據了重要位置。從下面的這封信中可以看出，這些禮物贈送是有來有往的：

> 所奏事，逐一降指揮訖。如更有所闕，但一一見示。提舉官已差楊戩題額，已書，知之。蔡卞亦已撰文。
>
> 先生自來贛直，有所聞見災福，但詳細密奏。
>
> 花木已收，瑞香尤佳。傅希列回，付詔書等，及賜祠部，餘各賜紫衣師號，親書畫扇，暑熱，可以

召風鎮心。符子告求數貼。傳希列等回，附物下項：沉檀箋香各二十斤，生熟龍腦五斤，降真香十斤，四味果子二十奩，御書畫扇頭十個，香藥二分。[41]

徽宗有些禮物非常珍貴，因為他是親自花時間來製作的，例如他的書畫，還有他謄寫的道經等。這類禮物倒是誰都可以送，不過有時候，徽宗所賜禮物是皇帝特有的一些東西。這方面典型的例子是京城的一處方便住所，如著名的道教上清保籙宮裡的一座庭院。一一〇七年二月，徽宗在一封信中對這份禮物進行了解釋：

累迁鶴馭，來叩楓宸。款名理之至言，詢心法之要妙，保神清靜，闤闠厭聞，旅寓儲祥，殆非宜稱。已令董治□□鳩工構宇，即上清之東隅，建萬寧之別觀。庶專靜館，延處雲耕，可預擇徒弟來此住持，故茲示諭，想宜知悉。[42]

神符也是徽宗在很多信中都提到的一個問題。神符被視為來自高階神靈的指令，可以控制低階神靈，自漢代以來它就是道教法師手裡的一種武器。[43] 神靈能讀懂神符的內容，但神符對普通凡人來說卻是不可理解的（見圖5.1）。劉混康被視為熟練掌握用神符治病的專家。在為劉混康撰寫的碑文中，蔡卞稱讚他致力於幫助別人，「每以上清符水療治眾病，服之輒癒」。徽宗有時也會索要某些特殊的神符，例如可以放入小口袋繫在腰帶上隨身攜帶的。徽宗還索要過一些能夠治療感冒、安神、壓驚和治療「百病」的神符。徽宗有次提到，他並沒有將此前送給他的神符都留為己用，而是賜給了那些生病的人。[44] 值得注意的是，徽

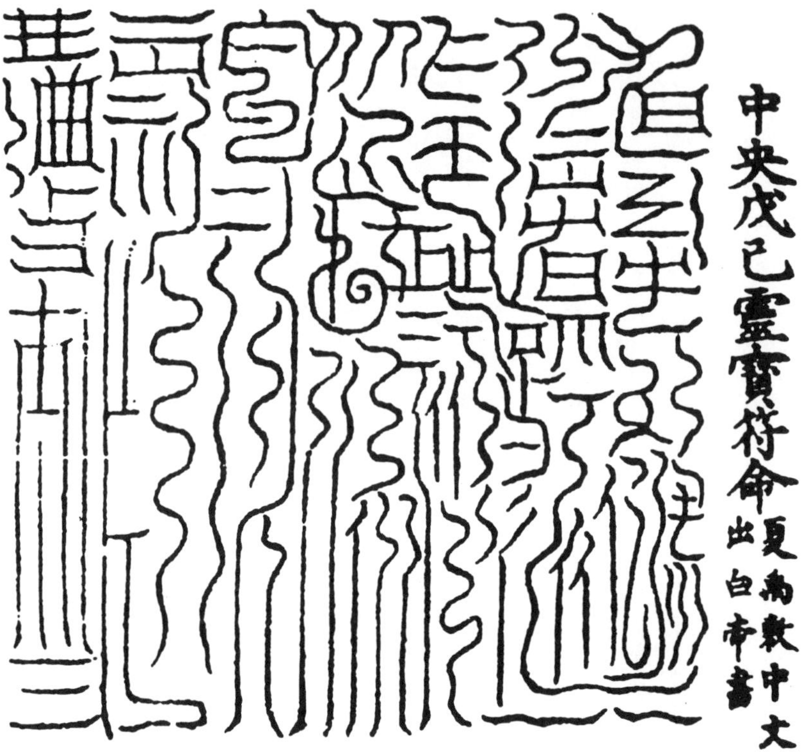

圖 5.1　太上靈寶五符中居中的神符。(《太上靈寶五符序》卷四；《道藏》第 6 冊，338 頁下欄)

宗只是索要已製好的神符，而非讓劉混康指導自己如何親自製作。在徽宗寫給劉混康的信中，他只是在尋求專家的幫助，不是咨詢如何讓自己成為專家。[45]

在幾封信中，徽宗均強烈認為要將佛教和道教分開。一一〇七年二月初九，在致劉混康的一封信中，徽宗解釋了自己的擔憂：

> 比以道釋混淆，理宜區別，斷自朕心，重訂訛謬。至如三清混居於水陸，[46]元命反祠於梵宮，繪塑無倫，不可概舉。
>
> 朕方圖敘彝倫，講明教法，稽考後先之理，推原積習之端，申飭有司分別崇奉，庶蒙休祉，溥祐含生。

諒在淵沖，必惟允議。更新歲律，尚冀保綏，故茲示諭，想宜知悉。[47]

六天後，徽宗又提到了這封信，說他已採取措施解決佛教和道教之間混淆不清的問題，信中還附上了政府公告的草稿給劉混康看。[48]

在徽宗的多次懇請下，一一〇八年初，劉混康第三次回到了京城。蔡卞對當時的情景做了如下紀錄：

大觀二年春，詔華陽先生（劉混康）來朝京師。夏四月丁亥，先生至自茅山，上命道士二百人具威儀導迎，館於上清儲祥宮新作元符之別觀。先生病，不能朝，勞問之使不絕於途。是月十日，車駕幸儲祥宮，因召見先生，與語久之。前兩夕，先生夢侍天帝所，相論說《大洞真經》，覺而異之。及見上，乃以平日所寶《大洞經》以獻，上覽之動色曰：「朕潔齋書此經甫畢，及親繪三茅真君像，適欲以授先生。」是日，遂並賜之。先生既授經，與上意合，則釋然以喜。車駕將還宮，復召見先生，所以撫存之甚厚。[49]

徽宗駕幸劉混康的道觀去探望他，毫無疑問是一種莫大的榮耀。僅僅過了七天，劉混康就去世了。

上文提到的《大洞真經》是上清派的另一部經典道經。「大洞」是「太玄無際而致虛守靜」。在誦讀經文時，通過冥想將天神帶入誦經者的身體。道教經書很多處都有這樣的經文：「神降護誦經者身中，代求誦經者及其祖先的超生」。[50]現在的道經中包含大量圖示，我們從中可以看到跪坐的誦經者，以及他們存思中正從頭頂慢慢升起的圖像（見圖5.2）。[51]

圖 5.2：《大洞真經》中想像的六位守護門郎。(《上清大洞真經》；《道藏》第 1 冊，539 頁下欄)

即使在劉混康去世前，徽宗偶爾也會求助於其他道教天師。一一〇七年，劉混康堅決拒絕返回京城，他派弟子笪淨之替代自己返京。笪淨之六、七歲就開始跟隨劉混康，並陪他一起覲見了哲宗和後來的徽宗。劉混康傳授了笪淨之道教經文、神符、咒語、驅邪術，還有其他一些治病道術。徽宗致劉混康的書信中，有九封提到了笪淨之，笪淨之通常是作為他們傳遞訊息或交換禮物的信使。在一封信中，徽宗列出了他委託笪淨之的各種物品，其中包括一位嬪妃寫的「表文」，要劉混康在做法事時遞給神靈。其他物品包括食品、茶、蠟燭，以及他抄寫的五冊《北斗經》。[52]

一一一〇年，劉混康去世後，笪淨之從茅山來到京城。徽宗安排他在京城的一座道觀中宣講道法，據說吸引了大批士大夫前往。當笪淨之返回茅山前向徽宗辭行，徽宗賜他一些自己的書法作品，以及一幅劉混康的畫像。其中似乎還有徽宗親筆所書的一篇道教文章，笪淨之後來將其刻於茅山的石碑之上。此文名曰〈化道文〉，描述了理解道教本質的必要性，並感嘆普通人在這方面的無知。他堅信，如果人人奉道，會給全社會帶來益處。[53]

一一一三年，笪淨之在臨終前致信徽宗，信的內容包含兩部分。作為徽宗從道教天師處獲得若干建議的例子之一，笪淨之的這封信頗值一提。[54]

臣淨之遺表上言皇帝陛下：

臣自違闕庭，屢更晦朔，仰慕聖顏，日深馳想。本圖再出山林，一瞻天表，無何大數有限，志與願違，辜負皇朝，不勝痛恨。然臣雖世緣淺薄，仙路殊途，曷敢忘陛下終始眷遇之厚，伏願陛下精固邦本，善保聖躬，上以副皇穹寶曆之恩，下以慰社稷生靈之願。臣無任瞻天望聖之至，謹奉表以聞。

（後文為寫信的日期和笪淨之的法號全稱）

臣自惟至愚至昧，伏自先師遭遇陛下以來，興建宮祠，敷弘教法，而臣凡所請求，實為過分，上瀆天聽，罪所不容。本期盡犬馬之勞，以報萬一，不期偶染脾疾，飲食自減，雖勉強醫藥，殊無退候。近因設醮祈恩上天，乃獲報應，當須謝世。去住之理，臣實無憾，但恨終天永訣，無緣再覲天顏，及別中宮、皇子、諸王，不勝悵望之極。

陛下天聰聖哲，尊道崇德，自古帝王未有過者。然念帝王奉道，乃與臣庶不同，一言一動，上合天心，則萬方蒙福。幸毋以華麗蕩真，以虧聖典。太上五千言以去奢、去泰、慈儉為先，乃陛下之師寶、致道之津梁也。伏願陛下清心寡欲以保聖躬，節財儉用以固邦本，聽納中（忠）良以廣言路，天下幸甚。

如臣下愚，固不當冒死陳詞，實念先師付托之重，當令臣以盡忠報國為先。當今之際，不進一言以裨聖德，則臣違天負師，抱恨泉壤矣。

臣傳宗法籙、真經、玉印，及陛下前後所賜書畫，並已付本宮徒弟俞希隱收掌訖。更願陛下重念先師扶教宣道之心，曲垂恩佑，終始無替於宗門，則臣雖不獲再瞻天顏，死無憾矣。

操筆陳情，伏增感愴，臣淨之再言。押。[55]

徽宗與劉混康、笪淨之師徒的通信，展示了徽宗及其日常生活的一些內容，我們從中可以了解宮中的一些事情，比如生病的嬪妃希望徽宗替自己向道教神仙上表，又如笪淨之拜見過徽宗的子女。我們還看到，徽宗這些信與同時代文人之間的通信相差無多——徽宗並沒有否認自己是天子，但努力不讓這一身分妨礙與自己十分敬仰的天師之間的關係。徽宗對贈送的禮物和修建中的建築都親自考慮，且細緻入微。

從這些信件中，我們首先看到的是徽宗對道教的投入和理解。徽宗對道教產生興趣並不令人意外，事實上，當時所有受過教育的人都讀過《老子》、《莊子》，還有廣為流傳的神仙與長生不老的故事。大部分宋代文人極為尊崇的唐代大詩人，也多在作品中提到了與道教密切相關的星象思想。有些宋代文人還沉迷於通過飲食控制來改善身體狀況的道家修行方法。[56] 但是，徽宗比他們有過之而無不及：作為一名更加虔誠的信徒，他供奉神靈、閱讀和背誦經文，經常使用神符，還繪製道教人物的畫像，包括道教最高神靈「三清」，以及由凡人修煉成仙的三茅真君。我們還可以看到，徽宗將道教視為履行對臣民義務的方式：道教能幫助他轉移霉運，這不僅是為了個人，也是為了臣民的利益。此外，值得一提的是，有一個領域徽宗並未與劉混康等道教法師一起深入研習：他似乎並未痴迷於長生不老，對煉金術也沒有興趣。[57]

宮觀和儀式

即使劉混康尚在人世時，徽宗有時也會向其他道教天師請教。一一〇五年，他召見了另一位主要的道教派別的掌門——龍虎山道教第三十代天師張繼先。根據一份道教文獻記載，徽宗後來幾年也數次召見張繼先，幫自己處理各種突發事件。[58] 與徽宗同一時期的道教大師們的傳記，也經常記載與徽宗至少有過一次短暫的接觸。例如，徽宗經常召見張虛白，對他的酗酒也能夠寬容。劉益也被徽宗召入京城，但他不久便請求返回深山。榮陽回答了徽宗關於其學識的問題後，被賞賜十萬銅錢。此外，劉卞功等人也曾被召進京，但他們拒絕了。[59]

由於徽宗對道教的信仰，他對一些歷朝沿用的儀式進行了改革，使其更貼近道教，其中最典型的一個例子跟慶祝徽宗誕辰的寺觀有關。為皇帝慶祝誕辰的儀式在唐朝和宋朝逐漸發生變化。唐代中期，唐玄宗第一次為自己的誕辰日命名，並頒布法令，規定如何在宮廷、寺觀和各場所進行慶賀。[60]唐代皇帝在誕辰這天大設宴席，有時還會組織儒佛道三教辯論，以作為賓客的娛樂項目。到了五代，開封成為京師，慶祝皇帝誕辰時，通常在相國寺舉辦慶典。相國寺位於宮廷南門外，方便文武百官在儀式過後接著出席宮中宴會，因此，宋代的皇帝也保留了這種做法。[61]

但徽宗與前朝的不同之處在於，他把這一儀式有系統地擴大到全國，並將道觀完全納入其中。一一〇三年，他下詔令各州都要有寺、觀各一，並命名為崇寧（當時的年號），負責舉行皇帝的誕辰慶典。這使相當多的寺觀被賜予名號（和匾額），同時也給予它們相應的認可和特權。[62]隨後幾年，針對崇寧寺、崇寧觀又頒布了一系列法令，賜予度牒，免收稅賦，劃撥十頃土地，並保護其免受官府侵擾。一一一一年，這些寺觀的名稱根據徽宗的誕辰，相應地改為天寧。[63]

崇寧觀和天寧觀不僅要在徽宗的誕辰日舉辦儀式，還要在他的本命日（壬戌）舉行法事。早先的宋代皇帝只是在京師的道觀慶祝自己的本命日，但徽宗將這一儀式擴大到全國各地的道觀。一一〇四年，他下令各地崇寧觀要特闢一間大殿，命名為天保殿，專門舉辦他的本命日儀式。在一位官員乞請之下，徽宗親自為天保殿書寫了匾額，複製後分發到全國各地的道觀。[64]

根據宋代地方志記載，各地政府顯然都在奉命而行，指定了崇寧／天寧觀。[65]有些被選中的寺觀規模非常宏偉。一一〇七年，根據皇帝旨意，當時在尚書省任職的何執中撰文讚頌東南地區一座建有三百六十九間殿堂的天寧觀。徽宗御賜這座道觀一部道經、十頃土地、每年兩道度牒，以及親筆書寫的兩塊匾額和一些禮品。[66]

一一一六年，大臣們提議在徽宗誕辰這天開放天寧觀。他們建議在皇帝的誕辰和本命日，京師和各地的寺觀都應開放三日，讓士大夫和百姓前去上香，祈禱聖上萬壽無疆。一一一八年，一名禮部官員建議，針對州郡在徽宗本命日舉行的道場儀軌頒發規範。其中具體規定了在皇帝本命日的七天前，知州應率領僚屬前往天寧觀祭拜上香，然後在接下來的幾天輪流前往道觀燒香。在本命日當天，知州率僚屬念誦祈禱，三次祭拜，然後全體叩首兩次。[67]

這些並不是徽宗當政時制定的第一份規範。一一〇八年，徽宗令人收集金籙靈寶道場科儀的資料，旨在編修一部整理好的科儀，頒發給各州郡的道觀。司馬虛（Michel Strickmann）認為，金籙靈寶道場科儀是為了「保護皇家道觀的財富」，通過分發這些新編修的科儀，朝廷希望能夠確保「全國每個角落都會響起有利於宋朝的巨大祈禱聲」。[68]

在下發新版金籙靈寶道場科儀之前，先要解決文本的問題。經過兩年的編修，一一一〇年，徽宗將稿本委託給宰相張商英，並對他說：

> 向委一二道士，將道場儀矩，稽考藏典校正，近成書帙來上，嘗付道官定奪。今據簽出，異同甚多。並降付卿，可機政餘暇看詳，指定可否，如有討論未備，文義乖訛，並未盡事件，並行貼改，刪潤進入。[69]

張商英編輯的最終版本被保存在道藏中，被稱為《金籙齋投簡儀》。它的涵義是將刻有龍的石碑投入特定的山上或水中，並向神靈宣布這些科儀已得到實施。[70]

詩詞

徽宗在信件、詩詞和散文中都描寫了道教主題。尤其令人感興趣的是一本輯錄了太宗、真宗、徽宗三位皇帝所撰唱頌詞文的詞集。根據這本書的前言，一一一一年，徽宗在宣和殿召見了兩位主管道士的道官，給他們看了他寫的六十首詞。正當他們考慮配樂旋律時，「俄降天語，許附大藏，永奉醮章」。根據這段記載，徽宗似乎不僅御製了這些道詞，還為它們挑選了音樂。徽宗命徐知常將這些道詞整理成冊，分發給大大小小的道觀。[71]

徽宗御製道詞分為六個系列，每個系列包含十首，每首四句。其中五個主題用的是七言：〈玉清樂〉、〈上清樂〉、〈太清樂〉、〈步虛詞〉和〈白鶴詞〉。〈散花詞〉用的是五言。與我們之前引用的一些經文相同，這些道詞的詞藻都具有豐富的描述性。下面是〈白鶴詞〉中的一首：

> 五雲宮殿步虛長，斗轉旋霄夜未央。
> 白鶴飛來通吉信，清音齊逐返魂香。[72]

還有〈太清樂〉中的三首詞：

五節清香半夜焚，天人玉女盡遙聞。
味同炁合遙相應，絳節霓旌下五雲。
太極元君翠翮車，萬魔奔走聽神符。
九龍縱步齊驤首，時見空中吐火珠。
元景岩巒聳太空，彭彭仙室在霞中。
九靈變化俄離合，羽駕飆飆不可窮。[73]

一直到現代，道教儀式中仍然在使用這些道詞。[74]

地方神祠

徽宗與宗教的關係不僅限於道士、道觀和科儀，還擴大到了民間神靈及供奉這些神靈的祠廟。宋代朝廷一直用國家祀典記錄認可的祠廟，對祠廟內的主要神靈授予封賜，其中包括山神、水神、神龍，以及曾經是平凡男女的民間神仙。宋朝政府對民間宗教的標準化和日常化管理在徽宗時期達到鼎盛，封賜的廟額和受冊封的祠廟神靈比任何時候都多。但與此同時，大量沒有進入國家祀典的教派則遭到取締。

徽宗肯定是每隔幾天就會批准一個新的廟額或冊封。《宋會要輯稿》中記錄了徽宗在位期間授予的七百六十四個廟額，以及對神靈的冊封。[75] 大部分記載都非常簡短，例如我們可以在山神的部分看到：「白彪山神後魏賀虜將軍祠，在汾州西河縣。徽宗崇寧五年六月賜廟額『永澤』。」[76] 但是，徽宗當時讀到的內容肯定不會如此簡短，而是充滿熱情的請求書，其中詳細描述了神靈在人們祈求雨水、晴天和瘟疫時保佑百姓等願望的顯靈。有時，當地百姓會立一塊石牌，紀念獲得皇帝封賜廟額，在一些留存的碑文上能發現這些申請書的原文。例如，在賀虜將軍的神祠獲得冊封的兩個月後，當地百姓便樹立石碑，上面刻了神祠及所供奉神靈的故事。碑文記載，將軍總是積極應驗百姓的祈願，當地官員過去一直想為祂請求爵號，但從未成功。一一〇五年，當地一名新知州上任。第二年，一直沒有雨水，知州便在神祠祈雨，結果雲現雨落，百姓最終獲得了大豐收。郡守因此讚嘆道：「異哉！夫山川之神，日出雲雨救一方之旱於俄頃之間，克庥於人，千里蒙福，宜有褒封，用焜耀茲土，俾萬事承事□息。」接著，這位知州寫了奏報，通過各種途徑上奏。徽宗很快親自批覆：「天子嘉其靈德，秋七月乙巳，詔賜永澤廟。於是書而揭之。稚老竦觀，遠近奔走，咸願新祠宇。」接下來，碑文討論了重修神祠，還提到長期以來，當地百姓一直希望他們的神靈獲封爵位，但被告知必須先為神祠申請廟額，才能冊封神靈。[77]

徽宗時期批准了如此多的廟額和爵號，原因之一便是徽宗屢次下詔要求人們找出全國所有靈驗和有功德的神靈。徽宗首次頒布詔令是在登基後的第二年。一一〇一年三月二十四日，各州官吏接到詔令，要將轄區內所有已被加官爵和封廟號的神祠上報轉運司，再由轉運司驗實這些神靈是否應當獲得官爵廟名，即考察祂們是否應驗了百姓的祈禱，是否做了有功德的事情。[78]

第二次頒布詔令是在一一〇七年。福建一座寺廟的碑文記載，「大觀元年，徽宗皇帝有事於南郊，裒百神而肆祀之。於是，詔天下名山大川及諸神之有功於民而未在祀典者。」[79] 大約一年之後，徽宗批准了編制一份詳細的廟宇清單的請求，清單中將詳盡地包含這些廟宇的地點，何時修建或修繕，所獲冊封，以及與眾不同之處。徽宗對請求的批覆是：「天下神祠廟宇數目不少，自來亦無都籍拘載，欲乞依此施行。」[80]

透過一一一一年七月二十七日頒布的一項法令，使政府監管合理化（「都籍拘載」神祠廟宇數額）的願望得以實現。法令要求編制一份涵括全國神祠資料的《圖志》，並將其與國家《祀典》的內容相比較，找出與體系中不一致的地方，例如，同一神靈有不同的封號，被供奉在不同的廟裡。負責纂修《圖志》的禮官還要將神祠劃分為三類：「將已賜額並曾封號者作一等；功烈顯著，見無封額者作一等；民俗所建，別無功德及物在，法所謂淫祠者作一等。」[81]

對於民間神祠，徽宗主要的工作方式可能就是通過閱讀有關這些神靈功績的記述，批准對祂們的加封，但存世文獻中更多記載了非法宗教活動的問題。宋朝政府與之前的唐朝政府一樣，取締了各種描述含混的宗教活動，從「異端信仰」到妖術，以及謊稱擁有超能力的教派。[82]從《禮記》中的一段文字，可以找到依據來採取這些嚴厲懲罰措施。根據《禮記・王制》，有四種人必須立即處死，包括執左道以亂政者，以及那些假借鬼神、占卜或預兆疑惑民眾的人。[83]

取締某種宗教經常提到的理由是祕密與傷風敗俗。一一〇八年八月十四日，信陽軍（今河南境內）奏報說，他們發現一些團體經常在夜間聚會，男、女都有，傳播和練習妖教。徽宗批准清洗和取締這些活動，宣稱這種行為是非法的，並命各州縣定期稽查，以便有效地打擊他們的活動。[84]

京師的宗教活動尤其令人擔憂。一一〇九年八月二十六日，徽宗下達了一份詔書，內容是關於京城裡未列名祀典的淫祠。如果這些廟宇的神職人員「假托鬼神以妖言惑眾」，開封府應當逮捕他們，定罪後送至鄰州處以懲罰。最嚴重的罪犯將報給朝廷進行處罰。顯然，京城的很多神祠都被取締了。一一一一年正月初九，又有一份詔書傳下，將已被摧毀的一千零三十八座神祠內存放的神像移至寺觀或本廟，並舉例說，土地神像應當遷至城隍廟，還明確表示，未得到允許，老百姓不得私建神祠。[85]

異端書籍也會引發驚恐。一一〇四年四月十九日，徽宗批准了禁止《佛說末劫經》的請求，因為「言涉訛妄，意要惑眾」。在這本書流傳地區的荊湖南北路提點刑獄司奉命調查此書是何人撰寫和印刷，「取勘具案聞奏，其民間所收本，限十日赴所在州縣鎮寨繳納焚訖，所在具數申尚書省。竊慮上件文字亦有散在諸路州軍，使良民亂行傳誦，深為未便」。[86]

從一一一四年頒布的幾項措施中可以看到，針對可疑宗教活動所採取的措施非常嚴厲。其中之一是，只要有人告發師巫「假托神語，欺愚惑眾」，便賞賜一百貫，參加邪教的人則被處以兩年勞役。在另一項措施中，徽宗批准了一項請求，明令禁止某些宗教團體和行為，以禁止「愚民因循習以成風，無罪而就死地」。這些措施針對的行為被描述為「以講說、燒香、齋會為名，而私置佛堂、道院，為聚眾人之所者」。政府官員也沒有任何現成的方案來解決這些問題，只能不斷向當地百姓發出公告，指出這些活動是非法的，對告發者提供賞金，並命令當地官員定期檢查。第三種措施是關於可疑文字。一一一四年八月三十日，徽宗就河北州縣妖教盛行頒布詔書，「雖加之重辟，終不悛革」，詔書不僅要把這些書籍銷毀，同樣重要的是查獲用來印刷這些書籍的印版或石刻，還命令當地官員將查獲的書本全部上繳到朝廷有關部門。[87]

前述祭祀民間神靈和取締可疑宗教的措施是否與徽宗信仰道教有關呢？現存奏疏或詔書中都沒有使用道教的語言，但它們之間一定有所關聯。徽宗的宗教傾向使他對有功德的民間神靈秉持開放態度，願意接納對這些神靈的信奉並納入國家監管體系之中。一方面，徽宗運用國家權力去抑制佛道之外的宗教活動，另一方面則大力支持修建寺廟和道觀。此外，這方面還有一個原因，新政和蔡京採取的改革措施的特點就是希望達致程式化和標準化，一直貫徹至地方，因此，徽宗的宗教信仰以及新政對控制地方政府的關注，同樣促成了徽宗對民間神祠的政策。

那麼，是什麼深深吸引著徽宗信仰道教呢？原因很可能多種多樣。與中國歷史上其他統治者一樣，徽宗不僅將道教視為實現個人目標的方式，而且把它作為能夠幫助自己進行統治的一套工具。在與劉混康的對話中，他對道教如何解釋以吉兆或凶兆形式出現的各種天意表現出濃厚興趣。他將道教元素運用到最神聖的一些中國王權禮儀上。此外，道教體系下有多重的天界和數百名神仙，其宇宙觀比當時的儒家要寬廣得多。也許，徽宗從道教中找到了皇家莊嚴華麗的基礎，而這一點並不容易透過儒家進行解釋。

道教的可視化能力肯定也是它吸引徽宗的另一特點。徽宗研究與抄寫的很多經文都富含想像，對雲的顏色、馬車的裝飾等進行了描述。徽宗所建道觀之壯麗，道觀內的神像藝術，以及在道觀中舉行儀式的短暫輝煌，都深深地吸引著徽宗。當然，在徽宗為劉混康繪製的神仙圖中，也有視覺上的吸引力。還有，在徽宗與劉混康之間相互贈送的手抄經文中也有視覺維度——儘管我們並不清楚這些書法作品的具體內容，例如它以什麼字體寫成。

徽宗是不是一位嚴肅的道教俗家弟子，人們的看法不盡相同。從道教的角度看，人們也許可以質疑他的知識深度，將他視為一名膚淺的業餘愛好者。但另一方面，如果從儒家的角度看，可能就會認為徽宗過於輕信，很容易被道士的華麗言辭誤導，或者被道觀的宏偉視覺效果吸引。不過，還有一種觀點對徽宗的虔誠提出質疑，這種觀點認為，徽宗在運用道教時有一種神道設教的態度，試圖從對道教的支持中獲取政治好處。我認為，不應當在徽宗道教信仰的多重方面中只看到一個方面，或是用某一方面來解釋其他所有方面。當然，徽宗對道教經文的知識不能與學識淵博的天師相比，而且毫無疑問，他有時會透過支持道教來實現政治目的，然而，我們還是不應當將徽宗與道教的關係貶低為政治上的權宜之計、藝術上的吸引、天真或幻覺（儘管有時他在某種程度上結合了上述種種表現）。

徽宗不僅僅在道教中找到了讓宮廷更加華麗和宏偉的方法。第六章將介紹他參與的朝廷樂制改革和對祥瑞的慶祝，這兩類活動都與中國的傳統風俗有關，它們使宮廷生活更為富麗堂皇。

第六章
重振傳統

上批奬諭。既而商英又奏：「臣不揆荒淺，輒進〈瑞禾圖〉、〈宋大雅〉十有三章，以形容陛下太平之高躅。」

——《宋會要輯稿》一一一〇年九月二十七日的記載

在宮廷生活中，皇帝本人以及前來覲見的人需要進行各種各樣的表演。比較簡單的是一些人們基本上習以為常的日常禮儀，而禮樂表演與宗教禮儀要複雜得多，不僅受各種風俗習慣的影響，還要遵循《禮記》、《周禮》這些經典中的原則。然而，儘管受到傳統的重重限制，但對如何改進與提高這些禮儀表演，大致仍有一些創造想像的空間。重返古代巔峰固然能夠帶來很多聲望，針對古時的禮儀和禮樂實踐，卻並不存在統一的理解，甚至連應該效仿過去的哪一段時期也無定論：是效仿孔子曾經稱讚、並在《周禮》中詳盡描述的周朝早期，還是應當把目標設定為與黃帝、堯、舜、禹等上古聖王同樣卓越呢？此外，僅可追溯到唐代的傳統是否值得繼承呢？

本章並非要對徽宗朝繼承或改進傳統的所有方式進行全面的分析，而是挑選了三個例子，每個例子都能表現徽宗在繼承傳統方面的獨特之處。追摹上古激勵著徽宗命人鑄造了一套九鼎，並著手改革宮廷樂制。儘管這似乎與直覺相悖，但使宮廷禮樂保持新鮮活力的最好方式之一，就是盡力讓它們回歸原始的樸質。與奏報和慶祝祥瑞事件相關的大部分傳統都形成於相對晚近的歷史（漢唐）。這些傳統為展現個人才能與創造力提供了極大的空間，也為那些旨在證明個人政治效忠的表演搭建了政治舞臺。

大晟樂

音樂一直是大多宮廷禮儀的組成部分。在郊祭中，不僅要有一支演奏樂隊，還要有一班男性舞者。在莊嚴的祭祀儀式中演奏的音樂比較嚴肅和保守，而在宴會和其他娛樂場合演奏的音樂則更能接受新的曲調和音樂風格。但不論哪一種，都為宮廷的輝煌壯麗增色不少。

儒家經典認為，音樂有好有壞。好的音樂引人向上，有助於社會和諧，粗俗、誘惑的音樂則會使人走向放蕩。《禮記・樂記》稱，音樂能夠「同民心而出治道」，《周禮》將音樂的力量延伸到了整個宇宙，認為「以禮樂合天地之化、百物之產，以事鬼神、以諧萬民、以致百物」。[1] 在這種思想下，統治者採取的最重要的行動之一就是建立適當的樂制。

一一〇二年，徽宗提出樂制改革，此時，他其實是在做一件之前許多統治者都做過的事情。徽宗注意到當時宮廷中演奏的音樂存在一些缺陷：樂器過於破舊，或音調調得太高；很多樂師是臨時招募的，對音樂並不熟悉，也不能照譜演奏；樂部官員總是對樂理進行無休止、毫無用處的辯論。徽宗要求在全國尋找樂師，這些樂師的音樂知識應當透過老師的傳授獲得，而不是透過書本學得。[2]

蔡京推薦了已經九十多歲的魏漢津作為音樂專家。據宋代的一些史料記載，魏漢津是一名方士，能夠借助神祕力量創造奇跡。魏漢津在宮廷內引起了騷動，一些主管樂制的官員試圖反對他的觀點，但魏漢津並未退讓，他在一一〇四年向徽宗呈遞了一份奏疏，建議重新制定樂律。他追溯了歷史上校準律管的變化，一直從傳說中的伏羲到夏朝的創始人、聖王大禹。根據魏漢津的說法，禹按照自己左手不同手指的長短來確定律管的長度。由於秦朝焚書，禹的方法也失傳了。他建議恢復這種方法，根據徽宗的手指長短來設定律管的長度。他還建議宮廷鑄造三組音鐘，分別是帝王大鐘、四韻清聲鐘和二十四氣鐘。在此基礎上，「均弦裁管，為一代之樂」。[3]

幾乎與魏漢津建議設定律管的同時，一座古墓中發現了一套由六枚音鐘組成的古代編鐘。這些編鐘的摹圖後來收錄於徽宗專門記錄文物收藏的《博古圖》（圖6.1）。從圖中可以看到，這些編鐘底部扁平，表面雕有螺旋紋飾，頂部有兩條龍對立盤踞，正好形成一個鉤。這些編鐘的發現乃是莫大的吉兆，因為編鐘上刻有「宋成公之鐘」的字樣，且發現地點在應天府——「回應上天」之府。唐代稱應天府為宋州（得名於此地的古宋國），宋朝開國皇帝從此地開始崛起（以順應天意），便改名為應天府。一一〇五年，徽宗將建立新樂描述為結合魏漢津設定律管的思想與從天意降臨之處出土編鐘的結果。還有一次，徽宗再次說了類似的話，又明確補充道，這些出土的編鐘可以用來研究製造原料的成分。[4]

徽宗朝的祕書省中有專門研究古代器物的專家，他們可能提醒過徽宗這些出土編鐘的潛在價值。在徽宗時代，研究現存的古物是一個令人激動的領域，徽宗用了好幾位這方面的專家。其中一位名叫董逌，他仔細考證後，寫下了編鐘產生音樂的功能原理。董逌分別測量了每口鐘的六個尺寸（頂部的長、寬、高，側面的長，以及底部開口的長和寬），還為每口鐘的絕對高音、律（音）名進行命名（假定尺寸最大、音

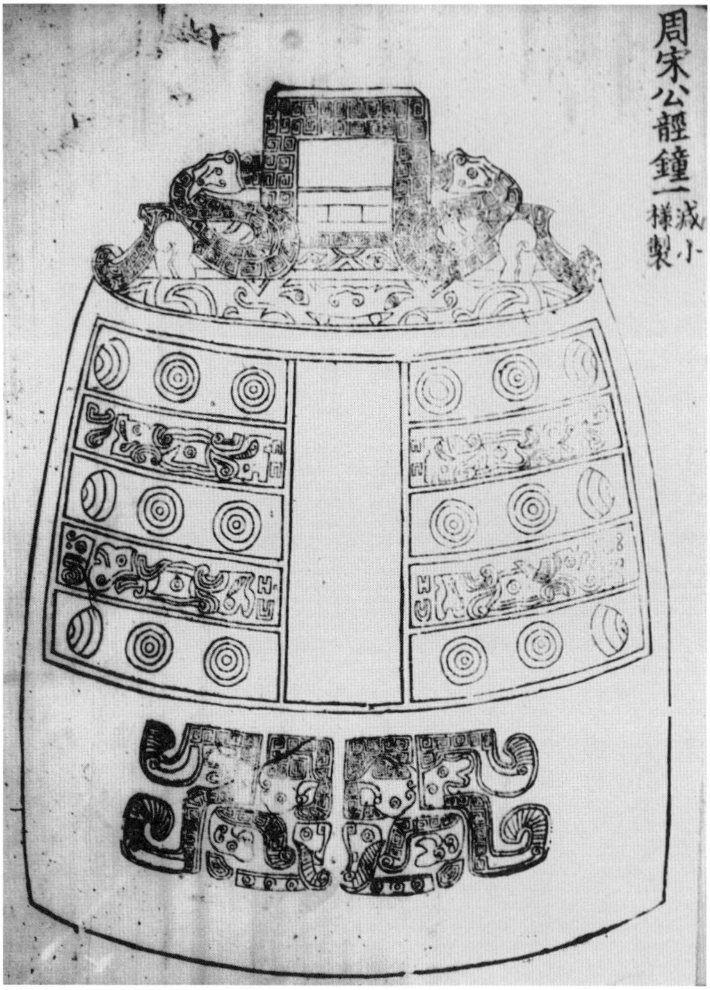

圖 6.1　《博古圖》中收錄的宋成公編鐘的第一口鐘。(《博古圖》1528 年刊本，卷二十二，葉 27a)

調最低的是定音鐘，確定為「宮」音），這說明祕書省的官員曾試著演奏這套編鐘。董逌評論道，儘管有不少周代編鐘保存了下來，但宮廷工匠依舊未能鑄造出可以作為樂器正常使用的編鐘，製造的鐘要麼無法正確地懸掛在鐘架上，要麼音律不齊，或是出現一些別的問題。在徽宗下令以宋成公的編鐘作為模板後，負責的工匠才鑄造出了音調正確的編鐘。[5]

現在存世的有二十多件新樂使用的編鐘，有些學者對它們進行了仔細的研究（圖6.2）。[6]這些鐘通常一側刻有「大晟」的字樣，另一側刻有音律名稱。[7]它們被分為三類，第一類都以十二律中的某一律命名，第二類的命名方式是在十二律的某律後綴以「中聲」二字，第三類以十二律中的四種「清聲」律之一命名。這三類正好符合魏漢津曾提議鑄造的三個系列的音鐘。

為了管理新樂，徽宗建立了大晟府。除了製造新樂器和為舊樂器調音，大晟府還發布樂譜和圖集，幫助樂師適應這些改革。宮廷樂師必須嚴格遵守這些指令，如果膽敢更改音調或是改變新樂器的設計，就可能受到懲罰。根據蔡京的推薦，劉昺被任命為主管大晟府的大司樂。在任職期間，劉昺編成《大晟樂》一書。儘管有些人懷疑劉昺是對魏漢津的音律加以改進，但他並不只是重新復原了舊制，因為人們在聽大晟樂的時候，能聽出其中增加了一些新內容。[8]

在鑄造幾套編鐘並編寫新樂之後，一一〇五年八月，徽宗召集宮廷樂師，演示舊樂與新樂之間的區別。樂師先演奏三支舊樂，沒等結束，徽宗就將其打斷，稱舊樂聽起來像有人在哭泣，而當新樂奏起，徽宗則大為讚賞。九月，新樂在宮廷宴會上首次正式登場。據《宋史》記載，當大臣們向徽宗祝酒時，一群鶴自東北方飛來，在演奏音樂的黃庭上空盤旋不去，以示對音樂的讚賞。[9]徽宗目睹此祥瑞，心裡非常高興，便頒布了一份詔書，原原本本地解釋了對新樂的推行。徽宗宣稱，太平之世已持續百餘年，此時他恰

圖 6.2　宋徽宗宮廷鑄造的鐘，高 28.2 公分，重 6.5 公斤。（臺北國立故宮博物院）

好遇到隱士魏漢津，並偶然發現了古代編鐘，因此，現在是制定新樂的最佳時機。第二天，四位大臣覲見，徽宗問起他們對前日所奏新樂的評價，大臣們無疑早就準備好了溢美之詞，他們稱讚使用古代風格的樂器以及鶴群的反應，並將此比作古代經典中的鳳凰來儀。徽宗問四位大臣音樂是否和諧，四位大臣答道：非常和諧，這完全是得益於徽宗的德治。[10]

大晟樂推行幾年後，一一一〇年八月初一，徽宗撰寫了一篇關於大晟樂的文章。在文章開篇，徽宗提到了古樂的失傳，以及宋朝先帝試圖改革宮廷樂制時面臨的困難。由於他遇到了著名樂師李良的弟子，並得到了宋成公的編鐘，才得以按照自己的手指長度確定了音律。演奏新樂花費了三年時間來準備，直到一一〇五年八月，終於在崇政殿成功演奏。九個月後，當百官在大慶殿聆聽新樂演奏時，鶴群再次隨著音樂在空中翔舞。第二年，在冬季祭祀演奏新樂時，鶴群又出現了。此後，每當演奏新樂，鶴群總是會飛過來。徽宗還稱，這些音樂得到了廣泛的傳播，甚至流傳到外國，同時，在官府辦的學校裡也進行傳授。最後，徽宗說這封詔書是他的親筆手詔，旨在傳播音樂知識，完成先帝的遺志。[11]

一一一三年，徽宗命大晟府印製收集的曲譜，在傳播新樂知識上又向前邁了一步。[12] 新樂器和新樂都有助於樹立徽宗朝已掌握古代藝術精髓的形象。對徽宗而言，到底哪一方面更為重要，似乎很難確定：樂制是「復古的」；鶴群證明了新樂的祥瑞；或是新樂能夠為宮廷娛樂和慶典帶來新的體驗。徽宗可能只會承認前兩方面，但第三方面或許也起到了一些作用。

九鼎

除了重定音律和鑄造新編鐘，魏漢津還建議宮廷鑄造一套著名的九鼎。自從夏禹最早鑄造九鼎以來，這種器物一直象徵著真正的統治者。根據《左傳》記載，夏禹鑄成九鼎後，由夏傳商，又從商傳周，而鼎的重量也隨著當政者的德行發生變化——君主有德時九鼎就會很重，反之，如果君主無德、時局混亂，鼎的重量就會輕。[13]

根據魏漢津的計畫，新鑄的鼎將作為祭祀之物；他為每個鼎命名，並描述了相應的祭祀季節、顏色與方位。徽宗同意施行此項目，並命人從中國古代九州之地收集鑄造所需的金屬。[14]當時有些官員可能也支持魏漢津的計畫，但在歷史文獻中，沒有找到贊成或反對鑄造九鼎的奏疏。

在準備鑄造九鼎時，徽宗在新城的東南部、利用現有太一宮南邊的土地，又建造了一座新的宮觀，用來安放九鼎。他任命建築師李誡為設計師，監督工程進度，同時將這座新宮觀命名為「九成宮」。[15]

鑄造這些鼎花了大約一年的時間，從一一〇四年十月一直到一一〇五年八月。第一只鼎鑄成時，蔡絛奏報，空中升起一道彩光，將宮殿照得亮如白晝，這說明有非常特殊的事情正在發生。[16]宮觀和九鼎都完工後，徽宗任命蔡京為「定鼎禮儀使」，監督遷移九鼎。一一〇五年八月二十日安置九鼎時，鶴群又出現在空中。第二天，徽宗到九成宮行禮，有更多的鶴群出現，隨著音樂在五彩雲前翩翩起舞。不出意料，大臣們馬上向徽宗表示祝賀。[17]

道士王與之向皇帝獻上了一本名為《黃帝崇天祀鼎儀訣》的小冊子。徽宗讓鄭居中詳細查看其中的內容，看能否據此制定一份祭祀九鼎的步驟。徽宗說，雖然正確的祭祀方法沒有流傳下來，但王與之的書中可能含有一些「非今人所能作」的內容。鄭居中回覆，王與之的儀式似乎借鑒了一些既有的道教禮儀，並結合了魏漢津的思想，以及五行、六氣等宇宙論思想。於是，徽宗准許根據王與之所獻之書制定一套祀鼎指南。次月，眾官員建議採用一些與九鼎相匹配的樂曲，因為它們也對應著不同的地理方位。[18]

徽宗親自撰寫了一篇紀念九鼎的文字和兩篇銘文，一篇銘文寫的是第一只鼎，另一篇則是餘下八只。[19]紀念文字的縮寫本被保存了下來。在文章開頭，徽宗即表明自己的誠心，並埋怨了一些散布不滿情緒的偏見之士，顯然是在影射當時的派系之爭。第一只鼎最大，位於中央，高九尺，據說共用二十二萬斤（約十萬公斤）金屬熔鑄而成。「熔冶之夕，中夜起視，炎光燭天，一鑄而就。上則日月星辰雲物，中則宗廟朝廷臣民，下則山川原隰墳衍。」當九鼎被安放進雙層屋簷的九成宮後，有兩個瑞象出現：一是群鶴飛來，在宮觀上方盤旋起舞，一是在最大的鼎附近發現了甘露。

徽宗的文章接著解釋了每只鼎與季節、顏色的關係。例如，文中寫道：「萬物東作，於時為春，故作蒼鼎，以奠齊魯。萬物南訛，於時為夏，故作彤鼎，以奠荊楚。」文章最後描繪了這些令人驚嘆的鼎將帶來的正面影響：它們有助於轉變乾坤，使四季和諧，消除水旱之災與戰爭，團結中國與外族，並確保帝國永久延續。[20]一一一一至一一一三年編纂的《政和五禮新儀》中規定，每年在九成宮舉行祭鼎儀式，一日祭祀最大的一只鼎，另一日祭祀其他八只。[21]

徽宗並不滿意只有一座道教宮觀與他的九鼎連繫在一起。一一〇九年，他命人在鑄造九鼎的地點另建一座宮觀，命名為寶成宮。寶成宮有數座大殿，共七十一間房屋，中央大殿用來祭祀黃帝，東殿祭祀夏朝的創始人，西殿祭祀周朝初期的三位君臣（周成王、周公旦和召公奭），後堂則用來祭祀最近去世的魏漢津及其師傅李良。[22]徽宗一定是非常認可魏漢津的貢獻，才希望為他建立長期的祭祀儀式。

那麼，九鼎和新鑄編鐘又有什麼連繫呢？鑄造這兩種器物都是根據魏漢津的提議，但是編鐘與鼎之間的關係有些含糊。歷史文獻中多處提到「景鐘，垂則為鐘，仰則為鼎」的語句。這句話最早可以追溯到一一四六年，當時南宋朝廷想要鑄造新的鐘，官員們試著研究徽宗時期是如何鑄造出這些鐘的，於是有人引用了《樂記》中這句話。南宋學者程大昌認為這句話出自《大晟樂書》，後來的一些史料也引用了他的觀點，最後《宋史》也予以收錄。[23]

問題是，徽宗時期鑄造、現在存世的大晟鐘與鼎的外觀一點也不像，而且，大多數記載九鼎的史料也沒有提到音樂。這些鼎並未放在宮中供音樂演奏之用，而是被安置在距離很遠的各個宮觀。徽宗在手詔中提到使用最大的鼎設定音律，最有可能的情況是，最大的鼎最初是用於定音，但其他幾只鼎和編鐘都鑄好以後，這兩套器具就有了截然不同的用途。

慶祝祥瑞

演奏新樂時，鶴群頻頻出現被視為一種祥瑞。在這段時間，徽宗的大臣們還奏報了不少別的祥瑞，為政治舞臺的慶賀活動提供了機會。此一悠久的傳統可追溯至周朝，但正式形成制度主要還是在漢代。在這些場合中，君臣所用的語言都非常儀式化，但這並不妨礙他們將這些儀式用於個人目的或將自己的解釋強加於其中。第三章曾提到，在徽宗登基後的頭三年，曾多次收到上天對其政治行為的示警。但從那之後，祥瑞開始得到越來越多的關注。這些慶祝藉口可為皇位增輝，有助於打破宮廷的沉悶生活。[24]

奏報各種吉凶之兆是基於有關天意的古老理論。統治者一旦對國家管理不善，上天就會以各種異常事件（如彗星、日食、月食或地震）示警；太平盛世時，上天也會通過一些祥瑞（如天現霞光或降甘露）表示讚賞。漢代運用了陰陽五行的宇宙觀，以及《易經》、《尚書・洪範篇》和《春秋》中的傳統預測方法，對這些思想進行了詳盡的解釋說明。[25] 漢代學者認為，通過充分研究就能發現這些跡象的真正涵義，因此，他們記錄下每個異象，以及他們認為可以解釋此現象的相應事件。人們通常認為，董仲舒（前一九五—前一〇五）在《春秋繁露》一書中就提到了這樣的祥瑞，如景星、黃龍、甘露、朱草、醴泉、嘉禾、獄空、鳳凰和麒麟。[26] 有關漢代的三部史書《史記》、《漢書》和《後漢書》在專門論述天文和五行的內容中都有報告並解釋這些徵兆的紀錄。[27] 在某些時期，各種徵兆的報告會非常多，尤其在漢武帝時期、王莽篡權之前的數年，以及二十多年後光武中興之前的那幾年，正如一些學者所指出，漢代儒生借用這些異象，來批評統治者及其身邊的人，還有他們的政策。同時，祥瑞被寫入詩文中慶賀，並通過典禮來讚頌宮廷的壯麗與宏偉，但事實上這些祥瑞是人為製造出來的。[28] 西元前五三年，改元為「甘露」，這是首次為證明祥瑞事件的真實發生而更改年號，以後的朝代也有過幾次這樣的做法。

在漢代，還以圖形化的形式對祥瑞事件和物品進行慶祝，祥瑞圖案經常出現在馬車、鏡子、香爐、酒杯、房屋和墓葬中。[29] 在漢武帝時期，已經有一些圖文並茂的書籍，解釋具體的祥瑞。西元前一〇九年，一座宮殿裡長出芝草，漢武帝知道後非常高興，特意寫詩一首，提到了芝草的九莖連葉，並說他是參考圖片辨認出芝草的。[30] 隨著時間推移，根據不同的傳統，關於每種徵兆所代表的具體預示，也出現了很多說法不一的文本。現存最完整的版本收錄在記載南朝宋王朝歷史的《宋書》中。例如，我們在此書上可以讀到：交織在一起的樹木（木連理），「王者德澤純洽，八方合為一則生」；黑色的玉器（玄圭），「水泉流通，四海會同則出」；如果統治者具備德行、仁慈，或尊賢愛老，甘露就會降臨到植物上。[31]

徵兆的解釋多種多樣，說明人們對解釋具體跡象的看法經常不同：不祥的徵兆出現時，是表明官員玩忽職守、皇帝過於奢華、後宮秩序混亂，還是警告有些不好的事情要發生？凶兆也可能預示著災難將降臨在漢朝的敵人身上，而非降臨到漢朝朝廷。[32]在漢代，已有很多人懷疑這些跡象是因政治目的而製造出來的，甚至有些相信天意確實存在的人也有這種想法。還有一些懷疑主義者，他們不相信憑著尋找天意贊同或不贊同的跡象，能帶來任何益處。北宋時期的王安石就是一個有名的懷疑主義者。此外，有些人並不認為徵兆揭示了不可避免的命運，相反，他們相信美德和正義能夠扭轉不祥和不利的徵兆，這就使得徵兆的分析顯得更加複雜。[33]

唐朝時，政府規定了六十四種「大瑞」。一旦發現「大瑞」，地方官員應立即上奏，文武百官隨後要馬上向皇帝道賀。而級別較低的三類祥瑞：上瑞、中瑞與下瑞，則可以事先收集起來，待年末再一起奏報。大瑞包括麒麟、鳳凰、神龜、龍馬、白象、玄珪、朱草、神鼎、黃河水清等；稍低一級的上瑞包括赤兔、三足烏、甘露、紫玉和白玉赤文等；再低一級的中瑞包括幾種白色（或白化）的鳥、五色雁和地出珠等；最低的下瑞包含了一些最古老的徵兆，如嘉禾、芝草和木連理。地方官員應當仔細審查相關證據，確保這些祥瑞都屬實，還要向朝廷提供一張證明圖片。[34]

宋朝政府也遵循類似的制度。與之前的大多數朝代一樣，宋初也常常有各種徵兆的奏報，表明天意已得到正確的傳遞。宋太祖還讓人做了儀仗旗幟，上面帶有金烏、玉兔和外邦進獻的馴象的吉祥圖案。九八七年，宋太宗賦詩兩首，慶祝獲得嘉禾。但第二年宋太宗下詔，地方官員不得再獻珍禽異獸，一方面是因為囚禁動物違背了動物的天性，另一方面則因為最重要的祥瑞還是糧食豐收。[35]

太宗的繼承人真宗熱衷於慶祝各種各樣的祥瑞消息，他的慶祝方式是將這些祥瑞繪製在他建於京城的玉清昭應宮的牆壁上。[36]史料記載，有人向真宗進諫，不要過於在意這些祥瑞是不是人造的。[37]

那麼，徽宗緣何如此喜歡祥瑞呢？奏報祥瑞是宮廷禮儀的一種慣例，因此，徽宗還是王公時，就很熟悉宮中討論祥瑞時所用的語言了，例如一〇九八年徽宗十七歲時，有人將一塊古玉璽進獻給哲宗，這被認為是大吉之兆，尤其在玉璽上還刻有文字：「受命於天，既壽永昌。」於是，哲宗首先在郊祭神壇、太廟和一些寺觀的儀式上，向上天昭告獲得此玉璽的消息，然後才在一次重大的朝會上正式接受這件寶物，朝中高官隨後紛紛向哲宗表示祝賀。為了進一步紀念得到這件古代玉璽，哲宗決定改元「元符」。哲宗還令人製作印有古玉璽的旗子，以示慶祝。有位大臣寫了一封熱情洋溢的賀信上呈哲宗：「三靈眷佑，諸福之應，緣類而來。明照下土，則神光燭天；澤潤生民，則甘露如雨。」[38]哲宗朝中大臣明白，他們應當稟告皇上，他是一位聖人，上天非常明確地表達了對他的贊同。

徽宗顯然很喜歡這種政治表演。換言之，我認為徽宗對這些祥瑞的慶祝，與其說表明他自己對某種宗教或宇宙觀的信仰，倒不如說顯示了他有操縱宮廷儀式的能力，通過一些比較輕鬆美好的事件來調和嚴肅莊重的政府事務。毫無疑問，徽宗不僅相信存在超人能力的力量，還相信上天傳遞天意，然而儘管如此，我依然懷疑，徽宗是否會認為向他稟報的每個祥瑞事件都真實表達了上天傳遞的意思。在宮廷的日常生活中，這些奏告是一種娛樂，一種不用什麼成本就能帶來快樂的表演節目。從徽宗關於這些祥瑞的詩文中，幾乎看不到努力尋求這些徵兆蘊含意義的跡象。相反，我只看到了對這些祥瑞事件樂觀一面的接受，其中也許還包含著某些期望：藉由識別和讚美好運的種種跡象，是否就能招來好運呢？

奏報徵兆當然也有政治因素。徽宗選擇了改革派後，官員們就更願意奏報祥瑞，並向徽宗道賀，而不再關注凶兆。他們大概已發現，徽宗喜歡聽到奏報吉兆，而他們也願意投其所好。官員們這麼做，還可以

表 6.1　王安中向徽宗呈遞的五十份賀表相關的祥瑞主題

主題	奏疏份數
在一個郡多次出現祥瑞	10
芝草	9
吉金	3
嘉禾	2
黃河水清	2
五彩雲	2
景星活動	2
木連理或其他奇木	2
白兔	2
霞光	1
黃河水平靜	1
日食不及預測的程度	1
開封府監獄空虛	1
刑部無積壓案卷	1
朱草	1
朱鹽	1
石中有「明」字	1

表明自己與改革派站在同一陣線上，支持徽宗的政策。一一〇二年後，朝中大臣應該全向徽宗祝賀過這些祥瑞，不過只有一部分賀表保存了下來，其中最完整的是王安中的賀表。根據《宋史・王安中傳》記載，王安中最初吸引徽宗的注意力，就是因為他寫的有關瑞應的賀表。[39]王安中的賀表大多沒有標注日期，但從相關的祥瑞事件看，有些賀表的年代可以確定為一一〇四年到一一一八年。表6.1歸納了這些賀表所慶祝的事件主題。

向皇帝祝賀祥瑞時通常要讚頌聖上取得的成就或德行。一一一〇年，張商英的這一做法引人注目，他借用《詩經・天保》中所表達的感情，說明正如君主幫助大臣成就政府事務一樣，大臣作為回報也會讚頌君主。張商英是當朝宰相，他在這份奏疏中報告發現了嘉禾。徽宗非常認真地以御筆親自回覆了這份奏疏，可能還作了一首詩或畫了一幅畫。張商英決定模仿《詩經・大雅》的十三首詩來回應皇帝的答覆。[40]

徽宗有時也在自己的詩作中提到祥瑞，例如，他提到宣召畫師繪圖記錄祥瑞：

> 瑞物來呈日不虛，拱禾芝草一何殊。
> 有時宣委丹青手，各使團模作畫圖。[41]

從天象中解讀天意是太史局的職責之一。一般來說，可被理解為周期性發生，或者可預測的事件不被視為天意傳遞的信息。例如，月食就被認為是可預測的周期性事件，而與之相對的極端是彗星和隕石，這是最令人擔憂的徵兆，因為它們的出現似乎毫無邏輯可言。一個主要的例外是日食。到了唐代，隨著計算天文學的進步（很大程度上受益於引入印度和中亞諸國天文知識的佛經），人們已經可以非常精確地預測日食，但日食仍被視為對君主不利的徵兆，這可能是由於太陽一直被視為對應皇帝的星宿（還因為很多宮廷禮儀在漢代制定，當時還無法準確地預測日食）。[42]但太陽並不是皇帝唯一的對應星宿，北斗七星和北極星也經常被比作君主。這些星宿在道教神祇崇拜中占據核心地位，也就進一步增加了它們的重要意義。[43]

舉幾個天文星象的例子就足以說明這一點。一一〇三年四月十九日，「太史奏，『五星並行黃道（即太陽的軌道）。考古驗今，實為太平瑞應。謹按《漢書・志》：天下太平，則五星循度』」。蔡京和其他宰臣向皇帝上表祝賀。[44]還有幾次，日食的實際程度沒有預測的那麼多，或是因烏雲遮蔽看不見，官員們也紛紛上表祝賀。此外，一一一〇年，青色、紅色和黃色的光（氣體）先在太陽上方出現，又出現在下方，被認為是一種祥瑞，為了紀念這件事，還專門製作了相應圖案的旗子。[45]

甘露是另一種長期受到尊崇的祥瑞。《道德經》中提到，「天地相合，以降甘露。」古代的醫學著作認為，吮吸甘露能夠延年益壽。《宋書》中說，「甘露，王者德至大，和氣盛，則降。」[46]對甘露的崇拜根深蒂固，在很多佛教和道教著作中，甘露也普遍被視為一種吉兆。[47]一一〇九年，甘露降落於一座官府建築上，徽宗因此為大臣們寫了一首詩。這個故事後來在一一五七年被吳曾記錄如下：

> 大觀三年四月壬子，尚書省甘露降，御筆以中臺布政之所，天意昭格，致此嘉祥，因成四韻以記其實，賜執政而下，云：
>
> 政成天地不相違，瑞應中臺贊萬幾。

夜浥垂珠濡綠葉，朝凝潤玉弄清輝。
仙盆雲表秋難比，豐草霄零日未晞。
本自君臣俱會合，更嘉報上美能歸。[48]

徽宗毫不掩飾他對甘露的歡迎，我們因此不難想像，大臣們也會迅速對這一祥瑞進行祝賀。王安中在一次慶賀甘露和雙鶴的祭祀時寫了一份賀表，稱甘露、雙鶴的出現均是對徽宗禮制與樂制改革作出的回應。[49]

黃河清是另一種值得慶賀的祥瑞。黃河水由於攜帶大量的泥沙，通常都是渾濁的。從很早時候起，黃河水變清就被視為一種正面的徵兆，這也許是由於清澈／純淨是一種非常正面的品質，政府也應該具備這種品質。不僅早先的朝代要報告黃河水變清的現象，太宗、哲宗時期也要報告。但在徽宗統治時期，記載黃河水清的報告比在他之前的所有宋朝皇帝的都要多，這些事件分別發生在一一〇七、一一〇八、一一〇九、一一一六、一一一七和一一一九年。[50]

一一〇七年，黃河水在乾寧軍變清，此時，眾多官員都上表祝賀，其中包括代表其他宰臣上表的慕容彥逢。在賀表的開頭，慕容彥逢寫道：「天心佑德，川後薦祥，方兩涘羨溢之時，有千載澄清之瑞。感由誠格，福以類升。」然後，他把這一祥瑞與徽宗最近舉行的郊祀連繫起來，尤其是加強了與古代傳統的連繫。他還指出，沒人能使河水變清，這一定是天上神靈所為。[51]徽宗自己也為慶賀乾寧的黃河水清作詩一首：

清曉傳郵鳳報聲，紫宸稱賀集簪纓。
乾崇來上新祥瑞，幾夜黃河徹底清。[52]

宮廷外的人有時也會製作樂曲來慶賀祥瑞。晁端禮在四十多年前通過了科舉考試，曾作一首長篇樂曲，根據蔡絛的報告，此樂曲在各階層流傳甚廣。其中有下面幾句：

近臣報，天顏有喜。[53]夜來連得封章，奏大河徹底清泚。君王壽與天齊，馨香動上穹，頻降嘉瑞。[54]

這首曲子的流行，說明對祥瑞的喜愛已延伸到了宮外。

毫無疑問，報告黃河水清這類的祥瑞，地方政府能從中獲益。根據一一〇九年立於黃河水清處的石碑記載，徽宗同意撥款在該處修建一座神廟，有三十四間殿室。當然，碑文將黃河水清與徽宗時期其他成就都連繫起來，包括修訂皇家祭禮、興建明堂，以及改革樂制。[55]

植物也可以成為祥瑞，而最常見的就是芝草或靈芝。至少從秦始皇時起，某類芝草就被認為具有特殊的力量，首先是能夠延年益壽。西元七九年的《白虎通》稱：「德至山陵則景雲出，芝實茂。」《宋書》中說，如果王者有仁慈之心，芝草就會生長，食之，即可被度入下一世。[56]芝草還被納入道教知識之中。《道藏》中收錄了宋代的《太上靈寶芝草品》，其中描述了一百多種芝草，種類包括黃玉芝、金精芝和雲芝等，每種芝草都有具體的描繪和描述（見圖6.3）。[57]

關於芝草，徽宗寫過一首詩，提到在漢武帝的一座宮殿中發現了九莖連葉的芝草，漢武帝受到鼓舞，還為這件事作了一支曲子。徽宗寫道：

> 雲臺呈瑞出坤珍，龍角層芝玉色新。
> 從此九莖何足尚，圖書麟閣永無倫。[58]

當新修建的太醫局附近長出芝草時，王安中隨即向徽宗上表祝賀。他的結論帶有些許道教氣息：「恭惟皇帝陛下執慈為寶，體仁如天。常善救人，益運道樞之妙；博施濟眾，共躋壽域之安。煌煌三秀之英，顯顯十全之應。臣幸聯輔拂，親睹休祥。」[59]

在所有動物中，鳥類可能最常被視為祥瑞，白鳥尤其受到尊崇。根據漢代以來的正史記載，地方官員經常向京師進貢白鳥，作為當朝皇帝獲得成功的象徵。[60] 徽宗在宮廷中繪製的一幅畫，證明他也接受了這一傳統觀念。一一一四年，蔡京為這幅畫作跋，提到此畫為徽宗的作品，並討論了祥瑞反映出的五行理論，然後將祥瑞與徽宗連繫在一起：「未聞有色白者。皇帝陛下德動天地，仁及飛走，齊陰陽之化，同南北之氣，無彼疆此界之隔。羽毛動植，易形變色，以應盛德之感。為國嘉

圖 6.3　《太上靈寶芝草品》中的「雲芝」。(《道藏》第 34 冊，328 頁中欄）

瑞。」蔡京還提到他在後花園見到了白鷹，並稱讚徽宗的繪畫技巧「神筆之妙，無以復加」。[61]

在徽宗朝最經常得到祝賀的鳥類是鶴。在古代的祥瑞中原本並沒有鶴，牠既不在南朝的祥瑞之列，也不屬於唐代記載的瑞鳥。鶴受到慶賀很可能是由於牠們與道教的關係。在徽宗時期，多次有報告說鶴群出現在宮廷或與皇帝有關的建築附近。舉一個這段時期發生的例子，一一一八年九月十二日，有數千隻鶴從萬歲山（位於艮嶽）飛到上清寶籙宮附近。[62] 為慶賀此事，蔡京作詩一首，徽宗也步韻唱和。徽宗的詩開始有一段序：

上清寶籙宮立冬日講經之次，有羽鶴數千飛翔空際，公卿士庶，眾目仰瞻。卿時預榮觀，作詩紀實來上，因俯同其韻，賜太師以下。

上清講席鬱蕭臺，俄有青田萬侶來。
蔽翳晴空疑雪舞，低佪轉影類雲開。
飛翰清淚遙相續，應瑞移時尚不回。
歸美一章歌盛事，喜今重見謫仙才。[63]

此外，徽宗也親筆畫鶴。二十世紀三〇年代曾出現一幅有徽宗落款的畫卷，繪製六隻姿勢各異的鶴，但目前這幅畫下落不明（圖6.4）。[64]

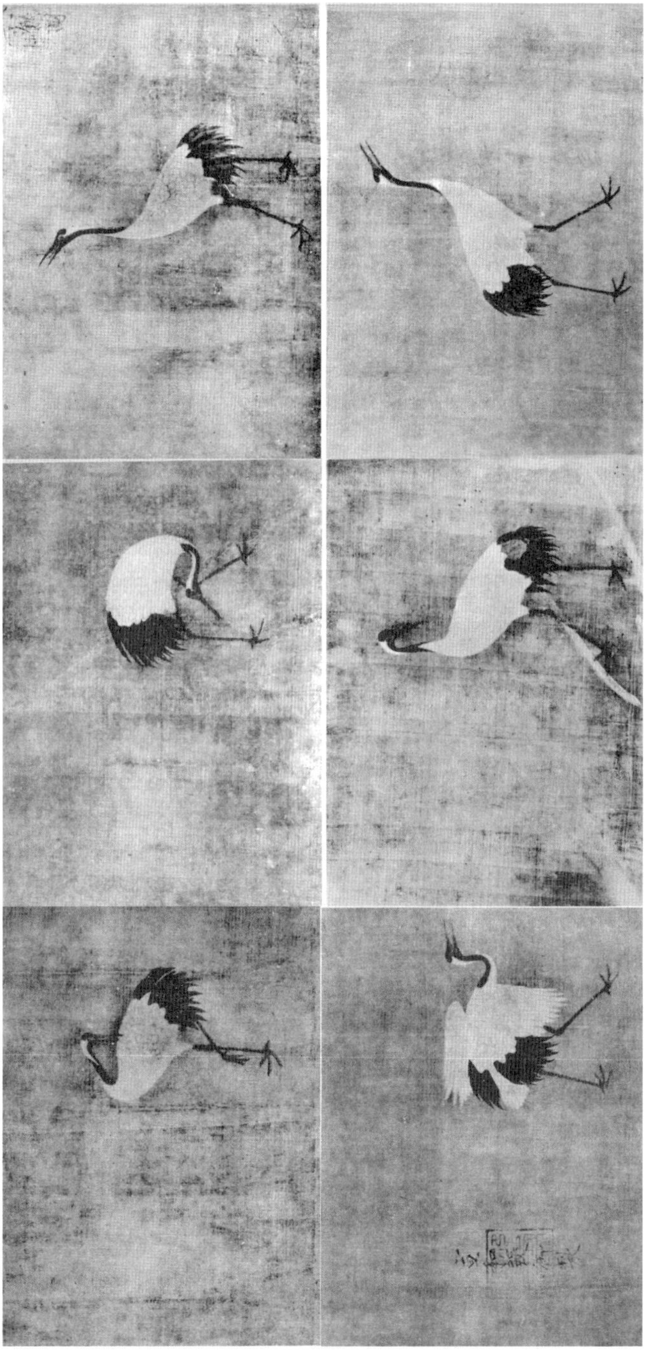

圖 6.4　徽宗的〈六鶴圖〉，絹本設色。收藏不詳。（河井荃廬《支那南畫大成》，東京：興文社，1937 年，第 6 卷，15-17 頁）

為了使宮廷文化更具活力，徽宗朝的官員努力借鑑了前人的哪些知識呢？在音樂方面，魏漢津自稱知曉古代聖人如何設定律管，因此可以對音律進行調整，從而使當時的音樂聽起來和上古音樂一樣。魏漢津並未宣稱自己的音樂知識來自對古典經文的深入理解，而是直接源於老師的傳授。音律及其技巧最好是通過師徒直接傳授，這種解釋似乎極為合理，因此，關於當時宮廷演奏的音樂，徽宗時期的音樂著作幾乎不能為我們提供什麼線索。

但不久之後，由於發現了一套六枚的古代編鐘，便又有一種新方式再次體驗到真正的古代音樂。如果根據這些出土編鐘的製造材料重新鑄造出一套新編鐘，就有可能依據古代樂器的實物設定音律。徽宗的宮廷內有幾個人非常了解古代器物的最新研究進展，他們看到了出土編鐘的潛力。因此，在音樂方面，書籍並不是了解古代實踐的知識的首要來源，主要還是依賴於實際的古代器物和個人傳授。

在報告和分析徵兆方面，傳統文本的重要意義遠遠大於口頭傳授。儘管這些關於徵兆的文字在一些經典文獻中能經常看到，但前朝的歷史紀錄是更為重要的來源，尤其是關於漢代的三部史書——《史記》、《漢書》和《後漢書》。這些史書提供了大量可供參考的資料，豐富了文獻資源。畢竟，分析和慶祝祥瑞主要還是語言方面的活動。

徽宗朝的宮廷音樂和祥瑞都與道教有著複雜的關係。魏漢津的行為更像是一位道教天師，而徽宗還專門命人修建了一座宮觀來安放九鼎。魏漢津去世後，徽宗又命人在鑄造九鼎的地方修建了宮觀，祭祀魏漢津和他的老師。

要理解道教與祥瑞分析之間的關係，則需要稍作解釋。本書在分別介紹道教與祥瑞時，已將兩者進行了某種程度的區分，因為它們各有不同的傳統和預期。此外，我在第五章將徽宗描述為一位虔誠的道教俗家弟子，完全接受道教的教義與實踐，但從本章的敘述可以看出，徽宗並不完全相信天意下達所隱含的思想，儘管他非常享受宣布祥瑞時的盛大慶賀儀式。緣何得出這種論斷，我將在下文進行解釋。

首先，徽宗信仰的道教是一種活的宗教，擁有大量神職人員，以及數百萬信徒。道教不斷編寫出新的經文，也不斷湧現出新的傳統，絕沒有脫離十二世紀初期的實際生活。因此，道教教義能引起徽宗共鳴毫不奇怪。

作為對比，很多祥瑞方面的知識要追溯到一千多年前的漢代，而且是建立在一系列對於徽宗時期的人們而言已不再令人信服的思想基礎之上，例如與五行相關的宇宙學，以及認為所有知識都可以整合到一個綜合系統中的想法。有關祥瑞的描述，應當說經歷了幾個世紀的詔書與奏疏的影響，相應的語言也已漸漸變得越來越儀式化，甚至有些僵化。我們從大臣的奏疏中可以推斷出，蔡京、王安中、張商英和慕容彥逢等大臣願意向徽宗稟告，他是一位聖人，他的行為還獲得了上天贊同，但早先的大臣也對他們的皇帝說過差不多同樣的話，包括他們在徽宗還年幼時對哲宗說的。因此，沒有必要推論徽宗或大臣會不會擔憂他們的話是否屬實。由於經典著作和歷史文獻中都充斥著來自上天的各種訊息，宋朝的大臣不可能將它們視為迷信，或是躲避這些慶賀活動。就像無論我們對食物的真實想法是什麼，都會有禮貌地誇獎主人的廚藝一樣，徽宗的大臣們也認識到，這樣的慶賀場合需要他們以富有技巧的語言，宣稱這些現象蘊含著無可辯駁的積極意義。

但是，我並不想只是簡單地說徽宗沒有認真對待祥瑞，我還要進一步指出，徽宗非常沉迷於奏報、慶祝祥瑞方面的政治表演。在他的好幾首詩中，徽宗都表達了對這種時刻的享受。儘管按照既有的禮儀規範，他必須在詔書中說明自己敬畏上天，並對自己必須承受的重擔感到擔憂，但是，在這些文件之外，他並未表現出擔憂天意對自己所作政治決策的裁決。根據史料記載，有一次，徽宗的確被一種徵兆嚇住了，那就是一一〇六年出現的彗星，但最後他還是轉而質疑解釋徵兆者的專業水平。一開始，徽宗接受了某些人的結論，認為上天對蔡京及其改革措施不滿，因此，他不僅罷免了蔡京，還廢除了前三年推出的大部分政策。但幾個月後，徽宗就開始心存疑慮了。後來，翰林學士鄭居中請求上朝拜見皇帝，並在朝堂上說，上天不可能對擴建學校和幫助孤兒這樣的崇高舉措感到不滿。其他大臣也提出了類似的觀點，很快，徽宗就開始改變此前的決定。對不祥預兆的解釋，如果出於政治動機可以如此荒謬離奇，那就說明對徵兆的解釋毫無科學可言，所謂的解釋者也根本不是專家。

官員們參與這些宮廷表演能得到什麼好處呢？通過奏報祥瑞，地方官及其轄區能吸引更多的關注，這很可能會帶來一些切實的好處（例如，在黃河水清處修建一座神殿）。官員們還可以呈遞讚頌祥瑞的賀詩或賀表，這些看來很應景的原創作品有助於提升作者的名聲，據說王安中就是藉此獲得了朝廷的關注。換句話說，參與這些表演的各個角色是在按照不同的劇本表演，也會對這些角色賦予不同的意義。沒有什麼所有人都必須遵從的唯一模式。

在道教與祥瑞解釋方面，我們應當對信仰問題採取不同態度，然而儘管如此，我們還是應該注意到道教充實了對祥瑞的分析，為它注入了新的活力，使其避免陷入一種自漢代開始形成的僵化模式。一些古老的祥瑞符號，如甘露和芝草，之所以能夠持續保持影響力，部分原因就在於它們在道教傳統中起著非常重要的作用。而鶴群與道教中的長生不老有著千絲萬縷的連繫，因此也就被吸收進祥瑞的傳統裡了。此外，徽宗本人對異象和其他天意符號的解釋，很可能不是經由大臣們上的奏疏而是通過與劉混康的討論而形成的，因此，相比某些大臣更多借鑑漢代傳統的解釋，徽宗的解釋可能更有道教的色彩。

本章內容主要關注了一一〇二到一一一〇年之間的這段時期，但隨後幾年中，徽宗也沒有失去對宮廷音樂和祥瑞慶祝的興致。可能從一一一〇年起，徽宗啟動了一項繪製祥瑞的宏大工程。發現祥瑞芝草的報告大都出現在這一年之後。一一一五年，蘄州報告共採集到一萬兩千零六十棵芝草，接著，武勝州報告採集了五萬棵。[65]第二年，徽宗命儒臣針對一一〇二年以來的重要祥瑞事件作詩，並打算為這些詩配上新樂，在郊祀時演奏。[66]

關於在宮廷中演奏這些曲子及其他音樂的樂師，我們知之甚少。但對於徽宗召入宮中的一些其他藝術家和專家，我們了解得稍微多一點。下一章我們將介紹他們。

第七章
招徠專家

希孟年十八歲，昔在畫學為生徒，召入禁中文書庫，數以畫獻，未甚工。上知其性可教，遂誨諭之，親授其法。不逾半歲，乃以此圖進。上嘉之，因以賜臣京。

——摘自蔡京一一一三年為王希孟繪製的一幅山水畫長卷撰寫的畫跋

徽宗的宮廷和同時期其他地方的宮廷一樣，不但是文化藝術的消費者，同時也是創作者。徽宗不可能憑一己之力就創造出一個富麗堂皇的宮廷，他需要招募很多領域的能工巧匠，並給他們各盡所能的機會。

徽宗甄選、培養和獎勵宮廷專家的方式，可以從他所面臨的選擇來考慮。他怎樣做才能使宮廷成就輝煌？宮廷在哪些方面具有優勢，從而在培養、物質投入上能夠獲得回報？根據對在每個文化領域怎樣才會做到出類拔萃的準確理解，徽宗很可能已經基於環境調整了策略，例如在很多文化領域，人才是最重要的資源。沒有人僅憑藉記誦就能創作一首詩；若是翻翻書就能作詩，那只要抄書就可以了。如果宮廷希望成為詩歌的創作中心，那人才才是核心：它必須吸引大批有才華的詩人，而不是蒐集詩歌著作。

對於某些學術領域而言，書籍與專家一樣必不可少。在印刷術推廣以前，能夠接觸到歷史文獻和宮廷藏書的史官具有得天獨厚的優勢。因此，一直到晚唐，最著名的經典學術、歷史著作都是由政府聘任的學者完成的。[1] 到了宋代，隨著印刷術的傳播，有足夠的書籍在流通，越來越多的優秀史書及其他學術著作開始由政府外的學者撰寫。然而，在北宋時期，宮廷仍然支持著某些領域重要的圖書編纂項目，如醫學、軍事科技、算學和占卜等。

而在另外一些領域，實物要比書籍更有助於創造性的工作。宮廷畫師能夠親眼看到並近距離地臨摹徽宗收藏的繪畫，這些資源宮外畫家是不可能接觸到的。而在書法藝術方面的優勢，宮廷就沒有這麼大了，因為傑出作品大多有拓片，在民間廣為流傳，繪畫則通常複製不多，即使有，數量也極少。因此，儘管文化傳播技術在宋代發生了變革，但宮廷在繪畫領域的優勢，要比在學術或書法領域的優勢保持得更久，如果皇帝希望宮廷創作出一些傑出作品，會發現繪畫是一個特別適合投資的領域。宮廷能夠支持長期、嚴格的藝術培養，並為藝術家提供種類豐富的昂貴顏料，以及絲帛、屏風和裝裱材料。此外，還有大量前代的優秀作品可供學習。

在繪畫、音樂和眾多手工藝方面，徽宗朝的宮廷能夠成功地培養自己的專家。宮廷的樂署可以花費大量資源來培養一個吹笛子的人，但追求利潤的商業機構就不可能這樣做。高品質的材料也很重要，宮廷的織工和繡工之所以能夠製作出精美的物品，不僅因為他們接受了長期的培訓，還由於他們能使用很好的材料，並有充裕的時間來完成手上的工作。

某些領域（如天文學、醫學、書法和宗教）的專家，也必須擅長寫文章。不過，任命技術官員不必通過科舉考試。在宋代，由於科舉考試的影響力不斷加強，文官與技術官員之間的差距也隨之擴大。[2]

技術官與文官的職業道路非常不同。參加科舉考試的人可以在國內任何地方準備考試，但或許要花上十來年才能通過考試，而技術官通常是參加相關政府機構組織的培訓，或當學徒。在文官的一般升遷過程中，官員可能要先在京城內外擔任十幾個官職，在每個職位上的任職時間不超過三年。而技術官的晉升機會則少得多，他們有可能數十年如一日地在宮中擔任某一職位，在這種情況下，他們更像是胥吏而非官員。技術官被授予低級的武官官階，這就使他們有別於那些中舉後被授予文職的官員，也不同於通過恩蔭進入官場的官員——後者也會被授予武官官階，但通常會從較高的品銜開始。朝廷舉行重大集會時，這些區別最引人注目，文武百官都要在大殿上面向皇帝站立，文臣按照官職大小依序排列在大殿的一側，武將則排在另一側，文官與武將中間由皇帝宗親隔開。[3]

作為新政改革措施的一部分，王安石推出了法治方面的專業培訓項目，並提議將醫學、算學等專業課程設在國子監的管理下。這項改革措施的目的之一，是提高專業化教育的標準和威望，並吸引更優秀的人才加入。然而，王安石的計畫未能徹底實施。[4]

蔡京在徽宗朝初期提出的雄心勃勃的學校制度借鑑了王安石的一些想法，不過實施起來更系統化。技術培訓將在國子監的管理下由學校提供，而不是受即將聘任畢業學生的政府機構控制。以算學為例，算學培養出的人才可以進行曆法編制和天文推算。算學不再受到占星/天文服務機構的監督，而是根據太學和辟雍的三舍法進行組織。入學學生共二百一十名，同太學和辟雍一樣，學生有月考和年考，目的是淘汰成績不好的人，最後，入學時的學生中能升入第三級者不足一半。在新的學校，學生接受的培訓中至少還要包括一部「小經」，這也許是希望更好的經典教育能夠有助於這些專業的算學家履職。[5] 整個學習被分為不同科目，包括曆法編制、天文學和「三式」計算。所有的學生都要學習《算學十經》——這部經典專著最初撰寫於唐代，宋朝政府修訂後重新出版。學生的考試題中包括解釋經典文本，並實際進行計算，如推算日食、月食的日期與程度，或是預測未來三天的天氣。[6]

當代學者余輝評論說，在徽宗的監督指導下，各項宮廷藝術都空前繁榮，不僅是繪畫，還包括園林設計、建築、音樂、詩歌、戲劇、書籍和印刷術，在這方面世界歷史中沒有任何帝王能與之比擬。[7] 一位對藝術和自然科學缺乏天賦或興趣的統治者，可能會將對技術官的監管權委託給宮裡的宦官，但徽宗沒有這樣做。他似乎很願意與各種領域的大師、專家一起合作，包括那些不太涉及科學的手工藝大師。

本章並不打算對徽宗任用專家的所有文化領域都進行詳細的敘述，而是僅關注其中三個領域，大量史料能夠證明，徽宗自己對這三個專業有濃厚的興趣：醫學、建築和繪畫。儘管人們普遍認為，徽宗朝還曾製作一批精美的瓷器，但史料中沒有記載徽宗親自參與上釉、設計等過程。同樣的情況還有紡織品、金屬製品、玉雕等手工藝。

能夠證明徽宗與這些專家來往的史料包括，他為專家著作寫的序言，還有他們之間發生的趣聞軼事。徽宗在對待醫學和繪畫的方式上具有共同之處——都建立了培養專業人才的學校。同時，宮廷專家在這兩個領域也都創造出令人矚目的成果，即優秀的繪畫作品和醫學著作。儘管我們沒有現在存世的、出自徽宗朝建築大師之手的建築物，但建築與繪畫有著密切的連繫，因為宮廷畫師經常被派去裝飾新修的宮殿、寺觀。

醫官

在北宋時期，皇帝是醫學發展的主要支持者。北宋早期的皇帝都對醫療方法很感興趣。太祖和仁宗曾親自試過艾炙和針灸療法，而真宗則親自配製藥方為大臣治病。這幾位皇帝還資助了重要醫學著作的出版。九七四年，宋太祖命人編輯出版了一部本草著作，並為之撰寫序言。九八六年，宋太宗為第一部政府主導的藥方合集寫序，這部巨著共有一千多卷（六年後出版了一部一百多卷的縮寫本）。一〇二三年，宋仁宗也主持編著了一部針灸和艾炙方面的手冊，他將這個任務分派給了醫官院的首席醫官。在這個項目中，還鑄造了兩具真人大小的銅人模型，在上面標記各個針灸穴位並在各穴位上鑿穿小孔，作為教學模具。[8]

編纂這些醫書的都是宮廷醫官，他們有時被稱為「醫工」。與其他技術官一樣，他們也有低級的武官品銜，但因為是在為皇帝治病，皇帝本人有可能會對他們產生好感，例如仁宗就曾頒賜豐厚禮品給用針灸為他治病的御醫。[9]

一〇四四年，仁宗在醫官院下面設置了太醫局，專門負責醫學教育。一〇六〇年，註冊學生名額設定為一百二十名。課程重點是學習廣泛的醫學著作，既有經典著作，也有一些新書，其中有的偏重理論，有的則偏重實踐。神宗時期，作為新政對官學制度的改革措施之一，醫學也開始沿用「三舍法」，註冊學生人數增加到三百名，其中兩百人在外舍，六十人可以升入內舍，四十人可升入上舍。學生能否升學，不僅要看他們的考試文章，還要考慮他們在治療生病的大學生時的治癒率。[10]

徽宗在很多方面繼承了這些先例，他擴大了醫學教育制度，資助編纂新的醫學著作，並親自撰寫（或聲稱如此）醫書。一一〇三年，醫學院不再歸醫官院管轄，而是和其他專業學校（法律、算學、繪畫和書法）一樣，劃歸國子監管理。當時有一份奏疏是給醫學院的，其中強調，吸引受過良好教育的生員學習醫學非常重要。學校中的三百名學生還是被分為不同的舍，有四名醫學博士和三名教導官教授三門課程：內科、針灸／艾炙和外科，這三科再被細分為九個專科，如兒科、眼科和針灸／艾炙等。使用的醫學書籍大部分是政府主持編纂的醫學經典。[11] 與其他幾所官學一樣，學生在入學和升級時都要參加考試。每年有四次考試，升學考試不僅要考量學生對重要醫學著作的了解，還要考核他們的臨床技能。學生們要對假設的病例進行診斷，並闡述如何治療。[12]

徽宗開設醫學院後不久，就有人發現校內房屋附近長出了芝草。王安中在賀表中引用了古代帝王親自參與醫學實踐的先例：

竊以黃帝之述方書，亶惟聖作；成周之治疾癘，實廣上恩。世或昧於淵源，術乃淪於工技。會逢熙盛，參考古初，增其官師訓道之員，崇以經術義禮之學。[13]

徽宗還採取了其他措施來提高宮廷醫官的地位。一一一七年，他頒布了一套專門用於醫官的品銜制度，其中官品最高的是「和安大夫」。他還用「儒醫」來指代那些學識淵博的最優秀的醫官。[14] 有些醫官因撰寫醫學著作而被任以徽宗朝廷的官職。朱肱曾於一〇八八年通過科舉考試，但後來辭官隱退，開始學醫，然後寫了一本治療傷寒症的書，名為《南陽活人書》，極受歡迎，因此於一一一四年被任命為醫學院的醫學博士。同樣，寇宗奭因為向皇帝呈上了一部富有創獲的醫書《本草衍義》，被任命為官，負責藥品採購。在這本書中，寇宗奭從大量藥物中挑選了四百七十二種對於臨床實踐非常重要的種類，並進行詳細的辨析論述。他特別針對煉金術和一些為了長壽而服用的藥物，列出大量致死病例。[15]英國學者李約瑟（Joseph Needham）非常讚賞他在礦物學方面的知識和對化石的見解。此外，寇宗奭的著作還被收錄於徽宗支持編纂的道經中，也說明醫學和道教有一些共同之處。[16]

徽宗讓一些宮廷醫官負責編纂醫學著作。早先，徽宗曾責成一些醫學家修訂一部最早由一位醫學專家撰寫的本草巨著。修訂工作於一一〇八年完成，被命名為《經史證類大觀本草》，書中詳細描述了一千七百四十四種藥物，介紹應如何加工，如何在處方中使用，這兩方面的介紹在當時極具創新的特點。書中的圖示有助於識別草藥植株，並了解植株在不同地區和不同氣候條件下成長的不同形態（見圖7.1）。一一一六年，徽宗又命曹孝忠帶領一組醫官再次修訂並重印此書，新版被命名為《重修政和經史證類備用本草》。十二位醫官參與修訂工作，他們的名字和官職都保存了下來，從中也可看出這個項目規模之大。[17]

徽宗主持編纂的另外一部有影響的醫學著作是《政和聖濟總錄》。這項工作開始於一一一一年，直到一一二二年左右才完成。徽宗親自參與編纂，全書定本共有兩百多卷，記載了兩萬多個藥方，同時還包含飲食、運動、針灸、艾灸、符咒和護符等療法的知識。與之前的藥方相比，這本書中使用的湯劑比較少，更多使用了散劑、膏劑、煎劑和丸劑。在徽宗所寫的序言中，他說「亦詔天下以方術來上」，並將他們的處方都編輯在附錄中。[18]

徽宗在一一一八年前後痴迷於神霄派，因此，他以自己的名義頒布了一部十卷的理論專著《聖濟經》。郭志松（Asaf Goldschmidt）將其描述為千年以來首部討論經典醫學理論的書。書中討論了微觀世界和宏觀世界、功能內臟系統、循環系統、飲食、延年益壽的方法，以及藥物治療法。這部書的核心是五運六氣

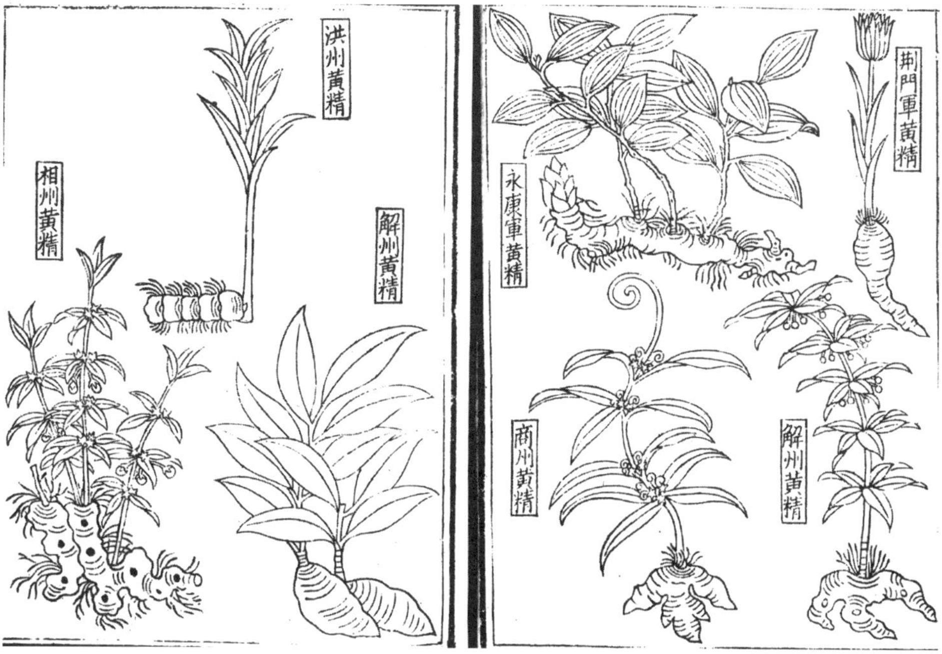

圖 7.1　《重修政和經史證類備用本草》上的圖頁。這兩頁上顯示了從各州收集到的黃精圖片。（《重修政和經史證類備用本草》卷六，葉 3b-4a）

理論，用郭志松的話說，這種理論「提供了一種模式，將陰陽五行的觀點、四季變化和中國曆法六十年輪回一次的思想連繫起來。根據這個原則，只要所有的季節變化與特徵都適時出現，人體變化就會相應地適時發生。然而，氣候因素一旦出現紊亂，例如，冬天出現熱潮或夏天下大雪，這些不合時宜的變化就會滋生疾病」。[19]即使徽宗的確親自起草了《聖濟經》的部分內容，他肯定也會與醫官討論書裡的內容（而且會歡迎有人向他獻上部分章節的書稿）。醫學院官員吳禔曾經寫文章解釋這本書，表明他有可能在學校教授過這本書的內容。[20]

徽宗不是宋代第一位撰寫醫書的非專業人士。雖然某些領域的很多從業人員都不是文人，但有些文人對這些領域的理論經典也具備了豐富的專業知識。這種情況在音樂、醫學和天文學領域尤為常見。那些就若干領域的實踐與理論問題都能撰寫出專著的飽學之士，在當時很受尊敬。十一世紀末的蘇軾和沈括，以及一些不太有名的知識分子，都寫過醫學方面的著作。[21]

建築師

徽宗很少批評早先的皇帝，但對他們在建築上的品味卻頗有微詞。登基後不到六週，徽宗就對宰臣說，皇宮修建得太奢華了。「禁中修造，華飾太過，」徽宗埋怨說，「牆宇梁柱塗金翠毛，一如首飾。」尤其是前幾年剛修建的玉虛殿，徽宗認為「華侈尤甚」。[22]曾布記錄了這段對話，他也認為根本就不應該修建玉虛殿。曾布對北郊宮殿——哲宗時完工的另一項建築工程——中的一些繪畫頗為稱讚。不過徽宗並不認同，他認為飲茶的地方還算比較克制，但其他房間還是太奢侈了。[23]第二天，「管勾御藥院郝隨、劉友端並與外任宮觀」，因為他們管理的後苑的書畫「營造過當」。[24]

徽宗不久便有了很多機會按照自己的品味營造建築。與之前的皇帝一樣，他也不斷地主持了一系列建築工程。在統治早期，他經常起用建築天才李誡。十一世紀九〇年代，徽宗尚為端王時，李誡就曾監督建造了他的王府。徽宗繼位第一年，李誡完成了從一〇九七年就開始修訂的一部官方建築指南——《營造法式》，這是為了幫助官員監管石匠、木匠、測繪人員和其他手工藝人工作的書籍。[25]書中提供了一百九十三幅圖樣，還詳細討論了從顏料的成分配比到製磚、鋸木等工藝。同前文討論過的醫學著作相比，此書的技術實用性遠遠高於理論性，並且使用了大量的木匠及其他工藝的專業術語。這本書對將作監的六名官員尤其有用，李誡在這個部門已經任職了八年。根據《宋史》記載，將作監負責營建和修繕「宮室、城郭、橋梁、舟車」，管理所有的「土木工匠」工作，存放原料和工具，監管培訓，籌畫工程，以及保管帳簿。[26]

在規模方面，《營造法式》對八個級別的建築物提供了說明，從僅有三個柱子寬的小建築，到一邊就有十至十二個柱子的龐大建築。這些建築一邊的外圍尺寸可達一百五十尺或更長。[27] 書中還有很多可以雕刻在石頭臺階、欄杆、柱基等結構上的設計圖案。此外，木製門窗也有大量的設計圖案。從屋簷下面可見的精美支架通常會被繪上彩畫，可以是純色或花卉、神祕動物、幾何圖形，以及綜合各種元素的圖案，圖7.2提供了這些圖案的例子。尺寸是相對而非絕對的，因此每件物品都可以擴大或縮小。

《營造法式》中規定了人工的勞動定額，可以間接地對政府建築項目的組織和勞動分工情況提供一些證據。勞動的計量單位是「工」，這種用法可能最早始於徵募人工來從事勞役。對於搬運工，一個工相當於將一件重六十斤的物品運送三十里再返回。對於掘井工，一個工相當於掘六十尺深。對於木匠，一個工相當於將一根高十五尺、直徑一尺一寸的木柱劈開。但對有些勞動非常密集的任務，必須規定好完成一項任務可以算作幾個工。例如，用浮雕裝飾一根柱子的礎石時，工的數量取決於石頭尺寸和浮雕深度。如果在一塊三尺半的石材上雕刻凸出的水紋、土地、雲彩和龍的圖案，會記為五十個工；但如果只雕刻花卉圖案，則記為四十個工；如果設計的雕刻不需要凸出，只記三十個工。[28]

在民間為李誡寫的墓誌銘中，記錄了他在完成每一項建築工程後的晉升過程。李誡可能從擔任最低的從九品官職開始，在十一世紀九〇年代末，他完成了為徽宗及其四位兄弟建造的五王官邸後，被提升為從八品，比最低的官職高了兩級。當時他已經在將作監任職了八年，並奉命重修《營造法式》。修訂完成後，其母去世，他不得不丁憂回鄉，為母親守孝。一一〇二年，他重返將作監擔任少監。一一〇三年，為了更

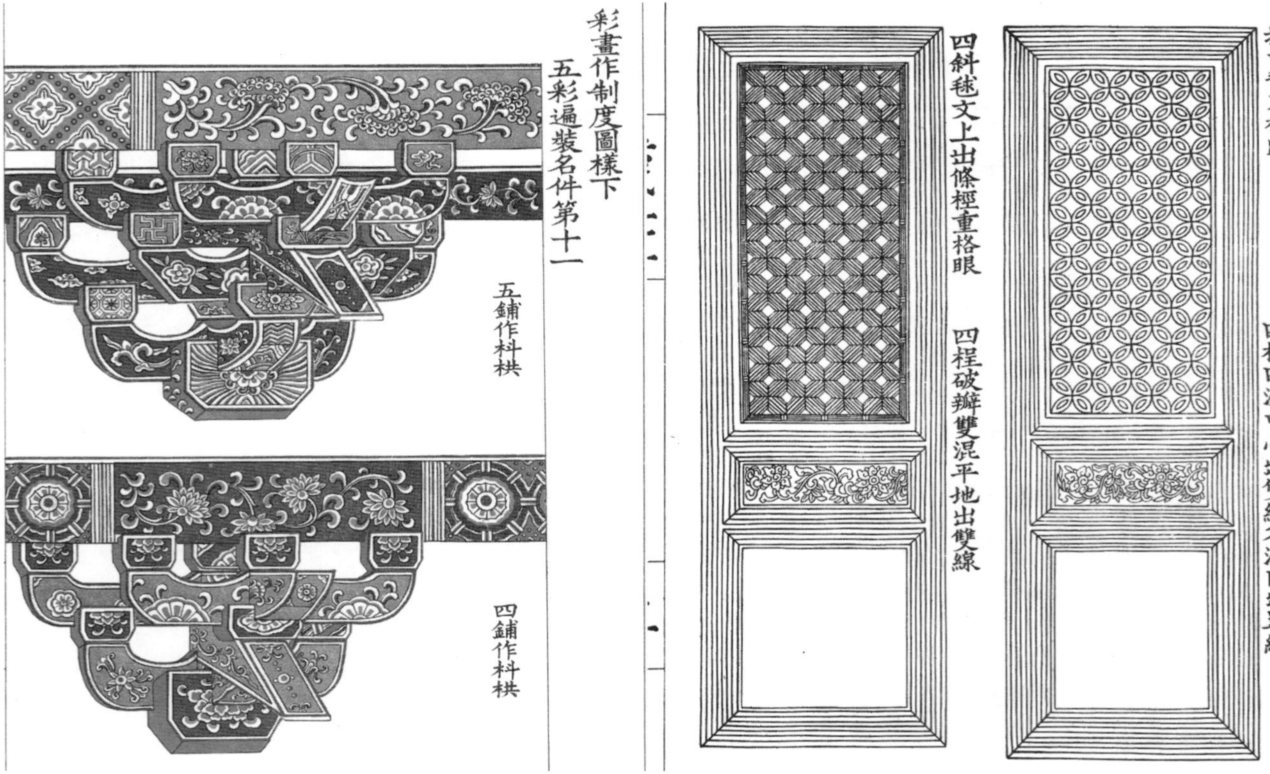

圖 7.2　《營造法式》中的兩頁圖樣。左圖是裝飾精美的屋架圖樣，右圖是兩幅門的設計圖樣。（《營造法式》34.2a，12.5a）

好地照顧父親，李誡請求調任州級職務，然而數月後就被召回京城，負責建造辟雍。完工後，他被任命為將作監，並在將作監職務上待了五年。完成尚書省的建築工程後，他升到正八品。在完成龍德宮（徽宗的舊王府）的修繕後，升至從七品。為皇帝宗親（神宗兄弟的後代，也就是徽宗的堂兄弟）修建的官邸完工後，升為正七品。重修完朱雀門後，他獲得了著正五品官服的榮譽，而完成景龍門以及安放九鼎的九成宮後，李誡的職務又晉升到從六品。接下來的一個工程是開封府衙，完成後他被提升到正六品。一一〇六年，太廟擴建後，他獲得了著三品官服的榮譽。在完成為徽宗去世的母親欽慈太后修建的佛寺後，他被升為從五品。當他的父親生病時，李誡向皇帝告假，徽宗派了一位宮廷醫官隨他一同回家，並賜銅錢百萬。李誡的父親在一一〇七年或一一〇八年去世，李誡不得不再次回鄉守孝。一一一〇年，徽宗在一次上朝時見到李誡的兄弟，問起李誡的情況，聽說他在一個州縣任職，徽宗立即派特使召他回京。但不幸的是，特使尚未到達，李誡就去世了。[29]

很容易想像，徽宗喜歡與多才多藝的李誡來往。李誡熱衷於藏書，曾手抄過幾千部書。他還擅長書畫，寫過馬、六博、琵琶、古代篆刻、歷史和地理方面的著作。李誡的傳記中寫道，徽宗本人對他偏愛有加。李誡曾經把自己用小篆寫的〈重修朱雀門記〉獻給徽宗，徽宗非常喜愛，令人將其刻石，立於朱雀門下。徽宗聽說李誡擅長繪畫，便專門派人傳話於李誡，說自己希望看到李誡的畫作。李誡畫了一幅〈五馬圖〉進呈，徽宗對這幅畫表示讚揚。[30]

此外，還有一些史料記載徽宗親自參與他命令營造的建築。鄧椿於一一六七年記錄，徽宗登基後不久，曾親自前往龍德宮視察畫師們繪製的壁畫，結果大失所望，認為僅有一幅畫令人滿意。[31] 辟雍是一項較大型的工程，有四間授課大殿，一百多間住宿大殿，每間大殿能為三十名學生提供住宿，整座建築共有房屋一千八百七十二間。[32]根據辟雍竣工後所立之碑記載，徽宗曾與李誡一同審查建築設計，並要求進行一些變動。碑文引用了徽宗的原話：「古者學必祭先師。茲聚四方士多且數千，宜增殿像於前，徙經閣於後，布講席於四隅，餘若爾規。」[33]一一〇五年，修建明堂的方案提出之後，徽宗特召李誡上朝，討論明堂營造事宜。在朝堂上，徽宗對李誡強調說，修建時一定要採用高品質的材料，設計要能夠永存於世。[34]

李誡出身官宦世家，其父祖和曾祖都做過官。儘管他沒有參加科舉考試（而是通過蔭補進入官場），但還是被任命為一個普通的文職，而非醫學、天文和繪畫專家擔任的品銜較低的技術官職。他在被任命為將作監的一個入門級職務期間表現良好，似乎正是通過這個偶然的機會成了一名專家。因此，他在那裡度過了自己的大部分職業生涯，從最低的職務一步步升到最高職務。在《營造法式》的序中，李誡說自己是透過與木匠以及其他手工藝的大師交談，獲得了建築技術知識。在徽宗繼位之前，他已在官場十五年，但品銜僅升了兩級；徽宗登基後，由於徽宗的欣賞，在接下來的七、八年間，李誡的官職連升六級。

一一一〇年，李誡去世，此後徽宗繼續修建了一些建築，但這些建築的設計者是誰，我們不得而知。《宋史》作者認為李誡的重要程度還不足以入傳，如果不是《營造法式》與李誡的墓誌銘被保存了下來，我們可能對他知之甚少。根據我們所了解的資訊，李誡在將作監的一名下屬可能繼承了他的職務，在他去世後的十五年中為徽宗設計了很多建築。

畫院

徽宗延續了聘用宮廷專職畫家的悠久傳統。張彥遠於八四七年所著的《歷代名畫記》中，稱讚了許多活躍於唐朝宮廷的畫家，其中包括擅長畫馬的韓幹、多才多藝的人物畫家吳道子和以畫宮廷仕女著稱的張萱。[35]即使在唐朝分裂後，一些政權，尤其是在四川建國的後蜀，以及在今南京建都的南唐，仍然吸引和雇用了能力出眾的畫家。九六〇至九七〇年間，宋朝統一了這些政權後，其藝術家也被帶到開封，形成了北宋宮廷繪畫的中堅力量。到了九九八年，翰林圖畫院共有全職繪畫官三人、藝徒六人、繪畫官助手四人和學生四十人。[36]

我們主要是透過各類史料來了解徽宗與這些宮廷畫家的關係。這些史料從徽宗統治初期有關畫院開設課程的政府文件，到徽宗繼位二十年後為大量繪畫藏品編纂的目錄，以及幾十年甚至幾百年之後，史料所記載的有關徽宗對宮廷畫師嚴格要求的軼事，此外，還有徽宗朝畫師存世的少數畫作。這些史料提供了有力的證據，說明徽宗為提高宮廷畫師作品的品質花了很多心思，而且更願意親自與畫師們打交道，而不是透過中間人。

其實，徽宗早在登上皇位之前，就已經學習繪畫，並開始收藏畫作。他自己知道如何繪畫和欣賞佳作，這顯然影響了他要求宮廷畫師需要達到的標準。登基後沒多久，徽宗就決定提高宮廷畫師的技藝水平。根據鄧椿的說法，徽宗登基後不久，從全國各地徵募而來的畫師，為一座新建宮觀繪製壁畫，畫完後徽宗很失望，這件事促使他決心改革畫師的培養制度。[37]徽宗認為他需要兩種類型的畫師，一種能準確地捕捉到實物的特徵，畫出惟妙惟肖的作品，另一種則能將詩和畫結合起來，在繪畫作品中融入思想。

在徽宗統治之前，宮廷畫師雖然也接受培訓，但都不是系統培訓。[38]作為教育體系的改革措施之一，一一〇四年，畫院被置於國子監之下管理。畫院提供三年的培訓課程，內容包括六個方面：宗教藝術、人物、山水、鳥獸、花竹、建築。學生必須知書達理，會被教授古代辭書如《說文》和《爾雅》中詞源學方面的知識，培養良好的書法功底。根據對這些課程理解的初步測試，六十名學生被分成兩組，每組三十人：能夠將學問與繪畫相結合的分成一組，稱為士流；另一組是雜流，對他們在文學傳統方面的要求會低一些。其他的技術學校都沒有像這樣被分成兩個研究方面的組別（而且其他學校的班級規模也更大）。被分到士流的學生必須學習一部大經和一部中經，以及《論語》或《孟子》；而另一組可以學習一部中經或訓詁學的著作。[39]在評判學生時，如果學生「筆意簡全，不模仿古人而盡物之情態形色，俱若自然，意高韻古」，就會被評為上等；如果能「模仿前人而能出古意，形色象其物宜，而設色細，運思巧」，就為中等學生；如果是「傳模圖繪，不失其真」，那就是最下等的學生。分在士流的學生將被授予文官品階，而雜流的學生將和以前一樣得到武官品階。[40]

徽宗為宮廷畫師和畫院學生都設定了高標準。鄧椿記載，考生源源不斷地來到畫院參加入學考試，希望能夠進入畫院學習，但很多人都被拒之門外，因為他們的畫作不能達到滿意的「形似」水準。有些考生的繪畫過於自由，被認為缺乏技藝。[41]也許鄧椿是專指那些屬於雜流的學生，因為有充分的證據顯示，為士流學生設計的考試題目，就是為了淘汰那些無法表達出意境的人。

士流學生的考題，包括根據一句詩的意境創作一幅畫，這就要求畫者不能僅僅具備繪畫的技術了。鄧椿的書中記載：

> 所試之題，如「野水無人渡，孤舟盡日橫」，自第二人以下，多繫空舟岸側，或拳鷺於舷間，或棲鴉於篷背。獨魁則不然，畫一舟人，臥於舟尾，橫一孤笛，其意以為非無舟人，止無行人耳，且以見舟子之甚閒也。又如「亂山藏古寺」，魁則畫荒山滿幅，上出旛竿，以見藏意。餘人乃露塔尖或鴟吻，

往往有見殿堂者，則無復藏意矣。[42]

在另一處，鄧椿還引用了一句「蝴蝶夢中家萬里」的詩為例。在這次考試中，畫家戰德淳創作了一幅「蘇武牧羊假寐」，一舉奪魁。[43]

此外，在一本序言日期署為一二〇〇年的著作中，俞成舉了更多的考試題目為例，並強調繪畫考試與科舉考試之間在本質上有相似之處，因為兩者的目的都是選拔傑出人才。據俞成記載，對於「竹鎖橋邊賣酒家」的題目，最打動徽宗的一幅畫是，畫者沒有直接畫出小酒館，只是畫了一根挑起酒簾的竹梢，在竹林掩映下若隱若現，暗示有酒家的存在。[44]還有一個試題是「踏花歸去馬蹄香」，以視覺表現香氣不是件容易的事，但據俞成記載，有位考生畫了幾隻蝴蝶，飛逐馬後，追逐著馬蹄飛舞，非常巧妙地將這種意境表達了出來。[45]另有一位南宋文人俞文豹提到，一次考試的試題是「嫩綠枝頭一點紅，動人春色不須多」。[46]獲得第一名的考生畫了一座綠竹掩映的小樓，一個女子憑欄而立。而根據一位明朝文人的記述，考試題目只有第一句詩，獲獎的則是另一位考生。這位考生沒有理會詩中對女子的暗示，而是畫了一片波光漣漪的大海，海中一輪紅日升起。[47]

前述最後一例是在徽宗之後數百年的一本著作中首次出現，因此不排除有一種可能，就是那時候的人自己設想出了一些新的考題，並用聰明的方式來回應這些題目。徽宗對士流畫家進行考試的總體想法是非常清晰的：繪畫者應當以含蓄的、間接的方式進行創作，就像詩人創作詩歌那樣。用艾朗諾（Ronald Egan）的話說，每次獲得第一名的畫師都是「將詩歌藝術長期以來最看重的理念轉化融入繪畫藝術之中：捕捉文字背後的意境」。[48]另一個值得注意的方面，是根據這些題目創作的畫作大部分都是山水畫，也許就類似於那種大量存世的「小景」畫，儘管它們大多被斷代為南宋的作品。[49] 找到可以啟發花鳥繪畫創作的詩句並不難，因為很多詩中都提到花鳥，但沒有證據表明當時採用過這種做法。或許徽宗認為，宮廷在花鳥畫的傳統方面尚不需新的改革。

徽宗也許親自參與評判了這些命題繪畫，但同時他也聘請了一些知名的文人畫家擔任畫院的老師。據蔡絛記載，第一位擔任這個職務的是宋子房。鄧椿在書中稱，「是時子房筆墨妙出一時，咸謂得人」。另一位被任命擔任此職務的是米芾，可能是由蔡京或王詵推薦。[50] 米芾個性古怪，是一位非常有名氣的畫家和書法家，同時也是書畫收藏家與鑑賞家。據說米芾很希望在徽宗的宮廷中做官，曾分別致信在樞密院任職的蔣之奇和鄧洵武，請求兩人幫助。米芾給他們的信函都保存了下來，其中，米芾寫給蔣之奇的信很有趣，因為米芾在信中還告訴蔣之奇在向徽宗舉薦他時該說什麼話，例如「（米芾）自負其才，不入黨與，今老矣，困於資格，不幸一旦死，不得潤色帝業，黼黻皇度，臣某惜之」。[51]

至於米芾在畫院如何與學生打交道，沒有什麼記載，但他與徽宗之間的軼事則流傳下許多。下面的故事是當時一位文人何薳記載，可以作為例子。

> 米元章為書學博士，一日上幸後苑，春物韶美，儀衛嚴整，遽召芾至，書烏絲欄一軸，宣語曰：「知卿能大書，為朕竟此軸。」芾拜舞訖，即綰袖舐筆，伸卷，神韻可觀，大書二十言以進曰：「目眩九光開，雲蒸步起雷。不知天近遠，親見玉皇來。」上大喜，錫齎甚渥。[52]

米芾擔任教職的時間還不到一年，但我們無從得知，他離任是覺得這個職務不值得繼續做下去，還是因為徽宗對他不滿意。

一一一〇年，蔡京第二次被罷相之後，徽宗將每個技術學校置於需要該校畢業人才的政府機構下面管理，而不是繼續由國子監管轄。但這次重組似乎並不意味著徽宗對於培養繪畫學生有所放鬆。一一一三年，蔡京恢復宰相職務後，醫學院和算學院重新由國子監管理，但畫院卻沒有恢復到國子監的管轄下。島田英誠認為，畫院之所以一直沒有重組，是因為徽宗已經達到了加強對畫師文學教育的目的，而且，他對一一一〇年之後直接與翰林圖畫院畫師合作感到滿意。[53]

宮廷繪畫官

如果畫院的學生數量總是保持在六十人的水平，從一一〇四年到一一一〇年，每年有二十人畢業，那宮廷的圖畫院就沒有足夠的空缺來容納所有人，因此，我們需要假定，有些接受培訓的學生到別的地方任職了。

對於那些在宮廷中任職的畫家，尤其是針對那些屬於士流畫風的學生，徽宗採取措施，提高他們的地位。他允許受到特別讚揚的宮廷繪畫官在腰間佩戴魚飾，還規定，諸待詔每立朝班時，以畫院為首，書院次之，琴院、棋、玉、百工又在其次。另外一項具有象徵意義的措施，是將支付給書法官、繪畫官的俸祿與文官的俸祿一樣，都稱為「俸直」，而對其他工匠則像對待侍從一樣，將他們的薪水稱為「食錢」。但另一方面，徽宗要求一名雜流繪畫官在睿思殿隨時待命，以備不時之需，而這種要求對文官則很少。[54]

我們知道五十多位曾在徽宗朝供職的繪畫官的名字。[55]史料中通常會記載他們來自哪裡，專攻哪類繪畫，拜何人為師或臨摹誰的作品。在畫家擅長的領域中，山水畫、人物畫或宗教題材是最普遍的，其次是花鳥和動物。有的畫家則更有針對性，專門畫龍、竹子、建築、兒童或鬼。畫家最經常提及的老師或模仿對象，是神宗與哲宗時期的山水畫家郭熙。

劉益是徽宗時期較有成就的畫家。他曾接受一項任務，在徽宗最寵愛的明達皇后劉氏的寢殿的閣廊上畫一百隻猿猴。但讓劉益感到不快的是，徽宗從未召見過他，據說是因為他口吃。[56]從這一點可以推測，徽宗的大多數畫師可能都曾得到皇帝的召見。

徽宗認為，臨摹對宮廷藝術家來說是非常好的訓練方法，因此，他會定期將自己的書畫藏品拿給宮廷畫家看。為徽宗作畫的畫師告訴鄧椿：「每旬日，蒙恩出御府圖軸兩匣，命中貴押送院，以示學人。」為了確保這些收藏品不會損壞，侍衛一直在旁守候。由於有了這些機會，鄧椿最後說道：「故一時作者，咸竭盡精力，以副上意。」[57]

徽宗對宮廷藝術家的作品非常嚴格，且極其挑剔，關於這一點有很多有趣的軼事。鄧椿在書中就寫了三個這樣的小故事，其中之一是前文提到的徽宗曾經去龍德宮視察畫師們的創作。據鄧椿記載，徽宗只看到一幅滿意的作品。他後來向一位侍從解釋，自己為什麼會重賞這幅畫的作者：「月季鮮有能畫者，蓋四時、朝暮、花、蕊、葉皆不同。此作春時日中者，無毫髮差。」[58]這個軼事對徽宗的描述有些炫耀的意味，顯示徽宗在鑑賞繪畫方面能力出眾。

這類故事並不新鮮。在一〇八〇年左右，郭若虛也記錄了一個類似的故事：一個農夫向一位藝術家指出他的畫有瑕疵，因為牛在爭鬥時，是把尾巴夾在兩腿之間的。一〇九〇年，沈括在書中記載，有位鑑賞家稱讚一幅畫描繪貓蹲在牡丹下，畫得非常準確，因為畫中的貓和牡丹都是在正午時分，此時貓的眼睛會眯成一條線，盛開的牡丹花瓣則會發蔫。高居翰（James Cahill）指出，徽宗堅持正確畫出細節的這些故事說明，「在中國繪畫史上，這也許是最後一次將藝術真實性的標準認真向前推進的機會；文人批評家不求形似，他們的理論一旦占了上風，就會將準確再現的考慮降到次位」。[59]

那麼在徽宗濃厚的個人興趣下，宮廷藝術作品取得了哪些成就呢？透過投入資源與個人關注，是激發了藝術家的創造力呢，還是正好相反，徽宗堅持精確反而產生了負面效果——因為藝術家會因細心謹慎而非勇於創新而受到獎賞？邁克爾·蘇立文（Michael Sullivan）認為，徽宗強加「獨裁式的形式與品味給畫師，其僵化程度就像勒·布朗（Le Brun）對待為路易十四工作的藝術家一樣」。他還認為，「強加的僵化正統觀念為精心製作的裝飾性『宮廷風格』奠定了基礎，這種風格將主導宮廷的品味，一直到現代」。然而，另外一些藝術史家則稱讚徽宗成功地將詩畫結合了起來，在徽宗之後的相當長時期，這種風格在宮廷畫家中依然非常盛行。[60]

為了深入研究這些問題，要先識別哪些是徽宗朝宮廷畫家的作品。到目前為止，藝術史家能確定的為數不多。一個原因是宋朝的宮廷畫師通常不會在作品上署名和標注日期，儘管我們有為徽宗效力的幾十位畫家的名單，但很難將他們與現存的畫作對應起來，因為大部分作品都沒有署名和日期。而且，由於徽宗收藏的畫作目錄《宣和畫譜》中不包括他自己的宮廷藝術家作品，我們也就無法得到十一世紀宮廷畫家像畫譜中那樣的人名與作品的對照清單。很多被認為是宋朝作品的未署名畫作，通常是根據繪畫風格粗略斷代，但這就出現一個問題，因為徽宗時期是繪畫風格的過渡期，介於典型的北宋風格（壯觀的山水畫，大型立幅或橫幅花鳥畫）與典型的南宋風格（表現私人情感的小景繪畫和抒情圖冊）之間。例如，在山水畫方面，不僅有些藝術家繼續繪製巨大的中央山峰，還有趙令穰、梁師閔和李安忠等畫家專注於抒發私人情感的小場景，包括完全沒有山的水上風景。這類沒有署名的繪畫通常會被藝術史家認定為「南宋作品」，然而其中一些卻很可能出自徽宗時期。花鳥畫也是如此，儘管我們知道徽宗很喜歡這一題材，他的宮廷畫家繪製了成百上千幅花鳥作品，但沒有署名的宋代花鳥圖冊大多被粗略地歸為「南宋作品」了。[61] 儘管如此，藝術史家還是將一些非常優秀的作品認定為徽宗朝的作品，可以用來評估徽宗通過宮廷畫家取得了何種成就。

理解政治如何影響宮廷繪畫創作，這是另一個挑戰。有個最基本的問題是，誰在說給誰聽。是皇帝起主導作用、透過畫師與觀眾溝通，抑或皇帝本人只是目標觀眾？在早先的年代，大部分的宮廷繪畫是畫在牆壁或屏風上，「誰是觀眾」這個問題就很簡單：繪畫是打算給那些住在宮內或到裡面去的人看的。寺觀、朝殿和後宮的牆壁飾以不同的主題，有些繪畫純粹是為了裝飾，但還有一些顯然是為了傳達某種思想。正如寺廟的牆壁上畫了佛陀與菩薩一樣，一些比較公眾化的宮殿通常會畫上名人的肖像，或帶有道德說教意義的圖畫故事。相比而言，那些畫在畫卷、扇面和圖冊上的作品可以隨身攜帶，或是大部分時間捲起來放在盒子裡保存。這些作品並不經常拿出來展示，因此，它們的觀眾是誰這個問題就更複雜了。

如果一幅畫作缺少有幫助的題跋，我們推斷它的觀眾和意義，就側重於藝術本身，而非科學推理。不少學者對宋朝的名畫〈清明上河圖〉的主體、目標觀眾和傳達訊息進行了激烈的爭論，有些學者認為它是徽宗朝的作品，但其實也很可能是別的時期的。[62] 在我看來，並非所有畫作都有政治含義，它們也許只是表明某種顯而易見的訊息，即宮廷能夠吸引並培養出創作優秀作品的畫師。沒有題字的山水畫、鳥獸畫能夠表明徽宗的高雅品味和藝術修養，而不帶具體的含義。這種觀點當然也同樣適用於宮廷製作的很多藝術品，如紡織品、瓷器、玉雕和珠寶首飾。這些物品並沒有涉及宮廷政治問題，只是在為宮廷增光添彩。

在帶有政治含義的繪畫中，有必要區分那些純粹為了逢迎統治者的作品，以及作為某種宣傳形式去影響更廣泛受眾的作品。中國的宮廷與世界上其他地方的所有宮廷一樣，都是將阿諛奉承上升為一種高級藝術的地方。很多人認為是政治宣傳形式的宮廷繪畫，我覺得最好將其視為對統治者的讚頌。這就涉及在理解作品表達主體上的轉變，從將皇帝視為主體，希望透過繪畫向廣泛的觀眾傳達皇帝意圖，並使大家信服他的功績，轉變為將皇帝視為目標觀眾，而繪畫主體則是畫家本人，或是告訴畫家如何作畫的某個人，例如位高權重的官員、宦官總管或某位宮廷女性。這也是他們用來奉承皇帝的策略之一，不僅透過文章，還以利用繪畫等形式。

在此，我要著重介紹五幅比較確定是創作於徽宗時期的繪畫作品，包括一幅人物畫、兩幅花鳥畫和兩幅山水畫，以此證明徽宗在提升宮廷畫家作品方面取得的成功，並探索其中的含義、主體和目的。徽宗利用宮廷的資源，以及自己在繪畫領域的天賦和興趣，將宮廷繪畫帶到一個新的高度。同時，徽宗時期的宮廷繪畫也風格各異，有的繪畫帶有明確的政治意味，一般透過題跋來明確表達；至於其他作品，我認為只是為了表現徽宗在藝術方面的造詣和精巧，並沒有什麼狹義上的政治含義。儘管有不少繪畫被送人，但更多的作品則留在宮裡，只有少數人見過。

用繪畫拍皇帝馬屁的一個適合例子就是〈文會圖〉（彩圖3、4），這幅畫被認為是由徽宗宮內的一位或多位畫師創作，徽宗和蔡京都在上面留下了題跋。[63] 這幅畫讓人想起宋朝宮廷的另外幾幅畫，每幅都有貫穿的圍欄，可看出畫中的場景應是宮殿的庭院。[64] 畫的重點是一張很大的宴會桌，上面擺放著精緻的茶杯、盤子、碗、花和食物。八位身著文人服飾的人環桌而坐，旁邊有僕人服侍，還有兩位文人在附近交談。靠近觀看者的一側，有幾個僮僕正在準備茶品。儘管這幅〈文會圖〉嚴重損壞，但繪畫技法還是頗為明顯。樹上的葉子都是一片一片畫出來的，並用比較粗的線條勾勒出樹幹的粗糙質感。人物畫得非常精緻，從幾個不同的角度觀察，細緻入微地加以渲染，其中幾個人物衣服上都畫出了陰影，鬍鬚也是一筆一畫地精心描出。

這幅畫上有兩首題詩，使之有別於其他描繪庭院的作品。在畫的右上角有徽宗御筆親書畫題「文會圖」和一首絕句：

儒林華國古今同，吟詠飛毫醒醉中。
多士作新知入彀，畫圖猶喜見文雄。

在這首詩中，徽宗讚頌了文人雅士聚集在一起的歡暢情景。詩中說，文人聚在一起吟詩醉酒，這種場面古今相差無幾，暗示他對人才濟濟的情況感到滿意，並稱讚這幅畫能夠再現這些文人雅士聚會的場面。圖的左上方是蔡京的同韻和詩。他將徽宗吸引人才的能力比作唐太宗任用十八學士這個著名典故。[65] 但蔡京進一步指出，徽宗的時代比唐代更好，因為徽宗吸引的人才可不僅僅是十八學士：

明時不與有唐同，八表人歸大道中。
可笑當年十八士，經綸誰是出群雄。[66]

我們從上面的題詩中可以得知，徽宗與蔡京一起欣賞了這幅畫，並談論了畫中蘊含的意義。中國的人物畫與敘事畫經常引用一些帶有儒家道德教育的故事，他們將這種解釋也用在了這幅畫上。[67]蔡京用這幅畫來奉承徽宗，這是非常可能的；可以想像，蔡京可能將此主題授意某位畫師或主管宮廷畫師的官員，其用意是使作品符合自己的這種目的。

花鳥畫通常不會有人物畫的這類含義。在徽宗的《宣和畫譜》中，對花鳥畫的介紹重點是花鳥的種類繁多，以及人們多麼喜歡欣賞它們。《詩經》中有很多花鳥的描寫，從那時起，詩人就開始寄情花鳥，通過描寫花朵枯萎或鳥是否鳴叫來表達感情，而最細膩的畫家也能夠達到同樣的效果。[68]

徽宗時期有兩幅花鳥畫非常引人關注——〈臘梅山禽圖〉和〈芙蓉錦雞圖〉（彩圖5、6）。儘管藝術史家過去認為這兩幅畫是徽宗的作品，但現在普遍認為，徽宗只是御筆題詩，作畫的人很可能是宮廷畫師。[69]因此，〈臘梅山禽圖〉和〈芙蓉錦雞圖〉是徽宗與宮廷藝術家共同創作的例子。這兩幅作品很可能都是皇帝賞賜給某位大臣的禮物。

〈臘梅山禽圖〉和〈芙蓉錦雞圖〉的印鑑是一樣的，都有「宣和殿御製並書」的字樣，然後是徽宗的花押（由兩個字組成，意為「天下一人」）。此外，這兩幅存世畫作的尺寸幾乎一模一樣，長、寬相差都不到兩公分。而且，兩幅畫的構圖似乎都有意為題詩留出較大的空白，題詩都是以瘦金體寫的五言絕句。它們甚至在題材和構圖上也很相似：都畫了一大一小兩株植物，有一、兩隻鳥棲息於那株較大的植物上，旁邊畫了一些昆蟲。在兩幅畫中，物體在整幅畫面中的位置都很平衡，對所處位置的高度或其他自然場景幾乎不作任何描述。

〈芙蓉錦雞圖〉的題詩如下：

秋勁拒霜盛，峨冠錦羽雞，
已知全五德，安逸勝鳧鷖。[70]

蔡涵墨認為，這首題詩使得〈芙蓉錦雞圖〉很適合作為禮品賜給一位顯赫大臣，而且可能是在他得到提拔之時。這首詩的言下之意是，接受這幅畫的人與別人相比，就像錦雞與其他鳥類相比一樣：地位顯赫，戴著一頂高高的帽子（如同官帽），在普通的同類（比如家鴨和野鴨）中怡然自得。[71]

這幅繪畫非常精美。畫中一隻色彩斑斕的錦雞，正回頭眺望兩隻飛舞的蝴蝶。蝴蝶被一株盛開的芙蓉樹和樹下的小菊花吸引。畫者從不同的角度觀察兩隻蝴蝶的動作，一隻很可能是從上往下看，另一隻蝴蝶則是從一側觀察，能夠看到牠翹起來的後翅膀。畫者通過畫出錦雞壓低芙蓉的一根樹枝，來表現真實存在感。畫家以觀察細緻入微的筆觸來表現畫中的主要元素，即鳥和蝴蝶。錦雞羽毛的紋路和顏色用細碎的筆調描出，甚至連尾巴上羽毛末端的紅色也清晰可見。這種對羽毛細節的強調幾乎可以看作在研究鳥的分類，彷彿繪畫的一個目的就是詳細記錄能夠區分每一種類的不同視覺特徵。[72] 作為對比，樹葉則以比較簡單的筆調畫出，畫風變化較小，沒有描述背景中的物體，甚至沒有涉及地面的場景。

相對而言，〈臘梅山禽圖〉沒有〈芙蓉錦雞圖〉那麼華麗，不但兩隻鳥的色彩要黯淡得多，也沒有引人注目的蝴蝶，而是幾隻不太起眼的蜜蜂或黃蜂在圍著樹叢飛來飛去。季節也不一樣，這幅畫描繪的是冬天或早春時節，而不是秋天，畫上有兩隻小鳥，而不是一隻大鳥。此外，在這幅畫中，所有的元素都沒有被裁切：臘梅叢及其底部生長的小百合花都完整可見。畫上的題詞如下：

山禽矜逸態，梅粉弄輕柔。
已有丹青約，千秋指白頭。[73]

畫中的兩隻鳥在中國被稱為「白頭翁」，通常用來比喻那些上了年紀的人。由於詩中提到頭髮花白的人已經在一起度過了一千個秋季，那麼，這幅畫的主題一定是夫妻恩愛，畫中的兩隻鳥代表著夫妻兩人將永遠在一起，直到頭髮變白。這幅畫可能是賜給一位新近結婚的親戚，或者是結婚時間很長值得慶賀的親戚。[74]

徽宗的宮廷畫家所作的山水畫是什麼樣的呢？藝術史家經常會把宮廷山水畫解釋為傳遞宮廷或王朝的正面訊息，如表現出皇帝的威望、權威或太平盛世。為了支持這種觀點，他們通常會引用十一世紀宮廷畫家郭熙關於山水畫的一篇文章中的話，郭熙將高山比喻為眾山之王，而且「其象若大君，赫然當陽，而百辟奔走朝會，無偃蹇背卻之勢也」。[75] 從這段文字中，學者推斷出中央的主峰代表了皇帝，有的學者還從中讀出了更多的訊息，例如姜斐德（Alfreda Murck）將郭熙的〈早春圖〉描述為「對新政成功的典雅隱喻」。在她看來，這幅畫描繪了「一個動態的和諧社會與一個理想的社會政治等級。宮廷的文學規範使人們從作品中解讀出某種宣告，在溫暖的春天，自然界萬物欣欣向榮，猶如國家在皇恩浩蕩下繁榮興旺一樣」。[76] 比較確定是由徽宗朝宮廷畫家創作的最著名的兩幅山水畫，一是王希孟的〈千里江山圖〉（彩圖7、8），收藏於北京故宮博物院，一是李唐的〈萬壑松風圖〉，收藏於臺北國立故宮博物院（圖7.3）。這兩幅畫均無明確表達政治意義或目的的題字。

王希孟的作品後面，有蔡京於一一一三年題寫的跋文（見本章開頭的引語），記錄了畫家創作這幅作品時年僅十八歲。在此前一年，王希孟還是宮廷畫院的學生，徽宗發現了他天賦非凡，決定親自指點他筆

圖 7.3　李唐〈萬壑松風圖〉，縱軸，絹本設色，188.7×139.8 公分，臺北國立故宮博物院藏。

墨技法，使其繪畫技藝突飛猛進。[77] 這幅畫最令人驚嘆的特點是明亮的色彩及尺寸與規模，它使用了厚重的礦物顏料，使畫面的色彩比現存同時期的青綠繪畫都要鮮亮。畫幅非常大，長約十二公尺，高半公尺。作品中不僅描繪了山水，還有綿亙的山勢，穿插其中的道路、橋梁、瀑布等景觀。地形富於變化，遠近濃淡非常逼真，體現了十一世紀時山水畫技術的進步。

為什麼這幅畫要用明亮的青綠色呢？一些現代學者認為，宋代山水畫中的青綠色是道教神仙居所的顏色。[78] 然而，在這幅畫中，遼闊的土地看起來充滿生活氣息，並非只有隱居學者和道教隱士活動的偏遠地區，畫中人物看上去也不像是神仙或長生不老的人，相反，裡面可以看到點綴的屋舍和小船，人們在捕魚、磨麥和種田。

還有學者認為使用青綠色是一種崇古，是在對唐代使用這些顏色致敬。[79] 王希孟從唐代繪畫技法中所繼承的不僅是用色，還有其他一些特徵，例如仔細描畫出水的波紋，以及對人們步行、騎馬和乘舟旅行場景的刻畫。儘管如此，它的構圖方式卻完全是宋代的，山和樹沒有用線條勾勒輪廓，山巒氣勢雄壯，用光效果也非常生動。

徽宗當然熟悉唐代的青綠山水，能夠向學生們展示這種技法。他的畫譜中收錄了李思訓和李昭道的繪畫，這兩位唐代畫家正是以青綠山水聞名。畫譜中介紹李思訓的文章在最後說「今人所畫著色山，往往多宗之」，但對此沒有再多作解釋。或許與二李的關係已經足以使畫家們選擇這種畫風。二李都是唐代的宗室，武則天執政時受到迫害，但一直活到唐玄宗在位時期。他們與唐玄宗及唐代皇室之間的關係，也許使他們與徽宗有了某種積極的關聯。此外，徽宗也肯定通過與他同時代較早期的王詵、趙令穰了解到青綠山水。但是，與王希孟的〈千里江山圖〉相比，王詵、趙令穰存世的青綠山水顯然要拘謹得多，感情和氣勢也表現得迥然不同（見圖1.4）。

王希孟的作品是否帶有政治含義呢？姜斐德認為，這幅畫是一個很好的例子，說明了山水畫如何透過刻畫山景來讚頌等級制度與國泰民安。她將這幅畫描述為「對（郭熙與郭思提出的）『大君赫然當陽而百辟奔走朝會』的絕佳視覺化表現」。[80]但在這幅畫中不是單一的主峰，而是一系列大小約略相當的山巒。

在我看來，沒必要找出這幅作品中的具體含義。我認為，徽宗之所以對王希孟的畫作感到滿意，是因為這幅畫說明宮廷能夠培養出創作傑出巨作的畫家，透過這些作品表現出精湛的透視繪畫技法和偉大的想像力。

李唐的〈萬壑松風圖〉上所署的日期為一一二四年。[81]這是一幅尺寸很大的作品，高一百八十九公分，寬一百四十公分，最初可能是為一面屏風設計的。儘管絹的顏色被染黑了，但綠色顏料的痕跡仍然依稀可見。畫的前景是一片高大的松林，松林下面亂石嶙峋，與後面的山巒形成一體。雲霧將近處的山與遠山隔開。畫中沒有人物，也沒有任何跡象表明曾經有人侵擾過畫中的景色。

藝術史家在談論這幅畫時，都給予高度的評價。有人認為李唐開創了南宋的山水畫風，尤其是使用了「斧劈皴」來刻畫岩石，另一些人則認為李唐堅持了北宋畫法中突出中央山體的風格。[82]方聞（Wen C. Fong）強調了這兩個特點，他首先將這幅畫與更早的畫家范寬和郭熙突出高大主峰的風格相比較，然後將它與新趨勢連繫起來：

> 李唐的山水畫代表了一種集中焦點的新寫實主義，開創了南宋「親近自然」的繪畫風格。范寬筆下的壯麗風景開闊了觀眾的眼界，帶領觀眾步入一個無限浩渺的自然世界，而李唐則通過完美技法刻畫

的山與樹，以畫的四邊為框創造出另一個世界。與郭熙對不斷變化的自然富有情感的表現不同，李唐的視角更加和諧，並有控制，這也反映了徽宗的風格。李唐的作品以一種更有限制和更現實的視角，以及更冷靜、克制的手法來替代北宋早期的無限浩渺，預示了南宋山水畫更為親密的風格。[83]

班宗華（Richard Barnhart）則持不同觀點，他認為這幅畫不同於「皇家風格的山水畫」。他也不認為從這幅畫中能看到徽宗的視角，而是明顯說明，徽宗一定給了李唐等宮廷畫師「相當大的自由度，嘗試一些創新的風格和技術」。[84]

將上面五幅畫放在一起看，不僅證明了徽宗朝宮廷畫師的精湛技藝，而且顯示了他們的創造能力。他們進行了很多創新，包括將詩情和畫意結合在一起。徽宗似乎並沒有堅持要求畫師們都以相似的方式作畫，或是所有作品都必須帶有政治意義。這也不足為奇。既然徽宗喜歡在畫中表達詩意，就應當能接受繪畫像詩歌一樣，表達出多樣化的思想和感情。

儘管在這五幅畫中有三幅似乎已經被賜予他人，但宮廷繪畫流到宮外的比例實際要小得多，這一點可以從仍舊保存在宮內的作品中看到。儘管郭熙是神宗最喜歡的畫家之一，但皇帝似乎很少將他的作品賞賜給別人。一一一七年，郭熙的兒子郭思應召入朝，徽宗提到神宗很喜歡他父親的畫，並說這些畫仍然被用來裝飾宮殿。[85]同樣，我們可以從徽宗的畫譜中得知，早期宮廷藝術家創作的幾千幅花鳥畫，在徽宗時仍然收藏於宮中，並未被御賜出去。[86]如此看來，很多繪畫創作並不是出於實用，而只是為了擁有。

那麼，從徽宗與這些專家、大師的交往中，我們能得出什麼結論呢？

儘管徽宗在當時還有很多別的需求，但並沒有放鬆自己在這些方面對宮廷的主導，事實上，他似乎非常享受與大師和藝術家們的合作。他對自己的批判性智慧自信滿滿，能夠指導建築師和畫師按照自己提出的方式進行創作。他還招募了米芾和李誡這些傑出的人才為宮廷工作。他對醫學、繪畫、書法和算學的教育進行了改革，希望能在這些領域吸引到更多受過良好教育的人才。至少在王希孟這個例子中，他親自指導培養學生。徽宗推動宮廷畫師掌握一種高度寫實的風格，也許是因為他知道，這種精湛的技藝是宮外的藝術家很難比擬的。此外，徽宗還對那些能夠以詩意、含蓄的方式進行創作的畫師獎勵有加。

徽宗朝大師和專家的一些作品現在仍然存世，包括一些醫學著作、《營造法式》和數量可觀的宮廷繪畫。徽宗為其中一本醫學著作撰序，但我們沒有看到徽宗為宮廷畫師的作品撰寫任何東西。我們可以從一些現存繪畫推斷，上面的題跋是徽宗或蔡京所寫，但遺憾的是，最有助於將徽宗理解為藝術家贊助人的史料出處，其來源的可信度也最低，因為這些筆記都是在徽宗去世後，有的甚至在幾百年後才撰寫出來。我在本書中盡可能強調其中最早的資料，即鄧椿的著作——鄧椿的祖父曾在徽宗朝的三省任職。但重要的是，要考慮隨著時間的推移，故事常常會不斷地被粉飾——即使只經過幾年的時間，也足以讓故事產生新的轉折。從這些筆記中，我們可以看到人們關於徽宗有哪些說法，然而這些不一定是真實的。毫無疑問，徽宗對宮中畫師的作品很感興趣，但筆記中歸於他名下的那些話並不一定是他說的。

徽宗對這些專家的作品有著極其濃厚的興趣，他甚至親自涉獵了這些領域，不僅撰寫了一本醫學專著，還有很多繪畫和書法作品。他似乎認為，一個人只要從本質上是文士，在專業上的表現就可圈可點。即使我們懷疑，徽宗可能會將宮廷藝術家的一些作品充當他自己的作品，也不應忽略一個事實，即他希望自己被視為這些領域的專家。在第八章，我們將探討徽宗個人在文學藝術領域的作為。

彩圖 1　徽宗像，118.2×106.7cm，臺北國立故宮博物院藏。

彩圖 2 〈鹵簿圖〉，51.4×1481cm，中國國家博物館藏。

彩圖 3 〈文繪圖〉，絹本，墨筆設色，184.4×123.9cm，有宋徽宗和蔡京的題詩，臺北國立故宮博物院藏。

彩圖 4 〈文繪圖〉，局部。

彩圖 5　傳趙佶〈臘梅山禽圖〉，絹本，墨筆設色，83.3×53.3cm，有徽宗題詩，臺北國立故宮博物院藏。

彩圖 6　傳趙佶〈芙蓉錦雞圖〉，81.5×53.6cm，北京故宮博物院藏。

彩圖 7　王希孟〈千里江山圖〉（局部），51.5×1191.5cm，北京故宮博物院藏。

彩圖 8 〈千里江山圖〉局部，蔡京跋語。

彩圖 9　趙佶〈竹禽圖〉，絹本，墨筆設色，33.7×55.4cm，紐約大都會藝術博物館藏。

彩圖 10　趙佶〈五色鸚鵡圖〉，絹本，墨筆設色，53.3×125.1cm，波士頓美術館藏。

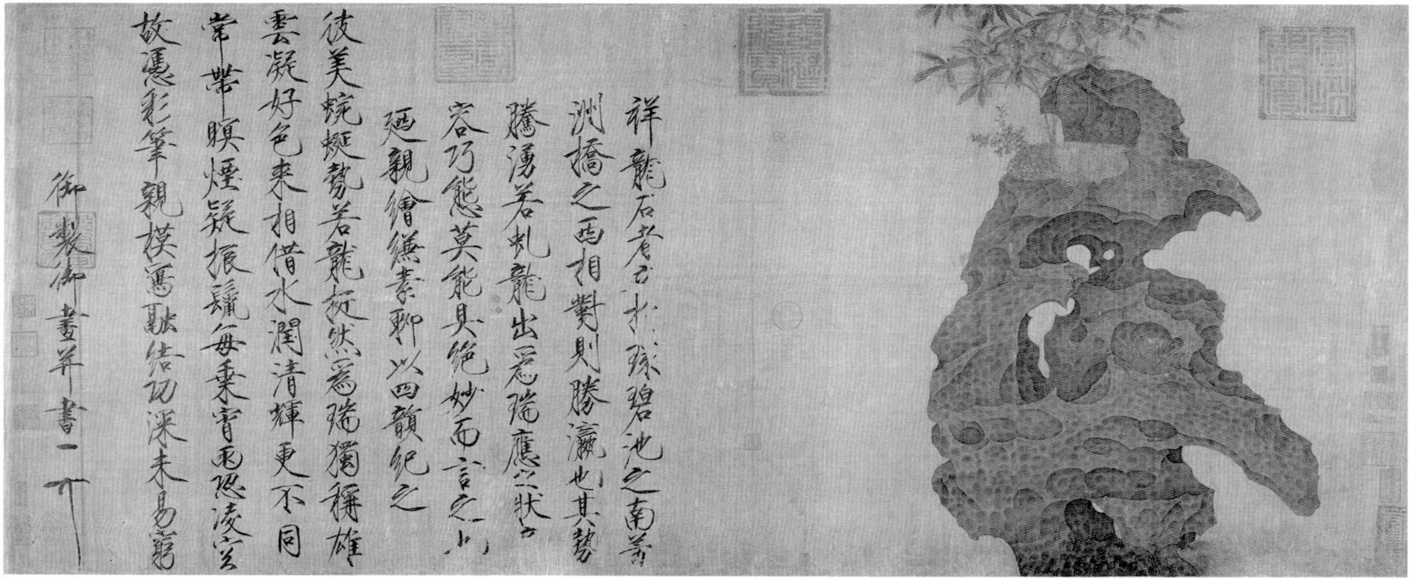

彩圖 11　趙佶〈祥龍石圖〉，絹本，墨筆設色，53.8×127.5cm，北京故宮博物館藏。

彩圖 12　趙佶〈瑞鶴圖〉，絹本，墨筆設色，51×138.2cm，遼寧省博物館藏。

彩圖 13　趙佶〈聽琴圖〉，絹本，墨筆設色，102.2×51.3cm，有徽宗題名和蔡蔡京題詩，北京故宮博物館藏。

彩圖 14 〈金明池爭標圖〉冊頁，絹本，墨筆設色，28.5×28.6 cm，天津博物館藏。

彩圖 15 〈迎鑾圖〉局部，絹本，墨筆設色，26.7×142.2 cm，上海博物館藏。

第八章
藝術家皇帝

大觀初年，京師以元夕張燈開宴。時再復湟、鄯，徽宗賦詩賜群臣，其領聯云：「午夜笙歌連海嶠，春風燈火過湟中。」席上和者皆莫及。

——一一九七年洪邁《容齋隨筆》

徽宗作為畫家、詩人和書法家，成績斐然。在臺北國立故宮博物院、北京故宮博物院所藏傳為徽宗所寫的書法作品中，有一些沒有註明日期的詩帖，似乎是徽宗自己隨手寫下的。[1] 這些詩大部分是以比較大的楷體寫在一張紙上，其中一張因為比其他作品大得多，顯得與眾不同：每個字高約十二公分，每行有兩個字，整張橫幅的長度為兩百六十三公分（見圖8.1）。這幅作品有時因為上面有被理解為相互獨立的兩首詩而被稱為「二詩帖」，有時則簡單地統稱為「詩帖」：

穠芳依翠萼，煥爛一庭中。

零露沾如醉，殘霞照似融。

丹青難下筆，造化獨留功。
舞蝶迷香徑，翩翩逐晚風。[2]

這幅引人注目的詩帖卷將兩種藝術融合一體：它既是詩作，又是書法作品，第二首絕句還涉及第三種藝術形式——繪畫，並對藝術家的創造力進行了評論。正如詩中所述，有創意的作品能夠產生長久的影響力，因為這幅詩帖歷經九百多年，是為數不多保存至今的徽宗真跡之一。

與第七章重點介紹徽宗對宮廷藝術家文化創作的監督指導不同，本章將重點闡述徽宗本人作為藝術家的活動。其實在監督他人創作與親手實踐之間並沒有一條嚴格的界線，尤其是徽宗本人很多藝術創作在不同程度上是與其他藝術家進行協作。不過，我們還是不能忽略那些據稱是徽宗親自創作的藝術作品所蘊含的政治意義。以文人的身分來履行自己的皇帝職責，這是徽宗統治的一個核心特點。

一個人在詩書畫三種藝術形式上達到登峰造極的水平，這一思想可追溯到唐代。[3] 精通其中兩種技藝的人並不少見，唐代的王維在詩歌和繪畫方面都達到了很高的造詣。在徽宗之前的宋代，作為一代文化領袖的蘇軾和黃庭堅也是多才多藝，在詩歌和書法領域裡是令人尊敬的大師，此外還有擅長書畫的米芾。不過，一個人能精通這三種藝術，還是頗不尋常。十世紀短命王朝南唐的

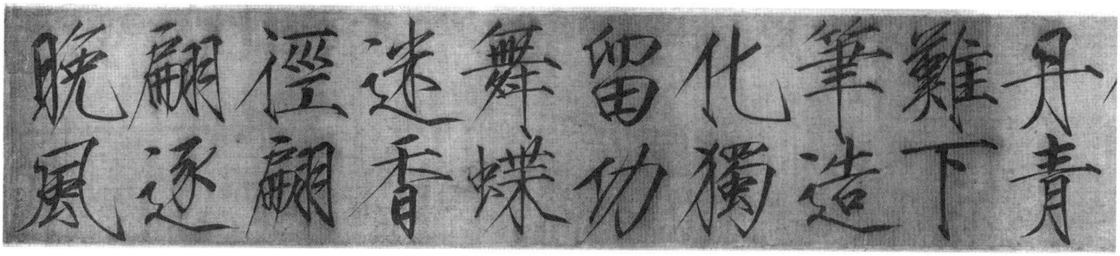

圖 8.1　徽宗〈二詩帖〉，橫幅，絹本，27.2×263.8 公分。臺北國立故宮博物院收藏。

統治者李煜就是這樣一個不多見的例子，而且他似乎成了徽宗的榜樣。《宣和書譜》提到，李煜創作出一種被稱為「金錯刀」的獨特顫筆書法風格：「落筆瘦硬而風神溢出。然殊乏姿媚，如窮谷道人、酸寒書生，鶉衣而鳶肩，略無富貴之氣。」[4]《宣和畫譜》強調了李煜的書法與繪畫之間的連繫：

> 然李氏能文，善書畫，書作顫筆樛曲之狀，遒勁如寒松霜竹，謂之金錯刀，畫亦清爽不凡，別為一格。然書畫同體，故唐希雅初學李氏之錯刀筆，後畫竹乃如書法，有顫掣之狀，而李氏又復能為墨竹，此互相取備也。[5]

徽宗的瘦金體書法

和大多數書法家一樣，徽宗能夠用所有常見的字體進行書寫。他的存世作品中有草書、行書和楷書，他曾多次用十種字體謄抄經文，其中肯定用到了隸書、篆書和一些不太常用的字體。[6]然而，使徽宗成為獨具風格的書法家的，卻並不是他的多才多藝，而是因為他在一一〇四年二十一歲時創造了一種非常獨特的楷書字體，通常被稱為「瘦金體」。徽宗在位期間一直都在用這種字體，但是可以觀察到，隨著時間推移，也略有變化。在徽宗初登皇位五、六年，他的瘦金體書法使用的是非常瘦硬的筆畫，但到了一一一二年，他的書法在筆畫粗細方面有了比較多的變化，用筆更加暢快淋漓。[7]

〈二詩帖〉是成熟瘦金體風格的一個絕佳例子。帖中筆跡瘦勁，轉折處有明顯的頓挫痕跡，而不是圓潤筆觸。楷書中經常用到的上提筆畫被收到最小幅度。橫畫收筆時使用頓挫，也就是以露鋒而不是藏鋒的筆法往回帶鉤（右數第四行下面的漢字）。捺也帶有一個運筆獨特的鉤（右數第五、六行上面的漢字），撇通常以一個彎曲的轉折開始（左數第一行下面的漢字）。另外一個非常獨特的地方是筆畫最後的上鉤被拉長，通常還有一個彎度，無論是向左邊鉤（右數第一行上面的漢字）還是向右邊鉤（左數第一行的兩個漢字）。這幅書法作品作為臺北國立故宮博物院中國藝術寶藏國際展的一部分，曾於一九六一至一九六二年在國外展出，當時的展品目錄中介紹說：「這些漢字以整齊和瘦長的線條構成，用法瘦勁，舒展遒麗。」「其效果產生了一種特殊的力量和韻味，儘管它可能會過於精緻。」[8]

徽宗希望透過這種非常獨特的字體來傳遞什麼訊息呢？現存史料中找不到徽宗對自己意圖的解釋，同時代人也沒有提到過這個問題。和所有人一樣，徽宗應該也是從臨摹先前大師的作品開始學習書法的，研究書法的歷史學家在分析徽宗的書法風格時，通常也會先找出他臨摹的是誰的作品。同時代人中唯一提到徽宗書法風格的人是蔡絛，他說徽宗年輕時受到了老師吳元瑜和同族趙令穰的書法風格影響，而這兩位則分別模仿了唐代書法家薛稷和宋代黃庭堅的風格。當代學者也從不同方向研究了這些可能的來源。[9]此外，人們還可以從瘦金體書法，以及徽宗有時在花鳥畫上使用的工筆技法上，看到整體風格的相似性。曾佑和將徽宗的書法描述為「畫家的書法」。我們可從徽宗的書法中看到他年輕時模仿的老師及其繪畫技法的痕跡，儘管如此，徽宗書法中最令人矚目的還是其原創性。[10]

「瘦硬」並不是使一個人的書法作品獨具一格的唯一方式，例如蘇軾的書法就豐滿圓潤，與徽宗頓挫爽利的風格截然不同。[11] 徽宗趨向於有序、精確和有控制的極致風格，他將需要深厚書法功力的獨特風格發揮到極致，將自己表現為一個能夠欣賞雅致與優美、同時又精通技法的有涵養的人。[12]

徽宗還年輕時，就已經對自己的書法足夠自信，願意讓它成為自己的象徵。一一〇四年，他為全國各地崇寧寺觀中的本命殿寫了很多匾額。同一年，他開始命人將其御筆所書的瘦金體書法刻在石碑上，立在很多人能看到的地點，有些立於官府，還有一些立於政府設立的官學或寺觀內。一一〇七年，他還命令將他的瘦金體書法用於新鑄造的錢幣（圖11.2）。[13]

自登基伊始，徽宗就開始將自己的書法作品賜予朝中大臣。一一〇四年，他賜給童貫一幅瘦金體謄抄的〈千字文〉（圖11.3）。王安中和王黼也得到過很多草書作品（圖11.1）。有時候，一班官員都會受到賞賜。一一二二年，在慶祝新修建的祕書省時，徽宗將自己的行書和草書作品賞賜給五十六名官員。王黼由於負責這次活動的很多事務，一個人就得到了徽宗賞賜的二十三件作品，比別人都多。隨著幾年的積累，身居高位的大臣，如蔡京、王黼、吳居厚和劉正夫等，都收藏了徽宗大量的書法作品，甚至還專門修建閣樓來存放。[14]

徽宗經常用他獨特的瘦金體書法為繪畫題字，其中既有宮廷繪畫官的作品，也有據稱是徽宗御筆繪製的作品（見彩圖5、6、10、11、12）。所有這些繪畫上的書法都非常引人注目，和繪畫本身一樣引人入勝。

徽宗對書法藝術的追求可以與皇帝作為書法家的傳統連繫起來。在徽宗的書法作品收藏目錄《宣和書譜》的開篇，就對帝王書法家一一進行了介紹。書中稱讚唐朝皇帝，特別是唐太宗和唐玄宗，親自示範，贊助當時最優秀的一批書法家，大大推動了書法藝術的發展。早期的幾位宋朝皇帝，如宋太宗和宋仁宗，都是熱忱的書法家，而且和徽宗一樣，也將自己的很多書法作品賞賜給大臣。對他們來說，能夠精通經典的二王風格已經是非常了不起的成就了，但徽宗作為書法家，在追求原創上達到了他們無法匹及的境界。[15]儘管如此，徽宗可以把喜愛練習書法作為一種長期的皇家傳統來對待。

如果我們將徽宗的皇帝身分擱置一邊，只觀察那些傳為徽宗所寫的書法作品呢？徽宗的技法究竟有多精湛？藝術史家對此說法不一。北京故宮博物院書畫部主任余輝稱讚徽宗是一位特別有創造力的書法家，他認為如果徽宗不是皇帝，其成就應足以使他位居宋代四大書法家之列了。[16]有些學者則認為，徽宗的書法過於精緻。

徽宗的大臣們很願意以其他方式來逢迎，卻沒有想著去模仿他的瘦金體。據說徽宗訓練了一些宮女、宦官學習他的書法風格，幫他寫一些文書，但不鼓勵大臣也這樣做。也許大臣們覺察到了徽宗希望自己的書法保持獨特性，才沒有對這種風格進行嘗試。唯一模仿徽宗書法風格的著名人物，是將近一個世紀後的金章宗（一一八九至一二〇八年在位）。不過，儘管後來的宋朝皇帝沒有將瘦金體風格延續下來，但他們的確遵循了徽宗大力弘揚書法藝術的傳統。徽宗的兒子高宗甚至還寫了一部書法專著，並親筆抄寫儒家的六經，以便刻於石碑，安置在太學內。[17]

畫家徽宗

繪畫技巧是徽宗在宮廷中展示公眾形象的一部分。儘管徽宗的繪畫作品並不像他的瘦金體書法那樣獨特，但它們非常精緻，很有美學的吸引力。徽宗的繪畫作品有很多留存到現在，光這一點就使他不僅在宋朝、而且在所有朝代的皇帝中勝出。宋朝皇帝都曾像大多數文人那樣，在詩歌和書法上投入不少精力。皇帝可以表示對這些藝術不感興趣，但不能拒絕參與這些長期形成的禮儀傳統，例如在宴會上吟詩，慶賀那些新近中舉的考生。但繪畫卻另當別論。繪畫對於文人和皇帝而言都不是必需的。徽宗完全可以表現得只是繪畫藝術的推動者，而不必親自作畫；他收集的古畫和對宮廷繪畫官的監管，足以為他在藝術史上贏得一席之地。但徽宗對自己的繪畫技藝非常自豪，經常拿出自己的作品給別人看。根據鄧椿記載，一一一五年，在一次宴會上，徽宗向客人展示了他新近完成的一幅畫，畫的是小池塘岸邊的一對鴨子，徽宗還為此畫作序。鄧椿寫道：「凡預燕者，皆起立環觀，無不仰聖文、睹奎畫，讚嘆乎天下之至神至精也。」[18] 一一二二年，在新建成的祕書省開放之日，徽宗將自己的書法作品賜予五十六位大臣，此外還向參加儀式的大臣展示了他原創的一些繪畫，以及臨摹所藏古畫的作品。他也向五十六位大臣每人贈送了一幅親筆畫。[19]

作為畫家，徽宗的自我表現相當成功。宋朝時期評論過徽宗繪畫作品的人，大都認為他是一位極有天賦的藝術家。王安中曾經對徽宗說，他畫的一面屏風「成能獨縱，度越古今」。[20] 在徽宗駕崩幾年後，張澄將徽宗描述為一位在閒暇時致力於繪畫的天才。「花竹翎毛，專徐熙、黃筌父子之美。」張澄提到，他見過一套十二幅的繪畫，徽宗在上面的題跋中說，他偶爾見到了宋迪的〈瀟湘八景圖〉，備受啟發，便繪製了一套十二景。張澄還在書中描述了他所見到的——徽宗在這套畫中繪製的精美的山村風景、植物和動物等。此外，有一次，一位賣畫人向他展示了十二幅山水畫的立軸，每幅高約五尺，且每幅上面都有徽宗親筆所寫的四字標題。[21]

鄧椿的祖父曾在徽宗朝做官，他在一一六七年所著的《畫繼》中有更完整的記述，將徽宗描述為一位畫家。《畫繼》開篇即寫道：「徽宗皇帝天縱將聖，藝極於神。……眾史莫能也。」儘管鄧椿在別處提到，徽宗署名的很多作品其實是宮廷畫師所作，但他仍然對徽宗自己的作品給予了最高讚譽。他在書中提到了幾幅畫，其中一幅有二十隻形態各異的鶴；另一幅的山峰看上去像是被風削開的玉峰，只有仙人居住在那裡。這幅畫「使覽者欲跨汗漫，登蓬瀛，飄飄焉，嶢嶢焉，若投六合而隘九州也」。[22]根據南宋的一些史料，徽宗畫了很多關於小狗、小貓、猴子、鸜鵒、喜鵲、白鷺、鴿子、鴨、麻雀、兔和馬的作品。[23]在十四世紀湯垕的《畫鑑》中，他認為徽宗所畫的花鳥、山石和人物都屬於極品佳作。「歷代帝王能畫者，至徽宗可謂盡意。」他描述了一幅唐玄宗騎照夜白（玄宗三匹名馬之一）通過棧道的畫作。「乍見小橋，馬驚不進。遠地二人摘瓜，後有數騎漸至。奇跡也。」此外，湯垕對一幅名為〈夢遊化城圖〉的作品也讚賞有加：「城郭、宮室、麾幢、鼓樂、仙嬪、真宰、雲霞、霄漢、禽畜、龍馬，凡天地間所有之物色色具備。為工甚，至觀之，令人起神遊八極之想，不復知有人間，世奇物也。」[24]

從理論上講，存世的作品應當能對徽宗精湛的繪畫技藝提供一些更好的證據。但要挑選哪些作品來研究呢？那些傳為徽宗所作的繪畫，大多是因為上面有徽宗的一枚或多枚印鑑，通常還會有他的花押。[25]但由於可能存在偽造、臨摹和誤認，這些作品的真偽也許不無問題。學者基本上一致認為，帶有徽宗印鑑的繪畫包括：徽宗自己創作的繪畫、與宮廷藝術家合作完成的作品、在他的命令下由宮廷藝術家完成的作品、宮廷製作的摹本，以及後人的仿作和偽作。由於畫上的印鑑或署名不可信，或是作品的年代不符，因此，一些認為可能是徽宗本人的作品可以被否定。當代藝術史家均認為，僅有一小部分畫可以被認定為徽宗在不同時期的創作，但對哪些作品應該歸於此類，卻看法不一。[26]表8.1中列出了我認為比較可信的徽宗的繪畫作品。

長卷〈金英秋禽圖〉（圖8.2）在構圖上比其他花鳥畫更大膽，除了四隻小鳥和兩隻蝴蝶外，還畫了地上長出的幾種植株。[27] 一隻正在行走的喜鵲可以看到全貌，還有幾隻正在地面上啄食，只能看到牠們的一個角度（但與徽宗所有畫鳥的作品一樣，鳥的頭部畫出了全貌）。畫面中草莖、竹葉和菊花叢的點綴，顯示出構圖上的創新，與徽宗其他作品都不一樣。在對小鳥特徵的關注上和其他作品一樣細緻入微，連喜鵲腹部的白色羽毛覆蓋在黑色羽毛上的細節，喙上的缺口都清晰可見。這幅畫似乎可以作為一個很好的例子，幫助人們想像：徽宗在創作時可能與一位宮廷畫家合作，比方說，宮廷畫家可能在徽宗

表 8.1　現存徽宗主要的繪畫作品

	作品	形式	藏地	徽宗是否題詩	圖示
花鳥畫	五色鸚鵡圖	橫軸	波士頓美術館	是	彩圖 10
	瑞鶴圖	橫軸	遼寧省博物館	是	彩圖 12
	金英秋禽圖	橫軸	私人收藏	否	圖 8.2
	臘梅山禽圖	立軸	臺北國立故宮博物院	是	彩圖 5
	芙蓉錦雞圖	立軸	北京故宮博物院	是	彩圖 6
	竹禽圖	橫軸	紐約大都會博物館	否	彩圖 9
	池塘秋晚圖	橫軸	臺北國立故宮博物院	否	《故宮書畫圖錄》第 15 卷，365-368 頁。
山水畫	溪山秋色圖	立軸	臺北國立故宮博物院	否	《千禧年宋代文物大展》，212 頁。
	雪江歸棹圖	橫軸	北京故宮博物院	否	圖 8.3
其他	聽琴圖	立軸	北京故宮博物院	是	彩圖 13
	祥龍石圖	橫軸	北京故宮博物院	是	彩圖 11

圖 8.2　徽宗〈金英秋禽圖〉(局部)，橫軸，絹本設色。(普林斯頓大學藝術與考古系藝術攝影資料庫)

畫完鳥後在圖上點綴了植株。

〈竹禽圖〉（彩圖9）中鳥的畫法運用了一種非常不同的技法。這是一幅創作時期較晚的小景繪畫，觀眾可以近距離地觀察圖中物體。畫中鳥的色彩很淺，竹葉是一種明亮的淡綠色，雖然從葉尖還能看到少許冬天的痕跡，但已經開始吐出新芽。鳥的胸部羽毛以工筆畫法細緻描出，以漆點睛。在徽宗其他花鳥畫中，右側的大塊岩石沒有出現過，岩石的巨大體積和鳥的小巧精緻形成了對比。藝術史家方聞認為，這幅畫創作於徽宗執政後期，表達了「一個幽居深宮的皇帝遠避塵囂的美好幻想」。方聞還從畫中看到了徽宗所受的道教影響，以及他的書法功底。[28]

作為一名花鳥畫家，徽宗借鑑了十世紀和十一世紀宮廷藝術家的成就。這些藝術家有數百幅作品被收錄於徽宗編撰的畫譜中。[29]其中黃筌、黃居寀父子每人都有三百多幅，徐熙、易元吉也有兩百多幅。在創作花鳥畫時，徽宗很可能也參考了這些藝術家的作品。在這部畫譜中，豐富的大自然被認為是創作花鳥畫的原因。種類豐富的植物，「其自形自色」，為四季變化帶來美景，為世界增添很多色彩。鳥類有「三百六十」，外形各異，聲音和啄食姿態也各不相同。《詩經》中對許多鳥類和動物的歌頌，也是畫家努力描繪牠們的形態的一個原因。[30]徽宗很欣賞那些能夠捕捉到鳥類的靈動神態、同時又能準確畫出細節的藝術家，例如在畫鶴時，能夠準確描繪出所有細節，「頂之淺深，氅之黳淡，喙之長短，脛之細大，膝之高下」。[31]

儘管公認為是徽宗作品的花鳥畫大多是設色的，但一些早期評論家也提到了徽宗的單色作品。鄧椿談論了徽宗的設色花鳥蟲繪畫，而湯垕則稱，徽宗的單色花石畫要比他的設色作品更優秀。有些被認為是徽宗真跡的單色花鳥畫也保存至今，每一幅都表現出極其不同的技法，[32]不過，沒有一幅瘦金體題字是令人信服的，因此儘管有些學者認為其中有的是徽宗作品，但我對它們仍存有疑慮。

以下兩幅單色風景畫通常被認為是徽宗的作品，一幅是收藏於臺北國立故宮博物院的立軸，另一幅則是北京故宮博物院收藏的橫軸〈雪江歸棹圖〉（圖8.3）。[33] 後者令人想起目前藏於北京故宮博物院的王詵的一幅山水畫橫軸，而王詵則是借鑑了郭熙的山水畫風格。[34] 徽宗在畫山時用了很多渲染的技法，在畫樹、石和舟的細節時則使用了工筆畫法。一一一〇年，蔡京在這幅橫軸的跋中提到了四幅畫，可能每幅描述一個季節（另外三幅大概佚失了）。在畫跋中，蔡京還讚頌了徽宗對宇宙造化的描繪：

> 臣伏覩御製雪江歸棹，水遠無波，天長一色。群山皎潔，行客蕭條。鼓棹中流，片帆天際。雪江歸棹之意盡矣。天地四時之氣不同，萬物生於天地間，隨氣所運，炎涼晦明，生息榮枯，飛走蠢動，變化無方，莫之能窮。皇帝陛下以丹青妙筆，備四時之景色，究萬物之情態於四圖之內，蓋神智與造化等也。[35]

儘管在一一一〇年徽宗應該已經習慣蔡京的阿諛奉承，但他可能還是從蔡京對這幅畫的評價中受到了極大的鼓舞。

作為一位富有創造力的藝術家，徽宗尤其在詩歌入畫方面有所創新，要求那些希望向士流發展的畫院學生能夠根據一句詩的含義巧妙地進行創作。徽宗還為畫作配詩，南宋皇家畫譜中列出了九幅有徽宗自己題詩的繪畫，並記錄了每首詩的內容。其中兩首出現於我們在第七章提到的、由宮廷畫家創作的兩幅現存作品上（彩圖5、6）。以下是另外兩首：

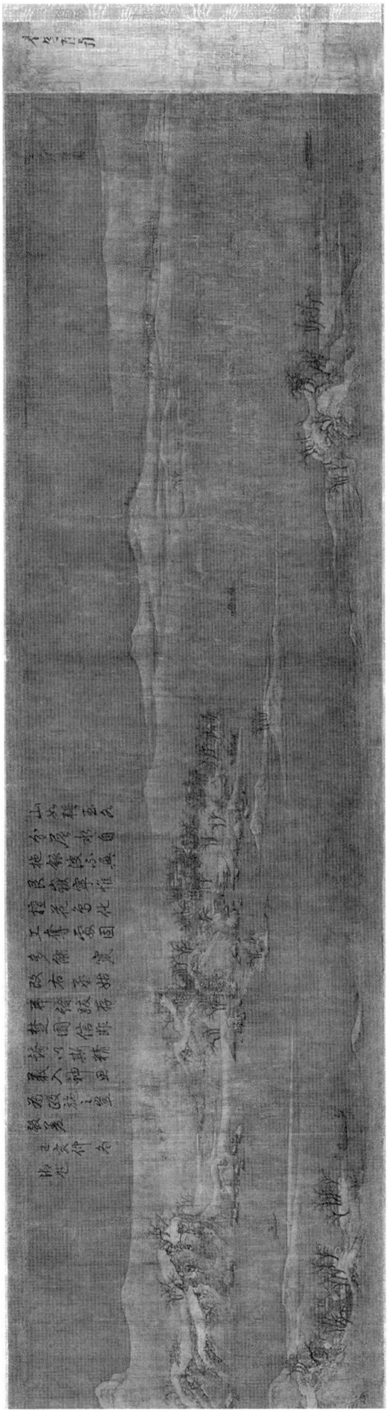

圖 8.3 趙佶〈雪江歸棹圖〉（局部），橫軸，絹本設色，30.3×190.8 公分。（北京故宮博物院）

杏花鸚鵡

並亞隴雲飛，穩巢文杏枝。
高棲良自得，蜂蝶莫相疑。

桃竹黃鶯

出谷傳聲美，遷喬立志高。
故教桃竹映，不使近蓬蒿。[36]

從這些詩中，我們看不出作者是一位皇帝。這幾首詩的重點都放在了植物、蟲鳥，以及所有詩人都可以盡情描述或暗喻的自然世界上。而且，這幾首詩都對贈畫對象有很多讚譽之辭，稱讚他口碑好、品格高尚、志向高遠等。這些繪畫可能畫了詩中提到的鳥和植物，尤其是花卉。

詩人徽宗

除本章的七首詩外，第五章有五首徽宗關於道教的詩，第六章有七首關於祥瑞的詩，第十章有五首是關於宮廷文化的，第十七章還有兩首徽宗被囚禁期間作的詩。在所有現存傳為徽宗所作的詩詞中，這二十六首詩占百分之六。近年來，《全宋詩》的編者共收集了四百一十四首徽宗的詩詞，其中有二百九十六首被劃分為宮詞類。宮詞是至少從南宋時期開始流行的一種獨特詩詞形式。其餘的詩詞中，有二十五首是由於被某位作者（常常是在徽宗朝的下一個世紀）在著作中引用而保存下來。例如，蔡絛引用了徽宗在登基第一年為祭奠哲宗所作的五首詩。[37]有二十三首則是由於某位後世作者（最晚到清代）記載了他認為出自徽宗之手的一件藝術品、而這件作品上恰好題有一首詩而保存下來（而這很可能包括了偽詩）。《全宋詩》中還有八首詩是從其他存世畫作中發現的。

這看起來數量很大，但我們應當知道，宋代流傳下來的詩詞遠遠多於唐代——《全宋詩》收錄了二十七萬首詩，其中有兩千多首是蘇軾所作。此外，如果作者是皇帝的話，那麼作者身分可能包含著多種含義。正如大臣們經常會以徽宗名義草擬頒發的詔書一樣，文官可能也會為他提供一些詩的靈感、想像和語言，而徽宗則將這些都視為自己的創作。然而，詔書和詩歌還是有所不同，因為每位宋代皇帝都頒下大量詔書，但記在他們名下的詩詞數量卻相差甚遠。徽宗極力紹述的神宗和哲宗似乎都不怎麼想當詩人，而且幾乎也沒有詩詞被認為是他們所作。

同時，我們還應當知道，在徽宗創作（或別人代寫）的所有詩詞中，現存的只是一小部分。王安中曾有十四首與徽宗唱和的詩，但都沒有留存下來。[38]蔡京的孫子曾給王明清看過蔡京與徽宗互相寫給對方的一些詩，並表明那些詩僅占兩人全部詩作的百分之一二。在一部收集了徽宗一一一〇年之前詩詞作品的早期著作中，共收錄了三百七十首詩詞。徽宗去世後，有人將其散落於各處的詩詞收集在一起，共有一百九十五首詩、兩百首宮詞。[39]徽宗的兒子高宗是編纂這部文集的發起人，他明確表示徽宗的大部分詩作都已經佚失：「賦詠歌詩垂於後昆者，盈於策牘……自升靈太微，部佚（帙）不全。」[40]在徽宗被囚禁期間，蔡鞗陪伴左右，他說徽宗在流放期間作了一千多首詩。[41]作為比較，唐代皇帝中現存詩歌數量最多的是唐太宗，有一百零八首。而另一個極端是清朝的乾隆皇帝，據說曾作詩四萬三千六百三十首，顯然，不少都是別人代筆的。[42]

在存世的徽宗詩詞中，數量最多的一類是宮詞，二百九十六首。這些詞都是七言絕句，沒有標題或序。這類詞的早期作品主要是描寫宮女，尤其是她們的哀怨。但與早期傳統不同，正如艾朗諾所認為的那樣，徽宗創作的宮詞表達了他對宮中生活的滿意，絲毫沒有早期傳統中的那些苦思愁緒。有些詩詞完全沒有提到宮女，還有一些則只是將她們視為宮中場景中比較吸引人的一個因素。[43]這裡引用其中兩首詞：

紅旗連屬曉熒煌，萬馬嘶風去路長。
知是黠羌來款塞，親臨丹闕納降王。[44]

日暖風和殿宇深，高花修竹囀閒禽。
宮娥攜手臨丹檻，喜看文鴛戲水心。[45]

還有十三首詞也被認為是徽宗親筆所寫，有幾首是他退位後所作。根據當時的詩詞特點，這些詞要比上面引用的宮詞更具個人感情。其中，徽宗創作於元宵節的一首詞最為感人，當時徽宗正在悼念他十分寵愛的嬪妃，即一一二一年去世的明節皇后劉氏，徽宗寫道：

無言哽噎。看燈記得年時節，行行指月行行說。願月常圓，休要暫時缺。
今年華市燈羅列，好燈爭奈人心別。人前不敢分明說。不忍抬頭，羞見舊時月。[46]

大臣們是如何看待徽宗這些詩的呢？皇帝讓大臣讀自己的詩，往往期待著大臣的稱讚，要不就是奉承。既然拍皇帝馬屁是宮廷生活中的標準特色，也就很難看出詩的讀者如何評價詩人徽宗了。例如，蔡絛在其《詩話》中，開篇就熱情洋溢地稱讚徽宗的詩詞天賦，對此，我們應當相信多少呢？

> 今上皇帝天縱神聖文武，雖藝文餘事，天下瞻仰如日月星斗，一篇朝出，四海夕傳。自始即位，製〈太陵挽詩〉五章（詩略）。夷夏已爭諷誦，萬國同聲。又君臣賡載，光絕前古。[47]

蔡絛還記錄了徽宗為大臣們題寫的一些詩，結尾是一一二〇年一次大祭之後，蔡京和徽宗同韻唱和的詩。根據蔡絛的描述，蔡京也頗有詩詞天賦，因為他能表現現場的非凡景象，即興答和徽宗的詩句。徽宗駕崩後，著述者理應更能對徽宗詩作發表不那麼熱情的觀點，然而，幾乎沒有人貶低徽宗的詩詞。在本章的引語中，洪邁講述了這樣一個場景，徽宗作了一首詩的前兩句，讓大臣們對出下句。然而，在洪邁看來，大臣們的詩句都比不上徽宗的詩句。[48]

徽宗的詩可以連繫帝王作詩的悠久傳統來評價。陳威（Jack Chen）在研究唐太宗的君主詩學時提出，在宮廷詩文化中，君主的詩有獨特的傳統和體系。他說，「君主的詩不能自由選擇要表達的詩意或主題，他的帝王身分決定了他能說什麼，以及怎麼說出來。」陳威認為，皇帝永遠都不能完全充當文人的角色——他總是要同時建立自己的帝王形象，即使這一形象包含了某些與文人相關的元素。在唐太宗的詩中，陳威幾乎都看到了君主的影子。[49]

在徽宗的詩裡似乎找不到唐太宗詩中的那些內容。本書選譯的詩詞都可以反映出徽宗的皇帝生活，但對他的大部分詩而言，如果這些詩並非徽宗所作，那麼人們很容易就會認為這些詩是一位文人或道士的作品。當然，徽宗朝中沒有人在讀他的詩時會忘記徽宗是皇帝，但徽宗似乎並不想用詩詞來喚起人們對先帝們的回憶。

徽宗透過詩詞塑造的自身形象，與唐太宗用詩塑造的形象迥然不同，這一點並不奇怪。唐太宗登基時，唐朝還是一個新建立的王朝，而且唐太宗的繼位方式（在射殺其兄後，又迫使其父退位）意味著，他必須努力使人們接受其繼位的合法性，也必須竭力表現為一位好皇帝。相比之下，徽宗是宋朝的第八位皇帝，沒有必要強調宋朝的合法性，也沒必要表現出致力於儒家思想中的君主道德責任。徽宗可以將自己塑造成一位與眾不同的皇帝，一位對皇位非常知足的皇帝。在他的很多詩中，包括宮詞和祥瑞詩，徽宗都表達了自己對生活的滿意，對身邊美景的欣賞，以及對一切運轉正常的自信。在道教題材的詩中，徽宗還表達了對廣博的宇宙力量的驚嘆。也許對徽宗來說，這種皇帝形象才是擁有諸多傑出祖先的繼承人的適宜角色。

通過在詩、書、畫上的實踐，徽宗塑造了一個什麼樣的角色呢？徽宗希望自己被視作一名在詩書畫領域取得傑出成就的、完美的業餘愛好者，儘管只能利用很少的業餘時間來實踐這些藝術，但他已經完全精通了當代的藝術風格。我猜想，徽宗之所以向大臣展示自己的作品，正是因為他相信自己的技法和藝術性已經達到了其他文人幾乎無法匹敵的水平。

很多皇帝都擅長詩詞和書法，因此，使徽宗獨具一格的還是他在繪畫領域的成就。就算不是皇帝，他的繪畫成就也令人矚目。他推動了宮廷花鳥畫精湛技法的發展，創作了一些在今天看來仍然引人入勝的作品。徽宗本人在繪畫上的實踐進一步提升了他對宮廷畫家制定的標準，從而促成了宋代宮廷繪畫的發展方向，並一直延續到宋朝結束。徽宗所提倡的細心觀察與畫出正確細節，繼續影響著南宋的宮廷畫家，也許還影響到了宮廷外的很多畫家。徽宗的大量作品都體現了詩與畫的結合，無論是由他自己獨立完成的作品，還是與其他藝術家合作的作品，都為後世藝術家提供了臨摹的範本。從徽宗的兒子高宗開始，有幾位南宋皇帝也在宮廷藝術家的繪畫作品上題寫了自己的書法和詩詞，有時也許還會作詩讓畫師們作為繪畫題材。此外，南宋宮廷畫師也常常遵循徽宗設定的方向，將詩與畫融為一體。[50]

徽宗經常將自己的詩和書畫作品作為御贈禮物。人們相信書畫作品是個人內心的反映，徽宗將其賜給臣下，就是他自己送出的禮物。徽宗曾經送給劉混康自己寫的詩詞、親自謄寫的經文和繪製的神仙像。對其他一些關係親密的人，例如蔡京和王安中，徽宗也同樣出手大方。有時候，徽宗還會同時賞賜很多人，在這種情況下，賞賜詩詞要比書畫更方便，因為主題可以針對所有在場的官員。那些獲得徽宗御賜書畫的官員，無疑會向別人誇耀徽宗的這些禮物，從而使徽宗作為一名出色藝術家的美名廣為人知。

人們在評價徽宗的繪畫時，通常會提及他培養宮廷藝術家，以及所藏先前大師傑作和近期宋代藝術家的作品。徽宗堅持細緻觀察，這也常被用來解釋他自己創作的精緻的工筆畫。徽宗以能否巧妙地將詩意與繪畫結合作為評判畫家的標準，這方面的軼事更是為他的藝術風格提供了例證。徽宗有時給人的印象是，他本人就是一名宮廷畫家。徽宗的書法也常常被提到，至少是簡要提及，但詩詞卻沒有太多的評論。

在本書中，我不僅闡述了徽宗是藝術的倡導者，而且他本人就是藝術家，透過這樣的途徑，試圖找出一些別的連繫。徽宗對詩書畫三種藝術的實踐，顯然可以加強三者間的互補。瘦金體書法中需要的運筆，有助於繪畫中的工筆細節；徽宗喜愛詩詞及創作想像力豐富的詩句，有助於他構思富有詩意的繪畫，更不用說能在同一件藝術品上將詩畫結合起來了。當然，有很多時候徽宗並未給詩配畫，有時候在畫上也未題寫什麼詩，但是，徽宗清楚地看到了這些藝術可以相互促進的潛力，並以一種創新的方式進行探索。在此過程中，他也塑造了他所選擇的自我角色：一位能從周圍世界發現快樂與滿足，並且具有天賦以細緻入微的方式將其展現出來的皇帝。

儘管徽宗有時似乎扮演為一位知書達禮的文士，但他從未忘記自己是皇帝，以及可以運用豐富資源的特權。在第九章，我們將敘述徽宗推行的一些大型工程，而這些工程之所以能夠實施，正是由於他可以將任務分派給眾多的官員和其他手下。

展望偉業

（一一〇七—一一二〇）

第九章
追求不朽

明堂古盛典，繇祖宗來暨神考，究論弗及成。
——徽宗感謝蔡京對修建明堂的貢獻

早在登基之初，徽宗就逐漸認識到，發起一項工程並看到它一步步完成，是非常令人滿足的事情。他喜歡看到所建宮殿的進展，喜歡與奉他委派負責研究工程的學者討論，還喜歡對宮廷畫家進行指導。徽宗在位第七、八年時，已經對著手進行更宏大雄偉的工程胸有成竹，而此後的十幾年中，他不斷啟動一些大工程。

本章將闡述徽宗發起的六項宏偉工程，其中兩項是編纂書籍，一項是繪畫，一項是收藏和整理目錄的工作，還有兩項是建築工程。一方面，這些項目反映了徽宗在文化、宗教和藝術領域的廣泛興趣，而從另一方面看，它們也顯示了徽宗獨特的個人風格。儘管所有工程的目標都雄心勃勃，但它們在設計上卻分別針對道士、儒家禮儀專家及藝術收藏家等不同觀眾。

新儀典

儒家禮儀經典中對君主行使的禮儀賦予了宇宙學的意義，例如《禮記．禮運》稱：「禮者，君之大柄也，所以別嫌明微，儐鬼神，考制度，別仁義，所以治政安君也。」[1]然而，對於那些試圖精心安排君主祭祖、祭天和祭神儀式的官員來說，這些禮儀經典並沒有太大用處。因此，幾百年來，政府中負責國家禮制的儒家禮儀專家準備了很多切實的禮儀指南。到了宋朝，此類文獻已經卷帙浩繁，且相互間不乏矛盾之處。在有些事項上，不同經典在內容上的差異導致了不同的觀點；而在另一些事項上，則讓人們對更廣義的禮儀心生疑問。有的禮儀行為被指責並未真正遵循古代傳統，有些又被批評過於膠柱鼓瑟。知識分子對不同禮儀經典的態度，尤其是對《周禮》的觀點，也會影響到儒家禮儀專家的立場。在新政時期，王安石贊同《周禮》，因為它在人們生活的各個方面都堪稱激進分子的典範，因此，援引《周禮》可以作為表態支持新政的一種方式。

徽宗登基之初，還沒將這些禮儀問題仔細想明白，就不得不開始主持祭禮了。應以何種規格的禮儀來祭祀哲宗，又如何在太廟中供奉哲宗靈位，他在決定時可以傾聽各種觀點，但不能遲遲不做決策。儘管他花了頗長時間考慮郊祀祭壇合祭天地的正反意見，卻無法對國家祀典受到的深遠影響面面俱到。每當對某件事心存疑問時，徽宗總會去問，父皇當初是如何考慮的。

徽宗執政將近七年時，決意對整個國家的禮制進行改革。一一〇七年正月初一，徽宗宣布設立議禮局。議禮局設七名官員，任務就是研究古代禮儀方面的文獻，對宮廷禮儀制度提出改革意見，在合理的情況下，盡可能將禮儀恢復到更為崇古的形式。[2]徽宗之前的宋朝皇帝從未試過這一任務。宋朝建國之初，宮廷曾對唐代留下來的一百五十卷《大唐開元禮》（今存世）稍作修訂，然後以《開寶通禮》（今佚）之名頒布。[3]此後，禮制規範的修訂時有發生，但完整的法典則從未制定過。

《大唐開元禮》規模宏大，內容豐富，也許正是因為這些特點，要想替代它恐怕是一項非常艱巨的任務。這部著作闡述了大約一百五十種不同禮儀的具體步驟，例如太學祭孔，祭祀雨神、雷神和風神，以及冊立皇后的禮儀。針對每種禮儀，該書都為負責官員提供了具體指導，首先是要提前完成的事情：是否要事先節慾、籌備必要的用具、準備祭祀食品、選擇行禮日期等。書中還明確說明，參加者在行禮之日應於何時到達，應當站在什麼位置，並提供了祈禱的文字。在描述完禮儀本身的步驟後，《大唐開元禮》還說明如何使相關人員及物品都回歸原處。徽宗的大臣就是以這部禮制巨著作為編纂新禮制規範的起點。

議禮局開始這個項目時，徽宗承諾親自審閱他們呈遞的每項建議。為了說明自己希望看到的是哪種典籍，徽宗派人給議禮局送去御撰的十卷冠禮著作（冠禮是男性的一種成年禮），並讓他們用作範本。[4]這部著作最終於一一一三年完成，幾乎完整保存了下來（兩百二十卷中有兩百卷存世），其中前二十四卷提供了與許多禮儀有關的說明，如安排奏樂、公告格式、禮服和鹵簿，以及在各種儀式上列席的官員名單。內容最多的一部分（第二五—一三五卷）是關於吉禮的，包括皇帝本人或別人代表他在郊祀祭壇、太廟、景靈宮和皇陵舉行的祭祀，還有針對五方帝、四方眾神和日月神等規模較小的祭祀。此外，書中還指導地方官如何祈雨或祭孔，以及在自己家裡或祖祠中祭祀祖先的禮儀。第一三六—一五六卷是賓禮方面的，包括新年和冬至的集會；其他小規模集會；以及如何接見外國使節。只有八卷內容是關於軍禮的（第一五六—一六四卷），包括如何接受君王投降、派遣軍隊、宣布勝利和狩獵。接著是嘉禮（第一六五—二〇六卷），包括如何慶祝皇帝誕辰和季節盛會，以及不同品銜（從皇帝到皇儲，再到王爺和公主、宗室，最後到普通人）的婚禮和冠禮。最後十四卷關於凶禮，內容包括從帝王到普通人的發布訃告、慰問家屬、準備沐浴和穿戴弔服等事宜。

《政和五禮新儀》的正文開始，是徽宗「御製冠禮」以及前言。徽宗「御製冠禮」是為本書格式指南，前言則是徽宗和編纂局官員之間的書信往來，這些資料有助於我們想像當時編纂這部巨著時的很多考慮。徽宗在項目完成的御製序文中稱，自己正在實施一項父皇一直希望進行的項目。神宗意識到禮儀對於秩序的價值，渴望取得堪與三代媲美的成就，因此讓官員們對郊祭的儀式和服飾進行辯論，不過，他們的討論沒有集結成書。徽宗非常迫切地要繼承先父遺志，因此才設立了議禮局。[5]

《政和五禮新儀》的前言中，有徽宗與議禮局之間的一長串問答，《宋會要輯稿》也記錄了他們之間一些別的對話。徽宗在早期的一份詔書（一一〇八年八月）中承認，隨著時間的推移，禮儀也會產生變化，但他提醒，一些積漸所至的行為並非深植於那些需要保存的古代原則。接著，徽宗又對官員們提交資料中的兩個基本要素表示反對。首先，官員們將冠儀放在了前面，但徽宗認為這既不合乎經典，也有悖於隋唐時期的做法。五禮指吉禮、賓禮、軍禮、嘉禮和凶禮。吉禮始於對天和神的祭祀，不是從冠儀開始，將冠儀歸入吉禮是最近才有的做法，偏離了古代君主禮儀的等級觀念，因為祭神的等級應當比祭人的等級高。徽宗還提出了一個更為特殊的觀點：他反對將冠儀置於婚儀之前，因為冠儀是使一個人「完整」的成人禮儀，而婚儀則使兩個人聯結在一起，一個人是先結婚之後才成人，所以應「婚儀於冠儀前」。儘管《儀禮》將冠禮列在婚禮之前，但徽宗懷疑這樣的順序是由於學者的錯誤理論，而非來自古代君主的真實傳授。[6]

議禮局的局官沒有在這些事情上與徽宗爭論，而是全盤接受了他的觀點。他們將婚儀和冠儀都納為嘉禮，並將婚儀列於冠儀之前。在徽宗時期，冠儀在士大夫階層和皇室都不太普遍。[7] 大部分宗室都結婚較早，也許正是基於此，徽宗才認為不能要求人們結婚前就完成成人禮。一一一四年，徽宗的長子行冠禮，這樣的儀式在宋代皇宮中還是首次舉行。[8]

一一一〇年，議禮局準備完成這部禮儀法典的初稿時，向徽宗呈遞了各種事項的報告，徽宗對他們的分析做出批覆，並大都提出了自己的方案。議禮局提出的議題涉及各個方面：基於徽宗手指長度的度量尺是否可以作為標準的度量衡，用於音樂以外的領域？是否應當具體規定州縣官員在主持儀式時的著裝，並為之頒發相應的圖樣？為了更符合《周禮》的規定，不太重要的儀式是否應當取消獻絹？國子監的孔子塑像應當描繪什麼樣的服飾？是否應當把孔子七十二弟子的名字都列出來？如果是的話，他們的稱號是什麼？在不同的祭祀中應使用何種祭器，為數多少？哪些神祇的牌位使用塗金的木頭，哪些使用朱漆木頭？所有的祭祀都需要樂隊嗎？五禮的排列順序應當按照《周禮》將凶禮排在第二位，還是按照《開元禮》和《開寶禮》放在最後一位？地方官員在主持儀式前是否應當禁慾？[9]

徽宗自己有時也會發起討論。有件事引起了他強烈關注，那就是佛教禮儀混入了國家祀典中。一一一〇年八月初三，針對七月十五日（這一天是佛教的盂蘭盆節和道教的中元節）的宗教儀式，以及佛教法事進入供奉先帝塑像的景靈宮，徽宗提出：

> 士庶每歲中元節折竹為樓，紙作偶人，如僧居側，號曰盂蘭盆，釋子曰「薦度亡者解脫地獄，往生天界，以供孝德」。行之於世俗可矣，景靈宮為祖考靈遊所在，不應俯狥流俗，曲信不根，而設此物。縱復釋教藏典具載此事，在先儒典籍，有何據執？並是月於帝后神御坐上鋪陳麻株、練葉，以籍瓜花不委逐項，可與不可施之宗廟？

又詔：佛乃西土得道之士，自漢明帝感夢之後，像教流於中國，以世之九卿視之。見今景靈兩宮帝后忌辰，釋教設水陸齋會，前陳帷幄，揭榜曰帝號浴室，僧徒召請曰：「不違佛勅，來降道場。」以祖宗在天之靈，遽從佛勅之呼召，不亦瀆侮之甚乎？況佛可以稱呼勅旨，有何典常？

又詔：犬之為物，在道教中，謂之厭獸。人且弗食，而歲時祭祀，備於禮科，登於鼎俎，於典禮經據，如何該載？[10]

對徽宗的這些疑問，議禮局做了長篇的答覆。首先，議禮局官員想向他解釋盂蘭盆在梵語中的含義，並講了目蓮從餓鬼手中解救母親的故事。[11]議禮局官員認為，儘管盂蘭盆節作為民俗可以接受，但並不適合景靈東宮和景靈西宮這樣的莊嚴場合。對於僧人舉行水陸齋會並使用皇帝專用的語言頒布法令，議禮局官員斥之為失禮。他們援引一一〇六年的一份詔書，其中使用了《金籙齋儀》中的道教儀式語言，認為這暗示在中元節這一天應當舉行道教儀式。至於將狗肉作為太廟祭品，議禮局官員建議終止這種做法，因為在祭奠死者時，歷來的原則都是事死如生，而人們通常是不吃狗肉的。如此一來，他們就能將古代經典中把狗肉列為五種祭祀肉品之一的事情略去不提。徽宗在一、兩天內就做出回覆，他認為第一和第三點應當取消，第二點還需再議。[12]

議禮局官員抽象地討論這些事的同時，也正在籌備一一一〇年十月冊封鄭皇后的禮儀程序。準備的文件中包括四冊應當遵循的程序，一冊是關於演奏音樂，兩冊是著裝的服飾圖樣。[13]

一一一〇年，《大觀禮》初步頒布實施，但議禮局仍在考慮禮儀的問題。隨後幾年，很多問題都與普通百姓的生活有關：親耕、親蠶、敬老和祭祀土地神的地方儀式，都有很長的篇幅進行討論。[14]

在徽宗與議禮局的討論中，所引材料可能大部分出自儒家文獻，尤其是儒家的經典。徽宗在與別人爭論時總是依據隋唐的實踐積累，或全盤接受《開元禮》中的禮儀，這部書也不例外。[15] 麥大維（David McMullen）指出，《開元禮》完全是一部儒家著作，裡面沒有提到唐代宮廷施用的佛教或道教禮儀。[16] 相比之下，《政和五禮新儀》包含的很多元素可以認為是當時的道教的，有兩章內容是專門用於祭祀九成宮內九鼎的儀式，還各有一章是專門關於太一宮和陽德觀的行禮。[17] 在很多情況下，不僅要向天、地、皇家祖廟和社稷陵宣布公告，還要在宮觀裡宣布，例如冊封新皇后就要在以下宮觀中宣布：中太一宮、祈神觀、醴泉觀、上清儲祥宮、陽德觀與九成宮。[18] 正如我們可能會預料的那樣，其中沒有提到要參拜佛教寺廟。《新儀》卷八解釋了如何在道觀中行使這些宣布儀式，對每個盛食物的碟子，以及行禮儀式主持人的所有活動，都有具體規定。[19]

在《政和五禮新儀》的開頭幾章中就有對道教儀式的具體規定，包括一些基本的禮儀要求，如牌位、祭器、音樂、車輛、鹵簿。第四章有一部分內容是關於「青詞」，即道教禱文的。它規定宮觀應當使用青詞紙，長一尺一寸，寬一寸，「貫以紅絲，條以紅錦」。[20] 這一章還規定了使用的絹製品顏色，並列出涉及的幾座宮觀，包括景靈宮（蒼）、上清儲祥宮和儲慶宮（均為青）、醴泉觀（赤）、九成宮（黃）、佑神觀（五方）、中太一宮（每個季節的顏色不同）。第五章是關於祭器的，規定在宮觀中祭祀時應使用哪些器具，裡面應盛裝何種素食，從大米、小米到桃乾、柿乾，以及竹筍和蔥等。[21]

儘管《新儀》中存在諸如此類的道教元素，但它的重點還是國家祀典，尤其是官員們在準備這些儀式時擔任的角色。儘管宮廷是某些宮觀的庇護人，但書中並不包括道士在各自宮觀中舉行的儀式。在盂蘭盆節這件事上，徽宗以國家祀典為由，希望從祭拜皇室祖先的儀式中剔除佛教因素，與此同時，他還希望在國家祀典中認可道教的地位。

一一一三年，《政和五禮新儀》（因一一一一年開始使用的年號政和而改名）正式頒布，隨後，徽宗有很多機會將其中的規定付諸實踐，例如，當子女成人時，他就可以在他們的冠禮和婚禮上行使新的禮儀。與《開元禮》相比，《新儀》中包含很多禮儀，可供普通百姓在婚禮、葬禮和祭祖活動中應用。為了使更多人了解這些儀式，徽宗批准將縮寫版的《新儀》刊行推廣。[22]

宮廷禮儀往往具有政治的一面。大臣們既可以通過建議修改禮儀程序來促進自己的仕途發展，也可以批評對手在禮儀方面的問題去打壓他們。一位學者曾提出，蔡京利用國家祀典來提高徽宗的權威，而他自己也正是以此加強了權力。[23] 關於這一點，有必要指出的是，在編纂《新儀》期間，蔡京基本上賦閒在家，因此，徽宗似乎才是推動禮儀法典修訂工作的主要力量。大臣們還有一種政治手段，就是利用宮廷禮儀來使皇帝忙於這些活動。周紹明（Joseph McDermott）認為，「作為皇室政治的中心人物，皇帝要遵循大臣撰寫的法規，履行對天、帝國和家庭的天子職責。皇帝被分派承擔大量的禮儀職責，在準備這些禮儀時要提前進行齋戒和靜修，以及相關的演練，所有活動合在一起，足以使皇帝成為忙於禮儀事務的國家元首，而非實施行政管理的皇帝。」[24] 然而，也不是所有皇帝都對大臣制定的這些禮儀束手無策，他們在政治上越是靈活，就越能利用這些禮儀來實現自己的目標。因此，像徽宗這樣一位希望擁有更為富麗堂皇、雄偉壯觀、精彩繽紛的宮廷生活的皇帝，就可以利用宗教儀式來避開儒家經典中倡導的節儉。

新道藏

禮儀法典的編纂工作幾近完成時，徽宗又開始了一個更加艱巨的工程：編纂一部新道藏。道藏編纂是一個具有重大影響的工程，不僅要收集所有需要保存的文本，還要按照一定的順序來整理。收入道藏的經文比遺漏在外的經文更有可能保存下來，因此道藏的形成將影響到道教在此後幾個世紀的發展方向。

第一部真正的道藏是在唐玄宗的主持下編集的，共收錄三千四百七十七卷道經。但由於九世紀和十世紀的戰亂，大部分道經被毀壞或散佚，在宋朝早期，真宗開始重修一部新的道藏。這部道藏於一〇一七年完成，共收錄四千三百五十卷道經。與幾十年前編集的一部佛藏不同，宋真宗沒有將這部巨著付梓，而是命人謄抄，發給一些重要的道教宮觀。[25]

徽宗於一一一三年年底啟動了這項工程。他親自寫了一份手詔，號召大家搜集道教的經典文本。徽宗在詔書中的開頭寫道，儘管老子曾說道不可言傳，但道教的經典傳統還是具有很高的價值，需要保存下來：

> 道不可言傳，可言者道之緒。然道妙無形，深不可測，非言不顯，故道載於言，妙理存焉。古之聖人，因言以見道，因道以立教，而萬世永賴。道之不與久矣，朕方體而行之，神而明之，施於有政，雖其書俱在，或失其傳。使太元空洞之書，玉簡瓊笈之文，殘闕逸墜於幽隱，搜訪所不及，甚失尊道立教之意。[26] 宜令天下應道教仙經，不以多寡，許官吏道俗士庶繳申所屬，附急遞投進。仍委臨司郡守廣行搜訪，敢有沮抑，不為施行，以違制論，會赦降不原。如裒集無遺，及收藏之家能以繳進、委

是仙經道教，當與推賞，仍自具有無繳進過數，申尚書省。[27]

新道藏完成後被命名為《政和萬壽藏經》，共收錄五千三百八十七卷。印版在福州（福建路）雕刻，然後運到京城，開始印刷。[28] 徽宗時編纂的道藏所收道經比真宗時多了五分之一，因此，其中必定增加了許多舊版道藏未收的經書。

參與編纂道藏的道士來自道教的多個流派，他們通常要從很遠的地方趕到京城。其中有一位道士徐知常，曾在徽宗朝擔任宮廷中的道教職務，精通道家與儒家的經典，並善於寫文章。另有一位道士李得柔，學識淵博，還是出色的畫家。參與這項編纂工程的第三位道士李元道，在十三世紀的傳奇中有所描述。據說李元道曾被任命為多個官職，參加了宮廷舉行的道教儀式，並時常被召入宮中與徽宗探討道教，徽宗還賞賜他很多禮物。[29] 參與編纂道藏最有趣的一位道士或許是元妙宗，他用了三十年的時間遊歷四方名山，尋訪道教大師，跟他們學修行。元妙宗對用神符治病特別感興趣，撰有《太上助國救民總真祕要》十卷。這本書被認為是天心攝道法的基本經文。在一一一六年撰寫的自序中，元妙宗讚頌了徽宗收集道經的做法，同時也提到自己參與了這項編纂工程，並提供了製作道符治病祕方的研究成果。[30]

徽宗朝編纂的道藏是首部雕版印刷的道藏，對保存道教經典，尤其是北宋時期的道教經籍起到了重要作用。明朝初年重修道藏時，徽宗朝編集的道藏版本仍在使用，因此，其中道經得以全部收入，並流傳至今。

祥瑞的圖像紀錄

除了委派儒家的禮儀學者和道士從事上述的典籍編纂外，徽宗還調集宮廷畫家們開展了另外一項工程，即令他們用繪畫記錄他執政期間發生的祥瑞事件。[31] 當時已經有了很多文字記錄這些祥瑞，包括奏報與賀表，不過，有些視覺上的元素很難用語言完全捕捉到。

最初，徽宗似乎只是偶爾讓人畫出祥瑞圖像。[32] 但在統治了十年後，他開始嘗試更加系統地這樣做。《宋史》記載，白時中曾經負責禮儀，受命編輯整理報告祥瑞的奏疏，「有非文字所能盡者，圖繪以進」。這項工作的成果被命名為《政和瑞應記》。鄧椿在一一六七年所著的《畫繼》中提到，徽宗畫了很多被視為吉兆的異象，如赤烏、芝草、甘露、白色禽獸、駢竹、鸜鵒和萬歲之石等。他說這類畫作有數千卷，每卷十五張，並暗示所有的畫都是徽宗親自畫的，「實亦冠絕古今之美也」。鄧椿所提到的這些畫冊名為《宣和睿覽冊》（宣和指殿名或年號）。[33] 一個世紀後，王應麟提到其中一卷有十五種祥瑞圖，每幅圖都有徽宗御製的序和一首詩。比王應麟晚幾十年的湯垕稱，繪畫共有數百卷，每卷三十幅圖，並推斷其中很多作品必定出自宮廷畫家之手。[34] 這些說法是否可能是真的呢？也許是在完成一套繪畫後，又陸續出現了新的祥瑞，徽宗便決定繼續畫新的作品。

現存的三幅繪畫顯然來自徽宗朝這些記錄祥瑞現象的工程。據稱，這三幅作品均為徽宗本人所作：〈五色鸚鵡圖〉、〈祥龍石圖〉和〈瑞鶴圖〉（彩圖10、11、12）。[35] 這幾張小橫幅的尺寸（也許原始作品的尺寸較大）高五十一至五十四公分，長一百二十五至一百三十八公分。畫面上均有一段文字描述畫中所繪現象，有一首詩和一幅圖，順序不盡相同。有兩幅畫的跋文仍清晰可見，我們可讀到，徽宗自稱不僅題了詩，上面的繪畫和書法也是出自他本人。

在徽宗時期，鶴的出現經常被作為祥瑞慶祝，因此，畫中所繪出現在一座宮門上方屋簷附近的鶴群，也與別的徵兆相吻合。對於何為祥瑞，另兩幅繪畫提供了更廣泛的詮釋。從徽宗在〈五色鸚鵡圖〉上的題字可以看出，鸚鵡是一種宮廷寵物，牠的受寵至少部分得益於其會說話的能力：

> 五色鸚鵡，來自嶺表，養之禁御。馴服可愛，飛鳴自適，往來於苑囿間。方中春繁杏遍開，翔翥其上，雅詫容與，自有一種態度，縱目觀之，宛勝圖畫，因賦是詩焉：
>
> 天產乾臯此異禽。遐陬來貢九重深。
> 體全五色非凡質。惠吐多言更好音。
> 飛翥似憐毛羽貴。徘徊如飽稻粱心。
> 緗膺紺趾誠端雅。為賦新篇步武吟。[36]

在〈五色鸚鵡圖〉中，一隻色彩斑斕的鸚鵡側身棲於鮮花盛開的樹枝上，背景是大片的空白畫布。這幅畫顯示了非常高超的繪畫技法，被認為是宋代宮廷花鳥畫的代表作。畫中鸚鵡的特徵在仔細觀察後細緻地描繪了出來，喙上的尖緣以精緻的工筆線條畫出，眼睛使用了生漆點睛的技法，羽毛的層次感通過半透明的紅、黃、青渲染來表現。爪子上的紋路以工筆勾勒，然後上色。這隻鸚鵡棲息在兩枝主幹之一，每個枝幹又延伸出更多的小樹枝，上面有很多盛開的花朵和花苞，但是沒有樹葉。向四處伸出的小樹枝，為這幅畫增添了豐滿感。也許這幅畫中細緻觀察的風格與它的用途有關，因為這樣能使祥瑞看起來更加逼真，有真實感。37

〈祥龍石圖〉畫的是一塊有幾個洞的奇石，背景是空白畫布。唯一能對石頭的尺寸提供參照的是石頭上長出的一株植物，表明石頭至少有數尺高。畫家運用陰影來表現日光照在凹凸不平的石頭表面的效果。石頭是靜止的，畫家很可能是坐在石頭邊上，描繪出自己觀察到的畫面。石頭上還刻有「祥龍」二字。畫上的題字描述了石頭的位置，但沒有具體說明它為什麼被認為是祥瑞：

祥龍石者，立於環碧池之南，芳洲橋之西，相對則勝瀛也。其勢騰湧若虯龍，出為瑞應之狀，奇容巧態，莫能具絕妙而言之也。乃親繪縑素，聊以四韻紀之。

彼美蜿蜒勢若龍，挺然為瑞獨稱雄。
雲凝好色來相借，水潤清輝更不同。
常帶瞑煙疑振鬣，每乘宵雨恐凌空。
故憑彩筆親模寫，融結功深未易窮。38

第三幅畫是〈瑞鶴圖〉，畫面描繪了十八隻鶴在宮殿大門上方飛翔，屋簷裝飾物上還棲息著兩隻。彩雲在大門上方繚繞，雲上的天空呈碧青色，這在中國畫中並不多見。瓦的線條與屋簷支架是用界尺畫的，這是建築畫的一種標準技法。鶴的體積不大，卻刻畫入微，全部精緻地畫出了鶴的頭部、脖子與尾巴上黑紅相間的羽毛。鶴的頭部畫的都是側影，但翔鶴的翅膀是從俯視的角度畫的。鶴的飛翔方向各不相同，表明牠們正在繞屋簷盤旋。整個畫面栩栩如生，同時給人一種非常雅致的印象。整個鶴群以二維圖案的形式均衡地分布在空中，相互之間沒有任何遮攔，很像在織品或漆器上看到的圖案。

〈瑞鶴圖〉的題字引導我們將這幅畫視為對一件奇事的圖像紀錄，數以千計的京城人士親眼目睹了這件事：

> 政和壬辰上元之次夕，忽有祥雲拂鬱，低映端門，眾皆仰而視之。倏有群鶴飛鳴於空中，仍有二鶴對止於鴟尾之端，頗甚閒適，餘皆翱翔，如應奏節。往來都民無不稽首瞻望，歎異久之。經時不散，迤邐歸飛西北隅散。感茲祥瑞，故作詩以紀其實。
>
> 清曉觚稜拂彩霓，仙禽告瑞忽來儀。
> 飄飄元是三山侶，兩兩還呈千歲姿。
> 似擬碧鸞棲寶閣，豈同赤雁集天池。
> 徘徊嘹唳當丹闕，故使憧憧庶俗知。[39]

在這首詩中，徽宗暗示鶴群可以與古代經典中提到的聞樂起舞的祥鸞（鳳凰）和漢武帝出海時捕獲的赤雁媲美。徽宗還強調了鶴與長生不老之間的關聯，將牠們與蓬萊仙山連繫在一起，並指出其壽命能夠長達千年。石慢（Peter Sturman）認為，圖中描繪鶴群和建築物的細緻畫法，使得這一祥瑞事件看起來更加真實。但畢嘉珍（Maggie Bickford）的觀點略有不同，她認為這幾幅畫所繪都是實物，目的是顯得更加靈驗。[40]

由於僅有三幅作品存世，這些圖像也許看起來不像是特別宏偉的工程。但若真如鄧椿和湯垕所言，有幾千幅這樣的作品，那麼它仍表明徽宗沒有被浩大工程的挑戰嚇退。作為一個宮廷的藝術工程，這些祥瑞的圖像似乎是創作完就被擱置一邊。沒有筆記記錄徽宗曾將這些畫供客人或者群臣欣賞，哪怕是作品中的一小部分。人們可以想像，這些作品有助於加強宋代皇室及當朝皇帝的合法性，但如果根本沒有多少人真正見過，也就無法透過這些圖像來實現這一功能了，也許人們只要知道這些圖像被製作出來就夠了。[41] 或許，它們的真正觀眾就是徽宗，他當然能看到自己畫的作品，不僅如此，還能看到別的畫家為他作的畫。

收藏文化珍品

徽宗收藏的古玩、書畫及整理的目錄當然也能被稱為「不朽」。在徽宗之前的統治者也收集各種各樣的珍寶，但徽宗作為收藏家所懷有的抱負則是前所未有的，他不僅收集了大量包羅萬象的最新書籍、繪畫、書法和古代器物，還命人編纂了詳細的目錄。[42] 徽宗知道，有文化價值的精美藏品能夠為他的宮廷增光添彩。但他在收藏時必須非常謹慎，因為十一世紀的藝術批評和鑑賞水準已經有了很大的進步，他若是希望收藏品為自己贏得威望，就必須符合最先進的標準。

宋朝的開國之君最初是通過搶奪戰敗國的收藏品來開始宮廷收藏的，但在十一世紀，最活躍的是私人收藏家。知識淵博的收藏家不僅收集書籍，還有書畫、銘文拓片、古器和玉器，甚至包括硯臺。他們透過制定判斷藝術品價值和鑑別真偽的規範，不斷地完善鑑賞標準。在自己的收藏上，徽宗借鑑了這些私人收藏家的成就，但將其提升到更具皇家風格的新水準。他願意用皇室的資源使他的宮廷收藏更加出類拔萃。

徽宗並不僅僅是大量收集，他還為這些藏品編了目錄。他調動一切資源，即在政府文官機構中任職的受過良好教育的官員，來編制這些資訊量巨大的目錄。一一一七年，徽宗決定為祕書省收藏的書籍編纂目錄，這可是七十五年以來頭一遭。這份目錄沒有留存至今，但工作完成後，它收錄的書籍要比舊版目錄多出三分之一，共七萬三千八百七十七卷。古器、書法、繪畫的目錄則被保存了下來，每部目錄中都列出精選的收藏品。《博古圖》是記錄古器的目錄，有三十卷，共收錄八百四十件物品，每件古物都有一幅摹繪圖。注釋中還寫了這件古物的尺寸、銘文的拓片和鈔本，並討論了它的年代、分類，以及裝飾和用途。這些物品總共被分為五十九個類別，包括祭祀典禮中使用的鼎、酒杯和湯盤等祭器，音鐘等樂器，還有鏡子等。大部分祭器都有銘文，不僅使得它們更有趣味，而且也許正是它們被選入博古圖的原因（見圖9.1）。

《宣和書譜》共收錄了二百四十七名藝術家的一千二百二十件作品。每位書法家都附有一篇小傳，收藏作品按名稱排列。在宋朝以前的書法家中，《宣和書譜》收錄的大多是被宋朝收藏家熱捧的書法家，如王羲之和王獻之，另外還有很多唐代之前的書法家，這部分藏品包括六十七位藝術家的一百一十二幅作品。將近半數的藏品來自唐代，涵蓋了一百二十二位唐代藝術家。唐代書法家中最有代表性的是懷素，有一百零一幅作品；然後是歐陽詢，四十幅作品；顏真卿二十八幅；唐玄宗二十五幅；張旭二十四幅。從字體上看，這份目錄非常偏愛草書和行書（半草），這兩種字體的作品都超過三分之一。相比之下，篆書和隸書在收錄作品中只占很少一部分。[43] 從這份目錄中可以看出，徽宗在補充宋代皇家書法藏品方面取得了巨大進展。很多在十一世紀末曾由私人收藏的作品都已經轉為皇家藏品。

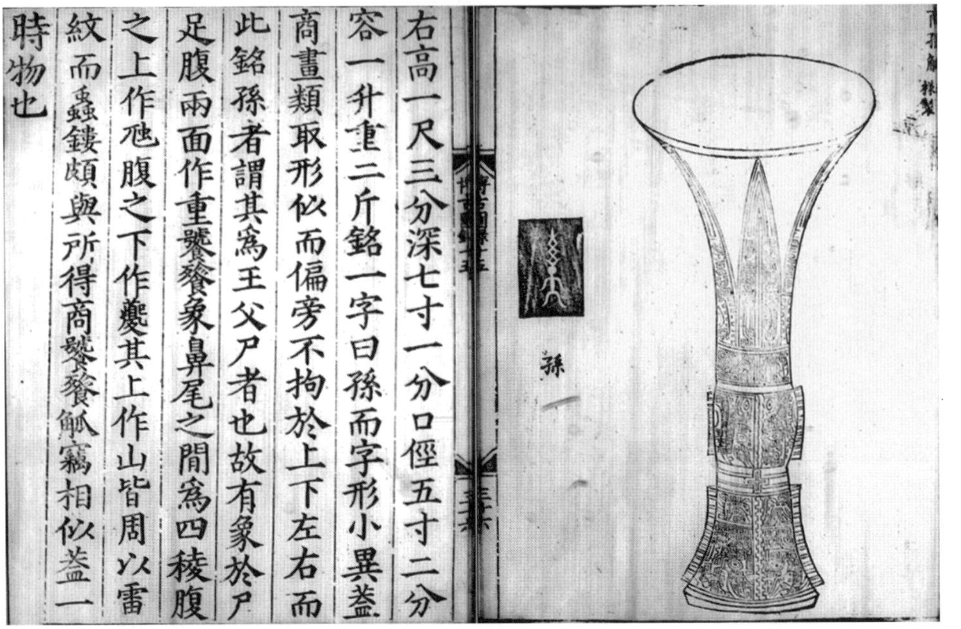

右高一尺三分深七寸一分口徑五寸二分容一升重二斤銘一字曰孫而字形小異蓋商畫類取形似而偏旁不拘於上下左右而此銘孫者謂其爲王父尸者也故有象於尸足腹兩面作重饕餮象鼻尾之間爲四稜腹之上作虺腹之下作夔其上作山皆周以雷紋而蟲鏤頗與所得商饕餮觚竊相似蓋一時物也

圖 9.1　《博古圖》中的紀錄。描繪一件商代酒器「盅」時提供了尺寸（一尺三分），並記錄了上面的銘文為「孫」，同時還指出，此銘文有些特別，可能反映出早期書法更注重形似。紀錄中還識別出上面的圖案為動物（饕餮）、蛇、龍和山的花紋，並與刻有類似裝飾紋的一件器具做了比較。（《博古圖》，1528 年編，卷十五，葉 36a– b）

《宣和畫譜》是一部類似的精選目錄，也列出藝術家的傳記及其作品名稱，但它收錄的作品數量有《宣和書譜》的五倍之多。《宣和畫譜》共列出了六千三百九十七幅作品，每幅畫都注明了作者。這些畫家根據各自擅長的繪畫被依次分為道釋、人物、宮室、番族、龍魚、山水、畜獸、花鳥、墨竹、蔬菜十類。《畫譜》收錄了很多五代與宋代的畫家，尤其是那些擅長花鳥、宗教和山水畫的畫家。其中十四位畫家，每人有超過一百幅作品被收錄在《畫譜》中。《畫譜》中的藝術家有些是宋代的宮廷畫家，如黃居寀和吳元瑜，也有一些作品出自從未在宮廷任職過的藝術家之手，因此，宮廷是通過贈送或購買獲得了他們的作品。這類大師中包括山水畫家范寬和李成，以及文人畫家李公麟。

徽宗是如何獲得這些藏品的呢？有些是大臣送給他的禮物，很可能期待獲得政治或錢財上的回報。根據米芾的墓誌銘記載，他被任命為圖畫院的老師後，從自己收藏的書畫中精選了一部分獻給徽宗，徽宗則賞賜他豐厚的黃金，以鼓勵別人也獻上藏品。當然，米芾的藏品並非全部獻給了徽宗，但顯然少說也有十幾幅。徽宗的姑父王詵舊藏的作品也進入了皇家的收藏庫，例如，王詵曾經藏有孫過庭的《書譜》和顏真卿的兩幅書法作品，這三件藏品也都被收錄於《宣和書譜》中。[44] 另外一位將收藏品獻給徽宗的收藏家，是著名古玩藏家劉敞的兒子劉奉世。至於古代器物，地方官通常會將轄區內出土的器物運往宮廷，尤其是那些看起來特別精緻或有歷史意義的物品。此外，徽宗還會派特使到各地為他搜尋精品。據史料記載，徽宗登基不久後，就將宦官童貫派到南方搜求藝術品。在徽宗統治的後期，還派一些宦官到洛陽，準備花巨資收購古畫。[45]

徽宗的禮制改革間接鼓勵了古器的收集。一一〇八年十一月，徽宗批准當時在議禮局任職的薛昂的請求，他請求「欲乞下州縣，委守令訪問士大夫或民間有蓄藏古禮器者，遣人即其家圖其形制，送議禮局」。在很多時候，送來的是這些器具，而不是它的圖形。一一一三年七月，徽宗宣稱已經找到了五百多件古禮器。[46]

這些藝術品和古禮器到達宮廷後，徽宗就會立刻派一些有才能的飽學之士開始工作。有三位大臣在徽宗即位第一年（一一〇〇）中進士，奉派從事有關收藏品的項目：劉昺、黃伯思和翟汝文。此外還有一些人參與過這一項目，包括米芾、董逌等學者。宦官梁師成也曾被委派負責管理此項目。據《宋史・劉昺傳》，每有古器送到宮廷，徽宗就會召劉昺入殿鑑定。[47] 董逌和黃伯思在祕書省任職時都負責撰寫古器和書畫的注釋，據說黃伯思以博學聞名，徽宗下詔要他教自己古代典章和文物的知識。古代文物一被送來，黃伯思就會帶領大家鑑別真偽。[48]翟汝文被任命到議禮局任職後，徽宗曾召見過他。徽宗事後對蔡京說，翟汝文關於古代物品的知識非常淵博，因此將他調到祕書省。翟汝文對書籍、繪畫、書法和文物都很感興趣，他收集拓片和古畫，自己也擅長好幾種藝術：書法、繪畫，甚至還有雕刻，有時候，他要是認為寺廟中的塑像品質太差，就會親自重作。[49]

徽宗收集的每件書畫作品對鑑賞而言都是一個挑戰。參與徽宗收藏品整理的官員必須判斷作品的真偽，確定其日期，並對品質做出評估。到了編目工作時，他們還必須編寫上述問題的注釋。這些注釋常常會受到蘇軾關於詩書畫之連繫的觀點影響[50]——儘管徽宗對元祐黨人頒布禁令，取締了蘇軾的全部著作，但他並非蘇軾倡導過的都反對。對徽宗來說，關於詩與畫的觀點，是開始於他青年時期，開封所有熱愛藝術的文化領袖的共同財富，這些人包括王詵、米芾、趙令穰、李公麟和蔡京，沒必要因為蘇軾寫過相關的文章就全盤否定。

與此同時，為徽宗編寫目錄的官員也將關注點投向與皇帝關係密切的群體所創作的偉大藝術作品。徽宗的畫譜和書譜描繪了一個文化王國，宮廷在這個王國起到了領導作用，但它同時也完全認可其他臣民的非凡天賦。雖然文人在這些臣民中出類拔萃，但僧人道士、皇室宗親、宮廷畫家甚至宦官也占有一席之地。蔡京作為書法家所得到的讚譽將在第十章進行介紹。同樣被譽為書法家的還有王安石、蔡卞和劉正夫（一一一〇至一一一七年任徽宗的宰輔）。[51]

編目者之所以採用文人畫至上的理論，或許是因為如此一來他們就可以大力宣揚宗室的藝術成就。事實上，在墨竹和小景畫卷中介紹的十二位畫家中，有五位都是徽宗的親戚：一位是王公（神宗的兄弟），一位是王公的夫人，兩位是皇室宗親，還有一位是駙馬。[52]對文人畫最完整的闡述之一是對宗室趙令庇的介紹。作者對比了普通畫家運用在作品的繁複畫法與卓越的文人畫家技法，「奇畫者務為疏放，而意嘗有餘，愈略愈精，此正相背馳耳」。[53]

比《宣和畫譜》收錄這麼多宗室畫家更讓人意外的是，裡面還納入了九位宦官，包括宦官總管童貫。徽宗從小在宦官中長大，或許還從宮中宦官那裡學到了一些繪畫和鑑賞方面的知識，因此不像大多數文人那樣厭惡他們。與皇室宗親一樣，有些宦官畫家也被認為是業餘水準，但有少數看起來接近專業水準，例如在修建和裝飾保和殿時負責管理畫師的賈祥。賈祥本人就是一位大師級畫家（據說他畫的水龍非常逼真，讓人們看了起雞皮疙瘩），顯然會是一位非常勝任的畫家監管者。[54]

徽宗在《宣和畫譜》與《宣和書譜》中略去了哪些人呢？《宣和畫譜》中沒有引人注目的遺漏，但《宣和書譜》裡顯然沒有收錄蘇軾和黃庭堅的作品。這兩位都是那個時代著名的書法家，甚至在他們去世一、二十年後名氣依然很大。如果徽宗希望將蘇軾收錄在書譜中，應當很容易就能找到他的幾份奏疏，交給保和殿或祕書省。但是他不想這樣做。蘇軾和黃庭堅都已經去世十多年，徽宗仍然為他們在士大夫階層的名氣感到惱火，因此，他寧願冒著名聲受損的風險，選擇別人，而斷然將兩人的名字排除在《宣和書譜》之外。徽宗在這方面過於極端了，他為自己設定了一個不可能達到的目標。不過，他的雄心仍然值得人們留意。

明堂

徽宗喜歡建築，像學校、寺觀、官邸、住宅和城樓等，他都派人去修建。在所有建築中，最當之無愧地被冠以「不朽」稱號的或許就是明堂了，不是因為它的規模最大，而是因為人們認為它完全體現了「古風」。歷史文獻曾以驚嘆的語言描述了明堂的建築奇跡和宇宙學上的意義。據說它的頂是圓形的，象徵天，底層為方形，象徵大地。寫於二世紀的《白虎通》總結了明堂的傳說：「天子立明堂者，所以通神靈，感天地，正四時，出教化，宗有德，重有道，顯有能，褒有行者也。」[55]幾個世紀以來，儒家的禮儀專家一直想解決各種史料中關於明堂的矛盾說法，並試圖確定哪種說法最古老或最可信。[56]宋初的聶崇義在《三禮圖集注》中支持明堂有五個房間的方案，一間位於中心，其他位於四角；但他還在書中附上了另外一張有九個房間的平面圖，他認為後者是秦朝的變體（參見圖9.2）。陳祥道（一〇五三—一〇九三）在他的一百五十卷《禮書》中提供了一份更加複雜的圖紙，上面不僅五個房間，還有太廟、側房、窗戶和門。圖中的九間房以九宮格的形式排列（圖9.3）。[57]

或許正是因為很難決定明堂的面貌究竟是什麼樣子，真正建造的明堂才不多。史料中記載最完整的明堂有兩座：一座是一世紀時王莽在宣告建立新朝之前幾年修建的，另一座是七世紀末武則天宣布自立為帝之後修建的，這兩件事都堪稱中國歷史上最著名的篡權，明堂和它們的連繫未免使人產生一些猶疑。[58]上述兩座明堂都規模宏大。王莽的明堂已經被考古學家挖掘了出來，它是正方形的，每邊長約四十二公尺，面向正南。建築共有三層，最頂層是一個圓形房間，中間層看起來有九個房間，底層可能有十二個房間。武則天的明堂規模更大，每邊長三百尺（此尺為中國度量單位），高二百九十四尺。最下層象徵著四個季節，其中的每個建築分別朝向一個方向，並以與五行相對應的顏色進行裝飾。中間層被分為十二個區域。頂層是圓形的，屋頂以木為瓦，然後刷上漆。頂部還立起一隻高十尺的鍍金鐵鳳凰，但在大風將鐵鳳凰毀壞後，替換為一群龍捧著一個巨大的「火球」。武則天修建的明堂在玄宗時期還繼續使用，《大唐開元禮》

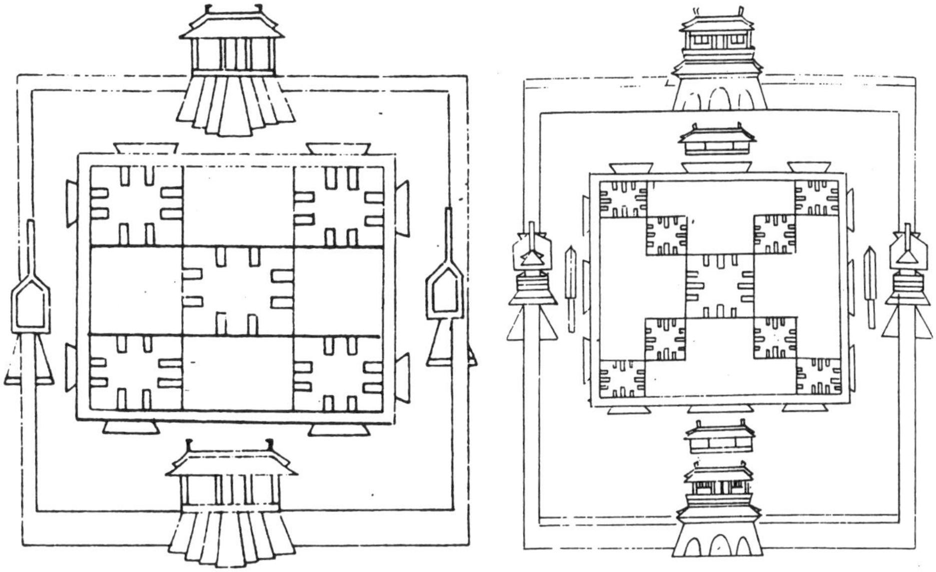

圖 9.2　聶崇義《三禮圖集注》中提供的五間房明堂和九間房明堂的平面圖 。(《三禮圖集注》4.2a，24a)

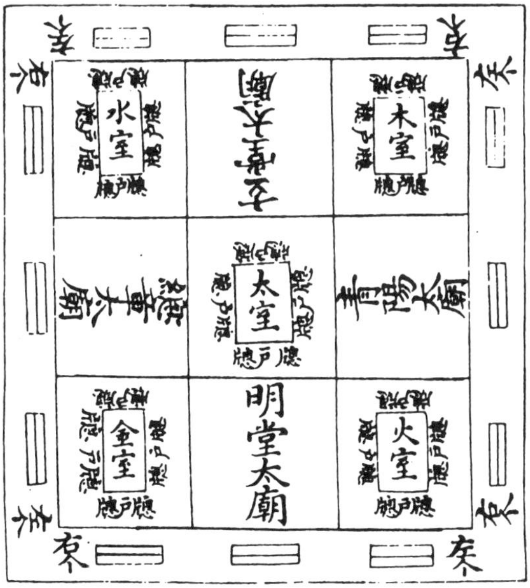

圖 9.3　陳祥道《禮書》中提供的明堂平面圖。(《禮書》89.1b)

中詳細列出了明堂行使的禮儀。它規定，除祭拜皇室祖先外，還要祭祀郊祭中供奉的所有神靈。[59]

徽宗之前的宋朝皇帝都沒有修建過明堂，但仁宗和英宗都在大慶殿中劃出了五個房間，用來行使明堂的禮儀。仁宗朝有些官員認為，明堂的禮儀只應用來祭祀天上最高級的神靈（即昊天上帝），以及當朝皇帝的父親。但仁宗希望明堂的祭禮與郊祭一樣全面，祭祀的神靈包括天、地、日、月、河、海諸神，以及五帝。同時，他還希望在他之前的三位宋朝皇帝也在明堂享受祭禮。[60] 劉子健認為，作為一個希望實施集權的君主，仁宗的這種立場倒也可以理解，因為他希望在同一個屋簷下控制所有的神靈。[61] 儘管神宗在集權方面並不比仁宗遜色，但他還是強烈主張將明堂的祭禮限制於祭天和祭祀自己的父親，後來徽宗出於孝道也遵循了這一做法。

向徽宗提出修建明堂的是蔡京。一一〇五年，他建議徽宗考慮姚舜仁的計畫，這位官員已經花了二十年時間來思考修建明堂的事情。徽宗的反應很積極，他告訴蔡京，神宗一直想修建明堂，還提到宮中應該能找到當時繪製的一份圖紙，不過很多細節問題仍然沒有解決。蔡京回覆說，姚舜仁已經繪製了兩份方案的圖紙，一個方案中所有的房間都是朝南，另一個方案中四個房間分別朝向不同的方向，皇帝可以在不同季節去不同的房間行禮。徽宗選擇了後一種方案，並派建築家李誡與姚舜仁一同合作，準備一份詳細的圖紙。[62]

姚舜仁上表匯報時，一開始就讚頌徽宗實施的所有復古措施，尤其是改革學校制度和修建辟雍。他還設想在明堂舉辦儀式時的盛大場面來吸引徽宗：威風凜凜的皇家馬車和鹵簿儀仗列隊行進；五彩旗幟飛揚；鼓樂齊鳴；四方賓客依禮各就其位。他還描述了自己設想的明堂結構，中間是一個兩層的房屋，四扇門各建一室，四個角落沒有牆壁，屋頂覆蓋茅草。「驗之於古，則有稽參之，於禮則不悖，奢不至靡，儉不至陋。」建造明堂將「千載一時，超絕邃古」。徽宗贊同這種真正復古的觀點：「漢、唐卑陋不足法，宜盡用三代之制」，並命人去收集木材。然而，幾個月之後，天空中出現彗星，被認為是凶兆，於是蔡京被罷免，修建明堂也被取消了。[63]

一一一四年六月，首次出現修建明堂的計畫得以恢復的轉機，當時沅陵縣（湖南）的一名官員報告，洪水過後，有二十七根杉木被順流沖下來，這些杉木都非常巨大，足以作為明堂的柱子或橫梁。姚舜仁和李誡在這時都已經去世了，但他們繪製的平面圖還在。徽宗命人按照圖紙做出模型，放在崇政殿讓官員們觀看和討論。[64]王安中代表百官向徽宗上表，祝賀製成了明堂的模型以及徽宗為太室御製的匾額。他將徽宗的設計與沒有嚴格依照古書紀錄的漢唐設計相對比。不久之後，上天也確認了對修建明堂這個項目的批准。人們在滎陽縣採集修建明堂的石頭時，發現一塊石頭上顯示「明」字，這被視為一種祥瑞，因此還特意製作了新旗幟來慶祝。王安中為此又上了一份賀表，不僅將發現有字的石頭解釋為對修建明堂的正面回應，而且將它比作古代刻有神祕圖案的河圖洛書。[65]

一旦做出繼續修建明堂的決定，蔡京立刻被任命總負其責，他的三個兒子蔡攸、蔡絛和蔡鯈給他做助手。宦官梁師成擔任工程的都監。接到任務後，蔡京向徽宗呈遞了一張標有該建築所有尺寸的詳細平面圖。最外圍的尺寸是一七一乘以一八九尺（中國單位），比武則天的明堂規模小得多。徽宗的明堂有一個重要創新，就是根據風水的原則修建在宮城內。為了給明堂騰出地方，祕書省遷移到了宮城的南邊。《宋史》記載，這項工程共調動了一萬多名工人，這個數字可能只是為了表明調動了太多人力，因為其他資料中的數字沒有這麼大。[66]

明堂動工後，徽宗一直關注著建築進度，並定期頒布手詔。在一份手詔中，徽宗強調統治者在修建明堂時曾屢屢失敗，最後才逐漸符合了古代的標準，「蓋違經循俗，惑於眾說，失其旨意」。徽宗還解釋了他從《周禮・考工記》中學到的內容，包括建造五室和十二堂的方法。[67]還有一些手詔是抱怨這項工程的管理。一一一五年五月十一日，徽宗在一份手詔中強調，全部工程資金都由政府提供，因此，修建明堂不會對百姓造成負擔。運輸物品應當支付薪酬，而不應被視為勞役。幾週之後，徽宗公布了一批在招募工人和採集原材料時有腐敗行為的官員名單：這些官員全部被革職，流放到偏遠的南方。[68]

在一一一五年十月，蔡攸呈遞了九份有關明堂設計的奏疏。其中一份專門討論明堂建築的屋頂。前代的做法有的是在上面覆蓋茅草，有的是用瓦，有的是在木上刷漆，讓它看起來像瓦。為了照顧到古代的先例，又符合當今的需要，蔡攸提議在主建築中使用沒有上釉的瓦，門上則完全用琉璃瓦，並飾以鴟尾圖案。[69]在另一份奏疏中，蔡攸主張不在宮殿四角屋簷處懸鈴，因為古制中沒有這種做法。蔡攸還反對模仿武則天的明堂，在頂部使用一個大火球進行裝飾。關於明堂的顏色，他建議屋脊和鴟尾裝飾用黃色，牆壁用紅色，因為黃色是大地的顏色，而紅色則代表了王朝的顏色（紅色與五行中的火有關）。蔡攸最長的一份奏疏是關於古代經典與各種樹木的關係，根據他的觀點，明堂內應種植梓樹和松樹。[70]

《政和五禮新儀》是在明堂修建之前頒布的，其中關於明堂的禮儀是假定在大慶殿行禮，與新地點不合，[71]因此必須制定一套新的禮儀。議禮局徵求了對一些事項的指導建議，如皇帝應當面朝哪個方向，配備多少鹵簿儀仗，儀仗隊應當舉什麼顏色的旗幟。議禮局還建議，皇帝在明堂宣布大赦，並且在把御筆手詔交由中書省處理前，先在明堂宣讀。其他問題還包括使用的玉圭、演奏的音樂，以及皇帝應該穿的衣服和盛食物的器具。議禮局還建議為昊天上帝和神宗在牌位前擺放大量盛有食物的器具，其中包括《周禮》中列出的很多器具，如牛鼎、羊鼎、豕鼎、太尊、象尊和犧尊。[72]在這些器具中，有很多是根據徽宗收藏的古代器具，專門為在明堂祭祀而仿造（圖9.4）。在明堂建築完工前，徽宗親自為五室及五門書寫匾額。[73]

一一一七年四月二十三日，徽宗親自起草了一份詔書，宣布明堂已經完工。他很自豪明堂建築是基於對禮儀經典的研究，稱其非常接近於三代的原型。至於哪些神靈和祖先能夠在明堂接受祭祀，茲事體大，徽宗採取了更加嚴格的立場：在明堂受到祭拜的應當只有昊天上帝和神宗，正如神宗也曾如此規定，其他所有祭禮都應該移至大慶殿和文德殿。[74] 幾天後，徽宗又宣布，道教天師將參加明堂的儀式。徽宗還親自參與製作明堂行禮時所用的樂曲。大晟府找到了當初神宗要求製作的一套玉磬，他們覺得可以在明堂儀式上用這些玉磬奏樂，這一想法得到徽宗首肯。一一一七年八月十二日，徽宗給大臣們看了他為明堂儀式寫的九首樂曲，並命學士院撰寫餘下的三首。[75]

一一一七年八月二十四日，這些儀式排練過一次。十二天後，舉行第一次正式的祭禮。又過了幾個星期，徽宗效仿古代的做法，在十月的初一前往明堂，宣布來年的新曆。此外，他還開始在每月初一都前往明堂，宣布這個月將進行的政事。徽宗宣布的內容保存下來不少，可以讓我們對皇帝的日常安排有一些有趣的了解，比如，徽宗的日程中包括很多天文訊息和祭禮時間表。在十二月時，徽宗批准了一項提議，該提議要求將本月宣布的政策張貼到人們可以看到的地方，並刻印出來給京師以外的人看。[76]

第二年（一一一八年四月二十七日），徽宗頒布了一份詔書，承諾以後每年冬天都親自在明堂行禮，但他同時也要求儀式應當規模從簡。徽宗解釋說，明堂就在宮城內，不需要安排鹵簿儀仗。「惟先王之世，大禮必簡」，真正重要的是「內心」，而不是外物。一一一九年八月，全套的明堂儀式規定頒布，共一千兩百零六冊，徽宗批准雕印發行。[77]

圖 9.4　徽宗宮廷製作的山尊。在這件禮器上，刻於 1121 年的銘文説這是一只「山尊」，《周禮》中提到的一種器具，表明是徽宗在考證古器的基礎上製作的。高 29 公分，重 5.4 公斤。（北京故宮博物院）

艮嶽

修建明堂的細節確定下來以後，徽宗開始著手另一項大工程，即被稱為艮嶽的新皇家苑囿。[78]這一苑囿可以視為徽宗加強宮苑建設的第二期工程。由於開封不像唐代京師長安和洛陽那樣規畫完善，皇宮所分配的占地面積非常有限，只有唐朝京師皇宮建築面積的十分之一。[79]徽宗在位十年後開始謀畫擴大皇宮的占地。他將一個釀酒作坊、兩座兵營、兩座佛寺和一個皇家裁縫作坊從宮城正北方那塊區域遷走，然後將延福宮從皇宮建築群西側「遷移」到宮城正北那塊空出來的地方。儘管傳說中的擴大一倍有些誇張，但這樣也大大增加了皇宮建築物的地盤。洪邁將新建的延福宮描述成北宋最奢侈的宮廷工程。它共有七間大殿和三十個亭子，其中最大的宮殿寬一百二十尺。[80]還有一座高一百一十尺的假山，上面建有一座亭子。洪邁將這種奢侈歸咎為該工程的分派方式：蔡京讓五個大宦官每人負責一部分（分別是童貫、楊戩、賈祥、藍從熙與何訢）。每個宦官均有相當大的自主權，按照自己喜歡的風格對建築物進行裝飾，因此，他們之間相互競爭，都希望自己負責的部分更精緻。[81]

在皇宮建築群西側的延福宮原址，徽宗建了一座新宮殿，名為保和殿。保和殿是舉辦一一一九年宴會的地點，第十章將提到。宮殿的裝飾很低調，用的是未上漆的木梁和木椽。整座建築共有七十五個房間，還修建了一些亭閣用來存放書籍、古物、書畫和樂器。徽宗為保和殿寫過一篇文章，羅列建築內各項設施的名稱，讚揚工匠的精湛技藝，並且提到了保和殿儲存的收藏品。[82]

儘管延福宮內已經有很多花園，但在一一一七年，徽宗還是決定在東北部再建一座花園，位於舊城的城牆內，並與新建的道教上清寶籙宮相鄰（見圖1.3）。徽宗這一時期正沉迷於道教，看來他對道教仙境的興趣對修建這座花園有所影響。

大型皇家宮苑和苑囿象徵了仙境是中國歷來的傳統。最著名的例子也許就是漢武帝建造的宏偉的皇家園林（周長達四百里），很多漢代文學作品都讚頌過。據說上林苑裡有三千種植物和珍稀異石，有一棵刺桐樹，長出了四百六十二個樹枝。薛愛華（Edward Schafer）評論說，這個園林「真正成了一個曼荼羅，成為『天下』的模型，是天子的神聖領地」。雷德侯（Lothar Ledderose）強調了其中所含的魔法：修建這樣一座園林是出於「某種對魔法的信念，希望通過某種事物的一個複製品，對真實事物本身產生影響」。[83] 隋唐的統治者也修建了大型園林，隋朝皇家園林位於洛陽宮城的西邊，周長為兩百二十九里。唐代將園林的周長減少到七十一里。[84]

相比之下，徽宗的苑囿規模小得多：它的周長只有「十里多」(約六公里，面積不超過二點二五平方公里，比清代頤和園的二點九平方公里面積小百分之二十，比紐約中央公園的三點四平方公里面積小百分之三十)。園中有很多彰顯大自然鬼斧神工的奇石，徽宗都御賜其名，其中有一塊巨石高四十六尺，徽宗賜名為「神運石」。在神運石後面，有一座用碎石和泥土堆起來的假山。[85] 此外，園中還有溪流、水塘、瀑布和洞穴，各有名稱，有的還帶有道教的蘊意，如「攬秀之軒」或「八仙館」。園林內曲徑通幽，有時會在岩石上鑿刻石階，或在懸崖邊上安裝木棧道。水被引到山頂，然後瀉注到下面的水池中，形成瀑布。園中有大量奇花異草和珍禽異獸，包括從四川運來的長臂猿，還有數百頭鹿。有一座宮殿被命名為三秀，裡面供奉新近去世的徽宗愛妃劉明節的畫像。根據林靈素的說法，她是九華玉真安妃。也許這座宮殿就是用來祭拜她的。[86]

徽宗親自寫了一篇〈艮嶽記〉，命人刻在一塊巨大的石碑上，豎立在艮嶽的入口附近。這篇文章很長，先是討論了周朝以來京師的地理位置，接著轉向了早期的宮苑：「然文王之囿方七十里，其作靈臺，則庶民子（自）來。[87]其作靈沼，則於仞魚躍。[88]高上金闕則玉京之山，神霄大帝亦下遊廣愛。[89]而海上有蓬萊三島，則帝王所都，仙聖所宅。」[90]

徽宗接著描述，艮嶽重現了國家的山水奇景，並將全國各地的樹木花草移植到園內，如枇杷、橙柚、橘柑、荔枝、木蘭和茉莉。雖然艮嶽首先是一座園林，裡面有很多稀有花木、珍禽異獸和珍奇靈石，但它也修了很多建築物，而這些設施的名稱都要與眾不同。徽宗在〈艮嶽記〉中提到了三十多種建築，如萼綠華堂、承嵐、昆雲之亭和書館。[91]這些宮殿的名稱構成了這座藝術瑰寶的一部分。首先，為建築起一個富有詩意的名稱有助於設定參觀者對它的反應。其次，如果建築物有了名稱，就需要一塊匾額，而匾額上的書法又能為園林增添視覺上的吸引力。艮嶽中的匾額係何人所寫，史料中並沒有記錄，但有可能是徽宗親自寫了一部分，剩下的是蔡京奉命書寫。

艮嶽內規模最大的一項建築是壽山。

> 清林秀出其南，則壽山嵯峨，兩峰並峙，列嶂如屏。瀑布下入雁池，池水清泚漣漪，鳧雁浮泳水面，棲息石間，不可勝計。其上亭曰噰噰。北直絳霄樓，峰巒崛起，千疊萬復，不知其幾千里，而方廣無數十里。其西則參、朮、杞、菊、黃精、芎藭，被山彌塢，中號藥寮。又禾、麻、菽、麥、黍、豆、秔、秫，築室若農家，故名西莊。[92]

徽宗將建築物修在岩石頂部，這個做法令人想起了漢武帝的建章宮。漢武帝在建章宮內築有三座假山，象徵著神仙居住的蓬萊、方丈和瀛洲三座仙島。假山上面修建了一個高達兩百尺的平臺，是他希望會見神仙的地方。隋煬帝也在園林中建造了類似的代表三座仙島的假山。從假山上的建築物名稱中，我們可以意識到它們是用來會見道教仙人的：通真觀、習靈臺和總仙宮。[93] 徽宗很可能也知道這些前朝的先例。

徽宗對奇石的愛好並非孤例，十一世紀的蘇軾和米芾也都以喜愛奇石而聞名。[94] 宋代很多畫家喜歡將岩石畫在花園的場景中，如第七章提到的〈文會圖〉（彩圖3），以及本章前面討論過的〈祥龍石圖〉（彩圖11）。徽宗這一愛好在一些筆記中也有提及，據說他有一本目錄，專門用於整理收藏的奇石，但很遺憾沒有留存於世。[95] 僧人祖秀記錄了遊覽艮嶽的情景，提到徽宗給裡面的岩石都御賜了名字，如「朝日升龍」、「望雲坐龍」、「矯首玉龍」、「萬壽老松」、「棲霞捫參」、「銜日吐月」和「雷門月窟」，都刻在命了名的岩石上。[96]

徽宗朝的文人知道要讚美和歌頌艮嶽。王安中為它寫了兩首詩，其他詩人也紛紛寫詩讚頌。有一次，徽宗命曹組及其同僚李質為新修的園林寫賦。二人都寫了長篇詩賦，其中曹組的賦採用了一位京城居民與一位詢問園林問題的遊客之間對話的形式，最後一個問題是從南方移植過來的植物能否成活。京城居民將移植的成功歸因於皇帝視四海為一家，以及通天下為一氣。[97]

還有一次，曹組和李質奉命寫一百首關於艮嶽及周邊景色的絕句。下面是其中一首：

雍雍亭

聖主從來不射生，池邊群雁恣飛鳴。
成行卻入雲霄去，全似人間好弟兄。[98]

這些詩賦也許意在反駁皇帝園林與奢侈之間的連繫。在漢朝時，正如薛愛華所言，已經有「一些喜歡說教的作者將皇帝苑囿及相關的各種活動視為愚蠢和輕率的信號，用它們來指代奢侈浪費」。[99] 相比之下，這兩位受命為艮嶽作賦的詩人都將它看作上天對聖王統治的回應。

本章所討論的這六項工程存在什麼共同點嗎？這些工程的多樣性反映了徽宗在知識、藝術和宗教上的廣泛興趣，而其共同之處則在於它們都是雄心勃勃的工程，即都是為了實現不朽的成就。徽宗希望取得一些有形的成果，以此證明他在某方面超越了前朝皇帝。他在著作的名稱上使用自己的年號，例如在禮儀制度、樂制著作、道教經典、書籍目錄和祥瑞圖冊中都使用了「政和」，而在古器、繪畫和書法的目錄中使用了「宣和」，如此一來，這些著作就會和徽宗統治的年代永遠連繫在一起。

如果將這些工程放在一起來研究，就會發現徽宗組織大型工程的方式，他試圖管理對其工程如何理解的方式，以及徽宗對道教的興趣在工程中的表現，已經超越了任何狹義上的道教徒。

在考慮這些工程的政治意義時，首先需要強調的是它們都獲得了大量的資源支持，無論是來自國家財政還是內藏庫。儘管禮儀可能所費不菲，但在談論禮儀時卻很少提到金錢——在決定存有爭議的禮儀事件時，從來都不會因為一種方案花費少就明確支持這種方案。修訂禮儀法典需要耗費大量學者相當長的時間，而被派去參加法典的修訂可能是很多官員都求之不得的工作，他們至少可以留在京城，幾乎從事純粹的文字工作。[100] 明堂和艮嶽也都耗費巨資，為負責建築的官員或工人提供了獲取經濟收入的機會，這一點從徽宗譴責官員牟利的手詔中就可得知。因此，總會有些官員贊成新工程，因為他們看到有可能從中謀取私利。

徽宗的大臣們是否鼓勵了他忙於修訂禮儀法典或修建明堂，這樣就無暇插手他們希望自行處理的事務呢？修訂禮儀法典的大部分工作都是在蔡京被罷免期間完成的，而修建明堂是在一一一五年決定的，當時徽宗正痴迷於道教，蔡京每三天上一次朝。可能有人會猜測，蔡京支持了建造明堂的主意，因為這是一項能吸引徽宗的工程，可以使他按照儒家思想來治理政府。對於徽宗這樣一位熱愛建築、宏偉工程，並對宇宙力量很感興趣的皇帝，有什麼會比修建明堂能更好地轉移他的注意力呢？但是，我們也可以反過來考慮。徽宗是否也可能利用明堂這個被高度認可的「復古」工程，使蔡京和他的兒子們忙於一項「儒家」建築工程，從而不去干擾徽宗的道教項目，並使徽宗可以在道教的領域求教於道士呢？

當然，我們不一定非要設想只是一方在試圖利用另一方：除了希望更真實地恢復古代傳統外，徽宗和蔡京也許都對修建明堂抱有別的動機，而且可能都在試圖操縱對方。也許還有別人捲入其中，例如宦官梁師成，他經常被派去主管建築工程，無論什麼樣的大型建築，他都是最有可能從中獲利的人。

修建艮嶽似乎是花費最高的一項工程。之所以如此昂貴，是因為大部分的岩石、樹木及其他植物都經過長途跋涉運至京城。一一一八年，有人向徽宗奏報，負責為宮廷採購的人使用各種手段謀取私利，例如不按照市場價格付款，或將一些物品中飽私囊。報告者建議，應當要求所有的購買都提供收據，上面具體寫明日期、價格和數量。作為回覆，徽宗頒布了一份手詔，開頭是「朕君臨萬邦，富有四海，天下之奉，何有所闕」。他接著寫道，自己經常會給各負責機構現金、度牒或絲帛，用來購買有奇趣的石頭和植物等物品。這些物品中一些是要安置於祖廟中作為祭品之用，或者要用於賞賜重要的大臣或皇親，因此這些物品並非為自己私用。徽宗宣布，採買這些物品時任何腐敗都將被視為嚴重犯罪，不能寬恕。[101]但徽宗的嚴厲警告似乎收效甚微，負責總管工程的朱勔不僅自己貪汙腐敗，而且對他給百姓帶來的疾苦不聞不問。[102]

這樣一來，搜刮這些花木與石頭的方式總會被視為這座園林的汙點，是徽宗毫無節制的奢侈生活的象徵。

徽宗自然要努力將這個園囿設計得與眾不同。為了讓更多的人了解宮廷關於這些工程的想法，徽宗親自或據稱親自寫了一些詔書、銘文和文章。他提出的兩條理由值得我們簡要地進行討論。一個是繼承神宗的傳統。這就將這些工程解釋成孝道，而這一動機是儒家學者不能小覷的，因此，從政治角度視之，這一理由極其聰明。例如，徽宗宣稱神宗一直希望制定一部新的禮儀法典。另一個理由是恢復古制或重新達到古代的鼎盛。復古在當時是一個廣為接受的價值觀，因此這一理由不會引起爭議，收集古器和修建明堂都是接近古代至臻境界的方式。

為了得到人們理解，徽宗命人將自己寫的文章刻在石碑上，從而使相關人士均能讀到——石碑通常立於直接相關的政府官邸附近，刻有《政和五禮新儀》御製序言的石碑被放置在太常寺，[103] 刻有御製〈艮嶽記〉的石碑立在艮嶽的入口處。印刷術也被用於傳播宮廷的思想。《政和五禮新儀》的縮寫本被印發到全國各地。同樣印刷出來的還有全套的道藏，以及徽宗收藏古物的大型目錄，也許他本來打算將其他譜錄也印出來。[104] 刊印的還有在明堂頒布的公告彙編，以及一千兩百零六卷有關在那裡實施禮儀的具體規定。

這六項工程都證明徽宗要將道教融入宮廷生活的決心。他從許多微小的方面將道教引入國家祀典中，例如在道觀裡宣布公告。在徽宗收藏的繪畫中，極其引人注目的是道教神靈和仙人的繪畫，還包括一些道士繪製的作品。[105] 在多部古代經典中，明堂都作為儒家禮儀的一部分被明確提到，不過，它反映出的精神與徽宗時代的道教並沒有太大的差異。在一一一六年四月二十九日一份手詔中，徽宗認為道教的玉帝與國家祀典的昊天上帝其實是一回事。

道不可名，而隱於無名。名以既有，則可名於大，可名於小。故自古及今，其名不去，強而名者曰道，形而上者曰天，神而應之曰帝，三者同出異名。朕德不類，獲承至尊，惟道之大，微妙玄通，深不可識，夙夜祇栗，恐不足以體法而順承之。永惟玉皇大天帝昊天上帝至宰萬化，名殊實同，而昔之論者，析而言之，不能致一，故於徽稱闕而未備。今與建明堂，以享以配，而名實弗稱，震於朕心，大懼無以承天之休，欽帝之命。謹涓日齋明，恭上尊號曰「太上開天執符御曆含真體道昊天玉皇上帝」。其令有司備禮，奉上玉寶玉冊，以稱朕意。106

徽宗還將艮嶽與道教連繫起來。一一二二年正月初一，徽宗寫了一篇文章紀念艮嶽建成。在這篇文章中，他暗示了日常事務的壓力、道教信仰與他修建這個園林之間的連繫：

朕萬機之餘，徐步一到，不知崇高貴富之榮，而騰山赴壑，窮深探險，綠葉朱苞，華閣飛升，玩心愜志，與神合契，遂忘塵俗之繽紛，而飄然有凌雲之志，終可樂也。及陳清夜之醮，奏梵唄之音，而煙雲起於岩竇，火炬煥於半空。環佩雜還，下臨於修塗狹徑；迅雷掣電，震動於庭軒戶牖。既而車輿冠冕，往來交錯，嘗甘味酸，覽香酌醴，而遺瀝墜核紛積床下。俄頃揮霍，騰飛乘雲，沉然無聲。夫天不人不因，人不天不成，信矣。朕履萬乘之尊，居九重之奧，而有山間林下之逸，澡溉肺腑，發明耳目。107

在本章所討論的工程中，有完全公共性質的，例如編纂的書籍，以及京城官員參加禮儀的明堂，也有半公共性質的，如徽宗收藏的書畫和古器，他不僅會拿藏品給宮廷畫家看，偶爾還會向客人們展示；再到艮嶽，徽宗所有的大臣高官似乎都去過那裡；最後還有一些更私人的項目，例如祥瑞圖冊，可能很少人有機會看到。第十章將轉向討論宮廷生活中比較愉悅的一面，也是從比較公共的轉到更為私人的，從宮廷的詩詞寫作到徽宗與嬪妃和子女之間的關係。

第十章
宮廷之樂

朕荷天右序，男女僅五十人，以次成立，建第築館，指日有期。
——徽宗於一一一六年二月二十六日的手詔

上命近侍取茶具，親手注湯擊拂，少頃白乳浮盞面，如疏星淡月，顧諸臣曰：「此自布茶。」
——對一一二〇年延福宮一次宴會的描述

在宋朝人的想像中，天堂就是皇宮的模樣，賓客在裡面一邊欣賞著年輕貌美的宮女表演樂器和歌舞，一邊盡享美酒佳肴。當然，這也意味著人們提到皇帝的閒暇生活時，總會聯想到他被無數誘惑包圍著，而且所有願望都能夠實現。在大多數人的想像中，如果一名統治者想要在伸手可及的感官享樂中堅持履行自己重大的政治責任，必須要有堅定的決心才行，而事實上，有太多的統治者都未能通過這一考驗。

什麼樣的娛樂活動能為徽宗及其賓客帶來消遣呢？跟其他地方的統治者一樣，徽宗也倡導那些涉及音樂、詩歌、食物、美酒和比賽項目的娛樂活動。作詩是一種常見的娛樂，但它被認為是比較高雅和有文化品味的活動。宮女可以為皇帝的賓客表演樂器和歌舞，但嬪妃和公主不會參加這類娛樂。此外，對徽宗而言，他還有充足的機會享受宮中女性的陪伴，享受親眼看到幾十位子女長大成人的樂趣。

徽宗宮廷文化中的詩歌

幾百年來，不少中國皇帝因為讓宮廷成為詩歌與相關藝術的中心而受到讚譽，尤其值得提出的有：將詩歌帶入宮廷的漢武帝；大力推動文學與佛教發展的梁武帝；支持詩人、畫家和音樂家的唐玄宗；以及南唐後主李煜，他自己就是優秀的詩人、書法家和畫家，也是這些藝術的倡導者。[1] 徽宗繼承了帝王在這方面的喜好，他似乎是真心熱愛詩歌這門藝術，也非常喜歡用詩歌來表達情感。

徽宗以多種方式推動宮廷詩歌的發展。他經常因官員的詩歌天賦而對他們大加提拔，江漢、晁端禮和晁沖之都是在蔡京的推薦下被提拔到大晟樂府任職，他們的任務之一就是為音樂填詞。[2] 尤其在一一一三年，徽宗引入了一種新的宴會音樂，並開始尋找失傳的古樂，此後就通過大晟樂府倡導這種文學體裁。曾在大晟樂府填詞的名人還有周邦彥、田為、萬俟詠和徐伸。周邦彥在神宗和哲宗時期都曾在朝中做官，似乎很適應制度的改革。他在徽宗朝的大部分時期是在州里任職，但在一一一六年被調回京師。一一一七年他被任命為大司樂，這是對他作為當時大詞人的認可，不過他在這一職務上也只待了幾個月。[3]

徽宗提拔的另一位主要詩人是陳與義，以寫詩聞名。一一二二年，陳與義還是一名學生，在太學擔任高級職務的葛勝仲將他舉薦給徽宗。葛勝仲被陳與義的詩才打動，向徽宗推薦了陳與義詠墨梅圖的五首詩作。徽宗也很喜歡這些詩，便召陳與義上朝，又任命他擔任了一系列的文官職位，基本上都在祕書省任職。據說，徽宗尤其欣賞陳與義的兩句詩，其中將畫家捕捉梅花本質時不必特別關注形似，比作相馬時不注意馬匹的顏色或性別。[4*]

徽宗甚至還鼓勵一些基本上不被視為詩人的大臣在朝殿上作詩，我們在第六章已看到過他們為慶祝祥瑞寫的一些詩。徽宗與高官在一起時，例如宴會等場合，經常會要求他們即興寫詩。徽宗可能會確定一個主題、詞牌和／或韻字，讓上朝的大臣都賦詩一首或題詞一篇。在一次宴會上，徽宗讓兩位重要大臣賦詩。王安中寫了一首兩百句的五言詩，馮熙載寫了一首八十八句的七言詩。據說徽宗對王安中的詩很滿意，命人抄錄多份，分發給其他高官。[5]

邢俊臣是一位擅長寫幽默、諷刺詩詞的官員。有一次，徽宗命他寫一首〈臨江仙〉（意為長江岸邊的仙人），以「高」字為韻；然後又要他寫一首關於陳朝檜樹的詩，以「陳」字為韻；第三個命題是評論大宦官梁師成獻上的一首詩，以「詩」字韻。[6] 根據命題賦詩是文人一起消遣的常見方式，徽宗朝的大臣應當對這種做法也很熟悉。[7] 但如果這項活動是皇帝本人發起的，那它所帶來的社會效應無疑會有所不同。

一一〇七年，就有一次這樣的活動。當時徽宗寫了一首詩給蔡京，紀念他命名的新近落成的君臣慶會閣。很多官員都賦詩應和，這些詩被整理為一本詩集。汪藻那時只是一個年輕官員，迫切希望引起關注，看了這本詩集後，他用同樣的韻腳寫了三首詩，很快引起了人們的注意，這幫助他獲得了祕書省的一個職位。這件事記錄在汪藻的傳記中，對提升他的名氣很重要。[8]

徽宗保存了蔡京為他寫的很多詩，並將這些詩作視為書法作品，因此，在《宣和書譜》蔡京書法條目下列出了他為徽宗寫的很多首詩的標題，其中包括遊艮嶽時為徽宗寫的一首祝壽詩；幾首道教主題的詩；有些是關於四時變化、飛禽樹木的詩；有些關於甘露等祥瑞的詩；還有一首詩是關於一幅畫馬的古畫。[9]

此外，王安中的文集也能說明大臣為徽宗寫詩的各種場合，文集中很多是他對徽宗詩的應和。[10] 下面列出其中的一些題目：

睿謨殿曲宴詩（一百行）
宣和七年九月二十三日睿謨殿賞橘曲燕詩（一百行）
進和御製艮嶽曲宴詩
艮嶽進和御製二詩
進和聖製元夕詩
進和御製幸太學祕書省詩
進和御製芸館二詩
進和御製擷芳園二詩
和御製白蓮詩
進和御製上巳錫宴詩
進和御製幸池詩
進和御製大明殿御畫屏風詩
重和春宴口號

＊ 譯注：即「意足不求顏色似，前身相馬九方皋」，出自〈和張規臣水墨梅五絕〉，見《全宋詩》卷 1731，第 19423 頁。

瑞雪應制
進和御製喜雪詩
乙巳歲喜雪御筵即席和御製詩
進和御製南郊禮成喜雪詩[11]

既然這些都是對徽宗詩的應和，顯然徽宗也是一名相當活躍的詩人，並且願意讓大臣閱讀他寫的題材廣泛的詩作。

下面兩首帶有序言的短詩，是王安中的和詩：

臣比因朝獻扈從，被旨獲觀大明殿御畫屏風，寫物賦形，妙窮造化，生植飛動，意備理足，蓋聖孝發於誠心，天機寓於翰墨，成能獨縱，度越古今，神靈監觀，諒所欣豫。今者恭睹聖製，仍許進和，謹竭鄙思，仰塞詔恩，冒黷威尊，臣無任。

琳闕靈遊恍馭風，曲屏親畫孝心通。
越禽翠射宮簷外，閩果紅垂御扆中。
階影近留金瑣碎，林光遙映玉青蔥。
萬年原廟欽崇極，更識君王繼序功。[12]

第二個例子：

臣伏蒙宣示御製〈觀燈詩〉，仍許和進，臣竊聞都城父老皆曰：元夕之盛，未有如今歲者。蓋道化昭格，四海屢豐，比自立春，嘉澤霑浹，和風應律，河流通駛。況復闕庭神麗，端樓鼎新，五門張燈，實始於此。臣敢採民謠，仰賡聖韻，塵瀆睿覽。臣無任震越之至。

斗城雲接始青天，汴水浮春放洛川。
繒巘千峰延壁月，珠簾十里晃燈蓮。
五門端闕初元夕，萬歷宣和第二年。
聖世親逢叨四近，須觴連日綴群賢。13

當時有位作者更完整地描述了寫這首詩時的情景：

王初寮安中，自翰林學士承旨遷右丞，值元宵，從宴宣德門。徽宗命以五門端闕為題，令賦詩，安中即席應制，曰：（上引詩句）……上嘉之，移宴景龍門，上自調黄芽羹以賜。14

還有幾件軼事說明徽宗喜歡幽默的詩詞。有一次，他召當時的通俗詞人曹組上殿。被徽宗問及是不是曹組時，曹組以詞回應：

只臣便是曹組，會道閒言長語。
寫字不及楊球，愛錢過於張補。

於是徽宗大笑，顯然很高興聽到詩中提到了他的兩位近臣。[15]曹組在科舉考試中已經六次落第，但徽宗任命他擔任一個文職，還會時不時交給他一些任務。有一次，徽宗命他在一天內寫一首詩，結果他寫得非常好，徽宗便賜他進士出身。[16]

通常情況下，君臣之間的詩歌唱和與其說是分派任務，倒不如說是一種禮物互贈——第一首詩的接受者為了表示感謝而和詩一首。徽宗與蔡京和王安中之間的詩詞往來就屬於這一類。有時候歷史文獻中會提到徽宗的賜詩，卻沒有引用詩的原文。例如《宋史・禮志》中提到，一一一五年，在一次宮廷宴會中，徽宗御製詩一首賜予蔡京，卻沒有引用詩的原文。[17]王明清在著作中記錄，他有一次拜訪蔡京的孫子，看到了蔡京與徽宗在各種場合互贈詩詞的手稿，例如完成宮廷禮儀以後，或是遊賞花園或園林時。有一次，徽宗賜給蔡京一首七律，蔡京以同韻和詩四首，徽宗一下詩興大發，又回了兩首詩。下面依次引用了徽宗的第一首詩、蔡京的其中一首和詩，以及徽宗回應的另外兩首詩：

己亥十一月十三日，南郊祭天，齋宮即事賜太師：

報本[18]精禋自國南，先期清廟宿齋嚴。
層霄初擴同雲霽，暖吹俄回海日遲。

十萬軍容冰作陣，九街鴛瓦玉為簷。
肅雍顯相同元老，行慶均釐四海沾。

蔡京步韻和之：

袞龍朱履午階南，大輦鸞鳴羽衛嚴。
玉軫乍回黃道穩，金烏初上白雲暹。
五門曉吹開旗尾，萬騎花光入帽簷。
已見神光昭感格，鶴書恩下萬邦沾。

徽宗又賜詩：

清廟齋幄，常有詩賜太師，已曾和進。禋祀禮成，以目擊之事，依前韻再進。今亦用元韻復賜太師，非特以此相困，蓋清時君臣賡載，亦一時盛事耳。

靈鼓黃麾道指南，紫壇蒼璧示凝嚴。
聯翩玉羽層霄下，烜赫神光愛景暹。
為喜鑾輿回鳳闕，故留芝蓋出虯簷。

禮天要作斯民福，解雨今當萬物沾。

徽宗還應和了下面第二首詩：

太師以被賜暹字韻詩，前後凡三次進和，蓋欲示其韻愈嚴而愈工耳。復以前韻又賜太師：

天位迎陽轉斗南，[19]千官山立盡恭嚴。
共欣蓂玉煙初達，爭奉回鑾日已暹。
歸問雪中誰詠絮，[20]冥搜花底自巡簷。
禮成卻喜歌盈尺，端為來趨萬宇沾。[21]

詩詞不僅在朝廷流行，那些希望被提拔為朝官的人有時也會寫詩，他們通常要竭力讚頌皇帝、朝廷以及世上萬物運轉正常的祥瑞。當然，並不是只有中國用優美言辭來稱頌統治者，古羅馬帝國及其東西方繼承者都將頌文視為一種藝術形式。[22]在中國，這一傳統可追溯到最早存世的文獻，因為《詩經》中就有很多稱頌統治者和皇帝祖先的詩歌。漢唐時期讚美詩的主題之一就是歌頌國家昌盛和皇帝聖明。朝廷大臣對皇帝的詩進行答和時，他們對至高無上君主的讚頌以及皇帝對這些讚頌的回應構成了「宮廷想像空間」的核心。[23]同時，詩人們也在不斷地將自己打造為忠實、敬畏的臣民形象。

在中國，並非所有的頌詞都是簡單的奉承，在充滿溢美之詞的詩詞中委婉地進行批評，也是一種傳統做法。[24] 蔡京或王安中是否寫過讓徽宗對某件事情三思而行的詩呢？我讀過的最接近這種意圖的詩，並沒有明確表示是寫給徽宗的。蔡攸離開京城去參加燕京戰役時，他的父親蔡京並不贊成這次戰役，因此為他寫了一首詩，批評放棄宋遼長期盟約的決定。這首詩最後被徽宗看到，據說徽宗建議對詩句稍作改動，但對其中隱含的批評未置一詞。[25]

至少有一次，有一組詩直言不諱地對徽宗提出了批評。太學生鄧肅寫了十一首絕句和一篇長序，批評花石綱。當時，花石綱搜刮物資運往艮嶽的做法已激起了很多批評。下面是組詩中的第三首：

守令講求爭效忠，誓將花石掃地空。
那知臣子力可盡，報上之德要難窮。

徽宗可能一下子就從詩句中讀出了鄧肅的諷刺，但他這次可不覺得有趣。鄧肅很快就被逐出京，貶回故里了。[26]

徽宗將詩引入宮廷，支持對曲調的研究，向大臣展示自己寫的詩，並鼓勵他們唱和，他完全可以自詡為詩詞的倡導者。當然，徽宗同時也禁止印製當時一些最負盛名的詩人的作品，其中最有名的就是蘇軾和黃庭堅。但在繪畫理論方面，徽宗並沒有反對蘇軾倡導的思想，而且在對詩歌的支持方面，徽宗也沒有將自己置於與蘇軾的觀點完全對立的立場。在徽宗統治時期，詞的創作繼續沿著受蘇軾影響的方面發展，包括語言趨於精煉，以及用詞來表達個人情感，這在以前都是通過詩來表達的。[27]

徽宗鼓勵朝廷大臣創作詩歌，有哪些收獲呢？首先，他將自己與帝王倡導詩詞藝術的悠久傳統連繫了起來。自周朝以來，統治者一直都希望朝廷中人才濟濟，其中最被看重的是詩人。更晚近一些，宋朝早期的太宗和真宗都熱衷於詩詞，並親自創作了大量的詩詞，而宮廷詩詞的品質也是人們經常談論的話題。哲宗統治後期，在一次慶祝皇子誕生的宴會後，由於為這次慶祝活動創作的詩詞品質平平，哲宗還與宰輔們一起討論，考慮誰能將宮廷的文學水平提升一個層次。[28]徽宗本人就很喜歡詩詞，因此，他希望自己的朝廷能被看作展示詩人才能的地方。

宴會和遊園會

王安中這些大臣與徽宗唱和的場合大多是宴會或各種聚會。這些場合是徽宗朝宮廷文化的重要元素。有些宴會是禮儀官員組織的定期活動，包括新年宴會（屆時遼、西夏和高麗等國都會派使節前來恭賀）；春季和秋季的宴會；以及徽宗的生日。音樂在這些宴會中扮演重要角色，很多演奏者都是女性。宮廷樂隊在每輪飲酒和進餐時，在其他表演活動（包括百戲、誦詩、小兒隊舞、女弟子隊舞和獨彈箏等）之間，都會奏樂。[29]

宴會上表演的雜劇有時候會帶有一些政治諷刺的含義。洪邁概述了三個雜劇的故事，這三個雜劇的表演要麼將徽宗逗笑，要麼促使他重新考慮某些事情。第一個故事是取笑蔡京排斥所有和元祐派有關聯的人，包括一名元祐三年（一〇八八）領取度牒的僧人。第二個故事是，王安石配享孔廟後，讓孔子的兩個弟子顏回和孟子聽從他的指令，並給他最尊貴的位置，這讓孔子心生不悅。第三個故事是關於慈善機構的，有位僧人評論說，老、病、死已經不再是令人困苦的宗教難題，因為新建的慈善機構能夠提供醫療救助，照顧老年人，安葬貧困死者，這就減輕了很多不可避免的痛苦。[30]

除了這些定期的活動，徽宗有時也會舉辦人數較少的聚會。徽宗花了相當多精力去美化宮廷及其花園，並收集了很多珍稀的藝術品和古玩。他喜歡偶爾邀請宰輔和寵臣一同欣賞這些珍品。

徽宗安排的宴會和遊園會大多沒有留下歷史紀錄，或者僅是簡短提及，例如有一處史料提到，一一〇七年三月初三，徽宗在西郊的金明池苑（參見圖1.3）為蔡京等官員舉辦宴會。[31]幸運的是，還是有些聚會被與會的其中一位賓客記錄下來並得以保存，不過這些紀錄無疑主要是給徽宗看的。

以這種方式記錄下來的第一次聚會，是一一一二年為慶祝蔡京回京舉辦的。根據蔡京的記述，這次活動的靈感源於徽宗想起了《詩經》中有一首詩，是周宣王為一位回歸貴族設宴慶祝。徽宗希望打開後苑的太清樓，恢復這種古代的做法。出席的賓客有徽宗的兩位兄弟，還有當時所有的宰輔（何執中、蔡京、鄭紳、吳居厚、劉正夫、侯蒙和鄧洵仁），以及鄭居中、鄧洵武、武將高俅和童貫。[32]宴會的準備工作由幾位大宦官（譚稹、楊戩、賈祥和梁師成）統籌。宴會正式開始的三天前，徽宗親自視察了現場，一一指定各種器具以及奏樂和跳舞的位置。為了這次活動，還專門從內府調出了精美的酒器和餐具。賓客都佩戴著徽宗最近授予他們的寶帶。此外，徽宗決定這次活動不用平時的教坊樂工表演，而是起用宰臣們沒有見過的一批年輕女樂工。也許為了避免被人指責因耽於享樂而荒廢政事，徽宗在宴會當天仍然到垂拱殿正常上朝。

賓客來了以後，先是坐下來觀看娛樂表演。表演從展示武技開始，然後是一群宮女在馬上表演的馬球比賽。表演結束後，賓客們穿過一個宮門進入後苑，前往這次聚會的目的地——太清樓。這時徽宗建議大家先去宣和殿，那裡的黑漆案臺上已經擺好了精美的書畫和古器，供大家觀賞。宣和殿有一座側樓，名為

「瓊蘭」，但它實際上「積石為山，峰巒間出。有泉出石竇，注於沼北」。[33] 接著，大臣們又被領入一間宮殿，那裡已經列隊排好了四百名男童樂工和女童樂工。徽宗的第三個兒子趙楷當時只有十歲，他站在徽宗身旁服侍，「進趨莊重，儼若成人」。酒過三巡之後，徽宗告訴客人們盡情享受，不必拘禮。他還命人為賓客們奉上了用泉水泡製的新茶。接下來是奏樂和舞蹈表演。蔡京在文中稱，太清樓在宋真宗時首次被用於宴會，自那時以來，無論是從音樂、飲食和美酒的品質來說，還是從君臣相親無間的感受來說，之前的宴會都無法與此次宴會媲美。[34]

蔡京還為一一一五年四月舉行的一次宴會寫了文章，其中也有馬術表演。這篇文章只留下一份概述，引用如下：

> 政和五年四月，燕輔臣於宣和殿。先御崇政殿，閱子弟五百餘人馳射，挽強精銳。畢事賜坐，出宮人列於殿下，鳴鼓擊柝，躍馬飛射，剪柳枝，射繡球，擊丸，據鞍開神臂弓，妙絕無倫。衛士皆有愧色。上曰：「雖非婦事，然女子能之，則天下豈無可教。」臣京等進曰：「士能挽強，女能騎射。安不忘危，天下幸甚。」[35]

蔡京撰文詳述的另一次宴會發生在一一一九年。他沒有提到舉行這次聚會的具體原因，但基本上是一次家庭聚會。徽宗邀請了幾位皇親，包括兩位兄弟、三皇子趙楷，還有一位遠親趙仲忽，後者也是重要的藝術品收藏家。[36] 此外，他還邀請了蔡京及其子孫數人，包括一年前與徽宗第五女結婚的駙馬。其他賓客還有馮熙載、王黼和童貫，都是當時的宰輔。這次聚會的第一項重要活動是參觀徽宗收集的文化珍品。保和殿的一些閣樓內陳列了物品供大家參觀，徽宗親自擔任嚮導，為大家一一介紹和評論每件藏品。前兩處閣樓內分別存放了儒家與道家書籍。其他閣樓的名稱中均含「古」字（如稽古閣、邃古閣、尚古閣等），藏品包括宋代前朝皇帝的書法、古代青銅器和石刻、古畫和法書等，蔡京稱很多藏品他以前從來都沒有見過。蔡京描述，徽宗在這次聚會中是以文人和文化收藏品鑑賞家的身分出現在賓客面前：

> 賜茶全真殿，上親御擊注湯，出乳花盈面，臣等惶恐，前曰：「陛下略君臣夷等，為臣下烹調，震悸惶怖，豈敢啜？」頓首拜。上曰：「可少休。」乃出瑤林殿。中使馮皓傳旨，留題殿壁，喻臣筆墨已具，乃題曰：
>
> 瓊瑤錯落密成林，檜竹交加午有陰。
> 恩許塵凡時縱步，不知身在五雲深。
>
> 頃之就坐，女童樂作。坐間賜荔子、黃橙、金柑相間，布列前後，命師文浩剖橙分賜。酒五行。[37]

一一二〇年十二月，舉行了第四次這樣的集會，當時蔡京已經從宰臣的位置上退下來。宴會設在延福宮，這座規模宏大的宮殿修建於一一一三年，將宮城向北延伸。[38] 在這次宴會上，徽宗邀請了幾位皇子和當時在任的宰臣，還特別邀請了翰林學士李邦彥和文臣宇文粹中。宴會當天，賓客還是在幾個地點之間來回轉場。最開始是在睿謨殿，客人在那裡欣賞了演奏，徽宗告訴他們在這裡不用拘禮，可以飲食自如，食物如有剩餘，也可以帶回家。吃完飯，賓客回到東廡休息，晚上又一同前往景龍門。景龍門是宮城北邊的正門，大家在那裡可以觀看宮外大街上慶祝元宵節而懸掛的花燈。「觀燈玉華閣，飛升金碧絢耀，疑在雲霄間。設罇樽鈞樂於下。都人熙熙，且醉且戲，繼以歌誦，示天下與民同樂之恩，侈太平之盛事。」[39]

接下來是去會寧殿，那裡有八座閣樓對列，分別陳列著徽宗喜愛的物品，即琴、鐘、棋、書、畫、茶、丹、經、香，徽宗邀請客人上前仔細觀賞。這時附近的桌案上已經擺好了食物。賓客酒足飯飽後，又一同前去張燈結彩的成平殿。徽宗命人端上茶具，親自煮水、搖茶。然後有一些宮女進來表演歌舞。徽宗對李邦彥和宇文粹中說，他們兩位是第一個被邀請參加這類聚會的翰林學士。[40]

值得一提的是，徽宗在這幾次聚會中是親自為客人備茶。茶在徽宗朝的文化中顯然占據重要地位，在當時的文人圈也是一種重要文化。徽宗對備茶有自己的見解，而且喜歡親自動手侍茶。[41] 人們一直認為徽宗寫過一本關於茶的小冊子，時間在大觀年間（一一〇七—一一一〇），這本專論最早的版本可追溯到十四世紀編成的《說郛》。它先是在介紹中稱讚了茶的神奇功效，接下來敘述了二十個步驟，從選擇茶葉的產地，到採茶、蒸茶、碾製茶餅、鑑別不同茶類、注水、選擇茶盞等步驟。從下面幾段文字中足以看到徽宗所採用的方式：

> 鑑辯：茶之範度不同，如人之有面首也。膏稀者，其膚蹙以文；膏稠者，其理斂以實；即日成者，其色則青紫；越宿製造者，其色則慘黑。有肥凝如赤蠟者。末雖白，受湯則黃；有縝密如蒼玉者，末雖灰，受湯愈白。有光華外暴而中暗者，有明白內備而表質者，其首面之異同，難以概論……又有貪利之民，購求外焙已採之芽，假以製造，碎已成之餅，易以範模。
>
> 白茶：白茶自為一種，與常茶不同，其條敷闡，其葉瑩薄。崖林之間，偶然生出，雖非人力所可致。正焙之有者不過四、五家，生者不過一、二株，所造止於二、三胯而已。芽英不多，尤難蒸培，

湯火一失，則已變而為常品。須製造精微，運度得宜，則表裡昭澈，如玉之在璞，它無與倫也。

盞：盞色貴青黑，玉毫條達者為上，取其煥發茶採色也。底必差深而微寬，底深則茶直立而易以取乳，寬則運筅旋徹不礙擊拂。

筅：茶筅以箸竹老者為之：身欲厚重，筅欲疏勁，本欲壯而未必眇，當如劍脊，則擊拂雖過而浮沫不生。[42]

我們應該如何理解徽宗以自己的這些嗜好來娛樂宰臣呢？皇帝與周圍的人在身分上存在巨大差異，這意味著他們沒有一種關係是簡單的友誼。然而，皇帝也是人，有時也希望與別的男人建立友誼，一起做一些朋友之間經常做的事，如分享美酒佳肴、閒聊、互相拜訪，炫耀炫耀最近的收藏品等等，並不足為奇。但大臣們很少認可皇帝這種對朋友的需求，他們總是懷疑那些與皇帝親近、被皇帝寵愛的人，擔心這些人濫用權力。因此，在現存的史料中很難看到對皇帝身邊的人有正面的描寫。但如果我們試著從皇帝的角度考慮，似乎也很容易理解他們的這些需求，皇帝不僅希望有宮女和嬪妃陪伴，也同樣渴望身邊有一些男伴，這些男伴與他們有共同的興趣愛好，能夠從常人的角度來欣賞自己，而不僅僅是作為臣子來順從自己（儘管這些人也不得不這樣做）。

在歐洲，皇帝的身邊總有一些貴族，可以一同參加許多活動，這些貴族包括皇帝的血親或姻親，如兄弟、堂表兄弟、皇后的兄弟，等等。他們可以一同騎馬、進餐、欣賞音樂或比較隨意地聊天。全天都有一些地位尊貴的大臣服侍皇帝，即使是在更衣或進餐時。在中國，這些服務有一部分由宦官來承擔，例如服侍皇帝更衣、奉上食物或飲品、傾聽皇帝的想法或抱怨，並陪伴在皇帝左右。徽宗有兩個兄弟，有時也的確會邀請他們參加一些非正式的宴會，但卻從未有一起騎馬之類的記載。徽宗即位的第二年，諫官江公望曾上疏，他聽說一些人帶著獵隼進入後苑。江公望稱自己並不相信這一謠言，但還是用了很長的篇幅來勸誡徽宗，不應當從事狩獵這樣既殘酷又危險的事情。[43] 即使徽宗確實狩獵過，相關的記載也沒有保存下來。不過，徽宗有時也會讓宰輔來當他的夥伴，這並不奇怪。他甚至可能認為某些人可以成為自己的好夥伴，才挑選他們擔任朝官（蔡攸、王黼和王安中可能都屬於這種情況）。

嬪妃和子女

皇宮中更為私密的區域同樣也是皇帝的歡娛之地——也就是他享受女性陪伴和天倫之樂的地方。皇帝的家庭可能會非常龐大，因為除了一位皇后之外，他可能還會有眾多的嬪妃，單是這些嬪妃的封號就有二十三種，用來體現她們的等級。此外，他還可以從幾千名宮女中隨意挑選，將中意的宮女晉升為嬪妃。[44]

皇帝要有這麼多潛在配偶，一個重要原因是對男性繼承人的需要。很多宋朝皇帝都要想盡辦法才能確保得到一個繼承人。不過徽宗倒是沒有這樣的困難。在很多方面，徽宗都是一位與眾不同的皇帝，但最突出的就是他的子女數量——他在位期間後宮一共為他生下了六十五個子女，[45] 而其他宋朝皇帝最多的也才二十六個子女。即使與前朝或後世的皇帝相比，也沒有人在生育能力這方面勝過徽宗。子女數量與他最接近的是唐玄宗，有六十個；接下來是明太祖，四十二個。兩個在位時間都長達六十年的清代皇帝，康熙與乾隆，分別有三十五個和二十七個子女。上述皇帝在位時間都比徽宗長，因此，如果從在位期間每年出生的子女數量來看，徽宗更是遙遙領先。[46]

徽宗怎麼能有這麼多子女呢？顯然，他沒有困擾某些宋朝皇帝的生育能力問題。另一個同樣重要的原因是，徽宗絕對不是踐行一夫一妻制的人：他能夠而且願意使幾位嬪妃差不多同時懷孕。他在位期間的大部分年頭，都有不止一位的嬪妃為他生下孩子。徽宗可能會將自己在這方面的成功歸因於他的醫學知識和道教修行。在醫學和道教領域都極受推崇的黃帝，在一本極其深奧的性學專論中就是一位性學藝術的大師。[47]

另外值得注意的是，徽宗是一位喜歡女性的男人。無論是從《宋史》等正史中，還是從筆記、傳說或稗史中，都可以看出徽宗是一位非常浪漫的男性，他喜歡和嬪妃們待在一起，而且會對其中某些人產生深厚的感情。徽宗與曾祖父和哥哥不同，他從未廢黜過皇后，而且在絕大部分時間裡，他對待嬪妃都非常慈善和慷慨。

從徽宗的角度來敘述他的嬪妃與子女，也許最好的方式是按照他的家庭隨時間發展而產生的變化來敘述。徽宗登上皇位時，已經娶了一位妻子王氏。王氏出身開封的官宦人家，但其家族並不十分顯赫。當時徽宗結婚半年，王氏已懷孕，並於一一〇〇年四月生下了他們的第一個皇子，即太子趙桓（後來的欽宗）。[48]那時王氏已被冊封為皇后。第二年她又生下一個公主，但出生日期不詳，因為公主們只有在獲得第一個封號時才會記下日期，但那時公主可能已經出生好幾個月了。在一一〇一年生下女兒後，王皇后就沒有再生育過。

《宋史》中關於王皇后的傳記，暗示徽宗對她從未有太深厚的感情。「后性恭儉，鄭、王二妃方亢寵，后待之均平。」[49]徽宗認識鄭、王二妃已經很多年了，因為她們曾經是他的嫡母向太后的侍女，徽宗前去探望向太后時，向太后就會命她們服侍他。徽宗登基後，向太后將兩個侍女賜給他作嬪妃。鄭妃在一一

○○年被授予才人的封號，這可能是在她為徽宗生下了一個公主之後。才人雖然是嬪妃中最低的級別，但是比眾多沒有封號的宮女地位要高。鄭妃在第二年再次懷孕，並被晉升為美人。受封的次月，她生下了一個皇子，但僅存活了一日。鄭妃的競爭對手王妃在一一○一年末為徽宗生下了第三個皇子，不過當時王妃的封號也是美人。[50]這樣，在一一○一年的年底，徽宗共有四個子女，兩個皇子和兩個公主。

在上述三位女性中，鄭妃似乎最受徽宗的寵愛。史料中記載，她喜歡讀書，文章寫得好，可以起草一些官方文件，徽宗很欣賞她的才氣。她很快在一一○二年被封為賢妃，然後又在一一○四年被冊封為皇妃中的最高等級貴妃。據說徽宗還為她寫了歌詞，「天下歌之」。[51]

徽宗在位的第三年，一一○二年，宮中又誕生了三個公主。徽宗的第三個公主是楊妃所生，但有關楊妃的記載很少，只知道她在一一○二年二月獲得了第一個封號，後來又接連晉升。[52]徽宗的第四個公主是鄭妃所生，這也是鄭妃在三年內生的第三個孩子。第五個公主是虛歲十六歲的皇妃劉明達所生。劉妃一一○○年四月作為宮女（御侍）進宮，進宮時才十四歲（虛歲）。她吸引了徽宗的注意，一一○二年底被賜予封號，並產下了她的第一個公主。她成為最受徽宗寵愛的嬪妃之一，在接下來的九年間又生下了五個孩子。這樣，到了一一○二年的年底，徽宗共有五位嬪妃為他生的七名子女：五個公主和兩個皇子，都還是嬰幼兒。

一一○三年，後宮沒有新的母親生育：鄭妃又生了一個公主，王妃生了一個皇子，這也許有助於她與鄭妃的競爭，因為鄭妃有三個公主，但她已有兩個皇子。在一一○三年的年底，徽宗的嬪妃中還是共有五位母親，但他又多了兩個孩子，現在共有三個皇子和六個公主。

隨後幾年的情況也很類似。徽宗的孩子中大約有四分之一未能活到成年，有的剛出生就夭折了，還有一些活到了幾歲；不過，他們的成活率還是好於早年宋代皇帝的子女（哲宗去世時，他的五個子女中只有兩位在世，而神宗去世時他的二十四個子女中只剩下十個）。因此，在大多數年頭，宮中徽宗的子女數量是逐年增加的。例如，在一一〇七年的年底，徽宗有十八個孩子在世，與一一〇八年的數量一樣（因為這一年新出生了一個孩子，但也有一位夭折），但到一一〇九年，子女數量就增加到二十二個，因為新出生了五個，只有一個夭折。到這一年的年底，徽宗差不多已經在位十年，嬪妃中有八位成了母親。六年之後，也就是一一一五年的年底，徽宗共有三十四個子女在世，有十位嬪妃是母親。再過五年，到了一一二〇年年末，他共有三十九個子女在世，有九位或更多的嬪妃是母親（一一一八年之後，現存史料中沒有列出一些子女的母親是誰，因此多少嬪妃是母親這個數量並不完整）。在徽宗最後執政的一一二五年年底，他共有四十七個子女在世，至少有八位嬪妃是母親。

從總體上看，至少與之前皇帝的妃嬪相比，徽宗的嬪妃之間相處還算融洽。王皇后的傳記中提到一段不愉快的經歷：有個高級宦官散布她的壞話，於是徽宗派一位刑部官員調查此事，但沒有發現不利於她的證據。史料記載，王皇后見到徽宗時，絲毫沒有提及此事，這讓徽宗非常感動。[53]

有幾位嬪妃在徽宗之前去世。王皇后最先於一一〇八年殯天，終年二十五歲（虛歲）。由於她的品銜很高，葬禮的儀式非常隆重。此後，大臣多次請求徽宗立新皇后，都被拒絕了，直到一一一〇年才冊封鄭妃為皇后。徽宗還是親王時就認識鄭妃，她共為徽宗生下七個子女，其中有五個在鄭妃封后時在世，都是公主。一般而言，皇后要從文官或武將的精英家族挑選，就像王皇后那樣，但徽宗從後宮挑選了一個自己喜愛也為自己生了很多孩子的嬪妃，冊封為皇后，儘管她沒有身居要位的親戚。不過，慶祝她被冊封為皇后的儀式還是非常盛大。《宋史》記載如下：

大觀四年，冊貴妃鄭氏為皇后，議禮局重定儀注：臨軒冊使，皇帝御文德殿，服通天冠、絳紗袍，百官朝服，陳黃麾細仗，依古用宮架。冊使出殿門，依近儀不乘輅。權以穆清殿為受冊殿。其日，皇后服褘衣，其奉冊寶授皇后，皆用內侍。受冊訖，皇后上表謝皇帝，內外命婦立班稱賀，群臣入殿賀皇帝，於內東門上箋賀皇后。[54]

接下來描述的是每個儀式步驟所演奏的樂曲。

即使在成為皇后之前，鄭氏似乎也不是容易心生嫉妒的人，因為她的兩個侍女，韋氏和喬氏，也服侍徽宗，並分別在一一〇四年和一一〇七年為徽宗生了孩子。韋氏和喬氏結為姊妹，約定以後若有一人富貴了，一定不能忘記對方。[55]

雖然徽宗選擇冊封鄭妃為皇后，但對其他嬪妃也很有感情，特別是愛妃劉明達。前文提到，劉明達於一一〇〇年虛歲十四歲時進宮，一一〇三年生下第一個孩子。她在十年後虛歲二十七歲時去世，共生下六個孩子，三個皇子與三個公主，其中只有一個夭折。劉明達去世後，徽宗非常難過，不僅寫了很多詩紀念，還追封她為皇后，這是一種極為少見（同時也花費昂貴）的做法。[56] 甚至在她去世三、四年之後，徽宗還沉浸在悲傷中。蔡條上奏說，他曾詢問道士王老志，王老志說明達皇后是上真紫虛元君，他並數次在他們之間傳遞訊息。[57] 據說另一位更有影響力的道士林靈素也曾幫助徽宗與這位愛妃進行溝通。林靈素在一個夜晚設置醮壇，然後用「飛符」召喚明達皇后。他向徽宗報告說，他的愛妃正在參加西王母的宴會，但她聽到了徽宗的召喚後，馬上就趕來了。當她出現在徽宗面前時，看上去就和生前一模一樣。她對徽宗說：「臣妾昔為仙官主者，因神霄相會，思凡得罪，謫下人間，今業緣已滿，還遂舊職。」明達皇后離開之前，兩人還聊到了一些家族成員。[58]

嬪妃劉明節最初是貴妃劉明達「收養」的女孩，後來也得到了徽宗的寵愛，史書上記載，徽宗讓她從早到晚服侍自己。她貌美驚人，擅長使用化妝品，穿著打扮也很時尚。林靈素一見到她，就認定她是九華玉真安妃，並將她的畫像擺放在神霄帝君畫像的左邊。劉明節於一一二一年去世時，徽宗悲慟萬分，無論誰來安慰，他都會痛哭一陣。有一位已經為他生下六個孩子的崔妃，徽宗認為她沒有表現得很悲傷，這令徽宗很惱怒，便將崔妃貶為庶民。不過，在貶謫崔妃的詔書上，理由是實施巫術等蠱惑行為。[59]

徽宗的子女總共出自至少十三位嬪妃（在一一一八年之後，有十一個子女的母親沒有列出來，可能屬於這十三位嬪妃，也很可能是另外七位受到冊封但沒有列出子女的嬪妃，參見附錄B），[60]其中有兩位母親只生過一個孩子，但在另一個極端，鄭皇后共生了六個孩子，與明達皇后和崔妃一樣；有兩位嬪妃生過七個孩子（喬妃和第二位王妃）；還有一位生了八個孩子（第一位王妃）。徽宗能夠對女性保持多年的興趣，包括那些懷孕多次的嬪妃。我們知道其中七位嬪妃的出生年月，從這些證據可以看出，在他的嬪妃三十歲以後，徽宗才會對她們逐漸失去興趣，在為徽宗生下多個孩子的嬪妃中，有兩位嬪妃的最後一次生產是在三十二歲。

除了在現存正史中有記錄的二十位嬪妃外，徽宗還至少有一百二十三名有封號的嬪妃。我們知道她們的姓名、年齡和封號，因為一一二七年女真人攻下開封時，將這些女人作為戰利品，對她們進行了登記。登記名冊中有五百零四名沒有提供細節的宮女，還有一百四十三名嬪妃列出了姓名、封號和年齡。[61]等級最高的五位嬪妃（也被稱為妃位，分別是皇后、貴妃、淑妃、德妃和賢妃），年齡在三十四歲到四十二歲之間，都已經生育子女。次一級的有十三位嬪妃（被稱為嬪位），她們被賜予十四種封號，年齡從十九歲到三十九歲，其中有幾位也生育了徽宗的子女。剩下的一百零七人，都沒有為徽宗生過孩子，有最低級別的封號，年齡從十六歲到二十四歲不等。62

徽宗在好幾首宮詞中都提到了宮中的女性，以及她們為他帶來的歡愉。正如艾朗諾指出，徽宗詩中的宮女不僅可愛，而且聰明、知足。以下面的三首詩為例：

疊山環水勝蓬宮，景物芳妍竟不同。
佩玉鏘金無限好，雅歌姝舞興何窮。

仙姿婉孌玉肌膚，嬌慣心情每自娛。
不向園畦尋鬥草，定邀朋友戲投壺。

桃作香腮玉作膚，飄飄雲縷曳衣裾。
婦功奇麗皆能事，一種心勤是讀書。63

儘管這些詩沒有去探究宮女的複雜生活，但也的確幫助我們理解了徽宗認為女性能夠增添宮廷樂趣的心情。

徽宗這麼多子女在不同的成長時期都需要有人照顧。一開始，要為他們找奶媽，生病時要找御醫醫治。等他們長到四、五歲，就要開始接受教育了，最初可能是由後宮的女性來教。皇子再大幾歲，就要開始跟著宮外的男老師學習。而公主到了虛歲十五歲，通常就要出嫁了，不僅要為她們找到合適的丈夫，還得為她們建造府邸，並準備其他嫁妝。當然也要為皇子建造王府，這樣他們就可以搬到宮外居住，但他們通常會比自己的姊妹在宮中多待幾年，一直到十七、八歲才搬出去。徽宗子女中年齡最大的自然會首先經歷這些，因此，我們對他們的教育、婚姻和府邸可能了解得更多一些。舉幾個例子就足以說明了。

在徽宗活到成年的皇子中，年紀最大的兩位是太子趙桓和皇子趙楷，分別出生於一一〇〇年和一一〇一年，兩人年齡相差一歲半左右。趙桓被定為皇位繼承人，但趙楷更有藝術天賦，據說他也是徽宗最喜愛的兒子。一一〇七年，徽宗親自寫了一份手詔，說自己有這麼多皇子是受到上天的保佑（當時他有九個在世的皇子），現在應當讓年齡最大的兩個皇子跟著宮外的老師求學了。一一一一年，兩個皇子分別為十一歲和十二歲（虛歲），他們開始在資善堂讀書。仁宗早年也曾在這座宮殿內學習。徽宗的大臣們受命在那裡迎接兩位皇子正式入學。[64]記載皇子們學習內容的史料中提到了《論語》、《孟子》、一本道德規諫之書與徽宗評注的《老子》，以及西漢與東漢的歷史。[65]五位年長的皇子的老師中，有一位是葛次仲，他是葛勝仲的哥哥，前文曾提到此人供職於太學。葛次仲共為皇子擔任了七年的指導老師，後來徽宗決定讓他做皇子的全職老師，而非兼職。葛次仲的傳記中記載，有一次，他和徽宗隨意聊天時，徽宗評價說皇子趙楷進步得很快，還給葛次仲看了趙楷寫的希望跟著宮外老師學習的請求，並特別指出了趙楷的大字（書法）結構非常好。葛次仲的傳記中還提到，他在擔任皇子老師的七年裡，講授了幾十萬字的經典文章，從歷史書和文學作品中精選了幾千例嘉言懿行，並在皇子們提問的基礎上深入討論。[66]

徽宗還決定讓公主們也接受教育，由宮廷為她們花錢聘請老師。我們之所以知道這一點，是因為在女真入侵後，宮廷開始努力縮減費用。有位官員曾針對為嬪妃和公主支付的老師費用提出抱怨。這位官員認為只為皇子請老師就行了，不應當還為皇子的姊妹和母親支付老師的費用。[67]

接下來是徽宗皇子的幾件大事，包括：一一一四年長子行冠禮；一一一五年長子被正式立為皇太子；以及一一一六年皇太子大婚。徽宗命手下的大臣提名皇太子妃的人選。最終入選的朱氏其實與皇室已經有一些關係：她的父親朱伯材是已經去世的朱太妃的兄長，朱太妃是哲宗的母親。在婚禮那天，用黃金裝飾的馬車將新娘接到了皇宮。[68]

在舉行這些典禮時，徽宗都要求遵循《政和五禮新儀》中的禮儀。在編纂這部儀典的過程中，徽宗對冠禮有特別的興趣，還以自己的名義頒布了一本十卷內容的著作，對冠禮事宜進行論述，包括討論應當在一年當中的什麼時間行冠禮，使用什麼類型的帽子，每個步驟由誰實施，以及行禮時使用什麼音樂等問題。[69]

上述三個典禮——冠禮、立皇儲和大婚——都是非常重大的活動。蔡絛報告說，皇室在過去從未舉行過公眾活動紀念皇子成人，但在趙桓行冠禮時，徽宗親自前往文德殿，百官已經在那裡恭候。徽宗命令負責的官員行「三加禮」（將三種不同類型的帽子戴在頭上）。行禮完畢後，徽宗為皇子賜了字號。據蔡絛記載，皇子沒有乘坐黃金裝飾的馬車，而是騎馬前往太廟行禮。他還記錄，當時是第一次聽到清理道路的人們喊「皇太子」，據他推算，京城居民已經有一百多年沒有在大街上看到皇太子出現了。[70]

徽宗不止一次將子女眾多歸結為自己幸運。在本章第一段引言中，他就提到自己是受到上天保佑，才能夠有五十位子女（這是將夭折的孩子也計算在內，因為當時在世的只有三十四或三十五人）。徽宗十分清楚為這些子女建造房屋需要的花費。他不想將城市居民的土地充公，因為那樣可能會使很多人失去生計，因此建議將一處軍營從城內遷到城外，這樣就可以騰出一塊土地為皇子和公主建造府邸。據蔡絛記載，空地位於舊城牆的北門外（景龍門，參見圖1.3）。童貫當時是一名高級武官，負責建造趙楷的王府。所有的府邸自東向西排列，修建了一道共用的大門，門外是一條道路。[71]

一一一七年十月，皇太子的第一個兒子出生。在位皇帝能夠親眼看到自己的皇孫出生，這在宋朝歷史上還是首次。[72] 在此之後，皇室的另一件大事是趙楷參加了科舉考試並名列榜首。但徽宗認為趙楷排名第一看上去不太合適，於是命人將前兩名的名次換了一下。當然，趙楷的老師也與有榮焉。[73]

儘管徽宗似乎從未猶豫過將長子（也是出自兩位皇后的唯一成年兒子）立為皇位繼承人，但他們之間的關係似乎一直有些緊張。據蔡絛記錄，蔡京對此感到擔憂。此外，還有一些資料顯示，他曾經嘲弄過父皇非常敬重的道士林靈素，還有傳言說他和一些級別最高的宦官相處不好。[74]

從一一一五年開始，公主們相繼出嫁。與皇子們的冠禮一樣，徽宗要求公主們的婚禮也遵循《政和五禮新儀》的規範。徽宗的長女最早結婚，一一一五年虛歲十五歲時下嫁給曾夤。曾夤出身於顯赫的高官家庭，儘管僅年長公主一歲，但在結婚時已從太學畢業。[75] 從這場婚姻中，曾夤也得到了好處，不僅獲得了府邸和其他物質上的實惠，還得到了品銜和一些官場上的特權。其他公主的婚姻大多也是這種形式，基本上都是在虛歲十五歲時出嫁，駙馬也都比她們年長不了多少。

在所有公主的婚姻中，徽宗第五位公主與看起來比她年輕幾歲的蔡京之子蔡鞗的婚姻，可能是最引人注目的。[76] 這場婚事定下來後，蔡京曾試圖借此退隱，他引述徽宗早年頒布的一份詔書，其中要求有姻親關係的大臣不得擔任宰臣，但徽宗拒絕了他的請求。在舉行婚禮的兩天前，徽宗給蔡京家族的十一位成員加封了官職。此外，在婚禮儀式一個月後，徽宗臨幸新婚夫婦的府邸，再次晉升了女婿的官職。[77]

隨著子女一個接一個地結婚，徽宗也很快有了越來越多的孫輩後代。在一一二〇年之後，徽宗自己的嬪妃生育越來越少，但他的家庭成員數量繼續增長，因為他的兒子們也開始有了自己的孩子。女真人在一一二七年初登記皇室成員的名錄時，徽宗有八個皇子已經結婚，其中七個已育有子女，加起來共有四十六個孫輩家族成員。他的女兒們肯定也生了孩子，但史料中沒有這方面的紀錄。[78]

徽宗時期後宮發生最嚴重的悲劇事件是在一一一八年末，閃電引起宮廷失火，共燒毀五千多間房屋，多數都是宮女的住處，被燒死者眾多。[79]

徽宗愛情生活的傳言

從徽宗在位期間，到整個南宋（更不用說後世），人們都對徽宗與宮中女性之間的故事津津樂道。幾位作者都多次講述或暗示，徽宗在一次聚會時讓賓客們見到了貴妃劉明達。王明清最完整地記錄了這個故事，引用的是蔡京對這件事的敘述。有一次，徽宗寫了兩句詩，讓賓客們對句，「雅燕酒酣添逸興，玉真軒內看安妃」。蔡京以為他們將要見到貴妃，便寫了和詩。然而，當他們進到殿內，卻只見到她的一幅畫像。蔡京隨即重新應和了一首，之後，徽宗說還是會讓他見到貴妃本人。蔡京對貴妃的描述如下：

> 妃素妝，無珠玉飾，綽約若仙子。臣前進，再拜敘謝，妃答拜。臣又拜，妃命左右掖起。上手持大觥酌酒，命妃曰：「可勸太師。」臣奏曰：「禮無不報，不審酬酢可否？」於是持瓶注酒，授使以進。再坐，徹女童，去羯鼓。御侍奏細樂，作〈蘭陵王〉、〈楊州散〉古調，酬勸交錯。[80]

這個故事之所以被反覆講述，是因為按照當時禮儀，即使是讓蔡京這樣一位與皇帝有姻親關係的長者看到皇帝的嬪妃，也是有傷風化的。

另外一個經常被提到的故事，是徽宗晚上偷偷溜出皇宮去與名妓李師師幽會。[81]大概從宋朝末期開始，這些故事被編入一部歷史小說《大宋宣和遺事》。[82]這本書開篇就用陰陽變化的理論，對王朝的興亡進行了陳腐的分析。後宮女子屬陰，與國家的衰亡有關。古代的夏朝因為夏桀迷戀妹喜而滅亡；商朝由於紂王迷戀妲己而傾覆；西周也是在周幽王痴迷上褒姒之後而衰落。其他例子還有楚國和陳國的君主；隋朝的第二位皇帝；以及迷戀楊貴妃的唐玄宗。《大宋宣和遺事》的作者認為徽宗也和他們一樣風流好色。

儘管前言如此，但《大宋宣和遺事》實際上並未將大宋的衰亡歸咎於女人或徽宗在這方面的弱點。徽宗在書中被描述為無數次決策錯誤的皇帝，但這是因為他受寵臣的操縱或道士的欺騙，而非被詭詐的女性左右。

簡單回顧宋朝早期的皇帝後，《大宋宣和遺事》開始逐年敘述徽宗統治時期發生的事情。書中在一一一七年之前，沒有提到他與任何女性的關係，但在這一年，據說徽宗非常思念愛妃劉明達，因此，他問道士林靈素能否安排他們會面，於是林靈素安排徽宗在夢中與劉明達相會。[83]在一一二〇年的內容中，書中講述了蔡京見到劉貴妃的故事。[84]直到一一二三年，徽宗才開始沉迷於女色。從這一年起，書中幾乎開始講一個可能完全虛構的故事，描述徽宗對名妓李師師的迷戀，以及他偷偷溜出皇宮與她幽會的問題。在講述徽宗去見李師師時，書中用了比較幽默的語言。徽宗表現出被李師師的美貌打動，但李師師在描寫中只是表面上很貌美的女子，在內心，她更在乎金錢，而不是愛情，也不會忠於任何男人。在偷偷幽會李師師時，徽宗不得不放下皇帝的身段，表現得就像普通百姓一樣。他最後不僅要和其他男人爭奪這個女人，還要受大臣們的彈劾。徽宗給人的印象絕非一個陷入愛河而失去判斷能力的人，而是他似乎不是很聰明，看不清別人設置的圈套，或看不到自己行為的後果。這個插曲是徽宗眾多蠢行中的一例，說明他後來的淒慘命運並非完全無辜。

有一次，李師師解釋自己為何沒有料到徽宗會再次來訪——因為皇宮中有那麼多吸引人的事情：

> 甚言語他是天子，有一皇后、三夫人、二十七世婦、八十一御妻，更有三千粉黛、八百煙嬌。到晚後乘龍車鳳輦，去三十六宮二十四苑閒遊，有多少天仙玉女！況鳳燭龍燈之下，嚴妝整扮，各排綺宴，笙簫細樂，都安排接駕，那般的受用，那肯顧我來，且是暫時間厭皇宮拘倦，誤至於此。[85]

這裡需要注意的是，徽宗並未自誇可以享用幾乎無窮無盡的女性，這只是從未去過皇宮的人的看法。徽宗與李師師的故事似乎可以作為一個很好的例子，來反映那些從未進入皇宮的人可能會如何想像皇帝在皇宮裡的生活。在他們的心裡，徽宗正如他們所想像的一樣，並不滿足於窮奢極欲的生活以及享用不盡的女人，而且正因如此，導致徽宗不太安分，並希望擺脫大臣們的控制。

在位數十年期間，徽宗是否會對宮廷享樂變得麻木呢？也許沒有。儘管他隨時都可以挑選新的或更年輕的女人，然而他並沒有將嬪妃們視為可以替換或拋棄的物品：當愛妃劉明節在一一二一年去世時，徽宗非常傷心。詩詞也始終吸引著徽宗的興趣，他在一生中自始至終都在創作詩詞。儘管我們對他喜歡吃什麼知之甚少，但關於他愛茶倒是有很多記載。雖然作為皇帝，徽宗可以要求全國各地進貢種植的茶葉，但他對嘗試新的茶葉品種和改進煮茶方法始終抱有極大的熱情。

除了自己的嬪妃和子女，徽宗也會經常見到很多別的親戚。他的兩位兄弟（一一〇六年後在世的僅有兩位）是皇宮的常客。徽宗在即位初期，曾經和弟弟趙似有過一些不愉快，因為趙似也希望能繼承皇位。在一一〇〇年到一一〇二年期間，儘管趙似在某些方面犯有一些輕微的過失，但徽宗的幾位大臣極力勸誡他盡量不要與弟弟疏遠，而徽宗似乎也的確很努力改善他們的關係。[86]然而，到了一一〇四年，發生了幾件更嚴重的事情。有官員報告，儘管徽宗對弟弟的小錯誤睜一隻眼閉一隻眼，但這位親王仍然非常任性，放蕩不羈。不久前，他和一些手下在宅邸後牆鑿了一個洞，「不冠帶」，私自外出。他們到了集市上，和一些宗室一起吃飯飲酒，還買了一名宗室女子為妾。宰臣們知道徽宗想對親王寬恕處理，但他們希望懲罰那些協助親王做出這類越軌行為的人，例如陪他逛集市的人，幫他在牆上鑿洞的人，邀請宗室一同吃喝的人，以及負責管理府邸的人。徽宗同意了這個計畫，將案子送交開封府處理。[87]

除了這些關係密切的親戚，徽宗與幾千名宗室也有連繫，這些人會在一些重大活動時進入皇宮列位站立。除了正室之外，這些宗室通常還會納妾，因此，宗室的總人數在十一世紀迅速增加。與徽宗同一代（第五代）的皇室宗親共有三千四百八十八人，此外在世的還有一些第四代和第六代的成員。養活這個龐大群體成為一項主要的政府開支。[88]毫無疑問，徽宗很賞識其中的一些人，尤其是那些經常上朝的官員。他很留意有藝術天賦的宗親，在他的畫譜中就收錄了十三位宗親的繪畫作品。徽宗對其中兩位成員非常熟悉，即趙令穰和趙仲忽，這兩人都是非常著名的藝術品收藏家。[89]一一一四年，徽宗為宗親舉辦了一次宴會，這是從仁宗以來首次有記載的宴會。在這次宴會上，徽宗對宗室成員在教育方面取得的成就很滿意，但同時也很遺憾宗室名冊上有一百多人沒有官職。徽宗宣布晉升那些已有官職的宗室，對沒有官職的人也授予了官銜。90

徽宗的家庭生活是否與歷史的其他方面有關聯呢？是否有助於解釋本書其他章節討論的內容，或是提供一些微妙細節呢？作為皇帝，徽宗經常被人們期待在公眾場合出現，主持各種大大小小的儀式。即使只是召見宰輔這樣的小場合，也有相應的禮儀。皇帝在這些場合的一言一行都會記錄下來。然而，他與自己的嬪妃和孩子在一起的時間是沒有紀錄的。也許和他們在一起時，徽宗可以簡單地只做自己（假設他在做了這麼多年皇帝後仍然保留著真實的自我）。因此，當我們考慮徽宗面臨的其他壓力時，最好也能想到在宮廷的內宮生活著很多年幼的孩童，徽宗希望有他們的陪伴時，這些孩子隨時都準備好歡迎他。

在本書的最後兩章，徽宗的家庭成員尤其重要，在北宋王朝陷入危機時，他的兄弟與兒子都被調動起來幫助國家，後來又隨他一起被囚禁。在徽宗的最後八年時間中，與他血緣最近的一些男性親屬成了他的主要陪伴。

在這一章中，我們看到了徽宗與宰臣在一些非正式場合的來往。在下面的章節，將轉向正式的工作場所，回顧徽宗與宰臣如何共同執政。

第十一章

與宰臣共治

蔡京忠貫金石，志安社稷，八年輔政，一德不渝，群邪醜正，意在中傷。肆為無根之談，冀陷不測之禍。比從閱實，灼見厚誣。

——一一一二年徽宗恢復蔡京官職時寫的手詔

在中國，君臣關係被認為是築造社會和政治秩序的磚石之一。根據儒家思想，君臣是五倫之一（另外四倫是父子、夫婦、兄弟和朋友）。君臣關係應當是建立在忠誠、信任和尊重的基礎上的互惠關係。一方面，大臣要希望他的君主得到最好的結果，因此，可能有時不得不上奏一些君主不願意聽到的事情；而另一方面，君主也要精於選賢任能，挑選合適的人才擔任大臣。君主在對待下屬時還應當公平，不聽信阿諛奉承，這樣才不會被諂媚者控制。這些主題在每個朝代都會被重提。戰國後期的儒學家荀子就強烈主張統治者應當集中力量選擇一位賢臣，讓賢臣來管理國家事務的細節並選擇低級別的管理者。唐太宗在《帝範》中也叮囑他的繼承人要求賢、納諫和去讒。十一世紀中葉的歐陽修寫過兩篇文章，是關於君主所面臨的困難，其中就強調了在判斷誰是可信任的大臣，以及納諫方面遇到的困難。[1]

君臣關係的理念不僅透過這類零散的文字進行表達，而且有歷史實例。歷史上有很多著名的君臣組合：漢高祖和張良，三國時期的劉備和諸葛亮，唐朝第二任皇帝唐太宗和魏徵……等等。[2]宋朝文人也講述了近代及當時著名宰臣的各種故事，有些無疑是基於他們的個人知識，然而很多主要是來源於傳聞。對大多數宋代文人而言，歷史上的核心人物也許是那些爭奪最高權力位置的人，而核心事件則是這些人相互鉤心鬥角，以及操縱皇帝的各種方式，而這些皇帝也十分擅長挑撥大臣相互爭鬥。

在徽宗朝擔任宰輔的人都是他的臣民，其中地位最高的兩位是宰相（首相和次相），被認為是皇帝的首席長官。這兩位大臣充當著徽宗和龐大的官員群體之間的媒介，也是與徽宗見面最頻繁，而且應當是與徽宗商討國事最直言不諱的人。徽宗統治期間有大約二十位大臣先後擔任過這一職務，但任職時間最長的是蔡京。

蔡京和其他宰輔

徽宗曾召見過很多官員。朝廷各機構負責人、諫官和臺官，以及中央政府的其他官員都可以請求上朝，當面向徽宗陳述自己的想法。徽宗還會定期召見那些即將赴各州上任或從京外調回的官員。在這些官員的傳記中，往往將他們與徽宗的對話視為仕途的頂峰。例如，在一次上朝時，徽宗對他之前的老師徐勣說，既然徐勣在京城外待了很多年，就應該給自己講一講窮人的問題。徐勣在答覆時提到了茶、鹽專賣管理中存在的一些問題。[3]另外一個例子則是曾擔任很多地方職務並在徽宗的慈善機構中任職的張根，他的傳記中提到了與徽宗的幾次當面交談。[4]此外，郭思是在徽宗出生那年（一〇八二）就通過科舉考試的文官，他在書中繪聲繪色地描述，在一一一七年的一次朝會上，當徽宗得知郭思是著名畫家郭熙的兒子時，就開始與郭思討論神宗多麼賞識他的父親，而且宮中仍然收藏著他父親的很多作品。[5]

然而，即使徽宗與很多官員都打過交道，他也記得這些人的名字或長相，但對他最重要的還是那些幾乎天天都要見面的人——即他的宰輔。與之前的皇帝們一樣，徽宗也不斷地被告誡，如果能找到合適的人選來擔任這些關鍵的職務，他的工作就會變得很簡單：不必使自己太辛苦就可以成功地統治整個國家。皇帝的宰輔通常有五至七個人，包括首相、次相以及在門下省、中書省和樞密院擔任最高職務的一、兩個人。被提拔到這些職位上的人必須經驗豐富，在智力、遠見和政治能力方面受人尊重，而且願意與別人合作，這樣才能在商議國事時富有成效。然而，將這樣一群人聚在一起工作往往不容易。即使某個職位空缺，並由宰輔推薦的人選擔任，在一起工作幾年之後，宰輔之間也經常會產生矛盾。隨著摩擦升級，宰輔的工作也會受到影響；有時候，宰輔反對某種想法，很可能是因為他的對手贊同。皇帝處理宰輔之間不和，通常是替換其中一位或幾位大臣，還有一種常見的方式是鼓勵首相採取更強硬的控制措施。儘管某位宰輔一旦獨斷專權多年，士大夫階層往往都會提出反對，但皇帝們發現，當他們擁有一位有領導力的首相時，政策決定與實施會更容易。當然，皇帝眼中所謂的領導力在別人看來可能就是獨斷。

徽宗朝共有四十七人擔任宰輔，其中有三十九人是在一一〇二年徽宗開始支持改革派之後，十三人曾出任首相或次相。在這四十七位宰輔中，有些僅僅任職幾個月，也有一些人擔任了很多年，通常是從一個職位調到另一個職位。有時候，某個職位可能會空缺很長時間，尤其是次相或樞密院副使。不過一般說來，任何時候都至少有五個人擔任宰輔。表11.1列出了徽宗統治時期一些比較著名的宰輔。

徽宗在十七歲登上皇位時，繼承了哲宗的宰輔。而當他開始替換其中的成員時，總是選擇比自己年齡

表 11.1 徽宗的主要宰輔，按年代順序

姓名	出生年分	擔任宰輔的時間	在任年數	擔任首相或次相的年數
曾布	1035	1100/1–1102/6	3	2
吳居厚	1037	1103/4–1107/1 1110/8–1113/1	6	0
韓忠彥	1038	1100/2–1102/5	2	2
趙挺之	1040	1102/6–1105/6 1106/2–1107/3	4	1
張商英	1043	1102/8–1103/8 1110/2–1111/8	3	1
何執中	1044	1105/2–1116/8	12	7
蔡京	1046	1102/6–1106/2 1107/1–1109/6 1112/5–1120/6 1124/12–1125/4	14	14
童貫	1054	1116/11–1123/7 1124/8–1125/12	8	0
侯蒙	1054	1110/2–1117/10	8	0
張康國	1056	1104/9–1109/3	5	0
鄧洵武	1057	1104/9–1107/5 1116/5–1121/1	0	
鄭居中	1059	1107/10–1110/10 1113/5–1117/8 1121/5–1123/5	9	2
余深	無日期	1108/9–1110/5 1112/6–1120/11	10	3
薛昂	無日期	1109/4–1110/6 1113/4–1118/9	7	0
劉正夫	1062	1109/4–1116/12	8	0
白時中	無日期	1116/11–1125/12	9	2
王安中	1076	1119/11–1123/1	3	0
蔡攸	1077	1123/6–1125/12	3	0
王黼	1079	1118/1–1124/11	7	3
張邦昌	1081	1119/3–1125/12	6	0
宇文粹中	無日期	1124/9–1125/12	1	0

來源：《宋宰輔年表》，15-19 頁；諸葛憶兵《宋代宰輔制度研究》，307–315 頁。

大一個時代的人，尤其偏愛曾在神宗朝效力的那些大臣。在決定支持改革派後，徽宗就再也沒有任用過保守派的人擔任宰輔。在這段時期，蔡京大部分時間是處於支配地位的宰臣。不過，蔡京的仕途也經歷了三次重要的變化，因為徽宗曾讓蔡京離開朝堂三次（一一〇六年二月、一一〇九年六月和一一二〇年六月）。[6]每次替代蔡京的都是批評他的人，不過他們也是改革派，因此神宗朝頒布並在哲宗親政時恢復的一些新政措施，如募役法、保甲法、改革科舉考試課程和市易法，在整個徽宗朝基本上都得以保留。作為對比，由蔡京發起的一些改革延伸措施，如擴大學校制度、慈善項目、當十錢，以及在京外為宗室修建的府邸，在他被貶期間就會削減甚至廢止。[7]

徽宗第一次貶逐蔡京時（一一〇六年二月至一一〇七年正月），僅讓蔡京離開了十一個月，而在第二次，蔡京離開了將近三年。第二次貶逐可以分為兩個階段：第一階段差不多有一年，當時蔡京仍然留在京城（一一〇九年六月至一一一〇年六月）；第二階段將近兩年，在這段時間蔡京被貶到杭州，而批評他的人則更加肆無忌憚地公然反對他（一一一〇年六月至一一一二年五月）。徽宗在第二階段收到了很多彈劾蔡京的奏疏，以至於不得不親自頒布幾次手詔，要求大臣們使用較為緩和的語言。[8]蔡京於一一一二年五月恢復職務，當時已經六十多歲了，皇帝特許他每三天上一次朝，在一一一七年之後，允許他每五天上一次朝，這樣他基本上就可以在家裡工作。在那段時期，徽宗似乎已經將蔡京視為一位不可或缺的大臣。蔡京為了在一一二〇年虛歲七十五歲時致仕，他僅以稱病為由還不夠，他必須要臥床不起才行。[9]蔡京最後一次回歸是一一二四年，當時宋朝與女真人的關係到了最危急時刻，徽宗沒有聽從年輕大臣的新想法，而是堅持請回當時已近乎失明的蔡京。但事實證明這不是一個好的解決方案，短短幾個月後，蔡京就再次被免。

現存有關蔡京的敘述大多是基於別人對他的彈劾，從中很少能看出他對徽宗的重要意義。[10]但有一個例外，那便是在徽宗編纂的書譜中，有一篇對蔡京成就的概述，很能反映出徽宗的觀點。《宣和書譜》強調了蔡京的辦事效率和解決問題的能力。在談到蔡京在徽宗朝效力時，作者對他大加讚揚：「自擢翰林承旨，前後三入相位，寅亮燮理，秉國之鈞，實維阿衡，民所瞻仰。」作者特別強調了蔡京能使複雜的任務變得簡單。「至於決大事、建大議，人所不能措意者，笑談之間，恢恢乎其有餘矣。」還提到蔡京文采出眾，善於寫各種官方文件：「制誥表章，用事詳明，器體高妙。於應制之際，揮翰勤敏，文不加點，若夙構者，未嘗起稿。」[11]蔡京被認為在恢復新政方面發揮了重要作用，並幫助徽宗實施了一些重大舉措，包括鑄造九鼎、修建明堂、制定新的樂制和禮制法典，以及改革文官用人制度和通過學校教育來選拔人才。在這篇概述中，作者將蔡京和王安石進行了對比：

> 眷惟神考勵精求治之初，起王安石，相與圖回至治，煥乎成一王法。休功盛烈，布在天下，其眷遇之隆，前無擬倫。屬嗣初載以還，賴予良弼，祗循先志，以克用人，故於眷倚比隆神考之於安石罔敢後焉。於是二十年間天下無事，無一夫一物不被其澤，雖兒童走卒皆知其所以為太平宰相。[12]

在這篇文章中，徽宗將他和蔡京的關係與父皇和王安石之間的關係相提並論。王安石當然也受到政敵的嚴厲指責，也許徽宗將對蔡京的激烈批評視為一種榮譽徽章，表示蔡京與王安石一樣不畏流言。

當然，蔡京從來不是徽宗唯一的輔臣。與他一起供職的還有幾位經驗豐富的改革派。吳居厚可以作為一個很好的例子，因為他的墓誌銘保存了下來（其他宰輔大部分都沒有存世的傳記）。[13]吳居厚出生於一〇三七年，一〇六三年中進士之後進入官場，與很多人一樣，他也是從職位很低的縣級主簿開始。一〇七五年，東南地區發生饑荒，吳居厚被派去賑災。從那時起，他開始陸續在中央或各州郡擔任財政職務。在京城任職一段時間後，神宗任命他為河北提舉常平，掌管河北西路的糧倉。被調回京城後，神宗待他非常好，賜他朱衣和銀魚袋等物，又派他擔任京東路轉運副使，他在任期間對鹽政管理頗有成效，備受稱讚。接著，他又被調回朝廷，諸多跡象表明皇帝對他很器重，例如神宗曾寫下手詔，認為在朝廷或各州處理財政事務的所有官員中，沒人能超過吳居厚。吳居厚曾上表提出，可以鑄造兩百萬鐵錢，籌集收入供養西北的軍隊，神宗對這一建議很高興。神宗駕崩後，吳居厚被貶十年之久，無疑是由於積極實施新政。但當哲宗親政後，又將吳居厚調回京城出任財政官職，隨後任命他擔任開封知府，他在任期間成功地降低了當地的犯罪率。

徽宗即位後，吳居厚再次被任命為開封知府，然後是戶部尚書。在講議司的兩年（一一〇二年中至一一〇四年中），他是蔡京挑選的二十七名成員之一，由他負責的任務包括起草修建安濟坊的方案。他還建議減少銅錢中銅的成分，從而使鑄造錢幣的數量增加十五萬九千貫。[14]

一一〇三年四月，吳居厚虛歲六十七歲，被提拔為宰輔，在接下來大約三年的時間裡，他陸續擔任過不同的宰輔職務。一一〇七年，由於已到了七十歲的致仕之年，他獲准滿載榮譽地從宰臣位置上致仕。但在一一〇九年，「上以元豐侍臣不當久置閒左」，又任命他擔任地方官，然後在一一一〇年八月（當時蔡京已被貶退隱），將他召回京城就任宰輔，同年又將他調任知樞密院事。「嘗從容奏請遹追先烈，在堅其志。」每有重要事宜，徽宗就會派內侍到他家裡詢問他的看法，而這些觀點經常在日後實施。「每定大政」，如「備邊選將」，「輒遣中人就第咨訪」。徽宗經常對地方財政官員的工作不甚滿意，因此特意寫了一份手詔賜予吳居厚，稱讚吳居厚：「漕臣不營職業，惟以干叩朝廷為事。曩者卿任京東，未嘗告乏，蓋材與不材所致也。」

吳居厚墓誌銘中還提到徽宗對他寫的詩很感興趣，這是一種榮譽的象徵。據說，徽宗很欣賞他在朝堂上寫的詩，有時還會步韻應和。徽宗讓他進呈在宮廷之外寫的一些詩，吳居厚隨即拿出了數百首。[15]徽宗賜給他很多書法作品，他便在豫章（江西）的宅第中修建了一座閣樓，專門收藏這些御製作品。徽宗用篆書為閣樓題名為「褒賢之閣」，隨後命人將題字刻到木匾上，並用金屬字體摹勒。吳居厚還把這幾個字雕刻在石板上。吳居厚墓誌銘的作者葛勝仲還記錄了吳居厚對徽宗的忠誠：「每遇天寧節及上本命壬戌日，必齋戒，召方士啟醮閣下，祝千萬歲壽，費出廩祿。」

一一一三年，再次開始擔任宰輔兩年零四個月後，吳居厚以年老多病為由請求致仕，徽宗竭力挽留。據說當徽宗最後終於准許他告老還鄉時，曾多次派遣近侍去問他是否有什麼需求，並且在吳居厚最後一次上朝時，要求他以後每月呈遞一份奏疏。在那一年稍晚的時日，徽宗聽到了吳居厚去世的消息，於是當天不視朝事，親自用篆體為吳居厚的墓碑題字，並命葛勝仲起草墓誌銘。[16]

吳居厚傳記中的一些主題，同樣出現在記載其他宰輔的主要內容中。徽宗對大部分宰輔都大加賞賜，雖然早先的皇帝也會這樣做，但徽宗在賞賜大臣方面創造了新的紀錄。大部分宰輔似乎都得到了徽宗很多御製書法作品的賞賜，而且，徽宗經常為宰輔家中的廳堂題寫匾額。[17]若官員有特殊需求，如父母去世，徽宗也會賞賜重禮，例如翰林學士馮熙載和前禮部尚書姚佑的母親去世，徽宗分別賜給他們四百匹絹。當劉正夫於一一一六年因病請求致仕時，徽宗賜給他的禮物包括硯、筆、畫、藥、香、茶。從王安中呈遞的謝表中，我們可以得知，徽宗賜給他的禮品有服飾、一條金帶、配好馬鞍的馬匹、一部道經、藥物、各種茶，以及徽宗御製的書畫。一一一六年，徽宗為皇家祭禮鑄造了新的祭器，隨後命人為每位宰輔也鑄造一套銅器，使他們祭祀祖先時可以使用。[18]另外一種常見禮物是腰帶，通常是賜金帶，但在極少情況下也賞賜一般皇室才能使用的玉帶。徽宗曾賜玉帶給蔡京、何執中、鄭居中、王黼、蔡攸和童貫。蔡京騎馬出行時，徽宗甚至賜給他兩百名隨行人員作為護衛。[19]

在徽宗賜予官員的禮物中，最貴重的禮物是宅第，蔡京、鄧洵武、何執中、鄭居中、余深、侯蒙、薛昂、白時中、王黼、宦官梁師成和將軍高俅都曾經收到皇帝的賜宅。這些宅第的地點都在開封，理論上講，大臣去世後應歸還給官府。蔡京的宅第可能是其中面積最大的，是徽宗於一一一〇年賞賜給他的，其中一間房屋被命名為六鶴堂，據說高四十九尺。蔡京還得到了皇帝賞賜的一套蘇州宅第。[20]

蔡京極易使別人疏遠他。有幾位輔臣在與他共事一段時間後都轉而反對他。根據《宋史．張商英傳》記載，蔡京當上首相後，對張商英大加褒揚，使得張商英隨後也被提升為宰輔。然而，不久兩人就開始經常產生齟齬。張商英擔任輔臣僅十二個月，就被流放到京外擔任地方官。而且，蔡京非常強烈地反對他，甚至將他的名字列入一一〇四年的元祐黨人名單。此後不久，另一位同知樞密院事劉逵也開始嚴厲批評蔡京。還有石公弼，他曾被認為是蔡京派系的成員，並在一一〇七年支持蔡京重回朝廷，但到一一〇九年，他也開始寫文章斥責蔡京。[21]

只有兩位宰輔沒有與蔡京發生衝突，一位是吳居厚，另一位是徽宗登基前的老師何執中。何執中擔任宰輔十多年（有幾年他的官職比蔡京還高），其間一直沒有與蔡京發生衝突。當蔡京在一一〇九年至一一一二年第二次罷相期間，吳居厚與何執中保留了蔡京頒布的大部分政策和任命的官職，一一一一年還精心策畫貶斥張商英。另一位長期支持蔡京的大臣是鄭居中，但到了一一一八年，有些人察覺到他和蔡京之間也出現了矛盾。[22]

為什麼大家都這麼強烈地反對蔡京呢？首先，要知道大臣之間的敵對關係是八卦傳聞中最受歡迎的話題，因此在現存史料中有很多記載，這也許會使我們對歷史事實的理解產生偏差。然而，畢竟這些史料中經常會提到「蔡京派系」，因此肯定也會有一些人與他合作。單是被徽宗這麼寵愛這件事，就無疑會使很多人對他提出質疑。同時，他的個性也顯然起到了一定的推動作用。[23]從批評蔡京的很多模糊措辭中可以推斷，很多人認為他過於以自我為中心，對別人的想法、興趣和感覺漠不關心。他這個人看起來的確性情冷酷，一一〇二年在與曾布的朝爭中勝出後，他不僅將曾布列入元祐黨人名單，還要確保曾布一再被貶斥和調任，被迫處於動蕩不安的境地，儘管曾布當時已經六十七歲，生命只剩下最後五年。更過分的是，蔡京對曾布的兒子們也不放過，他彈劾他們行為腐敗，對他們進行嚴刑審問。[24]

如上文所述，吳居厚的墓誌銘中提到，徽宗曾想看他在宮廷之外寫的一些詩。徽宗對另外幾位富有才氣的宰輔也很有興趣，但他們均無法企及蔡京。徽宗與蔡京之間的默契也許部分源於他們在詩歌、繪畫和書法上的合作。據說徽宗在登基之前就已經很仰慕蔡京的詩歌和書法，在一一一九年，徽宗還能記起蔡京二十年前寫過的一首詩。徽宗命人將蔡京的書法與他自己的書法一起刻在多塊石碑上。他還時常讓蔡京在他的畫上題字，這種合作形式在北宋後期是一種新的藝術實踐。現存繪畫中體現徽宗與蔡京這種合作的有：〈文會圖〉（彩圖3）、〈聽琴圖〉（彩圖13）、〈雪江歸棹圖〉（圖8.3）和〈白鷹圖〉。[25]

徽宗對蔡京書法的讚賞隨著時間發展越來越強烈。在徽宗編纂的書譜中，蔡京的書法被描述為將規矩和自由結合為一體：「其字嚴而不拘，逸而不外規矩。」蔡京的大字書法作品據說包括他為官府題寫的「不可勝計」的匾額。[26]在第十章提到的一一一九年宴會上，徽宗向賓客們展示了他收藏蔡京書法作品的地方。蔡京在紀錄中寫道：「因指閣內：『此藏卿表章字翁無遺者。』命開櫃，櫃有朱隔，隔內置小匣，匣內覆以緗綺，得臣所書撰〈淑妃劉氏制〉。臣進曰：『翁惡文鄙，不謂襲藏如此。』」[27]

徽宗還臨幸過蔡京的住處。一一一九年九月，徽宗臨幸蔡京的相府，這是他在這一年的第四次拜訪，也是相府建成後的第六次。這一次，徽宗先去了寶籙宮，觀看那裡生出的芝草，然後從景龍江泛舟來到蔡京的府第，隨行的還有童貫及一位皇妃。根據蔡京的記述，徽宗當時一再告訴他不要小題大做，還說既然他們現在是姻親（透過他們子女的婚姻成為姻親），就應當隨意閒聊。徽宗親自調茶，並將茶杯分賜在場眾人。他還讓蔡京脫下官帽和官袍，蔡京誠惶誠恐地拒絕了，說這種行為人臣萬萬不敢做——這是「罪當萬死」的行為。徽宗讓他將君臣之禮先放在一邊，拿了一顆橄欖遞給蔡京，還遞給童貫一杯酒。皇妃將水果切成小片，分給大家吃。蔡京提到當天在朝堂上討論過的一件事，徽宗告訴他不要擔心。徽宗向他要了一些紙，當即寫下聖旨，罷免了一位官員，並重新任命另一位，這些顯然是蔡京希望的結果。[28]

直到一一一八年之後，徽宗才開始任命與自己同一代的一些人擔任宰輔。他先是在一一一八年任命了王黼（生於一〇七九年），第二年又提拔了王安中（生於一〇七六年）和張邦昌（生於一〇八一年），並於一一二三年任命了蔡京的大兒子蔡攸（生於一〇七七年）。

王黼於崇寧年間（一一〇二—一一〇六）中進士，然後擔任過一系列中央政府職務，包括翰林學士。一一一六年，徽宗賜給他一套宅第。[29]他在兩年後升任宰輔，擔任輔臣六年，其中最後的三年是首相。現存史料中對王黼的批評可能比對蔡京更甚，這也許是因為他極力主張聯金。徽宗希望將他留在身邊，史料對此的唯一解釋是，他不僅長相英俊，而且能夠敏銳地揣摩別人的心思，還願意表演雜劇來取悅徽宗。[30]

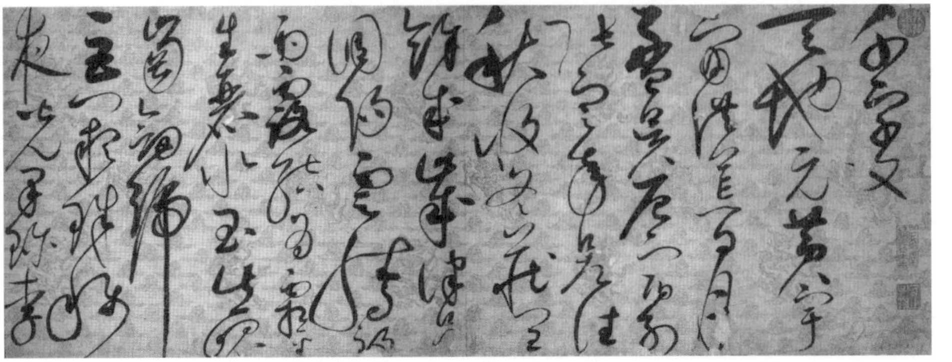

圖 11.1　徽宗用草書謄寫在裝飾紙上的〈千字文〉(開篇)，1122 年作為禮物賜給王黼，31.5×1172 公分，遼寧省博物館藏。

王黼一開始願意與蔡京配合，但一一二〇年六月蔡京致仕後，王黼接替他成為首相，便開始全盤廢除蔡京的舉措，包括辟雍太學、醫學和算學院、慈善項目等等。此外，他還削減了一些財政措施。[31] 有些批評者指責他腐敗，說他重新安排了宮廷採購流程，好從中漁利；還有人彈劾他公開賣官鬻爵。[32] 但他一直獲得徽宗的信任。徽宗一一二二年賜給他一件書法作品，現在仍然存世（圖11.1）。

蔡京在一一二〇年致仕後，長子蔡攸在官場上穩步升遷，並於一一二三年被任命為宰輔。蔡攸在徽宗繼位早期就開始在宮中任職，最初似乎是作為一個夥伴，和徽宗一起娛樂玩耍。[33] 漸漸地他越來越多地參與政府事務，尤其是徽宗青睞的一些計畫，如樂制改革、明堂、祕書省、將劉明達皇妃以皇后的葬禮安葬，以及許多道教活動。[34] 儘管蔡攸的仕途順暢顯然很大程度上要歸功於他父親的權力，但隨著他不斷升職，父子二人變得越來越疏遠。兩人分別住在各自的官邸（都是徽宗賞賜的禮物）。旁觀者猜測，蔡攸對於父親一直推遲致仕心懷憤恨。[35] 蔡攸在聯金的意願上要比父親強烈得多。

政策制定和發行貨幣

宰輔的目的是審議重要事宜並為皇帝提出建議。大部分情況下，皇帝會接受宰輔全力支持的建議。如果皇帝過多地拒絕宰輔的建議，首相就會感到壓力而被迫辭職，這可能也正是皇帝所希望的結果。

自從一一〇二年徽宗決定支持改革派之後，朝廷頒布的政策基本上很一致。在徽宗和蔡京實施的措施中，最吸引學術界注意的是那些被認為獲得成功的部分，尤其是學校和慈善項目。[36] 為了進一步分析徽宗和蔡京之間的工作關係，我以下要討論的是一項被認為失敗的措施：發行當十錢。徽宗應當為這項措施的失敗承擔部分責任，因為是他讓這項政策隨著蔡京的官場起落而忽行忽止。

宋朝建立伊始，政府就在維持充足的銅幣供應方面遇到了困難，而且如果經濟持續增長，銅幣供應量也應當隨之增加。當時的標準錢幣面值為一錢，但神宗時期曾鑄造過當二錢的銅幣。對於金額較大的交易，人們通常用貫作為計量單位，名義上一貫等於一千錢，但由於銅錢短缺，政府允許在繳稅時只支付七百七十錢。政府還採取其他措施來緩解銅的短缺，包括開採新的銅礦；降低錢幣中的含銅量；允許用銀兩繳稅；在北部邊境和四川發行鐵錢；嚴禁熔化錢幣；在穀物交易和茶、鹽專賣中使用票據或度牒；有時候還會發行紙幣。一〇八五年，貨幣發行量達到頂峰，政府一年共發行了六百萬貫銅錢（是九九七年的七點五倍）。錢幣不是在一個地方鑄造好後運往全國，而是在二十多個地方鑄造，然後在本地流通。由於新政時期鑄造了大量的錢幣，以至於嚴重消耗銅材，神宗朝之後鑄幣量減少，導致十一世紀末對錢幣的需求嚴重得不到滿足。導致錢幣短缺的另一個原因，則是當時的普通百姓和政府都儲藏了大量的銅幣，作為積累財富的一種手段。[37]

蔡京一一〇二年就任左僕射後，開始推動鑄造面值較大的錢幣，包括當十錢的大銅幣和價值三錢的錫鐵合金貨幣。[38]這兩種方式都讓政府無須開採新銅礦就可以擴大貨幣供應量。同時，既然各種紙幣的使用量在不斷擴大，儘管大部分仍局限在四川地區，有理由設想人們也許會接受另一種法定貨幣，即沒有相應內在價值的貨幣。此外，在十一世紀四〇年代初，由於邊境貨幣短缺，政府曾鑄造過當十錢來充當軍費開支。[39]

首先，某些州縣在一一〇三年被告知，他們的鑄幣廠要轉而鑄造當五錢，另一些州縣則要鑄造當十錢。每年的額度定為三十萬貫銅錢和兩百萬貫鐵錢（依舊遠低於一〇八五年的最高紀錄六百萬貫）。[40]政府並沒有試圖打壓私人鑄造一錢幣，因為其中沒有什麼利潤。為了遏制私鑄高面值的新錢，政府將造私錢者招募到新的鑄幣廠工作，同時對偽造私錢者處以重罰，此外還決定在一些地方鑄造夾錫錢。過去使用的當兩錢被收集起來，回爐後重新鑄造為當十錢。每個新錢的重量是一錢的三倍。一一〇四年正月，新鑄造的錢幣被分成以下幾部分：在全部六十萬貫中，一半交給戶部，二十萬貫交給內藏庫，還有十萬貫交到元豐庫，即所謂的左僕射庫。一一〇五年，刻有徽宗御製書法的當十錢發行。每貫重十四斤十兩，用銅九斤七兩二錢，鉛四斤十一兩六錢，錫一斤九兩二錢，還有一斤五兩的廢料。[41]

當時任次相的趙挺之在很多事情上都反對蔡京，也包括當十錢。他主要的反對理由是，新幣使鑄造私錢非常有利可圖。當時政府對偽造紙幣也應該採取遏制的措施，但不知什麼原因，私造紙幣的問題似乎不是很突出。蔡京應對鑄造私錢的措施是加強執法，但問題依然沒有解決。兩浙路鑄造私錢的現象十分泛濫，以至於一錢幣極為短缺，日常交易都非常困難。另外，對當十錢的抱怨就是它導致了通貨膨脹。[42]

一一〇六年正月，一次彗星現象使徽宗開始對很多政策進行反思（但蔡京這時還沒有被免去宰臣職務），很多地方接到命令，停止鑄造當十錢。次月，蔡京被罷免後，更多地方陸續接到這一聖旨，直到最後當十錢完全停止鑄造。人們接到通知，要將手裡的當十錢全部兌換為新發行的紙幣。停止流通的錢幣被存入元豐庫和崇寧庫。據說私鑄的錢幣可以按含銅量進行交易。[43]監察御史沈畸在一篇奏疏中反對高面值錢幣：

誰為當十之議？不知事有召禍，法有起奸，遊手之民，一朝鼓鑄，無故有數倍之息，何憚而不為？雖日斬之，其勢不可遏也。往往鼓鑄，不獨閭巷細民，而多出於富民、士大夫之家，未期歲，而東南之小錢盡矣。錢輕故物重，物重則貧下之民愈困，而饑寒之患，此盜賊之所由起也。夫使民嗷嗷然，日望朝廷改法，此豈經久計哉？[44]

在一一〇六年五月一次上朝時，徽宗問諫官詹丕遠對當十錢的看法。徽宗說：「當十並行，本以便民，今卻反為民害如此。非卿有陳，朕不知也。便直欲改作當三亦不難，只遠方客人有積貨鉅萬以上者，陡鐫之，不無胥怨否？」詹丕遠回答說：「陛下行法要改，則草薙而禽獮之。或聖慮哀矜，恥一夫不獲，欲且改從當五亦可。」徽宗接著說，王安石推出的政策專門為了營利，人們也會進行抱怨，這項政策可能與之類似。詹丕遠反駁說，蔡京不能與王安石相提並論，因為王安石從未涉足茶鹽專賣。[45]

在這段對話中，徽宗似乎是對當十錢持反對意見，但在幾個月後，蔡京重返京城，他還是說服了徽宗重新實施這一制度。一一〇七年二月，蔡京命人使用熔毀私錢所得的金屬鑄造刻有御文的當十錢（圖11.2）。為了遏制鑄造私錢，蔡京懲辦了私自鑄造幾千萬貫銅錢的章綎，以儆效尤。這一案子後來在一一〇七年牽

圖 11.2　大觀年間（1107-1110）發行的一錢幣、當二錢和當十錢大小對比，錢幣上鑄刻的是宋徽宗的瘦金體書法。（作者拍攝）

連到很多東南地區的名人。[46]

蔡京第二次被貶時（一一〇九年六月），發行當十錢的問題再次浮出水面。周行己的長篇奏疏可能就出現於這一時期。周行己是程頤的學生，他的大部分工作經歷都是教書，沒有擔任過太多實質性的官職。他認為，儘管政府看起來從發行大面值錢幣中獲取了很多財富，但實際上並非如此：

> 臣竊計自行當十以來，國之鑄者一，民之鑄者十，錢之利一倍，物之貴兩倍。……私鑄不已，則物價益貴，刑禁益煩。而物出於民，錢出於官，天下租稅常十之四，而糴常十之六。與夫供奉之物，器用之具，凡所欲得者必以錢貿易而後可。使其出於民者常重，出於官者常輕，則國用其能不屈乎？

周行己建議，政府可以收購京城五路的當十錢，用度牒、封號、鹽鈔和紙幣對持有人進行補償。所有當十錢都回收後，政府就可以重新發行當三錢。他認為，這樣就能夠使物價趨於平穩，同時打擊鑄造私錢。宋朝政府在一一一〇年的確發放了大量度牒（三萬份），但隨著它們的價值下跌，也必然會帶來一些問題。[47]

一一一〇年七月新上任的首相張商英也提出了建議。他提議從內藏庫和樞密院借用布帛、金銀和鹽鈔，用來收購全國的當十錢，為期六個月。兌換當十錢不能得到全部面值，只能收回百分之三、四十。張商英之所以提到內藏庫，是希望徽宗能為失敗的財經政策所導致的部分損失買單。[48] 等到所有的當十錢都收回後，偽造的私錢將被熔毀，用來鑄造一錢幣，而真錢則可以重新進入流通，只不過價值被視為三錢。關於這一問題，朝廷肯定爭論了很久，因為徽宗直到一一一一年五月才宣布新的政策。徽宗在親自書寫的手詔中，強調了貨幣穩定對於民眾和政府的重要性。近年來的失敗政策導致物價飛漲，使有些人陷入貧困，同時誘使一些人私鑄假幣。在廣泛進行商議後，徽宗決定改革貨幣制度。政府和內藏庫將共同發行幾千萬貫的錢幣，用來收購當十錢，每枚當十錢都以當三錢進行補償。[49]

張商英對徽宗動用內藏庫大加稱讚，但同時他也承認，情況並沒有完全按照預期的那樣順利發展：

> 陛下奮發英斷，慨然欲救錢輕物重之弊，一旦發德音，下明詔，捐棄帑藏數千萬緡錢寶，改當十為當三。令下之日，中外歡呼，萬口一辭。曆考史策，自二帝三王以來，未見如此之舉也。然而奸邪之在內者，密倡其說曰：「不久必復舊，可蓄以待也。」奸邪之在外者，曉民以掠美曰：「當三則虧汝，當七則折中矣。」是以小民聽而和之，令出五十日而猶未大孚也。伏望陛下固志不移，使正議卒行，奸邪愧服，而漸消其凶悍不平之氣。[50]

換句話說，張商英將徽宗動用內藏庫的行動稱為史上前所未有的善行，但他同時也承認，老百姓仍然因為在上繳錢幣時不得不承受部分損失而心存不滿，很多人在觀望，看政策是否會再次改變。[51]

一一一二年，蔡京恢復首相職務時，重新設立了鑄監局，並發行夾錫錢，但沒有恢復當十錢。事實上，有一個知縣上疏提議恢復當十錢，他認為這樣既能增加國家財富，又能為民眾帶來方便，結果他因此被免官。一一一三年，在徽宗的一次朝會上，大臣宇文粹中說，有些官員認為難以維持一錢幣的供應，因此，他們提議重新推出當十錢幣。徽宗回答說：「有司直敢爾！當十錢改為三，尚且錢輕物重，豈可復為當十？自古利仄百不變法，利少害多，不若不為。」[52]

那麼，從這件事情中，我們能了解到徽宗作為一位監管者的哪些特點呢？事實上，鑄幣這件事徽宗並未親自參與，他只是就這一問題寫了幾份手詔而已。[53] 人們認為這件事的發起人是蔡京，而提出反對意見的是另外幾名大臣（趙挺之、張商英、沈畸等）。根據現存史料記載，徽宗在這件事上的貢獻似乎僅限於批准各種方案。不過，從徽宗與大臣們的一些對話紀錄中，可以看出他了解正在實施的政策，而且十分在意民眾對政策的看法。

徽宗本人對這些政策決定的貢獻，是他願意在蔡京被貶時廢止蔡京實施的措施，蔡京官復原職時再恢復這些政策。考慮到這麼多人都與蔡京有矛盾，如果不這麼做，可能也很困難。過快地取消這些政策是否會帶來一些負面影響，對此，徽宗從未要求趙挺之或張商英進行認真考慮。同時，蔡京一一〇七年回到京城時，徽宗也沒有要求蔡京重新考慮，這些被取消的政策是否真的有必要完全恢復。也許徽宗過於認真地聽從了大臣的告誡，即統治者應當選擇合適的宰輔，然後任由他來處理事情。

受信賴的宦官

在徽宗的時代，有個歷史教訓被廣為接受，即如果宦官掌握太多權力，就可能威脅到整個王朝。在漢代後期和唐代後期，宮廷宦官控制了接近皇帝的機會，大臣若想在朝中有發言權，就不得不與宦官結盟。宋代官員瞧不起宦官，認為他們的地位和奴隸差不多。皇帝與宦官的接觸比較多，對他們不會一味排斥，而是認為其中有些人可以利用和信賴。為了避免宦官控制朝廷，宋朝開國之君對宦官人數及職責都作出了限制。然而，宦官的人數似乎仍逐漸增加，十三世紀的一位作者認為徽宗時宦官已超過了一千人。[54]

有兩個宦官最得徽宗尊重和信任。童貫一直晉升到軍隊的最高職位，梁師成則負責宮廷文書及徽宗收藏品的順利進展。

梁師成在宮中最初是在賈祥的書藝局當差。賈祥死後，梁師成開始掌管睿思殿的文字外庫，負責皇帝的進出文件，包括徽宗的御筆手詔。蔡絛曾寫道，在文字外庫，「使臣若楊球等掌之，張補等點檢，小閹三四人主出納用，寶以付外」。（楊球和張補在詼諧詩方面與徽宗有密切的交流，他們的名字在第十章出現過。）徽宗對梁師成很滿意，在一一〇九年的科舉中授予他進士功名。每當有書法作品送入皇宮，梁師成和蔡京都是首先來進行鑑定的專家團成員。梁師成後來被提拔為祕書省總管，在職期間，他建議收集碑文的拓片。此外，他還參與了徽宗的許多建築工程，包括明堂和艮嶽。徽宗在艮嶽完工後所寫的〈御製艮嶽記〉中，對梁師成的組織能力大為讚賞：「師成博雅忠藎，思精志巧，多才可屬。」[55]

與梁師成相比，童貫擔任的公職更多，因此，我們對他的職業生涯也有更多了解。在北宋時期，宦官在軍隊中擔任官職已形成了傳統。[56] 徽宗第一次見到童貫時，童貫好像還只是一個內侍，但一一〇二年徽宗登基後不久，他就派童貫前往杭州，監管為皇宮收集古書古畫的事宜。在那之後，童貫更加參與軍隊事務，主要是在西部和西北部的邊界地區。他知道宋朝的一個主要對手是遼，因此，在一一一一年，童貫作為派往遼國的使團成員，希望對那裡有更多的了解。[57]從遼國返回後，他的官銜和影響力均開始穩步上升。一一一二年二月，他被授予武將中的最高職務太尉。蔡京對童貫的升職很不滿意，試圖說服徽宗重新考慮對童貫的恩典。史料記載，一一一一年童貫出使遼國時，蔡京正因貶官退隱杭州，他強烈認為童貫不是合適的人選，因此上表徽宗，對童貫的能力提出質疑。但徽宗回覆說，童貫在西部地區戰役中表現出色，贏得了很高的聲譽，遼國皇帝特意點名要見他。一一一六年二月，童貫被任命為簽署樞密院事，成為首位擔任宰輔的宦官。直到一一二三年，他一直位居宰輔，品銜與官職也不斷得到升遷。有筆記記載，蔡京經常向徽宗抱怨，認為不該給宦官這麼高的榮譽，但徽宗對此未加理睬。顯然，童貫喜歡出征打仗，因為他並沒有以自己的朝廷官職為由一直留在京城。一一一九年，童貫率領軍隊與西夏作戰。[58]

徽宗對待童貫就如同朝中的文官或武將一樣。一一〇四年，童貫在青唐戰役中取得了第一場大勝仗，徽宗賜給他一件御製書法，一篇用自己獨特的瘦金體抄寫的〈千字文〉，現藏上海博物館（參見圖11.3）。[59]和其他幾個宦官主管一樣，童貫有時也會被派去監管一些重要的建築工程。他是負責修建延福宮的部分設施的五名大宦官之一。一一一三年延福宮竣工後不久，他又被派去為徽宗的一位皇子修建府邸。[60]

徽宗顯然也很喜歡童貫的繪畫。在徽宗編撰的《畫譜》中，有十個宋朝宦官的作品被收錄在內，童貫是其中之一。根據對童貫的紀錄，他是從父親（也許是收養他的宦官）那裡學的繪畫。他的父親還收藏了崔白、易元吉和郭熙等同時代畫家的一些作品。據說童貫作畫是為了自娛自樂，「作山林泉石，隨意點綴，興盡則止」。《畫譜》以通常用於文人畫家的語言描述他的繪畫風格：「大抵命思瀟灑，落筆簡易，意

圖 11.3　徽宗以瘦金體抄寫的〈千字文〉（篇尾部分），1104 年賜子童貫。（上海博物館收藏）

足得之自然耳，若宿習，而非求合取悅也。」[61]

與長期得寵的其他人一樣，童貫和梁師成也激起了人們的怨憤，徽宗聽過大量對童貫和梁師成等宦官的彈劾。翟汝文是負責徽宗收藏古玩的官員，據說他向徽宗奏告，梁師成為了擴建一座花園，逼迫普通百姓賣掉田地和墓地。梁師成知道後很生氣，說服首相將翟汝文貶出京城，擔任一個縣級小官。一一二〇年，周武仲向徽宗奏告淮南地區爆發的一次大饑荒，他將饑荒歸咎為宦官們在當地的同黨。此外，差不多與此同時，還有一位太學生朱夢說連續向徽宗呈遞奏疏，認為「宮中奢侈，內侍亂政」。他指責說，腐敗的宦官為修建花園強奪百姓土地，賣官鬻爵，而且公然行賄。[62]

但這些譴責似乎都未能動搖徽宗對梁師成和童貫的信任。畢竟，早期的宋朝皇帝也收到過類似的警告，要他們防備宦官。[63]直到徽宗統治的最後一刻，他一直都很信任童貫和梁師成。

在徽宗統治後期，蔡絛撰寫的文章，也許是對宦官權力偏見最少的評價，因為他所處的位置有利於觀察到正在發生的事情，儘管我們也應該意識到，將責任推到宦官身上可以轉移對他父親的一部分批評。蔡絛看到，在徽宗統治時期，宦官的權力不斷增大。最初，文官與宦官並沒有太多的接觸，但自從一一一三年或一一一四年起，徽宗將更多的決策權力轉移到內廷，開始使用更多的御筆手詔，並讓宦官負責文件的運轉。蔡絛認為，童貫逐步控制了軍隊，而梁師成開始掌管一些歷來由主要大臣負責的事務，如此一來，這兩位宦官就合起來控制了朝中所有的文武事務，連宰相也要討好梁師成。蔡絛還提到了與其他宦官結盟的官員，包括何㮚和王仍。他還指出，王安中和王黼對梁師成言聽計從。官員必須透過宦官才能覲見徽宗，而各部門之間也為了得到宦官的好感而相互爭鬥。蔡絛說，蔡京於一一二〇年致仕後，對這些變化感到很悲傷。徽宗也看到事態開始失去控制，於是找了一些理由將馮浩等幾位宦官處死，而史書上並沒有說明是什麼理由。但蔡絛認為，不幸的是，對宦官的威懾措施未能讓他們變得謹慎，反而讓他們更加追求放蕩的生活方式。[64]

徽宗在遴選和管理宰輔方面表現如何呢？大概接近平均水平。根據現存史料的描述，任何一項可以被列為文化活動的事情，徽宗都熱情參與。他對御用專家在多個領域的工作都饒有興趣，如醫學和繪畫。他還會讓大臣把他們在宮廷以外創作的詩歌和繪畫拿給他看。

但是，人們很少認為徽宗對朝廷事務的投入有相同的興致。他並沒有表現得玩忽職守——他從來沒有取消過視朝或不看奏疏。他努力去理解大臣們呈報的問題，哪怕是一些很複雜的技術問題，例如發行貨幣可能帶來的風險。他對待宰輔很有禮貌和幽默感。儘管很多官員認為宰相的權力過大會造成危險，但徽宗也同樣看到了集體領導的缺點。因此他寧願認真接受傳統儒家的建議，即挑選一位合適的大臣並用人不疑。像其他宋朝皇帝一樣，他更喜歡一個能讓其他大臣都跟在他身後、和他保持一致方向的宰相。外部的人很可能會擔心，像蔡京這樣能控制其他宰輔的宰相，可能也會操縱皇帝。然而，徽宗在這方面卻並未採取任何防範措施。蔡京對徽宗一直畢恭畢敬，甚至當徽宗再三要求他不要拘泥於禮儀時依舊如此。徽宗和蔡京並非在所有的問題上都意見一致，但與很多人不同，徽宗從未懷疑過蔡京的動機。

從徽宗的角度來看，有一位能夠獨立處理大部分事務的宰相，意味著他可以騰出時間和精力來思考別的事情。徽宗在位的第二個十年中，他希望自己投入道經、道士和仙境等事情上。這些將是我們在第十二章討論的內容。

第十二章
接受神啟（一一一〇—一一一九）

恭承仁聖，在上受天寶命，闡揚至道，可謂至矣。近又建寶籙之宮於都城，設傳度之壇於禁近。拯濟符藥，保安黎元。受厚惠者，日有千人；向真風者，十逾八九。裒訪仙經，補完遺闕。周於海寓，無不畢集。繼用校偉祕藏，將以刊鏤，傳諸無窮，俾天下洽於淳古，人民敦於性命，可謂道炁純全之運，太平萬世之時也。

——一一一六年元妙宗作《太上助國救民總真祕要》序

從登上皇位開始，徽宗就是一位虔誠的道教徒。他誦讀正統道經，參加道教儀式，繪製道教神仙像，與道士交往，並出資興建道教宮觀。隨著時間的發展，他對道教的參與也越來越深入和廣泛。到了一一一三年，他開始對道教的先知（seers）產生興趣，如王老志和王仔昔。在這一年及隨後一年中，徽宗宣稱在郊天祀地之後都看到了天神。此外，他還開始大量搜集道教經文，準備編纂一部新的道藏。一一一六年，徽宗已經遇到了道士林靈素，對有關天界至高領域神霄的講道反應積極。林靈素說服徽宗，使他確信最高神靈希望自己代表他們來採取行動。隨後幾年中，徽宗接連頒布詔令，旨在提高道教的地位，並使道教與朝廷的關係更加緊密。很多項目都需要大量的資金支持，徽宗在這方面從不吝嗇。

對於皇帝與道教之間的關係，人們可能會提出各種問題。有些問題關乎皇帝的動機，答案可能從個人渴望長生到希望在世間建立一個道教烏托邦。還有一些問題與跟皇帝合作的道士有關：皇帝是對某一人言聽計從，還是有幾個人在競相對皇帝施加影響？道士追求的目標與他們的皇室庇護人是否有所不同？如果是的話，他們的目標是當時大多數道士都會支持的共同目標，抑或只是為了謀求個人利益和權力？皇帝與道教顧問之間的權力均衡情況如何？道士能否操縱他們的皇室庇護人？他們的地位是否非常不穩定，因為皇帝隨時都可以將興趣轉向其競爭對手？他們的主要對手是其他道教派別，還是一些不認同道教目標的人，例如宰相或朝廷寵臣？

對於這類問題，歷史學家通常無法作出明確的回答。在與徽宗同時代的作者中，有人認為林靈素占據了優勢，而且很善於操縱徽宗，其他人則認為徽宗決定追求道教目標自有理由，例如希望帶領臣民獲得道教的救贖。內廷政治也起到一定的作用，林靈素後來的確失去了徽宗的寵信，但我們無從得知當時的具體情況：是因為林靈素的法術沒有靈驗？是遭到其他寵臣的誹謗？還是蔡京請求徽宗不要疏遠佛教？抑或朝中大臣提出了費用的問題？也許徽宗自己都無法釐清這些需要他做決定的因素。

先知、夢境和幻覺

徽宗似乎從未懷疑某些人具有超乎常人的能力。正如有人在音樂或繪畫方面能力出眾一樣，也有一部分人具有預測未來或與死者溝通的神祕力量。

徽宗在位的第二個十年中，他尤其尊崇兩位姓王的道教先知。王老志是一位禁慾修行者，每天只吃一頓飯，無論冬夏都只穿一件衣服。當時很多文人墨客都去拜訪他，並請他題字，因為他的字能夠被解釋為對未來的預測。一一一三年九月，王老志被召入宮，被授予「洞微先生」的稱號。第二年，他又被授予更高級別的稱號，在原有的名號上加了「觀妙明真」四個字。徽宗讓蔡京在御賜府宅的南花園內為王老志安排住宿。根據蔡絛的記載，有一次，徽宗向王老志問起前不久去世的皇妃劉明達。我們在第十章提到過，王老志告訴他劉明達是上真紫虛元君。王老志還一度擔任劉明達和徽宗之間傳遞訊息的角色。徽宗的另一位嬪妃也很思念劉氏，便問王老志元君是否還記得她，王老志第二天帶給她一封劉明達的信，內容是兩位皇妃在去年秋天一起討論過的事情。[1]

一一一四年，王老志離開後，另一位先知王仔昔取代了他在宮廷和蔡京府中的位置。王仔昔自稱得到了道教仙人許遜的《大洞隱書》。[2]他有一些特殊的本領，例如能夠在白天看到星辰。有一次發生大旱，徽宗在祈雨的時候，總是會派信使去請王仔昔在白紙上寫下禱文。有一天信使來找他，王仔昔忽然寫了一小帖道符，並在紙的左側寫了說明：「焚湯，沃而洗之。」信使驚恐不已，不敢拿這帖道符，但王仔昔堅持要他拿走。結果，加入這帖道符的水治好了徽宗一位愛妃的紅眼病。憑藉諸如此類的神祕預測能力，王仔昔漸漸獲得了能夠預知未來的名聲。一一一六年，他建議徽宗將九鼎從十年前專門修建的道觀中搬到宮廷。徽宗聽從了他的建議，在宮中修了一座新的大殿放置九鼎。不過，蔡京已經厭煩了王仔昔，他向徽宗抱怨自己得在宅中為王仔昔安排住處這件事。於是，徽宗安排王仔昔住進了剛剛建好的上清寶籙宮。[3]

除了為獲得對道教的更多理解而求助於道士之外，徽宗對自己的夢境也非常重視。蔡絛認為，一一一一年初，徽宗在一場大病初癒時做了一個夢，這個夢成為徽宗在道教信仰上的轉折點。在夢境中，徽宗還未登上皇帝寶座，他對一座道教宮觀的召喚作出回應：「即有道士二人為儐相焉。道至一壇上，諭上曰：『汝以宿命，當興吾教。』上再拜，受命而還。」徽宗醒後將夢境記錄下來，派人送給蔡京看，儘管當時蔡京已被罷相，而且住在杭州，但他仍然是徽宗的密友。[4]

這場夢境讓徽宗有信心更全面地將道教引入國家禮制。一一一三年，徽宗修改了冬祀大禮的流程，讓一百名道士作為進入祭壇的前導，並將眾人分成兩隊在祭壇下面排列。玉虛殿（宮廷內新修宮觀的主殿）的道士也被選來參加這次祭祀儀式。[5]祭禮上還發生了一件事，使這次儀式尤其令人難忘：在前往祭壇的路上，徽宗目睹天神從天而降。徽宗就這次景象寫了一份手詔，[6]他還詳細描述了這次經歷：「顧瞻東方，忽見宮殿臺觀，重樓複閣，半隱半現。」他告訴蔡攸往東方看，蔡攸也看到了這個景象。很快，一大群人顯現了出來：

> 中有若鳳輦狀，侍衛周密，可千餘人。須臾，日光穿透，人物全體俱現，行者、趨者、側者、正者、相顧者、回首者，或若持簡道流，或若垂髫童子，或衣朝服，或冠道士大冠，或黃或青，或紫或紅，或淡黃杏黃，或緋綠淺碧，或若繡，或若繪畫。又有一輅，青色，不類馬，狀若龍虎，前後擁約數千人。雲氣漸開，衣紋眉目歷歷可辨。幢幡飛動宛轉，人亦輕揚飄舉，自東稍南回旋，卻由東南漸遠漸隱，移刻始不見。[7]

徽宗接著寫，他問了身邊的人，包括衛兵在內，大家都說看到了同樣的景象。在徽宗讀過的歷史典籍中沒有過類似的記載，但這使他想起了自己兩年前做過的夢。這件事發生三個月後，徽宗下令將看到此景象的那天（十一月初五）作為節日，其禮儀與慶祝皇帝聖誕及老子誕辰相同。[8]

第二年夏天，徽宗祭地之後，在回宮路上再次看到了奇異的景象：

羽衛多士、奉輦武夫與陪祝之官，顧瞻中天，陰雲開剝，電光穿透，有形有象，若人若鬼，持矛執戟，鳥喙獸面，列於空際。見者駭愕，人馬辟易。傳曰：「地上之圜丘，若樂六變則天神降；澤中之方丘，若樂八變則地示出。」[9]朕祗虔祀事，冬則衣冠見於道左，夏則鬼神駐於雲表，天神降，地示出，蓋非虛語。[10]

在這篇文章的後面，徽宗將這一靈異現象歸功於父皇神宗和皇兄哲宗的美德。

我們應當如何理解這些記述呢？道教經文通常會對道教神仙的宮殿及隨從大肆渲染，這些辭藻華麗的描繪可能會激發夢境和幻覺。同時，存想神靈是道教的核心修煉內容，徽宗可能也掌握了這種方法。徽宗有沒有可能使用道教技巧，有意識地存想出道教神仙呢？若是如此，那些附和徽宗的人說他們也看到了同樣的景象，又是怎麼回事？他們只是投其所好，還是確有其事，並且每個人也都親眼目睹？在另一本著作中，蔡絛將冬祀時看到天神和夏祀時地神顯靈歸功於王老志，但他並沒有明確說，王老志是在這些場合中將神靈召喚過來，還是將一些想法放在了徽宗腦子裡，抑或安排了這樣的表演。[11]而且，也很難完全排除另一種可能，那就是徽宗在祭祀時強烈希望達到經典中提到的境界，因此親自安排了這些場景。有些現代學者認為，偽稱出現這些幻覺也很容易理解。[12]

加強對道教的支持

在位的第二個十年剛剛開始，徽宗就發起了一項規模浩大的工程，就是我們在第九章提到過的，重修一部道藏。一一一四年，在修訂道藏期間，徽宗下令二十六路都要往京師選送十名道士，他們將在京師接受《金籙靈寶道場儀範》的進一步培訓。[13] 這項命令肯定把當時的道士都吸引到了京城，並給他們提供了相互學習和切磋新技能的機會。

此外，徽宗還著手施行了一些道教的建築工程。一一一三年，他決定在宮城內修建一座道觀。這座新建的宮觀名為玉清和陽宮，有三個主殿和六個側殿，共一百四十二個房間。宮觀中供奉的神靈數量眾多，從三清、玉皇和太一到四聖五嶽，還有徽宗的本命神。宮觀於一一一四年建成後，蔡京帶領僚屬將神像奉安在各殿之中。在這一年和第二年，陸續頒布了在此宮觀內舉行各種儀式時的禮儀規範，包括老子生日和徽宗聖節。[14]

一一一三年到一一一六年間，徽宗又下令在宮廷東北角的外圍修建了一座宮觀，名為上清寶籙宮。這座宮觀占地一百多畝（大約六公頃），裡面有幾百個房間，梁柱都沒有刷漆，保持著原有的天然狀態。中殿名為始清，裡面供奉高真；西殿名為天祥，供奉徽宗的本命神；東殿是生徒住宿和舉行儀式的地方。靠近街道的地方有兩個對外開放的藥房，一個提供藥方藥材，另一個則提供符水。徽宗還寫了一篇文章讚揚這些藥房，表明他同樣看重這兩種治療方法：一種是在藥理學的長期傳統基礎上使用藥物，另一種是使用符水。徽宗在建造期間還常去查看宮廷畫家為這座宮觀繪製壁畫的進展。[15]

林靈素的降神

徽宗喜歡與有名的道士交談。他有時會讓他們各顯其能，有時則與他們一同討論道教思想，還經常安排他們住在開封的一些大宮觀裡，就是為了方便召他們入宮。[16]

最能將徽宗吸引到道教新思想中的道士是林靈素。[17]在南宋和元朝有關林靈素的史料中，既有對他非常敵視的，也有將他奉為神仙的。對他進行負面描述的有兩部佛教著作，還有陸游根據父祖所言撰寫的筆記。[18]正史記載的態度則介乎兩者之間，反映出儒家將大部分道教活動都貶為愚蠢或迷信的思想傾向。[19]道教的角度自然會有所不同。在道教看來，通過舉行道教儀式為自己的臣民帶來庇護，這就是統治者應當做的事情。毫無疑問，對林靈素最正面也是迄今最長的記載收錄於一二九四年編纂的一部神仙傳記《歷世真仙體道通鑑》中。[20]儘管神仙傳記常常會在一些基本點上與其他史料的紀錄有所出入，但它的優勢在於對林靈素的一生提供了一個道教的詮釋。此外，它還有一些明顯的「美化」，包括記載林靈素和他召喚的神仙都提醒徽宗必須進行改革，遠離諂媚者，削減開支。很顯然，這些內容應該是在北宋滅亡後加進去的，一方面是顯示出林靈素的先知能力，另一方面也是為了消除道教對女真人滅宋的愧疚感。

根據記載，林靈素的祖籍是溫州（在今浙江省），早年為了學習雷法，周遊於中國的南方和西部地區。[21]根據《歷世真仙體道通鑑》的記載，他在四川師從一位道士，老師送給他一部包含十九章內容的《神霄天壇玉書》。這本書用難以理解的天書篆字寫成，林靈素從中學到了如何捕捉邪魔、治療疾病、消除苦難和降雨的法術。他自從得到這部書後，就「無施不靈」，不僅對這本書有深入的理解，還掌握了如何召喚鬼神、書寫符咒、控制雷電及治療疾病的法術。據說他還寫過一些著作，包括一部雷法，但似乎只有其中一首長詩留存下來。[22]

林靈素可能在一一一三年就到了京師，但直到一一一五年或一一一六年，宮廷道官徐知常將他引薦給徽宗時，他才逐漸引起人們的注意。[23] 林靈素第一次上朝時，徽宗問他會什麼法術，他毫不謙虛地自稱對天上、人間和地府的事情無所不知。徽宗賜給他封號和一處居所（通真宮），並派他參與編纂道藏。在林靈素的傳記中，還提到了他的詩才，這也是他獲得徽宗尊重的一個因素。有一次，徽宗寫了一句詩，「宣德五門來萬國」，林靈素對以「神霄一府總諸天」，被認為是在場所有人中最好的一句和詩。[24]

有次上朝，林靈素向徽宗講述了他在神仙等級中的排名。天界共有九霄，神霄是最高的一重，位階比掌管道教仙境的其他神仙都要高。上帝的長子是神霄玉清王，號為長生大帝君，主管南方。[25] 用更通俗的話來說，徽宗不是普普通通的凡人，而是最高神長子的化身。當這位神仙下凡，化身為中國的統治者後，便將自己的很多職責委託給弟弟青華帝君。林靈素還說，他自己是天上一位級別較低的神仙，就像徽宗的許多主要大臣和一位愛妃一樣。這次講道被記錄在多部史書中，現存的一部道經《高上神霄宗師受經式》中也有記載。[26]

那麼，宣稱皇帝是一位至高神的化身有什麼意義呢？這不同於古羅馬帝國奧古斯都的封神。人們不會被要求在宮觀中向徽宗進獻祭品。關於是否應該在神霄宮內增設長生大帝君神像，曾經有過討論，也許在神像前也會供奉祭品，但沒有人提到要向徽宗進獻祭品。包括徽宗本人在內，所有人似乎都沒有想過，他與最高神之間的這種連繫會為他帶來什麼特殊力量。[27]

在林靈素出現之前，關於神霄的文字都無法確定日期，因此，有些學者推測，他是這一教派的實際創始人。不過，與之前的很多人一樣，林靈素也將這個教派的起源歸功於他已經去世的老師。[28] 南宋時期關於神霄的文字相對豐富，而且提供了協調一致的教義和儀式。它有意從道教的其他流派中借鑑一些觀點和儀式，包括上清派和靈寶派。[29]禮拜儀式在教義中占據了中心地位。透過完整誦讀經文來打破生死的周期，從而實現對人類的救贖，也許能夠在一個太平世界重生。教義中還吸收了雷法的元素，透過學習法術，來運用雷鳴和閃電的宇宙能量及驅邪威力。

徽宗不僅接受了林靈素的布道，還慷慨地賜給他各種封號和榮譽。他經常派人將林靈素請到宮中作法。例如，據說宮中發生一些怪事後，徽宗便讓林靈素作法消禳。林靈素在地下埋了一根九尺長的鐵條，進行驅邪，此後就再也沒有怪事發生了。洪邁也記錄了林靈素在一次長期乾旱後施行的祈雨法術。當時他前往上清寶籙宮，腳踏禹步，手揮寶劍，口誦符咒。在陸游的著作中，林靈素為了取悅徽宗，用符水治好了一些盲人、瘸子和聾人（在陸游看來，他肯定事先收買了一些騙子來假扮殘疾人）。[30]

除了行使禮儀以外，徽宗還讓林靈素每個月在上清寶籙宮講道，參加者有眾多官員、宗室和太學生。很多人之前沒有參加過道教的儀式。據一處佛教史料記載，林靈素在講道時說了很多笑話，引起了不合時宜的笑聲。有時徽宗也會參加，他會坐於座下，而將林靈素視為老師。除了宣講道經，林靈素還講述了「玉清神霄王降生記」。據說，他講道時有幾十隻祥鶴出現。在這些聚會中，徽宗總是會對在場的道士非常慷慨，這也招致了一些人的批評，他們嘲諷說讓城裡的窮人也穿上道服去參加法會，這樣就能吃到免費的膳食了。[31]

一一一七年正月十四日，徽宗頒詔講述了他對道教及其流派的最新理解。他認為道教有五種流派，前四種分別以元始天尊、老子、莊子和張道陵為宗師，「至於上清通真、達靈神化之道，感降仙聖，不繫教法之內，為高上之道，教主道君皇帝為宗師」。[32]根據最後這句話，徽宗將自己置於道教的領導地位。徽宗在位的頭十年中，所有道教事宜都向劉混康咨詢，但透過這份詔書，他不僅表明自己是神的化身，還宣稱主宰了這個宗教。

徽宗尤其欣賞林靈素召喚神靈的能力。正史中記載了兩次這類事件，林靈素的傳記中有更多的紀錄。一一一七年二月，林靈素宣稱青華帝君降臨人間。徽宗召集了一千多名道士到寶籙宮聽林靈素來宣布這一重大事件。負責道籙的官員傅希烈曾經是劉混康的弟子，他記錄下了這件事。[33] 根據他的敘述，午夜時分，天空中出現一個火球，在雷聲和音樂聲中四處移動，先是散開，然後又合在一起。房間變得亮如白晝，人們仰頭能夠看到彷彿畫像一樣的圖像，然後，有兩位神仙乘著雲彩降臨。其中一位身穿絳服，頭戴玉冠，另一位身穿青服。他們分別是教主道君和青華帝君。在一大群隨從中，領頭的是一位紅衣男子，傅希烈說此人看起來像張虛白——張虛白也是徽宗經常邀請進宮的道士。[34]

將近三個月後，一一一七年四月初二，徽宗頒布了一份手詔，明確解釋了最近這次降神的含義。作為上帝的長子，他奉命對世俗的錯誤行為進行糾正：「朕每澄神默朝上帝，親受宸命，訂正訛俗。……帝允所請，令弟青華帝君權朕大霄之府。朕夙夜驚懼，尚慮我教所訂未周。」[35] 徽宗在手詔的最後指出，大臣在普通朝廷文書中不應使用他的道教封號（教主道君皇帝），只能在向天神祈福求願時使用。

一一一七年十二月，天神再次降臨，這使徽宗進一步加強了對林靈素的信心。《宋史》只是簡單地記載了天神降臨坤寧殿，為了記載此事，還專門製作了一塊石碑。石碑仍然存世，高約七尺，上部用龍章雲篆體刻了林靈素的一首詩，非常引人注目（見圖12.1）。石碑下部是徽宗以獨特的瘦金體書法描述自己的經歷。在一個夾雜著閃電、音樂和異香的月圓之夜，天神降臨坤寧殿。緊接著，桌案上出現了以龍章雲篆書寫的四行詩，墨跡還沒有乾。這首詩由林靈素的化身楮慧所寫。這件事情簡直不可思議，因為林靈素當時

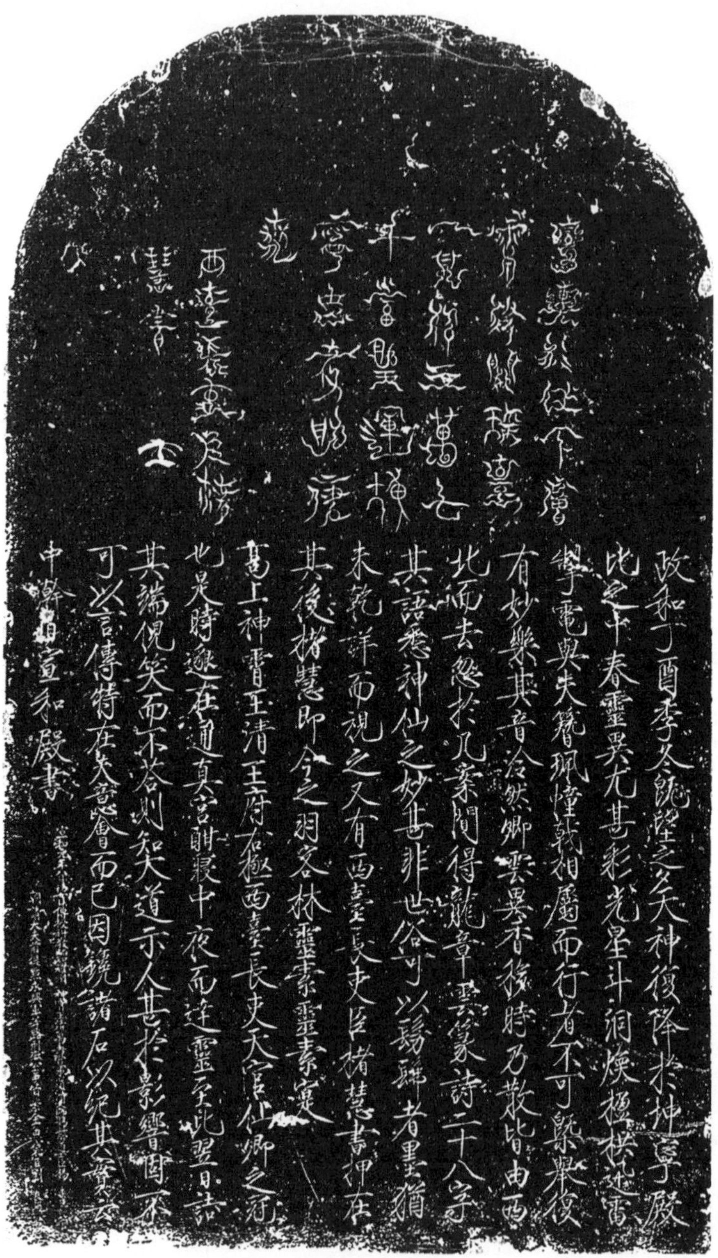

圖 12.1　1117 年紀念天神降臨的石碑拓本（引自耀生〈耀縣石刻文字略志〉，《考古》1965 年第 3 期，147 頁）

正在宮觀中睡覺。第二天徽宗向他問起這件事，他笑而不答，在徽宗看來，這更證明了道是不可言傳的。[36]

林靈素的傳記中還記載了他降神的一些例子。有一次，林靈素重新裝飾一座宮殿後，徽宗要求會見北方之神真武大帝。當時的情景被記錄如下：

帝曰：願見真武聖像。先生曰：容臣同虛靜天師奏請。[37]宿殿致齋，於正午時黑雲蔽日，大雷霹靂，火光中現蒼龜巨蛇，塞於殿下。帝祝香再拜，告曰：願見真君，幸垂降鑑。霹靂一聲，龜蛇不見，但見一巨足塞於帝殿下。帝又上香再拜云：伏願玄元聖祖應化慈悲，既沐降臨，得見一小身，不勝慶幸。須臾遂現身，長丈餘，端嚴妙相，披髮，皂袍垂地，金甲大袖，玉帶腕劍，跣足，頂有圓光，結帶飛繞。立一時久，帝自能寫真。更宣畫院寫成，間忽不見。[38]

第二天，蔡京說，太宗在一個類似場景下也畫過一幅真武像，但畫好後就被封存了起來，他建議將之前的畫像與徽宗剛畫好的真武像進行比較。據說兩幅畫像分毫不差。[39]

根據林靈素的傳記，他有一次召喚了徽宗已去世的皇后劉明達的魂魄。[40]還有一次，徽宗提到漢武帝成功地請西王母下凡，他問林靈素能否也為他做這件事。很快，西王母就帶領著一群玉女降臨了。[41]

林靈素吸引了很多追隨者，同時也有很多模仿者，但他肯定無法說服所有人。一些同時代的人認為他太盛氣凌人，稱其為「道家兩府」。根據《宋史．蔡攸傳》，蔡攸支持林靈素，「與方士林靈素之徒爭證神變事」。但他有時又試圖勝過林靈素，例如他會向徽宗報告各種異象，如珠星璧月、跨鳳乘龍、天書雲篆之符等。[42]

我們應當如何評價林靈素呢？他當然不是第一個對皇帝阿諛奉承或將皇帝奉為神靈的人。在佛教中，「方便品」的概念提供了一種理論基礎，即透過展示法術或將統治者奉為在世佛陀，以取得他的支持。毫無疑問，為了換取皇帝的支持，之前侍奉唐代皇帝的道士也經常要迎合皇帝。此外，多位道士都接近皇帝，也經常會在爭取影響力方面產生競爭，正如文官之間爭來爭去一樣。在中文的語境中，雖然將徽宗稱為天神的化身有點過分，但這並未超出當時的宗教文化界限。認為皇帝具有某些神聖來源，這從帝制時代伊始就是皇室鼓吹的部分內容。歷朝歷代的歷史都常常講述一些與開國之君出生相關的異象，例如母親在懷孕時夢到一條龍之類。

根據史料記載，真宗在十一世紀早期發現自己的祖先是一位天神，當時似乎是真宗及其大臣主動控制了局勢，而且非常清楚自己的政治動機。但從記載徽宗發現自己是天神化身的史料看，他好像並沒有採取主動，而是被動地等待林靈素這樣一個人出現，宣布一些他自己希望廣而告之的訊息。在這件事中，林靈素似乎成為主動方，具有左右徽宗的巨大能量。下面這兩種假設的場景似乎都有一定的合理性：作為一位信徒，徽宗在遇到林靈素並聆聽其講道之後，他的觀點也許的確發生了根本改變。同時，徽宗從即位初期就一直在尋找能力超常的道士，因此，也可能他一直在等待著這樣一位能夠宣稱他在道教宇宙中占據極其重要地位的道士。戴安德（Edward L. Davis）提出，正是由於徽宗「膨脹的意識形態需求」，使他在當時所有到開封的道士中更偏愛林靈素。蔡絛記載說，儘管徽宗在十年中一直推廣道教，但在這方面追隨他的臣民並不太多，這件事一直讓徽宗深感受挫，也使得林靈素格外具有吸引力。[43]

國家對神霄的支持

一一一六年到一一一九年，徽宗耗費了巨額的皇家資源去實現他對道教使命的理解。林靈素向他灌輸神霄的觀點之後，徽宗便滿懷熱情地希望將學到的內容傳播給更多的人。儘管徽宗顯然從執政一開始就是一名道教徒，但直到遇到林靈素後，他才真正開始致力於傳播道教，努力讓更多的人信服他的信仰。有三、四年的時間，徽宗將發揚神霄派教義作為自己的首要任務。

徽宗怎樣才能促使別人真正理解道教呢？為了說服士大夫階層，他要強調道家和儒家的共同起源，並將自己的目標描繪為一個能調和儒家經典和道家啟示的更廣泛的統一體。當時國家祀典和道教思想及儀式之間的界線已經非常模糊，而徽宗希望這一界線更加模糊。一一一八年八月二十日，徽宗頒布建立道籙院的詔書時，宣稱道家與儒家有共同的起源和目標：「道無乎不在，在儒以治國，在士以修身，未始有異，殊途同歸。前聖後聖，若合符節。由漢以來，析而異之，黃老之學，遂與堯、舜、周、孔之道不同。」徽宗還試圖使兩者達到和諧。在這一年稍晚的時候，徽宗向大臣們解釋了他認為推廣神霄派道教的好處。為了讓盡可能多的人知道這些好處，他讓人將這些文字刻在石碑上，立於各州縣的神霄宮中（下文討論）。在這篇碑文中，徽宗一開始就向大臣們保證，如果他的改革取得成功，所有大臣都會受到道教天神的庇護。他希望他們知道「長生大帝君、青華帝君體道之妙，立乎萬世之上，統御神霄，監觀萬國」。[44]

除了對大眾的宣講，徽宗還命令經常召見的大臣也努力推廣這一教義。他賜給王安中一部經文，名為《高上玉清神霄真王說太一保胎玉嬰神變妙經》。這部經文已不存於世，但根據王安中的謝表，經文中有長生大帝君降臨人間統治中國神聖疆土的內容。王安中還說，這部經文揭示了很多天上的諱稱、多位聖人的密談以及大乘的奧妙，並產生了各種各樣的祥瑞徵兆。一一一九年十一月，蔡京建議刊行這部經文。[45]

很多大臣都願意接受徽宗的說辭，或者至少表現為這樣。一一一八年十月二十一日，徽宗在寶籙宮主持了八百人參加的傳度神霄宮祕篆的儀式。蔡條記錄，他的兄弟和侄子都接受了「神霄祕籙」，他自己也受到了很大的壓力，但最後還是成功拒絕了。[46]

徽宗並不只是用語言向大臣們描述神霄的威力和美麗，還通過建造宮殿來努力實現這一目標。一一一三年，徽宗在宮城內修建的宮觀最初被命名為玉清和陽宮，後來改為玉清神霄宮。在一一一六年二月完工的巨大的寶箓宮內，徽宗讓人搭建了一座神霄寶籙臺。寶籙宮內還建有一座神霄殿，裡面供奉著主要神靈的精美用具和畫像。一一一七年，徽宗還下令鑄造一套被稱為神霄九鼎的新九鼎，也安放在寶籙宮中。[47]

很快，徽宗希望全國各地都建造神霄宮。一一一七年二月十三日，他下令將所有為慶賀他的生日與本命日而修建的天寧萬壽觀都改名神霄玉清萬壽宮。小的州縣若是沒有天寧觀，可以將其他道觀改建為神霄宮，如果根本沒有道觀，也可以用佛寺進行改建。對這種由寺廟改建神霄宮的做法，徽宗的理由是，他不希望因為修建新宮觀而增加普通百姓的勞役負擔。但無論新的神霄宮是怎麼來的，殿內都要設置長生大帝君及其弟青華帝君的聖像。[48]

很多時候，當地官員都是將一座佛寺改建為神霄宮，而不是用道觀來改建。[49]根據一部佛教史料對這件事的記載，被選中改建神霄宮的佛寺規模都比較大。毫無疑問，有些地方官員為了表明自己的熱情，毫無必要地將一些佛寺改建成宮觀。在一一一七年一份詔書中，徽宗否認了他正在廢除佛教的謠言，要求每個州縣內只能有一座佛寺改為神霄宮，而且，散布謠言說他迫害佛教的人都將受到嚴懲。[50]

整個一一一八年，徽宗一直密切關注著修建神霄宮的進展。一一一八年十二月二十日，他要求把莊子和列子的聖像也供奉在神霄宮內。這些宮觀先是獲允每年傳度童子一名，賜一位道士紫衣，後來又被授權傳度道士。一一一九年六月，徽宗命神霄宮負責安濟坊的工作，這在某種意義上擴大了他從登基早期就開始的慈善事業。他的詔書中稱：「符籙禁祝，治病馘毒，與有其功歟。比以其法，施之中都，人被其惠矣。常欲推而廣之宇內，博施濟眾。」隨後，徽宗命令各州郡在當地神霄宮一隅建立一個小規模的仁濟亭，內設三五名醫生，從凌晨到中午，向百姓發放符水，「務在專潔，除邪驅癘」。[51]

有些州郡拖延修建神霄宮。這一點至少可以從徽宗在一一一八年二月二十日的一份詔書中推論出來，因為他抱怨很多官員並沒有認真對待這一任務，而是滿足於一些濫竽充數的宮觀，道士們若是反對，還會遭到嚴厲的懲罰。他命令各路監司對轄區內的宮觀進行檢查。[52]

關於這些神霄宮的記載，有些被保存至今。汪藻描寫了金山（在今浙江省）的一座宮觀，此宮觀由具有兩百年歷史的佛寺改建而成。經過長達一年的改建後，宮觀共有三座大殿、兩座平臺、一間藏書閣和一些住所。徽宗為其中十座建築書寫了匾額。根據陸游的描述，神霄宮通常會在東西兩側牆壁上繪製二十二位神仙的畫像，並在神壇擺放主要的神像。另外，每座宮觀還會收到一套二十四件道教專用威儀，包括如意、寶蓋、錦傘、珠幢、鶴扇等。這些器物會陳列在沿大殿牆邊擺放的架子上。[53]在一二〇一年的《會稽志》對當地神霄宮的描述中，一開始就提到它有一個朱漆樓閣，專門用來保存刻有徽宗詔書的石碑。整座宮觀建築群的大院由禁軍守衛。正殿供奉著長生大帝和青華帝君的神像，各有兩位真人侍立在旁。大殿壁上繪有一些別的天神像，並擺放著全套二十四件威儀。宮觀內其他建築包括：一座用來施發符水的小亭子，一間名叫道紀堂的講堂，以及一間名為雲章寶室的藏經室。在五個特定節日，包括徽宗的生日、為慶祝徽宗在一一一三年至一一一四年夏祀和冬祀時看到幻象而宣布的節日，以及青華帝君降臨人間的節日，有多達一千兩百人會參加這些儀式，他們用的是京師送來的御香、青詞和朱表。[54]

有關神霄派儀式的史料中記載了慶祝徽宗生日和青華帝君聖降日的禮儀。[55]道士要念誦咒語一千遍，吞下二十一張符，為三清聖人、十極高真、昊天上帝、教主道君皇帝（指徽宗）上香並叩拜九次。然後，還要面朝南方向長生大帝等神靈叩拜九次，再面朝東方向青華帝君等神靈叩拜九次，如此等等。根據《宋史・禮志》，在這些節日期間，官員們休假五天，各州分別設醮，百姓舉辦集會，京城還會燃放花燈。[56]

在修建這些宮觀的同時，徽宗還致力於一項雄心勃勃的計畫，即設立道籙院和相關考試。建立這些學校並非只是為了訓練擅長神霄教義或雷法的專家，而是為了培養一批接受過綜合教育的道士。徽宗的第一步是在京師設立道籙院，自唐代以來尚屬首次。一一一八年，他進一步將道籙院納入當地的官學體系。徽宗把為道籙院制定規則的任務交給了蔡攸。各地學校都接到命令，要任命一位道教老師，教授道家課程。學生通過當地的道籙院考試後，可以升入太學，並進入三舍制度中。但有人批評道，在一些學校中，很多學生轉而學習道教課程很可能是因為它能提供更有利的晉升機會。[57]

一一一八年底，道籙院中應當學習的經文目錄公布了，其中大經有《黃帝內經》和《道德經》，小經有《莊子》和《列子》。顯然，由於各地宮觀中的道士還要負責當地的醫療機構，大經中必須要有一本是健康和醫療方面的著作。此外，太學、辟雍要各任命兩位博士，教授上述四部經典。他們還要教授徽宗的醫學專著《聖濟經》。主修道教經文的學生還必須學習兩部儒家經典：《易經》和《孟子》。[58]

建立道籙院和設置道教課程的這些措施使人想起，徽宗為提高宮廷畫家和書法家的地位，對他們的培養方式進行了改革。在徽宗之前，供職於政府部門的道士得到的待遇和技術專家差不多。也就是說，他們的整體職務級別比較低，而且只適合從事範圍很窄的專業工作。一一一八年，徽宗頒布法令，要求道教官員得到與文官一樣的待遇，從而為他們創造了很多新的機會。後來，他又對道士的品銜和職責進行了新的規定。[59]

徽宗接觸到神霄派的理論時，《道藏》還沒有編纂完。這部《道藏》包含所有的道經，並非只是一個推廣神霄派教義的狹隘工具。但司馬虛指出，與林靈素教義相關的經文顯然被編在這部道藏的最前面。《度人經》的六十一章中專門有一章詳細闡述長生大帝，其中提到了他住在神霄，由好幾位真人服侍。[60]

重修完《道藏》後，徽宗又分派給林靈素及京師的其他道教專家兩項新的任務，即編寫《道史》和《道典》，此兩部著作，集古今道教事為紀、志，包含宋朝之前時期的為《道史》，宋朝的為《道典》。此歷史著作模仿了斷代史的形式，其中有紀、志、傳。十二篇志分別關於服裝、符籙、法規和煉丹術等主題。紀從三清開始，包括先前得道的各位皇帝。《道史》於一一二一年編纂完成，劉棟、張樸、蔡攸和林靈素都曾參與其中。[61]這兩部著作都沒有保存到南宋，而且很可能沒有刊印。

除了委託道教專家編著書籍，徽宗自己也撰寫了一些著作，或至少據稱由他本人所寫。第五章曾討論過他編寫的頌辭。徽宗還為真宗的《度人經》御製序上加了注解，存世（明代）《道藏》經文中有些序據稱也是徽宗所寫，其中最有趣的一篇是《靈寶無量度人上品妙經》的序。該著作用鮑菊隱（Judith Boltz）的話說：「目的是介紹神霄派對靈寶經文重新詮釋的基本知識，提供了基本的圖示、道符銘文、咒語以及對天宮等級的長篇紀錄」。[62]司馬虛認為它是當時的一部作品，作者可能是王文卿。他說：「當天上的教主化身來到人間，向人們展示他那一直很神祕的經文並傳播道教的真經時，這部著作試圖對徽宗朝發生的戲劇性事件進行解讀。」道符在視覺上也有很明顯的吸引力，尤其是對徽宗這樣熱愛書法藝術的人而言

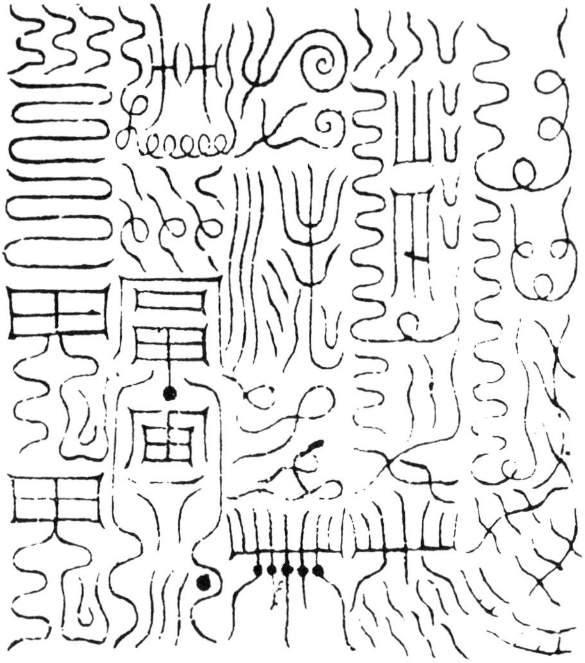

圖 12.2　《靈寶無量度人上品妙經符圖》中召喚「大冥九化」的道符。（《靈寶無量度人上品妙經符圖》，《道藏》第 3 冊，82 頁下欄）

（見圖 12.2）。[63]

現存數量最多的徽宗御製道教文獻，是他對早期道教哲學經典的注釋，包括《老子》、《列子》和《西升經》。[64]（徽宗也為《莊子》寫過注解，但沒有保存下來。）《西升經》著於四世紀或五世紀，據說是老子離開中國西行時，對守關人傳授的經文。徽宗在批注的序言中解釋了自己的興趣所在：

> 以得一為要妙，以飛升為餘事，其意蓋使天下後世徑趨妙本逍遙自得之場故也。善救之功，於此可見。朕萬機之暇，遊神太清，於道德之旨，每著意焉，既取二篇為之訓解，於是書不可無述也，以意逆志，聊為之說。[65]

一一一八年八月十二日，徽宗頒布了一份手詔，要求將他為《老子》題的御注刻在京城神霄宮的石碑上。由於只有少數人能夠理解老子精妙深遠的思想，徽宗寫道：「朕萬機之暇，既讀其書，賾其指意之所歸，為之訓解。」[66]徽宗同時代的人在《列子》和《老子》的御注上加了疏解。范致虛是徽宗朝一位有名的道官，他為徽宗的《列子》御注寫了注釋。[67]還有兩人為徽宗的《老子》御注寫了注疏，包括一位低級官員和一位太學生，這說明可能當時政府學校中開設了這門課程。

徽宗並不是第一位為《老子》作注的皇帝，在他之前，梁武帝和唐玄宗都作過注。[68]而且，在十一世紀，很多通常被認為是儒家的宋代學者也為《老子》作過注解，包括司馬光、蘇轍、王安石和陸佃。[69]徽宗的《老子》御注中引用了一系列權威經典，包括《論語》和《孟子》，但引用最多的還是《莊子》和《易經》。他的御注並沒有直接將《老子》與神霄派教義連繫起來。柳存仁對這些注釋進行了深入的研究，他認為有證據表明，徽宗將《老子》視為治國指南。[70]有些學者還在其中看到了佛教的影響。[71]御注中的一些段落似乎反映了徽宗對朝廷中事務的觀點。對《老子》第二十章的「唯之與阿，相去幾何」，徽宗注解為：「唯阿同聲，善惡一性，小智自私，離而為二，達人大觀，本實非異，聖人之經世，在宗廟朝廷，與大夫言，不齊如此，遏惡揚善，惟恐不至。【老子曰：】人之所畏，不可不畏故也。」[72]

在林靈素的強烈要求下，徽宗開始限制佛教的發展。一一一八年四月，道籙院報告，已經審查六千多卷佛經，看是否有詆毀道教和儒教的內容，結果發現其中九卷應當毀棄，只留下一份副本作為證據。林靈素專門寫了一篇文章，詳細記錄了查封著作中的詆毀言論，刊印後被發到各地。一一一九年正月，徽宗頒布一份手詔，禁止佛寺擴大土地或建築，這使反佛教的措施又加強了。這份詔書的目的還包括，透過改名和掩蓋來消除佛教中的異域元素。和尚改名為「德士」(以對應道教中的道士)。他們要穿道服，使用原來的姓氏，行禮時舉起拳頭，而不是雙掌合十——換句話說，他們從外觀上不能與道士有什麼明顯的區別。

佛陀、菩薩和羅漢都被封了新的名號：釋迦牟尼封為大覺金仙，文殊菩薩封為安惠文靜大士。寺廟可以繼續保留這些被改名的神像，但必須為祂們穿上道教天神的服飾和帽子。這些措施中抑制佛教的意圖已經非常明顯，但為了回應那些認為這是迫害佛教的指責，徽宗又頒布了一份詔書，明確要求佛教的儀式和教義都不應當受到干涉。根據一部佛教史籍的記載，反對這些措施的官員受到了嚴懲，而提出反對的和尚則被趕出了寺廟。[73]

徽宗並非唯一一個支持林靈素的人。陸游的著作中寫道，「士大夫無恥者，日萃其門」。林靈素的傳記中記載，他與道教天師張繼先的關係很好，有時候還會與劉棟和王文卿合作。[74]然而，顯然不是每個人都會對神霄派痴迷或者受林靈素講道影響。儘管在一一一八年有八百名高官願意接受神霄符籙，但其他人還是持抵制的態度。林靈素提出為神霄樂建立新音律，並修建一座高達一百五十尺（高度為郊壇兩倍）的神壇進行祭天，劉棟都極力反對。[75]

一一一九年為消除佛教的異域元素而頒布的政策引起了大量不滿。據一部佛教著作記載，蔡京曾多次試圖說服徽宗，這些措施有些過分了。例如，他有一次提到，「天下佛像非諸僧自為之，皆子為其父，臣為其君，以祈福報恩耳」。他認為，干涉這些做法可能會引起政治上的動蕩。[76]此外，有一位在僧錄司擔任重要職務的僧人上疏，將徽宗的行為與前朝反佛的措施進行類比。他指出，之前採取這些措施的統治者通常都沒有好下場，他們的政策也總是被後繼者逆轉。他還提出，宋朝開國皇帝太祖和太宗都支持大規模翻譯佛經。他直言不諱地說：「陛下不思太武見弒於閹人之手乎，周武為鐵獄之囚乎，唐武受奪壽去位之報乎？此皆前鑑可觀者。陛下何為蹈惡君之禍，而違祖宗之法乎？」根據佛教史料的記載，這份奏疏讓徽宗勃然大怒，將上疏人貶斥出京。[77]

佛教的支持者私下流傳著一些嘲笑神霄派的文章，甚至徽宗以前的宰臣張商英也寫了一篇文章來維護佛教。老百姓怨聲載道，因為有些專橫跋扈的道士和過分熱情的官員將百姓強行趕出家園，騰出地方修建神霄宮。同時，不少道士也對林靈素的政治權力不滿。林靈素在誹謗徽宗感興趣的其他道士時從來不留情面，例如對王仔昔和王寀。蔡絛曾提到，李得柔之所以從京城被流放外地，就是因為取笑過神霄派。[78]

徽宗身邊的一些人也日益厭惡林靈素，據說童貫就受不了他。太子趙桓當時不到二十歲，表現得最為直接，他稱林靈素是騙子，用紙鶴這些伎倆來迷惑徽宗。史料記載，有一次，太子安排了十二名番僧和五臺山的兩名僧人同林靈素比賽，想要揭露林靈素的淺薄。[79]

林靈素可以有效地施展雷法，這是徽宗支持他的一個關鍵原因，但是雷法有時也會失敗。據記載，林靈素未能成功地施法結束一次旱災，直到後來得到王文卿的幫助。此外，在一一一九年，他也未能遏制一場威脅到開封的大洪災。據說，當時他帶領徒弟們在城牆上舉行步虛儀式，但沒有效果。根據佛教史料記載，林靈素接連幾天施法，試圖阻止洪水的到來，都未能成功，最後不得不從憤怒的人群中逃走。[80]

一一一九年十一月，林靈素匆匆收拾行李離開京師，返回家鄉溫州。根據一部佛教著作記載，他在途中被處死，但別的史料大都說他是在返家一年後去世。一一二〇年正月，設立不到兩年的道籙院被廢除。一一二〇年九月，佛教寺廟、神祇和僧人的名稱均得到恢復。一一二一年，那些被改建為神霄宮的佛寺也被允許恢復。[81]

儘管徽宗對林靈素失去了信心，但他對道教和神霄的信仰卻沒有動搖。徽宗開始轉向這一教派的其他支持者，其中最著名的是神霄派的另一位道士王文卿。授予神霄祕籙的儀式也繼續進行。一一二一年十月，在寶籙宮的一次儀式上，徽宗親自授給王黼兩套祕籙。儘管有些宮觀重新改回佛寺，不過神霄宮的網絡還繼續存在。一一二三年或一一二四年時，徽宗派遣兩位道官隨使團出使高麗，在出使旅途中還舉行了神霄派的儀式。[82]

徽宗對神霄派的痴迷並未導致他反對別的教派。一一一八年，徽宗命人將龍德宮重新修繕為北太一宮。在此之前，太宗、仁宗和神宗時期分別修建了東太一宮、西太一宮和中太一宮。管轄北太一宮的道士張虛白多年來受到徽宗寵愛，而且一直遠離政事。有幾間大殿專門為張虛白修建。北太一宮共有四間大殿，還有十多間面積較小的殿，裝飾都十分華美。一一一九年蔡京生病時，徽宗在那裡舉行了一次道教法事。根據蔡京寫的謝表，徽宗不僅親自製作禱詞，還親手焚燒。[83]

我們是否應當對徽宗支持神霄派的做法進行政治解讀？如果是的話，又是什麼樣的解讀呢？有人可能會猜測，徽宗是受到了道教宇宙觀政治潛力的吸引，希望用它來加強皇權。一位道士宣稱統治者是至高神的化身，還有什麼能比這更有效地提高統治者的地位呢？為了支持這種解讀，也許有人會提出早期宋史學者所指出的宋朝的專制傾向，還有人也許會提出可以進行對比的例子，如被視為神靈的羅馬皇帝。

另一種多少有些不同的政治解讀，是徽宗意識到了重新證明宋朝合法性的必要。他是否察覺到了趙氏家族統治的支持率在降低？徽宗在一一一六年開始推廣林靈素的教義時，國內有沒有明顯的動蕩？他是否認為如果證明宋朝得到了天神的支持，會對他的統治有幫助呢？儘管今天的人們知道徽宗王朝在十年之後將會被推翻，但生活在一一一六或一一一八年的任何人都不可能預見到這一點。

還有一種政治解讀是從宮廷政治的角度。徽宗支持神霄派的背後也許有策略考慮。徽宗將林靈素引入宮廷，是不是為了給自己一些可以操縱的空間、從而擺脫蔡京這種勢力強大的老臣的控制，好讓自己能獨立採取行動呢？

無論進行何種政治上的解讀，徽宗的道教措施最終都會被認為是失敗的。這是因為，由於大量的財務支出，以及神霄派教義對凝聚知識階層甚至是當朝官員都收效甚微，因此，這些措施在政治上可謂得不償失。徽宗後期倡導道教所付出的代價，遠遠超越了早前的工程。他建立了道教的官僚機構，任命一批享有俸祿的官員，從而大幅增加了國家官員名冊上的數量。全國數百座神霄宮都獲得了御賜的道教威儀。自從得知自己在天庭的位置後，徽宗似乎對花費更加沒有節制。也許他一想到道教仙境中充滿各種各樣的豐富物資，就不再考慮資源有限的問題了。

我認為，總體而言，對徽宗所作所為的宗教性解讀，較之政治上的解讀更具說服力。從宗教的角度來看，首先可以假設徽宗受到了宗教信仰的驅動。作為一位熱忱的道教徒，徽宗對新的道教特許持開放態度，並試圖根據道教原則行動，這就使他成為同時代幾百萬信服道教禮儀和思想的人之一。趙昕毅認為：「利用政治力量來實現道教的烏托邦是道教傳統的一部分。」[84]從道教的角度看，徽宗的目標是正確的，儘管有時他沒有以最有效的方式來實施這些目標。

徽宗究竟有什麼樣的宗教目標呢？徽宗在多份詔書中列出過，因此我們無須猜測。第一個，同時也是最明確的目標是傳播「道」的知識，使所有人都能受益，成為修道者。徽宗多次提到臣民完全理解道教真理時所能獲得的益處。我們也許可以推斷，徽宗為道觀和道士提供的若干財務支持，都可以視為幫助更多的人信仰道教，並最終實現這個更宏大的目標。與此相關的還有將道教推廣到很多原本一直被認為是儒家或佛家的人。徽宗宣稱，在中國傳統宗教中儒道原本同源，因此應該再次聯合在一起。我們也可以從這一角度來理解他試圖將佛教重新劃定為道教一部分的主要措施。此外，修建明堂也符合徽宗的這個目的。從某種意義上，徽宗希望儒釋道三教合一，但道教要明確地處於支配地位。

第二個宗教目標是使政教合一，從而使兩者都更加強大。道教歷來沒有反對過與政府結盟，相反，宗教與政府之間的密切連繫被視為促進宗教發展的一種理想方式。在林靈素與徽宗共同設想的計畫中，道教和國家有著共同的統領——徽宗本人。不過，道教與國家之間的交錯關係也從其他方式上體現出來。透過把當地為紀念徽宗的生日而修建的宮觀（如果沒有，就用其他寺觀）改建為神霄宮，就可以將聖上有關神霄界真理的宣講傳播到各州縣。政府設立的道籙院和道教考試也是政教合一的方式。很多看似支持道教的措施同時也可以理解為加強了國家對道教的控制。在這方面一個最恰當的例子就是搜集道經，編印一部新的道藏。選擇道經並將它們強制分成等級，這是一種實實在在的權力。儘管重修道藏的計畫受到了道士的廣泛歡迎，因為他們似乎很滿意這部道藏的兼容並蓄，但它也的確有可能遏制某些教派，同時推廣另外一些教派。我們承認徽宗是受到了自己的宗教思想驅動，但與此同時，不必否認他的行為也會導致一些政治後果。

徽宗這些道教舉措對道教的發展史帶來了哪些影響呢？道教史學家們對此意見不一。皇室的支持有時會促進普通大眾的修行，但並非總是如此。[85] 二十年前，司馬虛在一篇論文中將十二世紀早期稱為道教復興時期。他認為徽宗朝「開始了另一波道家神啟的熱潮，在某種程度上可以與四世紀的運動相媲美」，此外，「正如四世紀的經文為貫穿中國中世紀的道教實踐提供了基本內容一樣，徽宗時期道教的重建和復興對現代道教的形態和觀點也產生了重要影響」。司馬虛如此強調徽宗對道教的支持，一個原因是徽宗非常重視道教的經文傳統，徽宗對道藏的重修和印刷，對於道經的存世有著不可否認的影響。當代其他道教學者則關注神霄派道教儀式的影響。根據施舟人（Kristopher Schipper）和傅飛嵐（Fransiscus Verellen）的觀點，超渡亡魂是道教常規儀式的一部分，通過神霄派的經文，「大量的降妖法術」被納入道藏之中。鮑菊隱提到了它對「我們今天的道教禮儀產生了巨大影響」，這同時也是因為它還刺激了其他道教流派的發展。戴安德（Edward L. Davis）則關注了徽宗將經典與道教儀式相結合的努力，他認為徽宗的宗教政策產生的主要成果是「創造了一種氛圍，使官場精英能夠充滿熱情地踐行經典和道教儀式，而不會產生衝突感」。[86]

另一方面，在隨後的幾個世紀中，神霄派也沒有成為道教中占支配地位的流派。道教史學者任繼愈注意到，有些人反對徽宗過分強調以儀式為導向的道教，他懷疑這些觀點有助於倫理導向的全真教在十二世紀中期得到加強。唐代劍的觀點則更進一步，他認為北宋政府對道教的支持加速了道教的腐化。在他看來，給宮觀土地以及免稅制度造就了大批宗教貴族，他們依靠帝王寵信獲得賞賜，過著奢侈腐化的生活，最後激起了民眾的反對。[87]

差不多在林靈素鼓勵徽宗通過道教來超渡全體臣民的同時，其他一些大臣，尤其是童貫和王黼，憑藉談論軍功吸引了徽宗的注意。徽宗在統治初期就偶爾表現出對軍事政策的興趣，但一一一五年之後出現的一些機會似乎是上天的安排，不容錯過。

第十三章
宋金聯合

中國故地，久陷戎虜，今日天相陛下成此大功，若不乘時，恐有後悔。

——一一一九年王黼主張與金聯合時提出的觀點

出於自信，徽宗做出了自己從未做過的一項最壞的決定——與女真族的金國聯兵，共同抵禦緊鄰宋朝北部的契丹遼國。一個多世紀以來，北方邊境地區一直靠宋向遼輸送歲貢來維持和平，很多宋人都以此為恥，但遼認為這是他們的戰利品。與金國聯兵意味著撕毀這些協議。宋的目標是收復燕雲十六州。燕雲十六州位於今山西與河北兩省的北部，其中「燕」是指燕京（今北京）附近的地區，「雲」指大同附近的地區。這裡生活著很多漢人，在唐朝時曾經是中原領土，但在九三八年（宋建立之前）割讓給了遼。從宋建國開始，主戰派的口號就是要收復燕雲十六州。

宋剛一建立，北部邊境的安危就關係重大。由於戰爭的巨額花費、戰敗帶來的恥辱，以及包括皇帝、宰臣、軍事謀臣和武將在內的幾方各不相同的利益、看法和野心，對如何應對戰略威脅、軍事挑釁和機會等問題，朝廷中經常展開激烈的爭論。為了維持六十萬到一百萬兵力的軍隊，宋朝政府耗費了一半以上的財政資源。訓練最充分、裝備最精良的禁軍被安排在京城附近和具有戰略意義的地區。前線軍隊由被任命為帥臣的文官或皇帝信任的宦官監軍進行監管。中央政府管轄下的轉運使負責軍隊的給養，不受軍隊統帥的指揮。軍事情報基本上由宦官控制的皇城司負責，由他們來維持京城、各州和軍隊的秩序。[1]

徽宗可以從幾個訊息來源獲知軍隊和邊境事務的情況。樞密院中職務最高的兩名官員通常是沒有戰鬥經驗的文官，屬於宰輔之列，因此要定期覲見徽宗。徽宗每年還會至少兩次接見鄰國派來的使節。[2]另外，徽宗派往其他國家的使節回朝時，他顯然能從他們那裡獲知更多消息。徽宗在京城以外的出遊僅限於一些正式的禮儀場合，而且從來沒有去過很遠的地方，因此，使節們穿越邊境、數月行程中所見所聞的報告一定會讓徽宗讀起來饒有興致。[3]

北方的勢力均衡

宋朝想從遼手中收復燕雲十六州，並非只是因為自尊心。如果宋沒有占據這些長城沿線的戰略要塞和一些防禦堡壘，守衛中國北方平原的任務就會艱巨得多。宋兵沿著新邊境線挖戰壕和種樹，試圖以這種方式阻止騎兵進入大宋領土，但都無法消除遼國所占據的地理優勢。[4]同時，由於這裡是最好的養馬區域之一，失去該地區加劇了宋朝馬匹的短缺。再加上西北地區也被西夏占領，宋朝為騎兵提供的馬匹嚴重不足。北宋飼養的馬匹數量只有唐朝時的一小部分，儘管政府從青唐地區的吐蕃商人那裡購買了大量馬匹，但在一〇六一年，馬匹供應還是僅能滿足宋朝的六萬騎兵中的五分之一。如果宋找不到一條更好的途徑獲取馬匹，就永遠不可能收復燕雲十六州。[5]

遼的統治者是契丹人，他們是遊牧民族，起源於蒙古和滿洲之間的興安嶺山脈東側。他們經常接觸唐朝及一些定居社會，包括位於南滿洲的渤海地區以及更遠的高麗國。唐朝滅亡後，早期的遼國皇帝趁著華北局勢混亂，將勢力範圍擴大到了一些基本上由漢人居住的地區。九四七年，契丹統治者率領軍隊一直攻打到開封，占領了皇宮，並宣布建立遼國。三個月後，由於天氣逐漸轉熱，契丹皇帝率軍離開了京城，但同時也帶走了盡可能多的財富（包括人員和物資）。契丹人從京城帶走數千位工匠和數百名官員及其家眷，以及從皇家圖書館和內藏庫劫掠的財物，運輸這些物品的車隊綿延數里。[6] 即使在遼軍撤離後，他們仍然控制著這個地區，並將擁兵自重的漢人將領視為傀儡。

宋朝的開國者一直都想將契丹人趕出中國的北方。九七九年，宋太宗攻打遼的南都燕京，但被遼國騎兵打敗。眼看宋軍就要戰敗，太宗匆匆逃離戰場，甚至沒來得及通知手下的大將。通過這次戰役，契丹人繳獲了宋軍大量的武器和裝備。九八六年，宋太宗第二次北伐。他派遣三路大軍同時從不同地點向遼軍發起進攻，但這三支軍隊全部被遼軍打敗，宋朝別無選擇，只能重新透過外交手段解決爭端。[7]

一〇〇四年，遼軍大舉進攻中原，他們繞過防禦嚴密的城市，迅速向開封進軍。在宰相的請求下，宋朝的第三位皇帝真宗親自督戰禁軍，抗擊契丹人的進攻。雙方在位於開封東北部一百五十公里的澶淵交戰。真宗先是作勢反擊，然後很快就開始與遼軍談判，希望停止軍事對抗。契丹人提出的條件是割地或將一位公主嫁到遼國和親，宋人不願意答應這些要求，提議向契丹輸送銀兩。宋朝提議的歲幣總額是銀十萬兩和絹二十萬匹，這對契丹人而言是一個天文數字，尤其是當他們了解到這只是每一年收到的數量。在盟約的最終版本中，雙方還同意，兩國均不得沿共同邊界修築防禦工事，而且兩位君主要互稱皇帝，並根據年齡和輩分以親屬相稱（如皇兄、皇叔等）。在接下來的一百年，宋、遼之間儘管也發生過衝突，但透過澶淵之盟建立的基本框架為雙方關係確定了基調。[8]

但宋朝的西北邊境卻用了比較長的時間才安定下來。党項族（他們的語言與吐蕃有所關聯）活躍在陝西西北和甘肅大部分地區，那裡也是中國與中亞國家貿易往來的交匯點（見圖2.1）。一〇三八年，党項首領稱帝，公然與宋朝對峙。至於應該採取什麼應對措施，宋仁宗的大臣觀點不一，這些差異不僅取決於他們是否是強硬派，還要看他們如何推測西夏和遼國宮廷中發生的事件。[9] 透過三方談判，最終宋朝不僅增加了對遼國的歲貢，同時還開始向西夏輸送歲貢。給西夏的歲貢包括十三萬匹絹、五萬兩銀子和兩萬斤茶葉。但是，宋稱呼西夏的統治者時不用皇帝的稱號，只稱西夏首領。自此以後，北方處於一種三足鼎立、相對穩定的時期。

在大宋朝廷，作為對主戰派政策的反駁，主和派提出了戰爭費用的問題。儘管主張收復國土的主戰派認為這些盟約很屈辱，對國家榮譽而言是一種恥辱，但主和的妥協派能理由充分地指出，這樣做的成本遠遠小於戰爭成本。在宋朝前三位皇帝在位時期，軍隊規模迅速擴張，從宋太祖末期的三十七萬人增加到宋太宗末期的六十五萬人，而到了真宗統治後期，更是飆升到近百萬人，軍隊花費占國家全部稅收的四分之三。僅河北一省，每年花費在軍事防禦上的開支就達到了對遼歲貢的大約四十倍。[10] 相比之下，即使算上交換使節的費用，與遼國維持和平的總開支也不過國家年度總收入的百分之二到百分之三。[11]

如果以我們現代的觀點來看，輸送給遼和西夏的歲貢顯然沒有對整體的宋朝經濟造成嚴重影響。即使後來在一〇四二年，宋給遼的歲貢增加到了銀二十萬兩和絹三十萬匹，也並沒有使遼的黃金儲量相應增加，因為宋對遼的出口額遠遠超過了進口額，這就意味著向遼輸送的銀兩，透過遼支付中國出口商品的方式，又重新回到了宋。當代有些人甚至認為，宋朝取得的很多成就都應當歸功於用金錢換取和平的務實決策。[12] 然而在當時，人們似乎很自然地認為，宋給遼和西夏的歲貢有利於遼與西夏，損害了宋朝的利益。一〇六七年宋神宗即位後，下決心解決財政與軍費問題，這些問題曾讓前幾任皇帝無法驅逐契丹人和党項人。他拒絕了司馬光的論點，即漢人從本質和生活習慣上都無法與天生好戰的蠻夷抗衡，不過他贊同王安石提出的謹慎觀點，認為在開始軍事行動前必須先充實國家的物資儲備。宋神宗和王安石在配備良馬的關鍵問題上取得了進展。從一〇七四年起，茶馬司每年用四川附近生產的茶葉從吐蕃地區換取一萬匹馬。到了一〇八一年，神宗已經做好了開戰準備。他調集十多年來籌備的資源，發起了十一世紀時規模最大的一次軍事行動，企圖擊敗西夏並奪回西部的領土。儘管他徵用了近四十萬挑夫為大約三十萬人的作戰部隊提供給養，但是，宋軍最後還是因給養問題失利了，僅收回了少許領土，卻付出了巨大的代價。在這次失敗後，神宗就對戰爭失去了興趣。[13]

在高太后攝政時，主和派在朝廷居主導地位，因此，宋朝未採取新的軍事行動。相反，為了交換戰爭期間被西夏俘獲的一百名漢人，宋朝還把從西夏手中奪取的六座城池還回四座。[14] 但這並沒有使西夏首領滿足，他們趁著宋朝主和派在朝廷占據上風，蠶食宋朝領土，並以對自己有利的方式重新劃分邊界。高太后駕崩後，宋哲宗開始著手繼承先父遺志，他受到返回朝廷的改革派左右，將保守派視為懦弱的妥協者。從一〇九七年到一〇九九年，宋軍在西北地區加強防禦，發起了多次戰役，並利誘吐蕃人首領成為宋朝的附庸。一〇九八年十月，西夏對這些挑釁行為做出回應，調集十萬軍隊去奪回丟失的一座城池。宋軍在這次戰役中大敗西夏軍隊，並俘獲了他們的統帥。一〇九九年九月，西夏派一名使者前往開封求和。[15]

在徽宗統治的前二十年，軍隊事務一直備受關注，他常常憂慮飼養馬匹是否充足、軍隊實力能否維持的問題，但宋朝從未受到過真正的威脅。徽宗似乎大致採取了一種中間路線，儘管沒有像父皇那樣收復失地的雄心，但在成本和危險看似可以控制的前提下，他也不拒絕那些可以立刻加強宋朝在邊境地區勢力的建議。在西南地區，當地鬆散依附的外族——稱為「羈縻」之地——也改置州縣，宋朝的權力因此有所擴張。當地的知州、知府經常要動用軍隊進行剿匪或平息暴亂，但他們通常不用中央政府派軍援助就可以應付。[16]

蔡京在一一〇二年七月被任命為宰相後，他的弟弟蔡卞也被任命為知樞密院事，此時青唐戰役被重新提上了議程。童貫在一支由各族將士組成的軍隊中親自擔任監軍，並取得節節勝利，到一一〇三年七月，宋軍已收復了兩個州。據史料記載，每收復一個州，蔡京都要向徽宗奏報，在地圖上為徽宗指出具體的位置，並解釋其重要意義，如「此處可趨西界」或「此處可通青海」……等等。到了一一〇四年底，宋朝已經能夠完全收回有著七十多萬人口的青唐地區。[17] 當西夏回擊、攻打宋朝的堡壘和城牆時，宋軍開始進攻西夏領土。在銀州城被攻破後，西夏請求和談。和談的結果是西夏承認宋朝在青唐地區的主權，但宋也將銀州城歸還給了西夏。[18]

儘管宋朝與西夏達成了和平協議，但青唐地區的吐蕃人仍被夾在中間。一一〇八年，徽宗發起了第二次青唐戰役，由童貫擔任統帥。童貫再次利用一些沒有與大宋為敵的吐蕃人，透過他們，勸說和脅迫其他吐蕃人浪子回頭，從而取得了一場重大的勝利。打了勝仗的劉仲武將軍被召入宮中覲見徽宗。徽宗先是稱讚了他的赫赫戰功，然後問他有幾個兒子，劉仲武回答說有九個，於是徽宗對他這九個兒子都賜予軍職。[19]

徽宗曾向多數官員咨詢過這些戰役的策略。有一次上朝時，徽宗問負責軍隊供給的錢即，是否應當向西夏領土的內地繼續推進。錢即提醒說不要低估西夏，因為党項族是天生的士兵，而且不需要和宋兵一樣多的食物。當徽宗問到一個具體的進攻地點時，錢即說那個地方是一片鹽鹼灘，對所有人都沒用。其他人的估計則比較樂觀，認為有可能從西夏手裡再攻下幾個州。[20] 一一〇六年，馮澥上書說，這些軍事行動會消耗兵力並使國家陷入混亂，除此之外一無所獲。徽宗對這份奏疏大為惱怒，宣稱收復這些地區是完成神宗和哲宗的遺志；馮澥提出的建議是在這些地區實施「羈縻」政策，這在徽宗看來不啻於放棄這些領土。[21]

在度過了幾年和平時光後，一一一四年，宋和西夏重新開始敵對。從一一一四年到一一一九年，兩國發生了十幾次戰爭，雙方各有勝負。根據現代學者李華瑞的分析，整體而言，宋朝是勝者，一一一九年六月西夏向宋求和，從而使宋在這個地區的擴張告一段落。但李瑞（Ari Levine）的看法有所不同，他認為宋朝在整個戰役中是失敗的一方，「童貫損失了數十萬大軍，只奪回了一些極為貧瘠的土地」。[22] 據《宋史》記載，童貫十分迅速地報告取得的勝利，但卻瞞報了遭受的損失。也許正是因為如此，徽宗朝廷認為整個戰役是一場勝利，王安中還受命為這場戰役寫一篇讚頌文章。王安中在文章中總結道，宋軍在青唐吐蕃地區共擒獲二十萬部族人口，建立了四個州、一個軍府、一座守關、六座城池和二十二個堡寨；從西夏奪回數千里土地，以及七座城池和二十九個堡寨，搗毀敵軍八座城池，降服兩萬多名部族人口。一一一九年七月，童貫升為太師，作為對他軍事功績的認可和表彰。[23]

一一二〇年，王黼擔任首相，此時徽宗在外交或軍事事務方面不再是新手了，他已經批閱了數千份奏疏，內容從增加馬匹供給的方法或提高官兵士氣，到邊境局勢的情報。他與童貫也建立了順暢的信任關係，徽宗命童貫掌管樞密院，指揮前線軍隊。他認為在自己的統治下，外交政策或軍事方面沒有重大的失敗，相反，宋軍在西北和西南都取得了巨大的勝利。徽宗知道，有些主要官員認為對軍隊的財政支持不足，但他認為缺少資金並沒有使軍隊的戰鬥力受損。徽宗已經準備好要採取一些更有雄心的行動了。

新機會

在一一一五這一年，徽宗修建了道教的寶籙宮，冊立長子為皇太子，並重新啟動了修建明堂的計畫，同時，他還得知，北方的勢力均衡發生了變化。這一消息來自一位準備棄遼投宋的遼國官員。他說女真人的反叛給遼國造成了混亂，並建議宋朝利用這一時機攻打遼國。[24]

宋朝原本一直沒必要去擔憂女真族。這個民族居住在遼國東部的松花江沿岸，經濟以漁獵、畜牧和少量農耕為主。遼宣稱對該地的女真族和其他非契丹族有統治權。女真族所在區域非常適於養馬，十一世紀中期，那裡的女真人每年都要向契丹人進貢約一萬匹馬。到了十一世紀中晚期，完顏部落逐漸統一了女真各部，並在完顏阿骨打（一〇六八－一一二三）的領導下開始反抗遼的統治。一一一五年，女真人宣布建立自己的國家，國號為「金」，公開脫離了遼的統治。[25]

遼國降臣後來改名趙良嗣，成為徽宗最信任的使節之一。[26] 他出身於中國的少數民族家庭，家族中幾代人都在遼國做官。因此，他可以向宋朝提供遼國政府和燕京地區的詳盡情報。由於宋遼盟約中禁止兩國臣民越過邊界，因此，他在一一一五年計畫降宋時，不得不非常謹慎地祕密行動。他先派一名親信帶著他的建議（他建議在女真人的幫助下攻打遼國），祕密求見宋朝邊境的一個知州。

這份建議到達宋朝朝廷時，徽宗命蔡京和童貫進行評估。童貫曾於一一一一年隨使團赴遼祝賀遼國皇帝的壽誕，對這個建議很感興趣。十天後，蔡京和童貫向徽宗回覆，建議祕密安排趙良嗣越過邊界。這一計畫取得了成功。一一一五年四月十八日，徽宗在延慶殿召見趙良嗣。趙良嗣向徽宗描繪了遼國宮廷發生的混亂事件，以及女真人在阿骨打領導下已成功襲擊多個州縣。他認為現在是宋朝收復中原領土的時機，

「先發制人，後發制於人」。他向徽宗確保，燕京（今北京附近）地區的百姓會歡迎宋軍的到來，因為那裡以前就是中國領土的一部分。他還報告說，也許可以透過從山東半島乘船到遼東半島與女真人取得連繫。徽宗被趙良嗣打動，不僅授予他官職，還賜其趙姓。童貫也成為趙良嗣的一個重要後臺，皇帝讓他日後派遣趙良嗣出使金國。[27]

童貫主張趁遼國虛弱大舉進攻，但徽宗還是沒有被說服。徽宗派宦官將軍譚稹前往東北地區，調查那裡的軍隊情況，並評估軍隊是否做好了打仗的準備。但譚稹的調查結果不容樂觀。當地一些守將說遼軍實力仍然很強，或是宋軍本身不適合開戰，另一些人則說國家不需要更多的土地。[28]徽宗命真定知府提供一份更詳細的報告，此人便呈遞了一份長篇奏疏，列出了很多論點：首先，漢人並非對遼國不忠，事實上，遼國的大多數文官都是漢人；其次，東北地區缺乏足夠的糧草支持戰爭，那裡的儲備經過一年的戰爭就會消耗殆盡；再次，士兵們已經過於適應和平，沒有得到充分的軍事訓練。由於這份報告的影響，一一一六年八月初二，徽宗頒布了一份詔書，命令駐守北部邊境的統帥不要挑起任何軍事爭端。六個月之後，一一一七年二月二十七日，徽宗又發布了一份類似的詔書。[29]

根據《宋史・王黼傳》記載，在趙良嗣向宋廷提交自己的計畫後，多數大臣都持反對意見。但王黼說：「南北雖通好百年，然自累朝以來，彼之慢我者多矣。兼弱攻昧，武之善經也。今弗取，女真必強，中原故地將不復為我有。」徽宗讓童貫來處理這件事時，王黼又向童貫表示他可以提供幫助。不過，徽宗自己當時還是沒有決定與遼決裂。[30]

趙良嗣關於阿骨打節節取勝的消息完全正確。阿骨打在一舉消滅他遇到的第一支遼軍後，繼續向遼國的一個州治發起圍攻，不到一個月就攻了下來。在後來的多次戰役中，阿骨打常常不僅繳獲遼軍的兵器、戰馬和車輛，還說服了很多遼國大將投降金國。遼統治下的一些非契丹部落反對遼國的宗主權，也加入了女真人的陣營。遼國的天祚皇帝試圖與阿骨打和談，同意將女真族視為屬國，但阿骨打認為這是示弱，於是繼續進攻遼國。一一一五年八月，天祚皇帝發動由契丹人和漢人組成的十萬大軍，親自出征攻打阿骨打。在這場戰役中戰敗後，很多契丹首領開始考慮是否需要另選出一名首領。因此，天祚皇帝不得不將一部分注意力放在控制內亂上，同時還要鎮壓女真人的反抗。而遼國首領在派系鬥爭中失敗後，通常會加入女真人的陣營。[31]

在一一一七年至一一一八年的這段時期，徽宗正痴迷於神霄派，林靈素也經常講道和降神。徽宗還命令所有的州都要將一座寺觀改建為神霄玉清宮，因此，在邊境地區和山東的地方官開始上奏遼軍被女真人打敗的傳聞時，徽宗也在考慮這是否意味著天神對他的虔誠信仰做出了回應。[32]

當時有一些遼國難民坐船前往高麗避難，但遭遇了風浪，船被吹離航道，最後停靠在山東海岸。地方官從他們那裡打聽到女真人攻打遼國的細節後，立刻上表向朝廷稟告。徽宗讓蔡京和童貫就此進行商議，並命地方官乘船前去遼東，名義上是去買馬，但實際上是試圖與阿骨打進行接觸。一一一八年初，徽宗聽說他們的船甚至都沒有上岸，隨即命令童貫親自祕密安排人前往遼東。為了使整個過程順利進行，徽宗還親筆寫了一份手詔，途中若有官員阻攔，使節就可以拿出這份詔書。一一一八年四月，使團從開封出發，隨團有一名翻譯、八名士兵和七名官員。五個月後，他們乘船從山東登州離開。[33]這是徽宗首次派遣使節到金國與女真人接觸，隨後又先後派出了十幾次使團。

在等待使節從金國返回期間，徽宗從大臣那裡聽到了各種各樣的觀點。有一個據稱見過遼國皇帝的細作告訴徽宗，天祚皇帝有亡國之相。因為好奇，徽宗派了三名宮廷畫家跟隨下一次使團一起到遼國。這三名宮廷畫家繪製了沿途的風景以及遼國皇帝的面容。他們回來將這些繪畫呈給徽宗看的時候，一口斷定，從見到遼國皇帝的第一眼，他們就能看出他餘日無多了。[34]

差不多與此同時，童貫也向徽宗呈遞了一份奏疏，但這份奏疏沒有保存下來。童貫建議趁遼國混亂重新奪回燕雲地區。他認為，軍隊應當兵分兩路，先包圍東部的幽州，再以重兵奪取西部的雲州。徽宗希望聽到蔡京對童貫的建議有什麼看法，多次派宦官去詢問蔡京，但一直沒有得到答覆。直到後來有一次，徽宗在上朝結束後，留下蔡京直接詢問，蔡京才願意講出自己的觀點。蔡京對徽宗說，他對童貫沒有信心，也不認為像出征異國這樣重要的任務可以托付給童貫。徽宗提到童貫早年在西北邊境取得勝利，蔡京爭辯說，不知道在這些勝利中到底有多少是童貫的功勞。[35]

當時，有一位沒有官職的學者安堯臣寫了一篇長長的奏疏，更加直言不諱地反駁童貫的建議。安堯臣一開始就提醒徽宗，對事情僅聽取一面之詞是很危險的，因為這樣很難聽到反對者的觀點。然後，他引用了很多歷史上的例子，說明派遣軍隊到邊境打仗會帶來災難性後果，認為應當維持早期宋朝皇帝談判定下的安排。安堯臣接著詳細論述了宦官當政的危險，直接點名批評了童貫，並指責他犯下的各種惡行。徽宗為安堯臣直言敢諫而予以獎賞，但並沒有改變自己對童貫的看法。[36]

儘管徽宗希望對遣使女真的事情嚴守機密（畢竟對遼而言女真人是反叛者），但還是在朝堂上公開討論了利用遼國可乘之機的總體政策，徽宗聽到了大臣們的各種觀點。童貫和王黼都看好從遼國收復失地的機會，但其他大臣，包括蔡京、鄭居中、鄧洵武、劉正夫和种師道將軍，都提出了反對意見[37]。鄭居中堅持認為，戰爭付出的代價非常巨大，相比於漢代與匈奴作戰耗費的巨資，宋朝選擇向遼支付歲貢對經濟造成的影響要小得多。鄧洵武也強調了戰爭的危險，他建議徽宗收集各路去年的兵力與糧草報告，放在座旁，時時閱讀。同時，他還讓徽宗自問更希望與誰為鄰，是強大的女真還是衰弱的契丹？[38]徽宗發現，使兩府同意撕毀與遼國的盟約並與金國結盟不是件容易的事。幾年之後，在一一二六年至一一二七年期間，蔡京的一位侍從記錄，他知道決定繼續推進這件事的原委。這位侍從的敘述從一一一九年十一月金國使者來訪開始：

> 詔貫延使及良嗣會京私第，盡卻左右人從，惟令揀守門。揀但遠聞金使言杖鼓須是兩頭打。既而使者去，京猶豫未決。貫恨京，毀於上前。京惶恐，遣揀往貫曰，太師與相公相知至深，近聞司空上前不相主張，凡事若有未副意，但請見諭，不必致疑。貫起立謂揀曰：「童貫小內臣，蒙太師提攜，今官職至此，豈敢相忘，煩覆知太師，不可信人語言，遂成嫌間也。」揀退，貫復呼之曰：「更煩賢問太師在杭州靜坐，今日至此，誰之力？童貫所以報太師亦盡矣。」
>
> 揀歸，具道貫語，京雖知貫已發怒，然此事實未敢從，但憂懼而已。

第二個關鍵事件發生在徽宗召集的一次宰輔御前奏事，蔡京沒有參加這次會議：

> 一日，兩府俱朝，京不入，[39]上忽曰：「有一事欲相商，北方果何如？」鄭居中對以時未可為。[40]又顧問余深，深對：「臣與蔡京所見一同，亦曾奏知，恐此事不可輕動。」遂問白時中，逡巡未對。而王黼輒先奏曰：「中國故地，久陷戎羌，今日天相陛下成此大功，若不乘時，恐有後悔。」因敷奏數十言，歷歷可聽。上皇笑曰：「眾人皆謂不可，卿獨可之，難以施行，姑俟他日。」然意已屬黼矣。

蔡京參加了接下來的一次重要會議：

更數日，禁中曲宴宰執，酒酣，有旨令泛舟。上皇遽以片紙遣貫詔京等議此事，若可，即書名。京等皆錯愕。令貫具奏，容子（仔）細面陳，難便書名。王安中曰：「某生長北方，聞燕人思歸之情切矣。若今舉事，指揮可定，某亦願書名。」其餘皆默然。黼拜相，仍賜玉帶，於是罷群臣，獨與貫、黼、安中等議，決意行之。且當日之事，貫實造謀，非黼與安中，亦無緣便為。[41]

當然，宋朝長久以來一直希望奪回燕雲十六州，這個願望也促使徽宗做出結論，確信遼國眼下的衰落是一次不可錯失的良機。當代學者張天佑認為，在這種環境下，聯金攻遼「非徽宗之愚妄自大，不過是在繼續執行長期的國策而已」。不久之後，蔡京在一一二〇年六月致仕，大概徽宗也對他抵制建立新的盟友關係感到厭倦了。[42]

隨後幾年中，童貫和王黼在評估軍事情報和建議行動計畫方面發揮了主要作用，但兩人也並未一直結為同盟。為了使自己處於有利地位，可以控制行動計畫，王黼設立了邊防司。透過掌控這一機構，他就能夠在指揮收復燕雲十六州的戰役上與童貫抗衡。[43]

遣使談判

宋朝第一次派出的使節由武將馬政（見表13.1）率領，於一一一八年四月從開封出發，閏九月在遼東登岸，最後在一一一九年正月回到開封。這次出使共歷時超過八個月。[44]

宋朝使者在返回時也帶來了阿骨打的使節，因此，徽宗應當不僅聽了宋使的覆命，而且聽到了金國使者的陳述。宋使還向徽宗報告了他們的冒險經歷。船在遼東登陸時，有一夥人搶走了他們的貨物，還把他們綁了起來。這夥人決定帶他們去見阿骨打，他們經過了一千五百多公里和十幾個州，差不多三個星期後才見到了女真族的一些重要首領，其中包括阿骨打和他的侄子粘罕。[45]阿骨打對他們的會談非常滿意，決定派使者（包括兩名女真人和渤海漢人李善慶，後者是一位文人）與宋使一同前往開封。金使帶去了一份正式的提議，說如果雙方聯合抗遼，宋、金可以將各自奪取的領土據為己有。金使還帶了一些特產作為禮物，其中包括珍珠、黃金、貂皮、人參和松子。[46]徽宗讓金國使者直接與蔡京和童貫討論，並留他們在京城逗留了十多天。此後宋金兩國又進行了多次類似的外交往來，最後促成了所謂的「海上之盟」，即宋朝使臣從山東乘船渡海建立的盟約。[47]當宋、金兩國使者頻繁往來時，遼國的使者也沒有閒著。事實上，僅在一一一八年，遼國就向金國派出了六次使團。隨著金逐漸加強對遼國東部地區的控制，出使金國的遼使也愈發頻繁，暴露出他們的絕望心情。阿骨打沒有接受遼的任何建議，而是提出了自己的條件：將遼國五州中的三個州割讓給金，把皇室或貴族的家庭成員送到金國作為人質，此外，金國在兩國外交關係中處於尊位，遼要向金進獻歲貢。遼國當然拒絕接受這些條件，因為這就相當於投降金國。[48]

徽宗派去回覆金國的使團剛開始進展很不順利。首先，使團還未出發，主要使臣就在山東去世了。在

表 13.1　宋金主要的使節來往

	使節	任務
派往金國的宋使	高藥師	遼國漢人。他們的船被風吹到中國海岸後，告訴當地人女真人崛起的消息。1118 年奉命前往金國，但船到達後沒有上岸。
	呼延慶	武將，擅長多種語言，1118 年作為翻譯隨團出使，被阿骨打扣留了六個月。
	馬政	武將，由童貫推薦，曾在中央武學學習，被賜為武進士。1118 年至 1122 年期間共三次出使金國。
	趙良嗣	遼國漢人，曾任遼國官員，1115 年歸降宋朝。1120 年至 1123 年期間共八次出使金國。他是童貫的門生。現存史料大量引用了他在 1122-1123 年間提交的正式出使金國報告中的內容。
	馬擴	馬政之子，1118 年被賜為武進士。一開始陪同其父出使金國，但在 1122 年後，馬政就不再擔任使臣，而由馬擴替代。1120 年至 1125 年共七次出使金國，其中有幾次是作為童貫向女真大將粘罕派去的使臣。他被金國作為人質扣留了幾個月。現存史料廣泛引用馬擴的自傳，描述了女真族及雙方使臣與皇帝之間的很多對話。
	周武仲	宋朝官員，1122 年至 1123 年共三次出使燕京。
	盧益	宋朝官員，1123 年出使燕京。
派往宋朝的金使	李善慶	渤海人，1119 年出使開封。
	高隨	渤海人，1120 年和 1121 年出使開封。
	錫喇薩魯	女真人，1120 年、1121 年出使開封。1121 年在山東被扣留兩個月。也被稱為赫魯或習魯。
	高慶裔	渤海人，曾在遼國做官，1122 年出使開封。
	李靖	1122 年和 1123 年出使開封。
	撒盧毋	女真人，1122 年一次、1123 年兩次出使開封。

耽擱一段時間後，使團在沒有主要使臣的情況下還是出發了。他們拜見阿骨打時，阿骨打對文書中使用的語言很不滿意，因為它是以詔書的形式，稱阿骨打為徽宗的臣子。其實宋使在這樣做之前徵詢過阿骨打使臣的意見，他們暗示沒關係。顯然，阿骨打已經找了一些外交關係領域的專家，他們向他解釋了這些微妙的細節。此外，沒有主要使臣這件事也被阿骨打視為一種侮辱。[49]

阿骨打將宋使呼延慶扣留了六個月才讓他離開金國，這也許是想要拖延與宋朝盟約談判的一種計策，因為金、遼之間的談判也正在進行。當時金國在攻打遼國的戰場上節節取勝，沒有理由在條件不成熟的情況下與任何一方達成協議。在放呼延慶回國前，阿骨打強調，金國憑藉自己的力量就可以不費吹灰之力地打敗遼國。如果宋希望與金保持友好關係，就應當尊重金國。[50] 一一二〇年二月十六日，當呼延慶終於回到開封後，向徽宗轉達了這些訊息，以及遼金並未結盟的消息。

於是徽宗的朝廷加緊了外交努力。在派使團第三次出使金國時，一一一五年投降宋朝的前遼國官員趙良嗣被任命為主要使臣。徽宗親自為他寫了一份手詔，命令他爭取與阿骨打就聯合抗擊遼國和收回燕京達成口頭協議。[51] 趙良嗣於一一二〇年三月初六從開封出發，三月二十六日到達山東，在四、五月分拜見了阿骨打，最後在九月初四回到了開封，總共歷時六個月。

趙良嗣對這次出使的記述被保存了下來。根據他的紀錄，在第一次拜見阿骨打後不久，阿骨打帶他參加了攻打遼國上京的戰役。到了中午，金軍統帥就已經占領了上京的城牆。趙良嗣對金軍的戰鬥能力印象深刻，或許正因如此，他同意了宋為歸還的領土向金國支付高額代價。根據趙良嗣的記述，阿骨打是一位很固執的談判者，能夠迅速指出金國的戰績，以及宋若想和金結盟需要做哪些事情。阿骨打口頭上同意，燕京以前就是中國的領土，如果宋參加抗遼奪回燕京並每年向金輸送三十萬匹絹和二十萬兩銀（基本上是將原來給遼的歲貢轉送給金），燕京就可以歸還宋。趙良嗣還提出，遼國西京（大同）過去也是中國的領土，類似情況還有十六州中的其他一些地方，包括燕京附近的平州、灤州，阿骨打的回應似乎是宋可以收回西京，但對平、灤沒有做出任何表示。[52]

徽宗原先交給趙良嗣的任務只是努力收回燕京，但他趁機也提到了大同地區，既然允許宋收回燕京的原因是那裡是漢人居住區，而且歷史上便是中國疆域一部分，這個理由也完全適用於大同。但隨著時間推移，阿骨打從更多的前遼大臣那裡聽到建議，同時金軍也憑著自己的力量取得了更多的勝利。因此，阿骨打逐漸意識到沒必要將自己軍隊奪來的地方交給宋，也不足為奇。然而一旦阿骨打把歸還大同也列入談判事項，宋的胃口就被吊起來了，這也導致後來一系列的長期談判無果，宋、金兩國的聯盟最終走向完結。[53]

一一二〇年九月，趙良嗣回到開封，一起來的金使帶給徽宗一份國書，這是宋、金兩國之間的第一份正式書面協議。國書中沒有提到西京，但與趙良嗣所記錄的口頭約定內容相符。徽宗顯然對趙良嗣的成績非常滿意，此後派向金國的大多數使團便都讓他參加。徽宗在崇政殿召見了新任金使錫喇薩魯，並命童貫在家裡設宴款待金使一行。徽宗讓人傳話，他最擔心金國奪取西京的事情。金使回答，他們的軍隊是可以信賴的，一定會實現目標。徽宗撰寫了一份國書，這次他修改了措辭，使用雙方對等的詞語。因為阿骨打的國書中開頭是「大金皇帝謹致書於大宋皇帝闕下」，徽宗的國書便也以「大宋皇帝謹致書於大金皇帝闕下」開頭。[54]

一一二〇年九月二十日，向金國遞交國書的使團出發，參加過第一次出使金國的馬政也是其中的使臣。兩個月後，在一一二〇年十一月二十九日，宋朝使團到達金國。宋使的任務是讓金確信，大宋將派兵擊敗遼國，並繼續討論西京的問題。[55]同時，根據與金國的協議，童貫開始集結軍隊進攻燕京。

遼國政權搖搖欲墜，徽宗是如何做出採取最佳行動的決定的呢？他廣泛地徵詢意見。謀臣中有一派比較謹慎，主要是年紀比較大的大臣，擔心事情可能會向壞處發展。而年輕的一派，尤其是王黼和蔡攸，早就等不及了，迫切希望充分利用這一機會。童貫的年齡與保守派接近，但他是唯一有過作戰經驗的人，他支持希望採取行動的年輕一派。

對於事態的進展，徽宗與宰輔均無法獲得大量資訊。雖然趙良嗣和馬政等宋使會書面或口頭報告一些情況，但這些故事還有待與金國遞送的文件，以及與金派到開封的使臣對話來進行驗證。出使任務很多時候要依賴使者的個人才智。他們不僅要清晰闡述本國君主的立場，監控協議的書面用詞，還要贏得談判對手的尊重和好感，同時盡可能多地了解對方的軍事狀況。馬擴剛開始是跟隨其父馬政出使金國，後來他自己也升任到比較高的官職。他記錄了自己的經歷，其中提到很多用來考驗使臣的方式。[56] 根據他的記述，有一次，阿骨打率領一隊手下外出打獵，帶上了宋使。粘罕將軍通過翻譯問馬擴：「我聞南朝人只會文章，不會武藝，果如何？」馬擴回答說，宋朝官員通常分為文官和武官，但很多人既能文又善武。馬擴承認自己是一名武官，粘罕便交給他一副弓箭，讓他表演從一匹飛馳的馬上射箭，並以譏諷的語氣說他想學習一下南朝人的箭法。於是馬擴彎弓策馬，成功射中目標。阿骨打聽說此事後，也讓馬擴為他表演了箭法。[57] 馬擴無疑是一位出色的箭手，但他記錄這件事並不只是為了炫耀，而是希望通過這件事告訴徽宗和閱讀出使金國報告的朝官，即使受到強硬的女真大將的貶低或羞辱，宋使也知道如何堅持自己的立場。

在隨後的三年裡，徽宗共六次接見了金國的使臣。按照禮儀通常有兩次正式的召見，第一次是在使臣到達開封後的幾天內，最後一次是在使臣將要離開時。根據這些正式召見的儀式，使臣首先要陳述出使目的，並遞送國書，然後徽宗會通過一位宦官口頭轉達問候，並進行一般評論。徽宗通常會讓他們到王黼的私宅會談，討論具體的問題。但徽宗對這些細節並非不加理會，他有時會單獨召見那些出使金國並和金使一起回國的宋使。有好幾次，徽宗親筆書寫了遞交給金國的文書，以表明這些書信的重要性和對接收者的尊重。此外，他還會定期親自給宋使寫信，向他們解釋應當如何應對談判，例如何時可以接受妥協。

值得一提的是，阿骨打本人親自參與了談判過程，但徽宗似乎將他與金使的接觸限於更正式的召見場合，而讓童貫或王黼與金使詳細討論。當然，這在某種程度上反映出兩人不同的政治角色。阿骨打是一位軍事領導人，他的政治權力很大程度上來自與屬下的個人關係，而徽宗則主持著一個龐大的官僚機構，因此禮儀地位對於維護國家的等級制度而言是核心因素。當然，個性差別可能也起到了一定的作用。阿骨打憑藉軍事對抗起家，似乎也很享受在談判過程中的鬥智鬥勇，他會嘗試各種策略，為自己一方贏得最大利益。徽宗對這種高賭注的博弈卻沒有興致。[58]

面對失敗

（一一二一—一一三五）

第十四章

危局（一一二二—一一二五）

宣和四年既開北邊，度支異常，於是內外大匱，上心不樂。

——蔡絛後來的回憶

徽宗在位的第二個十年可以說是躊躇滿志。他修建了華麗的宮殿、花園和宮觀；組織大批學者對早期的禮儀、醫學和地理著作進行篩選，然後編纂出最新典籍；大量收集藝術作品和古玩，委派飽學之士進行研究並整理目錄。他把國家對道教的支持帶入了一個新階段，並將道士納入政府的官僚體系。他還開始為眾多子孫後代安排婚姻，建造宅邸。大臣們也藉著這一個個機會向他表示祝賀。

徽宗是從什麼時候開始預感到事情也許不會完全按照計畫順利進行的呢？蔡絛的觀點比較有說服力，他認為最早是在一一二一年，當時徽宗被迫撤回原本計畫攻打燕京的軍隊，改派他們去鎮壓南方的一次叛亂。[1]

方臘起義

一一二〇年十二月，徽宗獲得消息，在全國最富裕的地區出現了一支叛軍，已經占領了幾座城池，其中便包括重要城市杭州。此消息上奏給徽宗時已經被隱瞞了數日，甚至是數週，因為各級官員都希望向上級報告一場值得稱讚的勝利，而非新出現的危險問題，因此，在向上級報告之前，他們首先都力圖自行解決這件事。[2] 徽宗最終聽到叛亂的消息時，形勢必定已經非常危急了。當時波及的範圍已遠遠超出最初的起義地點睦州，而擴大到周邊的大部分州縣。當地很多官吏一聽說起義大軍逼近就紛紛逃走，而不是組織兵力進行戰鬥。

一一二〇年十二月二十一日，徽宗以宦官譚稹為將，率領原定攻打燕京的禁軍精銳，前去鎮壓起義。在派出譚稹的三日後，徽宗頒布了一份詔書，赦免歸降朝廷的起義軍：

> 二浙安於承平，不見兵革垂二百年，屬者狂寇竊發，憑恃山險，然念無知之人，或被脅從；兩州吏民，或為詿誤，或因逃亡；敗衄軍卒，情有可矜，困於無告。仰譚稹量度事機，曉諭德意。應干前項人及凶賊眷屬，並見在賊中徒伴，如能束身自歸，或告言動息，捕致賊黨，並特與免罪，一切不問，內稍有功績，即優與推賞。招攜止殺，以靖南土。[3]

在頒布赦文和調兵遣將的同時，徽宗也在努力更多地了解事態的發展。他咨詢意見的大臣之一是淮南轉運使陳遘。陳遘回覆說：「臘始起青溪，眾不及千，今脅從已過萬，又有蘇州石生、歸安陸行兒，皆聚黨應之。東南兵弱勢單，士不習戰，必未能滅賊。願發京畿兵、鼎澧槍盾手，兼程以來，庶幾蜂起愚民，不至滋蔓。」[4] 一一二一年正月初七，根據這類建議和叛軍不斷進擊的奏報，徽宗決定由童貫率第二支禁軍南下，並統率全局。這支軍隊中包括一部分蕃兵，總兵力達到十五萬人。由於叛亂的中心地點遠離京城，徽宗授權童貫可自行頒布詔書，不必事先得到皇帝批准，可因時制宜制定作戰計畫。[5]

方臘又是什麼人呢，他為何能夠如此迅速地奪取這麼多地區？關於方臘有各種傳聞：他是摩尼教徒嗎？他自己擁有一座漆園，還是僅僅在漆園裡做工？據說方臘被徵募去做村裡的稅吏，這份工作沒有人願意做，尤其是如果稅額沒有完足，稅吏還要自己設法填補差額，這樣一來就更沒人做了。[6] 方臘起義後，吸引了眾多窮人參加他的隊伍。

在方臘起義引起朝廷注意的時候，義軍已經公開宣稱反宋。一一二〇年十一月初一，方臘自封為「聖公」，並宣布年號為「永樂」。方臘起義是利用人們對花石綱的怨恨情緒，因為當時花石綱為了運送花石給徽宗建造花園，在地方上強徵很多苛捐雜稅。一位南宋文人記載，方臘對追隨者們慷慨陳詞，控訴朝廷對遼和西夏輸送巨額財富，皇帝還沉迷於「聲色、犬馬、土木、禱祠、甲兵、花石靡費」的奢侈生活，而這些都是東南人民的血汗錢。[7] 不過，這些話究竟是不是方臘親口所言，還是有人在北宋滅亡後想像他可能說過，就不得而知了。

剛開始的時候，方臘和他的起義軍占據了一個掘有眾多地道的巨大山洞——幫源洞。他們像土匪一樣，時常到村裡劫掠或擊殺官吏，然後返回洞穴。縣城的官吏對起義軍不僅束手無策，還總是遭到他們的伏擊。官吏們命人用木頭修建壁壘，深挖壕溝，但方臘的起義軍燒毀壁壘，占領了縣治。一一二〇年十二月初四，州治也被方臘攻破，起義軍進城後見到官兵就殺。很快，起義軍攻占了周邊的很多縣城，直逼杭州，知州聞風而逃，起義軍便於十二月二十九日占領了杭州。他們在杭州城裡放火燒了六日，據記載有三成居民在這次大火中喪生。[8]

禁軍抵達後，宋朝在剿殺起義軍上取得了很大的進展。童貫於正月二十一日抵達浙江，這距離他的部隊接到南下命令後僅過了十四天，這說明他們大部分是乘船過來的。[9]童貫首先採取的措施包括廢除花石綱和停運進貢物品，因為這已經讓民眾怨聲載道，並成為起義軍有效的號召。同時，童貫還頒布了一份御筆手詔——儘管這份詔書可能是童貫自己寫的——承諾幫助平叛的人都有重賞。[10]殺死或生擒方臘者，除了將獲得賞銀一萬兩、絹一萬匹、錢一萬貫之外，還能得到黃金五百兩；擒獲方臘手下大將者，賞賜酌減；如果叛軍中有人捉拿了方臘並將其交給宋軍，不論生死，他自己的罪行都將得到赦免，並獲得重賞。[11]

童貫當時已經六十多歲，是禁軍的總統領，但前線戰場主要由王稟、姚平仲、何灌和劉光世等年輕將領控制，這些將領後來都在抗擊遼、金的戰場上發揮了核心作用。與起義軍的第一場重要正面交鋒持續了六天，宋軍聲稱剿滅了兩萬叛匪。二月十八日，宋軍收復杭州。通常的情況似乎是，禁軍一旦逼近，起義軍就撤離占領的城市，轉而攻打另一座城市。然而，還是有越來越多的起義軍被殺死或擒獲。三月二十七日，宋軍奪回了睦州。四月二十四日，禁軍包圍了起義軍的大本營。從後部包抄洞穴時，宋軍發現，「門嶺崖壁，峭阪險徑，賊輒數萬據之。劉鎮等率勁兵從間道掩擊，奪門嶺，斬賊六百餘級」。直到黎明時分，宋軍才攻進洞中。不久後，他們開始放火。「賊二十餘萬眾腹背抗拒，轉戰至晚，凶徒糜爛，流血丹地。」宋軍稱共剿殺了幾千名叛亂者，釋放了數萬名被脅迫加入的百姓。第二天，方臘在幫源洞中被宋軍抓獲，同時被擒的還有他的家眷及手下大將。此時距離童貫最初到達這個地區只有三個月左右的時間。方臘於七月被押到京城，並作為囚犯被帶上朝堂。次月，方臘被處決。[12]不過，他的一些追隨者仍然在周邊活動，因此禁軍在那個地區共停留了十五個月。

方臘起義及朝廷平叛造成的損失非常巨大。宋朝史料記載了龐大的死亡人數，包括大約一百萬起義軍和兩百萬平民，當然這個數字也只是猜測。六個州和五十二個縣都遭到起義軍燒殺搶掠。[13] 起義軍在城中縱火時，往往會造成重大的損失。禁軍與起義軍作戰時，殺死的起義軍人數通常比活捉的人還多。例如，劉光世收復龍遊縣時，他的部隊殺死了兩千兩百零九名起義將士，活捉的只有五十人。戰鬥中傷亡人數巨大，一個原因是起義軍的裝備簡陋，也沒有受到良好訓練。一名宋將記載，起義軍沒有太多的兵器，常常赤手空拳地搏鬥，而且為了嚇唬敵人，還在臉上塗抹很多油彩假扮鬼怪。[14]

儘管有很多地方官吏在起義軍進攻時聞風而逃，但同時也有很多英勇抗擊的事例，還有不少人明知面臨死亡也毫不退縮。[15] 起義爆發伊始，當地的李綱於一一二一年正月給朝廷的每位宰輔都寫了一封信。在信中，李綱敘述了他對這些起義軍的觀察，並提出了行之有效的軍事策略。李綱堅持從外面調集訓練有素的士兵，因為當地士兵無法有力地抗擊起義軍。儘管很多起義軍是被方臘的部隊抓獲後被迫加入，但這並不意味著他們就不構成威脅。李綱認為，出身窮苦的農民被迫加入起義隊伍，通常認為劫匪生活很吸引人，因為他們光靠偷竊就能夠獲得他們想要的所有東西。[16]

聯盟的緊張局勢

方臘起義發生得實在很不是時候。當宋軍正在東南忙於剿匪時，女真人的軍隊已拿下了燕京東邊的平、灤、營三個州，以及遼國的西京（大同）。[17] 阿骨打不願意再討論將這些州歸還宋朝的事情了。他派使臣錫喇薩魯向宋朝呈遞正式文書，但使團在一一二一年二月抵達山東後，就在那裡被扣留兩個月。這實際上是一種拖延戰術，因為當時童貫正在南方與方臘的起義軍作戰。直到最後錫喇薩魯生氣地威脅要走到開封時，徽宗才讓馬政將金使帶到開封。[18]

由於童貫和宋朝最精銳的部隊都在南方平亂，金使帶來的書信使徽宗陷入兩難。阿骨打在信中重申將燕京地區歸還宋朝的承諾，但如果金軍沒有宋軍幫助僅憑自身力量便攻下燕京，那他就不會歸還燕京。對遼國的西京也同樣如此。徽宗竭力反對這個新條件，在回覆金使的國書中，他堅持燕京應當交還宋朝。但這一次宋朝並沒有派使臣前往金國，而是讓金使帶回宋朝國書，明顯反映出徽宗新近對宋金聯盟的冷淡。

童貫的軍隊肅清起義軍殘部的時候，金國也正在對遼國統治進行摧毀性的打擊。據蔡絛記載，徽宗朝廷先是聽說遼國的天祚帝率十萬大軍前去援助燕京，但後來又聽說他正在另外一個方向作戰。事實上，在一一二二年之前，遼國的統治家族正在自相殘殺。天祚帝的一位嬪妃指責說，一些主要大臣謀畫著逼迫天祚帝讓位給一位皇子。最終是天祚帝處決了幾位近親和大臣。此後不久，一些重臣擔心自己也會成為天祚帝懷疑的目標，紛紛逃往金國。一一二二年正月，金軍占領了遼國中京（見圖2.1）。[19]

遼國已經連失三座京城，皇帝也逃跑了，到了一一二二年，遼國已不再是一個由中央政府控制的國家。一一二二年三月，遼國的一些大臣與天祚帝失去連繫後，在南京（燕京）宣布擁立皇室成員耶律淳為新皇帝。他們還試圖與阿骨打議和，但未獲成功。由於據密探報告，這部分遼軍被逐出了家園，宋朝開始擔心他們會來搶占自己的土地，因此，朝廷要求邊境守軍加強軍事防禦。[20]

儘管與金訂約已成事實，但徽宗還是收到一些大臣的奏疏，勸說他放棄攻打燕京的想法。其中堅持最久也最有說服力的大臣是宇文虛中，當時他擔任宣撫使司參謀，掌管河北、河東和陝西的軍隊。宇文虛中認為，在充分評估交戰雙方的虛實之前，不應倉促應戰。這份奏疏惹惱了王黼，他將宇文虛中貶去擔任集英殿修撰。儘管如此，宇文虛中仍然繼續上疏反對採取軍事行動。[21]

在一部分金軍追趕天祚帝的同時，宋軍也做好了履行承諾的準備，即聯合金國攻打遼國的南京（燕京）。燕京是一座大城市，四周由高達九至十公尺的城牆環繞，城牆全長二十公里，儘管面積沒有開封大，但也不小。燕京是當地的中心城市，該地區共有十個州和三十二個縣，總登記人口為一百二十萬，大部分是漢人。[22] 一一二二年四月初十，徽宗在一個郊區御苑檢閱了童貫打算帶去燕京的十萬軍隊。徽宗給童貫親筆寫了一份手詔，其中包括童貫應當爭取的三種策略：上策是燕京當地民眾歡迎宋軍，要求恢復以前的邊界線；中策是統治燕京的耶律淳請求成為宋朝的屬國；最不希望的下策是宋軍鎮壓當地人的反抗，然後返回原來邊界的狀態。徽宗還向燕京百姓頒發了一份詔書，承諾減免願意歸順者的稅賦，並威脅處死那些反抗的人。徽宗還給耶律淳寫了一份詔書，提出的條件和上面差不多。[23]

不到兩週，四月二十三日，童貫便到了高陽關，宣撫司張貼榜文，呼籲燕京當地民眾投降。榜文中說：「幽燕一方本為吾境，一旦陷沒，幾二百年。比者漢蕃離心，內外變亂，舊主（天祚帝）未滅，新君（耶律淳）纂攘。」榜文中還承諾，降宋的人將保留原有的官職和土地，而且對契丹人和漢人一視同仁。[24]

徽宗並不完全信任童貫能管控好這次出征，五月初九，他派蔡攸前去燕京監督童貫。徽宗在寫給蔡攸的手諭中稱，童貫年事已高，容易犯一些愚蠢的錯誤，然後故意隱瞞，但邊境之事對朝廷關係重大，因此，派遣一位可以信賴的人前去監督局勢發展，這非常重要。蔡京和蔡攸在別的事情上存在齟齬，且由來已久。蔡攸臨行時，其父蔡京寫詩一首為他送行，詩中委婉地對整個戰役提出質疑。這首詩後來傳到徽宗那裡，徽宗建議對其中的措辭略作修改。[25]

童貫同時採取了幾項策略，其中一個是在燕京內部製造叛亂，趕走契丹人，然後邀請宋軍入城。他找到了一個內應，此人係前遼高官之子，名叫李處溫。童貫派趙良嗣交給李處溫一封信，授意他在燕京城內採取行動，與宋軍裡應外合。但計畫並未成功，李處溫被耶律淳的手下殺死。[26]另一方面，童貫也在尋求外交途徑。他派馬擴到燕京地區打探情況，尋找一些願意幫助宋朝的當地漢人，作為與耶律淳之間的中間人。耶律淳手下大臣對馬擴說，宋朝違背了與遼國的盟約，但馬擴反駁說，耶律淳是篡位者，天祚現在仍然是遼國皇帝。也許是為了讓馬擴改變看法，燕京的官員讓他跪下，然後取出兩幅畫像卷軸，一幅是宋真宗畫像，另一幅是宋仁宗的畫像，是幾十年前由宋朝送給遼國的。耶律淳還讓一位翻譯誦讀了兩國當初立下的誓書。[27]

最後，童貫不得不仰仗手下的將領。但不幸的是，並非所有人都支持這項計畫。年過七旬的种師道將他們這種行為比作強盜進入鄰居家，不但不幫助鄰居，還趁火打劫參與分贓。五月下旬（二十六日和二十九日），耶律大石率領的耶律淳部隊進攻种師道率領的宋軍。《三朝北盟會編》中有一段文字記錄了由於輕信而導致的危害，認為宋軍受到重創的一個主要原因是种師道命令部下不得殺害燕京人，而是坐等他們投降。种師道這樣做是服從童貫的命令，因為童貫相信燕京人希望成為中國的一部分，除非受到煽動，否則他們不會反抗宋軍的進軍。以上這些可能是由不願看到宋朝失利的人虛構出來的一個理由。然而，無論真實情況是什麼，遼軍在白溝襲擊种師道時，他下令軍隊撤退。[28]

蔡攸六月分抵達宋軍大營，此時童貫已撤退到宋朝境內的河間，燕京人也紛紛開始越過邊境進入宋，他們說遼國已經沒有統治者了，擔心以後會發生戰亂。差不多就在這個時候，耶律淳死了，他的遺孀以繼承人的名義接替他執政。[29]

在宋朝的朝廷上，王黼竭力勸說舉棋不定的徽宗再發起一次進攻。徽宗頒布手詔，批准了這項建議。這一次宋朝將調集二十萬大軍越過邊境，此外還新提拔了一批大將，包括早年在童貫麾下參加過戰鬥的劉延慶和劉光世。很快，童貫向朝廷報告他們已成功進入燕京地區，繳獲大量輜重，並擒獲很多敵軍。[30]

徽宗自己這時候正忙著接待金使。金國使團先在宋軍兵營拜見了童貫，然後於九月十一日到達開封。主要使臣是一位名叫高慶裔的渤海人，他非常了解漢人的外交禮儀，處處確保金使受到的待遇高於宋朝通常對待遼國使者的禮遇。徽宗讓他們步入崇政殿遞交國書。他們不僅按照慣例到王黼的府邸議事，徽宗還多次派高官設宴款待他們。金使收到不少禮物，並參觀了明堂、龍德殿等宮殿。他們離開時，徽宗甚至親筆撰寫國書和其他文件。但這幾位金使顯然並非恭順的客人，他們離開前覲見徽宗，徽宗當時說，燕京現在已經沒有真正的統治者，唯一要解決的問題就是軍隊。徽宗評論說：「豈金國可容？早擒之為佳。」金使反駁說，宋軍自稱多次打敗契丹人，但這並不符合事實，事實表明，如果沒有金軍的幫助，宋軍連一支契丹的軍隊都打不敗。[31]

七天之後，也就是一一二二年九月十八日，徽宗派趙良嗣、馬政和馬擴陪同高慶裔使團一起返回金國。他們帶去的國書中報告了宋軍近期對契丹人取得的勝利，以及金軍從古北口攻打燕京時宋軍將從涿州、易州出擊的計畫。此外，信中還提醒金國不要信任西夏，因為他們一直在幫助契丹人。[32]儘管對雙方聯合抗遼的最初理解是金軍進攻大同，宋軍攻打燕京，但此時徽宗提到的方案卻是聯合進攻燕京，顯然是擔心宋軍在沒有援軍的情況下無法攻下防守嚴密的燕京。這是徽宗犯下的最嚴重錯誤之一，因為它暴露出宋軍的無能，金也就喪失了讓宋朝奪取燕京地區的主要動機。

在進行這些外交斡旋的同時，宋軍在攻打燕京以南地區上有所進展。九月，易州和涿州沒有抵抗就投降了宋軍（在易州，當地百姓首先將城裡的契丹人殺死）。耶律淳派去駐守涿州的常勝軍統帥、渤海人郭藥師也向大宋投降效忠。[33]

十月初九，耶律淳遺孀派來的使臣來到宋營，拜見了童貫和蔡攸。他們轉達了耶律淳遺孀願意作為宋朝屬國的旨意，請求放過燕京的百姓。童貫希望能將土地交還宋朝，而不是留在屬國，但來使說，歸降宋朝等於歸還了領土，而且與金相比，他們是一個相對友善的鄰居。童貫扣下了使臣，派人將這份國書送往開封。[34]宋金之間的盟約當然不允許任何一方私下與遼國訂立合約，但由於徽宗已告訴過童貫，使耶律淳歸附是一個中策，這意味著他不得不考慮這個方案。

十月十三日，耶律淳遺孀請降的書信到達了開封，這被朝廷視為一個值得慶賀的事件，群臣在垂拱殿向徽宗表示祝賀。徽宗頒布手詔，減輕新獲領土上百姓的稅賦，重新對那裡的州、縣命名，並承諾任命有識之士擔任官職。[35]

大宋朝廷已經開始在開封慶祝燕京的歸降了，但耶律淳的遺孀還沒有得到她所希望的條件，也沒有打開城門迎接宋軍。在前線，宋軍做好了圍攻燕京的準備。十月十九日，劉延慶、何灌、郭藥師、劉光世等人在涿州會師。郭藥師作為新近降宋的遼國舊將，對燕京的防禦瞭如指掌，因此能夠給出攻城的最佳方式。郭藥師的計畫是讓宋兵喬裝為平民，混在一座城門外每日的早市中，跟著人群進城，然後分散到其他幾座城門，在他們的接應下為宋軍打開城門。該計畫進行得很順利，宋軍在控制城門後，立即命令那裡的民眾歸降宋朝，並起來反抗契丹人。耶律淳的遺孀一度登上城門，在門樓上觀看兩軍激戰。郭藥師派人勸她投降，但她回答說，她聽說宋兵對契丹人燒殺搶掠，因此將士們決心與宋軍決一死戰。宋軍與燕軍在街頭巷尾的肉搏戰從早晨一直持續到晚上，在此期間，耶律淳的遺孀一直留在皇宮裡。宋軍精疲力竭時，她打開皇宮大門，派出新的生力軍參戰。宋軍統帥期盼的援軍沒有及時到達，燕軍很快占了上風。燕京城裡的漢人擔心因為幫助宋軍作戰而遭到報復，懇求郭藥師留下來，但郭藥師帶著原先五千人軍隊中僅剩下的四百人，倉皇出逃。[36]

隨後幾天，局勢對宋軍越來越不利。十月二十五日，契丹將軍蕭幹帶領軍隊出燕京城迎擊宋軍。為了讓劉延慶及其軍隊相信城中的宋兵都已經被殺死，他拿出郭藥師等幾位宋將的盔甲和戰馬示眾。十月二十七日，蔡攸下面的宣撫司擔心涿州失陷，派出兩千人前去加強防禦。十月二十八日，劉延慶報告說，他正在撤兵。次日，劉延慶火燒軍營，帶領潰軍退了回來。[37]

軍事困境

幾天後，宋軍潰敗的消息才會傳到徽宗那裡。在這期間，趙良嗣和馬擴再次來到阿骨打的軍營。一一二二年十一月初一，趙良嗣和馬擴見到了阿骨打，此時阿骨打已經獲知宋軍失利的消息，不願意將之前承諾的領土都交還給宋朝。現在他只同意歸還燕京，還有燕京與宋朝領土之間的六個州。宋使堅持要回大同和燕京東邊的平、灤、營三州，但沒有成功。金國的談判者還提出了新的條件，宋朝應當只得到這一地區的漢人居民，而契丹、渤海和奚等民族都屬於金，而且可能會遷往金國。[38]金國的談判者還說，金軍應該隨時都可以跨越這一地區，但趙良嗣認為這根本就是對宋朝主權的侵犯。

趙良嗣和馬擴都記錄了這次重要的會談。[39]從馬擴的紀錄中可以看出，他對趙良嗣很不以為然。連續幾天夜以繼日地趕路後，他們在軍營見到了阿骨打、阿骨打的兒子斡離不及一名翻譯：

（阿骨打）云：「前次遣曷魯大迪烏議割還燕地，貴朝不遣聘使，乃是斷絕，今來難舉海上之約。但皇帝知趙皇誠心，不忍絕好。燕京候平定了日，與或不與，臨時商量。今西京卻已平定，奉還貴朝，可差軍馬交割。」當時緣郭藥師已降，劉延慶已逼燕，故有割雲中（即大同）之意。

良嗣錯愕，失詞答云：「元議割還燕地。若燕京不得，即西京亦不要。」

斡離不云：「燕京為未了，且言臨時商量。西京是已了，割與貴朝，卻言不要，不成剛強與得？」

次日復召議事。相溫云：「皇帝有旨，昨日所論西京事，更休理會，海上之約亦是貴朝自斷絕。且看趙皇面，特許與燕京六州二十四縣。如貴朝軍馬先入燕，則本朝軍馬借路歸國，仍要在燕係官錢物。若貴朝不能入燕，待本朝打了與去。」

是時虜人聞楊可世、高一箭、郭藥師已入燕，故有此語，以為他時紛競之端。良嗣云：「錢物則不較，但借路事恐難從。」

相溫云：「待遣人同去南朝商量。」遂起。

良嗣歸，有喜色，作詩云……

次日欲朝辭。相溫云：「已差李靖充大使，王永昌充副使，撒盧拇充計議。卻於二國信使中留一員隨軍，恐貴朝軍馬入燕地把定關隘。本朝借路時要得分辨。」

良嗣汗流不能對。某附耳云：「龍圖，燕人不為女真所畏。若不能免，某請為留，宜安方寸。」

良嗣徐對曰：「自來無例摘留使人。」

相溫云：「此皇帝意。」

近晚，阿骨打召辭云：「二使人誰留？」良嗣復答以無例。阿骨打云：「行軍非引例處。」

某應曰：「若必欲留，願令大使歸報，某請留。」遂辭。次日良嗣與李靖等行持書詣闕。[40]

十一月二十一日，趙良嗣與金國使者一同回到開封，而此前不久，宋軍在燕京大敗的消息也傳回了京城。徽宗不想讓金使在開封逗留太久，很快將他們打發了回去。徽宗遣回金使時，除了一封和解的國書，還親筆給趙良嗣寫了兩封信，內容是關於如何進行談判。第一封信中提到，營、平、灤三州的稅賦不多，而且當地收成波動很大，因此，金希望得到銀十萬兩和絹的價值超過從這三州獲得的收入。徽宗還建議向金國解釋，宋朝希望收回西京，是為了幫助抵禦契丹統治者。第二封信回顧了之前兩國商定的各個事項，重申他希望維持原先的所有決定，並表示如果平、灤兩州交還宋朝，願意增加每年輸送給金國的絹和銀兩。徽宗最後說，必要時可以將他的信作為證據拿給女真人看。[41]

十二月初六，使臣還沒有見到阿骨打，金軍就開始進攻燕京了，馬擴作為人質也被一同帶去。儘管耶律淳的遺孀試圖反抗，但燕京的統帥與高官拱手將關隘和城池交給了金。因此，燕京讓宋軍折戟沙場，卻被金軍攻下，這並非由於金軍強大，而是因為儘管當地將領大部分都是漢人，但卻更願意向金投降。阿骨打派馬擴向童貫報告金軍大勝的消息，並派一支五百人的騎兵隊伍護送，還有五百匹馬鞍齊備的馬作為贈禮。王安中等官員此前非常自信，認為當地的漢人肯定會支持宋軍，但事實證明這毫無根據。阿骨打讓大部分的歸降遼將都保留官職，並委派他們去勸說其他遼國城池投降。耶律淳的遺孀投奔天祚帝，花了十個月才到，但剛一到，天祚帝就憤怒地把她殺了。[42]

十二月十五日，趙良嗣和另外一位宋朝使臣周武仲終於見到了阿骨打，想透過談判要回燕雲地區，但被阿骨打拒絕。在回覆開封的國書上，阿骨打指責宋在攻打燕京的行動上食言而肥。金國還提高了條件，不僅要求宋把此前向遼輸納的歲貢轉納金國，還要求得到燕京地區的稅收。到了此時，阿骨打對禮尚往來已經不感興趣了。宋朝若想要回營、平、灤，他就不會歸還燕京。[43]

一一二三年正月初一，金國使臣李靖帶著阿骨打提出的新條件來到開封。幾天後，徽宗在崇政殿召見了金使一行人等。徽宗向他們表示，他對宋金聯盟的成功很滿意，並要他們就一些餘留事項與王黼商議，例如燕京地區的稅收問題。徽宗不在場時，雙方的談判十分激烈，各方都固執地堅持自己的立場，就像他們在金國大本營時那樣。金國使臣堅稱，燕京是金國自己攻下的，理應將燕京的稅收納入宋給金的歲貢之中。王黼反駁說，原先的協議中沒有提到過稅收，但他願意做一些妥協，維繫雙方聯盟，同時出於實際操作的考慮，他提出以銀兩和絹來代替稅收中的穀物和銅錢，因為前者更容易運輸。針對這一建議，女真人沒有提出異議。[44]

據馬擴記載，宋使和李靖及其他金使一起返回後，童貫把他叫去，問他對談判的紀錄為何與趙良嗣的敘述不一致。接著馬擴被派去與王黼商量一些事情。他向王黼強調，儘管收回燕雲地區是宋朝的長期目標，但由於宋軍未能在金軍之前攻下燕京，導致現在面臨的局面比較被動，必須重新考慮決策的長期後果。馬擴提出了三種可能的行動路徑。上策是宋朝收回所有領土，北邊一直延伸到更易防禦的關隘，如此一來，即使宋朝不得不多付出一倍的歲貢，也能從中獲益。但如果女真人不願意交回平、灤、營三州，宋就只能將歲貢略微提高，因為宋朝必須修築新的防禦工事，以防侵犯。如果接受金國的提議，即只收回六個州，卻要將這一地區的原有稅收都交出去，馬擴認為這顯然是下策，且只是應對當前局勢的權宜之計。他還認為，如果不考慮財政上的影響，一味尋求收回領土，根本就不能算是一種戰略。但王黼說，朝廷已經決定選擇馬擴所說的下策。[45]

一一二三年正月，當初支持宋軍攻打燕雲地區的大臣王安中辭去三省的職位，請求去前線擔任河北河東燕山府路宣撫使，知燕山府。王安中儘管文采出眾，但沒有任何作戰經驗。郭藥師被任命為他的副手，實際主管軍中事務。[46]

女真人開始不斷地挑剔宋朝的提議。徽宗親筆寫了給金國的國書和附件，原本以為這樣可以表明他對女真人的尊重，但女真人發現此次的書法風格與之前的文件不太一樣，便懷疑信件不是徽宗親筆所寫。[47] 徽宗還給趙良嗣、馬擴和周武仲寫了一份手詔，要求他們盡力索回燕山以北的區域，若不成功，就在談判中採取新的方案。金國提出的盟約草案中僅提到了燕京及周邊的涿、易、檀、順、景、薊六州。最後女真人同意，只要宋朝補償金國的軍費，就可以將大同歸還給宋朝。這一協議被作為附件補充在官方文件上，同時表示金國歸還大同是慷慨之舉。盟約草案還說，雙方之間將不使用親屬的稱謂（不同於宋遼聯盟的做法）。宋朝接受了金提出的草案，只是在最前面加了一篇序言，強調保持雙方互信的重要性。然而，金國版本的盟約中加了宋朝版本沒有的文字，金國認為宋朝沒有履行承諾攻打遼國。[48]

這份盟約在宋和金的史料中都保存了下來。徽宗簽發的誓書在開頭提到：「大金皇帝」已完全攻下遼國，現將遼在五代時期奪走的燕京地區歸還給宋。盟約中明確列出了範圍，包括燕京和周邊的涿、易、檀、順、景、薊六州，以及隸屬於這些州的縣和人口。宋朝之前每年輸納遼國的二十萬兩銀子和三十萬匹絹，今後轉輸金國。此外，宋朝每年還要從燕京地區的稅收中拿出一百萬貫銅錢支付給金國，相當於這一地區收入的五分之一或六分之一。雙方都不應當向對方派出密探或收留叛逃者，也不應以任何方式在邊境地區挑起爭端。如果確需越界捉拿盜匪，應當先送交書面通知。不過，兩國之間的道路應當保持開放。[49]

一一二三年的盟約基本上按照金國的意願訂立。不過，徽宗也沒有什麼理由認為宋朝受了委曲。宋朝在外交上花費了很多的精力，但軍隊調集得相對較少，得到的結果中既有新增加的財政負擔，也有新獲得的領土。盟約簽訂之後，徽宗朝廷也許還是認為他們的所得要多於所失，畢竟自從九七九年宋太宗試圖奪回燕京失敗後，宋朝就一直渴望收復燕京地區。現在，這一目標終於實現了。

三月，徽宗在崇政殿召見金國使臣。後來，由於金使一再要求舉辦「花宴」，徽宗便派人為他們安排了一次。金使準備離開時，明確問到能給金國多少特別報償，徽宗回答說二十萬，金使想讓徽宗增加，但徽宗並未同意。金使離開後，徽宗向趙良嗣和馬擴提起這件事，說金人似乎貪得無厭。趙良嗣贊同徽宗的說法，也認為金人很貪婪，而且只會考慮自己的利益。馬擴又說：「在本朝兵不立威乃至是。」徽宗說，女真人的貪婪和殘暴甚至比唐朝末年在中國大部分地區發起暴亂、臭名昭著的黃巢還要有過之而無不及。他還說道，若能使金人安定下來，他不惜將歲貢增加到一百萬。接著徽宗轉向了一個比較輕鬆的話題，他聽說馬擴是一個很有文學天分的人。趙良嗣告訴徽宗，馬擴是一位武進士。馬擴則謙恭地回答，自己是受益於徽宗建立的教育機構。當日晚上，徽宗就賜予馬擴御筆詔書，升了他的官。[50]

一一二三年四月十七日，童貫和蔡攸率領宋軍進入燕京。城中沒有逃走或沒被女真人遷走的居民手持點燃的香火，列隊歡迎新的統治者入城。五天後，也就是四月二十二日，童貫上表報告皇帝已收復領土，並將過去幾年中的所有戰役都說成宋朝連戰皆捷。[51]女真人占領燕京的六個月中，對這座城市搶掠一空，因此，在宋軍看來，他們似乎只得到了一座空城。兩日後，童貫和蔡攸率軍離開燕京，返回開封。

為了慶祝收復燕京，徽宗宣布了一次大赦。五月初七，群臣聚集在文德殿，向徽宗表示祝賀。五月初八，徽宗寫了一份手詔，稱收復燕京是「紹祖考之先志」，並對所有的宰輔進行封賞。五月初九，由於王黼在收復燕京中所起到的重要領導作用，被提升為蔡京致仕前的職位（太傅）。幾天後，徽宗又賞賜他一座私宅，面積比他在七年前獲賜的府邸還大。府邸收拾妥當後，徽宗親自為其中的七間房題寫了匾額。[52]

五月二十九日，童貫和蔡攸返回開封，值此之時，徽宗親臨景龍門（舊城北城牆的正門），觀看凱旋的隊伍。[53] 童貫和蔡攸還一同帶來了降將郭藥師。徽宗以貴賓之禮對待郭藥師，顯然是希望胡族將軍也可以像唐朝蕃將一樣戍守北方邊境。徽宗賜給郭藥師一座宅邸和一些侍女，除了命令重要大臣接待郭藥師，還邀請他遊覽皇宮中的苑囿和金明池，並在金明池安排了賽舟的娛樂活動（彩圖14）。郭藥師向徽宗表達了自己的感激之情，徽宗問可否托付他一件事，郭藥師答道：「臣夷虜遠人。今日蒙天地大恩，已誓效死惟陛下，即使蹈湯火、冒白刃，正所甘心粉身碎骨矣。請不問何事，臣藥師必死也。」於是，徽宗提出了一個讓郭藥師感到不得不拒絕的要求：「天祚未了。卿為朕經營取之，以絕燕人之望。」郭藥師淚流滿面，請求徽宗不要派他去攻打舊主，此時徽宗非但沒有怪罪郭藥師，反而因他的忠誠而有所賞賜，希望以此贏得他的心。[54]

六月初一，已經致仕的蔡京上表祝賀徽宗打敗遼國，稱這是宋朝前所未有的功績，預示著偉大的和平終於來臨了。蔡京提到神宗時期軍事行動上的受挫，以及徽宗自己「下武繼文」，最後得出結論：宋軍的這些勝利一定是贏得了上天的助佑。[55]

七月十六日，童貫正式致仕，據說是因為徽宗對他和蔡攸從燕京回到開封後的表現不甚滿意。[56] 同一天，王黼為徽宗獻上一個精心設計的新尊號，以體現徽宗對道教的發揚光大，以及在軍事、文化事業上取得的偉大功績。徽宗御筆答覆如下：

朕獲承至尊，兼三王五帝，以臨九有之師，無有遠邇，罔不臣服。荷天之鑑，四序時若，祥瑞洊至。薄言興師，燕、朔歸附，大一統於天下，蓋祖宗之靈，廟社之慶。惟我神考詒謀餘烈，顧朕何德以堪之？而群公卿士，猶以炎、黃、唐、虞之號為未足稱，循末世溢美之辭來上，朕甚愧焉。所請宜不允。

王黼的請求連續三次均被徽宗拒絕，包括趙楷、太學生和一些老臣在內，很多人仍屢屢提出這一請求，徽宗都沒有答應。[57]不過，看起來當時很多人都覺得徽宗會喜歡這種恭維。

九月，王黼向徽宗報告，自己的宅邸中長出了象徵祥瑞的芝草。王黼思考芝草所預示的重大意義時，想起徽宗在前一年賞賜的長生大帝聖君和九華玉真安妃（化身為徽宗和劉明節皇后的天神）畫像。由於他對畫像中的形象非常熟悉，一下就認出芝草與這兩幅畫像很像，因此，這對整個國家而言都是一個吉兆。徽宗不僅親自臨幸王黼的宅邸觀看芝草，還賜予王黼一份手詔。徽宗在手詔中先是稱讚了王黼的美德，接著就吹捧王黼在收復燕京時做出的貢獻：「若合符節，比來海嵎加治，神祇咸若，凡建大事，決大疑，莫不克舉，方時平虜之策，在廷之臣，罔攸措議，惟卿有先見之明，助朕獨斷。」現在甚至草木也對他的美德做出了回應。但另一處史料記載，徽宗此次臨幸時，發現王黼宅邸之富麗奢華堪比皇宮花園，因此開始懷疑他的廉潔。據說徽宗當天晚上喝醉了，王黼想留他在府中過夜，讓皇帝的禁軍護衛獨自回去，但護衛拒絕了，要求面見皇帝，於是王黼自行將他們解散了。[58]

新的領土

收復北方幾個州耗盡了宋朝政府的資源。同時，燕雲十六州中尚未交還宋朝的幾個州的漢人，擔心女真人成為新的統治者，也紛紛逃往河北。河北地區經常受到黃河改道的影響，本身並沒有剩下什麼資源。[59]當地政府在養活和控制這些難民上困難重重。很多人加入了自衛的民間組織，其中勢力最大的一支被稱為義勝軍，據說有十萬人。當地劫匪猖獗，商人都不願意去那裡經商。一一二四年正月二十九日，馬擴被派往燕京，與王安中商議如何管理新的領土，爭取當地居民並幫助他們在戰後復蘇。但金國的存在是一個威脅。三月，金派使臣前往燕京，向宋朝索要據稱是趙良嗣承諾過的兩百萬擔糧食。宦官統帥譚稹以沒有正式書面協議為由，拒絕了這一要求。[60]由於當地遭受饑荒，連駐守當地的宋軍都沒有足夠的糧食，甚至有人餓死，所以譚稹或許也別無選擇。[61]

宋軍為奪取燕雲地區和管理當地難民付出了巨大的成本。為了養活九千人的戍邊守軍和郭藥師的五萬人常勝軍，每月需要十多萬擔糧食。[62]京城、河南與河東的百姓已經擔負了沉重的稅賦，因此，宋朝開始對其他地區徵收一項新的稅費，稱為免夫錢。每名成年男子必須繳納二十貫銅錢，甚至官員、宗室和僧侶也不能幸免。這項新稅共籌集了兩千萬貫銅錢，卻激起了眾多民怨。[63]本節的題記摘自蔡絛的一份長篇紀錄，講述了這項新稅對其父、對徽宗所產生的影響：

> 宣和四年，既開北邊，度支異常，於是內外大匱，上心不樂。時王丞相既患失，遂用一老胥謀，始倡免夫之制，均之天下。免夫者，謂燕山之役，天下應出夫調，今但令出免夫錢而已。御筆一行，魯

> 公為之垂涕，一日為上言曰：「今大臣非所以事陛下也。陛下聖仁，惠養元元，澤及四海。矧前日之政，但取地寶，走商賈，未嘗及農畝。今大臣於窮百姓口中斂飯碗，以取其錢，乞弗取。」上心亦悔，亟令改作聖旨行下，然無益矣。自是作俑，每動數田畝，習以為常。不但祖宗朝，蓋亦崇觀、政和之所無也。是時，天下免夫所入，凡六千二百餘萬緡，朝廷樁以備緩急。至宣和七年春已用之，止餘六百萬緡爾，外二千二百餘萬緡，有司奏不知下落，此黼密以奉宴私者。[64]

顯然，將這些虧空記在王黼身上有些誇張，他不太可能為了一己私欲就花光五千萬貫，更有可能的是，派軍攻打燕京和安置難民耗盡了政府的儲備。戰爭的代價是極其昂貴的。

然而，宋朝政府卻無法削減軍隊的開支。由於急需更多的馬匹，針對那些在本轄區內增加養馬數量的官員，政府制定了獎賞制度。由於譚稹與女真人有了摩擦，童貫在致仕後又被召回京城，並於一一二四年八月被派往燕京替代譚稹。[65]

朝廷內也在重新進行調整。在受到李邦彥和蔡攸的彈劾後，王黼於一一二四年十一月被罷免。宇文粹中呈遞了一份奏疏，內容是最近幾年連續征戰所造成的沉重財政負擔，以及因此對普通百姓徵收的苛稅及其影響。宇文粹中認為，徽宗曾多次頒布詔書，對百姓表示同情，如今都已經淪為一紙空文，最重要的是要大量削減開支，使之回到宋朝早期的水平。作為對這份奏疏的回應，徽宗下令設立一個由蔡攸、白時中和李邦彥三人領導的講議局，任務是找出政府在開支上的浪費。童貫認為，領取俸祿的人數一直在穩步上升，而真正能夠縮減預算的唯一方法就是減少領取俸祿的人數。[66]

次月，根據朱勔的建議，蔡京在致仕四年半後重新被召回朝廷任職。他可以每五日上朝一次，但這一安排也未持續很久。由於蔡京當時已接近失明，不得不讓兒子蔡絛幫忙處理公務，但李邦彥、白時中對蔡絛的權力感到不快。一一二五年三月，兩人說服徽宗罷免蔡京。徽宗派童貫和蔡攸前往蔡京府中，要求他離職。儘管當時蔡京已經虛歲八十歲了，而且健康狀況很差，但他還是不太情願。這些事情之後，童貫重新恢復了尊貴地位。事實上，童貫在一一二五年六月被賜封為王，因為根據神宗的遺訓，收復燕京地區的人應當被賜封王爵。[67]

直到蔡京再次致仕之後，講議局才開始呈遞報告。一一二五年的四月至十一月，講議局提出了一系列削減人事和削減諸項費用、特權、鋪張浪費行為的建議，例如，要求各路、州在每年祝賀徽宗誕辰（天寧節）時不要耗費太多物資。講議局曾在一份報告中抱怨，有的地方官員無視新的法令，甚至連皇帝的御筆也不放在眼裡。儘管中央政府可以禁止各種腐敗行為，但在強制地方政府執行方面的手段卻非常有限。[68]

金國在那個時候也有一位新皇帝登基。一一二四年初，宋朝聽說了阿骨打在幾個月前離世的消息，徽宗廢朝五日，並穿上了弔唁的衣服。阿骨打的弟弟吳乞買繼承皇位，廟號為金太宗（一一二三至一一三五年在位）。事實證明，金太宗統治下的金國是一個非常棘手的盟友。一一二三年底，前遼大將張瑴帶著宋朝邊界的平州和另外兩個州，從金投降宋。宋朝很高興能得到更多的領土，賞賜了張瑴豐厚的錢財和封號，完全沒有顧及宋金盟約中禁止向對方臣民提供庇護的規定。金太宗對宋接受張瑴投降勃然大怒，不僅以武力奪回了平州，還要求當時掌管燕京的王安中將張瑴的首級交給金。王安中照他的要求做了。[69]這一行動避免了與金的決裂，但同時也使很多前遼大臣對能否信任宋朝的保護持謹慎態度。

一一二五年正月，徽宗遣使前往金國，祝賀新皇帝金太宗登基。宋使許亢宗的報告是徽宗朝唯一存世的使臣報告。許亢宗在報告一開始就提到，這次出使基本上遵循了與遼國之間建立的使團禮節。除了正使和副使，使團共有八十人，包括一名醫師、兩名翻譯、四十五名士兵，以及各類職員、挑夫、馬夫等。為了運輸行李，使用了三輛馬車、十頭駱駝和十二匹馬。禮物中除了茶和水果等物，還有配備金銀馬鞍和轡頭的三匹馬，以及用象牙和玳瑁裝飾的馬鞭。使團於一一二五年正月底出發，八月返回，總行程在宋朝境內是二十二程共計一千一百五十里，境外是三十九程共計三千一百二十里。[70]

許亢宗描述了他們所經區域的自然與人文地理特徵。他發現講漢語的區域很廣，契丹、女真、奚和高麗人相互之間的溝通都使用漢語。他還看到了近年來戰爭的很多痕跡。燕京地區發生了旱災，儘管現有的物資被輸送供應郭藥師的常勝軍，但將士們看起來仍然骨瘦如柴；事實上，由於供應到得太遲，官兵十之七八都餓死了。隨著使團越來越深入金國領土，人口密度也急劇下降。使團來到金國領土的大後方時，一名金國大臣準備了幾頂帳篷，用來接待宋朝使臣並提供娛樂。隨著樂師用各種樂器的伴奏，六、七十名舞者翩翩起舞。許亢宗覺得那些食物都比較奇怪，尤其不習慣羊心或羊血做的湯。與他進餐的一個主人開始吹噓金國無敵於天下，許亢宗回覆說，宋朝也並非羸弱，而是一個有著兩百年歷史的國家，幅員遼闊，有精兵數百萬。但他也承認，當他終於來到金國的朝殿時，還是被工匠建造的宏偉宮殿打動了。金太宗端坐在宮殿內，殿內裝飾非常奢華，並有金杯和象牙湯匙。[71]

許亢宗返回開封後，徽宗閱讀了報告，女真人準備進攻大宋的證據已經很確鑿了。在整個一一二五年，馬擴也多次派人給童貫送信報告，他派出的密探已經非常確定，金正在準備攻打宋。[72] 童貫盡可能為應戰做準備工作，但他還是不太願意把這個壞消息告訴徽宗。

與十年前奮起反抗遼國的女真人相比，現在的女真族已經成為更加可怕的敵人。透過與遼的戰役，他們學會了如何攻占城池以及與步兵作戰。阿骨打的兒子斡離不與侄子粘罕也學會了不再懼怕對手的軍隊規模，同時掌握了在談判中如何用技巧去操控和迷惑對方，以及如何在察覺到對方希望和解時提出更多的要求。宋應當對這些進行提防。

一一二五年十一月，徽宗在郊壇舉行了一次大型的祭天儀式。十二月初，朝廷接到了邊境附近的官員密報，金軍已進入宋的領土，但宰輔們並沒有將消息告訴徽宗，部分原因是打算在所有儀式都結束後再去打擾他。[73]月初，也就是十二月初八，陝西轉運判官李鄴自告奮勇出使金國，他要求朝廷拿出三萬兩黃金，希望以此來說服金國撤軍。徽宗當時沒有這麼多現成的黃金，於是拿出祭祀時用的兩個金甕，加起來重約一萬兩，命人熔製成金塊。[74]然而，李鄴還沒有回來，局勢就漸趨惡化了。

徽宗是否應該為方臘起義承擔責任呢？傳統的史家當然這樣認為。這次起義證明徽宗的奢侈生活對國家造成了巨大的破壞：老百姓受到了沉重壓迫，被迫揭竿而起。即使我們不應完全相信南宋史料中方臘的話確係他本人所說，但經濟困境顯然幫助起義軍招募到更多的追隨者。這些困境中有多少是新出現的，又有多少是政府的近期政策造成的，很難區分，但也許可以肯定的是，政府的政策使局勢更加惡化。

徽宗一得知方臘起義的嚴重性，就毫不遲疑地派手下最有經驗的兩名大將率重兵前去鎮壓。起義本身很快就被鎮壓下去了，但它的重要意義主要在於，這使得宋軍耽擱一年多才進攻燕京，也就讓金國有了充分的時間，幾乎獨自攻下了遼國。如果宋軍能夠提前一年到達，金就會認為宋軍對抗遼之戰有更多的貢獻。

即使徽宗看到事情進展不順利，也沒有放棄。他堅持履行自己的職責——閱讀奏疏，向信任的大臣咨詢建議，親自接見使臣，並親筆給宋使寫手詔，指導他們如何進行談判。必要時他還動用皇家資源，甚至令人將祭祀用的金器熔掉，送給金國。徽宗在款待新盟友時非常大方，並批准建立了龐大的軍隊。因此，並不是由於徽宗自己拒絕參與這些事情，才導致擴張國家疆域的宏偉計畫破滅。

徽宗決定與金結盟是否促成了遼國的滅亡呢？也許沒有。宋在滅遼的過程中只起到很小的作用，金主要是透過說服遼軍倒戈，獨立完成了這一任務。最多只能說由於與宋的結盟，使金獲得了信心。[75] 如果宋沒有與金結盟，而是與遼結盟，幫其鎮壓女真人的叛亂，也許遼可以設法生存下去，不過，這一結果也無法確定。

因為距離的原因，徽宗及其宰輔很難從開封對戰爭和外交進行管理，情報也時斷時續。談判在開封進行時，宋朝可以確保談判協議令他們滿意，然而，談判常常是在金國進行，如果有新的問題提出來，宋使就必須至少做出初步決定。軍事行動也同樣如此，很難從京城控制遠在幾百公里之外的軍隊，統帥報告的內容也無法保證都是完整和準確的。這些困難在隨後幾年將繼續困擾徽宗。

在宋金聯盟簽訂後，宋是否有可能扭轉局勢呢？每次宋對金的新要求做出妥協後，金似乎就會提高胃口，希望從宋那裡獲得更多東西。如果宋朝攻下燕京，甚至攻下遼國其他防守嚴密的城池，金軍將領在決定迅速向中國北方發動大規模戰役之前，也許會產生一絲絲猶豫。

第十五章

內禪（一一二五—一一二六）

臣曩者君臨四海，子育萬民，緣德菲薄，治狀無取，干戈並興，弗獲安靖。

——徽宗於一一二五年十二月二十四日寫的禱詞

一一二五年十二月十六日，童貫回到京城，同時也帶來了女真人入侵的消息。童貫還在太原時，馬擴和他的密探就匯報了粘罕和斡離不兩位將軍率女真軍隊入侵河東和河北的消息。童貫之所以去太原，是因為金國要求他在太原會面，然後金會依照之前的協議在大同交還宋朝領土。童貫聽說金軍入侵的消息後，派兩位使臣去見粘罕，要他做出解釋。使臣帶回的答覆是，女真人入侵宋朝是由於張瑴事件，宋只有割讓河東、河北，並以黃河作為新的邊界，才可能得到一條活路。[1]這相當於對宋宣戰。童貫不顧太原守軍統帥的懇求，立即回師開封，通知朝廷，並協調宋軍的應對措施。後來，反對童貫的人指責這一行動是懦弱的表現，但童貫反駁說，自己作為宋軍年過七旬的最高統帥，職責是對軍隊進行總體部署，而不是僅僅防守某一座城市。[2]同時，給朝廷送急件也沒有用處，因為宰輔通常不會將令人不安的消息報告給徽宗，他必須親自回京覲見皇帝。

太原以北的領土很快就淪陷了，太原則陷入長期的包圍中。東部的防守任務委託給了歸降宋朝的遼將渤海人郭藥師。徽宗在兩年前曾經非常慷慨地款待過郭藥師，他統領的軍隊被稱為常勝軍，由漢人和渤海人組成，最初是為遼國效力。但對宋朝而言，不幸的是，當斡離不的軍隊在一次戰鬥中打敗郭藥師後，郭藥師並沒有率軍撤退，而是決定再次投靠新主。如此一來，郭藥師很快就率領所部與其他宋軍將領交戰。第二天，也就是十二月初十，燕京失陷，此時離這座城市交還給宋還不到三年。[3]

十二月十九日，徽宗頒布詔書，呼籲河北和燕京地區的民眾自發起來協助防禦，並承諾為有識之士提供晉升機會。他暫停了花石綱和製造局對皇宮的進貢，並將原先撥給這些項目的資金重新分配給防守黎陽的宦官統帥梁方平。黎陽在開封東北部一百多公里處，梁方平的任務是將女真人阻擋在黃河以北。作戰經驗豐富的何灌將軍當時正在京城，反對這項策略。他對首相白時中說，女真人調集全國兵力攻打宋朝，梁方平不可能阻擋住他們，同時，在距離京城這麼遠的地方部署軍隊進行防禦，是很危險的。[4]

內禪決定

關於如何應對這場危機，不僅在議事的朝殿上，在官員聚集的回廊和官邸，也都討論得十分激烈。朝殿上提出各種應對措施，其中一個是將防守京城的責任移交給徽宗的長子，也就是當時二十五歲的太子趙桓，而徽宗和少數朝中大臣則去一個更安全的地方建立朝廷，也許在南方，或是漢、唐的京師長安。儘管有些人認為這是一種逃跑行為，但也有人認為是謹慎之舉。當年唐朝受到安祿山叛亂的威脅時，唐玄宗和朝廷大臣也離開了京城，向西逃往四川避難。結果儘管京城失守了，但唐朝沒有隨之滅亡。而且，女真人很有可能直搗中原腹地，而不是長期占領大面積的宋朝土地。十世紀契丹人侵略和占領開封時，幾個月後就帶著戰利品離開了。由於歷史上從來沒有外族占領過長江以南，因此，江南地區比較安全。朝廷還初步為遷都東南做了一些準備，包括任命負責管理這次遷都的大臣。[5]緊接著，一一二五年十二月二十日，徽宗按照一位翰林學士起草的文書，頒布了一份御筆詔書，任命皇太子為開封牧。[6]

壞消息接踵而至，此時金派來了兩名使臣，但宰輔們不敢帶金使去見徽宗，於是白時中、李邦彥和蔡攸在尚書省會見了他們。金使大聲宣稱，他們的皇帝已經派兩路大軍進攻宋朝，並引用「弔民伐罪」這個經常藉以發動戰爭的經典理由為自己的行動辯護。宋朝大臣問有何辦法可以緩解局勢，金使接著大聲說，只有割地稱臣，換言之，就是投降金國。[7]這次會面使宰輔們確信，再也不能拖延下去了。

但徽宗還是想做一些事，便又頒布了一份罪己詔，將這場災難的罪責都攬到自己身上。據宇文粹中記錄，其弟宇文虛中建議徽宗採取這個行動，並為他起草了這份詔書。宇文虛中曾在童貫手下做事，後來與童貫一同返回京城。儘管他一直是童貫的軍師，但並不支持與金結盟，還對這一政策提出了很多批評，因此遭到了王黼的記恨。[8]史料中詳細記錄了徽宗與宇文虛中的對話：

> 是日，上召粹中弟虛中至內殿，同三省、樞密院官議事。適報粘罕兵迫太原。上顧虛中曰：「王黼不用卿言，封殖契丹，以為藩籬。今金人兵兩路並進，卿料事勢如何？」虛中云：「賊兵雖熾，然羽檄召諸路兵入援，結人心，使無畔怨。憑藉祖宗積累之厚，陛下強其志，勿先自怯，決可保無虞。今日之事，宜先降罪己詔，更革弊端，俾人心悅，天意回，則備禦之事，將帥可以任之。」

上宣諭云：「虛中便就此草詔。」虛中奏言：「臣未得聖旨，昨晚已草就，專俟今日進呈。」上令展讀……上覽之，曰：「一一可便施行。今日不吝改過。」虛中再拜泣下。同列尚有猶豫者，粹中奏：「乞依此出畫黄，寫敕榜。」上令速行，遂呼省吏及諸廳人至都堂謄寫，旋次印押付出，於京城張掛。[9]

這份詔書引用了批評徽宗的人用過的措辭：他們對徽宗的所有批評，徽宗現在都用來責備自己。

朕獲承祖宗休德，託於士民之上，二紀於茲，雖兢業存於中心，而過愆形於天下。蓋以寡昧之資，藉盈成之業。言路壅蔽，導諛日聞；恩倖持權，貪饕得志。搢紳賢能，陷於黨籍；政事興廢，拘於紀年。賦斂竭生民之財，戍役困軍伍之力，多作無益，侈靡成風。利源酤榷已盡，而謀利者尚肆誅求；諸軍衣糧不時，而冗食者坐享富貴。災異謫見而朕不悟，眾庶怨懟而朕不知，追惟己愆，悔之何及！

接著，徽宗承諾廢除所有的政府惡習。他承認以前對那些直言進諫的人不公平，但他保證，從現在起將會改變。

今日所行，質諸天地，後復更易，何以有邦？況當今急務，在通下情，不諱切直之言，兼收智勇之士，思得奇策，庶能改紛。望四海勤王之師，宣二邊禦敵之略，永念累聖仁厚之德，涵養天下百年之餘。

徽宗隨後呼籲各州派遣軍隊，有軍事才能者自告奮勇為國效力。他承諾將親自閱覽各種方案，即使計畫沒有奏效，也不會懲罰提出計畫的人。徽宗還在手詔中廢除了他以前的多項舉措，包括對官僚機構的改革、大晟府、劃撥給神霄宮的土地、道官制度和花石綱等。上述機構的所有資金將移交政府左藏庫作為軍用。艮嶽、延福宮、寶籙宮以及徽宗之前歷代所建花園內的官吏均被罷免。為皇子修建府邸的機構也被廢除，皇子們必須住在一起。[10]

次日，也就是十二月二十二日，各軍統帥接到了新的命令。宇文虛中被任命為河北、河東宣諭使。姚古和种師道奉命將部隊從西部調回，防守京城。為了備戰可能遭到的圍攻，朝廷下令對將自家糧食運送給守城將士的人進行獎賞。同時，還派李鄴為使臣前往金國，希望在京城受攻擊之前能達成停戰協議。[11]

在採取這些措施的同時，有些大臣開始私下討論，最好的出路可能就是徽宗退位。這個話題要與徽宗當面討論。李綱是持此看法的官員之一。李綱於一一一二年中進士、獲得官員資格後開始在京城做官，直到一一一九年，他上疏將開封的大水歸咎於陰氣太重，被貶到偏遠的南方擔任小官。但他在一一二五年又被召回京城，被任命為太常少卿。李綱拜訪了他的朋友吳敏，當時吳敏的官職較高，更容易見到徽宗。在其他史料中，吳敏屬於蔡攸一派，他們的任務就是陪徽宗玩樂。[12]根據李綱記錄的兩人對話，他對吳敏說，將皇太子任命為開封牧並不合適：「非傳以位號，不足以招徠天下豪傑。」李綱催促吳敏緊急覲見皇帝，開誠布公地與皇帝討論這件事情，甚至要不惜觸犯聖怒。吳敏問：監國是否可行？李綱答道：不可行。

十二月二十一日，吳敏沒有見徽宗，直到第二天才見到：

宰臣白時中、李邦彥，樞密院蔡攸、童貫，執政張邦昌、趙野、宇文粹中、蔡懋皆在，而宣諭使宇文虛中、制置使王蕃亦預召。

宰執奏事退立，王蕃前奏事，復退立，吳敏前奏事曰：「願請間。」上皇顧群臣，少卻立。敏曰：「金賊渝盟犯順，陛下何以待之？」[13]

徽宗問吳敏有什麼想法，吳敏答道：

「聞陛下巡幸之計已決，有之乎？」上皇未應。敏曰：「以臣計之，今京師聞寇大入，人情震動，有欲出奔者，有欲守者，有欲因而反者，以三種人共守一國，國必破。」

上皇曰：「然。奈何？」

敏曰：「自寇之入，臣嘗私禱於宗廟。昔者得於夢寐，不知許奏陳否？」

上皇曰：「無妨。」

敏曰：「臣嘗夢水之北，螺髻金身之佛，其長際天；水之南，鐵籠罩一玉像，人謂之『孟子』。孟子之南又一水，其南有山坡陀，而臣在其間。人曰：『上太上山。』臣嘗私解之曰：水北者，河北；水南者，江南；[14]佛者，金人；太上者，陛下宜自知所謂[15]而不諭。所謂孟子，臣嘗以問客，有中書舍人席益諭臣曰：『孟子者，元子也。』」[16]

上皇頷首。敏曰：「陛下既曉所謂，臣不避萬死，陛下定計巡幸，萬一守者不固，行者不達（暗指：陛下被金人抓獲或被殺），奈何？」

上皇曰：「正憂此。」

敏曰：「陛下使守者威福，足以專制其人，則守必固。守固，則行者必達矣。」上皇稍開納。敏曰：「臣所陳上上事，陛下既曉臣所謂，陛下果能如臣策，臣敢保聖壽無疆。陛下建神霄有年矣，長生大帝君者，聖壽無疆之謂也。然長生大帝君旁若無青華帝君，則長生大帝君何以能聖壽無疆？青華者，春宮之謂也。」

上皇大喜。[17]

吳敏似乎認為，徽宗是真心相信夢境的重要意義，而且在事情難以定奪時總會依照夢境的寓意去行事。吳敏不僅保證徽宗會長壽，還讓徽宗確信，這樣做能使大宋完好無損：

敏曰：「陛下能定計，則中原自此數百年仍為中國；不能定計，則中原自此數百年逐為夷狄，中原數百年利害在陛下今日。」又曰：「陛下若早定計，以臣觀之，事當不出三日。過三日，守者勢未定，威福未行，虜至無益也。」[18]

徽宗知道金軍大約將在十日內攻到開封，便同意了吳敏的建議。吳敏向皇帝舉薦了李綱，徽宗同意翌日召見李綱。然後其他宰臣又討論了一些別的事情。最後，徽宗讓別人退下，只留下了吳敏、李邦彥。李邦彥此前一直反對內禪，但徽宗現在要他別再猶豫，並將吳敏也擢升為宰輔。接著，徽宗提到一些具體事宜。

上皇曰：「不要稱太上，只稱一名目，如道君之類。」又曰：「何日可？」

敏曰：「臣適奏過三日，恐無及。」

上皇既輪數甲子，曰：「來日亦好。卿明日與邦彥同來。」上皇曰：「居禁中與居外孰便？」

邦彥曰：「居禁中恐終未便。」

上皇曰：「莫須稱疾？」

敏曰：「陛下至誠定大策，恐亦不須。」

上皇曰：「待更思之。」[19]

根據其他史料記載，第二天，李邦彥與幾位宰輔終於將童貫收到的金國檄書呈給了徽宗，檄書提到徽宗時措辭極其不敬，一如徽宗和金在計畫攻打遼時對天祚所用的語言。童貫回到開封後並沒有立即將這封信呈給徽宗，而是先與其他大臣商議如何處理。進諫和獻策的詔書都頒布之後，李邦彥認為應當將金國的檄書作為警示呈給徽宗。[20] 如果當時李邦彥已經知道徽宗正在考慮內禪的事，那這封信就將起到推波助瀾的作用。據說徽宗讀了檄書後只是哭泣，沒有說話。最後，他讓宰輔們等到晚上再過來。[21] 同時，徽宗繼續與吳敏商量內禪的計畫。他在玉華閣召見了吳敏。

宰執奏事退立，上皇召邦彥與敏曰：「計已定，只今日好。」因出一帖子置邦彥懷間，皆上皇親批合施行事，如出居龍德宮、皇后居擷景西園、鄆王罷皇城司、敏除門下侍郎、內侍隨過龍德宮而輒過者斬之類，上皇皆自處分略具。

上皇曰：「不可不稱疾，恐變亂生。」
敏曰：「亦好。」
上皇曰：「只稱道君。」
敏請稱太上皇帝。
上皇曰：「卿不須泥。」又曰：「誰草詔？」
邦彥曰：「吳敏學士也。」
上皇曰：「甚好，便要詔卿，須道朕不能內修政事，外攘夷狄意。」又曰：「朕此舉，上承天意，次安宗廟，下為百姓。」又曰：「卿昨日計中原數百年利害，是朕意也。」敏涕泣受詔，退俟廡下。宰執復奏事。上皇謂蔡攸曰：「我平日性剛，不意小虜敢爾！」因握攸手，忽氣塞不省，墜御床下。宰執亟呼左右扶舉，僅得就宣和殿之東閣。群臣共議，一再進湯藥，俄少蘇，因舉臂索紙筆，上皇以左手寫曰：「我已無半邊也，如何了得大事？」宰執無語。又問諸公如何，又無語。即左右顧，無應者，遂自書曰：「皇太子桓可即皇帝位，予以教主道君退處龍德宮。」又曰：「吳敏，朕自拔擢，今日不負朕。可呼來作詔。」[22]

這時，皇太子和吳敏都被召入。吳敏呈上草擬的詔書，徽宗作了一些修改，將其中皇帝使的「朕」改為普通人用的「予」字。但白時中還是不能接受，於是徽宗在詔書末尾寫了好幾遍「少宰主之」，直到最後白時中接受。

但讓皇太子接受內禪的皇位要困難得多：

皇太子至榻前慟哭不受命，童貫及李邦彥以御衣衣太子，舉體自撲不敢受。上皇又左書曰：「汝不受，則不孝矣。」

太子曰：「臣若受之，是不孝矣。」

上皇又書令召皇后，皇后至，諭太子曰：「官家老矣，吾夫婦欲以身託汝也。」太子猶力辭，上皇乃命內侍扶擁就福寧殿即位，太子固不肯行，內侍扶擁甚力，太子與力爭，幾至氣絕。既蘇，又前擁至福寧殿西廡下，宰執迎賀，遂擁至福寧殿，太子猶未肯即位。時召百官班垂拱殿，已集，日薄晚，時眾議不候。上即位。[23]

其他史料對趙桓拒絕繼位的原因也提出了令人信服的觀點：欽宗（這時可以這樣稱呼他了）並非按照禮儀的要求三次拒絕登基，以示謙恭，而是真的害怕在危機中接受這個重任。[24]

前文提到，徽宗在一一二五年十二月二十五日宣布內禪的詔書是由吳敏起草的，但顯然徽宗又親自（用左手？）將詔書抄寫了一遍。詔書中雖然沒有用徽宗提出的具體措辭，但總體精神是一致的。詔書曰：

朕以不德，獲奉宗廟，賴天地之靈，方內乂安二十有六年矣。恭惟累聖付託之重，夙夜祇懼，靡遑康寧，乃憂勤感疾，慮壅萬幾，斷自朕心，託以大計。皇太子聰明之質，日就月將，孝友溫文，聞於天下。主鬯十載，練達聖經，宜從春宮，付以社稷。天人之望，非朕敢私，皇太子桓可即皇帝位。凡軍國庶務，一聽裁決，予當以道君號退居舊宮，予體道為心，釋此重負，大器有託，實所欣然。尚賴文武忠良，同德協心，同底予治。[25]

徽宗決心內禪事出突然，也許還沒有來得及仔細考慮這對他和周圍人可能產生的後果。徽宗選擇道君的稱號，並移往一座改為道觀的宮殿裡居住，他想傳達的訊息是：他將進入生命的新階段，道教信仰從此成為他的重要身分特徵，並占據他更多的時間。[26]或許他想當然地認為，一旦別人接管了這場危機，他就可以在優雅的宮觀庭院中過上平靜舒適的生活，同時還有大量的書籍、道士等陪侍，開始過非常愜意的生活。

在這種壓力巨大的環境下，徽宗轉向道教信仰尋求慰藉。根據岳珂的記載，徽宗在即將內禪的前夜，前往宮城中道宮的玉虛殿，那裡是他經常祭拜道教神靈的地方。「百拜密請，祈以身壽社稷。夜漏五徹，焚詞其間，嬪嬙巨璫，但聞謁禱聲，而莫知其所以然。」大約三個月後，徽宗給李綱看了他當時寫的禱詞。內容為：

> 以宗廟社稷生民赤子為念，已傳大寶於今嗣聖。庶幾上應天心，下鎮兵革，所冀邇歸遠順，宇宙得寧，而基業有無疆之休，中外享升平之樂。如是賊兵偃戢，普率康寧之後，臣即寸心守道，樂處閒寂，願天昭鑑，臣弗敢安。將來事定，復有改革，窺伺舊職，獲罪當大。於虖！禹湯罪己，其興也勃焉，聖心其有以得於天矣。[27]

儘管很多資料只是簡單記載了徽宗突然跌倒，但有部史料比較詳盡地描述了他當時假裝中風，其實是為了讓宰輔們更容易接受他的決定。沒有跡象表明徽宗在隨後幾天說話或走路有困難，看起來並不像真的中過風（而且他能用左手寫出清晰的文字也很令人驚訝）。在當時，顯然會有很多人認為是徽宗下面的大臣逼他內禪。根據徽宗內禪後被派去服侍他的大臣李熙靖的傳記，徽宗在內禪一年後曾對他說，外人都以為內禪是吳敏的功勞，但其實並非如此，而是徽宗自己的主意。徽宗告訴李熙靖，如果他自己不願意這樣做，沒有人敢提出來。徽宗還說，別人認為他害怕上天憤怒才會內禪，就像唐睿宗那樣，但這種觀點也是錯誤的。事實上，他很早就考慮這件事了。[28]

為什麼有的大臣希望徽宗內禪，有的不希望呢？那些與徽宗關係密切的人肯定會擔心，他退位後情況會變得更糟。儘管有人可能已經意識到他們將失勢，但沒有證據顯示，他們有誰能預見到皇權易位後的政治報復會達到何種程度。

那些贊成徽宗內禪的大臣之所以這樣做，原因可能至少有二：首先，他們不認為徽宗的個人能力能夠處理好這場危機。吳敏似乎認為，徽宗很容易被那些打著神霄派旗號的觀點左右，他可能覺得徽宗是沉迷於道教神祕主義的人。既然吳敏被認為屬於一個以蔡攸為核心的小圈子，而蔡攸又和徽宗在一起的時間很多，也許他的這種觀點是對的。但還有一種可能，即李綱和吳敏這樣的大臣認為自己比徽宗更有能力來處理危機，而且認為，與在位二十多年的老皇帝相比，年輕的新皇帝更有可能融洽相處。他們也許還考慮到，軍隊、官員以及民眾都更容易受到新皇帝的鼓舞，因為他不應為這場危機的到來而受責難。

南下

李綱告訴吳敏，只要徽宗退位，金軍就會撤兵。吳敏也對徽宗說，只要他內禪，中原地區在今後幾百年都將繼續是中國領土。他們的觀點很有說服力，然而，事實證明他們的預測是錯誤的。

徽宗內禪後的第四天，十二月二十九日，宋使到達斡離不的大營請求議和。郭藥師力勸斡離不拒絕他們的要求，繼續南下。郭藥師使斡離不確信，開封是比燕京富裕得多的戰利品。[29]女真人繞開延緩軍隊行動的大城市，迅速向黃河進軍。

一一二六年正月初一，欽宗前往明堂接受百官朝賀，並改元為靖康。就在第二天，守衛黃河北岸的七千軍隊和南岸的三萬軍隊均未能阻止女真人的進攻。儘管宋軍在撤退前燒毀了浮橋，並搶走了所有船隻，但女真人還是設法用六天時間渡過了黃河。[30]

現在，開封城開始全力以赴地備戰即將到來的圍城。正月初二，欽宗宣布，徽宗將離開京城，前往亳州（在今安徽）的老子廟燒香。同時，徽宗時期宮內的六、七千宮女被遣散，包括所有的女樂工。正月初四晚上，在緊急的局勢下，徽宗一行人乘船離開京城，同行的還有鄭皇后、大部分子女，以及約一百名侍從。童貫、蔡攸和朱勔這三位在徽宗朝做官最久、個人權力最大的老臣也隨徽宗一同出行。[31]童貫也許是最有經驗的軍隊統帥，但即使他自願留下來，欽宗周圍的人也不太可能讓他來領導防禦。他們三人隨徽宗離開，進一步加快了政權更迭的進程。

蔡翛和白時中等官員力勸欽宗撤往漢、唐的京師長安，並說欽宗在那裡也可以集結一支抗金軍隊。徽宗認為這個計畫可行，欽宗似乎也比較動心，但有些大臣卻主張欽宗留下，包括徽宗最小的弟弟越王趙偲。越王認為，即使效仿真宗在一〇〇四年御駕親征，也並非明智之舉。開封比其他城市都堅固，但防守起來需要同仇敵愾。他還建議，為了消除臣民的疑慮，欽宗應當御駕親臨宣和門，使大家能夠親眼目睹皇帝仍然與他們在一起。另外一個請求欽宗留下的人是李綱，李綱現在已經成為給皇帝出謀畫策的親信。欽宗被李綱的激情打動，儘管他沒有任何軍事作戰經驗，還是命他負責京城防禦。原來的大晟府作為他的指揮部，劃撥給他銅錢一萬貫、黃金一萬兩、絹一萬匹作為經費，並給他眾多部下。[32]

但欽宗無法將所有精力全部放在防禦事務上，因為這時民眾正在大聲疾呼，要求懲治那些他們認為應該對這場危機負責的人。欽宗剛一登基，保守派就盼著返回朝廷，就像神宗駕崩後高太后開始掌權時那樣。欽宗即位沒幾天，太學生陳東就開始呼籲處死徽宗下面的主要大臣，包括那些已經不再當權的人，例如已經八十多歲、一一二〇年之後基本上不再活躍的蔡京。陳東將這幾個人統稱為「六賊」，有蔡京、王黼、朱勔，以及宦官童貫、梁師成和李彥。[33] 此外，在欽宗登基後的第一週，還有一名大臣上表，將這些問題歸咎為蔡京當權數十年期間任用黨羽並在朝廷上排除異己的政策。他要求處決蔡京。在類似的呼籲下，王黼的家產也被查封。[34]

儘管有人抱怨開封的城牆和門樓沒有得到很好的修繕，但開封還是有足夠的軍隊和給養應對敵軍的圍攻。守城的將士共有九萬六千人左右。李綱在每面城牆上都部署了一萬兩千名弓弩手，另有一萬人被派去保護延豐倉，那裡存儲了約四十萬擔的穀物和大豆。他還派了一萬人守衛位於新城東牆的朝陽門。此外，有大約兩萬八千人作為後備部隊。[35]

斡離不的大軍於正月初七到達（粘罕的部隊在攻打太原時受阻）。同一天，李鄴也在出使金國一個月後返回，他報告說金國不會被打敗，極力建議宋朝向金請和。儘管李綱認為宋能夠堅持下去，但欽宗還是立即派使臣前去與斡離不談判。欽宗叮囑宋使，最好向金承諾給錢而不是割地，金額最高可達三百五十萬。他還讓宋使許下一萬兩黃金作為禮物。到了正月初十，使臣已初步同意，將歲貢增加兩百萬貫，以及包括五百萬兩黃金，五千萬兩白銀，兩百萬匹絹和一萬頭馬、牛、騾與一千頭駱駝的特別賠償。此外，太原、中山、河間三鎮割讓給金，一名親王和一名宰相將作為人質被送到金國。[36]聽到這些條件後，李邦彥勸欽宗接受，但李綱卻認為這些妥協以後會讓金變得更加危險。欽宗試圖減少賠償金額，表示降低後便立即接受金的條件。張邦昌和皇子趙構被送到金國作為人質。最後，正月十五日，斡離不同意象徵性地減少歲貢金額，隨後雙方簽署了協定。四天後，种師道率軍從西部趕到了開封。並不是所有朝廷大臣都對宋金達成協議感到滿意。正月二十七日，李綱呈遞了一份奏疏，他認為儘管金軍非常強大，但精銳不會超過三萬人，因為軍隊中多半不是女真人，而是奚、契丹或渤海等異族士兵；相比之下，宋朝剛剛到達的援軍則有二十萬。[37]

儘管開封為不必遭受長期圍困而鬆了一口氣，但為了籌集向金進貢的巨額金銀，京城又陷入了騷亂。這筆巨資相當於對遼歲貢的一百八十倍。政府左藏庫中有大量銅錢，但女真人想要的黃金白銀卻比較短缺。所有曾被皇上賜予金銀的人，包括親王、道官、樂官和技術官等，都被要求將金銀歸還到元豐庫。所有宮殿和皇家資助的宮觀寺廟以及開封府各司，都要將公用金銀交給左藏庫。從王黼家中收繳了巨額物資，包括七千多匹絹和一千多萬貫錢，但有三分之一在存放時被人破門而入搶走。到了正月二十日，圍困之下的宋朝已經向金軍大營進獻了三十多萬兩黃金和一千二百萬兩白銀。[38]這些金銀尚不足用，政府命令所有藏有金銀的家庭將金銀交到幾個收集點。上繳的金銀以後會按照一兩黃金兌二十貫和一兩白銀兌一貫五百文的比率進行補償。告發私藏金銀的人可以得到五分之一被繳黃金和十分之一被繳白銀的獎勵。正月二十六日，宋朝又向金軍進獻了折算後的五百兩黃金和八百萬兩白銀，很多是從普通百姓家搜刮來的珠寶和器皿。宋朝這樣匆忙籌集金銀是有原因的，正月二十七日，有奏報說女真人已經挖掘了皇室嬪妃、皇子和公主的陵墓。[39]在二月初十，最後一批金銀終於進獻到金軍營中，第二天，女真人便離開了，但是，他們出人意料地擄走了一位皇子（徽宗的第五位皇子趙樞）。金對開封的壓力雖然減輕了，但對大宋的壓力沒有什麼變化，因為談判並未提到仍在包圍太原的女真軍隊，這支部隊有時也會向南進攻洛陽。

向欽宗提出建議的既有強硬的鷹派，也有比較緩和的鴿派；既有人認為對宋而言，最大的希望在於使金明白宋不能任人擺布，但同時也有人認為有可能透過與女真人談判，遵循雙方盟約，從而與女真人達成一個穩定的和平局勢。只要女真人兵臨開封城門下，求和派就會處於控制地位，但當女真人在一一二六年二月撤退後，主戰派又在朝廷占據了上風。女真人從開封撤走的第二天，擔任侍講的楊時上疏譴責朝廷，不該這麼輕易就把東北三鎮割讓給女真人。儘管女真人開始進攻時宋朝的援兵未到，但現在既然援軍已經到了，雙方的力量對比便已發生變化，而且金挾持肅王，違反了雙方的盟約，因此宋朝也沒有義務再履行盟約規定割讓三鎮，相反，宋兵應當採取攻勢。此外，楊時還建議處決大將姚古，因為他未能解救金兵對太原的圍困。李綱也持有類似的強硬觀點，主張宋朝派軍隊「護送」金軍撤退，一方面可以對他們發動襲擊，另一方面也阻止他們搶掠沿途村莊。欽宗派了一支十萬多人的軍隊，並命令率軍的將領可以相機出擊。「金人厚載而歸，輜重既眾，驅虜婦女不可勝計，氣驕甚，擊之決有可勝之理。將士踴躍以行。」[40]

在此期間，圍攻太原的粘罕聽說斡離不撤離開封時所獲賠償後，也要求宋軍向他的軍隊支付巨額賠償，但太原的宋軍統帥拒絕了。粘罕隨即派一部分軍隊南下入侵，這就使宋朝有了更多理由廢除與金訂立的協議。欽宗派种師道的弟弟种師中前去保衛河北的中山和河間。斡離不到達後，發現种師中已經做好了防禦的準備，便繼續率軍北上。[41]在這段時期，奮勇抗金的策略看上去是可行的。

被迫回京

在開封受威脅最嚴重的這個月，徽宗一行正在趕往東南地區。剛開始的行程非常艱苦，沒能徵用到政府船隻，徽宗坐過運磚瓦的小船，甚至是騾車。他們也沒有帶足給養，不得不從當地百姓那裡獲取。正月十五日，徽宗一行終於到達位於長江南岸的鎮江。[42]

那些曾在徽宗朝廷擔任高官但未隨他南下的大臣，在京城的第一次政治清洗中成了靶子。正月二十四日，王黼被罷官並流放出京，在距離開封幾十里外的地方被誅殺，當地人將其首級割下來裝入盒子，送回京城。欽宗認為在即位不久就處決朝廷重臣似乎不妥，因此命人散布消息，稱王黼係盜匪所殺。然而，沒過多久，位高權重的宦官李彥也被判處死刑，家產抄沒充公。[43]

徽宗逃離京城三週時，宋與女真人的談判正在進行，要求他回來的呼聲也越來越高。提出這種要求，主要是想懲罰徽宗時把持朝政的主要大臣，其中有幾位跟隨徽宗一同逃往南方了。一些比較偏執的批評者開始散布謠言，說分裂者企圖建立一個「行宮」。曾經提出「六賊」之名的太學生陳東上疏，條列梁師成的種種罪行，導致這位宦官被罷官後自殺。在奏疏中，陳東還指責蔡攸、童貫和朱勔挾持徽宗，強行將徽宗挾至南方。陳東希望這幾個人能被帶回開封，接受典刑治罪。在他看來，讓此「行宮」到達東南地區尤為危險，因為蔡京的黨羽在那一帶勢力很強，也許會在那裡建立起一個國中之國。他強烈要求欽宗親自寫一份手詔，派人送給徽宗，「邀請」其返回京城。有些人認為女真人構成的威脅更大，陳東不同意這一說法，他認為，奸臣造成的「內亂」要比外部的夷狄威脅更為嚴重。他還聲稱，迫使徽宗回京不應視為不孝，因為欽宗與其父相距甚遠，這讓作為兒子的欽宗很難對徽宗盡孝。[44]

又過了一週左右，陳東對欽宗罷免李綱和种師道將軍感到不滿，組織了大批太學生和京城百姓，對欽宗施壓。[45] 據記載，跪在皇宮門外請願的人有數萬之多。不久，眾人開始毆打出來與他們談話的宦官，還殺死了十幾名宦官，直到後來事態被禁軍平息。欽宗同意重新起用李綱和种師道，隨後，李綱登上城樓，努力使人群平靜下來。[46]

到目前為止，欽宗一直沒表現出他是一位果斷的統治者，而陳公輔認為，他的問題部分在於對父皇盡孝而產生的不安。二月十四日，陳公輔呈遞了一份奏疏，引用《論語・子張篇》中的一段文字，指出不改換父皇的舊臣及其政治措施才是孝道的最高境界，但他認為欽宗應當罷免徽宗的一些老臣，包括勸說徽宗內禪的幾名大臣，如吳敏和李邦彥。此外，儘管欽宗做太子時拒絕承擔責任無可厚非，但作為皇帝，就應當率先表現出強硬的一面。[47] 陳公輔還認為，徽宗最後也逐漸意識到他周圍有些人是奸臣，因此，如果欽宗罷免了那些曾經效力於徽宗的老臣，就是做了徽宗原本希望做的事情。毫無疑問，欽宗本人也能看透這一點。幾百年來，每當事情出現差錯，無論是出現彗星或日食，還是發生乾旱或暴亂，帝王總要承擔罪責，但大臣通常不會任何時候都行如其言。而且，他在一週多之前已頒布了詔書，表示後悔讓徽宗親自挑選隨其南巡的官員。不過，陳公輔指出徽宗最終恢復了理智，實際上給了欽宗一個藉口去聲稱，罷免、貶斥和處決徽宗的主要大臣都是盡孝的行為。

彈劾徽宗手下主要大臣的奏疏不斷湧入，被彈劾的大臣也一個接一個地遭到罷免，其中最主要的目標是蔡京、蔡攸及其親屬，但宇文虛中和王安中這些不太引人關注的目標也被罷官和貶斥。同時，主要的保守派被恢復榮譽，包括已經去世很久的司馬光。[48]

關於徽宗一行人在離開京城後的前一、兩個月的活動，主要資料來源是一些強烈反對徽宗統治的人所留下的紀錄，他們希望這些人能夠被帶回京城，從而使罪魁禍首受到懲罰。因此，他們的指控內容有多少可信，就值得商榷了。汪藻寫道，行宮自行頒布法令、任命官員和重新調遣援兵，在指揮和命令上引起了很多混亂。而且，行宮的花銷也很大，每天的花費高達六千多貫，徽宗身邊的奸佞小人還建議他修建宮殿和購買園林，所有這些都耗資巨大。[49]

在政權經歷這些翻天覆地的變動時，三月初一，欽宗派曾在徽宗朝任職的宋煥給徽宗送了一封信，希望他早日回鑾。[50]不過，對於要用多少武力讓徽宗回京，以及徽宗與身邊的人在遠離開封的地方另立朝廷的謠言是否可信，欽宗的朝廷也沒有達成一致意見。對於當時京城官員之間的各種討論，最有力的一份證據是中級官員汪藻寫給宰輔的一封長信。由於此信並非寫給欽宗，因此，汪藻可以直言不諱地討論「行宮」可能造成的威脅，這是當時很多人所擔心的。汪藻沒有掩飾自己對徽宗的鄙視，他寫道，如果在異族剛開始入侵時，徽宗出於悔恨和恐懼，和欽宗「共守，雪宗社之恥，慰軍民之心」，那欽宗就應當請徽宗回宮，與他每天早晚共商國是。但既然徽宗在敵人將要圍攻開封時倉猝逃離，甚至沒有說什麼時候回來，那欽宗就沒有義務和他討論國家政策。更讓汪藻生氣的是那些陪同徽宗的大臣，他們完全是因為一己之安危而逃跑的。[51]汪藻稱，讓這些人不受懲罰地逃走，損害了欽宗的威望。他建議派一位現任宰相前去迎接徽宗回宮，同時提議直接打擊與行宮有關的文官武將，對合作的人可以獎賞，不合作的就威脅將其殺死。如果欽宗的誠意不能感動徽宗，就需要採取強硬的措施：「若小人尚敢牽制，則自行宮使以下擇甚者，易之。彼為奸謀者既去，直言日聞，則上皇亦不復留矣。」汪藻還提到了另一種可能，欽宗和徽宗重新會面後，一切都很順利，但他希望欽宗不要忘記自己還有別的責任，要確保只有一個朝廷頒布命令。在汪藻寫這封信的兩天後，欽宗又給徽宗送去一封書信，再次請其返回京城。這次他派了一位兄弟去送信，也許想提醒徽宗這是一樁家事。[52]

隨著開封圍城的威脅逐漸解除，兩個朝廷之間的緊張關係也有所好轉。三月十五日，徽宗派人給欽宗送去一封信，說欽宗最近派去的信使宋煥幫助兩宮澄清事實並緩和了關係。為了消除欽宗朝中眾多大臣的疑慮，陳公輔再次上表，表示他對有謠言說徽宗被奸臣所控制感到懷疑。為了向欽宗保證，他不會作為一個不孝的篡權者被載入史冊，陳公輔認為把欽宗和徽宗的關係與唐朝時的肅宗、玄宗相比是毫無根據的——這也從側面說明肯定有人用了這個比喻——欽宗在太上皇的再三命令下才接管了國璽，這與肅宗趁其父皇在別處時自行登基完全不同，「雖千萬年不復有疑矣」。[53] 陳公輔還試圖說服欽宗，不要擔心徽宗會怪罪他將手下的很多重要大臣貶官和處決。「皆以宗廟社稷為念，合天下公議，所以奉承上皇詔旨。」他還說，徽宗非常仁慈，而且父子關係是人的本性：「上皇於陛下親邪，於群臣親邪？臣謂上皇之親，無親於陛下也。」但他擔心，欽宗未能選擇適合的信使將自己的訊息傳遞給徽宗，因此希望另派人去。「萬一上皇聖意少有所疑，即當懇切備述陛下篤孝之誠，以開具去年詔書與今日奉行之意，實無少異。」

陳公輔強烈建議，等徽宗返回京城時，要舉行一個盛大的歡迎儀式：

> 然後迎奉之禮，備加隆甚，陛下鑾輿，親出近郊，后妃嬪御，親王貴戚，下至百官公卿、士庶耆老，皆當往迎，俾聖意悟前日之去匆遽如彼，今日之歸尊榮如此，自非陛下堪任託付之重，使寇難稍平，京師乂安，政事修舉，人心歡快，能如是乎！

如果這些禮儀還是不足以說服徽宗，那一旦等徽宗回到京城，欽宗還可以控制讓哪些人與太上皇說話。「仍乞於人臣中選端正之士，有德行學問全忠孝大節者，朝贊上皇，日侍燕間，開導聖心。窮天人性命之真，脫然不復以天下事累己。」[54]

還有一個人在擔心兩宮之間的矛盾會加劇風險，那就是李綱。有一次朝見欽宗時，李綱反對派聶山率軍捉拿跟隨徽宗南巡的童貫、蔡攸和高俅等人。他還舉出唐肅宗和唐玄宗的例子，提醒欽宗說，唐肅宗沒有追究唐玄宗的舊臣，因為肅宗擔心的是玄宗會如何看待這件事。[55]這個對比很恰當，因為當時的唐朝人很快就將安祿山叛亂的責任推到位高權重的前宰相李林甫身上，這正如宋朝人將女真入侵的責任推在蔡京與童貫身上一樣。欽宗問有什麼替代的辦法，李綱進諫說，首先貶謫徽宗的重臣，逐漸削減他們的權力，並讓他們從徽宗身邊離開。

欽宗也許認為李綱正是陳公輔建議的適合信使，便派他向嫡母鄭皇后和父皇徽宗傳遞口信。李綱首先去拜見了皇后。鄭皇后所居之地沒有徽宗那樣靠南，她同意返回開封。開封當時的氣氛比較敏感，有傳言說，欽宗希望鄭皇后回來是想和她共同執政。三月十一日，一名官員上表反對謠傳中的計畫，主要理由是，讓女人執掌大權在歷史上常常會產生問題。第二天，大臣們極力要求，鄭皇后回京後不應讓她進入皇宮。當時李綱來到鄭皇后乘坐的船上，盡量使不允許她入宮的新決定聽起來不那麼充滿敵意。李綱試圖淡化讓皇后住在宮外的新規定，他對鄭皇后說，由於欽宗的「聖孝」，無論她身居何處，與皇帝之間都不會存在隔閡。然而，在三月十九日鄭皇后返回開封時，禁軍已經準備好阻止她進入皇宮。不過，鄭皇后也沒有打算入宮。[56]

根據李綱自己的紀錄，他見到徽宗後，「具道上聖孝思慕，欲以天下養之意」，其中引用了《孟子・滕文公章句上》中舜如何對待父親的內容。據說當時徽宗的眼淚止不住地流了下來，承認欽宗是個孝順的兒子。

兩人一起談論了徽宗離京後發生的所有事情，李綱想讓徽宗相信，欽宗的一些決定是合理的，而徽宗也同樣解釋了他曾採取的一些措施，那些措施的用意引起了某些人懷疑，但都是事出有因。例如，徽宗解釋道，他之所以在女真人圍攻開封時停止了行宮與欽宗朝之間的文書傳遞，是擔心一旦這些消息被截獲，女真人就會知道他的位置。對徽宗提出的三十多個問題，李綱一一做了答覆，包括追贈給司馬光的新封號等。

李綱傳遞的訊息中，最有說服力的是下面這段文字，這促使徽宗認為，欽宗迫切希望贏得自己的認可：

皇上仁孝小心，惟恐一有不當道君意者，每得御批詰問，輒憂懼不進膳。臣竊譬之人家，尊長出而以家事付之子弟，偶遇強盜劫掠，須當隨宜措置。及尊長將歸，子弟不得不恐。為尊長者，正當以其能保田園大計慰勞之，不當問其細故。今皇帝傳位之初，陛下巡幸，適當大敵入寇，為宗社計，政事不得不小有變革。今宗社無虞，四方以寧，陛下回鑾，臣以謂宜有以大慰皇帝之心者，其他細故，一切勿問可也。[57]

李綱試圖讓徽宗相信，他若回到開封，待遇就像一位出門經商返回家鄉的父親一樣，重新成為一切的中心。然而，欽宗朝廷的大臣們當然不會有這樣的想法。從李綱的紀錄中很難確定，他是認為自己在欺騙徽宗，並相信會得到一個比較圓滿的結局，還是認為自己只是為了給徽宗留面子，而徽宗應當清楚這只是一個美好的幻覺。兩天後，在李綱返回開封前，徽宗交給他一封手詔，上面寫道：「公輔助皇帝，捍城、守宗社有大功，若能調和父子間，使無疑阻，當書青史，垂名萬世。」[58]

回到開封後，李綱繼續扮演調和的角色。例如，三月二十七日，朝官耿南仲建議將徽宗身邊的宦官統統除掉，李綱便與他進行了爭論。然而，李綱在這件事上並未完全取得成功，因為徽宗最終在初夏被迎回開封時，陪侍他的十名宦官被阻止進城，同樣被阻止隨徽宗入城的還有大臣蔡攸。[59]

徽宗回到京城時，人們夾道迎接，他們看到徽宗身穿顏色鮮豔的道袍，頭戴道冠。徽宗住進了自己挑選的龍德宮。從這時起，有關徽宗的紀錄驟減。同時，一旦徽宗處於欽宗朝廷的控制之下，官員們也就不再呈遞如何應對他的奏疏。隨後幾週，在大臣們的強烈要求下，欽宗逐漸加緊了對徽宗及其身邊人的控制。從四月初八起，欽宗向龍德宮派去官員，負責每天報告徽宗的活動。有一段時期，派駐龍德宮的官員接到命令，每位前往覲見徽宗的人都要盤問一番，徽宗賜予訪客的禮物也都被沒收。欽宗很少去拜見徽宗，而徽宗似乎也僅有一次（五月十三日）被邀請入宮。[60]

欽宗朝廷繼續對與徽宗有關的重要官員進行清洗，而這一過程似乎並未受到這些高官庇護下發達起來的諸多官員的反對。那些透過道官制度進入官場的人員，還有他們的親屬，一概被罷免。蔡京、王黼、王安中和朱勔等人的所有親戚，甚至包括姻親，也都被免職。五月，蔡京的每一個兒子和孫子都被流放到不同的地方。六月，白時中和李邦彥被貶。七月，王安中被貶。八月，吳敏被貶。[61]蔡京也於七月被流放，在他南下的路上，據說連當地的商人都拒絕賣食物給他。蔡京年過八十，體弱多病，在流放途中不到十天就死了。同一天，皇帝下詔，蔡京的二十三個兒孫今後都不得被赦免或減輕懲罰。從那時到十月，跟隨徽宗的主要大臣均被賜死，包括童貫、趙良嗣、蔡攸、蔡翛和朱勔。[62]九月，童貫的首級在開封的集市示眾，旁邊張貼了一份公告，上面用大字列出了他的種種罪行。[63]

徽宗返回開封後，在一一二六年的夏季和秋季，他眼中的世界是什麼樣的呢？徽宗住在宮城北面、很遠的龍德宮，對政府運作沒有任何發言權。欽宗朝中很多高官的敵意，徽宗很難視而不見。在這個夏季和秋季，他不斷聽到舊臣一個接一個遭貶斥流放或死亡的消息。很難想像他可以完全置身於這些報復行為之外，哪怕他努力透過宗教生活獲得更高境界的真理。後來，當他和欽宗都成為女真人的俘虜時，他曾對女婿蔡鞗說，太多人在欽宗朝被處死，他認為他們後來所遭受的厄運，有一部分是奪取這麼多人命的報應。[64]

戰爭局勢也肯定使徽宗在整個夏秋備感憂心。女真人繼續圍困太原，雙方都面臨著火炮的猛烈攻擊和糧食短缺，但都決意爭取勝利。幾位宋軍將領均未將太原解圍，也無法阻止金軍穩步推進。阿骨打的侄子粘罕取得了西路部隊的統帥權，負責圍攻太原和河東（今山西）的戰役，阿骨打的兒子斡離不再次控制了東路部隊，重新開始進軍河北並圍攻真定。五月，宋將种師中率軍從河北井陘進入河東，增援太原的守軍。他的部隊遭遇伏擊，但他率領全軍「死戰」，整個上午都向金軍射箭還擊。种師中自己四處負傷，戰死疆場。宋朝隨即在六月二十五日派李綱率兵增援太原，但也沒有取得成功。[65] 七月，种師中的哥哥种師道被委以重任，而金軍開始向南方和東部推進，並且驅使大批漢族難民作為部隊的前陣。

在這一年秋季的最後一個月，九月初三，在圍攻太原二百六十天後，金最終攻下了這座城市，當時城中很多老百姓都已經餓死。[66] 一個月後，十月初六，真定也在彈盡糧絕後陷落。當月，徽宗對身邊的人說，他確信女真人還會打回來，建議由自己去洛陽組織一支軍隊抗金。吳敏說服欽宗拒絕了這個建議。[67]

徽宗回到開封後，儘管和欽宗幾乎沒有什麼接觸，但在十月分徽宗生日時，欽宗還是要來拜見太上皇。只是這個場面進行得不太順利。先是有人踩了欽宗的腳，然後欽宗拒絕了徽宗的敬酒，使徽宗痛哭流涕。在這次會面後，欽宗讓人在龍德宮大殿外張貼了一張告示，懸賞告發散布謠言離間兩宮關係的人。據載，從這時起，兩宮之間就不再有任何實質性的往來了。[68] 徽宗成了一名囚犯。

第十六章

天崩（一一二六—一一二七）

是日也（一一二七年二月初九），宣德門前揭示黃榜，備坐金人節次移文，及孫傅等應報文狀。民間始知欲立異姓，相顧號慟隕越，皆悔不令上皇東巡、上遷都也。

——趙甡之《遺史》

這年冬天的第一個月，也就是一一二六年十月，宋朝的局勢陷入危急。金兵已經打到了距離京城很近的地方，開封城內的居民很多都逃走了。[1] 朝廷不得不再次從別處調兵，加強京城的防禦。此外，在經歷了夏秋的政治清洗後，徽宗執政時提拔的官員都不確定自己現在是什麼處境。朝廷擺出姿態來修補與朝中官員的關係，在十月十八日頒布的一份詔書中，朝廷承諾不會罷免有才幹的官員，哪怕他們曾得到蔡京、王黼、童貫或梁師成的舉薦。隨著局勢進一步惡化，种師道力勸欽宗遷都長安。欽宗詔种師道回京進一步商量，但這位老將已經七十六歲，在返京途中因病去世了。同時，金國使臣暗示，如果宋提出足夠誘人的條件，他們願意停止進軍。宋朝立即送去十萬匹絹，作為對金兵的犒勞。當然，金軍一收到這些物資，馬上又提出了新的條件。[2]

十一月初，朝中大臣展開激烈辯論，討論是否應當改變原來的決定，按照女真人的要求割讓黃河以北三鎮——宋朝在夏季和秋季一直拒絕將三鎮交給金國。范宗尹和七十位官員贊成割地，但何㮚、秦檜和另外三十五人反對。欽宗同意大多數人的意見。他派自己十九歲的弟弟康王趙構和大臣王雲擔任使臣，與金談判割地議和之事。但在他們啟程前一天，金軍正在渡過黃河（十一月十五日）。由於不知道金軍的行動如此迅速，趙構和王雲錯過了金軍，最後到了金軍戰線後方的河北。[3]

開封淪陷

粘罕的軍隊到達開封的郊區後，提出了一個新條件：如果將黃河作為兩國的新邊界線，他就可以撤軍。不久，欽宗派去兩名使臣，準備同意這項提議，但為防萬一，他讓住在城牆外的人都搬入開封城，然後將城門關閉。[4]十一月二十五日，第一支金軍騎兵到達開封的城牆外。在城內，幾乎所有願意抗金的人都被調動起來，包括一個名叫郭京的人，他的計畫是招募七千七百七十七名士兵，然後用法術讓這些人全部隱身。這個計畫獲得了大臣孫傅的信任。一些強烈反對徽宗朝廷的官員，如胡舜陟和孫覿，現在一致認為欽宗應當離開京城（委婉的說法是遷都）。[5]但無論此項計畫在一年之前是否可能成功，到了現在這麼晚的階段，大多數人都認為不可行了。

十一月三十日，斡離不和粘罕的軍隊都在開封城外紮下了大營，兩支人馬加起來大約有十萬人。[6]粘罕選擇的紮營地點是開封以南的青城，那裡是宋朝皇帝舉行郊祀的地點。斡離不則駐紮在開封城東北部的劉家寺。上一次金軍包圍開封時，粘罕的部隊受阻於太原城下，而此次兩支部隊都打到了開封城下，局勢要危急得多。而且，由於大量物資在一年前都已進獻給女真人，開封城內的補給也沒有那麼充足了。但這一次朝廷下定決心奮力抗金，而不是向金軍求和。

在準備攻城時，女真人強迫擄來的漢人為他們搬運石頭和砍伐樹木，建造攻城設施。[7] 幸運的是，從別處調來的宋軍開始陸續到達，人數最多的一支援軍是從南路調來的三萬軍隊，由張叔夜率領。雙方的戰鬥真正開始於閏十一月。宋軍中有很多都是新徵募的平民，作戰策略主要是防守城牆，只有在極少數情況下才會派軍隊出城干擾金軍準備攻城設施。一開始，雙方都試圖用火攻來加強優勢：在開封十二座城門中，有十一座女真人都使用火攻；而宋軍也派出軍隊，火燒了金軍的圍欄。此外，雙方在戰鬥中還大量使用石炮（Catapults），向對方的軍隊投擲炮石。為確保有充足的炮石供應，一一二六年閏十一月初八，開封城中居民奉命從徽宗的艮嶽取石，用作投擲敵人的炮石。[8] 根據石茂良對開封被圍期間雙方使用的武器和戰術的記述，宋兵還向女真人的攻城塔發射了填充火藥的火箭。塔一旦被點著，宋兵接著就會發射助燃火勢的火種，例如裝在竹筒裡的稻草或乾草。女真人對付這種火箭的最佳方法是在塔外塗滿一層薄薄的泥漿。一旦金兵被迫離開攻城塔，宋軍就會用箭射殺他們。[9]

戰鬥從一座城門轉到另一座城門，與此同時，雙方也多次互派使臣。金堅持要求欽宗親自前往金軍大營，並且聲稱，如果欽宗立即前往，仍然能夠獲得禮遇，但若在開封城被攻破後再去，那就不可能了。數天後，金又提出，只要欽宗將他的父親徽宗、皇太子諶、叔叔越王和弟弟鄆王送去作人質，就可以恢復談判。欽宗對此的回答是：「朕為人子，豈可以父為質！」不過，他的確試圖將徽宗的弟弟越王趙偲送去作人質。[10]

雙方的談判處於停滯狀態，攻城的戰鬥則越來越激烈。閏十一月二十五日，大雪紛飛，宰相何㮚和兵部尚書孫傅命令郭京率領他的七千七百七十七名士兵出城應戰，以扭轉局面。[11]宋軍打開城南的宣化門，郭京的隊伍湧出城門與金兵交戰，後面還跟著幾千名希望助戰的開封百姓。傳言說郭京的隊伍大獲全勝，但事實上他們一敗塗地。金軍很快架起雲梯，開始往城牆上爬。開封在這一年經歷了很多極端天氣，當天的大雪只是其中之一。據說粘罕對一名部下說：「雪勢如此，如添二十萬新兵。」[12]

開封城的外城牆失守後，大批宋兵在最後一戰中喪生，其他人則隨著數以萬計的老百姓逃出城外。女真人放火燒掉了城樓和沿城牆修建的防禦工事，城中大部分地區很快就籠罩在火光之中。逃跑的宋兵開始搶掠，一些人甚至殺死他們的軍官。在幾處城門附近，金軍攻入城中，開始劫掠殺擄。人們都驚慌失措，富裕人家也換上了窮人的衣服躲起來。據說有幾千人投河、投井或懸梁自盡，尤其是女性。欽宗登上了東華門（位於禁城東側），下令將兵器分發給民眾，但人們在這時候已經喪失了鬥志。[13]

聽說外城淪陷後，徽宗讓衛兵把他帶到比較安全的宮城。守衛皇宮的宦官把他們擋在宮外，他們設法通過一道水門進入宮城，但由於在大雪中辨不清方面，他們迷路了。欽宗聽到這個消息後，派出兩百個帶甲衛兵，將徽宗一行人帶到了延福宮。延福宮修建於一一一三年，是宮城後面的一處宮殿，鄭皇后當時已經被安置在那裡了。[14]

女真人攻下外城牆的第二天早上，欽宗登上宣德門，親自與軍隊及百姓對話。他問眾人，目前局勢如此，大家有什麼計策？請大家有什麼計策都可以獻出來，即使城牆失守，他也不會責怪任何人。人們開始大聲地提問和獻策，言辭中不拘禮節，有人甚至使用了普通人的稱呼「你」、「我」，而不是對皇帝使用的「陛下」和「臣民」。一些人感謝欽宗仍然留在城中，沒有拋下他們。有幾百名宋軍將士想設法突圍出去，他們爬上附近一座建築的房頂，大聲呼喊說，欽宗應當馬上離開開封，這裡已經不安全了。欽宗說，先要準備好途中攜帶的糧食和錢，並下令讓人開始準備。但他返回皇宮後，包括梅執禮在內的朝廷大臣都勸他不要草率行事，欽宗便推遲了這一計畫。第二天，金軍派一位宋臣來到開封城，告訴欽宗不要想著離開，因為方圓五百里都已經被金軍控制。於是，突圍出城的想法被放棄了。[15]

即使在女真人占領城牆後，還是有很多人——既有宋朝將士也有城中居民——準備好了要與入侵者展開肉搏戰，而金希望盡可能避免這種局面，因此他們開始與宋進行談判，希望宋朝主動交出他們想從城中得到的一切，作為交換，女真人承諾不讓金兵在城內為所欲為。欽宗派弟弟趙楷（徽宗的第三個兒子）與何㮚作為使臣／人質前去與金談判。金向兩人保證說，他們想要的只是領土，而不是摧毀宋朝。金人提出的第一個要求是，將徽宗作為人質送入金軍大營，並列出了一份很長的人質名單，包括河北、河東眾多將領的親屬，目的是確保這些將領在割讓其所在州縣時不會起來反抗。此外，他們還要求把曾參與朝廷決策的諸多官員（包括蔡京、李綱、吳敏，以及很多職務較低的官員）的親屬也作為人質。這份公函保存在金國史料裡，特別強調了要徽宗和他的孫子皇太子諶作人質。[16] 何㮚抗議說他無法傳遞這樣的信息，粘罕回答，欽宗其實還有一個選擇——交出他的父皇或者他的妻子和公主。宋朝史料記載，欽宗提出由自己而不是徽宗去作人質，他在回覆給金的國書中說：「然欲上皇、皇子出郊，今城已破，生死之命屬在貴朝，又焉敢拒？但父子之間，心所不忍，如何躬詣軍前！求哀請命。」不過，在送出這封信的同時，欽宗也向康王趙構派出了信使，任命他為河北兵馬大元帥，並要求他集結一支軍隊。[17]

康王趙構此時被困在敵軍陣線北部的河北。和幾位哥哥一樣，康王也捲入了這場戰爭。一一二六年正月，女真人第一次入侵時，要求宋朝送去一名皇子作為人質，確保和談順利進行，當時他自告奮勇前往金營，後來在斡離不的大帳中待了十多天。十一月，金軍再次向南進攻，康王被派去與斡離不談判。但在半路上，當地一些反對和談的人設置路障，殺死了與他一同赴金的宋使。在此期間，金軍已渡過了黃河，康王無法再返回開封。在欽宗的授權下，他開始與當地駐軍以及大將宗澤一同在敵軍後方組織一支抗金軍隊，打擊盜匪，並相機援救開封。[18]

閏十一月二十八日，眾親王和朝廷重臣到金軍大營請求議和。開封城中貼出了黃榜，要求耆年和百姓前往金營，並獻上金、帛、酒、肉犒勞金兵。人們紛紛響應，很快，滿城大街上都是人。人們手裡舉著寫有名字、區域和所獻禮物的旗幟，感謝金兵的活命之恩。但這時開封城卻陷入了混亂，當時的市場上已開始公然出售人肉。宋軍軍餉已耗盡，士兵們逃離軍營，在城中肆意劫掠。為了控制局勢，朝廷下令允許擒到賊匪後可將其處死，這就導致了更多人死亡。第二天，城中的年輕人自發組織巡邏，才使劫掠事件得到了控制。[19]

閏十一月三十日，欽宗親赴斡離不的大營，陪同的還有他的兩位叔叔（徽宗的弟弟趙俁和趙偲）、宗室、大臣等四百人。據《金史》記錄，所有人都「稱臣」。當日，斡離不和粘罕都未與欽宗見面。第二天，他們派信使前往，要求欽宗遞交一份正式的降書。孫覿立即起草了一份，隨後被迫多次修改，最後金才同意接受。修改的內容包括，不允許宋以兩位皇帝相稱——即一位是大金皇帝，一位是大宋皇帝——而只能有大金國的一位皇帝。欽宗最終見到斡離不和粘罕時，要求金軍統帥撤軍，並主動提出世世代代向金進貢寶物和皇家藏庫的金、帛。粘罕反駁說：「城既陷，一人一物，皆吾所有。」[20]

在開封城，人們聚集在南薰門（新城的正南門）等待欽宗返回。後來，一面黃旗出現了，那是欽宗派來的信使。信使告訴眾人，儘管宋朝進獻的金額尚未確定，但欽宗已經與金達成了和平協議，將在第二天返回開封城。第二天，人們又聚集在南薰門，在雪中等待了大半天。下午，人們終於遠遠地看到了欽宗馬車上的黃頂蓋，一時歡呼喧騰，奔走相告。[21]

欽宗回到開封後的第二天，金派使臣提出了基本要求：絹和緞各一千萬匹、金錠五百萬條（每條為五十兩）、銀錠一千萬條。[22]這是一個難以想像的巨額數字，其中金銀分別是女真人在年初第一次入侵宋朝時索要數額的五十倍和十倍。而且，宋朝政府至今未能籌齊那一次金所要求的賠款，也沒有時間補充官庫。此外，金還給康王趙構送去一封信，要求他返回開封，但欽宗派人給康王送去密信，再次強調要他組織一支軍隊。[23]

金軍進入開封，打開了宋朝的府庫後，發現府庫裡的絹比他們索要的還多，金銀的數量卻很少。宋朝官員被按照區域分派任務，負責在城中搜刮所有的金銀。每隔幾天，女真人就會向宋朝索取一些新的東西。例如，十二月初五，金索要一萬匹馬。官職高的官員獲允保留一匹馬，其他的則都被搶走，最後一共湊了七千多匹。[24]次日（十二月初六），金又向宋索要兵器。開封城百姓手中的兵器多是在宋兵丟棄後撿的，欽宗下詔，命令城中所有的兵器，無論是政府還是個人手中的，都要上繳給金軍。又過了幾天，十二月初十，宋朝府庫中的錢都被分給金兵作為犒賞。十二月十三日，金索要畫匠二十名、酒匠五十名、酒三千壺。十天後，金列出了一份包含大批書籍和文件的書單，其中包括司馬光的《資治通鑑》，以及蘇軾和黃庭堅的書法作品。有時，開封府官員不得不自己去書鋪購買書單上的某些書籍。又過了一些時日，金兵從國子監搶走了一些書（作為對王安石的羞辱，他的書都被丟掉了）。當金國學者發現他們漏掉了一本書時，又隨即將這本書加入索要之列。[25]就在元宵節前，金向宋索取了通常在皇宮、寺廟、宮觀和店鋪懸掛的所有花燈，然後在城牆外舉行了自己的慶祝儀式。不久，金又要求提供全套的鹵簿儀仗，以及九鼎、大晟樂使用的鐘和其他樂器、嬪妃的車輅、書籍印版（包括佛經和道經的印版）、地圖、圖表和各種圖冊。

女真統帥還經常要求各類專業工匠或技術官，如醫官、教坊樂工、司天臺官吏、兵器匠、竹瓦泥匠、後苑園丁、玉匠、內臣、畫匠、說書人、學士院待詔、僧人等。從皇宮搶走的物品清單也非常驚人：兩萬五千件古代銅器，一千輛牛車，一千把遮涼傘，兩萬八千七百顆御用靈寶丹，一百萬斤絲線，以及一千八百匹河北縴絲。[26]

不過，金索要的最重要的財物還是金銀。他們一再警告宋朝，如果不希望女真人在開封城內大肆劫掠，就必須盡快滿足他們的要求。宋朝大臣們都明白，金索要的金銀數額太高，不可能滿足，但他們對於如何應對卻又眾說紛紜。有人建議派使前往女真軍營，乞求他們降低索款金額，因為宋不可能搜刮到這麼高的數額，但更多人主張在開封城盡可能徹底搜刮，將能找到的財物悉數交給女真人，這也是在此前十一個月行之有效的策略。十二月十四日，當鋪、絲綢店、金店和銀店內的所有貨物都被充公。[27] 十二月二十四日，官府在集市上貼出黃榜，榜文詳細描述了這些要求，其中寫道：政府藏庫中有充足的絹，但金銀和彩緞不足。朝廷官員以及徽宗、太子以下的宗室家中的值錢物品都已經充公，現在要搜查權貴豪富之家的財物。開封城內每個區域都派有專門負責的官員。官府還承諾獎勵告密者，鼓勵對這項規定的落實。凡是告發隱藏財富者，包括告發主人的僕人，作為獎勵，都可以得到被揭發物品價值的十分之一。很多官員因為被查出隱藏了私人財物而被革職。[28]

一週後，一一二七年正月初八，彩緞的數量湊齊了，但是金銀數量幾乎毫無進展。宋朝只搜集到了百分之一的金和十分之一的銀，因此，何㮚前往金營，懇請女真人降低金額，但遭粘罕拒絕。此後，朝廷不得不採取更殘酷的手段，為了逼迫人們說出寶物的藏地，甚至會將他們綁起來毒打。正月初九，官府列出了自宰執以下沒有上繳金銀的人名，在這新一輪的搜括中，很多官員也因為沒有繳足金銀而被帶上了枷拷。[29]

儘管開封城已經淪陷，但女真人仍然命令關閉城門，想通過這種方式讓開封繼續感受到被圍困的壓力，直到滿足金提出的所有條件為止。這樣一來，城中的食物和薪柴都非常短缺。十二月二十一日，朝廷下詔允許人們拆除官府建築獲取薪柴；第二天，一場降雪使得局勢更加惡化，人們獲准進入艮嶽砍伐裡面的奇珍異木。幾天之後又下了一場雪，人們再次被允許進入艮嶽，拆掉園林內的一百多座建築。由於人們蜂擁而入，有些人不幸被踩踏而死。大火也使開封城雪上加霜。十二月二十五日，從天寧觀開始的一場大火四處蔓延，燒毀了五百多間房屋。同一天，城中貼出黃榜，通知有家人被金兵擄走的家庭到東西塔院登記，以便官府安排贖金。但兩、三萬人出現在西塔院，人數太多了，官府無法應對，只好取消這一計畫。[30]

一一二七年正月初一，儘管這一天是新年，但眼下當然不可能再像從前一樣慶祝。欽宗去延福宮拜見了徽宗，但沒有像往年一樣舉行新年大朝會，而是讓大臣和僧侶道士一同前往金營祝賀，這相當於承認金人才是真正的統治者。但粘罕對他們說，沒有必要這麼多人一起來，只要欽宗的幾位弟弟前來祝賀就夠了。隨後，粘罕領著兒子回訪了欽宗。[31]

在這一年的不祥開端過後不久，女真人再次向欽宗施壓，要求他返回金軍大營。一些大臣認為欽宗應當拒絕，但何㮚主張他去。在離開之前，欽宗拜見了徽宗和鄭皇后，三人在一起飲酒時，欽宗並未告訴他們自己決定次日前往金營。欽宗在出發前叮囑孫傅，如果自己不幸蒙難，孫傅應當招募兩、三百名勇士，帶徽宗和皇太子衝出金軍的包圍。此外，欽宗當著眾人的面，將他的長子、皇太子趙諶立為攝政。欽宗知道趙諶只有九歲多一點，需要其他人的協助，又任命孫傅和謝克家輔佐。[32]

欽宗為什麼要立自己年幼的兒子為攝政，而沒有從已成年的眾多弟弟中挑選一位呢？有一種可能是，欽宗任命輔佐皇太子的大臣控制了局勢，他們希望自己握有一定的自主權。還有一種可能是，欽宗擔心，如果自己發生了意外，而某位弟弟或叔叔正在掌權，這個人將最終繼承皇位，而不是由自己的親生兒子、皇太子趙諶即位了。儘管從欽宗登基的第一天起，帝王的職責就是一個沉重的負擔，但他顯然還是更希望將皇位傳給自己的後代，而不是弟弟。

欽宗離開開封

正月初十，欽宗的御駕從南薰門出城，他讓等候在路旁送行的百姓放心，說自己第二天就會回來。欽宗帶去不少隨從，但金人只允許十一位大臣陪他進入金營，其中包括他的弟弟趙楷。金兵將欽宗一人鎖在側殿，甚至不給他提供被褥和食物。他要求見斡離不或粘罕，都遭到了拒絕，但他們派來了一位信使，逼迫欽宗同意將黃河作為宋金兩國的邊界，把一位公主嫁給一位女真皇子和親，還要向女真人進獻兩千件宮廷器具、五百名民女、五百名女樂工和很多點名要求的人。第二天，金人明確表示他們想要宋朝送來和親的公主是蔡京的兒媳福金公主。福金公主是徽宗的第五個女兒，在一一一八年虛歲十六歲時嫁給了蔡鞗，距今已有八年多了。徽宗曾在一一一九年臨幸他們的新居，並在一一二二年授予他們的長子封號。[33]

女真人強迫欽宗寫下手詔，催促盡快搜繳金銀。開封城內很快就貼出黃榜，宣稱只有足額獻上金人索要的金銀，金人才會將欽宗送回來。但大臣們和城內居民每天還是會聚集在南門，等候欽宗回來。正月十三日，一位宋臣從青城返回開封，哭著報告說，欽宗自從離開後已經三天沒有吃東西了。隨宋臣一起來的還有幾位金使，目的是來查看各位公主。[34]

宋朝官員絞盡腦汁搜括開封城中的金銀。經常有宋兵和百姓將皇宮中徽宗和親王用過的物品從宣德門運送到南薰門。正月十三日，官府命令普通百姓每五家為一保，幫助搜集金銀，這就使普通窮苦人家遭受到更沉重的壓力。官府貼出的黃榜上引用了欽宗的話，說所有的財物必須在正月十五日前湊齊進獻金人，他才會被釋放。正月十四日，徽宗同意將太廟或親王家中供奉祖先的祭器都交出來。[35] 正月十八日，僧侶和道士被要求為皇帝早日返回進行禱告，皇宮到新城南門之間的路上也站滿了百姓，焚香禱告。至正月十九日，開封府共交給女真人十六萬兩黃金和六百萬兩白銀。[36]

由於食品物價飛漲，城內的生活也越來越艱難：大米現在要三百錢一升，豬肉六貫一斤，羊肉八貫一斤，牛肉或馬肉十貫都很難買到。人們無法離開開封，到處都堆著死屍，其中大部分人都是餓死、凍死或感染城中肆虐的傳染病而死。那些苟活的人，通常也因為食品匱乏而患上了腳氣病。[37] 正月二十三日，宋政府開始按照市價的百分之十到百分之二十賣限量的糧食和薪柴。由於需求非常大，剛開始時，只有最強壯的人（大部分都是宋兵）才能擠到前面買到糧食，為了確保最弱勢的人也買到糧食，官府不得不禁止士兵進入市場，並且輪流為男性和女性指定日子。開封周邊各州的情況也好不到哪兒去，因為女真人經常去那裡搶奪糧食。此外，女真士兵還開始挖掘當地大大小小的墳墓，搶掠陪葬品。[38]

正月二十二日，欽宗被拘禁了十多天後，被迫在粘罕和斡離不起草的一份新協議上畫押。這份協議的主要內容是：徽宗可以不必北上，但皇太子、康王和宰相等六人必須作為人質，直到宋履行完協議的全部內容；宋朝宮廷中的所有財寶都要進貢給金，還要獻上兩名公主、八名宗室女子、兩千五百名宮女、一千五百名女樂工、三千名工匠，向金歲貢增加為五百萬匹／兩絹、銀（這個數額是宋對遼歲貢的十倍）；如果十天內不能足額交上原定犒賞金兵的一百萬錠金和五百萬錠銀，就要出售宋朝女子來頂替。每名公主或王妃可以抵一千錠金，皇室同宗的女兒可抵五百錠金，皇室同族的女兒可抵兩百錠金，皇室同宗的妻子五百錠銀，皇室同族的妻子兩百錠銀，貴戚的女兒一百錠銀。為了確保宋朝不會送來又老又醜的女子，金帥有權挑選女人。[39]

宋朝別無選擇，只能用女人來充抵金索要的大部分物資，據說有五千多名女子被送到金營，從公主、嬪妃到底層的藝人和妓女。幾天之內，所有的演藝女子都被集合在一起，還有在徽宗朝做過宮女、後來被遣散的那些女子，即使已經出嫁，也會被抓回來。正月二十八日，蔡京、童貫和王黼家中的歌妓，以及他們的妻女都被抓走了，其中包括蔡鞗的夫人福金公主。公主被綁著送到金營時，已經「無人色」。在這些女子被送去後，金軍將士可以根據自己的級別挑選相應數量的女子：粘罕挑了數十人，級別較高的大將得到幾名，其他軍官得到一、兩名。有一千多人因為健康不佳被退回了開封，宋必須重新補送。[40]

儘管開封百姓的家中被官府洗劫一空，女兒也被擄去，但他們對宋朝皇室仍然非常忠心。據記載，每天都有數十萬人在御街等候欽宗返回開封，以示對皇帝的忠誠。當聽說天晴之後欽宗參加完一次馬球比賽就可以返回時，百姓都非常激動。全城的寺觀都開始舉行法事，祈禱天氣轉晴。後來，天雖然放晴了，但還是沒有欽宗的消息。當馬球比賽終於在二月初五舉行時，欽宗請求回到開封，粘罕反問道：「尚欲何往？」欽宗頓時啞口無言。[41]

第二天，二月初六，金舉行儀式，正式廢黜欽宗。金朝的一部史料記載：

初六日黎明，二帥令宋主入青城寨，宋官皆從。金兵揮去黃屋夾隊，行抵寨下馬，令跪聽詔，廢為庶人。國相令蕭慶、劉思去少主冠服，宋忠臣李若水抱持御衣，戟手怒罵，兵士拽出。[42]

宋史料記錄，李若水當時大喊：「這賊亂做，此是大朝真天子，你殺狗輩不得無禮！」然後，他「左手抱上，右手指粘罕以罵之，被數番人打破口面流血，扯過一邊。見上脫了御服，即時氣絕倒地」。[43]相比之下，金史料強調了對宋朝的羞辱，而非宋如何反抗。金史料中接著記錄：金兵將李若水拖出去，然後逼迫欽宗給留守開封的大臣寫了一份手詔，告訴他們徽宗必須在次日之前帶領所有宮眷和宗室出城，並推薦一位異姓即位。李若水則被帶到城外毆打致死。[44]

青城

在欽宗正月初十進入金營後的三週半時間裡，史料中僅簡單地提及了徽宗。欽宗不在時，宰輔們有時會去找徽宗，尋求對某些措施的支持，尤其是關於皇室家族、宗室或祭祖的事情。但沒有理由認為大臣們會經常找徽宗商量，或徽宗的意見能起到多大的作用。這一點從欽宗的大臣們逼著他邁出毀滅性的一步、帶著家眷和宗室離開開封就可以體現出來，存世的幾部史料對此均有記載。[45]徽宗的女婿蔡鞗在《幼老春秋》中記載：一一二七年二月初六，兩名宋臣從金營回到開封，帶來金人的口信：「上皇以下申時不出，即縱兵四面入來殺人。」於是，「傅與時雍等徑見太上皇，乞與諸王、后妃詣軍前懇告。上皇未應，范瓊以言逼之。上皇涕淚橫流，不得已，乃乘竹轎而出，自宮門至南薰門……百姓望之，皆慟哭」。[46]另一份資料記錄的故事相差無多，但作者也懷疑，可能是大臣們更擔心金兵的劫掠會給他們自己家庭造成影響，才用巧言將徽宗哄騙出城，而城中百姓當時都不知道發生了什麼事。[47]

曹勳是被欽宗派去服侍徽宗的大臣之一，他對這件事有更加詳細的記錄：

靖康二年二月初七日，晨起，密報李石、周訓、吳開、莫儔來奏事，即引對。石奏曰：「皇帝令起居上皇，緣金人堅欲上皇出郊，前次雖已得辭，今又請到南薰門廠舍拜表，乞皇帝歸。若表到寨中，皇帝便可歸內。金人意欲成本朝一段好事，懇請亦無他意。」又密奏曰：「得旨，爹爹、娘娘請便來，不可緩，恐失事機。」

徽廟沉吟曰：「軍前別無變動否？卿無隱也。朕爵祿卿等至此，無以小利誤朕大事。苟有他變，我亦擘畫，恐徒死無益。」

石等曰：「倘或不實，甘受萬死。」

徽宗顯然懷疑他們沒有全部實言以告，便不斷追問：

徽廟曰：「朝廷既不令南去，又圍城時聾瞽我，不令知，以至於此。今日之事，妄舉足則不可，卿等無隱。」

石曰：「不敢亂奏。」

徽廟即令中使請顯肅皇后。時后已到拱宸門外辦被復、廚簷，邀徽廟同行。后與徽廟語少刻，即索道服欲出。姜堯臣等進曰：「雖云邀駕，只在門裡，第恐虜情詐偽不測。更宜聖裁，此足似未可移。」

徽廟曰：「適皇后在禁中得官家語，令暫到門首。端的如此，怎不去得？」內人與近侍皆大哭。徽廟曰：「縱或有非意，亦知此事終在。若以我為質，得官家歸保宗社，亦無辭。第恨我揖遜如禮，退處道宮，朝廷政事，並不與聞。惟一聽命，未嘗犯分。自處若此，獲報乃爾，有愧昔人多矣。」顧左

> 右曰：「從我者聽。」左右皆泣從。又取常御佩刀，令丁孚佩之。乃乘肩輿，與顯肅皇后出延福宮，由晨輝門而出。
>
> 將至南薰門，雙扉俱啟。徽廟曰：「此必番使迓。」方欲由就西廠舍，導從圍掩車輿出門。徽廟頓足輿中曰：「事果變矣。」呼丁孚取佩刀，而孚出門時已為金人搜去。[48]

他們來到斡離不的軍營時，徽宗身邊只能帶三位侍從。不久，金帥派信使過來，要徽宗拿出張轂事件的文字。徽宗向來使講述了事件經過，並抱怨說：「今城破國亡，禍變及此，何文字之有！況已嘗移文上國，死生一切惟命，不必以此為目也。」在此之後，女真人就主要與欽宗打交道了。

女真人要求徽宗幾個時辰內離開京城，同時還派一百多名宦官進入皇宮，協助安排嬪妃和公主遷出。當然，這些宦官被女真人擄走前都曾在宮內供職，因此他們認識宮內的女人。很快，徽宗和欽宗的嬪妃、子女、宮女、侍女和奶媽都被帶出皇宮。宮裡大部分車輛早就被女真人搶走了，很多奶媽和宮女不得不步行。這些人大約在中午時分到達了南薰門。據一位目擊者說，京城百姓看到大批人被押送出城，行列中有很多女人和專家，但他們都沒有意識到這是徽宗、皇子和公主們的車輛。[49] 一行人來到南薰門時，已經在此等候的一萬騎兵押送他們前往青城或劉家寺。金兵還在城門打開轎簾，讓宦官們指認轎裡的人。徽宗有一個兒子剛出生不久，被奶媽帶走，藏在普通人家裡，但女真人根據掌握的消息發現他失蹤後，命令徐秉哲在一天內找到他並交出來。[50]

這些人被清點查驗後，皇后、皇子和公主們乘坐馬車和轎子被押走，其他嬪妃和宮女則被金兵綁起來，放在馬上疾馳而去。[51]

沈良是一位太學生，他從一名衛兵那裡聽說，徽宗一到青城就拜見了粘罕和斡離不。粘罕以統治者的姿態面南而坐，而讓徽宗面朝東，斡離不面朝西。衛兵聽到徽宗厲聲說：

汝稱先皇帝有大造於宋，反是我有大造於汝也。若大遼伐我，當所甘心。汝去年興師，吾傳位與嗣君。遂割城犒軍，汝等乃還。今興兵，稱嗣君失信汝等。曾記誓書否？汝不信然，乃蕭慶、王汭等教汝等為之。可呼蕭慶等來與我面證，吾豈畏一死。52

沈良的紀錄中，粘罕沒有回答，但一部金代史料記載，粘罕進行了駁斥：

二帥斥之云：「不允和親，全為囚俘，何顏向人？」53

太上云：「我與若伯叔各主一國。國家各有興亡，人各有妻孥，請二帥熟思。」

國相云：「自來囚俘皆為僕妾，因先皇帝與汝有恩，妻子仍與團聚，餘非汝有。」54

徽宗被允許留下了五位后妃（包括皇后）、二十八位皇子、十六位皇孫和七位駙馬。

沈良還記錄，徽宗在當天晚上見到了欽宗。欽宗已經在金營待了二十七天，看起來狀況很不好。兩人抱頭痛哭，然後徽宗對兒子說：「汝若聽老父之言，不遭今日之禍。」沈良接著解釋說，「蓋上皇初欲與帝出幸，何㮚苦諫乃止」。根據金代史料，在這次會面，徽宗保持著鎮靜，他還鼓勵欽宗說：「天之所廢，吾其如天何？」55

直到二月初九，開封的百姓才聽說金打算立一位異姓皇帝。根據太學生丁特起的記述，無論是士大夫還是平民都很後悔沒有讓徽宗東巡和欽宗遷都。[56]現在至少皇太子和他的母親朱皇后還在開封。孫傅試圖履行他對欽宗的承諾，偷偷將皇太子送出城，但他沒有時間找到願意冒險接下這個任務的人。二月十一日，欽宗和徽宗都被迫給徐秉哲寫下手詔，要求將皇太子趙諶及其母送去，母子二人被帶到了金營。[57]

從二月十三日起，宋朝宗室，包括之前已搬到宮外居住的徽宗子女，以及他們的配偶和子女，都被一起送往金營。宋朝已建立了一百六十多年，宋太祖、宋太宗及其兄弟的後代已經繁衍到好幾千人。在徽宗統治時期，宗室中有第四代、第五代、第六代、第七代和第八代的族人，總人數超過一萬人：僅第六代的宗室（一〇五九至一一四四年出生）就有五千一百五十五人。徽宗時期，鼓勵五服以外的族人（即第二代表親之外的親屬）從開封遷居洛陽和南都的宗室中心，因此，女真人無法抓到所有的宗室成員。饒是如此，他們還是抓了好幾千人。[58]女真人手裡有《玉牒箓》的副本，上面列出了所有宗室成員的名字，他們用這一資料來查驗是否有皇子、公主和宗室成員漏網，然後命令開封府的官員捉拿躲藏起來的人。金人要求，必須在二月二十五日之前將所有的宗室交出，於是開封府官員下令徹底搜查全城，「如捕盜賊」。官吏們在城中一邊巡查一邊叫喊：「不得隱藏趙氏，如有收藏者，火急放出，庶免連累。」[59]

無論徽宗和欽宗對自己的命運感到多麼悲哀，他們的待遇也遠遠好於那些被金人擄去的公主、宮女和其他年輕女子。金人利用驚嚇和恐嚇迫使她們接受命運。在大批宋俘到達金營的幾天前，三名反抗斡離不的女子被鐵竿刺傷，然後被扔在軍帳前流血致死。二月初七，大批宋朝女子被帶到金營，衛兵指著這三人的屍體作為對她們的警告。福金公主在一週前進入金營，被派去撫慰那些受到驚嚇的女子，然後幫她們換上跳舞的衣服，服侍粘罕宴會上的金將。在宴會上，粘罕讓這些宮女坐在金將中間侍酒。有三名反抗的宮女被殺，還有一名自殺。過了幾天，二月十四日，宮女、女奴以及宗室的妻女們被帶到青城一座新建的軍營中。兩天後，金帥下令，賜給女真士兵的婦女今後必須按女真人的方式梳頭，如果有懷孕的，就讓醫生為她們墮胎。第二天，金帥在這些女子中挑選，選定三千人作為貢女，一千四百人犒賞給金兵。斡離不和粘罕各自得到了一百人。[60]

史料中沒有描述這些金營中的宋俘狀況，但肯定不會很好，因為很多人都死在了那裡。根據金人可恭所寫的《宋俘記》記載，共有一萬六千多人作為俘虜被帶到金營，其中兩千人在到達後的兩到四個月內死去。徽宗十一歲的兒子趙横也在到金營一週後死亡。二月三十日，欽宗給金帥寫了一封信，請求將皇宮中的食物和衣服取來送給宋俘。[61]

二月十八日，斡離不宴請粘罕等金將，強迫徽宗、欽宗和他們的皇后也出席，也許是以此作為金人的娛樂項目。五十二位從宋朝擄來的女子侍酒，其中有二十名嬪妃和公主，三十二名歌妓。徽宗、欽宗和皇后們看到她們之後深感窘迫，想要離開，但沒有獲准。吃完飯後，斡離不對徽宗說，粘罕的兒子設也馬喜歡徽宗的女兒福金，希望徽宗能把福金嫁給他。[62]徽宗回答說：「福金已有家，中國重廉恥，不二夫，不似貴國之無忌。」而粘罕的回答是：「昨奉朝旨分俘，汝何能抗？」他讓宴會上的賓客每人都挑兩名女子。徽宗抗議說：「上有天，下有地，人各有女媳。」粘罕將徽宗罵了出去。鄭皇后看到她的侄媳也在侍僕之列，於是向粘罕跪下請求：「妾家不與朝政，求放還。」粘罕點頭同意，把她的侄媳放了。[63]

這樣的仁慈肯定是一個例外。二月二十日，徽宗一個兒子的未婚妻自殺。二月二十五日至三月初七期間，徽宗三名女兒也死在斡離不的軍營中，要麼是因為反抗強暴而遇害，要麼就是自殺。[64]

金人並不打算罷免或替換開封府裡的那些宋朝大臣，但試圖讓他們明白誰是真正的主人。金人派兵到皇宮徹底搜查，還派曾在皇宮內供職的宦官把金兵領到藏有珍寶的地方。這次搜刮在延福宮和龍德宮發現了徽宗的二十五枚玉製和金製的國璽。[65] 金人還逼迫宋朝大臣選出一位異姓立為新皇帝。幾位大臣多次上表，乞求保留趙氏社稷，建議從神宗的後代或遠親中挑選繼承人。金帥厭煩了他們的拖拖拉拉，再次威脅說，如果不能立即選出一位讓官員、長者和僧道都認可的賢能合宜者即位，他就讓金兵進城肆意妄為。金人似乎認為這種選擇統治者的方法非常有效，就像北方民族自匈奴時期就開始實施的方法，能夠產生一位有威望的統治者。女真人的首領似乎也很難理解：在宋朝皇室遭受如此慘敗之後，尤其是金國現在給他們機會選擇異姓來替代趙氏王朝，這些漢人精英為什麼還是不能割捨大宋皇室？宋臣們在萬般無奈之下，最後推選宰相張邦昌為新皇帝。張邦昌當時並不在開封，因此他無法拒絕。[66]

金軍已經開始收拾行裝準備離開了，但他們索要的金銀數量還沒有湊齊。當金兵發現有些宮女身上帶著珠寶時，粘罕認為搜刮金銀還不夠徹底，於是下令重新再來一遍。有人向他建議，可以讓饑民用金銀來換取食物，以檢查是否還有人私藏金銀。粘罕照著做了。儘管食物的價格高得離譜，但還是有人拿出金銀去買，於是金人以此為證據，指責那些被派去搜刮金銀的宋臣稱全城珍寶已被洗劫一空是在撒謊。二月二十四日，四位宋臣被帶到南薰門，扒去衣服，然後臉朝下趴著，每個人被打了一百鞭。另外四位官員跪著被金兵用大棍打死，隨後又被砍了頭。[67]

徽宗在女真人的軍營中一留就將近兩個月，這給他很多時間來思考亡國之君的命運。他一直非常崇拜南唐亡國之君李煜（九三七—九七八）的詩詞、繪畫和書法。在宋朝初年，李煜曾作為俘虜被押至開封，在被廢之後寫下了一些有名的詩詞。另一位在時間上比較接近的例子是遼國的皇帝。雖然天祚帝沒有留在京師，但金不遺餘力地追捕他，他在被俘後不久就去世了。他的兒女和親屬都淪為奴隸，這也是女真人不斷向徽宗強調的一個事實。

儘管如此，徽宗依然沒有放棄希望。根據曹勳的記載，徽宗到女真人軍營二十多天之後，寫了一封信給粘罕，信中提到了宋金盟約、他的內禪決定、他的南巡和返回開封，以及他隨後在道宮中的安寧生活。「未嘗干與朝政。而奸臣伺隙，離間父子，雖大兵南來，亦不相聞報。」他接受了金人對欽宗沒有信守盟約的責難，並提出由自己代替欽宗受過：「某願以身代嗣子，遠朝闕庭，卻令男某等乞一廣南煙瘴小郡，以奉祖宗遺祀，終其天年。」第二天，信使將他的信又送了回來，告訴他不要擔心，又說一切都將取決於他們皇帝的決定。徽宗還寫了一份禱詞，檢討了自己的錯誤，然後在深夜焚燒掉。[68]

對開封洗劫了三個多月以後，一一二七年三月，女真人差不多要離開了。三月初四，一名金將押運了一千零五十輛車的書籍和禮器。三月初七，前宰相張邦昌被立為傀儡政府的皇帝，國號為楚。金兵也徹底搜刮了城外地區，在最後對一座宮觀搜刮時，他們發現了朱勔家族的很多書畫。三月十二日和十三日，宋朝皇帝的宗廟也被洗劫，金兵甚至把皇室祖先神像的衣服也扒下來搶走。但在十五日，金人同意了張邦昌的請求，沒有挖掘宋朝皇帝的陵墓。[69] 十六日，金人讓徽宗、欽宗和他們的皇后換上普通百姓的衣服，還不許徽宗穿道服。二十一日，一些從開封抓來的專家被釋放。二十四日，大約三千名女子和兒童被釋放，與他們一同回到開封的還有三位公主和十一位宋臣的屍首。二十三日，欽宗給他以前的大臣寫了一封信，請求他們為他從左藏庫支取三千貫，為即將來臨的行程準備一些食物。也許是作為回應，女真人交給徽宗三千兩銀子和一些物品，作為路上的盤纏。[70]

三月二十三日，女真人宣布，他們索要的金銀已被足數獻上，其中很大一部分是由女人充抵。開封府遞交的文件中列出了名細：共搜刮了二十四萬七千六百兩金和七百七十二萬八千兩銀，比上一年略少。

相當於四萬九千五百二十錠金和一百五十四萬五千六百錠銀。另有六十萬七千七百錠金和兩百五十八萬三千一百錠銀由一萬一千六百三十五名女子充抵，其中有一百二十九位公主和高級嬪妃、四百五十一位低級嬪妃或近親宗室女子、一千兩百四十一位遠親宗室、一千零八十三位宮女和宮中歌舞伎、兩千零九十一位近親宗室的妻子、兩千零七位遠親宗室的妻子、一千三百一十四位妓女和三千三百一十九位官員或貴戚家族的女子。[71]

我們應當如何看待女真人的侵略和對開封的包圍呢？這不僅對於所有經歷過這些事件的人來說是一場悲劇，甚至對那些處於相對安全、偏遠地區的人也是一種恥辱。見證這場災難的文人和後世的文人都在尋求對這些事件的解釋，有人盡可能搜集整理資料，還有人試圖從道德或政治角度進行分析。由於文人通常將自己視為潛在的幫統治者出謀畫策的人，他們不會去關注技術層面上的軍事策略錯誤，例如，他們不會關注某一次具體戰鬥中，如果採取不同方式部署軍隊或使用不同兵器是否可能取勝，而是更關注朝廷制定的決策。既然朝廷採取的基本戰略（試圖與金議和）失敗了，很多人便推斷反對議和的戰略一定是正確的。但是，女真人在一一二六年出動時，欽宗朝採取主動進攻的策略也未取得成功。而且，宋金之間大部分戰役都是以宋軍的失利告終，因此很難讓人相信，宋軍單純靠更多對陣就能擊退敵軍。

這些文獻的一個普遍假設是，徽宗沉迷奢侈生活而導致了這場災難。一項主要的指控是針對他身邊的一些人，如蔡京、蔡攸、王黼、梁師成和童貫，正是這些人縱容並唆使了徽宗的這種傾向。當然，大概從一一二一年初派軍鎮壓方臘起義開始，軍費開支的確使政府不堪重負，但宮廷費用在政府的全部財政中只占比較小的部分。而且，一一二六至一一二七年間，宋朝被迫從皇宮和政府藏庫中拿出數額龐大的金、銀、絹和其他財貨進獻給金，這足以證明宮廷在此之前並未消耗完所有現金。

徽宗的奢靡生活是否影響了民眾對宋朝的支持呢？當然，欽宗任命的官員對他不會有什麼同情，儘管他們在奏疏中也不能寫不敬的話。然而，鑑於當時百姓面臨餓死或凍死的處境，相比於他們偶爾爆發出來的憤怒，我更被開封民眾表現出的對宋朝的忠誠所觸動。的確，開封百姓趁機砍伐艮嶽的奇珍異木，並拆毀了裡面的建築，但那時候他們已經拆毀了一些官府建築用作薪柴。民眾不僅在大雪中等候欽宗返回開封，還以很多細微的方式來表達他們對徽宗、徽宗的兒女，以及所有宮內侍從被女真人囚禁的悲傷。畢竟，徽宗最讓批評他的士大夫憤怒的是他罷免和貶斥了幾百名重要官員，但這與城中的普通民眾有什麼關係呢，相反，百姓似乎總體上對徽宗統治時期的社會繁華和城市生活的豐富表示讚賞。[72] 此外，徽宗的慈善事業可能也為他贏得了很多窮苦百姓的感激。據說，金人在開封翻箱倒櫃地搜刮金銀時，一座福田院中的貧民們還能集到二兩金和七十多兩銀。[73]

對這場災難還有別的解釋嗎？從金的角度看，宋的滅亡應歸咎於它沒有自始至終地履行宋金之間的協議。然而，沒有履約絕不是宋單方面的過失。從最初宋金聯合抗遼的盟約，到後來有關金撤回北方的協議，中間都經過了多次談判和修訂，通常都是金占據談判的優勢地位。可以理解，金用漢文宣傳說，它攻打大宋是為了懲罰宋違反了盟約，因為當時國家之間使用的語言中，還沒有一種詞彙能夠為侵略他國謀取利益提供正當理由。然而，從他們的行為中似乎可以看出，阿骨打、粘罕和斡離不等人在討論目標時的說法並不一致。

還有很多文人認為，宋軍走向失敗的一個原因是宦官統帥。童貫就是宦官，最初攻打燕京的戰役便是在他的率領下失利的。然而，一些出身軍人世家的將軍，如种師道和姚友仲，也沒有取得很多勝利，還有李綱這樣的文人將領也是如此。顯然，宋軍的戰績不佳有很多因素，但其中很重要的一點，是不應當假設在這些戰役中宋軍可以決定勝負。女真人顯然組建了一個可怕的戰爭機器，實力超出人們想像，也許更類似於後來的蒙古大軍。宋軍抗擊女真人時的很多失敗應歸因於阿骨打、吳乞買、粘罕和斡離不這些軍事天才，而不應歸咎於童貫、种師道和李綱等人的無能。傅海波（Herbert Franke）觀察到，宋軍將領的劣勢之一，是「傾向於在宮廷中組織和計畫戰役細節，也就是說，不顧前線的具體形勢而從遠方進行謀畫」。74此外，還存在幾方面劣勢，包括嚴重缺乏情報。儘管宋多次向金朝派遣使臣，但宋沒有意識到遼和金作為盟友和作為敵人時迥然不同。同時，徽宗朝和欽宗朝的政治文化也有害無益。當欽宗重新起用保守派時，這些大臣迫切希望報復政敵，他們通常以「內亂比外夷造成的威脅更大」為由，將大部分精力放在罷免、貶逐與處死徽宗朝大臣這類事情上，而不是重新考慮國家的防禦。因此，沒有一個人能夠站出來，團結所有政治精英，並制定有效的防禦方案。考慮到當時激烈的派系鬥爭，如果徽宗不進行內禪，而是保持一支儘管可能有些專制的穩定的大臣隊伍，也許情況會好一些。與一年半之後徽宗的兒子高宗的遷都相比，他們應當能夠更有序地組織遷都，從而保存北宋王朝積累的大部分財富，至少不會落入女真人之手。

但上述因素都不應當用來推卸徽宗要承擔的責任。顯然，在這樣嚴重的軍事危機下，徽宗並不是中國需要的一位統治者。他做出的若干決定，例如，給予降將郭藥師的榮譽和獎賞，都反過來讓自己吞下惡果。徽宗也不像阿骨打和粘罕那樣熱衷於對抗，當事情看起來要在他身邊同時爆發時，他就會產生強烈的逃跑願望，讓別人來承擔責任。不過，在統治者的另一項核心要素——創造皇家的宏偉和壯觀景象方面，他做得非常好。也許是了解自己並非一個善於處理危機的人，他利用中國政治體系為他提供的主要選擇，將皇位內禪給了皇太子。不幸的是，儘管當時欽宗已經二十多歲了，正是在軍事上大有作為的最佳年齡，但在處理危機事件方面，並沒有表現得比徽宗更有效。

如果光從徽宗的角度觀察，他最不幸的決定，或許是在一一二六年四月聽從欽宗的請求，回到開封。如果他留在南方，也許能夠遠離那些組織反抗的人，或是向他們提供幫助。然而，現存史料均未提到徽宗說自己聽從欽宗的請求是犯下了大錯，也沒提到徽宗抱怨欽宗要求他回到開封是錯誤的。或許，徽宗覺得對每個人而言，這個悲劇後果都是顯而易見的，一旦提及，就似乎是在將責任推卸給別人，而這是他盡量避免的事情。

第十七章
北狩（一一二七—一一三五）

見上，深致我思念淚下之痛，父子未期相見，惟早清中原，速救父母。
——徽宗寫的手詔，讓曹勳設法逃走，並傳信給未被囚禁的兒子康王

徽宗在他生命中的前四十五年幾乎沒有離開過開封，事實上，有一段時期，他甚至接連幾週都留在宮城內。如此一來，他生命中最後八年的經歷，與之前的一切都截然不同。他不僅被迫離開京城，而且不斷被押送至距離他所熟知的文明越來越遠的地方。儘管他基本上沒有和普通百姓生活在一起，但也的確吃了很多苦頭。

在一萬四千名宋俘開始北遷前，粘罕傳見了徽宗。當時徽宗身穿紫色道服、頭戴逍遙巾從轎子中下來，粘罕走出軍帳迎接他。七週前，徽宗第一次在青城見到粘罕時，曾大膽地表達了自己對女真人所作所為的憤慨。但此時，徽宗知道恐嚇女真人對自己沒有任何好處。意識到自己最大的希望在於盡量引起粘罕的同情，徽宗對粘罕說：「老夫得罪，合當北遷，但帝姬未嫁者，敢乞留，荷大惠也。」粘罕沒有回答。

後來，鄭皇后進來了，她對粘罕說：「臣妾得罪，自合從上皇北遷。但臣妾家屬不預朝事，敢乞留。」這一次粘罕點頭允許了，鄭皇后的親屬當天就被送回了開封。[1]

第二天，三月二十八日，金兵終於從占領了將近四個月的開封城牆下來。得知兩位皇帝、宗室和幾千名宋俘即將北行，新登基的皇帝張邦昌率領百官和太學生，前往南薰門為欽宗和徽宗「遙辭」送行。徽宗、欽宗、兩位皇后、親王、嬪妃、公主和駙馬也對著皇宮和宗廟的方向跪拜辭行。徽宗伏地後悲慟欲絕，甚至無法自己起身，景王趙杞只好將他攙扶起來。[2]

徽宗和欽宗並不是第一位（也不是最後一位）作為囚俘被帶到敵國領土的中國皇帝。徽宗肯定已經看到了自己的境遇與九四七年被契丹滅亡的後晉統治者有相似之處。當時，契丹人將後晉都城劫掠一空，而且像後來的女真人一樣，強行索要所有的宮女、宦官、工匠、樂器、文件、兵器、盔甲和絹絲等財富。後晉的統治者及大批親屬、宦官和官員被多次遷移，最後契丹人給他們一些土地，讓他們靠種地養活自己。後晉亡國之君在囚禁中度過了十七年，直到九六四年去世。[3]也許，徽宗在祈禱自己的命運別比他更淒慘。

北行隊伍

押往金國的宋俘將近一萬五千人，被編為七批隊伍。第一批中有兩千兩百多名男性宗室和貴戚，以及三千四百多名女性宗室和貴戚。[4]第二批人數少得多，只有三十五人，都是女人和小孩，包括康王的母親和王妃（韋妃和邢氏）、兩位皇子、兩位公主、兩位皇子的女兒，以及徽宗另一個兒子的妻妾。這批囚犯由粘罕的兒子設也馬和幾名金將押運。第三批由粘罕的兒子斜保押運，隊伍中有三十七名女性，包括欽宗的妻妾和兩位公主。第四批有徽宗及其嬪妃、徽宗的兩個弟弟、徽宗的十九個兒子，以及孫子、駙馬和眾多侍女，共一千九百四十多人，由斡離不的弟弟額魯觀押送。第五批宋俘也全部是女人，包括一百零三位公主和各位親王的妾，以及一百四十二名侍女，由斡離不押運。第六批隊伍非常龐大，包括三千一百八十位女性和三千四百一十二名有一技之長的平民，如醫師、工匠、藝人等。第七批由粘罕親自押運，隊伍中有欽宗及其子女，還有孫傅、何㮚、秦檜等十二名大臣，以及一百四十四名侍女。[5]參見表17.1的總覽。

前六批北行隊伍從最東邊的一條路線前往燕京，途經相對平坦的河北平原（參見圖17.1），第七批隊伍則取道粘罕軍隊原來走過的路線，經山西太原，再折向東邊的北京。

北行途中條件非常艱苦，很多人都未能活下來。在第六批的六千五百九十二人中，有一千八百九十二人（百分之二十八）沒有能撐到燕京，有的人在途中去世，還有一些人，尤其是小孩子，他們趕不上隊伍時，就會被女真人拋棄在路邊。根據陶宣干的《汴都記》，這些宋俘被分為五百人一組，由幾十名女真騎兵像趕牛一樣往前攆。大部分宋俘都是城市居民，不習慣長途跋涉，如果他們落在後面，就會遭到毒打或被殺掉，因此，在隊伍經過的沿途橫屍無數。根據太學生丁特起的記載，欽宗在北行過程中騎了一匹馬，周圍有一百名騎兵看押。徽宗的兩個弟弟，燕王趙俁和越王趙偲，都只能坐牛車，其他宗室則不得不步行。徽宗偶爾會騎馬，但大部分時間似乎都坐牛車，他坐的車前面有五頭牛拉著，趕車的是兩名不會說漢語的女真人。[6]

經過了第一天的跋涉，隊伍終於安營紮寨，徽宗和女真統帥住兩頂毛氈帳篷，其他宋俘則住在圍繞著他們搭起來的四十八頂布帳篷裡。其他幾批隊伍也差不多如此，這顯然是出於安全的考慮。欽宗和兒子趙諶在睡覺時還會被捆住手腳，防止他們逃走。

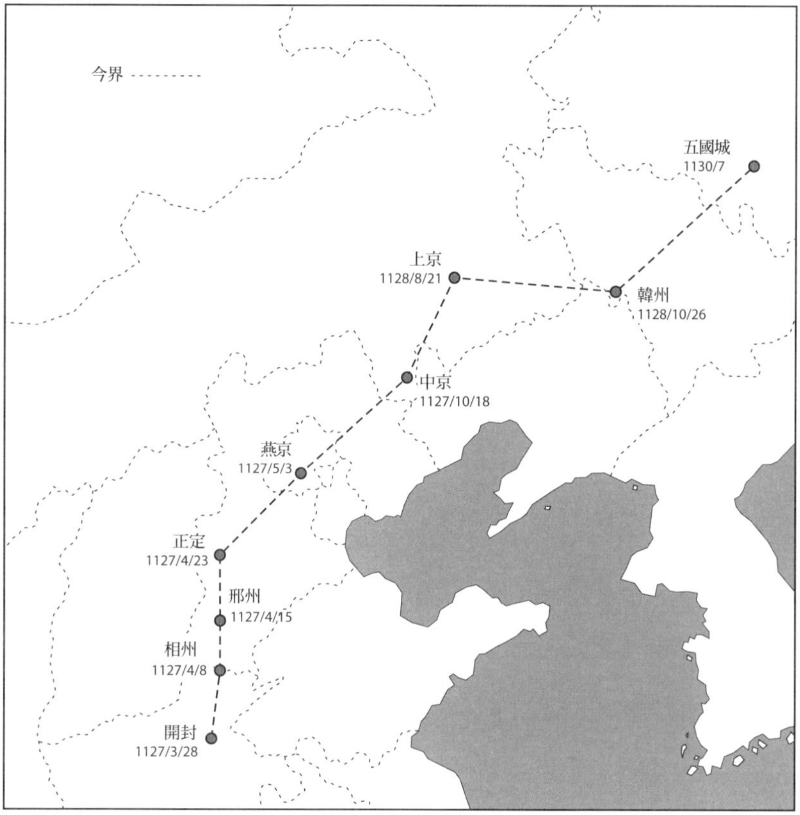

圖 17.1　徽宗北行路線（注：本圖底圖界線為今界，地名為古地名）。

表 17.1　1127 年四月北行宋俘一覽

隊伍批次	1	2	3	4	5	6	7	合計
皇子、公主及其配偶	5	34	2	42	103		3	189
徽宗的嬪妃和宮女		1		651				652
欽宗的嬪妃和宮女			35					35
皇帝宗室	5600+							5600+
其他				1247	142	6592	156	8137
合計	5605+	35	37	1940+	245	6592	159	14613+

參考資料：《宋俘記》244-250 頁，《開封府狀》92-122 頁。

根據曹勳的記載，女真人通常會在大營外設置木柵，木板間留有縫隙，供人窺看。有時小販會過來售賣食物，女真人經常利用這些小販，在宋俘中間傳播謠言，讓他們誤以為自己可能很快可以被解救，這樣就不會想著逃跑了。[7]

在北行途中，宋俘們要自己準備食物。曹勳記載，每天晚上紮營後，女真人會按人數給每人分發定量的大米，但宋俘必須自己準備做飯用的薪柴和水。由於不能出營地，宋俘們很快就學會了在行路過程中隨時收集水和木柴，留到晚上做飯時用。有時候，他們來到鄰近城市的地區時，也會有小販來賣一些食物。但沒有草料餵牛，而且牛也很難得到充分的休息或吃草的機會，在到達真定前的一個月內，就死掉了十之四五。死掉的牛會被宰了吃掉。有一次，曹勳拿了二兩銀子買吃的，但小販聽說這些食物是給徽宗的，堅決不收錢。[8]

有些人親歷過北行路程，他們留下的紀錄保存了下來，其中一本著作是被派去為包括康王趙構的母親和妻子在內的第二批宋俘擔任漢文翻譯的人撰寫的。後來，第三批宋俘也與他們會合了，其中有欽宗的兩位嬪妃和剛出生不久的女兒。他們於五月二十三日到達了目的地上京。文字以相當寫實的方式記述了北行隊伍所歷經的各種艱難。例如：

> 二十九日，邢朱二妃、二帝姬以墜馬損胎，不能騎行。[9]
>
> 初二日早行，途次，朱妃便旋，國祿逼之，又乘間欲登朱后車，王弟鞭之。[10]
>
> 初四日，渡而北，萬戶蓋天大王迎候。見國祿與嬛嬛帝姬同馬，殺國祿，棄屍於河。欲挈嬛嬛去，王以奉詔入京語之，乃隨行。[11]

十一年……千戶詔合宴款二王，以朱妃、朱慎妃工吟詠，使唱新歌。強之再，朱妃作歌云：「昔居天上兮，珠宮玉闕，今居草莽兮，青衫淚濕。屈身辱志兮恨難雪，歸泉下兮愁絕。」朱慎妃和歌云：「幼富貴兮綺羅裳，長入宮兮侍當陽。今委頓兮異鄉，命不辰兮志不強。」皆作而不唱。[12]

十八日，抵燕山。大王及王弟蓋天、阿替紀均弗歸府，居愍忠祠。燕人聞宋俘至，喧嚷已匝月。及是，大王眷屬，下逮戚族男女咸集，如睹異寶，且與后妃等行抱見禮申敬。漢婦不習，惶窘萬狀。[13]

二十八日出長城，至遷州界。沙漠萬里，路絕人煙。

五月一日，入寺駐馬，王及妃姬皆洗手焚香，妃姬輩倩成棣書疏，發願期得還鄉。王嗤其愚，亦弗禁。[14]

初八日，渡梁魚渦。此兩日如在水中行，妃姬輩雖臥兜子中，駝馬背亦濕透重裳。地獄之苦，無加於此。[15]

其他幾批宋俘的原定目的地都是燕京。有幾位至少在一部分北行途中陪伴著徽宗的人記錄了他們的經歷。曹勳只陪著徽宗到了燕京，但他對這段行程的描述比較詳細。[16] 蔡鞗陪伴了徽宗很多年，儘管沒有對具體的事件提供太多細節，但對於徽宗在北方這些年是如何度過的，他有最完整的敘述。[17] 另外還有趙子砥的紀錄，他與宗室一同到達燕京，但在一年後的一一二八年四月被釋放。[18] 關於逐日發生的事件，最完整的資料是無名氏所著的《呻吟語》，顯然，這本書的作者是經常在徽宗身邊的宋臣。[19] 以下敘述主要來自這四部史料。

徽宗出發北行前，被帶到斡離不在劉家寺的軍營。斡離不讓徽宗、鄭皇后、親王和公主都坐下來一起飲酒。透過一位翻譯，斡離不試圖讓徽宗高興起來，他對徽宗說，改朝換代是難免的事，就算堯舜也會把王位禪讓給賢能之人。他還說，徽宗受到的待遇要比遼國的統治者好得多，因為徽宗還可以把兒女留在身邊，而天祚帝的兒女都被作為獎賞分給女真將士了。徽宗表示感謝，但他提出希望自己能代替兒子受過，認為他一個人應當承受所有過錯的責任。「罪皆在我，請留靖康，封畀小郡。諸王、王妃、帝姬、駙馬不與朝政，請免發遣。」斡離不拒絕了這個請求，但他可以到燕京後再向皇帝提出來，並讓徽宗相信「此去放心，必得安樂」。此外，斡離不還讓徽宗將一位姓王的嬪妃封為公主，嫁給粘罕的次子，徽宗同意了。儘管斡離不在後來幾天都沒有見徽宗，但他派人每天給徽宗送食物，飯菜中有雞、兔、魚、酒和水果等。然而，乘車旅行使徽宗身體感到不適，無心飲酒和吃肉。[20]

金兵在幾個月前開始入侵宋朝時到過這個地區，但並沒有真正占領。現在，不僅康王率領的宋軍正在試圖奪回這裡，當地的流寇也成為一個非常嚴重的問題。一一二七年四月初二，北進的隊伍受到這些干擾，不得不停止前進兩天。宋俘們一直希望宋兵能夠來救他們，徽宗的一位貴妃還特意為他縫製了一身衣服，準備讓他在有機會逃走時穿。[21]

四月初五，隊伍渡過了黃河。兩天後，一名金兵強奸了一位後宮嬪妃，但徽宗能做的也只是告誡嬪妃們，以後不要和其他人分開單獨行動。四月初八，隊伍到達了相州的郊區，有一部分押送貢女的隊伍在這裡紮營。他們聽說，由於連續幾天下雨，貢女們乘坐的牛車被雨水淋透，於是一些女子去圍在她們外面一圈的女真人營帳中避雨。但事實證明這是個錯誤的行動，因為避雨的貢女「多嬲斃」。[22]

四月十五日，隊伍來到了邢州城外。儘管連日暴雨，但他們還是繼續行進，很多車輛都壞了，馬也倒地不起。死於暴力事件的人數還在不斷攀升。北行過程中的艱辛之一是宋俘會不斷目睹身邊發生的各種淒慘景象。在很多地方，宋俘的屍體被拋於荒野。囚俘們經常因為車輛傾覆而受傷，女性也常常遭強奸。四月十六日，徽宗的弟弟燕王趙俁去世，據說是餓死的。徽宗將他的屍體放在一個馬槽中，由於馬槽太短，雙腳都露在外面。徽宗請求將燕王的屍體運回開封安葬，但被拒絕了，屍體只能就地火化。徽宗在餘下的旅途中一直抱著裝骨灰的盒子。那天晚上，當隊伍停止前進時，徽宗悲傷地對著弟弟的骨灰說：「吾行且相及。」燕王的夫人在另一批北行隊伍中，金人不讓她過來參加燕王的入殮儀式。[23]

四月二十三日，徽宗一行到達真定府，這是他們北行後第一次進入城市。徽宗和斡離不一起騎馬進城，城內百姓知道他們的身分，因為隊伍的引旗上寫著「太上皇」的字樣。曹勳記載，當地人都慟哭流涕，女真人也沒有阻止。[24] 第二天，斡離不帶著徽宗和鄭皇后去看馬球比賽，顯然是作為女真人的娛樂項目。有個侍衛要徽宗作詩紀念這一場景。徽宗說，自從開封淪陷後，自己一直都沒有心情作詩，但還是勉強寫了一首，以迎合主人的心意。徽宗這首詩翻譯給女真人聽後，他們紛紛表示稱讚：

錦袍駿馬曉棚分，一點星馳百騎奔。
奪得頭籌須正過，無令綽撥入斜門。[25]

押送徽宗的隊伍在真定府停留了三天，並在這裡更換了馬匹和車輛。他們聽說韋妃那一批隊伍在十一日前曾經來過這裡。有一天，斡離不又舉辦了一次宴會，邀請徽宗和他的兒子們，還讓鄭皇后、公主和嬪妃在另外的房間一同吃飯。

四月二十五日，斡離不請徽宗與他一起去打獵。徽宗在那裡遇到了兩位投降金國的舊臣，郭藥師和張令徽。曹勳記載：

> 飯後，遣馬並紫傘來迎，同行於田野中看圍獵。已而馬皆負所得狐、兔。忽有二人，在徽廟馬前立。太子指曰：「此上皇故臣郭藥師、張令徽。」
>
> 既見，二人皆再拜，令徽即退，藥師獨扣馬跪奏曰：「念臣昔與上皇為君臣，向在燕京，死戰數回，力不能勝，遂歸金國，有負上皇恩德。」言訖淚下，又再拜。
>
> 徽廟宣諭曰：「天時人事，理合如此。但當日欠一死耳！」
>
> 太子曰：「藥師煞忠於南朝。」
>
> 徽廟曰：「藥師未嘗抗禦大兵，而收功過厚，豢養至此，卒貽大禍。」
>
> 太子曰：「此人不忠於天祚，則必不共於南朝。」
>
> 徽廟曰：「是，是！」[26]

儘管女真人在六個月前攻打開封時途經河北，但他們當時沒有停下來圍攻大的城市，而是從旁邊繞了過去。欽宗與金達成的協議中包括將這一地區割讓給金，但並非所有的州郡守將都願意不戰而降。這些堅守的城市中就有中山府。四月二十七日，徽宗和斡離不單獨前往中山。到達後的第二天，徽宗試圖勸說中山的宋軍守將投降，他說：「我道君皇帝，今往朝金帝，汝可出降。」守將拒絕服從，金將將其殺死，隨後中山府淪陷。[27]

在到達燕京之前，徽宗決定派人給兒子康王送一封信。他拆掉了一件衣服的衣領，在絹上寫了八個字

「可便，即真來救父母」，簽上自己的名字，然後把衣服縫回去。康王的妻子和母親所在的隊伍顯然也在同一地點紮營，因為徽宗找康王的妻子要一個信物，她拿出了康王送她的一支髮簪。康王母親韋妃也加了一張短箋。徽宗讓曹勳將信交給康王，曹勳答應找機會逃走。正如本章題記中引文所示，在送走曹勳前，徽宗叮囑他不要讓他們在北行途中受到的苦難被遺忘。不過，在希望獲救的同時，徽宗還補充說，收復中原和保存祖廟比救他更重要。至於事情如何會落到這般境地，徽宗也表達了自己的觀點：「藝祖有約，藏於太廟，誓不誅大臣、用宦官，違者不祥。故七聖相襲，未嘗易轍。每念靖康中誅罰為甚，今日之禍雖不止此，要知而戒焉。」徽宗還讓曹勳提醒康王，不要忘記漢光武帝在一世紀成功光復漢室的例子。康王的妻子也讓曹勳轉告丈夫，母親一直侍奉著四聖，要他代表母親舉行道教齋醮祈福。後來，曹勳成功逃出，在七月分到達了位於河南南部的宋朝南京，並將徽宗的御衣呈給趙構。趙構此時已經登基，以後便可以使用他的廟號「高宗」來稱呼他。曹勳建議新朝廷徵募一支海上的敢死隊，通過海路營救徽宗，但這個想法被認為不可行，被拒絕了。曹勳在以後九年中也一直沒有被朝廷任用。[28]

除了曹勳之外，宋朝皇室的另一位成員，徽宗的第十八子、虛歲十七歲的趙榛也設法逃了出來。他先是在老百姓家中藏了一段時間，然後派人給馬擴帶了口信。馬擴當時正在河北率領抗金軍隊，他讓趙榛作為名義上的軍隊統帥，還將趙榛的一封信帶給高宗，請求給他們派出援兵一同抗金。高宗當時（一一二八年三月）在揚州，馬擴帶著信到達時，高宗的宰輔擔心皇子是假冒的，但高宗說他認識趙榛的手書，讓他們放心。不過，另一位皇子有可能進入開封的消息還是讓高宗的朝廷產生疑慮，因此並未派出實質性的援兵。不久，趙榛的軍營遭金軍襲擊，趙榛再次成為金人的俘虜，被迫回到北行的行列中。[29]

燕京

四月三十日，北行隊伍已經在路上走了將近一個月，斡離不讓徽宗和一些人先行，在五月十三日到達燕京。過了幾天，斡離不帶著剩下的人也趕到燕京。這一批共有九百多人，住在延壽寺，並受到了較好的待遇。他們在那裡聽說其他幾批隊伍發生的事：韋妃等二十多人已從這裡經過，向上京出發，而朱皇后等三十多人住在愍忠寺。另一批最初有五千六百多名宗室的北行隊伍在四月二十七日到達燕京。但是由於長途跋涉、日曬雨淋和饑寒交迫，很多人死於途中，不能騎馬的婦女和小孩子也被沿途丟棄，最後到達燕京的人數還不足三千；在隨後的幾週內，又有大約一半人死亡。五月十九日，他們又聽說，另一批包括三千名貢女、三千戶工匠和兩千五百車物品的隊伍也快到了。這批人在到達後，一半人繼續前往上京，在剩下的人當中，宮女和宦官被賞賜給女真軍官，工匠被釋放，自謀生路，而宮外婦女大部分被賣身為娼妓。[30]

蔡鞗和曹勳記錄下來的很多事件表明，徽宗對那些比他生活更悲慘的宋俘頗富同情。根據蔡鞗記載，宋俘到達燕京時，與徽宗同行的人多半都生病了。徽宗拿出自己所有的衣服，讓李宗言換成藥品，配好後發給生病的人，據說病人十之八九都靠這些藥物痊癒了。還有一次，徽宗聽說住在另一座寺廟的很多宗室缺衣少食，便讓姜諤將這些人的名字和品銜都列出來，然後把女真首領送給他的絹都分給了這些宗室，讓他們做一些冬天的衣服。[31]

在宋朝的領土上，情況也有了進展。張邦昌從來就不想當皇帝，因此女真人一離開，他就把被哲宗廢黜後送入道宮的孟皇后迎進皇宮，因為孟皇后是留在開封的唯一一位與宋朝皇室有點關係的人。孟皇后指定康王趙構為繼承人，使他的皇位繼承具有了合法性。高宗認為進入開封不是明智之舉，因此，他於五月初一在位於河南南部的宋朝南京正式登基。

關於徽宗如何得知高宗登基，有幾種不同的說法。根據趙子砥的記載，他聽說，六月初二那天，斡離不和粘罕之子斜保邀請徽宗及宗室觀賞馬球比賽與箭術表演。[32]斜保親自打球，並履行了一名女婿的禮儀，跪下請徽宗和鄭皇后喝酒，這表明他娶了徽宗的一位公主。斡離不的態度顯然也非常豁達，他交給徽宗一篇被人帶到燕京的高宗頒布的赦文。徽宗隨即召集嬪妃們慶祝，「喜動龍顏」。[33]另一種版本的故事也許與前述相吻合，據說宋臣司馬樸得到了一篇赦文，但當他想要拿給徽宗看時，被金兵發現了。蔡絛還提供了另一種描述：徽宗派侍從出去買香，但侍從拿回來的黃色包裝紙打開後是一紙赦文。洪皓也記錄，他通過一名商販將高宗登基的消息傳給了徽宗和欽宗。[34]當然，有可能幾個人都想將消息帶給徽宗，但他們不可能都是第一個傳信的人，即使他們自己希望如此。

幾天之後，徽宗的兩個兒子從上京回到燕京，一同被帶來的還有金人賞賜給他們的妻子，她們都是從戰敗的契丹宮中搶來的女子，一位是契丹公主，另一位以前是皇帝的妃子。[35]由於徽宗的大部分嬪妃、宮女、女兒和兒媳都已經被犒賞給金人（餘下的在隨後幾年裡也被陸續賞賜出去），這些契丹新娘的到來，標誌著與徽宗一同生活的那些人的性別結構將再次發生變化。在徽宗一生的大部分時間中，即他還住在皇宮時，身邊的女人要比男人多得多。後來兒子們逐漸長大，然後搬出皇宮，但眾多的嬪妃都一直陪伴著他。開始北行後，隨著嬪妃數量大大削減，大部分女兒和兒媳也被送走，和徽宗住在一起的基本上剩下了一群他已熟知多年的男性，相對起來，在他身邊的女性就比較少了。不過隨著時間推移，金人又賞賜給他的兒子和孫子們新的妻子，替代被搶走的妻妾，這就使徽宗身邊的男女比例接近於一比一，但徽宗與男性的關係要比他與女性的關係密切得多。

蔡絛記載，在陷北期間，徽宗寫了一千多首詩。[36]以下這首留存下來的詩，可以斷定是徽宗在燕京所作，因為是刻在了當地的一座寺廟中：

九葉鴻基一旦休，猖狂不聽直臣謀。
甘心萬里為降虜，故國悲涼玉殿秋。[37]

下面是徽宗作的一首詞，詞的注釋說明作於北行途中。它的第二段直接描繪了徽宗的經歷：

憑寄離恨重重，這雙燕，何曾會人言語？天遙地遠，萬水千山，知他故宮何處？怎不思量，除夢裡，有時曾去。無據。和夢也，新來不做。[38]

一一二七年六月初十，斡離不安排住在愍忠寺的公主和嬪妃前往延壽寺向徽宗等人辭行，隨後離開。不久之後，斡離不去世。另外，欽宗的北行隊伍走了一條比較遠的路線，又過了一個月才抵達燕京，被安排在愍忠寺住宿。[39]

儘管有語言障礙，但宋俘與俘獲者之間有時也會建立友好的關係，粘罕的兒子設也馬與徽宗的兒子趙梃的關係就很不錯。七月十二日，設也馬同意了趙梃的請求，讓所有皇子和公主前往昊天寺與欽宗、徽宗及他們的皇后聚會。根據趙子砥的記載，皇子們列隊站在東邊，駙馬們列隊站在西邊。徽宗坐在左側，欽宗坐右側，皇太子面向西坐在欽宗的南邊。這次聚會從早上一直持續到中午，其間飲酒五巡。幾天後，當鄭皇后生病時，設也馬又帶著皇子們來到延壽寺向她請安。設也馬還讓皇太子、皇子趙梃和另外一位皇子搬到延壽寺住，但這樣一來欽宗就更孤單了。[40]

高宗現在所率宋軍的作戰能力比金軍預期的強，因此女真人決定讓徽宗和欽宗離開已經停留了四個月的燕京，遷往更北邊的地區。九月十三日，他們從燕京的東門出發，當此時，南人（不久前從開封遷過來的宋人）和曾經在遼國統治下的燕京人均跪在路邊，為他們送行。據說，當地居民在此後的幾天聯合罷市，以示抗議。[41]

異域

本質上，燕京一直是一座漢人聚居的城市。自從徽宗在一一二七年十月十八日到達金中京之後，他就進入了自古以來一直由遊牧民族占據的草原地區（參見圖2.1和圖17.1）。在中京，徽宗和欽宗分別住在相國寺的不同區域。當地物資匱乏，不得不每兩月從燕京運來一批食物，供給共一千多人的宋朝皇室及隨行人員，但這些食物永遠是不夠的。這一年春天，徽宗的嬪妃兩個月內共生下了兩個兒子和一個女兒，但都相繼夭折了，也許是被殺死的。這幾名嬰兒有可能是被強奸後生下來的，因為推算出來的受孕時間應當是在北行途中，而有的史料則明確表示，這幾名嬰兒並非徽宗的親骨肉。[42]

據蔡絛記載，徽宗在被囚期間有時非常沮喪，無心寢食，但書籍既能讓徽宗消磨時間，又能從理智和情感上幫助他應對自己的處境變化。蔡絛說，徽宗尤其喜歡讀史書，還經常抱怨自從北行以來就很難找到書籍閱讀了。有一次，他聽說有人在賣書，就用自己的衣服換了一些。有位皇子得到了一本《春秋》，徽宗在位時很不喜歡這本書，認為它在政治上是很危險的，因為裡面有太多弒君、弒父的故事。但蔡絛強烈建議徽宗讀一讀。過了一些日子，蔡絛再次見到徽宗，此時徽宗說，他非常後悔現在才讀這本書，因為他現在對孔子有了更深刻的理解。從那之後，徽宗經常翻閱《春秋》，希望從中悟出一些國家興衰和君臣行為的道理，甚至精選了部分內容編纂成書。在一次為欽宗慶祝生日的宴會上，徽宗為欽宗寫了一首詩，詩中用了很多《春秋》裡的典故。還有一次，徽宗聽說有人出售一本王安石的日誌，便立刻買下。[43]

讀了這麼多歷史之後，徽宗有一次對蔡絛說，他認為像自己這樣命運發生如此大逆轉的君王，史無先例。但透過閱讀歷史，他也產生了由高宗來復興宋朝的一線希望，因此開始考慮通過某種途徑來推動這件事。他起草了一份奏疏給女真皇帝，想讓蔡絛和秦檜幫他潤色一下。蔡絛回覆說，徽宗的高妙文字是他和秦檜所不能及的。這封書信最後落到粘罕手中。信的開頭先是禮貌性地感謝了金軍統帥的仁慈大度，並為沒有早一點寫這封信感到抱歉。接著，徽宗談到了偉大君主的職責是使國家的人民安居樂業。不過，他的核心論點是擔憂中國與北方鄰國的關係。在漢、唐時期，雙方相互合作，並努力克制著不把對方推上絕路，例如唐太宗向西一直攻下高昌後，與突厥合作防禦北方邊界，因此突厥在唐朝滅亡後繼續戰鬥，要為唐朝雪恥。少數民族占據優勢的例子是漢朝時的匈奴首領冒頓單于。有一次，他將漢高祖圍困起來，漢軍糧草斷絕七天，但由於冒頓單于考慮到匈奴百姓的長久利益，因此他並未俘獲漢高祖，而是將漢高祖釋放，使漢室香火得以延續，同時，匈奴每年都能獲得漢朝進獻的歲幣和絹。後來，在匈奴發生內亂時，漢朝派兵救出匈奴皇室。徽宗說，以上兩例，統治者都是通過幫助對方而保護了自己的利益，他們的先例值得效仿。而一個反例是十世紀的契丹統治者耶律德光，他為了懲罰石氏家族失約而舉兵進攻開封，但最後也沒有守住這片疆域。[44]然後，徽宗又對近期發生的一些事件進行了解讀：

先皇帝初理兵於遼東，不避浮海之勤，而請命於下吏。蒙先皇帝約為兄弟，許以燕雲。適雲中妄人（張穀）嘯聚不逞，某之將臣巽懦，懷首鼠之兩端。某以過聽，惑於謬悠之說，得罪於大國之初，深自克責，去大號，傳位嗣子。自知甚明，不敢怨尤。近聞嗣子之中，有為彼人之所推戴者。非嗣子之賢，蓋祖宗德澤在人，至厚至深，未易忘也。

不審左右欲法唐太宗、冒頓單于，受興滅繼絕之名，享歲幣玉帛之好，保國活民，為萬世法耶？抑欲效耶律德光，使生靈塗炭，而終為他人所有耶？若欲如此，則非某所知；若不欲如此，當遣一介之使，奉咫尺之書，諭嗣子以大計，使子子孫孫永奉職貢，豈不為萬世之利哉！[45]

徽宗在信的結尾還引用了戰國時期的一個歷史故事，說明統治者傾聽身邊人意見的重要性。粘罕見到了這封信，但顯然沒有交給金太宗。

在中京停留了不足一年，徽宗、欽宗與隨行人員再次被押往更北邊的地方，這一次是去離今哈爾濱（隸屬黑龍江省）不遠的上京，那裡是女真人的一座主要京城。他們於一一二八年八月二十一日到達上京，幾天後，被作為貢品帶到了金太祖神廟舉行的祭祀儀式上。他們進入祭祀現場時，看到了五面白旗，上面分別寫著「俘宋二帝」、「俘叛趙構母、妻」等字，表明他們這些人各自的身分。

根據羅文（Winston Lo）的觀點，前述儀式依據的並不是女真人的傳統，而是由金朝的漢人專家拼湊出來的產物，目的是重現中國古代的受降場面。[46]有一部史料描述如下：

黎明，虜兵數千洶洶入逼至廟，肉袒於廟門外。二帝、二后但去袍服，餘均袒裼，披羊裘及腰，繫氈條於手。二帝引入幔殿，行牽羊禮。殿上設紫幄，陳寶器百席，胡樂雜奏。虜主及妻妾、臣僕胡跪者再，帝后以下皆胡跪。虜主親宰二羊入供殿中。虜兵復逼赴御寨，虜主升乾元殿，妻妾、諸酋旁侍，二帝以下皆跪。宣詔四赦，二帝受爵服出，與諸王坐候殿外小幄。后妃等入宮，賜沐有頃，宣鄭、朱二后歸第。已，易胡服出。[47]

儀式結束後，仍然半身袒露的婦女就被分賜給了金人，包括韋妃和邢王妃在內的三百人被分到了洗衣院作為皇宮中的奴僕。其他人也分別賞賜給不同的人。不過，如果皇子或其他人需要奴僕，通常也能如願以償。

由於不堪其辱，朱皇后在儀式結束回去後企圖自縊，儘管被人救了過來，但她最後還是投水自殺了。第二天，徽宗和欽宗被冊封了兩個極為屈辱的封號：昏德公和重昏侯。又過了一天，金人派二十名醫官對宋朝宮眷進行檢查，發現懷孕的就為她們墮胎，生病的就醫治，準備從中挑選入宮的人。[48]

到達上京僅僅兩個月，一一二八年十月二十六日，徽宗、欽宗和其他皇室就不得不再次向著更北的韓州行進，這段旅程用了兩個月的時間（參見圖17.1）。在韓州，徽宗遇到了先行到達的九百零四名宗室成員。這些宗室經歷了無數艱辛。徽宗在一年前離開燕京時，他們仍然被留在燕京，但每人每天只能分到一升的粟米。由於燕京發生的未遂反抗，最後金人不得不將他們遷到更北的地方。金人在那裡給了他們一些土地，希望他們能夠種地養活自己。[49]在詢問了這些人的經歷後，徽宗讓人送給他們一些薪柴和大米，並幫助他們組織起來。由於他們很多人已經開始紛爭不斷，徽宗派人去負責，想基於長幼來重新建立秩序。此時，一直跟隨著徽宗的官員也非常缺乏衣物，於是徽宗向金國上了一份奏表，請求賜給宋俘一些衣服，得到了應允。隨後鄭皇后也貢獻出了十匹絹。[50]

徽宗在韓州時，金人要求他呈遞謝表，感謝金國賜封號給他的六個女兒，這六個女兒留在上京，並為完顏宗室生下男孩；同時也要感謝金國因此而賜給他的十匹絹禮。[51]從三份存世的謝表可以看出，儘管徽宗憑藉著多年來閱讀大臣們熱情洋溢的奏疏的經歷，完全有能力親自寫出令金人滿意的謝表，但他還是想利用這些機會，委婉地提醒金國統治者自己所遭受的苦難：

> 大造難酬，撫躬知幸。竊念臣舉家萬指（即一千人），流寓連年，自惟譴咎之深，常務省循之效。神明可質，詎敢及於匪圖（意思是說自己不會構成威脅）；天地無私，遂得安於愚分。驚濤千里，顛躓百端，幸復保於桑榆，僅免葬於魚鱉。此蓋伏遇皇帝陛下垂丘山之厚德……[52]

在韓州，徽宗最喜愛的兒子趙楷去世了。[53]在這裡停留了一年半後，宋俘再次被遷到別的地方，因為在金國統治者眼中，韓州似乎還是不夠靠北，不足以消除他們的擔心。一一三〇年七月，宋朝皇室乘船遷往五國城。途中，五百名宗室和三百名宮中內侍被押往別處。徽宗懇求金兵不要將他們分開，但無濟於事。當他們不得不辭別時，徽宗淚流滿面地說：「卿等相隨而來，憂樂固當同之。但事屬他人，無如之何。」最後，到達五國城時，這批人中只有與欽宗同輩的六位宗室仍然跟隨著兩位皇帝。一一三一年，宗室們又遷往上京，此時，他們的人數已減至五百多名。而其他被認為多餘的宋俘，都在一一三〇年按照十人換一匹馬的價格，被賣到党項、蒙古和韃靼等國為奴。[54]

在到達五國城後不久，鄭皇后就去世了，終年五十二歲。徽宗在五國城又被囚禁了四年。根據蔡鞗記載，即使在那些艱難的環境下，徽宗也仍然堅持祭祖。他經常遙望著南方，問周圍的人宋朝皇陵在什麼位置。在宋朝先皇和皇后的忌日，徽宗都要進行齋戒，流淚祭拜。每當有一些新鮮食物，徽宗一定要先向祭臺獻貢，然後自己才品嘗。此外，徽宗仍然非常重視子女們的教育。孩子每天來向他請安，他經常會讓他們多留一會，甚至還和他們一起賦詩。[55]

由於蔡鞗談論了在徽宗被囚禁時期讀書和寫詩的重要性，他也許有意地很少提及徽宗在早年培養的一些別的興趣愛好。徽宗也許無法維持他對建築或園林的興趣，這倒比較容易想像，但僅需要筆、墨和紙就可以進行的繪畫和書法呢？徽宗的書法作品仍然很受歡迎。根據張端義的記載，徽宗被囚禁時，金國皇帝經常會送給他一些小禮物，就是想獲得徽宗寫的謝表。金人將這些謝表收集起來，整理成小冊子，一直流傳了幾十年。[56]但是，無論蔡鞗還是別人，都不曾記載徽宗透過書法或繪畫來打發時間，或者為同伴們帶來歡樂。而且，這些活動與作詩相比也需要更多的材料，就算是書法，也需要紙和好毛筆，因此，也許徽宗多年來已經習慣在優厚的物質條件下練習書畫，而在這種物資匱乏的環境下，幾乎很難激起他的興致。

此外，也沒有史料能夠證明，徽宗從道教信仰或崇拜中獲得了慰藉。儘管有的資料記載，在內禪前和被囚禁初期，徽宗曾分別向道教天神進獻禱詞，但沒有其他道教活動的記載。據說徽宗有時會穿上道服，偶爾也會表達一些可能與道教有關的超脫俗世的思想，但這最多說明道教仍然是他生命中的重要部分而已。不過，他還是會繼續和別人講述他的夢境，以及從中發現的寓意。[57]

對於支撐他的道教信仰的宇宙觀基礎，徽宗是不是也有所動搖呢？在過去很多年中，他經常看到眾多預示王朝興盛、長治久安以及健康長壽的祥瑞，如黃河水清、鶴群飛舞和發現芝草，等等。如果徽宗現在感到前朝皇帝都不曾淪落到他這樣的淒慘境遇，很難想像他會認為那些現象都得到了正確的詮釋。

五國城的生活似乎保持了一段時期的平靜，至少直到一一三二年或一一三三年的年中。這時候，徽宗的一個兒子和一個駙馬（他的第十五子、虛歲二十三歲的沂王趙枵，第十六女的丈夫劉文彥）控告說，徽宗與第十八子、二十二歲的信王趙榛及身邊一些親信密謀反金。徽宗將所有親屬和跟隨的大臣召集在一起，討論如何應對這場危機。蔡鞗自稱他在這次討論中成功說服了眾人保持堅定立場。當金派人來調查這件事時，徽宗讓另一個兒子和駙馬前去澄清事實。金使希望徽宗本人親自前去解釋，於是徽宗又派了欽宗、信王趙榛、駙馬蔡鞗和宦官王若沖一起去辯護，並允許當地的金國官員問他問題。在金使認定指控是誣告後，他請徽宗處置誣告人，但徽宗拒絕了，最後，金使宣布將控告徽宗的人賜死。[58] 金使調查這一事件時，徽宗肯定也十分擔心，因為他燒掉了離開開封後所作的一千多首詩。後來，徽宗對蔡鞗說：「老夫自聞男枵等有誣告之事，深悟眾叛親離，反求諸己，罔知所措。若非洗心革慮，則何以全身遠害！寡悔寡尤，顧惟一體，其害尚輕。」[59]

南方傳來的消息一直很難送到五國城。高宗與他派出的宋使做了無數次努力，希望能與徽宗和欽宗取得連繫，但金國經常扣留高宗的宋使，甚至禁止他們返回宋朝，更不要說往北邊看望宋俘了。一一三一年，徽宗在一份感謝女真人送給他兩套衣服的謝表中，先熱情洋溢地讚揚了金國統治者的慷慨，然後說：「惟臣去家萬里，未達尺書。」蔡鞗記載，使節帶來南方的消息時，徽宗非常高興。[60]

一一三五年初，徽宗已經在五國城被囚禁了四年，此時他的老對手金太宗（吳乞買）駕崩了，終年六十一歲。繼承皇位的不是吳乞買的兒子，而是阿骨打的孫子，廟號為熙宗（一一三五至一一五〇年在位）。新皇帝比較精通漢語，即位不久就將韋妃和六名女子從洗衣院放出來，並將她們送到五國城。幾個月後，一一三五年四月二十一日，徽宗在五國城去世。他在遺言中請求將自己安葬在宋朝的土地上，但被拒絕。燕京的宋臣都穿上喪服，一直被金人扣留在燕京的宋使洪皓還為徽宗舉行了道教法事。兩年之後，一一三七年年底，這一代金國統治者中的最後一個人粘罕被金國皇帝賜死，成為內部政治鬥爭的犧牲品。[61]

一一四二年五月，宋高宗與金國議和，雙方同意將徽宗、鄭皇后和高宗第一位妻子邢皇后的靈柩，以及高宗的生母韋妃送回宋朝。運送靈柩的隊伍到達燕京時，洪皓率領宋朝以前的大臣出城在路邊迎接，以示哀痛。[62]在這之後，欽宗受到的待遇也多少有所改善，被遷往稍稍靠南的金國新都上京。而對高宗來說，將父親的靈柩和母親接回來是一件重要的孝行，他命人將這件事繪成一幅畫，現仍存世（見彩圖15）。

各地寺觀曾被指定慶祝徽宗的生日，如今依然在徽宗的生日和本命日時敬獻貢品，高宗也是以此來讓父親留在記憶之中。當聽聞父皇駕崩的消息後，高宗將這些道觀改名為報恩廣孝觀，並命令繼續舉行法事。甚至在高宗去世後，很多宮觀還一直為徽宗供奉香火。[63]

家庭成員的命運

在徽宗的家族成員中，幾乎所有能被女真人找到的人都與徽宗一起北行，包括開封府內或開封府附近的宋朝宗室，以及徽宗已經出嫁的女兒和她們的丈夫。很多人都在隨後幾年中死於虐待或輕怠，尤其是對女真人用處不大的宗室。到了一一二八年七月，在被囚禁的宗室和婦女從燕京遷到韓州時，最初的五千六百名宗室中僅存活了九百人，而三年後，在宗室被遷到上京時，就只剩下五百多人了。[64]

徽宗的直系親屬境遇稍微好一些。一一二七年時，徽宗共有二十六個兒子在世，除了高宗之外，其餘二十五人都被虜掠北行。虛歲六歲以下的皇子全部在途中去世，甚至那些已經十幾歲或二十幾歲的皇子也備嘗苦辛。徽宗只有十六個兒子活著到達五國城。五國城是北行經過的五個地點中條件最艱苦的一個，在到達後的第一年，就有三位皇子去世，接下來的兩年又有兩位去世（其中一位是自殺）。這樣，徽宗去世前就只剩下了十一個兒子在世。然而這些活下來的皇子在五國城都被賜妻，並生下了後代。欽宗一直活到一一六一年，其間他的弟弟宋高宗從來沒有為他付過贖金。和父親徽宗一樣，欽宗的子女也被囚禁，直到一一九五年，在金人控制的地區仍然生活著徽宗的後裔。[65]

徽宗的女兒們在一一二七年從開封被金人擄走後，就幾乎與徽宗失去了連繫。一一二七年，徽宗共有二十二個女兒在世，但有三個不久就在開封府外斡離不的軍營中去世了。還有幾個在離開開封前賜給了女真大將，而剩下的公主，尤其是比較年幼的，被帶到燕京成為宮中奴僕，最後有六人被賜予封號或升為嬪妃。金軍統帥曾提出讓嫁給蔡鞗的福金公主與金和親，但後來公主在一一二八年死於女真大將兀室的軍營中。徽宗還有一個女兒在一一三七年逃離了粘罕的軍營，但又被抓了回來，流放到五國城，當年在五國城去世。[66]

被女真人擄走的還有徽宗諸子的三十四個妻妾和未婚妻，其中大部分都被賞給了女真將軍，還有一些成為宮中的奴僕或嬪妃。由於這些人比較分散，儘管她們被送到哪個軍營都有紀錄，但對每個人的去世時間則記錄不全。

一一二七年，徽宗已經有了十五個孫子和二十九個孫女，大都很年幼。他們的存活率很低，只有兩個男孩活著到達了五國城，而活下來的女孩則成為宮裡的奴僕或宮女。[67]

在徽宗的嬪妃中，包括鄭皇后在內的五人被女真人列為他的妻子。她們都在三十五歲以上，女真人不感興趣。最後她們都到達五國城。鄭皇后在一一三〇年到五國城後不久就去世了。此外，女真人還擄掠了三十一位高級嬪妃、四十一位中級嬪妃、六十七位低級嬪妃，以及五百零四名宮女。和公主的遭遇一樣，這些女人也有很多在離開開封前被賜給女真軍官。在燕京時，除了有五位交還給了徽宗外，其他人都被賞給女真軍官或送入宮中作奴僕。徽宗被囚禁之後，他的嬪妃又為他生下了十四個兒女。[68]由於這時宋朝已在南方重新建都，而徽宗及其家人處在遙遠的北方，女真人似乎並不擔心徽宗新出生的孩子會為宋朝皇位增加更多的繼承人。

除了妻妾和子女，徽宗最親近的家庭成員就是他的兩個弟弟趙俁和趙偲，二人在開封與女真人談判時都起到了重要的作用。他們的家人也被女真人擄獲，但至少已經出嫁的女兒都幸免於難。趙偲和妻子都在韓州去世，他的兩個兒子到了五國城，一個女兒進入金國皇宮，家中別的女人，包括趙偲的妾和兒媳，都在北行途中去世，或是送往宮中為奴。前文提到過，趙俁還沒有到燕京就死在路上，他的妻子、兩個兒子、三個女兒、一個孫女和一個孫子到了五國城。他的妾都入宮為奴，有一個女兒或孫女做了宮女。[69]

徽宗和北行隊伍中的其他人到底經歷了什麼樣的磨難呢？現存史料中通常對這些宋俘處境的具體細節保持一定程度的緘默，尤其是兩位皇帝及其皇后的經歷。蔡鞗也許預料到，他的文字肯定要先通過金人的審查才能流傳下來，因此對這些事情沒有留下很多負面的描述。而曹勳是在南方寫下的紀錄，當時徽宗和欽宗尚在人世，他也許不想使人們驚慌失措，或捲入高宗朝廷應如何應對金國的爭議之中。相比之下，後世一些明顯帶有虛構情節的著作，如《南燼紀聞》和《宣和遺事》，都不斷強調兩位皇帝每天只能吃一頓簡陋的飯菜，沒有足夠的衣服禦寒，以及不得不住在逼仄潮濕的房間裡……等等。這些敘述大量引用現存的史料，以及一些顯然已經失傳的資料，因此很難確定有些細節究竟是作者自己杜撰出來的，還是引用現在已經失傳的一些史料，但我懷疑，很可能大多是作者自己的演繹。[70]一一二六年，欽宗還在開封時，作為皇帝，地位要比父親徽宗高，徽宗不得不服從他的命令。但當他們都成為金人的俘虜時，徽宗在家譜中的長輩地位似乎優先於他們之前的政治排名，大多數作者都將徽宗視為宋俘群體中地位最高的人。

在陷北期間，徽宗還是保留了一定的尊嚴。遷往韓州前，隊伍中一直有很多宦官，因此肯定有些人會作為侍僕照顧徽宗的生活。到韓州之後，隊伍中應該仍有一些宦官，因為女真貴族向他們索要了兩次。第一次是一位金國皇子提出的，他索要兩名能幹的、聰明伶俐的僕人，徽宗別無選擇，只能服從，但在回信中強調了他們離開開封後所經歷的各種苦難。第二次是一位女真官員的妻子提出的，徽宗拒絕了她的要求，理由是他自己也僅剩下了一、兩名內侍。此外，徽宗的女婿們似乎也在他身邊形成了一個小朝廷。這些人當然都曾被封以宋朝官職，蔡鞗稱他們為「隨行群臣」，他們的住處被稱為「行宮」。蔡鞗還稱讚徽宗對他們的尊重，「無論大小，未嘗名呼」。[71]至少以蔡鞗為例，徽宗有一位非常忠實的追隨者。

那麼，他們是否有充足的衣服等日用品呢？有部金國史料收錄了一一三一年徽宗和欽宗在各自收到兩套衣服後呈遞的謝表。如果這是整個宋俘隊伍收到的衣服，那顯然是不夠的，尤其是在五國城這種非常寒冷的地方。不過，從賜予衣物的詔書中看，儘管這份詔書只殘存一部分，似乎還提到了十塊銀錠的賞賜。[72]

能夠說明宋俘處境艱難的最有力證據是他們的死亡率，而從中似乎也能看出，身分地位不同的人所處的環境也可能非常不同。其中，宗室的死亡率非常高，以至於人們禁不住懷疑，金人的目的就是要消滅他們。當時，開封官府之所以幫助女真人在全城搜刮財寶，一個重要原因是女真人承諾不殺城中居民，如果金人將宗室帶走，然後在開封的郊區有計畫地屠殺他們，那開封百姓可能就不會那麼輕易地服從金人的命令了。然而，一旦這些宗室遠離開封，他們就不再是一種資產，而是負擔了。女人，尤其是那些對金兵有足夠吸引力的年輕女子，有她們的用處，存活率自然比男人更高，但她們通常都處於屈辱地位，自殺可能是她們面臨的最大危險之一。

在被女真人長期扣留在北方期間，洪皓了解到宋俘日常生活條件的一些情況。洪皓的兒子洪邁根據自己從父親那裡聽到的內容，描述了宋俘的境遇，無論官職大小，均被視為奴隸：

> 自靖康之後，陷於金虜者，帝子王孫、宦門仕族之家，盡沒為奴婢，使供作務。每人一月支稗子五斗，令自舂為米，得一斗八升，用為猴糧。歲支麻五把，令緝為裘，此外更無一錢一帛之入。男子不能緝者，則終歲裸體，虜或哀之，則使執爨，雖時負火得暖氣，然才出外取柴，歸再坐火邊，皮肉即脫落，不日輒死。惟喜有手藝如醫人、繡工之類，尋常只團坐地上，以敗席或蘆藉襯之。遇客至開筵，引能樂者使奏技，酒闌客散，各復其初，依舊環坐刺繡，任其生死，視如草芥。[73]

洪皓的描述可能非常符合那些大量死亡的宗室，或許也適用於一些別的群體，例如到達燕京後被賣到宮中的宮女和藝伎，但這些描述可能並不適用於和徽宗一起生活的小群體，包括嬪妃、皇子，及皇子的妻子和兒女。徽宗和欽宗都活到了五十多歲，說明他們的基本生活條件還是有保障的。但另一方面，與徽宗一起被囚禁的兒子中，僅有不足一半的人活得比他久，很多在十幾歲或二十幾歲就去世了，而那時應該是他們最強壯的年齡。他們似乎大部分時間都和徽宗住在一起，因此，他們的生活環境不可能不同樣地影響徽宗和欽宗。也許徽宗和欽宗的身體更加強壯，足以抵禦在北行隊伍中肆意傳播並奪走無數性命的疾病。

那些到達五國城後前幾年成功活下來的皇子，通常都娶妻生子，而且他們的孩子也存活了下來，說明即使當時的條件並不舒適，但至少足以活命。

結語

究竟是什麼使得徽宗成為這麼有魅力的人呢？他很聰明，飽讀詩書，在儒家禮儀、道教天界、音樂和藥物學等廣泛領域委派專家進行研究。他能寬容地對待別人的過失，還很喜歡向交往的人贈送禮物，有時候甚至會給他們一個驚喜，例如命人在儲祥宮為劉混康修建了新的住處。有時，他還會做出一些小小的姿態，對周圍的人表達尊重和感謝，例如親自為他們備茶，或是問候他們的家人。他在服侍的宦官和宮女中發現了很多自己喜歡的人。他精力充沛——至少在在位的前二十年是如此——因為他不僅不知疲倦地親自參與諸多工程的細節，而且有時間留給自己不斷增加的家庭成員。此外，在藝術上他也非常有天賦，並願意讓別人看到他在詩詞、書法和繪畫上的努力和才華。即使當他受到命運的沉重打擊時，依然以一定程度的優雅和尊嚴應對苦難，對那些境遇比他悲慘的人表示同情，並盡量避免將罪責歸咎於他人。即使他有時表現出痛苦和消沉，那也是人之常情。

我們應當如何評價作為皇帝的徽宗呢？在本書中，我試圖從徽宗的視角來理解他的世界，並考慮到他在當時能夠了解哪些訊息。徽宗在一一二〇年底聽到方臘起義時，他不可能知道自己的王朝將要淒慘地結束；他也不會知道他為修建一座新園林而耗費巨資，在六、七年之後會顯得非常荒誕，因為到時政府甚至無力為前線將士提供足夠的食物。與此相反，他將賭注押在宋朝取得一場一百多年都沒有發生過的重大軍事勝利上，如果取得勝利，宋朝就能將領土擴大到一些主要由漢人聚居的地區。那麼，與之前的宋朝皇帝相比，徽宗和大臣們是否對可能發生的戰爭準備得不夠充分呢？為了發動軍事行動，宋神宗用了很長時間儲備物資，但他還是發現戰爭太昂貴了，因此在西北地區打過幾次戰役後，就將軍隊撤了回來。面對徽宗和欽宗所捲入的軍事災難，即使是神宗或哲宗，也不太可能有充足的物資儲備去輕鬆應對。

作為皇帝，徽宗應該為他的雄心壯志，以及對許多崇高事業的支持而受到稱讚。當時的全國學校教育制度，以及為病人、無家可歸的人提供的慈善救助，這些都是非常了不起的創舉。還有編印書籍也值得稱道，徽宗不僅派人重修了工程浩大的《道藏》，還編纂了幾部醫學著作和《政和五禮新儀》，甚至還整理了一本書法作品的拓本。另外還有一些大項目，也許看上去沒有那麼崇高，但它們有助於提升朝廷的莊嚴和威武，例如對宮廷樂制的改革，對藝術和古代器物的收藏整理，以及他修建的精美道觀、宮殿和園林。

徽宗有什麼缺點呢？他顯然很虛榮，因為也許沒有別的理由可以解釋他對祥瑞的狂熱。虛榮心或許還可以用來理解，他對自己的文學和書法技巧造詣之高非常自信，他認為每個人都應當有機會一睹御筆，因此命人將他的書法刻在石碑上，並立於各州。

過分自信是徽宗的另一個缺點。這一缺點導致他錯估了禁止一些名士在朝廷做官所造成的後果。也正是由於過分自信，他認為自己可以忽視其他人對蔡京的敵視。再後來他做出聯金的決定，同樣可以歸咎於過分自信。當一些大臣對宋朝是否充分準備好北征提出異議時，儘管徽宗也猶豫過，但後來他仍然拒絕聽取那些擔憂者的意見，而是站在了夢想家們一邊，認為有可能打一場大勝仗。

徽宗的精力和熱情在很多情況下令人欽佩，但同時也為他帶來了一些問題，特別是他對道教的虔誠信仰。我並不認為徽宗是受了蒙騙或神道設教才支持道教，但在一一一七年到一一一九年間，他的確摒棄了自己以前的謹慎態度。

傳統的中國史家看待徽宗的態度有所不同。他們從徽宗的王朝總結出一條道德教訓：統治者放縱自己的慾望或沉迷於宗教時，就會使國家和自身性命陷入危險之中。在徽宗朝之後兩百多年的元朝政府編纂了《宋史》，其中就提出了這類頗具影響力的觀點。在《宋史・徽宗本紀》的結尾，編著這部書的史家起初指出：金人的侵略並非不可避免。如果在一一〇〇年選擇哲宗另外一個弟弟繼承皇位，這場戰爭也許就不會發生。此外，如果對後來一些事件做出不同的選擇，也有可能產生不一樣的結果：例如，如果宋朝在一一二三年拒絕接納從金國叛逃到宋的張㲄，「金雖強，何釁以伐宋哉」？縱觀一些亡國之君，要麼是由於愚蠢或殘酷，要麼是成為軍事政變的犧牲品，但這些用在徽宗身上都不合適。與其他人不同的是，徽宗是因為受到了誤導。蔡京使他對保守派產生了偏見，因此「疏斥正士，狎近奸諛」。蔡京還以精美華麗的物質生活去誘惑徽宗，讓他耽溺於自己的慾望。此外，徽宗還沉迷於道教信仰，不僅為此耗費巨資，同時也疏於軍事和國防管理。「君臣逸豫，相為誕謾，怠棄國政」。尤其是讓童貫掌管軍隊後，更是加快了災難的到來。史家最後尖銳地評論道：「自古人君玩物而喪志，縱慾而敗度，鮮不亡者，徽宗甚焉。」[1]

對徽宗作出這種負面評價的背景，是十二、十三世紀士大夫階層反對新政、推崇保守派的思潮。一些民間文學作品也助推了這種思想，特別是明代小說《水滸傳》，其背景就是徽宗統治時期發生的事件。十六世紀晚期，為了教導年幼的萬曆皇帝，張居正編撰了一部圖文並茂的書籍《帝鑑圖說》，書中列出了古代帝王的一些善舉和劣行。在收錄的七十二則善舉中，有十六則發生在宋朝，包括宋太祖五則、宋太宗兩則，以及宋仁宗九則。在收錄的三十六則劣行中，三則發生在宋朝，全都與徽宗有關。第一則是在舉行道教儀式時，徽宗將自己的位置設在了林靈素的下席。張居正先是從《宋史》中引用了一段文字，然後進行評論：「夫徽宗為億兆之君師，乃棄正從邪，屈體於異流，猥雜於凡庶，甚至親受道號，甘為矯誣。自昔人主溺於道教，至此極矣。卒有北狩之禍，身死五國城，彼所謂三清天尊者，何不一救之歟？」顯然，張居正認為徽宗的道教信仰不僅荒謬，也是毀滅性的。書中舉出的第二則不明智的事例是設立「花石綱」，從東南地區搜刮奇花怪石運送到京師，放進徽宗新修的園林艮嶽中。修建艮嶽的工程也造成了大量的腐敗和濫用職權的行為。張居正評論了這件事，指出花石沒有什麼實用價值，但徽宗對這些東西的喜愛卻導致國家動亂，外族入侵，自己身死荒漠，家人離散各處。在張居正看來，皇家的氣派沒有實際的用途。第三則劣行的例子是徽宗任用「六賊」（蔡京、童貫、王黼、李彥、朱勔和梁師成）。張居正評論，忠臣會勸說君主節儉和克制，就算君主不願意聽他們的諫言時也會這樣做。而那些只對君主講討好獻媚的話、鼓勵君主奢靡之風的一定是奸臣，將貽害無窮。[2]根據張居正對歷史興衰的理解，他認為以上三則劣行中的任何一則都足以導致徽宗的悲慘結局。

儘管《帝鑑圖說》是為小皇帝撰寫的初級讀物，但它很受歡迎，也多次修訂。後來，十七世紀時，王夫之在《宋論》中對徽宗朝進行了更為嚴肅的學術評價（但這部書在當時流傳不廣）。[3]王夫之關注的主要是當時文人與大臣的選擇，特別是楊時和李綱等知名的儒士。但他對人們普遍認為徽宗是庸君這一觀點沒有質疑，稱徽宗為「醉夢傾頹」。王夫之指出，徽宗並不似隋煬帝等前朝皇帝那樣奢侈，蔡京也不比唐朝的李林甫等歷代主要輔臣惡劣，但降臨在徽宗身上的災難卻要沉重得多。[4]王夫之認為徽宗朝發生的很多事情都是在演戲，這是王夫之提出的最有趣的一個觀點。王夫之說，蔡京自稱是王安石的追隨者是在演戲，甚至聯金抗遼也不過是徽宗和蔡攸共同操縱的一場遊戲。[5]

那麼，指責徽宗主要因放縱奢欲而喪失皇位是否有依據呢？當然，徽宗的確在物質生活中找到了很多樂趣，尤其是藝術品、古代青銅器、園林和宮殿建築。徽宗的收藏品肯定價值不菲，但沒有一個具體的數額，而且很多物品顯然是進貢給皇帝的禮品，而非徽宗購買所得。在建築方面，儘管徽宗修建的宮殿數量比之前任何一位宋朝皇帝都多，但最後建成的宮殿群還是比唐代長安的皇宮面積小得多，而且唐朝在洛陽也建有一處規模宏大的皇宮，以及幾處廣袤的狩獵場。在一一一七至一一一九年間，徽宗痴迷於道教神霄派，似乎的確是不計成本地開展了一些建築工程，但直到一一二〇年蔡京罷相、軍費開支驟然上升，大臣們才開始注意到這些逐漸顯現的赤字問題。不過即使到那時，女真人向開封勒索賠款時，宋官府藏庫中仍然有大量銅幣，以及金、銀和絹等財富。

如果客觀地考察這些問題，值得一提的是，認為統治者由於個人放縱而導致亡國的觀點古已有之。[6]在《左傳》中，即使只是對華麗的衣服感興趣，也會被認為足以亡國。[7]唐初史家在編纂唐朝之前滅亡的梁、陳和隋的歷史時，認為這些朝代的滅亡都是因為末代皇帝的「放蕩生活」和「無節制地追求享樂」。[8]他們也許由此推論，如果一位君主失去皇位，那麼這件事本身即證明他沒有對自己進行適當的節制。唐太宗在他的著作中也意識到「敗國喪身之主，莫不以奢侈而亡」。[9]在儒家傳統中，值得稱道的是皇家的節儉而非奢侈。

我們還可以從跨文化的角度來考察宋朝皇宮的花費。建築、裝飾和收藏的慾望在全世界的君主中都非常普遍，與其他地方的皇室相比，徽宗為了加強皇室威嚴而投入的花費並不算出格。縱觀歐亞大陸，在條件允許時，宮廷總是願意動用資源來增強自身的宏偉氣派，例如擴建皇宮設施和增加宮廷人員。但這樣做的君主可能會被指責為不負責任，有時也不得不縮減開支，尤其是當宮廷希望派遣軍隊對外作戰時。[10]當然，這都是相對的。在文藝復興和近代早期的歐洲，宮廷中平均每人的花費似乎要比宋朝高得多：佛羅倫斯的梅迪奇家族只有一百萬人口，面積也不比中國的一個州大多少，但他們修建了規模宏大的碧提宮

（Pitti Palace），並雇用了一大批藝術家和工匠；路易十四時期的法國只有兩千萬臣民，是徽宗時期人口的五分之一，但卻修建了凡爾賽宮、楓丹白露宮和羅浮宮等多處宏偉莊嚴的宮殿。無疑，對東西方這種不同的一種解釋是，在歐洲，由於不同公國與封邑相互競爭威望，促進了宮廷在富麗堂皇方面的發展，但這種情況並不適用於中國的宋朝。

歷史學家注意到徽宗似乎並不在意宮廷花費的問題，但沒有深入分析這一點反映出徽宗什麼樣的性格，以及這種性格是如何形成的。儘管中國很早就有為重要的政治人物立傳的慣例，但皇帝傳記是一個例外。在史書中，對開國皇帝的敘述會比較詳細，但對其繼承人的早年生活就很少提及。就徽宗而言，史書中記載了他的正式謚號的全稱（共十八個字），他的名諱、出生日期，他是神宗的第十一個兒子，出生在皇宮，母親是一位姓陳的嬪妃，然後是他按時間順序獲得的各種封號。緊接著就是哲宗駕崩和徽宗繼承皇位，但對他登基前的生活狀態沒有任何記載。[11]

《宋史》的本紀對每位皇帝的敘述非常枯燥，幾乎不能視為通常意義上的傳記。而且，它對朝廷中發生的事件也沒有提供太多資訊。例如，以下是對一一〇七年的兩個月中發生事件的紀錄：

> 秋七月乙酉朔，伊、洛溢。戊子，詔括天下漏丁。壬寅，班祭服於州郡。乙巳，賢妃武氏薨。八月乙卯，曾布卒。丁巳，封子構為蜀國公。庚申，以戶部尚書徐處仁為尚書右丞，吏部尚書林攄同知樞密院事。己巳，降德音於淮、海、吳、楚二十六州，減囚罪一等，流以下釋之。[12]

《宋史》其他部分的內容能夠對以上記載進行補充。例如，我們可以了解到，去世的嬪妃是徽宗的庶母之一（即他一位兄弟的母親），分發祭服是由議禮局提議的，伊、洛河水泛濫在早年也曾發生過。[13]但如果想更深入地了解這些內容，就必須將其他史料中的資訊拼接在一起，就像我在這本書中所做的一樣。

二十世紀之前的史家似乎認為，為一位皇帝（甚至包括前朝的皇帝）寫傳記是不適宜的。為什麼呢？[14]是不是因為一個人在做了皇帝之後就會喪失全部個性、開始成為國家的象徵呢？[15]在某些環境下，這似乎有一定的道理，除非是自古以來通常將政治危機歸咎於統治者個人行為的情況。傳記顯然會使君主與其行為之間的連繫更為清晰。另一種解釋是，對王位安全的擔心使得為皇帝撰寫傳記成為一種禁忌。因為當權者不希望讓臣民去想像做皇帝是什麼樣的感覺。如果人們想像了在皇位上的感覺，可能就會受到鼓勵，認為自己在現實生活中也能坐上皇位。但這些只是猜測，我提不出支持這些觀點的明確證據。[16]

在寫這本書的時候，中國在記述統治者生活上的禁忌引起了我的注意，也許因為在西方歷史著作中，對君王生活的描寫是一個重要的類別。在中世紀，很多編年史都是圍繞著君王以及發生在宮廷中的事件撰寫，使得君王的個性和癖好成為政治敘事中的核心。對於重要的統治者，在去世後的一個世紀內，通常會出現多種描述他們生平的著作。[17]一些關於歐洲君王的書籍直到現在仍然很受歡迎。中國的著書者為了取悅讀者，有時的確會根據想像寫出一些故事，說明皇帝在宮廷各種誘惑下的放蕩生活。[18]不過這些想像中的皇帝也很少像莎士比亞筆下的君王那樣，具有十分複雜而且有缺陷的人格特徵。儘管中國的史學和其他評論家可以隨意地譴責徽宗，但徽宗的這些缺點是如何形成的，他們都沒有提供細節資訊。

當我試圖重現徽宗的生活時，傳記的缺失只是引起我興趣的一方面，另一方面的原因是中國皇帝所受到的限制。我發現自己有意無意地在拿徽宗及別的宋朝皇帝與其他朝代的皇帝進行對比。[19]如果在中國各個朝代之間進行比較，宋朝皇帝的教養是格外突出的。徽宗和幾乎所有宋朝皇帝在與大臣打交道時，給人留下的印象都是彬彬有禮、寬宏大量，但並非所有的中國皇帝都是如此。徽宗曾公開列出一份被禁止在朝廷做官的數百人名單，也許一些批評者認為徽宗這一舉動太過分了，但他並沒有將這些人召入朝廷進行斥責，更沒有讓人毒打他們甚至將其賜死。而暴躁和殘酷的皇帝在其他朝代並不少見。[20]

對於這種現象，一種解釋是宋朝大臣成功地使皇帝聽從了他們有關帝王得體行為的觀點。例如，大臣們努力阻止皇帝離開皇宮去接觸更多外面的世界。在前面的章節中，我引用了一位大臣在一一〇一年呈遞給徽宗的一份奏疏，以強烈的言辭反對皇帝任何可能的外出狩獵計畫。我還引用了差不多二十年後的一份奏疏，反對徽宗悄悄出宮去拜訪大臣府宅。在宋代，除非是一些固有的禮儀，例如每三年舉行一次祭天大典或一年一度的郊祀，在其他時間，官員們都傾向於讓皇帝留在宮闈之內。[21]不過，由於從全國各地來的人都會進宮拜見皇帝，因此，他也沒有與外界隔絕。當然，在朝殿見到端坐於龍椅上的皇帝同在其他地方遇到皇帝有著本質的不同。當代歷史學家黃仁宇在研究明末的皇帝時，看到了「一種將君王去人性化的傾向」，因為官僚機構「只需要一位與世隔絕的君主作為執行官」。[22]宋朝也具有一定的相似之處。

大臣和皇帝經常提到的一個論點是，因為皇帝身居九重宮闕之內，不能親眼目睹當下帝國各處正在發生的一切，因此需要大臣們充當耳目。那麼，為什麼不讓皇帝離開皇宮、多一些機會親眼看看他的王國呢？皇帝們真的需要這麼多重高牆與自己的臣民分隔開嗎？將皇帝隱藏起來的做法可以追溯到戰國時期，而秦始皇更是一個典型，他讓人修建了高築的迴廊，目的是在不被人發現行蹤的情況下往來於不同的宮殿之間。[23]而在更早的朝代，儘管有大臣反對，皇帝們還是會經常離開皇宮外出狩獵，或是以各種理由到其他地方巡視，最常用到的理由可能就是率兵出征或親謁某些聖地。在世界上大部分的國家中，這類流動都被視為統治行為的一部分。用托馬斯・阿爾森（Thomas Allsen）的話說，「歐亞大陸上的絕大多數皇室、貴族都多多少少用狩獵來加強、維護自己的社會影響力與政治影響力」。[24]唐代第二位皇帝唐太宗，每年夏天都要前往距長安城一百五十多公里的離宮住上一段時間。[25]在大多數其他地方，通過統治者與被統治者在皇宮以外的地方接觸，君主的威嚴似乎被進一步加強，而非被削弱了。的確，皇帝的很多官方職能都可以留在皇宮內履行。作為國家的象徵、集權政體的核心、等級架構中的最高首腦和宗教儀式中的主祭，皇帝在政治體系中發揮著至關重要的作用。為了這些目的，他們並不需要外出。然而，君主無須外出並不意味著外出旅行不會帶來任何益處。

宋代前三位皇帝均未始終駐足於皇城內。宋太祖和宋太宗是武將出身，他們經常要率兵出征，與其他國家打仗。真宗雖然在皇宮內出生、成長，但也到京城之外的地方進行了幾次長途旅行：一〇〇四年他曾御駕親征澶淵，至少是號稱抗擊契丹軍隊；一〇〇八年往東到泰山舉行封禪；一一一一年往西前往汾陰祭地；一一一四年往南巡蒞亳州拜謁當地的老子廟。[26]此後，宋朝皇帝外出巡遊就少得多了，這也許反映了儒家思想在宮廷的重要性不斷加強。一〇四七年，當宋仁宗希望第二次外出狩獵時，很多大臣都上表反對，最後他不得不取消這一計畫。[27]自仁宗開始，宋朝的皇帝就基本上留在京畿一帶，史料中沒有任何記載表明徽宗在位期間曾離開京畿地區。宋朝政府共修建了四座都城，分別位於東西南北四個方位，然而，皇帝並不會定期巡視每座都城，而是在東都開封一住就是幾十年。相比之下，從整個社會來看，旅行在宋朝變得越來越普遍。文人和官員要前往京城接受教育，參加科舉考試，如果中舉，還有可能被派到全國各地就職。同時，他們也喜歡旅遊，遊覽一些著名景點或古蹟。[28]但皇帝卻被剝奪了這種精英人士習以為常的旅行體驗。

為什麼皇帝提議外出狩獵或巡遊時，大臣們總是要強烈反對呢？反對打獵和其他出行的說辭最早出現於漢代[29]。其中提到的原因之一，認為出遊是一種娛樂形式，尤其是狩獵，其主要目的是使皇帝得到消遣，但享樂本身就是一件令人質疑的事情。另一原因則是有可能發生不可預見的事，而皇帝身邊的侍衛無法完全控制這些事情發生，換言之，皇帝可能會因遭遇意外而受傷，甚至駕崩。而且，皇帝越是接近百姓，就越難防範刺殺皇帝的陰謀。[30]同時，那些與皇帝打交道的重要大臣，可能也不認為皇帝形成自己的觀點會帶來什麼好處。出遊的皇帝可能會產生一些新的想法，希望改變一些常規做法，但這些變化也許是大臣不支持的。皇帝的經歷越豐富，可能就越難以應付。阿爾森認為，唐代大臣之所以反對狩獵，是為了阻止皇帝與文人圈子以外的人來往，尤其是接觸到一些「不受歡迎的人」，包括軍人、守邊官員和外國人等。[31]唐朝與宋朝的極大不同，並非用什麼樣的理由去反對皇帝到京城外冒險，而是宋朝大臣更成功地使皇帝遵守了這些地理限制。在兩本存世的用於教育皇帝的教科書（范祖禹的《帝學》和張居正的《帝鑑圖說》）中，宋仁宗被認為是最應該效仿的宋朝皇帝，因為他對待重要大臣如同對待老師一樣尊重，而且採納大臣們反對他出宮巡遊的諫言。[32]

另一方面，徽宗也的確發現了很多方式，不必遠行就可以享受到生活的樂趣和愉悅。徽宗對宗教和藝術的追求，都使他的世界看起來不會太狹小。道教思想中對宇宙的想像極其寬廣，且不受限制。同時，徽宗通過修建艮嶽，對整個國家的壯麗景色和植物多樣性進行複製，並從全國各地收集了豐富的植物標本。長久以來，現代歷史學家一直對宋朝不重視軍事方面的統治頗有微詞。[33]皇帝被留在皇宮內，從而限制了與軍事將領及軍隊進行接觸，這也是使皇帝在位期間更關注人文與文化職能的一種方式。如果徽宗能夠經常出巡，檢閱軍隊，並與前線將領交談，也許他對如何與女真人的統治者阿骨打談判就會有更好的直覺，對應該把什麼樣的任務放心地交給哪些將領，也會有更好的判斷。

附錄A

不採用有關徽宗及徽宗朝一些常見故事的原因

決定哪些故事可信，這是歷史學家面臨的一項最基本的任務，因為他們很清楚並非所有的史料都同樣可信。就宋朝而言，有些官方文書也未必可信，尤其是言官呈遞的奏疏，他們因為職責所在，要將聽到的人們對事情的議論向皇帝滙報，即使這些事情並沒有其他證據支持。此外，宋朝的文人還撰寫了數百部筆記，其中收錄了大量的逸聞和隨筆，但有的故事並非基於作者的個人知識，而是道聽塗說，也許是第二手或者第三手知識，甚至有可能是在別人的筆記中所見。宋朝人與其他時代或其他地方的人一樣，都喜歡有趣的事情，而一些機智的故事就可能十分風趣。因此，有些歷史名人的故事也可能經過了修飾，甚至是杜撰出來的。但另一方面，正是由於這些書的存在，我們現在才有可能對很多內容進行討論，因此，歷史學家並不十分情願將這些書籍一筆抹殺。我在本書中引用了多次蔡絛的《鐵圍山叢談》，是考慮到他的父親蔡京經常在皇宮內，作為蔡京的兒子，他很可能會知道書中記錄的有關徽宗及其朝廷發生的事情。另外一位我多次引用的作者是王明清（一一二七—一二一四），他似乎能看到很多徽宗朝的史料，不過，他記錄的軼事當然也不是全部可信。同時，我們還應意識到，筆記中的內容也經常會被一些正史引用。因此，對於任何看起來更像是基於謠傳而非第一手知識的史料，今天的歷史學家必須時刻保留一點懷疑態度。

哪些故事能夠接受，哪些不能，沒有什麼萬無一失的辦法來判定。有時候靠常識就夠了，有時候故事與來源更可靠的史料相互矛盾，可以推斷它可能是杜撰出來的。例如，某個人物也許不可能出現在他在故事中所處的地點。還有的時候，故事一看就是虛構的，不用有反證就可以直接否定。當然，即使是那些經過加工或憑空編造出來的故事，也有助於我們對當時的理解，因為它們可以讓我們看到當時流傳的是哪一類故事和謠言。不過，當討論的對象是真實發生之事時，相關的謠傳就不是一個好的訊息來源了。

在下文中，我列出了不採用這六個故事的理由，其中有的故事還被正史收錄，有的則只見於筆記。我還舉了一些例子，有的是因為涉及比較重要的問題，有的則為了說明此類虛構故事也很可能會被載入正史。我列的例子都是被一些現代學者當作真實史料來用的。

徽宗的生日

元朝史料上記載了一個傳言，據說徽宗實際上出生於五月初五，但由於這一天被視為不吉利的日子，徽宗的生日就被改為吉利的十月初十。[1] 周密（一二三二—一三〇八）在他的兩本書——《齊東野語》和《癸辛雜識》[2] 中記載了這個故事。沒有更早的現存史料記載這件事。

然而，此傳言非常不可信，因為這意味著改變了神宗諸子的長幼次序，而這肯定會遭到他們母親的強烈反對。因此，如果徽宗出生於一〇八二年的五月，就會比出生在七月的趙佖還要年長。[3] 如果他的出生日期不吉利，那肯定會將他的生日前移或後移一、兩天，而不是一下子往後挪了五個月、直到他的弟弟出生之後的日子。

劉混康和艮嶽

南宋時期，坊間流傳，道士劉混康建議徽宗在京城東北方向修建一座假山，這樣一來他就會子孫繁茂。[4] 關於這個故事，現存史料可能最早出現在王明清在一一九四年所著的《揮麈錄・後錄》中。[5] 這段文字不是很長，引用如下：

> 元符末，掖庭訛言祟出。有茅山道士劉混康者，以法籙符水為人祈禳，且善捕逐鬼物。上聞，得出入禁中，頗有驗……
>
> 祐陵登極之初，皇嗣未廣，混康言京城東北隅地葉堪輿，倘形勢加以少高，當有多男之祥。始命為數仞崗阜，已而後宮占熊不絕。上甚以為喜，繇是崇信道教，土木之工興矣。一時佞幸，因而逢迎，遂竭國力而經營之，是為艮嶽。[6]

我沒有採用這個故事，是因為它看起來就不太真實。徽宗似乎不太可能擔憂生兒子的問題。徽宗十六歲結婚之後，不到一年，第一個兒子就出生了。當時他應該已經登基三個月了。甚至在登基的當天，他很可能就已經知道妻子懷孕了。從那時起，他的兒子們開始以一種穩定的頻率降生。而且，在徽宗給劉混康寫過的大量信件中，也從未暗示過他對孩子出生的擔心，或是感激劉混康告訴他如何確保自己後繼有人。另外，沒有任何證據表明，艮嶽及其裡面的假山在徽宗登基的第一年就開始修建。因此，我懷疑這是一個在流傳過程中經過人們不斷想像和渲染而形成的故事。

童貫和蔡京在杭州

現代歷史學家經常作為一個史實提到，蔡京和童貫一起停留在杭州那段時間，是兩人關係中一段重要的時期。[7]正史的記載也支持這個故事。《宋史・童貫傳》中說：「徽宗立，置明金局於杭，貫以供奉官主之，始與蔡京遊。京進，貫力也。」[8]對此，《宋史・蔡京傳》的敘述更為詳盡，並對誰幫助了誰有不同的說法：「童貫以供奉官詣三吳訪書畫奇巧，留杭累月，京與遊，不舍晝夜。凡所畫屏幛、扇帶之屬，貫日以達禁中，且附語言論奏至帝所，由是帝屬意京。」[9]一一九六年的《三朝北盟會編》對此有更進一步的描述，書中稱他們在杭州時，童貫向蔡京講了很多關於前線軍事形勢以及之前一些將領指揮的戰役，讓蔡京對他的軍事才能留下了深刻印象，因此，在向徽宗推薦將領時，蔡京立即舉薦了童貫。[10]

這些故事存在的問題，是童貫和蔡京沒在同一時間住在杭州。一一〇二年三月，童貫被任命在杭州擔任官職，此時蔡京早已在一一〇一年二月離開了杭州，前往定州就職。[11]而且，有很多證據表明，徽宗在登基前就已經與蔡京非常熟悉，[12]因此根本不需要從童貫那裡聽說蔡京。

向太后和保守派的復興

歷史學家通常臆斷，在徽宗登基後，向太后是最迫切希望將保守派召回朝廷的人，但由於她在一一〇一年初去世了，徽宗才得以改變政治方向。[13]然而，如果對完整的史料進行仔細分析，就會發現極為不同的結論。徽宗並不是不願意將保守派召回朝廷，而向太后也至少非常希望將一位新法派留在京城。

至於為什麼這段時期的政治歷史在這個故事版本中會成為這樣，可能有幾個原因。《宋史》在向太后的傳記中似乎暗示，將保守派召回京城主要是她的功勞。根據記載，在徽宗的懇求下，向太后才答應攝政，隨後，「凡紹聖、元符以還，（章）惇所斥逐賢大夫士，稍稍收用之」。[14]這也符合了一個假設：一個人的核心性格特徵不會發生重大變化。[15]的確，擔任攝政的太后通常是掌握實權的人，因此，在女性攝政期間，太后通常被認為是做出決定的人，而非小皇帝。宋仁宗幼年時期劉太后的攝政，以及宋哲宗剛繼位時高太后的攝政，歷史學家們都持同樣的觀點。但在這兩個例子中，小皇帝都是與攝政的太后一起坐在簾子後面，沒有與大臣們單獨會面。我們在第二章提到過，徽宗的兩府大臣建議向太后不要採用劉太后和高太后的方式，而是採用受到更多限制的方式——宰輔們先與徽宗議事，再去拜見太后。向太后的婆婆高太后在攝政期間將保守派召回朝廷，這一事實可能也促使歷史學家做出了這樣的臆斷。然而，因為她的婆婆反對新政，就推斷出向太后也同樣反對新政，這沒有道理。

在召回保守派的事情上，判斷向太后究竟有多大貢獻，最好的方法就是了解召回保守派和貶斥變法派的時間，以及這些決定是如何做出的。根據《續資治通鑑長編》、《續資治通鑑長編拾補》與《曾公遺錄》的記載，徽宗熟悉大多數保守派大臣的名字，還提議具體有哪些人應該被召回。徽宗剛登基七天，就讓宰輔給他提供了一份名單，列出了之前曾擔任朝廷要職並可以被召回的大臣，徽宗與宰輔一同對這些名字逐一進行分析，從中挑出了十個人，立即任命官職。隨後宰輔又去拜見了向太后，太后同意徽宗的所有決定。[16]

沒有證據表明向太后曾經自己提出將保守派召回朝廷，不僅如此，她甚至堅持將頑固的變法派蔡京留在京城。四月初二，徽宗在見到曾布時提醒他說，向太后希望把蔡京留下來。後來，曾布前去拜見太后，太后堅持要這麼做。曾布威脅說，如果太后不肯讓步的話，他可能就會辭職。但太后回答：「干樞密甚事？」（曾布當時擔任知樞密院事，是徽宗的宰輔之一。）曾布答以「君子小人不可同處」，太后反駁道：「先帝時亦同在此。」由於曾布在這件事上喋喋不休，太后最後不得不對他下了逐客令。[17]

七月初一，向太后正式還政徽宗，不再攝政、參與政府事務。然而，此時徽宗的宰輔中還是有變法派。直到兩個月後的一一〇〇年九月初八，徽宗才最後接受了變法派主將章惇的致仕請求。又過了一個月，蔡京也終於被貶出京城。[18]

在向太后還政之後，她的確也表達過一些政治觀點，但不一定都是支持保守派的觀點。一一〇〇年九月十六日，最直言不諱的保守派言官之一陳瓘上表，批評向太后的親戚，並抨擊向太后並未真正放手朝政。向太后聽後很難過，拒絕進食。為了安撫太后，徽宗承諾貶逐陳瓘。太后身邊的人建議提拔蔡京為宰輔，好消解太后的怒氣。徽宗沒有這樣做，但他的確在次日貶逐陳瓘出京任職。[19]

顯然，在徽宗統治期間開始出現一種觀點，認為向太后限制了徽宗按照自己的真實意願去繼續推進父皇神宗的政策，甚至徽宗和蔡京也助推了這種解釋，也許是因為他們兩人認為，團結一致使他們的承諾看起來更有力。人們通常認為，一一〇七年「御製」的《宣和殿錄》實際上是蔡京撰寫。在這篇文章中，先是逐條列出了神宗新政的所有優點，然後是保守派對這些政策的歪曲詆毀。神宗駕崩後，高太后垂簾聽政，「群奸汲引相援而起列置高位」，將神宗所有的好政策都廢除了。徽宗登基後，請求母親一起執政，同樣的事情再次發生，那些重新掌權的人出於報復心理，推翻了原來的所有政策，甚至稱「從父之失為非孝」。在徽宗開始親政後，每一條法令或措施都堅持遵從神宗的先例，至少我們看到的史料上是這麼說的。[20]如果連蔡京和徽宗也堅持這種說法，那麼毫不奇怪，大部分人都會附和他們。

蔡京與宋金聯盟

現代歷史學家通常都將蔡京描述成極力支持宋金聯盟的人。[21]但對史料進行更細緻的分析就會發現，應當將蔡京的態度劃分為兩個階段：剛開始時，蔡京支持多了解遼國發生的事情與宋朝如何從局勢發展中獲益；以及後來對採取軍事行動抱有的強烈保留態度。此外，我們還應當考慮到，蔡京在一一二〇年六月致仕，此後四年半中並沒有參與太多的朝廷事務，而這一時期正是宋金談判和簽訂盟約的時間。

當時的人們往往認為，蔡京要為所有的錯事負最終的責任，這種觀點尤其常見於彈劾蔡京的奏疏中。一一一八年，安堯臣在一份長篇奏疏中以大部分篇幅譴責童貫，稱朝廷內外都在議論童貫與蔡京相互勾結，「共唱北伐之議」。[22]徽宗內禪後不久，孫覿也上表彈劾蔡京罪大惡極，稱蔡京導致邊界毀約事件並煽動了軍事行動。[23]在一一二六年三月欽宗貶斥蔡京的詔書中，蔡京被控提倡「平燕之議」，這顯然反映了孫覿等人的觀點。[24]《東都事略》可能也是基於這些指控而認為，「(蔡)京首倡之燕山之役」。[25]因此，很多當代歷史學家也會做出類似的推論，毫不奇怪。然而，這就是將彈劾奏疏中的誇大指控輕易接受為事實的一個例子。

的確，蔡京在一一一五年支持將投降宋朝的趙良嗣帶到朝廷，旨在探聽他所了解的當前遼國局勢，見到他後還支持進一步打探消息，但這並不意味著蔡京渴望戰爭。一一一六年和一一一七年的詔書中提醒北部邊境的宋軍守將不要挑起事端，這很可能反映了蔡京的謹慎態度。[26]因為如果蔡京強烈支持戰爭，那徽宗的這些詔書就意味著徹底否定了蔡京的意見，而這種可能性不大。此外，等到蔡京對女真人和遼國發生的事情有更多了解後，與大多數資深宰輔一樣，他也看到了宋與金建立軍事聯盟的嚴重弱點。[27]史料記載的幾件事能反映出蔡京的反對態度。當童貫上表建議趁遼國內亂之機奪回燕京時，徽宗想聽一聽蔡京對這件事的看法，幾次派宦官前去詢問，蔡京都沒有回覆。直到有一次徽宗在上朝結束後將蔡京留下來，直接問他的想法，蔡京才願意表達自己的觀點。他對徽宗說，自己對童貫沒有信心，而出征外國這樣重要的任務也不應當托付給童貫。當時徽宗提到童貫早年在西北邊境取得的勝利，蔡京反駁說，不知道這些勝利中有多少是童貫的功勞。[28]

第二件事發生在一一一九年初。蔡京受命接待金國使臣，但他對新的聯盟仍然沒有完全信服。據說童貫對蔡京很生氣，當著皇帝的面批評了蔡京。蔡京知道童貫對自己不滿，但在這件事上他真的無法同意童貫。[29]不久後，蔡京和大多數宰輔又頂住了徽宗的壓力，拒絕在一份支持宋金聯盟的文件上簽名。筆記體小說作者周煇（一一二七—一一九八年後）記錄了這件事，指出徽宗「獨與貫、黼、安中議，決意行之。且當日之事，實貫造謀，非黼與安中，亦無緣便為」。[30]作者沒有把蔡京列在名單中。周煇稱此故事的來源是蔡京的一名侍僕，他親耳聽到了這段對話。此外，當時一些人指責蔡京的內容也與對其他人的指責有所區別，程瑀寫道：「金人內侮事雖始於童貫，而成於王黼與京之子攸，然邊備廢弛本實由京。」[31]

蔡絛也記錄了蔡京對採取軍事行動的極度擔憂。儘管在南宋初期，經常有人在事後稱他們的親戚一直反對與金結盟，但蔡絛提供了蔡京曾努力希望改變徽宗想法的可信事例。根據他的記載，一一二二年夏，蔡京已經致仕，有一次徽宗召他上朝，蔡京在朝堂上懇求皇帝休戰。後來局勢惡化，徽宗對宦官梁師成說，蔡京是唯一一位自始至終反對北伐的人。[32]

徽宗出宮夜訪李師師

對徽宗與歌妓李師師之間浪漫情事的描寫出現在幾部小說中，如《大宋宣和遺事》、《水滸傳》（第七十二回），以及一部傳奇小說《李師師外傳》。這三部作品都沒有具體的日期，但部分故事顯然南宋時就已經開始在民間流傳了。還有三部南宋或元初的筆記體小說，也提到了李師師與徽宗的關係：包括郭彖大約在一一六五年撰寫的《睽車志》，張端義一二四八年的《貴耳集》，以及大約在半個世紀後周密的《浩然齋野談》。[33]《睽車志》中提到，李師師經常進入皇宮，有一段時間還牽扯到了林靈素。[34]《貴耳集》中寫道，有一次，詩人周邦彥（一〇五六—一一二一）正在歌妓李師師的住處，突然聞聽有人宣叫徽宗就要來了，倉猝不能出，只得藏匿於床下。後來，他根據自己偷聽到的內容填寫了一首歌詞。徽宗聽到這首歌詞後，令蔡京將周邦彥逐出京城。不過，後來徽宗聽到周邦彥填寫的另一首歌詞後，對自己之前的決定感到了悔意。[35]周密在書中也講述了同一個故事的縮減版。[36]

李師師是當時的一位名妓，這一點毫無疑問。李師師的名字出現於宋朝的很多史料中，包括《東京夢華錄》和《墨莊漫錄》。而徽宗偷偷離開皇宮，也不是不可能。一一一九年，在一份謝表中，蔡京提到徽宗在那一年曾坐著一頂小轎七次臨幸他的府宅。[37]後來，大臣曹輔在官方公告上讀到蔡京的這份謝表後，上疏批評徽宗不應當在沒有儀仗和護衛下就離開皇宮。[38]大臣批評皇帝離開皇宮尋歡取樂，這是自漢朝就形成的傳統。[39]但曹輔並沒有提到徽宗是去娛樂場所。

一些現代歷史學家研究了李師師、徽宗和周邦彥之間三角關係的歷史真實性。王國維在幾十年前就否定了這種觀點，認為徽宗不可能在周邦彥拜訪李師師的同時到達那裡。他強調的原因是時間不符：一位曾經在十一世紀七、八十年代詩詞中出現過、比徽宗年長好幾十歲的歌妓，徽宗怎麼可能在三十多年後仍然迷戀她呢？王國維的文章引起了一些學者對這段三角戀情的維護，他們的理由是詩中提到的師師有可能是同名女子，或者李師師很小就成為歌妓，等等。[40]

在我看來，這個故事是杜撰的，最大原因在於故事本身。它看起來太像虛構出來的故事，因此，我需要有更可信的證據才會認為它是基於事實。我在第十章已經引用了其中的一段文字（內容是李師師說皇帝已經有了很多美女享用，是不會對她感興趣的）。下面是引用的另一段文字：

這個佳人，是兩京酒客煙花帳子頭京師上停行首，姓李名做師師。一片心只待求食巴謾，兩隻手偏會拿雲握霧；便有富貴郎君，也使得七零八落；或撞著村沙子弟，也壞得棄生就死；忽遇著俊倬勤兒，也敢教沿門吃化。徽宗一見之後，瞬星眸為兩瞬。休道徽宗直恁荒狂，便是釋迦尊佛，也惱教他會下蓮臺。[41]

有人可能會認為，《大宋宣和遺事》中有很多虛構的成分，但是《貴耳集》這類筆記應該被假定為基於事實，除非有反證。下面是從《貴耳集》中引用的內容：

道君幸李師師家，偶周邦彥先在焉，知道君至，遂匿於床下。道君自攜新橙一顆，云：「江南初進來。」遂與師師謔語。邦彥悉聞之，概括成〈少年遊〉云：並刀如水，吳鹽勝雪，纖手破新橙。錦幄初溫，獸煙不斷，相對坐調笙。低聲問：向誰行宿？城上已三更。馬滑霜濃，不如休去，直是少人行。

李師師因歌此詞。道君問誰作，李師師奏云：「周邦彥詞。」道君大怒，坐朝宣諭蔡京云：「開封府有監稅周邦彥者，聞課額不登，如何京尹不按發來？」蔡京罔知所以，奏云：「容臣退朝，呼京尹叩問，續得復奏。」

京尹至，蔡以御前聖旨諭之。京尹云：「惟周邦彥課額增羨。」蔡云：「上意如此，只得遷就將上。」得旨，周邦彥職事廢弛，可日下押出國門。

隔一二日，道君復幸李師師家，不見李師師，問其家，知送周監稅。道君方以邦彥出國門為喜，既至不遇，坐久，至更初，李始歸，愁眉淚睫，憔悴可掬。道君大怒云：「爾去那裡去？」李奏：「臣妾萬死，知周邦彥得罪押出國門，略致一杯相別，不知官家來。」

道君問：「曾有詞否？」

李奏云：「有〈蘭陵王〉詞。」……

道君云：「唱一遍看。」

李奏云：「容臣妾奉一杯，歌此詞為官家壽。」

曲終，道君大喜，復召為大晟樂正。[42]

《貴耳集》可能沒有《大宋宣和遺事》中敘述得這麼詳細，但它看起來仍然不可信，因為徽宗不太可能僅僅因為周邦彥的詩詞好壞就這麼快改變主意。這使我懷疑它的真實性。

我完全認識到，自己並未識別出關於徽宗及其重要大臣的所有可疑的故事。即使是離這些事件比較近的人撰寫的內容，也不一定都可靠。一一四四年，高宗抱怨說，當時流傳的私人紀錄中經常有錯誤：「靖康以來私記極不足信。上皇有帝堯之心，禪位淵聖，實出神斷，而一時私傳以為事由蔡攸、吳敏。上皇曾諭宰執，謂：『當時若非朕意，誰敢建言，必有族滅之禍。』」[43]如果當時的人都很難辨別哪些史料更可信，那我們在將近九百年之後可能會被誤導，也毫不奇怪。

附錄 B

徽宗的嬪妃及子女

年分	當年出生的兒子	存活的兒子	當年出生的女兒	存活的女兒	出生子女總人數	存活子女總人數	在世的母親人數
1100	1	1	1	1	2	2	2
1101	2	2	1	2	5	4	3
1102	0	2	3	5	8	7	5
1103	1	3	1	6	10	9	5
1104	2	4	0	5	12	9	6
1105	0	4	3	6	15	10	7
1106	1	5	2	8	18	13	7
1107	4	9	2	9	24	18	8
1108	1	10	0	8	25	18	7
1109	2	12	3	10	30	22	8
1110	2	14	3	12	35	26	10
1111	2	16	0	11	37	27	10
1112	3	18	1	11	41	29	10
1113	0	17	3	14	44	31	9
1114	2	18	0	13	46	31	9
1115	2	20	1	14	49	34	10
1116	0	19	2	16	51	35	9
1117	0	19	0	15	51	34	9
1118	2	21	1	16	54	37	9+
1119	0	21	2	18	56	39	9+
1120	1	22	0	17	57	39	9+
1121	1	23	2	19	60	42	8+
1122	1	24	0	19	61	43	8+
1123	1	25	0	19	62	44	8+
1124	0	25	1	20	63	45	8+
1125	0	25	2	22	65	47	8+
在位期間出生子女總數量	31		34		65		

注：女兒的出生日期按照她們被授予第一個封號日期的六個月前統計。存活的子女人數是年底仍然在世的人數。1118 年之後，由於史料中沒有提供徽宗一些子女的母親的狀況，因此，從 1118 年開始所列出的在世母親數量只是最少人數。

徽宗年表

注：更詳細的年表參見張其鳳《宋徽宗與文人畫》，北京：榮寶齋出版社，二〇〇八年，一八三—二五一頁。

一〇八二年，一歲（元豐五年）

十月初十　徽宗出生。

一〇八五年，四歲（元豐八年）

三月初五　神宗駕崩，終年三十八歲。哲宗即位。高太后聽政。

五月十八日　任司馬光為宰相。

八月至十二月　陸續廢除新政。

十月　神宗的靈柩安葬。徽宗的生母陳氏離開皇宮後再未回宮。

一〇八八年，七歲（元祐三年）

七月　徽宗的叔叔趙顒去世。

一〇九一年，十歲（元祐六年）

十月二十五日　有關徽宗諸兄弟的一份教育計畫被呈奏朝廷。

一〇九二年，十一歲（元祐七年）

四月　哲宗與孟皇后結婚。

一〇九三年，十二歲（元祐八年）

九月初三　高太后崩。

一〇九四年，十三歲（紹聖元年）

七月十八日　開始貶謫元祐黨人。

一〇九五年，十四歲（紹聖二年）

一〇九五年　為徽宗諸兄弟任命老師。

一〇九六年，十五歲（紹聖三年）

三月　徽宗被封為端王。

九月二十九日　孟皇后因被指控施行巫術而遭廢黜，隨後送入道宮。

九月　徽宗的叔叔趙顥去世。

一〇九七年，十六歲（紹聖四年）

一〇九八年，十七歲（元符元年）

三月二十日　徽宗遷入新王府。

十月　徽宗在郊祭時擔任亞獻。

一〇九九年，十八歲（元符二年）

六月　徽宗與王氏結婚。

九月　哲宗的劉賢妃晉升為皇后。

一一〇〇年，十九歲（元符三年）

正月初一　哲宗病重，不能舉行新年朝會。

正月十二日　哲宗駕崩。徽宗被立為皇帝。向太后同意共同執政。

二月　韓忠彥被任命為宰輔。

二月初十　徽宗的妻子王氏被冊封為皇后。

三月二十二日　日食。

三月二十四日　下詔納諫。

四月十三日　徽宗的第一個兒子出生（太子趙桓／欽宗）。

五月十九日　蔡卞從宰輔的職務上被貶。

五月二十日　孟皇后復位。

五月二十三日　司馬光等人官復原職。

七月初一　向太后還政。

八月初六　開始興建景靈西宮。

八月初八　哲宗安葬。

九月初六　徽宗臨幸弟弟的宅第觀看祥瑞芝草，受到了陳瓘和陳師錫的批評。

九月初八　章惇從宰相的位置致仕。

十月初三　蔡京被貶出京。
十月初九　曾布被任命為右相。
一一〇〇年　李誡編撰《營造法式》。
一一〇〇年　徽宗召劉混康入宮。

一一〇一年，二十歲（建中靖國元年）

正月十三日　向太后崩。
七月初三　徽宗命人分別列出支持和反對神宗政策的大臣名單。
七月二十八日　蘇軾去世。
十一月二十三日　徽宗第一次主持郊祭。
十二月二十日　神宗被奉安景靈西宮。

一一〇二年，二十一歲（崇寧元年）

三月十七日　童貫被派往蘇州和杭州為皇宮置辦物資。
五月初六　韓忠彥被罷免宰相職務。
五月二十一日　蘇轍、范純禮等五十多人被貶出京。
五月二十四日　安葬向太后。
五月二十六日　蔡京和趙挺之恢復朝中任職。
閏六月初九　曾布被罷宰相職務。
七月初五　蔡京被任命為尚書右僕射兼中書侍郎。

七月十一日　設置講議司。

八月二十二日　設立安濟坊。

九月初六　蔡京提議對官學制度進行重大改革。

九月十三日　在京城設立居養院。

九月十五日　一一〇〇年呈遞奏疏的大臣被劃分為正、邪的若干等級。

九月十六日　曾布、韓忠彥等大臣因對劉太后的事情處理不當而被降職。

十月二十三日　一一七名官員被禁止在朝中任職，包括很多已經去世的官員。

十二月初十　孟皇后再度被廢。

十二月十六日　鑄當五錢。

蔡京為州、縣學校頒布法令。

一一〇三年，二十二歲（崇寧二年）

四月十九日　從景靈宮移除司馬光等人的畫像。

四月初九　下令毀掉蘇軾文集的印版。

四月二十七日　下令焚毀蘇軾、蘇轍、蘇洵、秦觀和黃庭堅等人的書籍印版。

六月初五　冊封王氏為皇后。

八月　張商英被罷，並被列入元祐黨人名單。

九月初五　頒詔禁止宗室與元祐黨人後代結婚。

九月十六日　設立醫學院。

九月十七日　命各州建崇寧寺。

九月二十五日　命各州立〈元祐奸黨碑〉。

一一〇四年，二十三歲（崇寧三年）

正月初六　禁止撰寫邪等奏疏的官員進入京城。

正月十三日　鑄當十大錢。

正月十七日　增加縣學的學生名額。

正月二十九日　開始鑄造九鼎。

二月初三　建漏澤園。

四月十九日　在各州建立崇寧觀，在徽宗的本命日舉行法事。

六月初一　新法派的畫像被畫在景靈西宮供奉神宗像的殿內牆上。

六月初三　三〇九人被列入禁止擔任官職的黑名單，其中去世的官員被免去諡號。

六月十一日　設立學習書法、繪畫和算術的學校。

八月初三　蔡京為神宗朝修史。

九月　賜童貫和王厚在京城的宅第。

十一月初四　徽宗臨幸太學和辟雍，在全國的學校立石碑紀念。

十一月十七日　頒詔科舉取士將一律從學校中選拔。

十一月二十六日　祭天。

一一〇四年　官學學生數量達到二十一萬名。

一一〇四年　宋宣布收復青唐地區。

一一〇四年　徽宗將御筆〈千字文〉賜予童貫。

一一〇五年，二十四歲（崇寧四年）

正月二十七日　罷免蔡卞。

正月二十八日　任命童貫為制置使。

閏二月十六日　在北方四地鑄造夾錫錢。

五月十二日　撤銷對元祐黨人親屬的禁令，邁出了解除限制元祐黨人措施的第一步。

八月　鑄成九鼎。

七月　蔡京發起修建明堂的討論。

八月二十一日　在九成宮舉行九鼎奉安儀式。

八月二十七日　徽宗賜新樂名〈大晟〉。

九月十一日　被貶斥的元祐黨人可以遷到離京城比較近的地區，但不能進入京城。

九月二十一日　三十五名上舍學生被授予進士及第。

十二月二十四日　開始恢復一些被貶官者的官職。

一一〇五年　發行刻有徽宗書法的當十錢幣。

一一〇六年，二十五歲（崇寧五年）

正月初五　彗星出現，徽宗收回他推行的一些措施。

二月初三　蔡京被罷官。

二月十四日　收集徽宗的御筆手詔並印製成冊。

三月二十四日　徽宗的弟弟似去世。

八月十五日　茅山元符萬寧宮建成。

十一月初四　徽宗的哥哥陳王趙佖去世。
一一〇六年　任命米芾為書畫院博士。

一一〇七年，二十六歲（大觀元年）

正月初七　蔡京官復尚書左僕射職位。
正月十三日　設立議禮局。
三月十八日　徽宗下詔頒布「八行八刑」的升學制度，隨後又將詔書內容刻於石碑，立在很多地方學校內。
三月二十七日　趙挺之去世。
五月初九　下詔在全國推廣新樂。
七月十三日　乾寧黃河水清。
八月初二　曾布去世。

一一〇八年，二十七歲（大觀二年）

三月初十　頒布《金籙靈寶道場儀範》。
三月　米芾去世。
四月十七日　劉混康在開封去世。
五月初二　徽宗賜蔡京玉帶。
九月二十六日　王皇后去世。
十一月　薛昂請求收集更多古代器物的圖片，以鑄造出更逼真的古器，用於祭祀儀式。

一一〇八　頒布《經史證類大觀本草》。
一一〇八　童貫率軍在青唐作戰。

一一〇九年，二十八歲（大觀三年）

六月初四　蔡京被罷官，一直到一一一二年五月。
一一〇九年　收集書法拓本的《大觀帖》發行，蔡京奉旨書寫帖內的款識標題。

一一一〇年，二十九歲（大觀四年）

正月初四　停止鑄造當十錢。
八月初一　徽宗親自寫了一篇關於大晟樂的文章。
一一一〇年　徽宗答覆議禮局的幾十個問題。
十月初二　立貴妃鄭氏為皇后。
一一一〇年　建築大師李誡去世。

一一一一年，三十歲（政和元年）

正月初九　下令摧毀京城中未經許可的一千三百一十八處淫祠。
三月初一　徽宗為新修的儀禮撰寫序言。
五月初七　改當十錢為當三錢。
九月　童貫隨宋使一同出使遼國。
一一一一年　徽宗將御筆書寫的六十首道樂賜予一些大臣看。
一一一一年　徽宗委派專家整理醫方，編纂《政和聖濟總錄》。

一一一一年　畫院學生王希孟得到徽宗親自指導。

一一一二年，三十一歲（政和二年）

正月　端門出現鶴群，徽宗隨後御製一幅〈瑞鶴圖〉以為紀念。

二月初一　蔡京恢復官職，並被賜予一座京城宅第。

四月初八　徽宗在太清樓宴請朝廷官員。

五月十三日　蔡京開始每三日上一次朝。

十二月十五日　童貫升職為太尉。

一一一三年，三十二歲（政和三年）

四月初七　保和殿建成。

四月二十四日　改建一座宮殿為玉清和陽宮。

四月二十九日　頒布《政和五禮新儀》。

五月三十日　頒布新的宴會音樂。

七月二十二日　貴妃劉明達去世，後被追授為皇后。

十月十八日　一些古代器物和新鑄造的器具被陳列在崇政殿。

十月二十日　一百名道士參加郊祀和景靈宮舉行的儀式。

十一月初五　徽宗在郊壇祭天的途中看到天神降臨。

十二月初六　徽宗下詔訪求道教仙經。

一一一三年　蔡京為畫院學生王希孟的一幅手卷題跋。

一一一三年　延福宮建成。

一一一三年　設立禮制局。

一一一四年，三十三歲（政和四年）

正月初一　設立道階二十六等。
二月十二日　徽宗的長子趙桓行冠禮。
四月初五　徽宗臨幸尚書省。
六月初一　徽宗記錄了他在郊壇祀地後回宮途中見到的異象。
一一一四年　宋與西夏開戰。

一一一五年，三十四歲（政和五年）

二月初五　立趙桓為皇太子。
三月初一　徽宗在一座皇家園林宴請主要大臣，並展示了他畫的一幅畫。
一一一五年　女真人宣布建立金朝。
四月十八日　徽宗召見叛遼投宋的趙良嗣。
七月初十　開始動工修建明堂。

一一一六年，三十五歲（政和六年）

一一一六年　上清寶籙宮建成。
二月　任命童貫為宰輔，領樞密院事。
六月二十一日　皇太子結婚。
八月初一　北部邊境守將接到命令，不要挑起事端。

十月　賜予宰輔成套的青銅祭器。

十一月十五日　徽宗在一份詔書中提到官學裡的學生超過了二十萬。

一一一七年，三十六歲（政和七年）

正月十四日　設立道學院。

二月初六　林靈素在上清寶籙宮對兩千多名道士講述了帝君降臨的事。

四月初二　徽宗告訴官員，除了在宗教場合外，不要用「教主道君皇帝」稱呼他。

六月初一　明堂建成。

十月初二　徽宗的第一位孫輩後代出生。

十一月初六　允許蔡京每五天上一次朝。

十二月十五日　天神降於坤寧殿。

一一一八年，三十七歲（重和元年）

閏九月　出使金國的宋使到達遼東。

二月初九　鑄成神霄飛雲鼎，安奉於上清寶籙宮。

三月二十六日　皇子趙楷通過了科舉殿試。

四月十九日　識別詆毀道教的佛教文本以打壓佛教。

五月十一日　徽宗親自頒布醫學理論著作《聖濟經》。

八月十二日　徽宗御注《道德經》刻於石碑上，立在京城的神霄宮。

九月十八日　蔡京提議編纂《道史》，被批准。

十月二十一日　徽宗在寶籙宮向八百人傳度神霄宮祕籙。
一一一八年　徽宗的女兒福金公主與蔡京的兒子蔡鞗結婚。

一一一九年，三十八歲（宣和元年）

正月初十　徽宗臨幸嫁給蔡鞗的公主的宅第。
正月初十　金人第一次派使臣抵達宋朝。
正月二十日　重新命名佛教中的神祇。
六月二十四日　西夏求和，戰爭結束。
九月初一　徽宗在保和殿設宴。
十一月十九日　徽宗寫了一首祭天的詩賜給蔡京，蔡京隨即應和。
十一月二十九日　林靈素離開京城返回溫州。
十二月二十四日　上表批評徽宗偷偷溜出皇宮的大臣被貶斥。

一一二〇年，三十九歲（宣和二年）

正月二十三日　廢除道學院。
二月初四　派趙良嗣出使金國。
六月初九　蔡京致仕。
九月初七　僧人不再被稱為德士。
十一月初一　方臘在睦州起義。
十二月　徽宗在延福宮設宴。

十二月　徽宗聽到方臘起義的消息後，派出第一支軍隊。

一一二〇年夏　《宣和畫譜》編纂完成。

一一二一年，四十歲（宣和三年）

四月初二　貴妃劉明節去世，後追封為皇后。

正月二十一日　童貫率軍到達睦州，鎮壓方臘起義。

二月十八日　宋軍從起義軍手中收復杭州。

四月二十五日或二十六日　方臘被俘。

八月二十四日　方臘在京城被處決。

一一二二年，四十一歲（宣和四年）

正月初一　徽宗撰文紀念艮嶽建成。

正月十三日　金攻破遼中京，遼國皇帝逃走。

二月二十九日或三月五日或三月二日　徽宗駕幸祕書省新址，向在場官員分賜御製的書畫。

四月初十　徽宗檢閱將去攻打燕京的軍隊。

五月二十三日　童貫率軍到達雄州，準備進攻燕京。

五月二十九日　宋、遼軍隊交戰於白溝，宋軍戰敗。

九月　前遼大將郭藥師降宋。

十月二十八日　宋軍從燕京撤退。

十二月初六　金兵準備進攻燕京時，遼將逃之夭夭，燕京不攻而破。

一一二三年，四十二歲（宣和五年）

正月　王安中被派到前線擔任宣撫使。

一一二三年　黃河泛濫，急需救災。

一一二三年　宋、金簽訂盟約。

四月十七日　宋軍進入已被女真人搶掠一空的燕京。

五月初七　徽宗賜王黼玉帶。

五月二十一日　金國統治者阿骨打去世。

六月　徽宗召見降將郭藥師。

七月初八　童貫致仕。

十月二十九日　王安中受命撰文一篇，慶祝收復燕雲地區。

十一月十七日　徽宗臨幸王黼的宅第。

十一月　金抗議宋朝處理張瑴的方式。

一一二三年　《宣和博古圖》修訂工作完成。

一一二四年，四十三歲（宣和六年）

正月　張瑴事件繼續升級。

正月十四日　朝廷在紫宸殿慶祝遼國戰敗。

八月初一　朝廷召回致仕的童貫並派往燕京。

十月十七日　重申對蘇軾和黃庭堅文章的禁令。

十一月初三　罷免王黼的宰相職務。

十二月二十日　召回致仕的蔡京。

一一二五年，四十四歲（宣和七年）

正月　派宋使前去金國，祝賀新皇帝登基。

二月初八　從京城向燕京送去五十五萬斛糧食。

四月十九日　蔡京被罷相。

四月十九日　對不願服兵役的人徵收免役錢。

六月初八　命令所有政府部門削減花銷。

十一月　徽宗最後一次主持郊祀。

十二月十六日　童貫帶回女真人入侵的消息。很快又有消息傳來，郭藥師以燕京降金。

十二月二十一日　徽宗兒子們的宅第合併為十處。

十二月二十二日　徽宗下罪己詔。

十二月二十三日　徽宗內禪，皇太子繼承皇位。

一一二六年，四十五歲（靖康元年）

正月初四　徽宗帶著家人和身邊幾位大臣離開開封，南巡鎮江。

正月初七　金兵兵臨開封城外。

正月初十　達成勒索開封的初步協議。

正月至二月	京城的太學生抗議。
二月十一日	女真人軍隊離開開封。
三月初一	欽宗派人送信給徽宗，請他回開封。
四月初三	徽宗返回開封，住在龍德宮。
五月十三日	徽宗應邀入宮。
九月初三	太原在被金兵圍攻兩百六十天後失守。
十一月二十五日	金兵到達開封城外。
閏十一月	宋軍守衛開封，但金兵占領了外城牆。
閏十一月三十日	欽宗前往斡離不軍營，金帥要求他投降。欽宗第二日返回開封。女真人向宋索要大量的金銀、綢緞。

一一二七年，四十六歲（建炎元年）

正月初八	宋朝將女真人索要的綢緞足額交上。
正月初十	欽宗立長子為皇太子，返回金營。
正月	開封的情況變得極為糟糕。
二月初六或初七	徽宗被要求帶領所有宗室離開開封，前往金軍大營。
三月初七	張邦昌被立為傀儡皇帝。
三月二十八日	女真人撤離時，將徽宗和幾千名宋俘擄走北行。
五月初一	徽宗的兒子趙構自立為皇帝（高宗）。
五月十三日	徽宗到達燕京，並一直停留到九月十三日。

十月十八日　　徽宗到達金中京。

一一二八年，四十七歲（建炎二年）

八月二十一日　　徽宗到達金上京。

十月二十六日　　徽宗離開上京前往韓州，兩個月後到達。

一一二九年，四十八歲（建炎三年）

一一二九年　　在韓州度過。

一一三〇年，四十九歲（建炎四年）

七月　　徽宗一行被遷往五國城。

一一三〇年　　鄭皇后去世，終年五十二歲。

一一三一年，五十歲（紹興元年）

一一三一年　　在五國城度過。

一一三二年，五十一歲（紹興二年）

一一三二年　　在五國城度過。

一一三三年，五十二歲（紹興三年）

一一三三年　　在五國城度過。

一一三四年，五十三歲（紹興四年）

一一三四年　在五國城度過。

一一三五年，五十四歲（紹興五年）

四月二十一日　徽宗客死五國城。

12期（1982），13-23頁。
梅原郁《宋代官僚制度研究》，京都：同朋社，1985年。
那波利貞《唐代社會文化史研究》，創文社，1974年。
秦玲子《宋代の後と帝嗣決定権》，載《柳田節子先生古稀紀念中國の伝統社會と家族》，東京：汲古書院，1993年，51-70頁。
松本浩一《宋代の雷法》，《社會文化史學》卷十七，1979年，45-65頁。
——《徽宗と道教政策》，《アジア遊學》64，2004年，110-118頁。
——《宋代の道教と民間信仰》，東京：汲古書院，2006年。
藤本猛《北宋末の宣和殿：皇帝徽宗と學士蔡攸》，《東方學報》第81冊（2007年），1-68頁。
王瑞來《宋代の皇帝權力と士大夫政治》，東京：汲古書院，2001年。
——《徽宗と蔡京——權力の絡み合い》，《アジア遊學》第64號，2004年，33-44頁。
小川裕充《「院中名畫」——董羽、巨然、燕肅から郭熙まで》，《鈴木敬先生還曆紀念中國繪畫史論集》，23-85頁。
小島毅《宋代の國家祭祀——『政和五禮新儀』の特徵》，載池田溫主編《中國禮法と日本律令制》，東京：東方書店，1992年，463-484頁。
須江隆《唐宋期における祠廟の賜額・封號の下賜について》，《中國——社會と文化》1994年，96-119頁。
伊原弘《中國開封の生活と歲時：描かれた宋代の都市生活》，東京：山川出版社，1991年。
——編《「清明上河図」と徽宗の時代：そして輝きの殘照》，勉誠出版，2012年。
中嶋敏《東洋史學論集—宋代史研究とその周辺》，東京：汲古書院，1988年。
中田勇次郎《中國書論大系》，東京：二玄社，1977-1995年。
竺沙雅章《中國佛教社會史研究》，京都：同朋舍，1982年。

——《徽宗詞壇研究》，北京：北京出版社，2001 年。

日文論著（按漢語音序排列）

板倉聖哲《皇帝の眼差し —— 徽宗「瑞鶴圖巻」をめぐって》,《アジア遊學》第 64 期，2004 年，128-139 頁。後載入伊原弘編《「清明上河図」と徽宗の時代：そして輝きの殘照》，勉誠出版，2012 年。
島田英誠《徽宗朝の畫學について》，載《鈴木敬先生還曆紀念中國繪畫史論集》，東京：吉川弘文館，1981 年，118-121 頁。
德永洋介《宋代の御筆手詔》,《東洋史研究》1998 年第 3 期，393-426 頁。
田孔明《北宋士大夫の皇帝 —— 宰執論》,《東洋文化研究 》第四卷（2002 年 3 月），33-60 頁。
宮川尚志《林靈素と宋の徽宗》,《東海大學紀要》（文學部）24 號，1957 年，1-8 頁。
——《宋の徽宗と道教》,《東海大學紀要》23 號，1975 年，1-10 頁。
河井荃廬《支那南畫大成》，東京：興文社，1937 年。
近藤一成《蔡京の科舉學校政策》,《東洋史研究》1994 年第 1 期，24-49 頁。
——《宋代士大夫政治の特色》，樺山紘一編《岩波講座 世界歷史 9：中華の分裂と再生》，東京：岩波書店，1999 年，305-326 頁。
久保田和男《北宋徽宗時代と首都開封》,《東洋史研究》第六十三卷第三號，2005 年，1-35 頁。
——《北宋の皇帝行幸について —— 首都空間における行幸を中心として》，載平田茂樹、遠藤隆俊、岡元司編《宋代社會の空間とコミュニケーション》，東京：汲古書院，2006 年。
——《宋代開封の研究 》，東京：汲古書院，2007 年。
——《宋代の「畋獵」をめぐって：文治政治確立の一側面》，載《古代東アジアの社會と文化：福井重雅先生古稀・退職紀念論集》，東京：汲古書院，2007 年。
林大介《蔡京とその政治集団——宋代の皇帝・宰相関係理解のための一考察——》,《史朋》第 35 卷，2003 年，1-28 頁。
鈴木敬《畫學を中心とした徽宗畫院の改革と院體山水畫樣式の成立》,《東洋文化研究所紀要》38，1965 年，145-184 頁。
——《李唐の南渡・復院とその樣式變遷についての一試論（上）》,《國華》88 卷 第 6 期（1981），5-20 頁。
——《李唐の南渡・復院とその樣式變遷についての一試論（下）》,《國華》88 卷第

濟南：齊魯書社，1999 年，209-238 頁。
——《「昏君」與「奸臣」的對話 — 談宋徽宗〈文會圖〉題詩》，《文與哲》2006 年第 8 期，253-278 頁。
——《天祿千秋 — 宋徽宗〈文會圖〉及其題詩》，載王耀庭主編《開創典範：北宋的藝術與文化研討會論文集》，臺北：國立故宮博物院，2008 年，347-368 頁。
伊永文《行走在宋代的城市》，北京：中華書局，2005 年。
英嚴《宋代宮廷的供給制度》，《河北學刊》1991 年第 5 期，82-87 頁。
游彪《宋朝的邸報與時政》，《河北學刊》2004 年第 6 期，108-111 頁。
余輝《畫裡江山猶勝：百年藝術家族之趙宋家族》，臺北：石頭出版社，2008 年。
詹凱琦《蔡京與徽宗朝新書風研究》，《中華弘道書學會會刊》9，第 6 期，17-29 頁。
張邦煒《宋代皇親與政治》，成都：四川人民出版社，1993 年。
——《關於建中之政》，《四川師範大學學報》2002 年第 6 期，99-108 頁。
——《宋代政治文化史論》，北京：人民出版社，2005 年。
張光賓編《中華五千年文物集刊・法書篇》，臺北：中華五千年文物集刊編輯委員會，1984 年。
張其凤《宋徽宗與文人畫》，北京：榮寶齋出版社，2008 年。
張天佑《宋金海上聯盟的研究》，載《宋史研究集》第 12 集，臺北：“ 國立編譯館 ”，1980 年，185-245 頁。
趙永春《宋金關係史》，北京：人民出版社，2005 年。
鄭振滿、丁荷生編《福建宗教碑銘彙編》，福州：福建人民出版社，1995 年。
中國音樂文物大系總編輯部編《中國音樂文物大系》九卷，鄭州：大象出版社，1996 年。
周寶珠《宋代東京研究》，開封：河南大學出版社，1992 年，
朱鴻《宋代內庫的財政管理述論》，《西北師大學報》1991 年第 4 期，69-74 頁。
朱瑞熙〈宋代的宮廷制度〉，《學術月刊》1994 年第 4 期，60-66、26 頁。
朱瑞熙、程郁《宋史研究》：福州：福建人民出版社，2006 年。
朱瑞熙、張邦煒、劉複生、蔡崇榜、王曾瑜《遼宋西夏金社會生活史》，北京：中國社會科學出版社，1998 年。
朱溢《從郊丘之爭到天地分合之爭 — 唐至北宋時期郊祀主神位的變化》，《漢學研究》第 27 卷第 2 期，2009 年，267-300 頁。
——《唐至北宋時期的大祀、中祀和小祀》，《清華學報》39 卷第 2 期，2009 年，287-324 頁。
諸葛憶兵《宋代宰輔制度研究》，北京：中國社會科學出版社，2000 年。

——《宋代道教管理制度研究》，北京：線裝書局，2003 年。
陶晉生《南宋初信王榛抗金始末》，《中華文化複興月刊》3 卷 7 期，18-20 頁。
汪聖鐸《宋朝禮與道教》，《國際宋代文化研討會論文集》，成都：四川大學出版社，1991 年。
——《兩宋財政史》，北京：中華書局，1995 年。
——《宋代政教關係研究》，北京：社會科學文獻，2010 年。
王建秋《宋代太學與太學生》，臺北：商務印書館，1965 年。
王明蓀《談宋代的宦官》，《東方雜志》15 卷 5 期（1981），57-60 頁。
王平川、趙孟林編《宋徽宗書法全集》，北京：朝華出版社，2002 年。
王瑞來《論宋代皇權》，《歷史研究》1989 年第 1 期，144-160 頁。
王育濟《論宋代末年的"御筆行事"》，《山東大學學報》1987 年第 1 期，54-62 頁。
王曾瑜《宋朝兵制初探》，北京：中華書局，1983 年。
——《北宋晚期政治簡論》，《中國史研究》1994 年第 4 期，82-87 頁。
翁同文《王詵生平考略》，《南洋大學學報》1968 年第 2 期，172-182 頁。重刊於《宋史研究集》第五集（1970），135-168 頁。
謝稚柳《趙佶聽琴圖和他的真筆問題》，《文物參考資料》1957 年第 3 期，20-21 頁。
——《宋徽宗趙佶全集》，上海：上海人民出版社，1989 年。
熊鳴琴《曾布與北宋後期政治》，載張其凡主編《北宋中後期政治探索》，香港：華夏文化藝術出版社，2005 年，177-316 頁。
徐邦達《宋徽宗趙佶親筆畫與代筆畫的考辨》，《故宮博物院院刊》1979 年第 1 期，62-67、50 頁。
——《古書畫偽訛考辨》，南京：江蘇古籍出版社，1984 年。
徐玉虎《宋金海上聯盟的概觀》，載《宋史研究集》第一卷，臺北：國立編譯館，227-242 頁。
燕永成《北宋宰輔朝政筆記研究》，《文獻》2001 年第 3 期，105-119 頁。
楊世利《論北宋詔令中的內降、手詔、御筆手詔》，《中州學刊》2007 年第 6 期，186-188 頁。
楊渭生《關於方臘起義若干問題的再探討》，《文史》1980 年第 3 期，59-72 頁。
楊小敏、張自福《論北宋晚期徽宗君臣收復燕雲之國策》，《天水師範學院學報》2011 年第 1 期，99-104 頁。
耀生《耀縣石刻文字略志》，《考古》1965 年第 3 期，134-151 頁。
衣若芬《宣和畫譜與蘇軾繪畫思想》，載李曾坡主編《中國第十屆蘇軾研究會議文集》，

令狐彪《宋代畫院畫家考略》，《美術研究》1982 年第 4 期，39-40、49-61 頁。
劉長東《宋代佛教政策論稿》，成都：巴蜀書社，2005 年。
劉孔伏、潘良熾《李師師遺事辨》，《青海社會科學》1994 年第 2 期，66-70 頁。
劉美新《蔡京與徽宗朝之政局》，在張其凡編《北宋中後期政治探索》，香港：華夏文化藝術出版社，2005 年，443-521 頁。
劉子健《兩宋史研究彙編》，臺北：聯經出版事業公司，1987 年。
柳存仁《道藏本三聖注道德經會箋》，《和風堂文集》，上海：上海古籍出版社，1991 年，223-495 頁。
羅家祥《北宋黨爭研究》，臺北：文津出版社，1993 年。
——《曾布與北宋哲宗、徽宗統治時期的政局演變》，《華中科技大學學報》2003 年第 2 期，51-57 頁。
——《論北宋徽宗統治初期的政局演變》，《河北學刊》2003 年第 5 期，151-156 頁。
馬嫻育《從〈千裡江山圖〉看畫家傳達的理想國度》，《歷史文物》2012 年第 2 期，46-62 頁。
梅原郁《宋代的內藏與左藏 - 君主獨裁的財庫》，鄭樑生譯，《食貨月刊》6 卷 1-2 期（1976），34-66 頁。
任崇岳《略論宋金關系的幾個問題》，《社會學輯刊》1990 年第 4 期，41-49 頁。
——《李師師生年小考》，《河南大學學報》1996 年第 1 期，57-60 頁。
——《宋徽宗，宋欽宗》，長春：吉林文史出版社，1996 年。
任繼愈《中國道教史》，上海：上海人民出版社，1990 年。
三門峽市文物工作隊《北宋陝州漏澤園》，北京：文物出版社，1999 年。
佘城《北宋圖畫院之新探》，臺北：文史哲出版社，1988 年。
沈冬梅《北宋茶文化》，臺北：學海出版社，1999 年。
沈松勤《北宋文人與黨爭——中國士大夫群體研究之一》，北京：人民出版社，1998 年。
水賚佑《趙佶的書法藝術》，北京：人民美術出版社，1995 年。
宋徽宗《千字文》，沈陽：遼寧省博物館，1997 年。
孫克寬《宋元道教之發展》，臺北：東海大學，1965 年。
唐代劍《〈宋史・林靈素傳〉補正》，《世界宗教研究》1992 年第 3 期，23-28 頁。
——《論林靈素與“徽宗失國”》，《宗教學研究》1993 年第 2 期，14-22 頁。
——《北宋神霄宮及其威儀鉤稽》，《中國道教》1994 年第 3 期，47-48 頁。
——《論林靈素創立神霄派》，《世界宗教研究》1996 年第 2 期，59-67 頁。
——《宋代道教發展研究》，《廣西大學學報》1997 年第 4 期，63-95 頁。

何忠禮《環繞宋高宗生母韋氏年齡的若干問題》，《文史》第39輯，1994年，135-147頁。
——《宋代政治史》，杭州：浙江大學出版社，2007年。
河南省文物考古研究所《北宋皇陵》，鄭州：中州古籍出版社，1997年。
侯迺慧《試論宋徽宗汴京艮嶽的造園成就》，《中華學苑》1994年第4期，259-283頁。
華覺明和趙匡華《夾錫錢是鐵錢不是銅錢》，《中國錢幣》1986年第3期，21-22頁。
黃寬重《宋史叢論》，臺北：新文豐出版公司，1993年。
賈虎臣《中國歷代帝王譜系彙編》，臺北：正中書局，1967年。
姜青青《馬擴研究》，北京：人民出版社，2008年。
金中樞《論北京末年之崇尚道教》，《新亞學報》第七卷二期，323-414頁，第八卷一期，187-257頁。
久保田和男《關於北宋皇帝的行幸——以在首都空間的行幸為中心》，載平田茂樹編《宋代社會的空間與交流》，開封：河南大學出版社，2008年，100-101頁。
李華瑞《宋夏關係史》，石家莊：河北人民出版社，1998年。
李慧淑《宋代畫風轉變之契機——徽宗美術教育成功之實例（上下）》，《故宮學術季刊》1卷4期，71-91頁；2卷1期，9-36頁。
李麗涼《北宋神霄道士林靈素與神霄運動》，香港中文大學博士論文，2006年。
李天鳴《宋金聯合攻遼之役——燕山之役》，《第二屆宋史學術討論文集》，臺北：中國文化大學，1996年，283-305頁。
——《金侵北宋初期戰役和宋廷的決策》，《宋旭軒教授八十榮壽論文集》，臺北：宋旭軒論文集編委會，2000年，183-236頁。
——《宋徽宗北伐燕山時期的反對意見》，《故宮學術季刊》17卷4期，109-143頁。
李幼平《大晟鐘與宋代黃鐘標準音高研究》，上海：上海音樂學院出版社，2004年。
李遠國《神霄雷法：道教神霄派沿革與思想》，成都：四川人民出版社，2003年。
——《論道教雷法的發展及其思想背景》，載 Purposes, Means and Convictions in Daoism: A Berlin Symposium, edited by Flotian C. Reiter, Wiesbaden: Harrassovitz, pp. 201-20。
李裕民《方臘起義新考》，《山西大學學報》1980年第2期，44-52頁。
梁思成《營造法式注釋》，北京：中國建築工業出版社，1983年。
廖懷志《從徽欽二帝的囚禁生活看金國的俘虜政策》，《黑龍江民族叢刊》2007年第3期，94-98頁。
林柏亭《大觀：北宋書畫特展》，臺北：國立故宮博物院，2006年。
鈴木敬《試論李唐南渡後重入畫院及其畫風之演變》，《故宮季刊》1983年第3、4期，57-74、65-80頁。

160 頁
陳高華《宋遼金畫家史料》，北京：文物出版社，1984 年。
陳國符《道藏源流考》，北京：中華書局，1963 年。
——《道藏研究論文集》，上海：上海古籍出版社，2004 年。
陳樂素《宋徽宗謀複燕雲之失敗》，《輔仁學志》第 4 期，1933 年，1-47 頁。
——《〈三朝北盟會編〉考（上）》，《中央研究院歷史語言研究所集刊》第 6 本第 2 分，1936 年，197-279 頁，
——《〈三朝北盟會編〉考（下）》，《中央研究院歷史語言研究所集刊》第 6 本第 3 分，1936 年，281-341 頁。
——《桂林石刻〈元祐黨籍〉》，《學術研究》1983 年第 6 期，63-71 頁。
陳夢家《宋大晟編鐘考述》，《文物》1964 年第 2 期，51-53 頁。
陳翔《〈宣和畫譜〉的繪畫美學思想》，載朵雲編輯部編《中國繪畫研究論文集》，上海書店，1992 年（原載《朵雲》1990 年第二期，70-77、23 頁，署名“頡翰”）。
程民生《論宋代士大夫政治對皇權的限制》，載漆俠、王天順主編《宋代研究論文集》，銀川：寧夏人民出版社，1999 年，61-78 頁。
——《靖康年間開封的異常天氣述略》，《河南社會科學》2011 年第 1 期，147-150 頁。
鄧白《趙佶》，上海：上海人民出版社，1958 年（1986 年重印）。
鄧廣銘《關於宋江的投降與征方臘問題》，《中華文史論叢》1982 年第 4 期，1-9 頁。
段書安主編《中國古代書畫圖目》二十四卷，北京：文物出版社，1986-2001 年。
方誠峰《祥瑞與北宋徽宗朝的政治文化》，《中華文史論叢》2011 年第 4 期，215-253 頁。
——《御筆與御筆手詔與北宋徽宗朝的統治方式》，《漢學研究》第 31 卷第 3 期，2013 年，3-67 頁。
傅熹年《中國美術全集·繪畫編》第 3 卷，北京：文物出版社，1988 年。
高聰明《北宋西北地區的銅鐵錢制度》，《河北大學學報》1990 年第 3 期，21-29 頁。
——《北宋物價變動原因之研究》，《河北學刊》1991 年第 4 期，95-100 頁。
「故宮博物院」《宋徽宗高宗墨跡》，臺北：國立故宮博物院，1970 年。
——《李唐萬壑松風圖》，臺北：國立故宮博物院，1981 年。
——《故宮書畫圖錄》，15 卷，臺北：國立故宮博物院，1995 年。
——《千禧年宋代文物大展》，臺北：國立故宮博物院，2000 年。
故宮博物院藏畫集編輯委員會《中國歷代繪畫》II，北京：故宮博物院，1981 年。
故宮博物院、遼寧省博物館、上海博物館編，《晉唐宋元書畫國寶特集》，上海：上海書畫出版社，2002 年。

Don J. Wyatt, "Unsung Men of War: Acculturated Embodiments of the Martial Ethos in the Song Dynasty," in Military Culture in Imperial China, edited by Nicola di Cosmo, Cambridge, MA: Harvard University Press, 2009, pp. 207-14.

Victor Xiong, "Ritual Innovations and Taoism under Tang Xuanzong," T'oung Pao 82, nos. 4-5, 1996, pp. 258-316.

——, Sui-tang Chang'an: A Study in the Urban History of Medieval China. Ann Arbor: Center for Chinese Studies, the University of Michigan, 2000.

——, "Ritual Architecture under the Northern Wei," 刊於巫鴻主編《漢唐之間的視覺文化與物質文化》，北京：文物出版社，2003 年，31-95 頁 .

——, Emperor Yang of the Sui Dynasty: His Life, Times, and Legacy, Albany, NY: SUNY Press, 2006.

Xu Zhentao, David W. Pankenier, and Yaotiao Jiang, East Asian/ Archaeoastronomy: Historical Records of Astronomical Observation of China, Japan and Korea, Amsterdam: Gordonand Breach Science Publishers, 2000.

Toshiaki Yamada, "The Lingbao Scool," in Daoism Handbook, edited by Livia Kohn, Leiden: E. J. Brill, 2000, pp. 225-55.

Yamauchi Kōichi，"State Sacrifice and Daoism during the Northern Song." Memoirs of the Research Department of the Toyo Bunko 58, 2000, pp. 1-18.

W. Percival Yetts, "A Chinese Treatise on Architecture," Bulletin of the School of Oriental Studies 4, no. 3, 1927, pp. 473-92.

Cong Ellen Zhang, Transformative Journeys: Travel and Culture in Song China, Honolulu: University of Hawai'i Press, 2011.

Ling Zhang, "Changing with the Yellow River: An Environmental History of Hebei, 1048-1128," Harvard Journal of Asiatic Studies 69(2009), no. 1: 1-36.

中文論著

柴德賡《宋宦官參預軍事考》，《輔仁學志》10 卷 1-2 號，1941 年，1-2、187-225 頁。

昌彼得《宋人傳記資料索引》（增訂版），臺北：鼎文書局，1977 年。

陳葆真《宋徽宗繪畫的美學特質 - 兼論其淵源和影響》，《文史哲學報》40 卷 6 期，1993 年，293-344 頁。

——《李後主和他的時代》，北京：北京大學出版社，2009 年。

陳芳妹《宋古器物學的興起與宋仿古銅器》，《美術史研究集刊》2001 年第 10 期，37-

——, Stephan West, "Recollections of the Northern Song Capital." In Hawai'i Reader in Traditional Chinese Culture, edited by Victor H. Mair, Nancy S. Steinhardt, and Paul R. Goldin, pp.405-22.

——, Stephen H. West, "Crossing Over: Huizong in the Afterglow, or the Deaths of a Troubling Emperor," In Emperor Huizong and Late Northern Song China: The Politics of Culture and the Culture of Politics, edited by Patricia Buckley Ebrey and Maggie Bickford, Cambridge, MA: Harvard University Asia Center, 2006, pp. 565-608.

Roderick Whitfield, "Matetial Culture in the Northern Song Dynasty-the World of Zhang Zeduan," in Bright as Silver, White as Snow: Chinese White Ceramics from Late Tang to Yuan Dynasty, edited by Kai-yin Lo, Hong Kong: Yongming tang, 1998, pp. 49-70.

Richard Wilhelm, trans. The I Ching or Book of Changes, Princeton: Princeton University Press, 1967.

Karl A. Wittfogel and Feng Chia-sheng, History of Chinese Society, Liao (907-1125), Philadelphia: American Philosophical Society, 1949.

Hon-chiu Wong, "Government Expenditures in Northern Sung China, 960-1270." PhD diss., University of Pennsylvania, 1975.

Alan Wood, Limits to Autocracy: From Sung Neo-Confucianism to A Doctrine of Political Rights, Honolulu: University of Hawai'i Press, 1995.

Arthur F. Wright, "Sui Yang-ti, Personality and Stereotype." In The Confucian Persuasion, edited by Arthur F. Wright, Stanford: Stanford University Press, 1960, pp. 47-76.

——, The Sui Dynasty, New York: Knopf, 1978.

David C. Wright, "Sung-Liao Diplomatic Practices", PhD diss., Princeton University, 1993.

——, From War to Diplomatic Parity in Eleventh-Century China: Sung's Foreign Relations with Kitan Liao, Leiden: E. J. Brill, 2005.

Fusheng Wu, Written at Imperial Command: Panegyric Poetry in Early Medieval China, Albany, NY: SUNY Press, 2008.

Wu Hung, The Wu Liang Shrine: The Ideology of Early Chinese Pictorial Art, Stanford: Stanford University Press, 1989.

——, Monumentality in Early Chinese Art and Architecture, Stanford: Stanford University Press, 1995.

Silas H. L. Wu, Passage to Power: K'ang- hsi and his Heir Apparent, 1661-1722, Cambridge MA: Harvard University Press, 1979.

Richard Von Glahn, The Country of Streams and Grottoes: Expansion, Settlement, and the Civilizing of the Sichuan Frontier in Song Times, Harvard East Asian Monographs, 123, Cambridge, MA: Council on East Asian Studies, Harvard University, 1987.

——, The Sinister Way: The Divine and the Demonic in Chinese Religious Culture, Berkeley: University of California Press, 2004.

Rudolph Wagner, "Imperial Dreams in China," in Psycho-Sinology: The Universe of Dream in Chinese Culture, edited by Carolyn T. Brown, Washington, DC: Woodrow Wilson International Center for Scholars, 1988, pp. 11-24.

Arthur Waley, trans. The Book of Songs, London: Allen & Unwin, 1937.

Wang Yaoting, "Images of the Heart: Chinese Painting on a Theme of Love," National Palace Museum Bulletin 12, no. 6, 1988, pp. 1-21.

Wang Yugen, "The Limits of Poetry as Means of Social Criticism: the 1079 Literature Inquisition against Su Shi Revisited." Journal of Song-yuan Studies 41, 2011, pp. 29-65.

Howard Wechsler, Mirror to the Son of Heaven: Wei Cheng at the Court of T'ang T'ai-tsung, New Haven: Yale University Press, 1974.

——, Offerings of Jade and Silk: Ritual and Symbol in the Legitimation of the T'ang Dynasty, New Haven: Yale University Press, 1985.

Stanley Weinstein, Buddhism under the T'ang, UK: Cambridge University Press, 1987.

Stephen West, "The Interpretation of a Dream: The Sources, Evaluation, and Influence of the Dongjing Men Hua Lu." T'oung Pao 71, 1985, pp. 63-108.

——, "Cilia, Scale and Bristle: The Consumption of Fish and Shellfish in the Eastern Capital of Northern Sung." Harvard Journal of Asiatic Studies 47, 1987, pp. 595-634.

——, "Play with Food: Performance, Food, and the Aesthetics of Artificiality in the Sung and Yuan," Harvard Journal of Asiatic Studies 57, no. 1, 1997, pp.67-106.

——, "The Emperor Sets the Pace: Court and Consumption in the Eastern Capital of the Northern Song During the Reign of Huizong." in Selected Essays on Court Culture in a Cross-Cultural Perspective, Edited by Lin Yao-fu, Taipei: National Taiwan University, 1999, pp.25-50.

——, "Spectacle, Ritual, and Social Relations: The Son of Heaven Citizens, and Created Space in Imperial Gardens in the Northern Song." in Baroque Garden Cultures: Emulation, Sublimation, Subversion, Edited by M. Conan, Washington DC: Dumbarton Oaks, pp. 291-321.

Washington Press, 2001.

Hsingyuan Tsao, "Unraveling the Mystery of the Handscroll Qingming shanghe tu," Journal of Song-Yuan Studies 33, 2003, pp. 155-79.

Betty Tseng Yu-ho Ecke, "Emperor Hui Tsung, the Artist: 1082-1136," PhD diss. New York University, 1972.

Denis Twtchett, "Chinese Biographical Writing." In Historians of China and Japan, edited by W. G. Beasley and E. G. Pulleyblank, Oxford: Oxford University Press, 1961, pp. 95-114

——, "Problems in Chinese Biography." in Confucian Personalities, edited by Arthur F. Wright and Denis Twitchett, Stanford: Stanford University Press, 1962, pp. 24-42.

——, The Writing of Official History under the T'ang, Cambridge, UK: Cambridge University Press, 1992.

——, "How to be an Emperor: T'ang T'ai-tsung's Vision of His Role," Asia Major 9, 3rd series, pp. 63-75.

Denis Twitchett and Paul Jakov Smith edited, The Cambridge History of China, vol. 5, part 1: The Sung Dynasty and Its Precursors, 907-1279, Cambridge, UK: Cambridge University Press, 2009.

Denis Twitchett and Klaus-Peter Tietze, "The Liao," in The Cambridge History of China, vol. 6: Alien Regimes and Border States, 907-1368, edited by Herbert Franke and Denis Twitchett, Cambridge, UK: Cambridge University Press, 1994, pp. 43-153.

Umehara Kaoru, "Civil and Military Officials in the Sung: The Chi-lu-kuan System." Acta Asiatica 50, 1986, pp. 1-30.

Malcolm Vale, Princely Court: Medieval Courts and Culture in North-West Europe, 1270-1380, Oxford: Oxford University Press, 2001.

Piet Van der Loon, Taoist Books in the Libraries of Sung Period: A Critical Study and Index, London: Ithaca Press, 1984.

Richard Vinograg, "Some Landscapes related to the Blue-and-Green Manner from the Early Yuan Period," Artibus Asiae 41, nos. 2-3, 1979, p. 101-31.

Helmolt Vittinghoff, Prokription und Intrige gegen Yuan-yu-Pateiganger: ein Beitrag zu den zur Kontroversen nach den Reformen des Wang An-shih, dargestellt an den Biographien des Lu Tien (1042- 1102) und des Ch'en Kuan(1075-1124), Frankfurt: Peter Lang, 1975.

Silvia Freiin Ebner Von Eschenbach, "Public Graveyards of the Song Dynasty," in Burial in Song China, edited by Dieter Kuhn, Heidelberg: Edition Forum, 1994, pp. 215-52.

Conference of Taoist Studies，Unterägeri(Switzerland), September 3-9, 1979.
——, Dreamwork of Psycho-Sinologists: Doctors, Taoists, Monks," in Psycho-Sinology: The Universe of Dream in Chinese Culture, edited by Carolyn T. Brown, Washington, DC: Woodrow Wilson International Center for Scholars, 1988, pp. 25-46
Peter C. Struman, "Crane above Faifeng: The Auspicious Image at the Court of Huizong," Ars Orientalis 20, 1990, pp. 33-68.
——, Mi Fu: Style and the Art of Calligraphy in Northern Song China, New Haven: Yale University Press, 1997.
Michael Sullivan, The Three Perfections: Chinese Painting, Poetry and Calligraphy, London: Thames and Hudson, 1974.
——, Symbols of Eternity: The Art of Landscape Painting in China, Stanford: Stanford University Press, 1979.
——, The Art of China, 4th edition, Berkeley: University of California Press, 1999.
Yoshiyuki Suto, "The Kung- T'ien-Fa of the Late Northern Sung," Memoirs of the Research Department of the Toyo- Bunko, 24(1965): 1-46.
Nicolas Tacket, "The Great Wall and Conceptualizations of the Border under the Northern Song," Journal of Song-Yuan Studies 38, 2008, pp. 99-138.
Jin-sheng Tao, The Jurchen in Twelfth-Century China: A Study of Sinification, Seattle: University of Washington Press, 1976.
——, Two Sons of Heaven: Studies in Sung-Liao Relations, Tucson: University of Arizona Press, 1988.
——, "The Personality of Sung Kao-tsung（r. 1127-1162）," 載衣川強編《劉子健教授頌壽紀念宋史研究論集》，531-543 頁 .
Stephen F. Teiser, The Ghost Festival in Medieval China, Princeton: Princeton University Press, 1988.
Dagmar Thiele, Der Abschluss eines Bertrages: Diplomaite zwischen Sung-und Chin-Dynastie 1117-1123, Wiesbaden: Franz Steiner Verlag, 1971.
Tian Xiaofei, Beacon Fire and Shooting Star: The Literary Culture of the Liang (502-557), Cambridge, MA: Harvard University Asia Center, 2007
Kojiro Tomita, "The Five Colored Parakeet of Hui Tsung(1082-1136)," Bulletin of the Museum of Fine Arts 31(1933), pp. 75-79.
Shih-shan Henry Tsai, Perpetual Happiness: The Ming Emperor Yongle, Seattle: University of

in Hehuang（the Qinghai-Gansu Highlands）under Shenzong and his Sons, 1068-1126," in Emperor Huizong and the Late Northern Song China: The politics of Culture and the Culture of Politics, edited by Patricia Buckley Ebrey and Maggie Bickford, Cambridge, MA: Harvard Asia Center, 2006, pp. 78-130.

——, "Introduction: The Sung Dynasty and Its Precursors, 907-1279," in The Cambridge History of China, vol. 5, part 1: The Sung Dynasty and Its Precursors, 907-1279, edited by Denis Twitchett and Paul Jakov Smith, Cambridge, UK: Cambridge University Press, 2009, pp. 1-37.

——, "Shen-tsung's Reign and the New Policies of Wang An-shih, 1067-1085." in The Cambridge History of China, vol. 5, part 1: The Song Dynasty and Its Precursors, 907-1279, edited by Denis Twitchett and Paul Jakov Smith, Cambridge, UK: Cambridge University Press, 2009, pp. 347-483.

Tjan Tjoe Som, Po hu t'ung: The Comprehensive Discussions in the White Tiger Hall, 2 vols. Leiden: E. J. Brill, 1952.

William Edward Soothill, The Hall of Light: A Study of Early Chinese Kingship, New York: Philosophical Library, 1952.

Alexander C. Soper, "Hsiang-kuo-ssu, An Imperial Temple of Northern Sung." Journal of the American Oriental Society, 68, no. 1, 1948, pp.19-45.

——, Kuo Jo-hsu's Experience in Painting(T'u-hua chien-wen chih): An Eleventh Century History of Chinese Painting, Washington, DC: American Council of Leared Societies, 1951.

Naomi Standen, "What Nomads Want: Raids, Invasions and the Liao Conquest of 947," in Mongols, Turks, and Others: Eurasian Nomads and the Sedentary World, edited by Reuven Amitai and Michal Biran, Leiden: E. J. Brill, 2005, pp. 129-74.

——, Unbounded Loyalty: Frontier Crossings in Liao China, Honolulu: University of Hawai'i Press, 2007.

——, "The Five Dynasties," in The Cambridge History of China, vol. 5, part 1: The Sung Dynasty and Its Precursors, 907-1279, edited by Denis Twitchett and Paul Jakov Smith, Cambridge, UK: Cambridge University Press, 2009, pp. 38-132.

Nancy Steinhardt, Liao Architecture, Honolulu: University of Hawai'i Press, 1997.

Michel Strickmann, "The Mao Shan Revelations: Taoism and the Aristocracy," T'oung Pao 63, no. 1, 1977, pp. 1-64.

——, "The Longest Daoist Scripture," History of Religions 17, nos. 3-4, 1978, pp. 331-54.

——, "The Taoist Renaissance of the Twelfth Century." Paper presented at the Third International

Daoist Rituals and Music of Today, edited by Pen-Yeh Tsao and Daniel P. L. Law, Hong Kong: The Chinese Music Archive, Chinese University of Hong Kong, 1989, pp. 110-20.

Kristofer Schipper and Franciscus Verellen, eds. The Taoist Canon: A Historical Companion to the Daozang, Chicago: University of Chicago Press, 2004.

Helwig Schmidt-Glintzer, "Zhang Shangying(1043-1122)-An Embarrassing Policy Adviser under the Northern Song", 載衣川強編《劉子健教授頌壽紀念宋史研究論集》，京都：同朋舍，1989 年，521-530 頁 .

Hugh Scogin, "Poor Relief in Northern Sung China." Oriens Extremus 25, no. 1, 1978, pp. 30-46.

Anna K. Seidel, "Tokens of Immortality in Han Graves," Numen 29, pp. 79-122.

——, "Imperial Treasures and Taoist Sacraments: Taoist Roots in the Apocrypha." in Tantric and Taoist Studies in Honour of R. A. Stein, vol 2, edited by Michael Strickmann, Brussels: Institut Belge des Hautes Études Chinoises, pp. 291-371.

David Shaberg, A Pattern Past: Form and Thought in Early Chinese Historiography, Cambridge, MA: Harvard University Asia Center, 2001.

Yoshinobu Shiba, "Sung Foreign Trade: Its Scope and Organization," in China among Equals: The Middle Kingdom and Its Neighbors, 10th-14th Centuries, edited by Morris Rossabi, Berkeley: University of California Press, 1983, pp. 89-115.

Osvald Sirén, Chinese Painting: Leading Masters and Principle, 7 vols. London: Lund, Humphries and Co., 1956.

Nathan Sivin, "Cosmos and Computation in Early Chinese Mathematical Astronomy," T'oung Pao 55, 1969, pp. 1-73.

Lowell Skar, "Administering Thunder: A Thirteenth-Century Memorial Deliberating the Thunder Rites." Cahiers d'Extrême-Asie 9, 1996-1997, pp. 159-202.

——, "Ritual Movements, Deity Cults and the Transformation of Daoism in Song and Yuan Times." In Daoism Handbook, edited by Livia Kohn, Leiden: E. J. Brill, 2000, pp. 413-463.

Douglas Edward Skonicki, "Cosmos, State and Society: Song Dynasty Arguments concerning the Creation of Political Order," PhD diss., Harvard University, 2007.

Paul Smith, Taxing Heaven's Storehouse: Bureaucratic Entrepreneurship and the Sichuan Tea and Horse Trade, 1074-1224, Cambridge, MA: Council on East Asian Studies, Harvard University, 1991.

——, "Irredentism as Political Capital: The New Policies and the Annexation of Tibetan Domains

Evelyn S. Rawski, The Last Emperors: A Social History of Qing Imperial Institutions, Berkeley: University of California Press, 1998.

Florian C. Reiter, "The Management of Nature: Convictions and Means in the Daoist Thunder Magic (Daojiao leifa)." In Purposes, Means and Convictions in Daoism: A Berlin Symposium, edited by Florian C. Reiter, Wiesbaden: Harrassovitz, pp. 183-200.

Isabelle Robinet, Taoism Meditation: The Mao-shan Tradition of Great Purity, Albany, NY: SUNY Press, 1993.

——, Taoism: Growth of a Religion, translated by Phyllis Brooks, Stanford: Stanford University Press, 1997.

——, "Later Commentaries: Textual Polysemy and Syncretistic Interpretations," in Lao-tzu and the Tao-te-ching, edited by Livia Kohn and Michael LaFargue, Albany, NY: SUNY Press, 1998, pp. 119-142.

David M. Robinson, "The Ming Court," in Culture, Courtiers, and Competition: The Ming Court (1368-1644), edited by David M. Robinson, Cambridge, MA: Harvard University Asia Center, 2008.

Benjamin Rowland, "The Problem of Hui Tsung."Archives of the Chinese Art Society of America 5, pp. 5-22.

——, "Hui-tsung and Huang Ch'uan," Artibus Asiae 17, no. 2, 1954, pp. 130-34

Richard C. Rudolph, "Dynastic Booty: An Altered Chinese Bronze," Harvard Journal of Asiatic Studies 11, 1948, pp. 174-83.

Anthony William Sariti, "The Political Thought of Ssu-ma Kuang: Bureaucratic Absolutism in the Northern Song." PhD diss., Georgetown University, 1979.

Edward H. Schafer, Tu Wan's Stone Catalogue of Cloudy Forest, Berkeley and Los Angeles: University of California Press, 1961.

——, "The Auspices of T'ang ," Journal of American Oriental Society 83, no.2, 1963, pp. 197-225.

——, "Hunting Parks and Animal Enclosures in Ancient China," Journal of the Economic and Social History of the Orient 11, 1968, pp. 318-343.

——, Pacing the Void: T'ang Approaches to the Star, Berkeley: University of California Press, 1977.

——, Mao Shan in T'ang Times, N.p.: Society for the Study of Chinese Religions, 1980.

Kristofer Schipper, "A Study of Buxu(步虛): Taoist Liturgical Hymn and Dance," in Studies of

Press, 1986.
Joseph Needham, Lu Gwei-djen, and Nathan Sivin, Science and Civilisation in China, vol. 6: Biology and Biological Technology, part 6: Medicine, Cambridge, UK: Cambridge University Press, 2000.
Joseph Needham and Wang Ling, Science and Civilisation in China, vol. 3: Mathematics and the Science of the Heaven and the Earth, Cambridge, UK: Cambridge University Press, 1959.
Joseph Needham, Wang Ling and Lu Gwei-djen, Science and Civilisation in China, vol. 4: Physics and Physical Technology, part 3: Civil Engineering and Nautics, Cambridge, UK: Cambridge University Press, 1971.
Michael Nylan, "The Rhetoric of Empire' in the Classical Era in China," in Conceiving the Empire in China and Rome Compared, edited by Fritz-Heiner Mutschler and Achim Mittag, Oxford: Oxford University Press, 2008, pp. 39-64.
Zhihong Liang Oberst, "Chinese Economic Statecraft and Economic Ideas in the Song Period(960-1279)," PhD diss., Columbia University, 1996.
Stephen Owen, "The Difficulty of Pleasure," Extrême-Orient, Extrême- Occident 20(1998), pp. 9-30.
Huiping Pang, "Strange Weather: Art, Politics, and Climate Change at the Court of Northern Song Emperor Huizong," Journal of Song-Yuan Studies 39, 2009, pp. 1-41.
Geoffrey Parker, Phillip II, London: Hutchinson, 1978.
Xinwei Peng, A Monetary History of China, translated by Edward H. Kaplan, Berlingham: Western Washington University, Center for East Asian Studies, 1994.
Yuri Pines, Envisioning Eternal Empire: Chinese Political Thoughts of the Warring States Era, Honolulu: University of Hawai'i Press, 2009.
Mu-chou Poo, In Search of Personal Welfare: A View of Ancient Chinese Religion, Albany, NY: SUNY Press, 1998.
Fabrizio Pregadio ed., The Encyclopedia of Taoism, London: Routledge, 2007.
Michael Psellus(1018-1096), Fourteen Byzantine Rulers, trans. E. R. A. Sewter, New York: Penguin Books, 1966.
Sarah A. Queen, From Chronicle to Canon: The Hermeneutics of the Spring and Autumn, according to Tung Chung-shu, Cambridge, UK: Cambridge University Press, 1996.
Declan Quigley, "Introduction: The Character of Kingship." in The Character of Kingship, edited by Declan Quigley, Oxford: Berg, 2005, pp. 1-23.

Cambridge, UK: Cambridge University Press, 1987, pp. 181-236
——, State and Scholars in T'ang China, Cambridge, UK: Cambridge University Press, 1988
Amy McNair, The Upright Brush: Yan Zhenqing's Calligraphy and Song Literati Politics, Honolulu: University of Hawai'i Press, 1998.
Christine Mollier, Buddhism and Taoism Face to Face: Scripture, Ritual, and Iconographic Exchange in Medieval China, Honolulu: University of Hawai'i Press, 2008.
Ruth Mostern, "Dividing the Realm in Order to Govern": The Spatial Organization of the Song State（960-1276CE）, Cambridge, MA: Harvard University Asia Center, 2011.
Frederick Mote, "The Growth of Chinese Despotism: A Critique of Wittfogel's Theory of Oriental Despotism as Applied to China," Oriens Extremus 8.1(1961):1-41.
——, Imperial China 900-1800, Cambridge, MA: Harvard University Press, 1999.
Alfreda Murck, Poetry and Painting in Song China: The Subtle Art of Dissent, Cambridge, MA: Harvard Asia Center, 2000.
Julia K. Murray, Ma Hezhi and the Illustration of the Book of Odes, Princeton: Princeton University Press, 1993.
——, "Water under a Bridge: Further Thoughts on the Qingming Scroll," Journal of Sung-Yuan Studies 27, 1997, pp. 99-107.
——, "From Textbook to Testimonial: The Emperor's Mirror, an Illustrated Discussion（Di jian tu shuo/ Teikan Zusetsu）in China and Japan," Ars Orientalis 31, 2001, pp. 65-101.
——, "Didactic Illustration in Printed Books," in Printing and Book Culture in Late Imperial China, Edited by Cynthia J. Brokaw and Kai-wing Chow, Berkeley: University of California Press, 2005, pp. 417- 50.
——, Mirror of Morality: Chinese Narrative Illustration and Confucian Ideology , Honolulu: University of Hawai'i Press, 2007.
Shigeru Nakayama, "Characteristics of Chinese Astrology," Isis 57, no. 4, 1966, pp. 442-54.
Susan Naquin, Peking: Temple and City Life, 1400-1900, Berkeley: University of California Press, 2000.
National Palace Museum, Chinese Art Treasures: A Selected Group of Objects from the Chinese National Palace Museum and the Chinese National Central Museum, Taichung, Taiwan, Genewa: Skira, 1961.
Joseph Needham, Lu Gwei-djen, and Huang Hsing-tsung, Science and Civilsation in China, vol. 6: Biology and Biological Technology, part 1: Botany, Cambridge, UK: Cambridge University

Liu Ts'un-yan, On the Art of Ruling a Big Country: Views of Three Chinese Emperor, Caberra: Australian National University Press, 1974.

Winston W. Lo, An Introduction to the Civil Service of Sung China, with an Emphasis on Its Personnel Administration, Honolulu: University of Hawai'i Press, 1987,

——, "Wan-yen Tsung-han: Jurchen General as Sinologist," Journal of Sung-Yuan Studies 26(1996), pp. 87-112.

Max Loehr, "A Landscape by Li T'ang," The Burlington Magazine for Connoisseurs 74, 1939, pp. 288-93

——, "Chinese Paintings with Sung Dated Inscriptions," Ars Orientalis 4(1961), pp. 219-84.

Michael Loewe, Imperial China: The Historical Background to the Modern Age, New York: Praeger, 1965, pp. 70-92

——, "The Concept of Sovereignty," in The Cambridge History of China, vol.1: The Ch'in and Han Empires 221BC-AD220, edited by Denis Twichett and Michael Loewe, Cambridge, UK: Cambridge University Press, 1986, pp. 726-46.

——, Divination, Mythology and Monarchy in Han China, Cambridge, UK: Cambridge University Press, 1994, pp. 85-111

Peter Lorge, War, Politics and Society in Early Modern China, 900-1795, London: Routledge, 2005.

Robert Maeda, "The Chao Ta-nien Tradition." Ar Orientalis 8, 1970, pp. 243-53.

——, Two Twelfth Century Texts on Chinese Painting, Ann Arbor: Michigan Papers in Chinese Studies, 1970.

Paul Magdalino, The Empire of Manuel J. Komnenos, 1143-1180, Cambridge, UK: Cambridge University Press, 1993.

Henry Maguire ed., Byzantine Court Culture from 829 to 1204, Washington, DC: Dunbarton Oaks Research Library and Collection, 1997.

David Mateer, Courts, Patrons, and Poets, New Haven: Yale University Press, 2000.

Joseph McDermott ed., State and Court Ritual in China, Cambridge, UK: Cambridge University Press, 1999.

Brian E. McKnight, Law and Order in Song China, Cambridge, UK: Cambridge University Press, 1992.

David L. McMullen, "Bureaucrats and Cosmology: The Ritual Code of T'ang China," in Royalty: Power and Ceremonial in Traditional Societies, edited by David Cannadine and Simon Price,

Mark Edward Lewis, The Construction of Space in Early China, Albany, NY: SUNY Press, 2006.

Li Cho-ying and Charles Hartman, "Primary Sources for Song History in the Collected Works of Wu Ne." Journal of Song-Yuan Studies 41, 2011, pp. 295-341.

Liao Hsien-huei, "Visualizing the Afterlife: The Song Elite's Obssession with Death, the Underworld, and Salvation."《漢學研究》第 20 卷第 1 期，399-440 頁 .

——, "Exploring Weal and Woe: The Song Elite's Mantic Beliefs and Practices." T'oung Pao 91: pp. 347-95.

——, "Encountering Evil: Ghosts and Demonic Forces in the Lives of the Song Elite." Journal of Song-Yuan Studies 37, pp. 89-134.

Samuel N. C. Lieu, Manichaeism in Central Asia and China, Leiden: E. J. Brill, 1998.

Tiziana Lippiello, Auspicious Omens and Miracles in Ancient China: Han, Three Kingdoms, and Six Dynasties, Nettetal, Germany: Steyler Verlag, 2001.

Liu Heping, "Painting and Commerce in Northern Song Dynasty China, 960-1126," PhD diss., Yale University, 1997.

Liu Heping, "The Water Mill and Northern Song Imperial Patronage of Art, Commerce, and Science," Art Bulletin 84, no. 4, 2002, pp. 566-95.

James J. Y. Liu, Major Lyricists of the Northern Sung, Princeton: Princeton University Press, 1974.

James T. C. Liu, Reform in Sung China: Wang An-shih (1021-1086) and His New Policies, Cambridge, MA: Harvard University Press, 1959.

——, "An Administrative Cycle in Chinese History: The Case of Northern Sung Emperors." Journal of Asian Studies 21, no. 2, 1962, pp. 137-52.

——, Ou-yang Hsiu: An Eleventh-Century Neo-Confucianist, Stanford: Stanford University Press, 1967.

——, "The Sung Views on the Control of Government Clerks." Journal of the Economic and Social History of the Orient 10, nos. 2-3, 1967, pp.317-44.

——, "The Sung Emperors and the Ming-t'ang or Hall of Enlightenment," in Études Song in Memoiam Etiéne Balazs, Ser. II, edited by Françoise Aubin, Paris: Mouton, 1973.

——, "Polo and Cultural Change: From T'ang to Sung China." Harvard Journal of Asiatic Studies 45, no.1, 1985, pp. 203-44.

——, China Turning Inward: Intellectual-Political Change in the Early Twelfth Century, Cambridge, MA: Harvard University Press, 1988.

Lothar Ledderose, Mi Fu and the Classical Tradition of Chinese Calligraphy, Princeton: Princeton University Press, 1979.

——, "The Earthly Paradise: Religious Elements in Chinese Landscape Art," in Theories of the Arts in China, edited by Susan Bush and Christian Murck, Princeton: Princeton University Press, 1983, pp. 165-83.

——, Ten Thousand Things: Module and Mass Production in Chinese Art, Princeton: Princeton University Press, 2000.

Hermione Lee, Biography: A Very Short Introduction, Oxford: Oxford University Press, 2009.

Lee Hui-shu, Exquisite Moments: West Lake and Southern Song Art, New York: China Institute Gallery, 2001.

——, Empress, Art, and Agency in Song Dynasty China, Seattle: University of Washington Press, 2010.

Thomas Hong-chi Lee, Government Education and Examinations in Sung China, Hong Kong: The Chinese University of Hong Kong, 1985.

James Legge, trans. 1865-1895(1961reprint). The Chinese Classics, 5 vols. Hong Kong: Hong Kong University Press.

——, 1885(1967 reprint), Li Chi, Book of Rites, 2 vols. Hong Kong: Hong Kong University Press.

Ari Levine, "Terms of Estrangement: Factional Discourse in the Early Huizong Reign, 1100-1104." In Emperor Huizong and Late Northern Song China: The Politics of Culture and the Culture of Politics, edited by Patricia Buckley Ebrey and Maggie Bickford, Cambridge, MA: Harvard University Press Asia Center, 2006, pp. 131-170.

——, Divided by a Common Language: Factional Conflict in Late Northern Song China, Honolulu: University of Hawai'i Press, 2008.

——, "Che-tsung's Reign(1085-1100) and the Age of Faction," in The Cambridge History of China, vol. 5, part 1: The Sung Dynasty and Its Precursors, 907-1279, edited by Denis Twichett and Paul Jakov Smith, Cambridge, UK: Cambridge University Press, 2009, pp. 484-555.

——, "The Reigns of Hui-tsung(1100-1126) and Ch'in-tsung(1126-1127)." in The Cambridge History of China, vol. 5, part 1, The Sung Dynasty and Its Precursors, 907-1279, edited by Denis Twitchett and Paul Jakov Smith, Cambridge, UN: Cambridge University Press, 2009, pp. 556-643.

——, Daoism Handbook, Leiden: E. J. Brill, 2000.

Livia Kohn and Russell Kirkland, "Daoism in the Tang (618-907)," in Daoism Handbook, pp. 339-383.

Edward Kracke Jr., "Sung K'ai-feng: Pragmatic Metropolis and Formalistic Capital." in Crisis and Prosperity in Sung China, Edited by John Winthrop Haeger, 1975, pp.49-77.

——, "The Expansion of Educational Opportunity in the Reign of Huizong and Its Implications." Sung Studies Newsletter 13, 1977, pp. 6-30.

Dieter Kuhn, The Age of Confucian Rule: the Song Transformation of China. Cambridge, MA: Harvard University Press, 2009.

Philip A. Kuhn, Soulstealer: The Chinese Sorcery Scare of 1768, Cambridge, MA: Harvard University Press, 1990.

John Richard Labadie, "Rulers and Soldiers: Perception and Management of the Military in Northern Sung China (960-ca.1060)," PhD diss., University of Washington, 1981.

Joseph S. C. Lam, "Huizong's Ritual and Musical Insignia." Journal of Ritual Studies 19, no.1, 2005, pp.1-18.

——, "Huizong's Dashengyue, a Musical Performance of Emperorship and Officialdom," in Emperor Huizong and Late Northern Song China: The Politics of Culture and the Culture of Politics, edited by Patricia Buckley Ebrey and Maggie Bickford, Cambridge, MA: Harvard University Press Asia Center, 2006, pp. 395-452.

Christian Lamouroux, Fiscalite, compte publics et politique financiers dans la Chine des Song (960-276): le chapitre 179 du Songshi, Paris: Institut des Hautes Études Chinoises, 2003.

——, " Old Models,' Court Culture and Antiquity between 1070 and 1125 in Northern Song China." In Perceptions of Antiquity in Chinese Civilization, edited by Dieter Kuhn and Helga Stahl, Heidelberg: Edition Forum, 2008, pp. 291-319.

Julie Landau, Beyond Spring Tz'u Poems of the Sung Dynasty, New York: Columbia University Press, 1994.

D. C. Lau, trans., Lao Tzu: Tao Te Ching, New York: Penguin, 1963.

Nap-yin Lau and Huang K'uan-chung, "Founding and Consolidation of the Sung Dynasty under T'ai-tsu(960-976), T'ai-tsung(976-997), and Chen-tsung(997-1022)." in The Cambridge History of China, vol.5, part 1: The Sung Dynasty and Its Precursors, 907-1279, edited by Denis Twitchett and Paul Jakov Smith, Cambridge: UK: Cambridge University Press, 2009, pp. 206-278.

——, “The Eunuch Agency Directorate of Ceremonial and the Ming Imperial Publishing Enterprise.” in Culture, Courtiers, and Competition: The Ming Court (1368-1644), edited by David M. Robinson, Cambridge, MA: Harvard University Asia Center, 2008, p.116-85..

Xiao-bin Ji, Politics and Conservatism in Northern Song China, Hong Kong: The Chinese University Press, 2005.

Harold Kahn, Monarchy in the Emperor’s Eyes: Image and Reality in the Ch’ien-lung Reign, Harvard University Press, 1971,

——, “A Matter of Taste: The Monumental and Exotic in the Qianlong Reign.” in The Elegant Brush: Chinese Painting under the Qianlong Emperor 1735-1795, Phoenix: Phoenix Art Museum, pp. 288-302.

Yu-kung Kao, “A Study of the Fang La Rebellion,” Harvard Journal of Asiatic Studies 24, 1962-1963, pp. 17-63.

——, “Source Materials on the Fang La Rebellion,” Harvard Journal of Asiatic Studies 24(1966), pp. 211-40.

Harold Kaplan, “Yueh Fei and the Founding of Southern Sung China.” PhD diss., Iowa State University, 1970.

Paul R. Katz, Images of the Immortal: The Cult of Lü Dongbin at the Palace of Eternal Joy, Honolulu: University of Hawai’i Press, 1999.

Martin Kern，“Religious Anxiety and Political Interest in Western Han Omen Interpretation: The Case of the Han Wudi Period(141-87BC),”《中國史學》第 10 期，2000 年，1-31 頁 .

Maggie Keswick, The Chinese Garden: History, Art, and Architecture, New York: Rizzoli, 1978.

David R. Knechtges, “The Emperor and Literature,” in Imperial Rulership and Cultural Change in Traditional China, edited by Frederick P. Brandauer and Chun-chieh Huang, Seattle: University of Washington Press, 1994, pp. 51-76.

——, “Criticism of the Court in Han Dynasty Literature.” in Selected Essays on Court Culture in a Cross-Cultural Perspective, edited by Lin Yaofu, Taipei: National Taiwan University, pp. 51-77.

Livia Kohn, Taoist Mystical Philosophy: The Scripture of Western Ascension, Albany, NY: SUNY Press, 1991.

——, The Taoist Experience: An Anthology, Albany, NY: SUNY Press, 1993.

——, God of the Dao: Lord Lao in History and Myth, Ann Arbor: University of Michigan, Center for Chinese Studies, 1998.

of Priority and the Priority of Presence," Chinese Literature: Essays, Articles, and Reviews 6, 1984, pp. 33-52.

——trans., Proclaiming Harmony, Ann Arbor: Center for Chinese Studies, University of Michigan, 1981

James R. Hightower, "The Songs of Chou Pang-yen," Harvard Journal of Asiatic Studies 37, no. 2, 1977, pp. 233-72.

Wai-kam Ho, "Aspects of Chinese Painting from 1100 to 1350," in Eight Dynasties of Chinese Painting: The Collections of the Nelson Gallery-Artkins Museum, Kansas City, and the Cleverland Museum of Art, edited by Wai-kam Ho, et al., Cleverland: Cleverland Museum of Art, 1980, pp. xxv-xxxiv.

Ray Huang, 1587: A Year of No Significance, New Haven: Yale University Press, 1981.

Shih-shan Susan Huang, Picturing the True Form: Daoist Visual Culture in Medieval China, Cambridge, MA: Harvard Asia Center, 2012.

Ming-Chorng Hwang, "Ming-Tang: Cosmology, Political Order and Monuments in Early China," PhD diss., Harvard University, 1996.

Robert P. Hymes, Way and Byway: Taoism, Local Religion, and Models of Divinity in Song and Modern China, Berkeley: University of California Press, 2002.

Robert Hymes and Conrad Schirokauer, "Introduction." in Ordering the World: Approaches to State and Society in Sung Dynasty China, edited by Robert P. Hymes and Conrad Schirokauer, Berkeley: University of California Press, 1993.

Wilt Idema and Stephen West, Chinese Theater, 1100-1450: A Source Book, Wiesbaden: Steiner, 1982.

Ihara Hiroshi, "The Qing ming shang he tu by Zhang Zeduan and its Relation to Northern Song Society: Light and Shadow in the Painting," Journal of Song-Yuan Studies 31, 2001, pp. 135-156.

Tsutomi Iwasaki, "The Study of Ho-hsi Tibetans during the Northern Song Dynasty." The Memoirs of the Toyo Bunko 44, 1986, pp. 57-132.

Jang Scarlett, "Realm of the Immortals: Paintings Decorating the Jade Hall of the Northern Song." Ars Orientalis 22, 1992, pp. 81-96.

——, "Representations of Exemplary Scholar-Officials, Part and Present," in Art of the Sung and Yuan: Ritual, Ethnicity, and Style in Painting, edited by Cary y. Liu and Dora C. Y. Ching, Princeton: The Art Museum, Princeton University, 1999.

Studies 23, 1993, pp. 110-122.

Donald J. Harper, Early Chinese Literature: The Mawangdui Medical Manuscripts, London: Kegan Paul International, 1998.

Charles Hartman, "Poetry and Politics in 1079: The Crow Terrace Poetry Case of Su Shih." Chinese Literature: Essays, Articles, Reviews 12, 1990, pp.15-22.

——, "Bibliographic Notes on Song Historical Works: Topical Narratives from the Long Draft Contiuation of the Comprehensive Mirror that Aids Administration (Hsü tzu-chih t'ung-chien ch'ang-pien chi-shih pen-mo 續資治通鑒長編紀事本末) by Yang Chung-liang 楊仲良 and Related Texts." Journal of Sung-Yuan Studies 28, 1998, pp. 177-200.

——, The Making of a Villain: Ch'in Kuei and Tao-hsueh." Harvard Journal of Asiatic Studies 58, 1998, pp. 59-146.

——, "The Reluctant Historian: Sun Ti, Chu Hsi, and the Fall of Northern Sung." T'oung Pao 89, 2003, pp. 100-148.

——, "A Textual History of Cai Jing's Biography in the Songshi." in Emperor Huizong and Late Northern Song China: The Politics of Culture and the Culture of Politics, edited by Patricia Buckley Ebrey and Maggie Bickford, Cambridge, MA: Harvard University Press Asia Center, 2006, pp. 517-564；

Robert Hartwell, "A Cycle of Economic Change in Imperial China: Coal and Iron in Northeast China, 750-1350." Journal of the Economic and Social History of the Orient 10, no. 1, 1967, pp. 102-59.

——, "The Imperial Treasuries: Finance and Power in Song China." Bulletin of Sun-Yuan Studies 20, 1988, pp. 18-89.

Colin S. C. Hawes, The Social Circulation of Poetry in the Mid-Northern Song: Emotional Energy and Literati Self-Cultivation, Albany, NY: SUNY Press, 2005

John Hay, "Poetic Space: Ch'ien Hsüan and the Association of Painting and Poetry," in Words and Images: Chinese Poetry, Calligraphy, and Painting, edited by Alfreda Murck and Wen C. Fong, New York: Metropolitan Museum of Art, 1991.

Robert E. Hegel, The Novel in Seventeenth-Century China, New York: Columbia University Press, 1981.

Heng Chye Chiang，Cities of Aristocrats and Bureaucrat: The Development of Medieval Chinese Cityscapes, Honolulu: University of Hawai'i Press, 1999.

William O. Hennessey, "Classical Sources and Vernacular Resources in Xuanhe Yishi: The Presence edited by Patricia Buckley Ebrey and Maggie Bickford, Cambridge, MA: Harvard University Press Asia Center, 2006, pp. 275-323.

——, The Evolution of Chinese Medicine: Song Dynasty, 960-1200, London: Routledge, 2009.

Jack Goody, Succession to High Office, Cambridge, UK: Cambridge University Press, 1966.

Peter S. Gregory and Patricia Buckley Ebrey, "Historical and Religious Landscape." in Religion and Society in T'ang and Sung China, edited by Patricia Buckley Ebrey and Peter S. Gregory, Honolulu: University of Hawai'i Press, 1993, pp. 1-44.

Marie Guarino, "Learning and Imperial Authority in Northern Sung China（960-1126）: The Classics Mat Lectures", PhD diss., Columbia University, 1994.

Guo Qinghua, "Yingao Fashi: Twelfth-Cenruty Chinese Building Manual." Architectural History 41: 1-13.

——, "Yingzao Fashi: Twelfth-Century Chinese Building Manual." The Structure of Chinese Timber Architecture, London: Minerva Press, 1999.

Caroline Gyss- Vernande, "Litters de Song Huizong au Maître du Maoshan Liu Hunkang, ou le patronage impérial comme practique de dévotion," in Hommage à Kwong Hing Foon: Études d'histoire culturelle de la Chine, edited by Jean-Pierre Diény, Paris: College de France, Institute des Hautes études chinoises, 1995, pp. 239-53.

John Winthrop Haeger, "Li Kang and the Loss of K'ai-Feng: The Concept and Practice of Political Dissent in Mid-Sung," Journal of Asian History 12, no. 1, 1978, pp. 30-57.

Dickson Hall, Chinese Paintings in the Palace Museum, Beijing 4th-14th Century, Hong Kong: Joint Publishing Co., 1989.

Mark Halperin, Out of the Cloister: Literati Perspectives on Buddhism in Sung China, 960-1279, Cambridge, MA: Harvard Asia Center, 2006.

Valerie Hansen, Changing Gods in Medieval China, 1127-1276, Princeton: Princeton University Press, 1990.

——, "The Mystery of the Qingming Scroll and Its Subject: The Case against Kaifeng," Journal of Song-Yuan Studies 26, 1996, pp. 183-200.

James Hargett, "A Chronology of Reigns and Reign-Periods of the Song Dynasty(960-1279)." Bulletin of Song Yuan Studies 19, 1987, pp. 26-34

——, "Huizong's Magic Marchmount: The Genyue Pleasure Park of Kaifeng," Monumenta Serica 38, 1988-1989, pp. 1-48.

——, "Song Biographies, Supplementary N. 1: Chen Yuyi(1090-1139)," Journal of Sung-Yuan edited by Richard Barnhart, Wen Fong, and Maxwell K. Hearn, Zurich: Museum Rietberg, 1996, pp. 31-35.

——, "Monumental Landscape Painting," in Possessing the Past: Treasures from the National Palace Museum, Taipei, edited by Wen C. Fong and James C. Y. Watt, New York: Metropolitan Museum of Art, 1996, pp. 120-137.

Ping Leong Foong, "Monumental and Intimate Landscape by Guo Xi," PhD. Dissertation, Princeton: Princeton University, 2006,

Paul C. Forage, "The Sino-Tangut War of 1081-1085," Journal of Asian History 25, 1991, pp. 1-27.

Antonino Forte, Mingtang and Buddhist Utopia in the History of Astronomical Clock: The Tower, Statue and Armillary Sphere Constructed by Empress Wu, Rome: Istituto Italiano per Il Medio ed Estremo Oriente, 1988.

Herbert Franke, "Treaties between Sung and Chin." in Études Song in Memoriam Étienne Balazs, Ser. 1:1, edited by Françoise Aubin, Paris: Mouton, 1970, pp. 55-84.

——, Song Biographies, Wiesbaden: Franz Steiner Verlag, 1976）

——, "Sung Embassies: Some General Observations," in China among Equals: The Middle Kingdom and Its Neighbors, 10th -14th Centuries, edted by Morris Rossabi, Berkeley: University of California Press, 1983.

——, "The Chin Dynasty," in The Cambridge History of China, vol. 6: Alien Regimes and Border States, 907-1368, edited by Herbert Franke and Denis Twitchett, Cambridge, UK: Cambridge University Press, 1994, pp. 215-320.

——, Krieg und Krieger in Chinesischen Mittlealter（12. bis 14. Jahrhundert）: Drei Studien, Wiesbaden: Franz Steiner Verlag, 2003,

Else Glahn, "On the Transmission of the Ying-tsao fa-shih," T'oung Pao 61, nos. 4-5, 1975, pp. 232-65.

——, "Chinese Building Standards of the 12th Century," Scientific American 144, no. 10, 1981, pp. 162-73

Peter Golas, "The Song Economy: How Big?" Bulletin of Song-Yuan Studies 20, 1988, pp. 90-94.

——, "The Son Fisical Administration." in Cambridge History of China, edited by John Chaffee and Denis Twichett, n.d.

Isaf Moshe Goldschmidt, "Huizong's Impact on Medicine and Public Health." in Emperor Huizong and Late Northern Song China: The Politics of Culture and the Culture of Politics,

47-90.
Betty Tseng Yu-ho Ecke, "Emperor Hui Tsung, the Artist: 1082-1136." New York University, 1972.
Richard Bernhart, "Wang Shen and Late Northern Song Landscape Painting." 載國際交流美術史研究會第 2 次會議論文集，《アジアにおける山水表現について》，京都：京都國立美術館、Taniguchi 基金會，1983 年 .
Richard Edward, "The Landscape Art of Li T'ang," Archives of the Chinese Art Society of America 12, 1958, pp. 48-60.
——, "Paintings and Poetry in the Late Sung." in Words and Images: Chinese Poetry, Calligraphy, and Painting, edited by Wen C. Fong and Alfreda Murck, Princeton: Princeton University Press, pp. 405-430.
Ronald Egan, Word, Image, and Deed in the Life of Su Shi. Cambridge, MA: Council on East Asian Studies, Harvard University, 1994
——, "The Emperor and the Ink Plum: Tracing a Lost Connection between Literati and Huizong's Court." in Rhetoric and the Discourses of Power in Court Culture: China, Europe, and Japan, edited by David R. Knechtges and Eugene Vance, Seattle: University of Washington Press, pp.117-148.
——, "Huizong's Palace Poems," in Emperor Huizong and Late Northern Song China: The Politics of Culture and the Culture of Politics, edited by Patricia Buckley Ebrey and Maggie Bickford, Cambridge, MA: Harvard University Press Asia Center, 2006, pp. 361-394.
——, The Problem of Beauty: Aesthetic Thought and Pursuits in Northern Song Dynasty China, Cambridge, MA: Harvard University Asia Center, 2006.
J. H. Elliott and L. W. B. Brockliss, eds., The World of the Favourite, New Haven: Yale University Press, 1999.
Mark C. Elliott, Emperor Qianlong : Song of Haven, Man of the World, New York: Longman, 2009.
Antonio Feros, Kingship and Favoritism in the Spain of Philip III, 1598-1621, Cambridge, UK: Cambridge University Press, 2000.
Wen C. Fong, Images of the Mind, Princeton: The Art Museum, Princeton University, 1984.
——, Beyond Representation: Chinese Paintings and Calligraphy, 8th-14th Centuries, New York: Metropolitan Museum, 1992.
——, "The Emperor as Artist and Patron," in Mandate of Heaven: Emperors and Artists in China,

Rites, Princeton University Press.
——, "Portrait Sculpture in Imperial Ancestral Rites in Song China." T'oung Pao 83, 1997, pp. 42-92.
——, "Taking Out the Grand Carriage: Imperial Spectacle and the Visual Culture of Northern Song Kaifeng." Asia Major 12, no. 1, 1999, pp. 33-65.
——, "Taoism and Art at the Court of Song Huizong," in Taoism and the Arts of China, ed. Steven Little and Shawn Eichman, Chicago: Art Institute of Chicago, 2000, pp. 95-111.
——, "The Emperor and the Local Community in the Song Period." 載《中國の歷史世界：統合のシステムと多元的發展》，東京：東京都立大學出版會，2002 年，373-402 頁 .
——, "Record, Rumor, and Imagination: Sources for the Women of Huizong's Court before and after the Fall of Kaifeng," pp. 46-97.
——, Women and the Family in Chinese History, London: Routeledge, 2003.
——, "Imperial Filial Piety as a Political Problem," in Filial Piety in Chinese Thought and History, edited by Alan K. L. Chan and Sor-hoon Tan, London: Routledge, 2004, pp. 122-40.
——, "Huizong's Stone Inscriptions," in Emperor Huizong and Late Northern Song China: The Politics of Culture and the Culture of Politics, edited by Patricia Buckley Ebrey and Maggie Bickford, Cambridge, MA: Harvard University Press Asia Center, 2006, pp. 229- 274.
——, "Literati Culture and the Relationship between Huizong and Caijing," Journal of Song-Yuan Studies 36, 2006, pp. 1-24.
——, "Succession to High Office: The Chinese Case." in Culture, Technology, and History: Implication of the Anthropological Work of Jack Goody, edited by David R. Olson and Michael Cole, Mahwah, NJ: Erlbaum, pp. 49-71
——, Accumulating Culture: The Collections of Emperor Huizong, Seattle: University of Washington Press, 2008.
——, "Replicating Zhou Bells at the Northern Song Court," in Reinventing the Past: Archiving and Antiquarianism in Chinese Art and Visual Culture, edited by Wu Hung, Chicago: Art Media Resources, 2010, pp. 179-99.
——, "Empress Xiang（1046-1101）and Biographical Source beyond Formal Biographies." in Beyond Exemplar Tales: Cultural Politics and Woman's Biography in China, edited by Hu Ying and Joan Judge, Berkeley: University of California Press, 2011, pp. 193-211
——, "Emperor Huizong as a Daoist," Institute of Chinese Studies Visiting Professor Lecture Series（III）, Hong Kong: Institute of Chinese Studies, Chinese University of Hong Kong, pp.

1986

Christian de Pee, "Purchase on Power: Imperial Space and Commercial Space in Song-Dynasty Kaifeng, 960-1127." Journal of the Economic and Social History of the Orient 53, 2010, pp. 149-84

Hilde de Weerdt, "Byways in the Imperial Chinese Information Order: The Dissemination and Commercial Publication of State Documents." Harvard Journal of Asiatic Studies 66, no.1, 2006, pp. 145-88.

——, "Court Gazettes and the Short Reports': Official Views and Unofficial Readings of Court News.' "《漢學研究》第 27 卷第 2 號，2009 年，167-200 頁 .

A. G. Dickens ed., The Court of Europe: Politics, Patronage, and Royalty, 1400-1800, London: Thames and Hudson, 1977.

Catherine Despeux, "Talismans and Sacred Diagrams," in Daoism Handbook, edited by Livia Kohn, Leiden: E. J. Brill, pp. 498-540.

Chu Djang and Jane C. Djang, trans., A Compilation of Anecdotes of Sung Personalities, Compiled by Ting Ch'uan-ching, New York: St. John's University Press, 1989.

Jeroen Duiham, Myths of Power: Norbert Elias and the Early Modern European Court, Amsterdam: Amsterdam University Press, 1994

——, Vienna and Versailles: The Courts of Europe's Dynastic Rivals, 1550-1780, Cambridge, UK: Cambridge University Press, 2003.

Jack L. Dull, "A Historical Introduction to Apocryphal (ch'an-wei) Texts of the Han Dynasty." PhD diss., University of Washington, 1966

Wolfram Eberhard, "The Political Function of Astronomy and Astronomers in Han China," in Chinese Thought and Institutions, edited by John K. Fairbank, Chicago: University of Chicago Press, 1957, pp. 33-70.

Patricia Buckley Ebrey, "Education through Ritual: Efforts to Formulate Family Rituals during the Sung Period," in New-Confucian Education: The Formative Stage, edited by Wm. Theodore de Bary and John W. Cahhee, Berkeley: University of California Press, 1989, pp. 295-296.

——, "Cremation in Sung China." American Historical Review 95, no. 2, 1990, pp. 406-28.

——, trans., Chu Hsi's Family Rituals: A Twelfth-Century Chinese Manual for the Performance of Cappings, Weddings, Funerals, and Ancestral Rites, Princeton: Princeton University Press, 1991

——, Confucianism and Family Rituals in Imperial China: A Social History of Writing about

Cecelia Lee-fang Chien, Salt and State: An Annotated Translation of the Songshi Salt Monopoly Treatise, Ann Arbor: University of Michigan Center for Chinese Studies, 2004,

Niketas Choniates, O City of Byzantium, Annals of Niketas Choniates, Translated by Harry J. Magoulias, Detroit: Wayne State University Press, 1984.

Diana Yeong chau Chou, A Study and Translation from the Chinese of Tang Hou's Huajian (Examination of Painting): Cultivating Taste in Yuan China, 1279-1368, Lewiston, ME: Edwin Mellen Press, 2005.

Shang-yen Chuang, "The Slender Cold Calligraphy of Emperor Sung Hui Tsung," National Palace Museum Bulletin 2, 1967, pp. 1-9.

Priscilla.Ching Chung, Palace Women in the Northern Sung, Monographies du T'oung Pao, 12, Leiden: E. J. Brill, 1981.

Hugh Clark, "An Inquiry into the Xianyou Cai: Cai Xiang, Cai Que, Cai Jing, and the Politics of Kinship." Journal of Song-Yuan Studies 31, 2001, pp. 67-101。

Hugh R. Clark, "Fang Lue, Inscription for the Temple of Auspicious Response,'" in Hawai'i Reader in Traditional Chinese Culture, edited by Victor H. Mair, Nacy S. Steinhardt, and Paul R. Goldin, Honolulu: University of Hawai'i Press, 2005, pp. 392-98.

Mark Csikszentmihalyi, "Han Cosmology and Mantic Practices," in Daoism Handbook, pp. 53-73.

Edward L. Davis, Society and the Supernatural in Song China, Honolulu: University of Hawai'i Press, 2001.

Richard L. Davis, Wind against the Mountain: The Crisis of Politics and Culture in Thirteen-Century China, Cambridge, MA: Council on East Asian Studies, 1996.

——, trans., Historical Records of the Five Dynasties by Ouyang Xiu. New York: Columbia University Press, 2004.

——, "The Reign of Kuang-tsung（1189-1194）and Ning-tsung（1194-1224）." in The Cambridge History of China, Vol. 5, Part 1: The Sung Dynasty and Its Precursors, 907-1279, edited by Denis Twitchett and Paul Jakov Smith, Cambridge, UK: Cambridge University Press, 2008, pp.756-838.

Wm. Theodore de Bary and Richard Lufrano eds., Sources of Chinese Tradition, vol. 2, 2nd edition, New York: Columbia University Press, 2000.

Ph. de Heer, The Care-Taker Emperor: Aspects of the Imperial Institution in Fifteenth-Century China as Reflected in the Political History of the Reign of Chu Ch'i-yü, Leiden : E. J. Brill,

Chinese Society, edited by Rubie S. Watson and Patricia Buckley Ebrey, Berkeley: University of California Press, pp. 133-169.

——Branches of Heaven: The History of Imperial Clan of Song China, Cambridge, MA: Harvard University Asia Center, 1999.

——, "Huizong, Cai Jing, and the Politics of Reform." in Emperor Huizong and Late Northern Song China: The Politics of Culture and the Culture of Politics, edited by Patricia Buckley Ebrey and Maggie Bickford, Cambridge, MA: Harvard University Press Asia Center, 2006, pp. 31-77.

Hok-lam Chan, Ming Taizu（r. 1368-98）and the Foundation of the Ming Dynasty in China, Burlington, VT: Ashgate, 2011

K. C. Chang, Art, Myth, and Ritual: The Path to Political Authority in Ancient China, Cambridge, MA: Harvard University Press, 1983.

Michael G. Chang, A Court on Horseback: Imperial Touring and the Construction of Qing Rule, 1680-1785, Cambridge, MA: Harvard University Asia Center, 2007.

Samuel H. Chao, "The Day Northern Sung Fell,"《中原學報》第8期，1979年，145-146頁。

Shin-yi Chao, "Daoist Examinations and Daoist Schools during the Northern Song Dynasty," Journal of Chinese Religions 31, 2003, pp. 1-37.

——, "Huizong and the Divine Empyrean Palace Temple Network," in Emperor Huizong and Late Northern Song China: The Politics of Culture and the Culture of Politics, edited by Patricia Buckley Ebrey and Maggie Bickford, Cambridge, MA: Harvard University Press Asia Center, 2006, pp. 324-58.

Jack. Chen, "The Writing of Imperial Poetry in Medieval China." Harvard Journey of Asiatic Studies 65, 2005, no. 1, p. 57-98.

——, The Poetics of Sovereignty: On Emperor Taizong and the Tang Dynasty, Cambridge, MA: Harvard University Press, 2010.

Kenneth K. S. Ch'en, "The Sale of Monk Certificates during the Sung Dynasty: A Factor in the Decline of Buddhism in China." Harvard Theological Review 49, no. 4, 1956, pp. 307-327.

Chen Pao-chen, "Emperor Li Hou-chu as a Calligrapher, Painter, and Clllector," in Selected Essays on Court Culture in Cross-Cultural Perspective, edited by Lin Yaofu, Taipei: Taiwan University Press, pp. 133-69.

Yunru Chen, "At the Emperor's Invitation: Literary Gathering' and the Emergence of Imperial Garden Space in Northern Song Painting", Orientations 38, no. 1, 2007, pp. 56-61.

——“Jojin’s Travels from Center to Center (with Some Periphery in Between).” in Heian Japan: Centers and Peripheries, edited by Michael S. Adolphson, Edward Kamens, and Stacie Matsumoto, Honolulu University of Hawai’i Press, 2007, pp. 384-413.

Beverly Bossler, “Gender and Entertainment at the Song Court,” in Servants of the Dynasty: Palace Women in World History, edited by Anne Walthall, Berkeley: University of California Press, 2008, pp. 261-279.

——Courtesans, Concubines, and the Cult of Female Fidelity, Cambridge, MA: Harvard Asia Center, 2013.

Peter Burke, The Fabrication of Louis XIV, New Haven: Yale University Press, 1992.

Susan Bush, The Chinese Literati on Painting: Su Shih (1037-1101) to Tung Ch’i-ch’ang (1555-1636), Cambridge, MA: Harvard University Press, 1971.

Susan Bush, Hsio-yen Shih, Early Chinese Texts on Painting, Cambridge, MA: Harvard University Press, 1985.

James Cahill, An Index to Early Chinese Paintings, Berkeley: University of California Press, 1980.

——The Painter’s Practice: How Artists Lived and Worked in Traditional China, New York: Columbia University Press, 1994.

——James Cahill, “The Imperial Painting Academy,” in Possessing the Past: Treasures from the National Palace Museum, Taipei, edited by Wen C. Fong and James C. Y. Watt, New York: Metropolitan Museum of Art, 1996, p. 159-99.

——James Cahill, The Lyric Journey: Poetic Painting in China and Japan, Cambridge, MA: Harvard University Press, 1996.

Suzanne Cahill, “Taoism and the Sung Court: The Heavenly Text Affair of 1008.” Bulletin of Sung and Yüan Studies 16: 23-44.

Robert Ford Campany, To Live as Long as Heaven and Earth: A Translation and Study of Ge Hong’s Tradition of Divine Transcendents, Berkeley: University of California Press, 2002.

Joshua Capitanio, “Dragon Kings and Thunder Gods: Rainmaking, Magic, and Ritual in Medieval Chinese Religion.” PhD diss., University of Pennsylvania, 2008.

John Chaffee, The Thorny Gates of Learning in Sung China: A Social History of Examinations, Cambridge, UK: Cambridge University Press, 1985.

——“Chao Ju-yu, Spurious Learning, and Southern Sung Political Culture.” Journal of Sung-Yuan Studies 22, 1990-1992, pp. 23-61.

——“The Marriage of Clanswomen in the Sung Imperial Clan.” in Marriage and Inequality in

University of Hawai'i Press, 1987.
Maggie Bickford, "Emperor Huizong and the Aesthetic of Agency," Archives of Asian Art 53（2002-2003）: 71-104, 2006.
—— "Huizong's Paintings: Art and the Art of Emperorship," in Emperor Huizong and the Late Northern Song China: The Politics of Culture and the Culture of Politics, edited by Patricia Buckley Ebrey and Maggie Bickford, Cambridge, MA: Harvard Asia Center, 2006, pp. 453-513.
Hans Bielenstein, "An Interpretation of the Pertenes in the Ts'ien Han Shu," Bulletin of the Museum of Far Eastern Antiquities 22, 1950, pp. 127-43.
——"Han Portents and Prognosticatis," Bulletin of the Museum of Far Eastern Antiquities 56, 1984, pp. 97-112.
Nicole Birsch, ed., Religion and Power: Divine Kingship in the Ancient World and Beyond, Chicago: The Oriental Institute of the University of Chicago, 2008.
John Blofeld, The Chinese Art of Tea, Boston: Shambhala, 1985.
Stephen R. Bokenkamp, Early Daoist Scriptures, Berkeley: University of California Press, 1997.
Peter Bol, "Whither the Emperor? Emperor Huizong, the New Policies, and the Tang-Song Transition." Journal of Song-Yuan Studies 31, 2001, pp. 103-34.
——"Emperor Can Claim Antiquity Too-Emperorship and Autocracy under the New Policies." in Emperor Huizong and Late Northern Song China: The Politics of Culture and the culture of Politics, edited by Patricia Buckley Ebrey and Maggie Bickford, Cambridge, MA: Harvard University Press Asia Center, 2006, pp. 173-205.
Judith M. Boltz, "Opening the Gates of Purgatory: A Twelfth-Century Taoist Mediation Technique for the Salvation of Lost Souls," in Tantric and Taoist Studies in Honour of R. A. Stein, vol. 2, edited by Michel Strickmann, Brussels: Institut Bekge des Hautes Etudes Chibnoises, 1983, pp. 487-511.
——A Survay of Taoist Scripture, Tenth through Seventeenth Centuries, Berkeley: Institute of East Asia Studies, 1987.
——Judith M. Boltz, "Not by the Seal of Office Alone: New Weapons in Battles with the Supernatural." In Religion and Society in T'ang and Sung China, edited by Patricial Buckley Ebrey and Peter N. Gregory, Honolulu: University of Hawai'i Press, 1993, pp. 241-305.
Robert Borgen, "San Tendai Godai San ki as a Source for the Study of Sung History." Bulletin of Sung Yuan Studies 19, 1987, pp. 1-16.

John Adamson ed., The Princely Courts of Europe, 1500-1750, London, Seven Dials, 1999.

Thomas T. Allsen, The Royal Hunt in Eurasian History, Philadelphia: University of Pennsylvanian Press, 2006.

James Anderson, "Treacherous Factions: Shifting Frontier Alliances in the Breakdown of Sino-Vietnamese Relations on the Eve of the 1075 Border War." in Battlefronts Real and Imagined: War, Border, and Identity in the Chinese Middle Period, edited by Donald J. Wyatt, New York: Palgrave Macmillan, 2008.

Melvin Thlick Ang, "Sung-Liao Diplomacy in Eleventh-and-Twelfth Century China: A Study of the Social and Political Determinants of Foreign Policy." PhD diss., University of Pennsylvania, 1983.

Farzeen Baldrian-Hussein, "Alchemy and Self-Cultivation in Literary Circle of the Northern Song Dynasty-Su Shi (1037-1101) and His Techniques of Survival." Cahiers D'Extreme Asie 9 (1996-1997), pp. 15-53.

Thomas J. Barfield, The Perilous Frontier: Nomadic Empires and China, 221 BC to AD 1757, Cambridge, MA: Blackwell, 1989.

Noel Barnard, "Records of Discoveries of Bronze Bessels in Literary Sources-and Some Pertinent Remarks on Aspects of Chinese Historiography," Journal of the Institute of Chinese Studies of the Chinese University of Hong Kong 6, no. 2, 1973, pp. 455-544.

Richard Barnhart, "Li T'ang (c. 1050-c. 1130) and the Koto-in Landscapes," The Burlington Magazine, EXIV, no. 830, 1972, pp. 305-14.

——"Wang Shen and Late Northern Song Landscape Painting." 載國際交流美術史研究會第2次會議論文集，《アジアにおける山水表現について》，京都：京都國立美術館、Taniguchi基金會，1983年。

——The Five Dynasties and the Song Period," in Three Thousand Years of Chinese Painting, edited by Yang Xin et al., New Haven: The Yale University Press, 1997, pp. 127-129.

——"Three Song Landscape Paintings." Orientations 29, no. 2, 1998, pp. 54-58.

Timothy Hugh Barrett, Taoism under the T'ang: Religion and Empire during the Golden Age of Chinese History, London: Wellsweep, 1996.

B. J. Mansvelt Beck, The Treatises of Later Han: Their Author, Sources, Contents and Place in Chinese Historiography, Leiden: E. J. Brill, 1990.

Charles David Benn, "Religious Aspect of Emperor Hsuan-tsung's Taoist Ideology." in Buddhist and Daoist Practice in Medieval Chinese Society, Edited by David W. Chappell, Honolulu:

年
袁文（1119-1190）《甕牖閒評》八卷，叢書集成本
佚名《甕中人語》一卷，載《靖康稗史箋證》
羅願（1136-1184）《新安志》十卷，宋元地方志叢書本
徐兢《宣和奉使高麗圖經》，鄭州：大象出版社，2008年
俞劍華編《宣和畫譜》二十卷，北京：人民美術出版社，1964年
佚名《大宋宣和遺事》，上海：商務印書館，1937年
李心傳（1166-1243）《建炎以來繫年要錄》兩百卷，北京：中華書局，1956年
畢仲游（1045-1119）《西臺集》二十卷，叢書集成本
畢沅（1730-1797）等編《續資治通鑑》二百二十卷，北京：中華書局，1957年
程大昌（1123-1195）《演繁露》十六卷，四庫全書本
王應麟（1223-1296）《玉海》兩百零四卷，上海：上海書店出版社，1987年
沈作喆《寓簡》十卷，四庫全書本
洪邁（1123-1202）《夷堅志》兩百零七卷，北京：中華書局，1981年
趙彥衛（？-1206+）《雲麓漫鈔》十五卷，北京：中華書局，1996年
丁傳靖《宋人軼事彙編》二十卷，臺北：商務印書館，1935年
俞成（1195-1200）《螢雪叢說》兩卷，叢書集成本
陸心源（1834-1894）《元祐黨人傳》十卷，1889年刻本
王栐（？-1227+）《燕翼詒謀錄》五卷，北京：中華書局，1981年
李誡《李明仲營造法式》三十四卷，上海：商務印書館，1929年
梁思成《營造法式注釋》，北京：中國建築工業出版社，1983年
曾布（1035-1107）《曾公遺錄》三卷，鄭州：大象出版社，2003年
《中華大道藏》，北京：華夏出版社，2003年
翟汝文（1076-1141）《忠惠集》十卷，四庫全書本
鄭居中（1059-1123）等編《政和五禮新儀》二百二十卷，四庫全書本
《周禮》四十二卷，十三經注疏本
翟耆年（12世紀）《籀史》一卷，守山閣叢書本
佚名《張氏可書》一卷，四庫全書本
朱熹《朱子語類》一百四十卷，北京：中華書局，1986年

西文論著

William Acker trans., Some T'ang and Pre-T'ang Text on Paintings, Leiden: E. J. Brill, 1954.

葉夢得（1077-1148）《石林燕語》十卷，北京：中華書局，1984 年
朱熹（1130-1200）、李幼武（活躍於 1261 年）《宋名臣言行錄》二十四卷，四庫全書本
袁桷（1266-1327）編《四明志（延祐）》，宋元地方志從書本，臺北：guotai 文化 shiye，1980 年
《上清大洞真經》六卷，TC6，《道藏》第 1 冊，513-555 頁
脫脫等《宋史》四百九十六卷，北京：中華書局，1977 年
沈約（441-513）《宋書》一百卷，北京：中華書局，1974 年
厲鶚（1692-1752）《宋詩紀事》一百卷，四庫全書本
陳邦瞻（？-1623）《宋史紀事本末》四十卷，北京：中華書局，1977 年
蘇軾（1036-1101）、沈括（1031？-1095？）《蘇沈良方》十卷，叢書集成本
李之亮《宋史全文》三十六卷，哈爾濱：黑龍江人民出版社，2005 年
蘇軾《蘇軾文集》七十三卷，北京：中華書局，1986 年
邵伯溫（1056-1134）《邵氏聞見錄》二十卷，北京：中華書局，1983 年
邵伯溫《邵氏聞見後錄》，北京：中華書局，1983 年
梁克家（1128-1187）《三山志》四十二卷，宋元地方志叢書本
成尋（1011-1081）《參天臺五臺山記》，東京：東洋文庫，1937 年
武樹善《陝西金石志》三十二卷，石刻史料新編本，臺北：新文豐出版公司，1977 年
黃宗羲（1610-1695）等編《宋元學案》一百卷，上海：商務印書館，1928 年
佚名《呻吟語》，載《靖康稗史箋證》
王瑞來編《宋宰輔編年錄校補》二十卷，徐自明（死於 1220 年後）著，北京：中華書局，
畢沅《山左金石志》二十四卷，石刻史料新編本
郭若虛（活躍於 1070-1075）《圖畫見聞誌》，載潘運告編《圖畫見聞誌・畫繼》，長沙：湖南人民出版社，2000 年
李林甫（683-752）等編《唐六典》三十卷，北京：中華書局，1992 年
彭百川《太平治績統類》三十卷，四庫全書本
岳珂（1183-？）《桯史》十五卷，北京：中華書局，1983 年
佚名《太上靈寶五符序》三卷，TC388，《道藏》第 6 冊，315-342 頁
《太上靈寶芝草品》TC1406，《道藏》第 34 冊，316-336 頁
蔡絛（？-1147+）《鐵圍山叢談》六卷，北京：中華書局，1983 年
王明清《投轄錄》，四庫全書本
龐元英（活躍於 1078-1082）《文昌雜錄》六卷，鄭州：大象出版社，2006 年
馬端臨（約 1250-1325）《文獻通考》三百四十八卷，臺北：新興書局影印十通本，1963

歐陽修（1007-1072）《歐陽修全集》，臺北：世界書局，1961 年
史能之（活躍於 1241-1268 年）《毗陵志（咸淳）》，宋元地方志從書本
朱彧《萍洲可談》三卷，叢書集成本
周輝（1127-1198+）《清波別志》三卷，叢書集成本
周輝《清波雜志》十二卷，北京：中華書局，1994 年
朱祖謀《彊村從書》，1922 年
周密《齊東野語》二十卷，北京：中華書局，1983 年
曾肇（1047-1107）《曲阜集》四卷，四庫全書本
王成棣《青宮譯語》，載《靖康稗史箋證》
唐圭璋編《全宋詞》，北京：中華書局，1965 年
章如愚（1196 年中舉）《群書考索》共二百一十二卷，四庫全書本
傅璿琮等編《全宋詩》，北京：北京大學出版社，1991 年
曾棗莊等編《全宋文》，上海：上海辭書出版社，2006 年
朱弁（？-1138）《曲洧舊聞》十卷，北京：中華書局，2002 年
方勺（1066-1141+）《青溪寇軌》一卷，載同作者《泊宅編》，北京：中華書局，1983 年
洪邁（1123-1202）《容齋隨筆》七十四卷，上海：上海古籍出版社，1978 年
徐夢莘《三朝北盟會編》二百五十卷，臺北：大華出版社影印十月研究社標點本，1939 年
李攸《宋朝事實》二十卷，叢書集成本
趙汝愚（1140-1196）《宋朝諸臣奏議》一百五十卷，上海：上海古籍出版社，1999 年
萬斯同（1638-1702）《宋大臣年表》兩卷，載《二十五史補編》，臺北：開明書局，1974 年
周城《宋東京考》，北京：中華書局，1988 年
《宋大詔令集》一百九十六卷，北京：中華書局，1962 年
可恭《宋俘記》，載《靖康稗史箋證》
徐松（1781-1848）編《宋會要輯稿》四百六十卷，北京：中華書局，1957 年
徐松編《宋會要輯稿補編》，北京：新華出版社，1988 年
趙佶《宋徽宗御解道德真經》四卷，TC680，《道藏》第 11 冊，489-512 頁
司馬遷（前 145？ - 前 86？）《史記》一百三十卷，北京：中華書局，1962 年
王夫之（1619-1692）《宋論》十五卷，國學基本叢書本
聶崇義《三禮圖》二十卷，上海：同文書局，約 1910 年
聶崇義《三禮圖集注》二十卷，四庫全書本

李有棠《金史紀事本末》五十二卷，北京：中華書局，1980 年
陸游（1125-1210）《家世舊聞》兩卷，北京：中華書局，1998 年
晁公武（？-1171）《郡齋讀書志》四卷，臺北：商務印書館，1978 年重印
郭彖（約 1165）《睽車志》五卷，叢書集成本
佚名《開封府狀》一卷，載確庵、耐庵著，崔文印箋證《靖康稗史箋證》，北京：中華書局，1988 年
蕭嵩等編《大唐開元禮》一百五十卷，四庫全書本
《靈寶無量度人上品妙經符圖》三卷，TC147，《道藏》第 3 冊，62-87 頁
《靈寶無量度人上品妙經》六十一卷，TC1，《道藏》第 1 冊，1-416 頁
楊士奇（1365-1444）編《歷代名臣奏議》三百五十卷，四庫全書本
陸游《陸放翁全集》一百八十六卷，香港：廣智書局標點本，無出版日期
陳祥道（1053-1093）《禮書》一百五十卷，四庫全書本
《禮記》六十三卷，十三經注疏本，臺北：藝文印書館，1981 年
郭思（約 1050-1130+）《林泉高致》，載潘運告編《宋人畫論》，長沙：湖南美術出版社，2000 年
脫脫等編《遼史》一百一十六卷，北京：中華書局，1974 年
呂希哲（1036-1114）《呂氏雜記》兩卷，鄭州：大象出版社，2003 年
趙道一《歷世真仙體道通鑑》五十三卷，序言作於 1294 年，TC296，《道藏》第 5 冊，99-413 頁
陸游《老學庵筆記》十卷，北京：中華書局，1979 年
李綱《梁溪集》一百八十卷，四庫全書本
徐象梅（17 世紀）《兩浙名賢錄》五十四卷，附八卷，續修四庫全書本
劉大彬（活躍於 1317-1328）編《茅山志》三十三卷，TC304，《道藏》第 5 冊，548-702 頁
惠棟（1697-1758）《明堂大道錄》八卷，叢書集成本
胡道靜《夢溪筆談校證》二十六卷，上海：上海出版公司，1956 年
章定（13 世紀）《名賢氏族言行類稿》六十一卷，四庫全書本
李清馥（18 世紀）《閩中理學淵源考》九十二卷，四庫全書本
張邦基《墨莊漫錄》十卷，北京：中華書局，2002 年
吳曾（去世於 1170 年後）《能改齋漫錄》十八卷，臺北：木鐸，1982 年
陳騤（1128-1205）及佚名《南宋館閣錄・續錄》，各十卷，北京：中華書局，1998 年
李天民《南征錄匯》，載《靖康稗史箋證》

施宿（？-1213）《會稽志》（嘉泰）二十卷，宋元地方志叢書本
楊時（1053-1135）《龜山集》四十二卷，四庫全書本
《高上神霄玉清真王紫書大法》十二卷，TC1219、《道藏》28 冊，557-568 頁
周密（1232-1308）《癸辛雜識》，北京：中華書局，1988 年
班固（32-92）《漢書》一百卷，北京：中華書局，1962 年
陳均（約 1165-1236+）《皇朝編年綱目備要》三十卷，北京：中華書局，2006 年
范曄（398-445）《後漢書》一百二十卷，北京：中華書局，1971 年
鄧椿（活躍於 1127-1167）《畫繼》十卷，載潘運告編《圖畫見聞誌・畫繼》，長沙：湖南美術出版社，2000 年
湯垕（活躍於 1322 年）《畫鑑》一卷，載于安瀾編《畫品叢書》，上海：人民美術出版社，1982 年
張澂《畫錄廣遺》，載《美術叢書》第四編，上海：神州國光社，1928 年
明賢《鶴林寺志》一卷，北京國家圖書館珍本圖書縮微膠卷，roll 501
羅大經（？-1248+）《鶴林玉露》十六卷，北京：中華書局，1983 年
孫覿（1081-1169）《鴻慶居士集》四十二卷，四庫全書本
趙令畤（1064-1134）《侯鯖錄》八卷，北京：中華書局，2002 年
周密（1232-1308）《浩然齋野談》三卷，四庫全書本
李埴（1161-1238）《皇宋十朝綱要》二十五卷，臺北：文海出版社，1980 年
董史（13 世紀）《皇宋書錄》，知不足齋叢書本
唐志契（1579-1651）《繪事微言》兩卷，四庫全書本
謝守灝《混元聖紀》九卷，TC770，《道藏》第 17 冊，779-883 頁
王明清（1127-1214+）《揮麈錄》二十卷，北京：中華書局，1961 年
李綱（1083-1140）《靖康傳信錄》三卷，叢書集成本
佚名《靖康朝野僉言》一卷，叢書集成本
丁特起（死於 1135 年後）《靖康紀聞》一卷，叢書集成本
佚名《靖康要錄》十六卷，叢書集成本
周應合（1213-1280）《建康志（景定）》五十卷（1261），宋元地方志從書本
莊綽（1078-1143+）《雞肋編》三卷，北京：中華書局，1983 年
張商英編（1043-1121）《金籙齋三洞讚詠儀》，TC310，《道藏》第 5 冊，64-71 頁
張商英編《金籙齋投簡儀》，TC498，《道藏》第 9 冊，131-133 頁
脫脫（1313-1355）等編《金史》一百三十五卷，北京：中華書局，1975 年
王昶（1725-1806）《金石萃編》一百六十卷，臺北：新文豐出版公司，1977 年重印

王安中（1076-1134）《初寮集》八卷，四庫全書本
董仲舒(前179-前104)著，蘇輿、鐘哲注《春秋繁露義證》八十二卷，北京：中華書局，1992年
蔡絛（？-1147+）《蔡絛詩話》一卷，載《宋詩話全編》，南京：江蘇古籍出版社，1998年
慕容彥逢（1067-1117）《摛文堂集》十五卷，四庫全書本
唐慎微（活躍於1086-1093）、曹孝忠（活躍於1116年）《重修政和經史證類備用本草》三十卷，北京：人民衛生出版社，1957年
趙佶《沖虛至德真經義解》八卷，載高守元(1189)編《沖虛至德真經四解》，TC732、《道藏》15冊，1-161頁
趙升（？-1236+）《朝野類要》五卷，北京：中華書局，2007年
李心傳（1166-1243）《建炎以來朝野雜記》四十卷，北京：中華書局，2000年
何薳（1077-1145）《春渚紀聞》十卷，四庫全書本
王稱（12世紀）《東都事略》一百三十卷，臺北：文海出版社，1967年
趙佶《大觀茶論》一卷，《說郛》本
佚名《大金吊伐錄》四卷，北京：中華書局，2001年
宇文懋昭《大金國志》四十卷，北京：中華書局，1986年
孟元老（活躍於1126-1147年）《東京夢華錄》十卷，載《東京夢華錄四種》，上海：中華書局，1962年
伊永文《東京夢華錄箋注》十卷，北京：中華書局，2006年
鄧之誠《東京夢華錄注》十卷，北京：商務印書館，1959年
張居正《帝鑑圖說》兩卷，《四庫全書存目叢書》，濟南：齊魯書社，1997年
范祖禹（1041-1098）《帝學》八卷，四庫全書本
鄒浩（1060-1111）《道鄉集》四十卷，四庫全書本
曾敏行（1118-1175）《獨醒雜志》十卷，上海：上海古籍出版社，1986年
葛勝仲（1072-1144）《丹陽集》二十四卷，四庫全書本
汪藻（1079-1154）《浮溪集》三十二卷，叢書集成本
汪藻《浮溪文萃》十五卷，四庫全書本
念常（1282年生）《佛祖歷代通載》二十二卷，CBETA本
志磐《佛祖統紀》五十四卷，CBETA本
董逌《廣川書跋》十卷，四庫全書本
張端義（1179-1250）《貴耳集》三卷，叢書集成本
陳夢雷編《古今圖書集成》，上海：中華書局，1934年重印

參考書目

基本史料

《叢書集成》，上海：商務印書館，1936-1939 年

《道藏》，全 36 冊，北京：文物出版社；上海：上海書店；天津：天津古籍出版社，1988 年

《四庫全書》，臺北：商務印書館，1983 年

《石刻史料新編》，臺北：新文豐出版公司，1977 年

《宋元地方志叢書》，臺北：Guotai wenhua shiye，1980 年（大化書局）

《續修四庫全書》，上海：上海古籍出版社，1995-1999 年

《太上玄靈北鬥本命長生妙經》，《道藏》第 11 冊，第 34950 頁；Taoist Canon，p. 623。

王黼（1126 年去世）編《重修宣和博古圖》三十卷，1528 年版

班固《白虎通疏證》，陳立、吳則虞編，北京：中華書局，1994 年

鄧肅（1091-1132）《栟櫚集》，四庫全書本

陸增祥（1816-1882）編《八瓊室金石補正》一百三十卷，載《石刻史料新編》，臺北：新文豐出版公司，1977 年重印

程俱（1078-1144）《北山集》四十卷，四庫全書本

曹勳（1098-1174）《北狩聞見錄》一卷，叢書集成本

葉夢得（1077-1148）《避暑錄話》兩卷，四庫全書本

蔡絛（活躍於 1100-1130 年）《北狩行錄》一卷，叢書集成本

趙與時（1175-1231）《賓退錄》十卷，上海：上海古籍出版社，1983 年

岳珂（1183-1240）《寶真齋法書贊》二十八卷，臺北：世界書局，1962 年

李燾（1115-1184）《續資治通鑑長編》五百二十卷，北京：中華書局，1985 年

楊仲良（約活躍於 1170-1230 年）《皇宋通鑑長編紀事本末》一百五十卷，哈爾濱：黑龍江人民出版社，2006 年

黃以周（1828-1899）《續資治通鑑長編拾補》，北京：中華書局，2004 年

王欽若（962-1025）等編《冊府元龜》一千卷，臺北：中華書局（影印明本）

崔文豹（1200-1260）《吹劍四錄》四卷，載《宋人劄記八種》，臺北：世界書局，1963 年

36《浩然齋野談》卷三，葉 13b。

37 儘管這份謝表沒有保存至今，但有份史料是蔡京記錄的徽宗第四次臨幸他的府宅，參見《全宋文》109 冊，177-178 頁。

38《宋史》卷三百五十二，11128-11129 頁。

39 參見《歷代名臣奏議》卷二百八十七，收錄了曹輔和很多大臣的奏疏。

40 一些例子可參見任崇嶽〈李師師生年小考〉；劉孔伏、潘良熾〈李師師遺事辨〉，《青海社會科學》1994 年第 2 期，66-70 頁。

41《大宋宣和遺事》卷一，頁 27a–28a。英譯文參見 William O. Hennessey, "Classical Sources and Vernacular Resources in Xuanhe Yishi: The Presence of Priority and the Priority of Presence," p. 64。

42《貴耳集》卷二，46 頁。英譯文參見 Chu Djang and Jane C. Djang, trans., *A Compilation of Anecdotes of Sung Personalities*, Compiled by Ting Ch'uan-ching, pp. 550–552，有改動。

43《建炎以來繫年要錄》卷一百五十一，2433 頁。朱熹在《朱子語類》(卷一百二十七，3050 頁）中說，關於內禪，吳敏的記述是最詳細的。

浙江大學出版社，2007 年，221–223 頁。張邦煒〈關於建中之政〉對此進行了更為細緻入微的敘述。更多關於向太后，參見 Patricia Ebrey, "Empress Xiang (1046-1101) and Biographical Sources beyond Formal Biographies"。

14《宋史》卷二百四十二，8630 頁。

15 關於這個問題，參見第三十章注 60。

16《續資治通鑑長編》卷五百二十，12378-12379 頁。《曾公遺錄》卷九，227-228 頁。

17《曾公遺錄》卷九，269-270 頁。《續資治通鑑長編拾補》卷十五，584-585 頁。

18《續資治通鑑長編拾補》卷十六，603 頁。《宋史》卷四百七十一，13713 頁。

19《續資治通鑑長編拾補》卷十六，606-607 頁。

20《宋宰輔編年錄校補》卷十二，732-734 頁。

21 參見李天鳴〈宋徽宗北伐燕山時期的反對意見〉，120 頁。

22《三朝北盟會編》卷二，政宣上帙二，12-18 頁。

23《靖康要錄》卷三，46-47 頁。

24《宋宰輔編年錄校補》卷十三，836 頁。

25《東都事略》卷一百零一，葉 1a。

26《宋會要輯稿・蕃夷二》，葉 30b-31a。

27《三朝北盟會編》卷一，政宣上帙一，4-11 頁, 卷二，政宣上帙二，12-20 頁。《宋史》卷三百三十五，10750 頁。《續資治通鑑長編拾補》卷三十九，1225-1226 頁。

28《三朝北盟會編》卷二，政宣上帙二，18-19 頁。《皇宋通鑑長編紀事本末》卷一百四十二，2382-2383 頁。

29《清波別志》卷一，124-125 頁。

30《清波別志》卷一，124-125 頁。另參見《續資治通鑑長編拾補》卷四十四，1363-1364 頁。

31《宋宰輔編年錄校補》卷十三，841 頁。一些學者已經意識到，決定繼續與金結盟與蔡京的建議相悖。林大介〈蔡京とその政治集團 - 宋代の皇帝 - 宰相關係理解のための一考察〉16–17 頁認為，這表明蔡京在與王黼、蔡攸或一些大宦官的權力鬥爭中逐漸失勢。

32《鐵圍山叢談》卷二，33 頁。

33《東京夢華錄箋注》卷五，137-140 頁。《墨莊漫錄》卷八，222-223 頁。

34《睽車志》卷一，1 頁。

35《貴耳集》卷三，46 頁。Chu Djang and Jane C. Djang, trans., *A Compilation of Anecdotes of Sung Personalities*, Compiled by Ting Ch'uan-ching, pp. 550–552.

and Consolidation of the Sung Dynasty under T'ai-tsu (960–976), T'ai-tsung (976–997), and Chen-tsung (997–1022)"。

附錄 A：不採用有關徽宗及徽宗朝一些常見故事的原因

1 將這個故事作為事實進行引用的現代學者包括余輝《畫裡江山猶勝：百年藝術家族之趙宋家族》（90 頁）和張其凡《宋徽宗與文人畫》（北京：榮寶齋出版社，2008 年，183 頁）。

2 《齊東野語》卷十一，193 頁。《癸辛雜識・後集》，104-105 頁。《宋人軼事彙編》卷二，52 頁。

3 參見《皇宋十朝綱要》卷八，葉 2a-b。

4 有關接受這個故事的現代學者，參見 James M. Hargett, "Huizong's Magic Marchmount: The Genyue Pleasure Park of Kaifeng," pp. 8–9；Wen C. Fong, "The Emperor as Artist and Patron," in *Mandate of Heaven: Emperors and Artists in China*, p. 31.

5 《揮麈錄・後錄》卷二，72 頁。

6 《揮麈錄・後錄》卷二，72 頁；英譯文參見 Chu Djang and Jane C. Djang, trans., *A Compilation of Anecdotes of Sung Personalities*, Compiled by Ting Ch'uan-ching, pp. 61–62, 有改動。

7 一些例子包括任崇嶽〈李師師生年小考〉，77 頁；王瑞來〈徽宗と蔡京 - 權力の絡み合い〉，《アジア遊學》64，38 頁；Huiping Pang, "Strange Weather: Art, Politics, and Climate Change at the Court of Northern Song Emperor Huizong," 20n.

8 《宋史》卷四百六十八，13658 頁。

9 《宋史》卷四百七十二，13722 頁。英譯文參見 Charles Hartman, "A Textual Histpory of Cai Jing's Biography in the Songshi," in *Emperor Huizong and Late Northern Song China: The Politics of Culture and the Culture of Politics*, p. 539。

10《三朝北盟會編》卷五十二，靖康中帙二十七，518 頁。

11《宋宰輔編年錄校補》卷十二，773 頁。Charles Hartman, "A Textual Histpory of Cai Jing's Biography in the Songshi," p. 539. 這個不符之處也被一些傳統史家注意到，參見《續資治通鑑長編拾補》卷十八，665 頁。林大介〈蔡京とその政治集團 - 宋代の皇帝 - 宰相關係理解のための一考察〉8-9 頁也注意到這些矛盾之處 .

12《揮麈錄・餘話》卷一，276-279 頁。

13 參見王瑞來〈徽宗と蔡京 - 權力の絡み合い〉；Ari Levine, "The Reign of Hui-tsung (1100–1126) and Ch'in-tsung (1126–1127)," in *The Cambridge History of China,* vol. 5, part 1: *The Sung Dynasty and Its Precursors, 907–1279*, pp. 61–62；何忠禮《宋代政治史》，杭州：

23 參見 Mark Edward Lewis, *The Construction of Space in Early China*, Albany, NY: SUNY Press, 2006, pp. 79–80。戴梅可認為，使漢朝統治者遠離人們視線的部分原因可能是，「隱形的統治者」對民眾而言可能意味著他具有所有的可能性，同時，「隱形統治者」的思想還有可能是為了掩蓋漢代朝廷的日常現實，例如，權力掌握在外戚手中。Michael Nylan, "The Rhetoric of Empire' in the Classical Era in China," p. 59.

24 參見 Thomas T. Allsen, *The Royal Hunt in Eurasian History*, Philadelphia: University of Pennsylvanian Press, 2006, p. 14。關於中世紀歐洲宮廷的狩獵，另參見 Malcolm Vale, *The Princely Court: Medieval Court and Culture in North-West Europe, 1270–1380*, pp. 179–84。

25 Howard J. Welchsler, *Mirror to the Son of Heaven: Wei Cheng at the Court of T'ang T'ai-tsung*, p. 130.

26 參見 Nap-yin Lau and Huang K'uan-chung, "Founding and Consolidation of the Sung Dynasty under T'ai-tsu (960–976), T'ai-tsung (976–997), and Chen-tsung (997–1022)," in *The Cambridge History of China,* vol. 5, part 1: *The Sung Dynasty and Its Precursors, 907–1279*, edited by Denis Twitchett and Paul Jakov Smith, Cambridge, UM: Cambridge University Press, 2009, pp. 260–272。

27《續資治通鑑長編》卷一百六十，3866–3867 頁。《宋朝諸臣奏議》卷十一，95–96 頁。另參見久保田和男〈宋代の「畋獵」を巡って-文治政治確立の一側面〉，487-506頁。

28 Cong Ellen Zhang, *Transformative Journeys: Travel and Culture in Song China*, Honolulu: University of Hawai'i Press, 2011.【張聰《行萬里路：宋代的旅行與文化》，李文鋒譯，杭州：浙江大學出版社，2015 年】

29 關於這一說法，參見 David R. Knechtges, "The Emperor and Literature," in *Imperial Rulership and Cultural Change in Traditional China*, edited by Frederick P. Brandauer and Chun-chieh Huang, Seattle: University of Washington Press, 1999, pp. 51–77, 尤其是 pp. 55–59。Cong Ellen Zhang, *Transformative Journeys: Travel and Culture in Song China*, pp. 45–54.

30 參見 Allsen 書中列出的一些在狩獵中遇刺的例子。Thomas T. Allsen, *The Royal Hunt in Eurasian History*, pp. 207–8.

31 Thomas T. Allsen, *The Royal Hunt in Eurasian History*, p. 109. 另參見 Jack Chen, *The Poetics of Sovereignty: On Emperor Taizong of the Tang Dynasty*, pp. 35–36。

32《帝學》卷四至六，《帝鑑圖說》。

33 參見 Richard L. Davis, *Wind against the Mountain: The Crisis of Politics and Culture in Thirteen-Century China*, pp. 135–151。Nap-yin Lau and Huang K'uan-chung, "Founding

Tang Dynasty；Hok-lam Chan（陳 學 霖）, *Ming Taizu (r. 1368–98) and the Foundation of the Ming Dynasty in China*, Burlington, VT: Ashgate, 2011。還有一些書籍在某個相關主題下對具體的皇帝進行了關注，例如，Howard J. Welchsler, *Mirror to the Son of Heaven: Wei Cheng at the Court of T'ang T'ai-tsung*, New Haven: Yale University Press, 1974；Arthur F. Wright, *The Sui Dynasty*, New York: Knopf, 1978；Ray Huang, *1587:A Year of No Significance*；Philip A. Kuhn, *Soulstealer: The Chinese Sorcery Scare of 1768*, Cambridge, MA: Harvard University Press, 1990【孔飛力《叫魂：1768年中國妖術大恐慌》，北京：生活・讀書・新知三聯書店，2012年】。關於更普遍的帝國君權及其背後的政治思想，參見 Frederick Mote, "The Growth of Chinese Despotism: A Critique of Wittfogel's Theory of Oriental Despotism as Applied to China," *Oriens Extremus* 8.1 (1961):1–41；Michael Loewe, *Imperial China: The Historical Background to the Modern Age*, New York: Praeger, 1965, pp. 70–92；"The Concept of Sovereignty," in *The Cambridge History of China*, vol.1: *The Ch'in and Han Empires 221BC-AD220*, edited by Denis Twichett and Michael Loewe, Cambridge, UK: Cambridge University Press, 1986, pp. 726–46; *Divination, Mythology and Monarchy in Han China*, Cambridge, UK: Cambridge University Press, 1994, pp. 85–111【《漢代的信仰、神話和理性》，王浩譯，北京：北京大學出版社，2009年】；Michael Nylan（戴梅可）, "The Rhetoric of Empire' in the Classical Era in China," in *Conceiving the Empire in China and Rome Compared*, edited by Fritz-Heiner Mutschler and Achim Mittag, Oxford: Oxford University Press, 2008, pp. 39–64；Yuri Pines, *Envisioning Eternal Empire: Chinese Political Thoughts of the Warring States Era*。近年來，皇宮也成為一些研究的關注點，如 Evelyn S. Rawski, *The Last Emperors: A Social History of Qing Imperial Institutions*, Berkeley: University of California Press, 1998【羅友枝《清代宮廷社會史》，周衛平譯，北京：中國人民大學出版社，2009年】；David M. Robinson（魯大維）,"The Ming Court," in *Culture, Courtiers, and Competition: The Ming Court (1368–1644)*, edited by David M. Robinson, Cambridge, MA: Harvard University Asia Center, 2008。

20 以明朝為例，開國的洪武皇帝和他的兒子永樂皇帝都將很多大臣賜死（參見 Shih-shan Henry Tsai, *Perpetual Happiness: The Ming Emperor Yongle*, pp. 30, 51, 70–71），明朝後來的皇帝也經常對大臣施行鞭刑（參見 Ray Huang, *1587: A Year of No Significance*, pp. 17, 24, 59, 99）。

21 一些明朝的例子參見 Ray Huang, *1587: A Year of No Significance*, pp. 121–124。

22 Ray Huang, *1587: A Year of No Significance*, p. 86，另參見 p. 93，作者指出萬曆皇帝意識到「他不像是所有人的統治者，而像是紫禁城的囚犯」。

Versailles: The Courts of Europe's Dynastic Rivals, 1550–1780, Cambridge, UK: Cambridge University Press, 2003, pp. 45–89。關於歐洲宮廷的多樣性，參見 A. G. Dickens ed., *The Court of Europe: Politics, Patronage, and Royalty, 1400–1800*, London: Thames and Hudson, 1977; John Adamson ed., *The Princely Courts of Europe, 1500–1750*, London: Seven Dials, 1999。

11《宋史》卷十九，357 頁。

12《宋史》卷二十，378 頁。

13《宋史》卷十六，312 頁；卷一百零二，2484-2485 頁；卷二百四十三，8632 頁。

14 唯一一部從名稱上看似皇帝傳記的書是《漢武帝內傳》，但它實際上是一部道教書籍，而不是我們這裡討論的那種傳記。

15 參見 Ray Huang, *1587: A Year of No Significance*, New Haven: Yale University Press, 1981, pp. 95–100。【黃仁宇《萬曆十五年》，北京：中華書局，1982 年】

16 人們可能會提到對預言書的禁止，是因為一些叛亂的人利用了這些書。預言書是明令禁止的，但對皇帝傳記顯然並非如此。

17 關於宋朝同時期以君主為中心的歷史，參見拜占庭時期的著作：Niketas Choniates, *O City of Byzantium, Annals of Niketas Choniates*, Translated by Harry J. Magoulias, Detroit: Wayne State University Press, 1984; Michael Psellus (1018–1096), *Fourteen Byzantine Rulers*, trans. E. R. A. Sewter, New York: Penguin Books, 1966。

18 參見何穀理書中的一個明末例子。Robert E. Hegel, *The Novel in Seventeenth-Century China*, New York: Columbia University Press, 1981, pp. 84–111.

19 關於中國皇帝的學術論文目前有很多。關於具體某位皇帝的英文著作包括：Jonathan Spence，*Emperor of China: Self Portrait of K'ang-hsi*, Vintage, 1988【史景遷《康熙：重構一位中國皇帝的內心世界》，溫洽溢譯，桂林：廣西師範大學出版社，2011 年】；Silas H. L. Wu（吳秀良）, *Passage to Power: K'ang- hsi and his Heir Apparent, 1661–1722*, Cambridge MA: Harvard University Press, 1979；Ph. de Heer, *The Care-Taker Emperor: Aspects of the Imperial Institution in Fifteenth-Century China as Reflected in the Political History of the Reign of Chu Ch'i-yü*, Leiden: E. J. Brill, 1986；Shih-shan Henry Tsai（蔡 石 山）, *Perpetual Happiness: The Ming Emperor Yongle*, Seattle: University of Washington Press, 2001；Victor Xiong, "Ritual Innovation and Taoism under Tang Xuanzong," *T'oung Pao* 82 (2006), nos. 4–5: 258–316；Mark C. Elliott, *Emperor Qianlong: Son of Haven, Man of the World*, New York: Longman, 2009【歐立德《乾隆帝》，青石譯，北京：社會科學文獻出版社，2014 年】；Jack Chen, *The Poetics of Sovereignty: On Emperor Taizong of the*

位學者在書中強調了徽宗及皇室俘虜受到的優待，參見廖懷志〈從徽欽二帝的囚禁生活看金國的俘虜政策〉，《黑龍江民族叢刊》2007 年第 3 期。

71《北狩行錄》，6、8 頁。

72《呻吟語》，220–221 頁。

73《容齋隨筆・三筆》卷三，443-444 頁。

結語

1 《宋史》卷二十二，417–418 頁。

2 《帝鑑圖說》下篇，葉 88b-89a、91a、96a。關於這本書，參見 Julia K. Murray, "From Textbook to Testimonial: The Emperor's Mirror, an Illustrated Discussion (Di jian tu shuo/ Teikan Zusetsu) in China and Japan," *Ars Orientalis* 31, 2001, pp. 65–101; "Didactic Illustration in Printed Books," in *Printing and Book Culture in Late Imperial China*, Edited by Cynthia J. Brokaw and Kai-wing Chow, Berkeley: University of California Press, 2005, pp. 417–50。

3 關於王夫之，參見 Wm. Theodore de Bary（狄百瑞）and Richard Lufrano eds., *Sources of Chinese Tradition*, vol. 2, 2nd edition, New York: Columbia University Press, 2000, pp. 26–35。

4 關於隋煬帝成為荒淫無度末代皇帝的典型形象，參見 Arthur F. Wright（芮沃壽）, "Sui Yang-ti, Personality and Stereotype," in *The Confusion Persuasion*, edited by Arthur F. Wright, Stanford: Stanford University Press, 1960。李林甫是唐玄宗的重要大臣，對幾乎推翻唐朝的安祿山叛亂負有責任。

5 《宋論》卷八。

6 參見 Arthur F. Wright, "Sui Yang-ti, Personality and Stereotype"。

7 David Shaberg, *A Pattern Past: Form and Thought in Early Chinese Historiography*, Cambridge, MA: Harvard University Asia Center, 2001, pp. 224–225.

8 Stephen Owen（宇文所安）, "The Difficulty of Pleasure," *Extrème-Orient, Extrème-Occident* 20（1998）, p. 14.

9 Stephen Owen, "The Difficulty of Pleasure," p. 16. 另參見 Jack Chen, *The Poetics of Sovereignty: On Emperor Taizong of the Tang Dynasty*, pp. 73, 76。

10 關於歐洲的宮殿花銷，參見 Peter Burke, *The Fabrication of Louis XIV*, pp. 135–149；Malcolm Vale, *The Princely Court: Medieval Court and Culture in North-West Europe, 1270–1380*, Oxford: Oxford University Press, 2001, pp. 69–135; Jeroen Duinham, *Vienna and*

54《呻吟語》，216 頁。《建炎以來繫年要錄》卷三十五，676-677 頁；卷四十，744 頁。《北狩行錄》，5 頁。《金史紀事本末》卷七，156 頁。

55《呻吟語》，219 頁。《北狩行錄》，4 頁。

56《貴耳集》卷三，45 頁。Chu Djang and Jane C. Djang, trans., *A Compilation of Anecdotes of Sung Personalities*, p. 68。

57《北狩見聞錄》，4 頁。

58《呻吟語》（223 頁）和《宋俘記》（272 頁）記錄的是 1132 年。《北狩行錄》（6–7 頁）中日期相同，但年分是 1133 年，《金史》（卷三，65 頁）記載的日期是 1133 年八月，也許是這件事得到解決的時間。

59《北狩行錄》，7、8 頁。

60《建炎以來繫年要錄》卷四十，751 頁；《呻吟語》，221 頁。《北狩行錄》，9 頁。

61《呻吟語》，224–226 頁；《金史紀事本末》卷七，157–158 頁；《呻吟語》（228 頁）中說粘罕在監獄中被人勒死。《金史》（卷四，71 頁）中僅提到了他的去世。

62《呻吟語》，240 頁。《容齋隨筆・三筆》卷八，503 頁。

63 地方志中記載了一些宮觀，參見《建康志》卷四十五，葉 3a–b；《會稽志》卷七，葉 16a–17a；《毗陵志》卷二十五，葉 11b–12a。另參見《宋會要輯稿・道釋一》，葉 12b。Mark Halperin, *Out of Cloister: Literati Perspectives on Buddhism in Sung China: 960–1279*, pp. 127–128, 134–138.

64《宋俘記》，244–245 頁。關於一份直到 1142 年的名單，參見《三朝北盟會編》卷九十九，靖康中帙七十四，404–405 頁。陳樂素認為，在 1142 年韋妃返回宋朝時，這份名單被同行的一個人帶了回來。陳樂素《〈三朝北盟會編〉考（下）》，《中央研究院歷史語言研究所集刊》第 6 本第 3 分，1936 年，300-301 頁。

65《金史》卷十，234 頁。

66《呻吟語》，229–230 頁。

67《宋俘記》，284–285 頁。

68《宋俘記》，254–261 頁。《開封府狀》，104–112 頁。

69《宋俘記》，285–287 頁。

70 關於這些書籍，參見 William O. Hennessey, "Classical Sources and Vernacular Resources in Xuanhe Yishi: The Presence of Priority and the Priority of Presence," *Chinese Literature: Essays, Articles, and Reviews* 6（1984）: 33–52； 以及 Stephen H. West, "Crossing Over: Huizong in the Afterglow, or the Deaths of a Troubling Emperor," In *Emperor Huizong and Late Northern Song China: The Politics of Culture and the Culture of Politics*, pp. 565–608。有

33《三朝北盟會編》卷九十八，靖康中帙七十三，394 頁。《呻吟語》，199-200 頁。根據蔡絛的紀錄，在與斡離不的這次或另一次見面中，徽宗談到了他對南北局勢的看法，以及希望看到簽署和約。他還動情地談到了王朝紹述的重要意義，在場的人都受到感動，甚至有人流下了眼淚。斡離不還是沒有說話，只是不住地點頭。《北狩行錄》，1 頁。

34《建炎以來繫年要錄》卷五，135 頁。《鐵圍山叢談》卷一，2–3 頁。

35《呻吟語》，200 頁。

36《北狩行錄》，8 頁。

37《全宋詩》卷 1495，17070 頁。

38《全宋詞》，898 頁；英譯文參見 Betty Tseng Yu-ho Ecke, "Emperor Hui Tsung, the Artist: 1082–1136." New York University, 1972, p. 42。

39《呻吟語》，200、203 頁。《宋俘記》，262 頁。《呻吟語》(203 頁）說斡離不在八月去世，但《金史》(卷三，57 頁）記載是六月。

40《三朝北盟會編》卷九十八，靖康中帙七十三，394–395 頁。《呻吟語》，202、203 頁。

41《呻吟語》，204 頁。《三朝北盟會編》卷九十八，靖康中帙七十三，395 頁。

42《呻吟語》，204、206 頁。《三朝北盟會編》卷九十八，靖康中帙七十三，395 頁。《宋俘記》，253 頁。

43《北狩行錄》，3–5 頁。

44 參見巴菲爾德對這些著名的歷史故事的討論，Thomas J. Barfield, *The Perious Frontier: Nomadic Empires and China, 221BC to AD 1757*。關於耶律德光，參見 Naomi Standen, "What Nomads Want: Raids, Invasions and the Liao Conquest of 947." pp. 129–174。

45《北狩行錄》，1-3 頁。《建炎以來繫年要錄》卷十六，333-334 頁。

46 Winston W. Lo, "Wan-yen Tsung-han: Jurchen General as Sinologist," *Journal of Sung-Yuan Studies* 26（1996）, pp. 108–112.

47《呻吟語》，209 頁。參看《金史》卷三，59 頁。

48《呻吟語》，209–210 頁。

49《呻吟語》，207、211 頁。《三朝北盟會編》卷九十八，靖康中帙七十三，395 頁；卷一百一十六，炎興下帙十六，560 頁。

50《北狩行錄》，4–5 頁。

51《呻吟語》，214、216–218 頁。《大金吊伐錄》，529–531 頁。

52《大金吊伐錄》，533 頁。

53《宋俘記》，271 頁。

16《北狩見聞錄》。

17《北狩行錄》。

18《三朝北盟會編》卷九十八，靖康中帙七十三，393-399 頁。

19《呻吟語》。

20《南征錄匯》，172 頁。《北狩見聞錄》（3–4 頁）記載，這位嬪妃後來自殺了。

21《呻吟語》，193 頁。《北狩見聞錄》，6 頁。

22《呻吟語》，194 頁。

23《呻吟語》，195 頁。《北狩見聞錄》，4 頁。《宋俘記》，285 頁。《宋史》卷二百四十六，8723 頁。

24《北狩見聞錄》，6 頁。

25《北狩見聞錄》，6 頁。英譯文參見 James T. C. Liu, "Polo and Culture Change: From T'ang to Sung China." pp. 211–212.

26《北狩見聞錄》，4 頁。

27《呻吟語》，197 頁。關於這些事件，這個版本的敘述要比《宋史》（卷四百四十七，13182-13183 頁）或《三朝北盟會編》（卷九十五，靖康中帙七十，370 頁）的描述更可信。參見崔文印《靖康稗史箋證・前言》，北京：中華書局，1988 年，18-19 頁。

28《北狩見聞錄》，4-5 頁。《宋史》卷三百七十九，11700 頁；《三朝北盟會編》卷一百零一，炎興下帙一，416 頁。

29《宋史》（卷二百四十六，8728-8729 頁）記載了皇子榛逃出金營並再次被金人抓獲的經過。但《宋俘記》（268、271 頁）卻記載榛到了五國城，而參加抗金的是一個冒名頂替者。其他資料，包括陶晉生（〈南宋初信王榛抗金始末〉，《中華文化復興月刊》第 3 卷第 7 期，1970 年）、黃寬重和傅海波則認為馬擴沒有受到欺騙，參加抗金的人的確是皇子。黃寬重《宋史叢論》，臺北：新文豐出版公司，1993 年，1–40 頁；Herbert Franke, *Krieg und Kreiger in Chinesischen Mittlealter*（*12. bis 14. Jabrhundert*）*: Drei Studien*, pp. 117–118。

30《呻吟語》，198-199 頁。《三朝北盟會編》（卷九十八，靖康中帙七十三，394 頁）說徽宗是五月十八日到達。

31《北狩行錄》，1 頁。蔡絛在《北狩行錄》（1 頁）說他將收到的一萬匹絹都分了出去，趙子砥在《三朝北盟會編》（卷九十八，靖康中帙七十三，395 頁）中說徽宗分出去了一百五十匹絹。

32 關於粘罕的次子斜保，參見《宋俘記》（246 頁）斜保押運第三批宋俘，其中有欽宗的皇后與嬪妃。

拾補》(卷五十九,1880 頁)的數字不一樣。

72 參見 Stephen H. West, "The Emperor Sets the Pace: Court and Consumption in the Eastern Capital of the Northern Song During the Reign of Huizong," p. 36。

73《三朝北盟會編》卷九十七,靖康中帙七十二,385 頁。

74 Herbert Franke, *Krieg und Kreiger in Chinesischen Mittlealter(12. bis 14. Jahrhundert): Drei Studien*, p. 108.

第十七章　北狩(1127-1135)

題記:《北狩見聞錄》,4 頁。

1 《三朝北盟會編》卷八十七,靖康中帙六十二,293-294 頁。這個故事與《南征錄匯》(155–156 頁)記載十天前發生的事情很相似,我們在上一節提到過。有可能是徽宗認為這件事很重要,因此,他一再提出這個要求。還有可能是其中的一部書記錯了時間。另有一個不同之處,一部史料中說鄭皇后的所有親屬都被釋放了,但另一部書中說僅有一位被釋放。

2 《三朝北盟會編》卷八十七,靖康中帙六十二,293 頁。《北狩見聞錄》,3 頁。

3 Richard L. Davis(戴仁柱), *Historical Records of the Five Dynasties* by Ouyang Xiu. New York: Columbia University Press, 2004, pp. 162–175. Naomi Standen, "What Nomads Want: Raids, Invasions and the Liao Conquest of 947." in *Mongols, Turks, and Others: Eurasian Nomads and the Sedentary World*, pp. 155.

4 《宋俘記》,244–245 頁。

5 《宋俘記》,244-250 頁。

6 《三朝北盟會編》卷九十九,靖康中帙七十四,401 頁;卷八十九,靖康中帙六十四,313 頁。《北狩見聞錄》,6 頁。

7 《呻吟語》,192、201 頁。《北狩見聞錄》,6 頁。

8 《北狩見聞錄》,6-7 頁。

9 《青宮譯語》,177 頁。

10《青宮譯語》,177 頁。

11《青宮譯語》,178 頁。

12《青宮譯語》,179 頁。

13《青宮譯語》,180 頁。

14《青宮譯語》,183 頁。

15《青宮譯語》,185 頁。

53 或者他們想說的是：「我們（不再）同意與你們和親了，因為現在你們都是囚俘了。」

54《南征錄匯》，141-142 頁。

55《三朝北盟會編》卷七十九，靖康中帙五十四，225 頁。《大金吊伐錄》，501 頁。

56《靖康紀聞》，30 頁。《三朝北盟會編》（卷七十九，靖康中帙五十四，229 頁）也記錄了類似的感情。

57《三朝北盟會編》卷八十，靖康中帙五十五，2322-2333 頁。《靖康紀聞》，36 頁。

58《靖康紀聞》，36-37 頁。John W. Chaffee, *Branches of Heaven: A History of Imperial Clan of Sung China*, pp. 31–32, 95–103.《宋俘記》（243-244 頁）記載，有四千名宗室和五千名貴戚淪為囚俘，但有部分人已在軍營中，還有一些人由於身體狀況無法長途旅行而被釋放；押往金營的隊伍中，宗室和貴戚共有五千六百人，其中兩千兩百人是男性。

59《三朝北盟會編》卷八十一，靖康中帙五十六，239 頁；卷八十三，靖康中帙五十八，258 頁。《靖康紀聞》，38 頁。

60《南征錄匯》，146、154 頁。

61《宋俘記》，243-244 頁。《南征錄匯》，154 頁。《靖康紀聞》，40 頁。

62 這裡說的不是已嫁給蔡鞗的那位公主，而是另一位嫁給田丕的公主（名字的寫法不一樣，但拼音相同），見《開封府狀》，99 頁。

63《南征錄匯》，155-156 頁。

64《南征錄匯》，156、160、164 頁。

65《三朝北盟會編》卷七十九，靖康中帙五十四，226 頁；卷八十一，靖康中帙五十六，241-242 頁。

66《三朝北盟會編》卷七十九，靖康中帙五十四，229-231 頁。

67《南征錄匯》，156-157 頁。《三朝北盟會編》卷八十一，靖康中帙五十六，245 頁；卷九十九，靖康中帙七十四，410 頁。《靖康紀聞》（38-39 頁）記錄四位活下來的宋臣每人被打五十鞭。

68《北狩見聞錄》，2 頁。

69《南征錄匯》，162、167 頁。《靖康要錄》卷十六，326、331、332 頁。《甕中人語》，87 頁，女真人甚至在押運財物的車輛啟動後還在搶掠。

70《大金國志》卷五，72 頁。《南征錄匯》，168-169 頁。《靖康紀聞》，43 頁。《靖康要錄》（卷十六，333 頁）記載欽宗索要的是一萬貫。

71《三朝北盟會編》卷八十六，靖康中帙六十一，286-288 頁。《開封府狀》，121-122 頁。這些女性的名字和年齡都被記錄下來（《開封府狀》，97-118 頁）。《大金國志》（卷三十二，455 頁）記載的總數（三百萬錠金和八百萬錠銀）與《續資治通鑑長編

八》，葉 40a）

34《南征錄匯》，134 頁。《三朝北盟會編》卷七十四，靖康中帙四十九，173–175、177 頁；卷九十九，靖康中帙七十四，409 頁。《續資治通鑑長編拾補》卷五十九，1863 頁。《甕中人語》，77 頁。

35《三朝北盟會編》卷七十四，靖康中帙四十九，175-176、178 頁。《靖康紀聞》，22 頁。

36《靖康紀聞》，25 頁。《甕中人語》，78 頁。《續資治通鑑長編拾補》卷五十九，1862-1863 頁。《靖康要錄》（卷十五，302 頁）說是兩百萬兩銀。

37《三朝北盟會編》卷九十六，靖康中帙七十一，378 頁。有份資料說有三分之一的太學生患有腳氣，其中一半的人因此而死。《三朝北盟會編》卷九十九，靖康中帙七十四，401–402 頁。

38《三朝北盟會編》卷七十七，靖康中帙五十二，202-203、209 頁；卷八十七，靖康中帙六十二，294 頁。《靖康紀聞》，26 頁。

39《南征錄匯》，136 頁。

40《三朝北盟會編》卷七十七，靖康中帙五十二，209-210 頁。《靖康要錄》卷十五，303 頁。《南征錄匯》，139 頁。

41《三朝北盟會編》卷七十六，靖康中帙五十一，198 頁；卷七十七，靖康中帙五十二，201 頁；卷七十八，靖康中帙五十三，216-217 頁。《南征錄匯》，140 頁。

42《南征錄匯》，141 頁。

43《三朝北盟會編》卷七十八，靖康中帙五十三，219 頁。

44《南征錄匯》，141 頁。《靖康紀聞》，39 頁。

45 關於各史料的不一致之處，參見《建炎以來繫年要錄》卷二，40–42 頁。

46《三朝北盟會編》卷七十九，靖康中帙五十四，224 頁。

47《三朝北盟會編》卷七十九，靖康中帙五十四，224–225 頁。

48《北狩見聞錄》，1-2 頁。

49《南征錄匯》，141 頁。《靖康紀聞》，29 頁。這個記載與上文中引用的蔡絛的描述有矛盾。蔡絛說百姓痛哭並攔著不讓他們出城。真實的情況很有可能是介於二者之間。那些意識到發生了什麼事的百姓聚在一起提出抗議，但很多人並不知道發生了什麼。

50《三朝北盟會編》卷九十九，靖康中帙七十四，401 頁。

51《南征錄匯》，141 頁。

52《三朝北盟會編》卷七十九，靖康中帙五十四，225 頁。蕭慶和王汭原是遼將，但現在投降了金。

紀聞》，12–14 頁。關於孫覿起草的這份降書，參見 Charles Hartman, "The Reluctant Historian: Sun Ti, Chu His, and the Fall of Northern Sung," pp. 112–118。

21《靖康要錄》卷十四，276–277 頁。

22《靖康要錄》卷十四，278 頁。《大金國志》（卷四，65 頁）和《續資治通鑑長編拾補》（卷五十八，841–842 頁）記錄的數字不同，但數額也非常巨大：金錠一千萬條，銀錠兩千萬條，以及絹兩千萬匹。金的價值大約是銀的十四倍，因為幾個星期後官府發榜，允許以錢代替金銀，一兩金值三萬五千錢，一兩銀值兩千五百錢（《靖康紀聞》，23 頁）。《三朝北盟會編》（卷七十一，靖康中帙四十六，144 頁）記載，欽宗從金營返回的當天在龍德宮拜見了徽宗和鄭皇后，但別的史料指出他（徽宗）一直待在延福宮，後一種說法看起來更為合理。

23《三朝北盟會編》卷七十一，靖康中帙四十六，145–146 頁。

24 這些馬匹還沒有被殺掉充饑，說明開封在被圍困時本來還可以堅持更長時間。

25《三朝北盟會編》卷七十二，靖康中帙四十七，149、153 頁；卷七十三，靖康中帙四十八，160、163 頁；卷七十七，靖康中帙五十二，209 頁。《靖康要錄》卷十四，279 頁。

26《靖康紀聞》，22 頁。《三朝北盟會編》卷七十四，靖康中帙四十九，176 頁；卷七十七，靖康中帙五十二，209–211 頁；卷七十八，靖康中帙五十三，211-214 頁；卷八十一，靖康中帙五十六，241-242、244 頁。《靖康要錄》卷十五，297、302–304、307 頁。

27《三朝北盟會編》卷九十九，靖康中帙七十四，408 頁。《靖康紀聞》16 頁。

28《三朝北盟會編》卷七十二，靖康中帙四十七，152-153 頁；靖康中帙四十八，161-163 頁。《靖康紀聞》，18 頁。

29《三朝北盟會編》卷七十四，靖康中帙四十九，171-172 頁。《靖康紀聞》，21 頁。

30《三朝北盟會編》卷七十二，靖康中帙四十七，156、159 頁；卷七十三，靖康中帙四十八，163、165–166 頁。《靖康紀聞》，17、18 頁。

31《三朝北盟會編》卷七十四，靖康中帙四十九，168 頁。

32《靖康要錄》卷十五，297 頁。《三朝北盟會編》卷七十四，靖康中帙四十九，172 頁。皇太子出生於 1117 年十月，因此 1127 年正月時他應當是九歲零兩個月或三個月。

33《南征錄匯》，133-134 頁。《續資治通鑑長編拾補》卷五十九，1859 頁。《宋會要輯稿・帝系八》，葉 57a-b、41a-b。根據《開封府狀》（98 頁），1127 年福金二十二歲，蔡鞗二十一歲，這就意味著 1118 年時福金十三歲，蔡鞗十二歲，但福金在 1118 年時應當至少十六歲了，因為她在 1103 年得到了第一個封號。（《宋會要輯稿・帝系史》卷三百五十三，11137 頁。

6 《三朝北盟會編》卷六十五，靖康中帙四十，84 頁。

7 《靖康紀聞》，4 頁。

8 《靖康紀聞》，3–4 頁。《靖康要錄》卷十三，256-263 頁。《甕中人語》，63 頁。《宋史》卷二十三，434 頁。《三朝北盟會編》卷六十六，靖康中帙四十一，92 頁。

9 《三朝北盟會編》卷六十八，靖康中帙四十三，109-112 頁。另參見《靖康紀聞》，6 頁。《續資治通鑑長編拾補》卷五十八，1817-1820 頁。

10《甕中人語》，64–65 頁。《宋史紀事本末》卷五十六，591 頁。

11 關於這一天發生的事件，另參見 Samuel H. Chao, "The Day Northern Sung Fell," 144-157 頁。

12《靖康紀聞》，8-9 頁。《靖康要錄》卷十三，265-268 頁。《三朝北盟會編》卷六十九，靖康中帙四十四，120 頁。關於這段時期的奇怪天氣，另參見程民生〈靖康年間開封的異常天氣述略〉，《河南社會科學》2011 年第 1 期。Pang Huiping, "Strange Weather: Art, Politics, and Climate Change at the Court of Northern Song Emperor Huizong," *Journal of Song-Yuan Studies* 39（2009）:1–41.

13《宋史紀事本末》卷五十六，591 頁。《三朝北盟會編》卷六十九，靖康中帙四十四，120-125 頁；卷七十，靖康中帙四十五，130 頁。周寶珠《宋代東京研究》，612 頁。《甕中人語》，69 頁。《靖康朝野僉言》，1 頁。《靖康紀聞》，8-10 頁。《靖康要錄》卷十三，267 頁；卷十四，273、274 頁。

14《靖康要錄》卷十四，273 頁。

15《靖康紀聞》，9–10 頁。

16《皇宋通鑑長編紀事本末》卷一百四十九，2489-2490 頁；《續資治通鑑長編拾補》卷五十八，1829-1830 頁。《南征錄匯》，126-127 頁。《大金吊伐錄》，334 頁。

17《南征錄匯》，126、129 頁。《三朝北盟會編》卷七十，靖康中帙四十五，135、137 頁。《大金吊伐錄》，335–336 頁。

18《建炎以來繫年要錄》卷一，14 頁；卷十二，244 頁；《宋史紀事本末》卷五十九，609 頁。Harold Kaplan 博士論文 , "Yueh Fei and the Founding of Southern Sung China." Iowa State University, 1970, pp. 41–56. Tao Jin-sheng, "The Personality of Sung Kao-tsung (r. 1127–1162)," 載衣川強編《劉子健教授頌壽記念宋史研究論集》，532-534 頁。

19《靖康紀聞》，11–12 頁。

20《三朝北盟會編》卷七十一，靖康中帙四十六，140-143 頁。《大金吊伐錄》，384-385、500 頁。《南征錄匯》，130 頁。《靖康要錄》卷十四，275、277-278 頁。《靖康

62《宋史紀事本末》卷五十五，562-563 頁；《三朝北盟會編》卷四十九，靖康中帙二十四，493-495 頁；卷五十二，靖康中帙二十七，517 頁；卷五十六，靖康中帙三十一，557-558 頁。《續資治通鑑長編拾補》卷五十五，1738-1745 頁，卷五十六，1771 頁；《揮麈錄・後錄》卷八，185 頁。《建炎以來繫年要錄》（卷一，16 頁）記載的時間不同，趙良嗣於四月被殺，童貫七月被殺，朱勔和蔡攸在十月被殺。關於賜死童貫，參見 Don J. Wyatt, "Unsung Men of War: Acculturated Embodiments of the Martial Ethos in the Song Dynasty," pp. 212–214。《清波別志》（卷二，42 頁）說蔡攸、蔡翛聽到他們被賜死的消息後就自殺了。

63《三朝北盟會編》卷五十六，靖康中帙三十一，558–560 頁。

64《北狩見聞錄》，5 頁。

65《宋史》卷三百三十五，10754–10755 頁；《三朝北盟會編》卷四十七，靖康中帙二十二，466–467 頁；卷四十八，靖康中帙二十三，475、485 頁。《宋史紀事本末》卷五十六，582–583 頁。

66《宋史紀事本末》卷五十六，584–585 頁；《續資治通鑑長編拾補》卷五十六，1772–1779 頁。

67《三朝北盟會編》卷五十七，靖康中帙三十二，565 頁。

68《三朝北盟會編》卷五十七，靖康中帙三十二，564 頁。

第十六章　天崩（1126-1127）

題記：《三朝北盟會編》卷七十九，靖康中帙五十四，229 頁。

1 《宋史紀事本末》卷五十六，587 頁。《大金國志》（卷四，64 頁）說開封城中只剩下了七萬居民，這個數字應當是錯的。

2 《三朝北盟會編》卷五十八，靖康中帙三十三，4 頁；卷六十，靖康中帙三十五，18 頁。《宋史》卷三百三十五，10753 頁；《續資治通鑑長編拾補》卷五十六，1781–1782 頁。

3 《三朝北盟會編》卷六十二，靖康中帙三十七，47-49 頁；卷六十三，靖康中帙三十八，55-57 頁。《建炎以來繫年要錄》卷一，16-17 頁。《靖康紀聞》，1 頁。《續資治通鑑長編拾補》卷五十七，1799、1801 頁。

4 《三朝北盟會編》卷六十三，靖康中帙三十八，60 頁；卷六十四，靖康中帙三十九，67-69 頁。《靖康紀聞》，2 頁。《續資治通鑑長編拾補》卷五十七，1802、1805-1806 頁。

5 《三朝北盟會編》卷六十五，靖康中帙四十，74、79–80 頁。《靖康紀聞》3–4 頁；《宋

"Imperial Filial Piety as a Political Problem," in *Filial Piety in Chinese Thought and History*, edited by Alan K. L. Chan and Sor-hoon Tan, London: Routledge, 2004, pp. 122–40。

45 有趣的是，欽宗罷免李綱時，仍然賜給他白銀五百兩和錢五十萬（《續資治通鑑長編拾補》卷五十三，1648 頁）。

46《三朝北盟會編》卷三十三，靖康中帙八，325–334 頁；靖康中帙九，341 頁。《續資治通鑑長編拾補》卷五十三，1648–1656 頁。另參見王建秋《宋代太學與太學生》，臺北：商務印書館，1965 年，266–283 頁。

47《三朝北盟會編》卷三十七，靖康中帙十二，367 頁。

48《三朝北盟會編》卷三十九，靖康中帙十四，389-394 頁；卷四十三，靖康中帙十八，423-425 頁。《靖康要錄》卷三，46-50、55、57、58-62；卷四，76-77、81-83、87-88；卷六，123 頁。《續資治通鑑長編拾補》卷五十四，1688-1689、1697-1698、1701-1705 頁。

49《三朝北盟會編》卷四十三，靖康中帙十八，425–427 頁。

50《續資治通鑑長編拾補》卷五十四，1691 頁。

51《三朝北盟會編》卷四十三，靖康中帙十八，425-426 頁。

52《三朝北盟會編》卷四十三，靖康中帙十八，427 頁。《靖康要錄》卷三，62-63 頁。

53《靖康要錄》卷四，67、69–70 頁。《三朝北盟會編》卷四十三，靖康中帙十八，430–432 頁。《續資治通鑑長編拾補》卷五十四，1694–1695 頁。

54《靖康要錄》卷四，69–70 頁。

55《靖康傳信錄》卷二，16 頁。

56《靖康要錄》卷三，63–66 頁。《靖康傳信錄》卷二，16–17 頁。

57《靖康傳信錄》卷二，18–19 頁。

58《靖康傳信錄》卷二，18 頁。李綱後來將這份手諭拿給欽宗看，欽宗很感謝李綱，將手諭又歸還給了他。李綱不僅視為珍寶，還印製了副本。（《梁溪集》卷一百六十一，頁 1a–2b）。

59《三朝北盟會編》卷四十四，靖康中帙十九，440–441 頁；卷四十五，靖康中帙二十，445 頁；卷九十九，靖康中帙七十四，400 頁。

60《靖康要錄》卷五，93 頁。《三朝北盟會編》卷四十五，靖康中帙二十，445 頁；卷四十七，靖康中帙二十二，471 頁。

61《靖康要錄》卷五，106-107 頁；卷六，116-117 頁。《宋會要輯稿・職官六十九》，葉 23b-24b。《三朝北盟會編》卷四十八，靖康中帙二十三，481-483 頁；卷五十，靖康中帙二十五，506-551 頁；靖康中帙二十六，507 頁。

二，261-262 頁；《雞肋編》卷三，107 頁；《宋史紀事本末》卷五十六，571 頁；《續資治通鑑長編拾補》卷五十二，1609 頁。

32《三朝北盟會編》卷二十七，靖康中帙二，262-270 頁；《全宋文》第 182 冊，260-261 頁；《靖康傳信錄》卷一，2-3 頁；《續資治通鑑長編拾補》卷五十二，1614 頁；《靖康要錄》卷一，10 頁。

33 這幾個人中唯一沒有提到過的是李彥。他是一名宦官，負責從收繳充公的土地（大部分在京師附近）收稅，因而被眾人仇恨。參見 Yoshiyuki Suto（周藤芳幸），"The Kung-T'ien-Fa of the Late Northern Sung," *Memoirs of the Research Department of the Toyo-Bunko*, 24（1965）: 1–46。關於陳東，另參見 John Winthrop Haeger, "Li Kang and the Loss of K'ai-Feng: The Concept and Practice of Political Dissent in Mid-Sung," *Journal of Asian History* 12, no. 1, 1978, pp. 30–57。

34《宋史紀事本末》卷五十五，559-560 頁；《續資治通鑑長編拾補》卷五十一，1594–1599 頁；卷五十二，1610 頁。《靖康要錄》卷一，7-8 頁。

35《三朝北盟會編》卷二十八，靖康中帙三，275 頁。

36《三朝北盟會編》卷二十八，靖康中帙三，275-276、278 頁；至卷二十九，靖康中帙四，288 頁；《續資治通鑑長編拾補》卷五十二，1619、1622 頁。《甕中人語》（53 頁）記錄的數字不太一樣，說是一萬匹絹和緞，但沒有提到駱駝。

37《三朝北盟會編》卷二十八，靖康中帙三，278-280 頁；靖康中帙五，294、297-928 頁。《靖康要錄》卷一，19-20 頁。《甕中人語》，55 頁。另參見 Herbert Franke, "Treaties between Sung and Chin"。

38《續資治通鑑長編拾補》卷五十二，1624–1625 頁；《三朝北盟會編》卷三十，靖康中帙五，299 頁；卷三十一，靖康中帙六，304-305 頁；《甕中人語》，54 頁。《靖康要錄》卷一，18 頁。

39《三朝北盟會編》卷三十二，靖康中帙七，312-313 頁。《甕中人語》，55 頁。《靖康要錄》（卷一，19 頁）記錄為二十萬兩黃金，沒有提到白銀的數量。

40《宋史紀事本末》卷五十六，579 頁。《靖康傳信錄》卷二，13–14 頁。

41《宋史紀事本末》卷五十六，580–581 頁。

42《揮麈錄・後錄》卷一，64 頁。《揮麈三錄》卷二，240 頁。《靖康要錄》卷一，16 頁。

43《宋史紀事本末》卷五十五，560–561 頁；《三朝北盟會編》卷三十一，靖康中帙六，304 頁。

44《三朝北盟會編》卷三十二，靖康中帙七，315-320 頁；《續資治通鑑長編拾補》卷五十二，1633–1634 頁。關於對欽宗的盡孝責任的論述，另參見 Patricia Ebrey,

19《皇宋通鑑長編紀事本末》卷一百四十六，2462 頁；《續資治通鑑長編拾補》卷五十一，1579-1580 頁。
20 金國的一部史料也有記載（《大金吊伐錄》93-97 頁）。
21《三朝北盟會編》卷二十五，政宣上帙二十五，250 頁。
22《皇宋通鑑長編紀事本末》卷一百四十六，2462-2463 頁；《續資治通鑑長編拾補》卷五十一，1580-1581 頁。在一些不太詳盡的史料中，例如《宋史》（卷四百七十一，13732 頁），蔡攸在這件事上起到了比吳敏更重要的作用。另參見陳樂素《〈三朝北盟會編〉考（上）》，《中央研究院歷史語言研究所集刊》第六本第二分，1936 年，261–262 頁，以及《三朝北盟會編》卷二百二十八，炎興下帙一百二十八，343–344 頁。
23《皇宋通鑑長編紀事本末》卷一百四十六，2463-2464 頁；《續資治通鑑長編拾補》卷五十一，1581-1582 頁。
24 參見《靖康要錄》卷一，5 頁。關於這一時期的重要資料來源《靖康要錄》，參見 Samuel H. Chao, "The Day Northern Sung Fell,"《中原學報》第 8 期，1979 年，145-146 頁。
25《皇宋通鑑長編紀事本末》卷一百四十六，2459 頁；《續資治通鑑長編拾補》卷五十一，1583–1584 頁。參見《宋大詔令集》（卷七，29 頁）記載的這份詔書頒布日期為二十四日，有幾處的措辭也不一樣。坊間流傳，有些宦官知道太子趙桓對他們的行為不滿，試圖讓皇子趙楷（可能是徽宗最偏愛的兒子）繼承皇位。內禪當晚，幾十位宦官試圖把趙楷帶入皇宮。但他們到門口時，當時的禁軍統領何灌拒絕讓他們進入。另有史料記載，王黼曾密謀讓皇帝改立趙楷為太子，宦官梁師成竭力保護太子的利益（《揮麈錄・餘話》卷一，282 頁；《續資治通鑑》卷九十六，2511 頁）。
26 這座宮觀原來是徽宗作為皇子時的宅邸，1100 年先是改建為龍德宮，後來在 1118 年又改為道教北太一宮（《宋東京考》卷一，14 頁；卷二十，357 頁）。
27《桯史》卷八，93 頁。英文翻譯參見 Patricia Buckley Ebrey, "Emperor Huizong as a Daoist"。後來，李綱於 1126 年三月前去拜見徽宗時，徽宗也將這份禱詞拿給他看。《靖康要錄》（卷四，74-75 頁）描述李綱的拜訪時記錄了這份禱詞，但沒有說它最初是什麼時間寫的。
28《宋史》卷三百五十七，11228–11229 頁。唐睿宗在 712 年禪位給兒子唐玄宗。
29《三朝北盟會編》卷二十六，靖康中帙一，256 頁。
30《三朝北盟會編》卷二十六，靖康中帙一，259-260 頁。
31《靖康要錄》卷一，6、8 頁；卷八，155 頁。《三朝北盟會編》卷二十七，靖康中帙卷五十，1546、1550頁。

2 《宋史》卷四百六十八，13661頁。

3 《續資治通鑑長編拾補》卷五十，1552–1558頁。相關的詳細分析參見李天鳴〈金侵北宋初期戰役和宋廷的決策〉，208-217頁。

4 《宋史紀事本末》卷五十六，568-569頁。《三朝北盟會編》卷二十五，政宣上帙二十五，246頁。

5 《皇宋通鑑長編紀事本末》卷一百四十六，2458-2459頁。馬擴曾主張，如果黃河的邊境失守，皇帝應當退到四川，他還引用了唐代的先例。《三朝北盟會編》卷二十三，政宣上帙二十三，224頁。《續資治通鑑長編拾補》卷五十，1552頁。

6 《三朝北盟會編》卷二十五，政宣上帙二十五，246頁。《續資治通鑑長編拾補》卷五十，1562頁。

7 《續資治通鑑》卷九十五，2494頁。《三朝北盟會編》（卷二十三，政宣上帙二十三，225頁）記載，這次會面發生得更早，與李鄴在1125年十二月初八的建議有關。

8 《續資治通鑑》卷九十五，2496頁。《宋史》卷三百七十一，11526–11527頁。其中的一份奏疏參見《三朝北盟會編》卷九，政宣上帙九，8.80–81頁。

9 《皇宋通鑑長編紀事本末》卷一百四十六，2457頁；《續資治通鑑長編拾補》卷五十一，1571頁。

10 《三朝北盟會編》卷二十五，政宣上帙二十五，247-248頁；《續資治通鑑長編拾補》卷五十一，1568–1571頁；《宋史》卷二十二，417頁。

11 《三朝北盟會編》卷二十五，政宣上帙二十五，249頁；《宋史》卷三百七十一，11527頁。

12 《宋史》卷三百五十八，11241頁；《三朝北盟會編》卷五十六，靖康中帙三十一，557–558頁。

13 《皇宋通鑑長編紀事本末》卷一百四十六，2459-2460頁；《續資治通鑑長編拾補》卷五十一，1577-1578頁。

14 從字面意思上，河北指黃河以北，江南指長江以南。

15 「太上」用來指代退位的皇帝，意思是「特別崇高」的事物。

16 孟子通常指儒家的一位宗師，拉丁文名稱為Mencius。但「孟」表示長子，「子」是對兒子的通稱。

17 《皇宋通鑑長編紀事本末》卷一百四十六，2460-2461頁；《續資治通鑑長編拾補》卷五十一，1578頁。

18 《皇宋通鑑長編紀事本末》卷一百四十六，2461頁。

63《續資治通鑑長編拾補》卷四十八，1477 頁。有的史料中記載每人的交費是三十貫，如《宋史紀事本末》卷五十三，553 頁。

64《鐵圍山叢談》卷一，21 頁。《續資治通鑑長編拾補》（卷四十八，1477 頁）的記載稍有不同，這裡引用的是前一版本。

65《續資治通鑑長編拾補》卷四十八，1475–1476、1482–1484 頁。

66《續資治通鑑》卷九十五，2478 頁。《續資治通鑑長編拾補》卷四十八，1486–1489 頁。《宋史》卷一百七十九，4362-4363 頁。藍克利翻譯並注釋了這份奏疏的全文，見 Christian Lamouroux, *Fiscalite, compte publics et politique financiers dans la Chine des Song (960–1276): le chapitre 179 du Songshi*, Paris: Institut des Hautes Études Chinoises, 2003, pp. 200–202。

67《續資治通鑑》卷九十五，2480、2485 頁。《續資治通鑑長編拾補》卷四十八，1493、1513 頁。《宋史紀事本末》卷五十三，554 頁。

68《續資治通鑑長編拾補》卷四十九，1511–1534 頁。

69《三朝北盟會編》卷十九，政宣上帙十九，174 頁。《續資治通鑑長編拾補》卷四十八，1472 頁。趙永春《宋金關係史》，北京：人民出版社，2005 年，41–44 頁。

70 關於完整的清單，參見 Melvin Thlick Ang, "Sung-Liao Diplomacy in Eleventh-and Twelfth-Century China: A Study of the Social and Political Determinants of Foreign Policy." pp. 105–106。

71《三朝北盟會編》卷二十，政宣上帙二十，10.185-195 頁。另參見 Herbert Franke, "Sung Embassies: Some General Observations," In *China among Equals: The Middle Kingdom and Its Neighbors, 10th–14th Centuries*, edited by Morris Rossabi, Berkeley: University of California Press, 1983。

72《三朝北盟會編》卷二十二，政宣上帙二十二，208-213 頁。

73《續資治通鑑長編拾補》卷五十，1560 頁。《三朝北盟會編》卷二十四，政宣上帙二十四，236-237 頁。

74《三朝北盟會編》卷二十三，政宣上帙二十三，225 頁。《皇宋通鑑長編紀事本末》卷一百四十四，2431 頁。

75 趙永春《宋金關係史》（16 頁）提出了這種觀點。

第十五章　內禪（1125-1126）

題記：《桯史》卷八，93 頁。

1 《三朝北盟會編》卷二十三，政宣上帙二十三，219–221 頁。《續資治通鑑長編拾補》

45《三朝北盟會編》卷十三，政宣上帙十三，118-119 頁。

46《宋會要輯稿・職官四十一》，葉 20a。《宋史》卷三百五十二，11125 頁。

47《三朝北盟會編》卷十五，政宣上帙十五，137-138 頁。《皇宋通鑑長編紀事本末》卷一百四十三，2408-2409 頁。參見陳樂素〈宋徽宗謀復燕雲之失敗〉，30 頁。

48《皇宋通鑑長編紀事本末》卷一百四十三，2407 頁。Tao Jinsheng, *Two Sons of Heaven: Studies in Sung-Liao Relations*, pp. 92–93.

49 Herbert Franke, "Treaties between Sung and Chin." In *Études Song in Memoriam Étienne Balazs*, Ser. I:1, edited by Françoise Aubin, Paris: Mouton, 1970, pp. 60–64 中有這份誓書的英譯文。

50《續資治通鑑長編拾補》卷四十六，1420–1422 頁。《三朝北盟會編》卷十五，政宣上帙十五，135–136 頁。Herbert Franke, *Krieg und Kreiger in Chinesischen Mittlealter (12. bis 14. Jahrhundert) : Drei Studien*, p. 113.

51《三朝北盟會編》卷十六，政宣上帙十六，145、150-152 頁。

52《三朝北盟會編》卷十七，政宣上帙十七，158 頁。《宋會要輯稿・職官一》，葉 3b；《崇儒六》，葉 12b–13a。《能改齋漫錄》卷十二，368 頁。

53《三朝北盟會編》卷十七，政宣上帙十七，158 頁。

54《三朝北盟會編》卷十七，政宣上帙十七，161-162 頁。

55《三朝北盟會編》卷十七，政宣上帙十七，158-159 頁。《續資治通鑑長編拾補》卷四十七，1449 頁。

56《續資治通鑑長編拾補》卷四十七，1455 頁。

57《揮麈錄・後錄》卷一，49 頁。

58《三朝北盟會編》卷三十一，靖康中帙六，306、308 頁。

59 關於 11 世紀由於黃河改道和修建大壩而進行的森林砍伐致使河北的經濟惡化情況，參見Ling Zhang, "Changing with the Yellow River: An Environmental History of Hebei, 1048–1128," *Harvard Journal of Asiatic Studies* 69（2009）, no. 1: 1–36。

60《三朝北盟會編》卷十九，政宣上帙十九，175-176 頁；卷二十三，政宣上帙二十三，224–225 頁；卷九十九，靖康中帙七十四，402 頁。《宋史紀事本末》卷五十三，553 頁。《續資治通鑑長編拾補》卷四十八，1474-1475、1497 頁。

61 參見《三朝北盟會編》卷二十，政宣上帙二十，187 頁高麗使臣的記載。另參見李天鳴〈金侵北宋初期戰役和宋廷的決策〉，《宋旭軒教授八十榮壽論文集》，2000 年，188-189 頁。

62《續資治通鑑長編拾補》卷四十八，1476 頁。

28《三朝北盟會編》卷六，政宣上帙六，53-54 頁；卷七，政宣上帙七，63-64 頁。這一報告可能源自《獨醒雜志》卷十，91 頁，或者兩處記載均來自傳言。關於這次戰役的詳盡敘述和一幅有用的地圖，參見李天鳴〈宋金聯合攻遼燕京之役 - 燕山之役〉，《第二屆宋史學術研究文集》，臺北：中國文化大學，1996 年，288–299、304 頁。

29《皇朝編年綱目備要》卷二十九，743 頁。

30《三朝北盟會編》卷九，政宣上帙九，79-80 頁。

31《三朝北盟會編》卷九，政宣上帙九，82-83 頁。《皇宋通鑑長編紀事本末》卷一百四十三，2394-2396 頁。《續資治通鑑長編拾補》卷四十五，1377–1382 頁。另參見《大金國志》卷二，25-26 頁。

32《三朝北盟會編》卷九，政宣上帙九，83-84 頁。

33《三朝北盟會編》卷十，政宣上帙十，89-90 頁。《皇朝編年綱目備要》卷二十九，744 頁。

34《三朝北盟會編》卷十，政宣上帙十，9.93。

35《三朝北盟會編》卷十，政宣上帙十，88–95 頁。

36《三朝北盟會編》卷十，政宣上帙十，96 頁，至卷十一，政宣上帙十一，99 頁。

37《三朝北盟會編》卷十一，政宣上帙十一，100-101 頁。有關從軍事角度上對宋軍潰敗原因的分析，參見李天鳴〈宋金聯合攻遼燕京之役——燕山之役〉，297-299 頁。

38 趙良嗣的報告參見《三朝北盟會編》卷十一，政宣上帙十一，102-104 頁，馬擴的報告參見 104–105 頁。

39《三朝北盟會編》卷十一，政宣上帙十一，102-105 頁。

40《三朝北盟會編》卷十一，政宣上帙十一，104-105 頁。

41《皇宋通鑑長編紀事本末》卷一百四十三，2401-2402 頁。《續資治通鑑長編拾補》卷四十五，1394-1395 頁。筆者曾見過這兩封信，當時由一位縣城學校的老師收藏。

42《續資治通鑑長編拾補》卷四十五，1397 頁。Tao Jinsheng, *Two Sons of Heaven: Studies in Sung-Liao Relations*, p. 92.《三朝北盟會編》卷十二，政宣上帙十二，111-112 頁。Herbert Franke, *Krieg und Kreiger in Chinesischen Mittlealter*⊠*12. bis 14. Jahrhundert*⊠*: Drei Studien*, p. 112.《宋史紀事本末》卷五十二，533-534 頁。

43《皇宋通鑑長編紀事本末》卷一百四十三，2402-2404 頁。趙良嗣的碑文詳細記述了這些討論，也許是來源於他自己的紀錄（《龜山集》卷三十六，葉 7b-12a）。

44《三朝北盟會編》卷十三，政宣上帙十三，117-118 頁。《續資治通鑑長編拾補》卷四十六，1406-1407 頁。

12《皇宋通鑑長編紀事本末》卷一百四十一，2377-2380 頁。《青溪寇軌》，108 頁。《續資治通鑑長編拾補》卷四十三，1329-1330 頁；英譯文參見 Kao Yu-kung, "Source Materials on the Fang La Rebellion," pp. 232–233，略有改動。《宋史》卷二十二，408 頁。

13《宋史》卷四百六十八，13660 頁。關於據說受到影響的州、縣的數量差異，參見楊渭生〈關於方臘起義若干問題的再探索〉。

14《青溪寇軌》，109 頁。《皇宋通鑑長編紀事本末》卷一百四十一，2378 頁。《宋會要輯稿・兵十》，葉 18a-b。英譯文參見 Kao Yu-kung, "Source Materials on the Fang La Rebellion," p. 237，略有改動。

15《續資治通鑑長編拾補》卷四十二、四十三，1304-1332 頁，散見於各處，注釋中引用了很多此類故事，主要引自《兩浙名賢錄》。

16 他寫給王黼的信參見《全宋文》第 171 冊，22-25 頁；給白時中的信參見《全宋文》第 171 冊，26-28 頁；給鄭居中的信參見《全宋文》第 171 冊，28-31 頁；給馮熙載的信參見《全宋文》第 171 冊，32-33 頁；給王安中的信參見《全宋文》第 171 頁，34-36 頁。當時童貫已經離開京城，因此他沒有給童貫寫信。

17《三朝北盟會編》卷四，政宣上帙四，38 頁。

18《三朝北盟會編》卷五，政宣上帙五，42 頁。《續資治通鑑長編拾補》卷四十三，1315-1316 頁。

19《三朝北盟會編》卷五，政宣上帙五，45 頁。《宋史紀事本末》卷五十二，528-532 頁。

20《宋史紀事本末》卷五十二，530-532 頁。李天鳴〈宋徽宗北伐燕山時期的反對意見〉，《故宮學術季刊》2000 第 4 期，122 頁。

21《三朝北盟會編》卷二百一十四，炎興下帙一百一十四，205-208 頁。李天鳴〈宋徽宗北伐燕山時期的反對意見〉(125-129 頁)也舉了一些反對進行軍事行動的奏疏例子。

22《遼史》卷四十，493-494 頁。Karl A. Wittfogel and Feng Chia-sheng, *History of Chinese Society, Liao (907–1125)*, Philadelphia: American Philosophical Society, 1949, pp. 79–81.

23《三朝北盟會編》卷五，政宣上帙五，47–48 頁。

24《三朝北盟會編》卷六，政宣上帙六，49 頁。

25《三朝北盟會編》卷六，政宣上帙六，51 頁；卷七，政宣上帙七，60 頁。《獨醒雜志》卷五，45 頁。另參見任崇嶽《宋徽宗・宋欽宗》181 頁對這些詩的詮釋。也有一些人認為蔡京寫這首詩是出於自身安全的考慮，如果出征失敗，他就可以證明自己反對過。但有充分的證據表明，蔡京一直都反對開戰。

26《三朝北盟會編》卷八，政宣上帙八，74-76 頁；卷九，政宣上帙九，77-78 頁。

27《三朝北盟會編》卷六，政宣上帙六，57-59 頁。

58 關於阿骨打參與談判，參見趙永春《宋金關係史》，北京：人民出版社，2005 年，33–34 頁。

第十四章　危局（1121-1125）

題記：《鐵圍山叢談》卷一，21 頁。

1 《三朝北盟會編》卷五，政宣上帙五，42-43 頁。

2 《宋史》卷四百七十，13682 頁；《皇朝編年綱目備要》卷二十九，738 頁。

3 《宋會要輯稿・兵十》，葉 16b-17a。英譯文見 Kao Yu-kung（高友工）, "Source Materials on the Fang La Rebellion," *Harvard Journal of Asiatic Studies* 24（1966）, pp. 234–235，略有改動。

4 《宋史》卷四百四十七，13181 頁。

5 《青溪寇軌》，109 頁。《宋史》卷四百六十八，13660 頁；卷四百七十，13682 頁。《續資治通鑑長編拾補》卷四十三，1311 頁。

6 高友工在 1962 年和 1966 年的研究仍然非常有用，但是沒有反映出近年來的學術研究成果。中文的二手文獻很豐富，關於這些文獻的介紹以及 1949 年後的政治影響，參見朱瑞熙、程鬱《宋史研究》，福州：福建人民出版社，2006 年，97-102 頁。主要歷史學家在這方面的研究，參見李裕民〈方臘起義新考〉，《山西大學學報》1980 年第 2 期；楊渭生〈關於方臘起義若干問題的再探索〉，《文史》第 8 輯，1980 年；鄧廣銘〈關於宋江的投降與征方臘問題〉，《中華文史論叢》1982 年第 4 期，1-9 頁；竺沙雅章《中國佛教社會史研究》。

7 《續資治通鑑長編拾補》卷四十二，1302 頁；《續資治通鑑》卷九十三，2424 頁；《青溪寇軌》，112 頁。《青溪寇軌》的作者記載，方臘是打算將國家一分為二，這樣南方就不必再繳納重稅補貼北方。他意識到，這樣將對宋朝產生重大的衝擊：「我既據有江表，必將酷取於中原。中原不堪，必生內變。二虜聞之，亦將乘機而入。腹背受敵，雖有伊、呂，不能為之謀也。」英譯文參見 Kao Yu-kung, "Source Materials on the Fang La Rebellion," p. 221，略有改動。這部著作中還記載，方臘說等宋朝滅亡後，他將用大約十年的時間再次將國家統一起來。

8 《青溪寇軌》，108 頁。《續資治通鑑長編拾補》卷四十二，1293-1297、1302-1306 頁。

9 《皇宋通鑑長編紀事本末》卷一百四十一，2377 頁。

10《宋史》卷四百七十，13686 頁。《續資治通鑑長編拾補》卷四十三，1313 頁。

11《續資治通鑑長編拾補》卷四十三，1312 頁。《皇宋通鑑長編紀事本末》卷一百四十一，2377 頁。

45《三朝北盟會編》卷二，政宣上帙二，19–20頁。《續資治通鑑長編拾補》卷三十七，1166-1167頁。關於宋金外交談判，參見 Dagmar Thiele, *Der Abschluss eines Bertrages: Diplomaite zwischen Sung-und Chin-Dynastie 1117–1123*（Wiesbaden: Franz Steiner Verlag, 1971），包含所有國書的德文譯文。

46《金史》卷二，30頁。《三朝北盟會編》卷二，政宣上帙二，20頁。《續資治通鑑長編拾補》卷三十七，1166–1167頁。

47《三朝北盟會編》卷三，政宣上帙三，21頁。《續資治通鑑長編拾補》卷三十九，1220–1221頁。有關描述參見 Jin-sheng Tao, *Two Sons of Heaven: Studies in Sung-Liao Relations*, pp. 87–97 或張天祐〈宋金海上聯盟的研究〉。

48《金史》卷二，31–32頁。《宋史紀事本末》卷五十二，527頁。《續資治通鑑長編拾補》卷三十九，1221–1222頁。

49《三朝北盟會編》卷四，政宣上帙四，30-31頁。《續資治通鑑長編拾補》卷三十九，1220頁。也有可能是徽宗為了先看一看金遼能否達成和談，有意拖延這次出使。根據現代學者陶晉生的觀點，徽宗也許更願意看到遼繼續存在，希望遼與金相互制衡，從而達成類似於宋朝此前與遼和西夏之間的平衡局面。Jin-sheng Tao, *Two Sons of Heaven: Studies in Sung-Liao Relations*, p. 95.

50《三朝北盟會編》卷四，政宣上帙四，30–31頁。

51《續資治通鑑長編拾補》卷四十一，1267-1269頁。女真人後來從這份手詔中引用了一句話。參見《三朝北盟會編》卷四，政宣上帙四，35頁。陳樂素〈宋徽宗謀復燕雲之失敗〉，《輔仁學志》第4期，1933年，18頁。

52《三朝北盟會編》卷四，政宣上帙四，31-34頁。《皇宋通鑑長編紀事本末》卷一百四十二，2387–2388頁。《續資治通鑑長編拾補》卷四十一，1273-1274頁。

53 此外，關於十六州的概念上有很多不同的解釋，因為州界在10世紀後發生了變化。《續資治通鑑長編拾補》卷四十一，1280-1283頁。另參見陳樂素〈宋徽宗謀復燕雲之失敗〉，3–4頁。

54《三朝北盟會編》卷四，政宣上帙四，35–36頁。

55《三朝北盟會編》卷四，政宣上帙四，36–37頁。

56 關於馬擴，參見 Herbert Franke, *Krieg und Krieger in Chinesischen Mittlealter（12. bis 14. Jahrhundert）: Drei Studien* 和姜青青《馬擴研究》。

57《三朝北盟會編》卷四，政宣上帙四，38–40頁。《續資治通鑑長編拾補》卷四十二，1297–1300頁。Herbert Franke, *Krieg und Krieger in Chinesischen Mittlealter* 將這幾段文章完整地翻譯為德文。

山時期的反對意見〉。

31《宋史紀事本末》卷五十二，519-526 頁。另參見 Denis Twitchett and Klaus-Peter Tietze, "The Liao," pp. 139–144；Frederick Mote, *Imperial China 900–1800*, pp. 201–202。

32《三朝北盟會編》卷一，政宣上帙一，1-4 頁。

33《皇宋通鑑長編紀事本末》卷一百四十二，2381–2382 頁。《三朝北盟會編》卷一，政宣上帙一，1-4 頁。《宋史紀事本末》卷五十三，540 頁。

34《揮麈錄・後錄》卷四，124 頁。

35《三朝北盟會編》卷二，政宣上帙二，18-19 頁。《皇宋通鑑長編紀事本末》卷一百四十二，2382–2383 頁。

36《宋史》卷三百五十一，11106 頁。《三朝北盟會編》卷二，政宣上帙二，12-18、20 頁。另參見《清波別志》卷三，150–151 頁。

37《三朝北盟會編》卷一，政宣上帙一，4-11 頁；卷二，政宣上帙二，12-20 頁。《宋史》卷三百三十五，10750 頁；卷三百五十一，11100 頁。《續資治通鑑長編拾補》卷三十九，1225–1226 頁。《清波別志》卷三，150 頁。《鐵圍山叢談》卷二，32-33 頁。一些作者（包括任崇嶽《宋徽宗・宋欽宗》174 頁 和 Ari Levine, "The Reigns of Hui-tsung [1100–1126] and Ch'in-tsung [1126–1127]," p. 628）認為蔡京支持與金結盟，但史料似乎表明他反對這件事。參見附錄 A。

38《三朝北盟會編》卷一，政宣上帙一，4–7 頁。《續資治通鑑長編拾補》卷三十九，1125-1128 頁。

39 蔡京在這個時期每五天上一次朝。

40 如果這是發生在 1119 年金使到達後，那麼鄭居中不應該在朝中，因為 1118 年九月至 1121 年五月他在致仕期間。

41《清波別志》卷一，124–125 頁。另參見《續資治通鑑長編拾補》卷四十四，1363–1364 頁。

42《建炎以來繫年要錄》卷一，4 頁。張天祐〈宋金海上聯盟的研究〉，190 頁；楊小敏、張自福〈論北宋晚期徽宗君臣收復燕雲之國策〉，《天水師範學院學報》，2011 年第 1 期，102 頁。

43《宋會要輯稿・職官一》，葉 41b–42a。

44《三朝北盟會編》卷二，政宣上帙二，19 頁。關於馬政，參見 Herbert Franke, *Krieg und Krieger in Chinesischen Mittlealter*（*12. bis 14. Jahrhundert*）*: Drei Studien*, Wiesbaden: Franz Steiner Verlag, 2003, p. 107；黃寬重《宋史叢論》，臺北：新文豐出版公司，1993 年，1–18 頁；姜青青《馬擴研究》，北京：人民出版社，2008 年。

1068–1126," pp. 119–125.

20《宋史》卷三百一十七，10351 頁；卷三百四十八，11038-11039 頁。

21《續資治通鑑長編拾補》卷二十六，891-892 頁。關於馮澥的奏疏和徽宗的反應，參見 Paul Smith, "Irredentism as Political Capital: The New Policies and the Annexation of Tibetan Domains in Hehuang (the Qinghai-Gansu Highlands) under Shenzong and his Sons, 1068–1126," pp. 117–118。關於這些戰役，參見任崇嶽《宋徽宗・宋欽宗》，長春：吉林文史出版社，1996 年，53–55 頁。

22 李華瑞《宋夏關係史》，103 頁。Ari Levine, "The Reigns of Hui-tsung (1100–1126) and Ch'in-tsung（1126–1127）," in *The Cambridge History of China,* Vol. 5, part 1: *The Sung Dynasty and Its Precursors, 907–1279*, p. 622.

23《宋史》卷二十二，404 頁；卷四百八十六，14020-14021 頁。《宋會要輯稿・兵十四》，葉 20b-21b；《職官一》，葉 3a。王安中《初寮集》卷六，葉 1a-11b（《全宋文》第 146 冊，364-370 頁）。

24 一些史料記載，徽宗第一次召見這位投降者（馬植，後來改名為趙良嗣）的時間是 1111 年（例如《宋史紀事本末》卷五十三，539 頁），另一些則說是 1115 年，後者可能更可信，因為這更符合女真族興起的時間。關於後者的論證，參見《建炎以來繫年要錄》（卷一，2-3 頁）和張天祐〈宋金海上聯盟的研究〉（207-208 頁）。關於女真族，參見 Jin-sheng Tao, *The Jurchen in Twelfth-Century China: A Study of Sinification*, Seattle: University of Washington Press, 1976，以及 Hernert Franke, "The Chin Dynasty," in *The Cambridge History of China*, vol. 6: *Alien Regimes and Border States, 907–1368*, pp. 215–320。

25 Jin-sheng Tao, *The Jurchen in Twelfth-Century China: A Study of Sinification*, p. 15. Hernert Franke, "The Chin Dynasty," pp. 220–221.

26 關於趙良嗣，參見《三朝北盟會編》卷一，政宣上帙，1-3 頁。《宋史》卷四百七十二，13733-13734 頁。《宋史紀事本末》卷五十三，539-540 頁。

27《宋史》卷四百六十八，13659 頁；卷四百七十二，13734 頁。《三朝北盟會編》卷一，政宣上帙，3 頁。《清波別志》卷一，124–125 頁。

28《三朝北盟會編》卷十九，政宣上帙十九，181 頁。李天鳴〈宋徽宗北伐燕山時期的反對意見〉，《故宮學術季刊》17 卷 4 期，2000 年，113 頁。

29《宋會要輯稿・蕃夷二》，葉 30b–31a。

30《宋史》卷四百七十，13682–13683 頁。徐玉虎〈宋金海上聯盟的概觀〉，《宋史研究集》第一卷，臺北：國立編譯館，1958 年，231 頁。另參見李天鳴〈宋徽宗北伐燕

History of China, vol. 5, part 1: *The Sung Dynasty and Its Precursors, 907–1279*, p. 20；Peter Lorge, *War, Politics and Society in Early Modern China, 900–1795*, p. 35.

13 Paul C. Forage, "The Sino-Tangut War of 1081–1085," *Journal of Asian History* 25, 1991, pp. 1–27. Paul Smith, "Shen-tsung's Reign and the New Policies of Wang An-shih, 1067-1085." in *The Cambridge History of China*, vol. 5, part 1: *The Song Dynasty and Its Precursors, 907-1279*, edited by Denis Twitchett and Paul Jakov Smith, Cambridge, UK: Cambridge University Press, 2009, pp. 64–78.

14 Paul C. Forage, "The Sino-Tangut War of 1081–1085," p. 18.

15 關於這些戰役，參見李華瑞《宋夏關係史》，石家莊：河北人民出版社，1998 年，91–96、193–197 頁；Ari Levine, "Che-tsung's Reign (1085–1100) and the Age of Faction," in *The Cambridge History of China,* vol. 5, part 1: *The Sung Dynasty and Its Precursors, 907–1279*, edited by Denis Twichett and Paul Jakov Smith, Cambridge, UK: Cambridge University Press, 2009, pp. 548–551；Paul Smith, "Irredentism as Political Capital: The New Policies and the Annexation of Tibetan Domains in Hehuang (the Qinghai-Gansu Highlands) under Shenzong and his Sons, 1068–1126," in *Emperor Huizong and the Late Northern Song China: The politics of Culture and the Culture of Politics*, pp. 78–130；Paul Smith, *Taxing Heaven's Storehouse: Bureaucratic Entrepreneurship and the Sichuan Tea and Horse Trade, 1074–1224*, pp. 42–47。

16《皇宋通鑑長編紀事本末》卷一百四十一，2370、2375 頁。Ruth Mostern, "*Dividing the Realm in Order to Govern*"*: The Spatial Organization of the Song State (960–1276CE)*, Cambridge, MA: Harvard University Asia Center, 2011, pp. 210–215. Richard Von Glahn, *The Country of Streams and Grottoes: Expansion, Settlement, and the Civilizing of the Sichuan Frontier in Song Times*, Harvard East Asian Monographs, 123, Cambridge, MA: Council on East Asian Studies, Harvard University, 1987, 特別是 118–124 頁。

17《皇宋通鑑長編紀事本末》卷一百四十，2354 頁。李華瑞《宋夏關係史》，98-99 頁。參看 Paul Smith, "Irredentism as Political Capital: The New Policies and the Annexation of Tibetan Domains in Hehuang (the Qinghai-Gansu Highlands) under Shenzong and his Sons, 1068–1126," pp. 108–119。

18 李華瑞《宋夏關係史》，100-102 頁。

19《皇宋通鑑長編紀事本末》卷一百四十，2359-2361 頁。《宋史》卷三百五十，11082 頁。Paul Smith, "Irredentism as Political Capital: The New Policies and the Annexation of Tibetan Domains in Hehuang (the Qinghai-Gansu Highlands) under Shenzong and his Sons,

Frederick Mote（牟復禮）, *Imperial China 900–1800*, Cambridge, MA: Harvard University Press, 1999, pp. 31–91。另參見 Denis Twitchett and Klaus-Peter Tietze, "The Liao"；Jin-sheng Tao, *Two Sons of Heaven: Studies in Sung-Liao Relations*, Tucson: University of Arizona Press, 1988【陶晉生《宋遼關係史研究》，北京：中華書局：2008 年】；Thomas J. Barfield, *The Perilous Frontier: Nomadic Empires and China, 221 BC to AD 1757*, Cambridge, MA: Blackwell, 1989, pp. 167–77【托馬斯・巴菲爾德《危險的邊疆》，袁劍譯，南京：江蘇人民出版社，2011 年】；Naomi Standen, *Unbounded Loyalty: Frontier Crossings in Liao China*, Honolulu: University of Hawai'i Press, 2007【史懷梅《忠貞不貳？——遼代的越境之舉》，曹流譯，南京：江蘇人民出版社，2015 年】；以及 Karl A. Wittfogel and Feng Chia-sheng（馮家昇）, *History of Chinese Society, Liao (907–1125)*, Philadelphia: American Philosophical Society, 1949。

7 Denis Twitchett and Klaus-Peter Tietze, "The Liao," pp. 85–87；Nap-yin Lau（柳立言）and Huang K'uan-chung（黃寬重）, "Founding and Consolidation of the Sung Dynasty under T'ai-tsu (960–976), T'ai-tsung (976–997), and Chen-tsung (997–1022)," in *The Cambridge History of China,* vol. 5, part 1: *The Sung Dynasty and Its Precursors, 907–1279*, edited by Denis Twitchett and Paul Jakov Smith, Cambridge, UM: Cambridge University Press, 2009, pp. 248–251；Jin-sheng Tao, *Two Sons of Heaven: Studies in Sung-Liao Relations*, pp. 10–14.

8 David C. Wright, *From War to Diplomatic Parity in Eleventh-Century China: Sung's Foreign Relations with Kitan Liao*, Leiden: E. J. Brill, 2005, pp. 145–152. Nap-yin Lau and Huang K'uan-chung, "Founding and Consolidation of the Sung Dynasty under T'ai-tsu (960–976), T'ai-tsung (976–997), and Chen-tsung (997–1022)," pp. 262–270；Denis Twitchett and Klaus-Peter Tietze, "The Liao," pp. 104–110. Peter Lorge（龍沛）, *War, Politics and Society in Early Modern China, 900–1795*, pp. 33–35.

9 Jin-sheng Tao, *Two Sons of Heaven: Studies in Sung-Liao Relations*, pp. 57–66.

10《雞肋編》卷三，89-90 頁。任崇嶽〈略論宋金關係的幾個問題〉，《社會科學輯刊》1990 年第 4 期，81 頁。

11 參見 Robert M. Hartwell, "The Imperial Treasuries: Finance and Power in Song China," *Bulletin of Sung-Yuan Studies* 20, 1988, pp. 18–89，尤其是第 66 頁和 71 頁。11 世紀時宋朝的總年收入通常最少為一億（單位為貫銅錢或銀兩）。

12 Yoshinobu Shiba（斯波義信）, "Sung Foreign Trade: Its Scope and Organization," in *China among Equals: The Middle Kingdom and Its Neighbors, 10th–14th Centuries*, 1983, p. 98. Paul Smith, "Introduction: The Sung Dynasty and Its Precursors, 907–1279," in *The Cambridge*

第十三章　宋金聯合

題記：《清波別志》卷一，124–125 頁。

1　關於對宋朝軍事機構的基本描述，參見 John Richard Labadie 博士論文，"Rulers and Soldiers: Perception and Management of the Military in Northern Sung China (960-ca.1060)," University of Washington, 1981; 王曾瑜《宋朝兵制初探》，北京：中華書局，1983 年。關於北宋軍隊發展史的簡要詮釋，參見 Peter Lorge（龍沛），*War, Politics and Society in Early Modern China, 900–1795*, London: Routledge, 2005, pp. 17–57. 更詳細的軍事戰役，參見 Denis Twitchett and Paul Jakov Smith eds., *The Cambridge History of China,* vol. 5, part 1: *The Sung Dynasty and Its Precursors, 907–1279* 中的相關章節。

2　關於常規的使節活動，參見 Herbert Franke（傅海波），"Sung Embassies: Some General Observations," in *China among Equals: The Middle Kingdom and Its Neighbors, 10th –14th Centuries*, edted by Morris Rossabi, Berkeley: University of California Press, 1983；Melvin Thlick Ang 博士論文，"Sung-Liao Diplomacy in Eleventh-and-Twelfth Century China: A Study of the Social and Political Determinants of Foreign Policy." University of Pennsylvania, 1983，以及 David C. Wright（賴衛），*From War to Diplomatic Parity in Eleventh-Century China: Sung's Foreign Relations with Kitan Liao*, Leiden: E. J. Brill, 2005。

3　部分存世的宋朝報告在 David C. Wright（賴大衛）的博士論文 "Sung-Liao Diplomatic Practices"（Princeton University, 1993, pp. 236–367）翻譯和收錄。

4　參見 Nicolas Tacket（譚凱），"The Great Wall and Conceptualizations of the Border under the Northern Song," *Journal of Song-Yuan Studies* 38, 2008, pp. 128–133。

5　史樂民認為唐初飼養的馬匹在鼎盛時期高達 760, 000 匹，宋朝在 1008 年有 200, 000 匹，但在 1069 年減少到 153, 000 匹。Paul Smith, *Taxing Heaven's Storehouse: Bureaucratic Entrepreneurship and the Sichuan Tea and Horse Trade, 1074–1224*, pp. 16–17. 另參見張天祐〈宋金海上聯盟的研究〉，《宋史研究集》第十二集，臺北：國立編譯館，1980 年，186–188 頁。

6　Denis Twitchett and Klaus-Peter Tietze, "The Liao," in *The Cambridge History of China,* vol. 6: *Alien Regimes and Border States, 907–1368*, edited by Herbert Franke and Denis Twitchett, Cambridge, UK: Cambridge University Press, 1994, pp. 73–74；Naomi Standen, "What Nomads Want: Raids, Invasions and the Liao Conquest of 947," in *Mongols, Turks, and Others: Eurasian Nomads and the Sedentary World,* edited by Reuven Amitai and Michal Biran, Leiden: E. J. Brill, 2005, pp. 129–74，"The Five Dynasties," in *The Cambridge History of China,* vol. 5, part 1: *The Sung Dynasty and Its Precursors, 907–1279*, p. 103. 對遼國最直接的描述見

80《賓退錄》卷一，4-5 頁。《宋史》卷四百六十二，13529 頁。《皇宋通鑑長編紀事本末》卷一百二十七，2146-2147 頁。《賓退錄》卷一，5 頁。《佛祖統紀》(T49:2035) 46.421C。關於這次洪水的嚴重性，以及通常採用的以分流來控制洪水的手段，參見《宋史》卷六十一，1329 頁；《續資治通鑑長編拾補》卷三十九，1236-1241 頁。但林靈素的傳記說是他解決了洪水的問題（《歷世真仙體道通鑑》卷五十三，葉 12a-13a〔《道藏》第 5 冊，411 頁上、中欄〕)。王明清記錄了徽宗可能對林靈素失去信心的另一個原因：他沒有向徽宗引見跟著他學習的一位非常有天賦的年輕人（《投轄錄》卷一，葉 30a-31b.）。

81《佛祖統紀》(T49:2035) 46.421C；《皇宋通鑑長編紀事本末》卷一百二十七，2138 頁。《續資治通鑑長編拾補》卷四十一，1267 頁。《佛祖歷代通載》(T49，2036) 19.682A。

82《皇宋通鑑長編紀事本末》卷一百二十七，2138 頁。《續資治通鑑長編拾補》卷四十三，1341 頁。《宣和奉使高麗圖經》卷三十四，133 頁。Shin-yi Chao, "Huizong and the Divine Empyrean Palace Temple Network," pp. 354–355. 李麗涼〈北宋神霄道士林靈素與神霄運動〉，188–189 頁。

83《玉海》卷一百五十八，葉 18b-22b。《宋東京考》卷十二，214 頁。《歷世真仙體道通鑑》卷五十一，葉 1a–b（《道藏》第 5 冊，394 頁下欄)。《全宋文》第 109 冊，158 頁。

84 Shin-yi Chao, "Daoist Examinations and Daoist Schools during the Northern Song Dynasty," p. 25.

85 參見 Susan Naquin, *Peking: Temple and City Life, 1400–1900*, p. 146。

86 Michel Strickmann, "The Taoist Renaissance of the Twelfth Century," pp. 3–4. Kristofer Schipper and Franciscus Verellen eds., *The Taoist Canon*, pp. 1082–1083. Judith M. Boltz, "Opening the Gates of Purgatory: A Twelfth-Century Taoist Mediation Technique for the Salvation of Lost Souls," in *Tantric and Taoist Studies in Honour of R. A. Stein*, vol. 2., edited by Michel Strickmann, Brussels: Institut Bekge des Hautes Etudes Chibnoises, 1983, p. 493. Edward L. Davis, *Society and the Supernatural in Song China*, pp. 29–30, 37（引文見第 37 頁）. 另參見 Michel Strickmann, "The Longest Taoist Scripture"，雖然觀點不太明確，但更為普及。

87 任繼愈《中國道教史》，上海：上海人民出版社，1990 年，482-483 頁。唐代劍〈論林靈素與「徽宗失國」〉，《世界宗教研究》，1993 年，23-28 頁；《宋代道教管理制度研究》，4-5 頁。

72《宋徽宗御解道德真經》卷一，葉 39a（《道藏》第 11 冊，855 頁下欄）；英譯文見 Ts'un-yan Liu（柳 存 仁）, *On the Art of Ruling a Big Country: Views of Three Chinese Emperors*, p. 15。

73《皇宋通鑑長編紀事本末》卷一百二十七，2133、2136–2137 頁。《續資治通鑑長編拾補》卷三十九，1218-1224 頁。《宋大詔令集》卷二百二十三，863 頁。《佛祖歷代通載》（T49:2036）19.683-684。另參見《賓退錄》卷一，4 頁。《宋史》卷四百六十二，13529 頁。唐代劍《宋代道教管理制度研究》42-43 頁列出了其他一些施壓或採取措施的例子。但有趣的是，林靈素的傳記中謹慎地將他與這些不受歡迎的措施分開。（《歷世真仙體道通鑑》卷五十三〔《道藏》第 5 冊，407-412 頁〕）。

74《家世舊聞》卷二，219 頁。《歷世真仙體道通鑑》卷五十三，葉 8a–9a、13a、16b（《道藏》第 5 冊，409 頁下欄至 410 頁上欄、411 頁中欄、412 頁中欄）。王文卿寫過一些神霄著作，後收於道教綱要中，至今存世。他一直活到南宋時期，洪邁的筆記中也能看到他的名字。他有一次走禹步帶來降雨。參見 Judith M. Boltz, *A Survay of Taoist Scripture, Tenth through Seventeenth Centuries*, pp. 47–48；Kristofer Schipper and Franciscus Verellen eds., *The Taoist Canon*, pp. 1107–1108；Lowell Skar, "Administering Thunder: A Thirteenth-Century Memorial Deliberating the Thunder Rites," pp. 171–172；Edward L. Davis, *Society and the Supernatural in Song China*, pp. 28–29, 54–56。關於王文卿與雷法的關係，參見《夷堅志》丙志，卷十四，487 頁，乙志，卷五，832 頁，丁志，卷十，1049 頁；《歷世真仙體道通鑑》卷五十三，葉 16a-21b（《道藏》第 5 冊，412 頁中欄至 414 頁上欄）。

75《能改齋漫錄》卷十二，356 頁。

76《佛祖統紀》（T49:2035）46.421B.

77《佛祖統紀》（T49:2035）46.421A–B.

78《賓退錄》卷一，5 頁。Helwig Schmidt-Glintzer（施寒微）, "Zhang Shangying (1043-1122)-An Embarrassing Policy Adviser under the Northern Song", 載衣川強編《劉子健教授頌壽記念宋史研究論集》，京都：同朋舍，1989 年，521-530 頁。《宋史》卷四百七十，13685 頁；卷三百二十八，10584 頁；卷四百六十二，13528 頁。唐代劍〈論林靈素創立神霄派〉，66 頁；《宋代道教管理制度研究》，44-45 頁。《鐵圍山叢談》卷五，91 頁。

79《佛祖統紀》（T49:2035）46.421B；《賓退錄》卷一，4-5 頁。《歷世真仙體道通鑑》卷五十三，葉 10b–11b（《道藏》第 5 冊，410 頁中、下欄）。《宋史》（卷四百六十二，13529 頁）記載，林靈素沒有向皇太子屈服，因此兩人有了矛盾。

藏》第 3 冊，62-92 頁。唐代劍《宋代道教管理制度研究》(45-47 頁)提供了一份徽宗道學著作的詳細列表。

63 Michel Strickmann, “The Longest Taoist Scripture,” pp. 345–346. 施舟人、傅飛嵐對徽宗的作者身分提出質疑，理由是使用了代名詞「我」，但李麗涼認為這反映了《度人經》的語言，不排除作者是徽宗的可能性，見〈北宋神霄道士林靈素與神霄運動〉，179-180 頁。Kristofer Schipper and Franciscus Verellen eds., *The Taoist Canon*, pp. 1084–1085. 關於道符的視覺威力，參見 Catherine Despeux, “Talismans and Sacred Diagrams,” pp. 511–513, 525–526；Susan Shi-shan Huang, *Picturing the True Form: Daoist Visual Culture in Medieval China*, pp. 135–177。

64《道藏》第 11 冊，489–512 頁；《中華大道藏》第 8 冊，227–251 頁；Judith M. Boltz, *A Survay of Taoist Scripture, Tenth through Seventeenth Centuries*, pp. 214–215；Kristofer Schipper and Franciscus Verellen eds., *The Taoist Canon*, pp. 648–649.

65 Livia Kohn, *Taoist Mystical Philosophy: The Scripture of Western Ascension*, Albany, NY: SUNY Press, 1991, pp. 32–33. 柯恩對這本書提供了英譯文和解釋。

66《宋大詔令集》卷二百二十四，864 頁。《皇宋通鑑長編紀事本末》卷一百二十七，2133、2138 頁。徽宗對《列子》的御注於 1123 年印製。

67《沖虛至德真經義解》卷一，葉 8b(《道藏》第 15 冊，3 頁中欄)。

68 關於梁武帝，參見 Tian Xiaofei, *Beacon Fire and Shooting Star: The Literary Culture of the Liang (502–557)*, p. 47。但梁武帝和唐玄宗也都為《孝經》和很多佛經寫過御注。更多關於《老子》的注釋，參見 Livia Kohn, *God of the Dao: Lord Lao in History and Myth*, Ann Arbor: University of Michigan, Center for Chinese Studies, 1998。

69 唐玄宗關於《老子》的御注仍存世。參見 Kristofer Schipper and Franciscus Verellen eds., *The Taoist Canon*, pp. 284–286. 關於唐宋時期對《老子》的注釋，參見 Isabelle Robinet, “Later Commentaries: Textual Polysemy and Syncretistic Interpretations,” in *Lao-tzu and the Tao-te-ching*, edited by Livia Kohn and Michael LaFargue, Albany, NY: SUNY Press, 1998, pp. 119–142.

70《宋徽宗御解道德真經》(《道藏》第 11 冊，843-884 頁)。Liu Ts'un-yan(柳存仁), *On the Art of Ruling a Big Country: Views of Three Chinese Emperor*, Caberra: Australian National University Press, 1974；另參見柳存仁〈道藏本三聖注道德經會箋〉，載《和風堂文集》，上海古籍出版社，1991 年，223-495 頁。

71 Isabelle Robinet, “Later Commentaries: Textual Polysemy and Syncretistic Interpretations,” p. 135. Kristofer Schipper and Franciscus Verellen eds., *The Taoist Canon*, pp. 647–649.

the Divine Empyrean Palace Temple Network," p. 346。關於一些敷衍了事的縣令，參見 Shin-yi Chao, "Huizong and the Divine Empyrean Palace Temple Network," pp. 344–348。

53《浮溪集》卷二十，225-227 頁。《老學庵筆記》卷九，115 頁。關於這些用具，另參見《忠惠集》卷六，葉 6a（或《全宋文》第 149 冊，135 頁）。

54《會稽志》卷七，葉 17a-19a。

55 這段經文的名稱是「高上神霄玉清真王紫書大法」。參見 Judith M. Boltz, *A Survay of Taoist Scripture, Tenth through Seventeenth Centuries*, p. 27；Kristofer Schipper and Franciscus Verellen eds., *The Taoist Canon*, pp. 1094–1095. 這段文字可能是在宋朝之後編集的，但有關徽宗生日的禮儀可能還是在他在位施行時記錄的。另參見唐代劍〈論林靈素創立神霄派〉，65 頁。

56《高上神霄玉清真王紫書大法》卷一，葉 21a；卷二，葉 1a（《道藏》第 28 冊，565 頁上、中欄）；《宋史》卷一百一十二，2680-2681 頁。

57《宋史》卷一百五十七，3690 頁。《皇宋通鑑長編紀事本末》卷一百二十七，2135 頁。Shin-yi Chao, "Daoist Examinations and Daoist Schools during the Northern Song Dynasty," pp. 9–15. 政府參與道教教育並非新事物，唐玄宗也建立了道學院和考試制度，見 Timothy Hugh Barrett, *Taoism under the T'ang: Religion and Empire during the Golden Age of Chinese History*, pp. 65–73。1080 年，宋神宗設立了一項道教科目的考試，為宮觀的任命選拔道士，見 Shin-yi Chao, "Daoist Examinations and Daoist Schools during the Northern Song Dynasty"。

58《皇宋通鑑長編紀事本末》卷一百二十七，2132-2136 頁。《續資治通鑑長編拾補》卷三十七，1185-1187 頁。趙昕毅認為，很有可能是由於王安石的努力，《孟子》才被推崇為最基本的儒家經典。Shin-yi Chao, "Daoist Examinations and Daoist Schools during the Northern Song Dynasty," p. 20.

59《宋大詔令集》卷二百二十四，864-868 頁。關於道士的品銜和對應的文官級別，參見 Shin-yi Chao, "Daoist Examinations and Daoist Schools during the Northern Song Dynasty," pp. 28–31。

60 Michel Strickmann, "The Longest Taoist Scripture."

61《宋史》卷二十一，400-401 頁；卷三百五十六，11220 頁。《混元聖紀》卷九，葉 49b（《道藏》第 17 冊，883 頁上欄）；陳國符《道藏源流考》，137–138 頁；《宋會要輯稿・崇儒六》，葉 35b。

62《郡齋讀書志》5A:616；《靈寶無量度人上品妙經符圖》；《靈寶無量度人上品妙經》；Judith M. Boltz, *A Survay of Taoist Scripture, Tenth through Seventeenth Centuries*, p. 27；《道

三十七，1185-1186 頁。莆田石碑上的文字被抄錄在鄭振滿和丁荷生《福建宗教碑銘彙編》，9-10 頁；英譯文參見 Patricia Buckley Ebrey, "Huizong's Stone Inscriptions," pp. 254–255.《皇宋通鑑長編紀事本末》卷一百二十七，2141 頁（《續資治通鑑長編拾補》卷四十，1248-1249 頁）有碑文內容的概要。

45《全宋文》第 146 冊，193-194 頁，或《初寮集》卷三，葉 21b-24a。《皇宋通鑑長編紀事本末》卷一百二十七，2141 頁。另參見李麗涼〈北宋神霄道士林靈素與神霄運動〉，180–181 頁。唐代劍〈論林靈素創立神霄派〉，63–64 頁；《宋代道教管理制度研究》，33、34–35、49–50 頁。在現存的《道藏》中沒有與它非常相符的文字。

46《皇宋通鑑長編紀事本末》卷一百二十七，2140 頁；卷一百三十一，2227-2228 頁。《續資治通鑑長編拾補》卷三十八，1199 頁。拒絕接受祕籙的人後來都被認為是特別有勇氣或至少是思想獨立的人。參見陸游關於李剛和另外兩個人稱病躲避傳度儀式的紀錄。(《陸放翁全集・渭南文集》卷三十二，201 頁；《宋史》卷三百八十一，11767 頁)。

47《皇宋通鑑長編紀事本末》卷一百二十七，2132 頁。《續資治通鑑長編拾補》卷三十五，1123 頁。《賓退錄》卷一，4 頁。《宋史》卷一百零四，2546 頁。《容齋隨筆・三筆》卷十三，570–571 頁。唐代劍〈論林靈素創立神霄派〉，62 頁。

48《宋大詔令集》卷一百七十九，649–650 頁。《皇宋通鑑長編紀事本末》卷一百二十七，2139 頁。

49《宋會要輯稿・禮五》，葉 4a。另參見唐代劍〈北宋神霄宮及其威儀鉤稽〉；李麗涼〈北宋神霄道士林靈素與神霄運動〉，44-65 頁；以及 Shin-yi Chao, "Huizong and the Divine Empyrean Palace Temple Network" 一文關於神霄宮的內容。關於被改建為神霄宮的佛教寺廟，參見《老學庵筆記》卷九，115 頁；《夷堅三志》已集，卷七，1352-1354 頁，《夷堅志》丁志，卷一，972 頁；《鴻慶居士集》卷三十二，17 頁。另參見李麗涼〈北宋神霄道士林靈素與神霄運動〉，149–165 頁的相關調查研究結果，顯示出在地方志和其他史料中記錄的大部分神霄宮都是由佛寺改建的。

50《佛祖統紀》46（T49:2035）46.421B；《宋大詔令集》卷二百二十三，863 頁。

51 李麗涼〈北宋神霄道士林靈素與神霄運動〉，144 頁；《續資治通鑑長編拾補》卷三十八，1213 頁。《宋會要輯稿・禮五》，葉 4a；《道釋二》，葉 3b。《宋大詔令集》卷二百一十九，843 頁。英譯文參見 Shin-yi Chao,"Huizong and the Divine Empyrean Palace Temple Network," pp. 350–51，有改動。徽宗還對建立這些診所進行了記錄（《宋會要輯稿・禮五》，葉 2a-b）。

52《宋大詔令集》卷一百七十九，649-650 頁。趙昕毅翻譯了這份詔書 , "Huizong and

載，祥鶴於 1118 年出現在一座宮觀上方。此外，當有一千隻鶴出現在寶籙宮時，王安中向徽宗道賀，但具體日期不詳。（《全宋文》第 146 冊，268-269 頁）

32《皇宋通鑑長編紀事本末》卷一百二十七，2131 頁。《續資治通鑑長編拾補》卷三十六，1138 頁。Patricia Buckley Ebrey, "Emperor Huizong as a Daoist."

33 傅希列是在徽宗與劉混康之間傳遞信息和禮物的人之一。參見《全宋文》第 164 冊，49 頁。李麗涼〈北宋神霄道士林靈素與神霄運動〉，123 頁。

34 參見《皇宋通鑑長編紀事本末》卷一百二十七，2131-2132 頁。《續資治通鑑長編拾補》卷三十六，1140 頁。關於張虛白，參見《歷世真仙體道通鑑》卷五十一（《道藏》第 5 冊，394 頁下欄至 395 頁上欄；《中華大道藏》第 47 冊，556 頁下欄）。

35《皇宋通鑑長編紀事本末》卷一百二十七，2132 頁；《續資治通鑑長編拾補》卷三十六，1142 頁。另參見 1118 年二月二十日的詔書（《宋大詔令集》卷一百七十九，649-650 頁），徽宗在這份詔書中稱上帝和高真都已經拜訪過他。

36《宋史》卷二十一，399 頁。耀生〈耀縣石刻文字略志〉，《考古》1965 年第 3 期，147 頁；《陝西金石志》補遺卷一，葉 37a-b。英譯文參見 Patricia Buckley Ebrey, "Huizong's Stone Inscriptions," p. 253。《陝西金石志》（補遺卷一，葉 37a）說刻有徽宗御筆的部分高度為四尺五寸，但是從耀生〈耀縣石刻文字略志〉147 頁的拓片來看，那僅占整體部分的大約七分之四。石碑的寬度為三尺五寸。

37 張繼先是正一天師道第三十代天師，封號為虛靜先生。

38《歷世真仙體道通鑑》卷五十三，葉 8a-b（《道藏》第 5 冊，409 頁下欄）。

39《歷世真仙體道通鑑》卷五十三，葉 8b-9a（《道藏》第 5 冊，409 頁下欄至 410 頁上欄）。徽宗的畫譜在不同的稱號下共列出了十幅真武畫像（《宣和畫譜》卷一，33、38、39 頁；卷二，65 頁；卷四，90 頁；卷六，112 頁；卷七，129 頁；卷十九，295 頁）。

40《歷世真仙體道通鑑》卷五十三，葉 6a-b（《道藏》第 5 冊，409 頁上欄）。她還警告徽宗在 1126 年將要發生的困境，這是傳記竭力想說明林靈素不應當擔負北宋滅亡責任的另外一個例子。《賓退錄》（卷一，4 頁）對這次降神會有一個比較短的敘述。

41《歷世真仙體道通鑑》卷五十三，葉 10a-b（《道藏》第 5 冊，410 頁中欄）。

42《宋史》卷四百六十二，13529 頁；卷四百七十二，13731-13732 頁。李麗涼〈北宋神霄道士林靈素與神霄運動〉，138-140 頁。

43 Edward L. Davis, *Society and the Supernatural in Song China*, pp. 35–36.《皇宋通鑑長編紀事本末》卷一百二十七，2131 頁。

44《皇宋通鑑長編紀事本末》卷一百二十七，2133 頁。《續資治通鑑長編拾補》卷

25 關於不同來源對講道時間的混亂記載，參見唐代劍《〈宋史・林靈素傳〉補正》，25 頁。這次講道被收錄於《皇宋通鑑長編紀事本末》卷一百二十七（2130-2131 頁。參考了蔡絛的《國史後補》）和《宋史》卷四百六十二（13528–13529 頁）。《家世舊聞》（卷二，218 頁）說是玉帝而不是上帝，一些佛教著作中也這樣記載。

26《高上神霄宗師受經式》；《宋史》卷四百六十二，13528–13529 頁。參見《皇宋通鑑長編紀事本末》卷一百二十七，2130-2131 頁。《家世舊聞》卷二，218-219 頁。Michel Strickmann, "The Longest Taoist Scripture", pp. 334–340；Judith M. Boltz, *A Survay of Taoist Scripture, Tenth through Seventeenth Centuries*, pp. 26–27。正如施舟人、傅飛嵐指出，這些文字肯定是在徽宗朝之後才寫的，因為文中稱他為「徽宗」，他生前是不用這種稱呼的。經文不僅提到徽宗在神霄派講道中具有關鍵作用，還提到了他寫的道詞和其他道教著作，以及他對重修《道藏》的指導。Kristofer Schipper and Franciscus Verellen eds., *The Taoist Canon*, pp. 1085–1086.

27 關於古時候將帝王奉為神靈的做法有大量的史料；參見 Nicole Birsch, ed., *Religion and Power: Divine Kingship in the Ancient World and Beyond*, Chicago: The Oriental Institute of the University of Chicago, 2008.

28 唐代劍〈論林靈素創立神霄派〉。Michel Strickmann, "The Longest Taoist Scripture", p. 335 認為「在某種程度上，徽宗自己就是道教神霄派的創始人」。但李遠國接受神霄派內部的說法，認為它的起源在唐代，見《神霄雷法：道教神霄派改革與思想》，成都：四川人民出版社，2003 年。

29 關於神霄派教義的概述，參見 Isabelle Robinet, *Taoism: Growth of a Religion*, p.180；唐代劍〈論林靈素創立神霄派〉，64-65 頁。鮑菊隱有對神霄派的簡短翻譯和分析，見 Judith M. Boltz, "Opening the Gates of Purgatory: A Twelfth-Century Taoist Mediation Technique for the Salvation of Lost Souls," in *Tantric and Taoist Studies in Honour of R. A. Stein*, vol. 2., edited by Michel Strickmann, Brussels: Institut Bekge des Hautes Etudes Chibnoises, 1983, pp. 487–511。Lowell Skar, "Administering Thunder: A Thirteenth-Century Memorial Deliberating the Thunder Rites" 提供了南宋時期與神霄派教義相關的雷法經文的翻譯和分析。

30《賓退錄》卷一，4 頁。《夷堅志》丙志，卷十八，518 頁。《家世舊聞》卷二，218 頁。

31《賓退錄》卷一，4 頁。《歷世真仙體道通鑑》卷五十三，葉 4b（《道藏》第 5 冊，408 頁中欄）；《佛祖歷代通載》（T49.2036）19.681C。《家世舊聞》卷二，218 頁。《宋史》卷四百六十二，13528 頁。《宋史全文》（卷十四，817 頁）記載，1117 年二月，當林靈素奏報天神降臨時，有祥鶴出現。《宋會要輯稿・瑞異一》（葉 23b）記

自其他材料，尤其是蔡絛的《國史後補》。另外一篇詳細的敘述收錄於趙與時（1175-1231）的《賓退錄》（卷一，4-6 頁），據說這部著作的原作者是南宋時期非常活躍的耿延禧（另參見唐代劍〈論林靈素創立神霄派〉，《世界宗教研究》1996 年第 2 期，60 頁）。

20《歷世真仙體道通鑑》；關於這部書，參見 Kristofer Schipper and Franciscus Verellen, eds. *The Taoist Canon*, pp. 887–892；Judith M. Boltz, *A Survay of Taoist Scripture, Tenth through Seventeenth Centuries*, pp. 56–59；Paul R. Katz（康豹）, *Images of the Immortal: The Cult of Lü Dongbin at the Palace of Eternal Joy*, Honolulu: University of Hawai'i Press, 1999.

21 不同著作對林靈素早年職業生涯的記述有所不同，包括他最早開始雲遊時學的是不是佛法，以及他在何處學習了雷法並得到關於神霄的書。有些史料的記載明顯是錯誤的，例如在《歷世真仙體道通鑑》中說他曾經是蘇軾的僕人，參見《歷世真仙體道通鑑》卷五十三，葉 1b（《道藏》第 5 冊，403 頁中欄）。（關於日期錯誤，參見李麗涼〈北宋神霄道士林靈素與神霄運動〉，90-91 頁）

22 參見《歷世真仙體道通鑑》卷五十三，葉 2a-b、5a-b（《道藏》第 5 冊，407 頁下欄、408 頁下欄）；《賓退錄》卷一，4 頁；《文獻通考》卷二百二十五，1808 頁下欄；唐代劍《宋代道教管理制度研究》，50 頁；Edward L. Davis, *Society and the Supernatural in Song China*, pp. 26–27.

23《賓退錄》卷一，4 頁。徐知常當時參與修訂道藏。他是一位很有才氣的詩人，對道學和儒家經典都很熟悉，還擅長不用藥物為人治病（《宣和畫譜》卷四，91 頁）；《歷世真仙體道通鑑》記錄徐知常的推薦是在 1116 年十月；《佛祖歷代通載》（T49.2036）19.681A 將這次引薦記錄為 1117 年正月，而且徐知常是與蔡京一同推薦，而不是他一個人。唐代劍認為最有可能是在 1115 年（《〈宋史・林靈素傳〉補正》，24-25 頁）。李麗涼〈北宋神霄道士林靈素與神霄運動〉106 頁提出，蔡京可能也推薦了林靈素。根據《賓退錄》（卷一，4 頁），徐知常推薦林靈素是應徽宗的要求。徽宗有一次夢到，東華帝君傳喚他進神霄宮。他醒來後令徐知常查一下神霄宮是什麼意思。後來有人告訴徐知常，東太一宮住著一位溫州道士林靈素，提到過神霄，還寫了幾首有關神霄的詩。徽宗於是詔林靈素入宮。在林靈素的傳記中，詳細描述了徽宗的夢境，但將這件事發生的時間提前到了 1106 年，並認為劉混康在 1108 年去世前向徽宗推薦了林靈素，但徽宗直到 1116 年才遇到他（《歷世真仙體道通鑑》卷五十三，葉 2b–4a〔《道藏》第 5 冊，407 頁下欄至 408 頁中欄〕）。

24《賓退錄》卷一，4 頁。《歷世真仙體道通鑑》卷五十三，葉 4a-b（《道藏》第 5 冊 408 頁中欄）。

9 引自《周禮》中的句子；《周禮》22.17b，稍作縮略。

10《宋會要輯稿・禮二十八》，葉 59b–61b。

11《鐵圍山叢談》卷五，87–88 頁。

12 參見唐代劍《宋代道教管理制度研究》，北京：線裝書局，2003 年，28-29 頁。

13《宋史》卷二十，380 頁。《皇宋通鑑長編紀事本末》卷一百二十七，2130 頁。

14《宋會要輯稿・禮五十一》，葉 14b–16b。《宋會要輯稿補編》，802 頁上欄。Patricia Buckley Ebrey, "Emperor Huizong as a Daoist."

15《宋會要輯稿・禮五》，葉 2a–b。《鐵圍山叢談》卷六，104-105 頁。《皇朝編年綱目備要》卷二十八，714-715 頁。唐代劍《宋代道教管理制度研究》，52-53 頁；《畫繼》卷一，270 頁。關於宮觀建成的日期，參見久保田和男〈北宋徽宗時代と首都開封〉，15 頁。

16 有關被徽宗召入宮內會面的佛教大師，參見《歷世真仙體道通鑑》卷五十一、五十二、五十三（《中華大道藏》第 47 冊，556、557、558、563、564、565、566、567、568、576 頁）。

17 很多學者都研究過徽宗與林靈素的關係，其中比較早的有金中樞〈論北宋末年之崇尚道教〉，《新亞學報》第七卷二期，323-414 頁，第八卷一期，187-257 頁；宮川尚志〈林靈素と宋の徽宗〉，《東海大學紀要》（文學部）24 號，1975 年，1-8 頁；〈宋の徽宗と道教〉，《東海大學紀要》23 號，1975 年，1-10 頁；以及 Michel Strickmann, "The Longest Taoist Scripture"。一些值得注意的近期研究有蕭百芳〈從道藏資料探索宋徽宗崇道的目的〉，《道教學探索》第 3 號，1990 年，130-183 頁；〈宋徽宗崇道神話的探討〉，《道教學探索》第 3 號，95-129 頁；唐代劍《〈宋史・林靈素傳〉補正》，《世界宗教研究》總第 49 期，1992 年，23-28 頁；〈北宋神霄宮及其威儀鉤稽〉，《中國道教》1994 第 3 期，47-48 頁；〈宋代道教發展研究〉，《廣西大學學報》1997 年第 4 期，63-95 頁；以及《宋代道教管理制度研究》，26-57 頁。Shin-yi Chao（趙昕毅）, "Daoist Examinations and Daoist Schools during the Northern Song Dynasty," *Journal of Chinese Religions* 31, 2003, pp. 1–37; "Huizong and the Divine Empyrean Palace Temple Network," in *Emperor Huizong and Late Northern Song China: The Politics of Culture and the Culture of Politics*, pp. 324–358；以及李麗涼〈北宋神霄道士林靈素與神霄運動〉。

18 佛教對林靈素的看法記錄在兩部佛教通史中，這兩部著作分別完成於 1269 年和 1341 年（《佛祖統紀》〔T49，2035〕46.421b；《佛祖歷代通載》〔T49，2036〕681A-19.684B）。陸游的文章參見《家世舊聞》卷二，218-219 頁。

19 關於林靈素的內容，很多收錄於《皇宋通鑑長編紀事本末》卷一百二十七。有些引

61《宣和畫譜》卷十二，205–206 頁。

62《宋史》卷三百七十二，11544 頁。《全宋文》第 125 冊，100–113 頁。《三朝北盟會編》卷一百五十九，炎興下帙五十九，336 頁。

63 關於告誡提防宦官濫用職權的奏疏，參見《宋朝諸臣奏議》卷六十一至六十三。楊時在欽宗繼位後不久呈遞的兩份奏疏中議論了徽宗朝的宦官問題，參見《宋朝諸臣奏議》卷六十三，704–705 頁。

64《鐵圍山叢談》卷五，89 頁；卷六，109–111 頁。

第十二章　接受神啟（1110-1119）

題記：《全宋文》第 138 冊，54–55 頁。

1 《鐵圍山叢談》卷五，87-88 頁。《宋史》卷四百六十二，13527 頁。《歷世真仙體道通鑑》卷五十二（《道藏》第 5 冊，403 頁上、中欄）。另參見 Liao Hsien-huei, "Visualizing the Afterlife: The Song Elites Obsession with Death, the Underworld, and Salvation,"《漢學研究》20 卷第 1 期，2005 年，356–357 頁。

2 許遜是 4 世紀時一位受到很多人祭拜的道教神仙；參見 Judith M. Boltz, *A Survay of Taoist Scripture, Tenth through Seventeenth Centuries*, pp. 72–73。

3 《皇宋通鑑長編紀事本末》卷一百二十七，2144 頁。《鐵圍山叢談》卷五，89 頁。《清波雜志》卷三，110 頁。《宋會要輯稿・輿服六》，葉 16b。

4 《皇宋通鑑長編紀事本末》卷一百二十七，2129-2130 頁。Patricia Buckley Ebrey, "Emperor Huizong as a Daoist," p. 16. 關於這次夢境，另參見《清波雜志》卷十一，461-462 頁。《宋會要輯稿・職官七十六》（葉 28b-29a）提到了徽宗在 1111 年七月十一日的病，這場病非常嚴重，要採取一些轉運的措施，例如減輕對官員的懲罰等。關於道教中的夢境傳統，參見 Michel Strickmann（司馬虛）, "Dreamwork of Psycho-Sinologists: Doctors, Taoists, Monks," in *Psycho-Sinology: The Universe of Dream in Chinese Culture*, edited by Carolyn T. Brown, Washington, DC: Woodrow Wilson International Center for Scholars, 1988, pp. 25–46；Rudolph Wagner（王耀庭）, "Imperial Dreams in China," in *Psycho-Sinology: The Universe of Dream in Chinese Culture*, pp. 11–24.

5 《宋會要輯稿・禮二十八》，葉 16a。《宋史》卷二十一，392 頁。

6 《宋會要輯稿・禮二十八》，葉 16b。《宋大詔令集》卷一百三十六，482 頁，譯文見 Patricia Buckley Ebrey, "Emperor Huizong as a Daoist," p. 22。

7 《宋會要輯稿・禮二十八》，葉 16b–18b。

8 《宋大詔令集》卷一百四十四，524 頁。

50《全宋文》第 102 冊，138 頁。《續資治通鑑長編拾補》卷二十九，987-988 頁。

51 關於人們對當十錢幣有何反應，參見《萍州可談》卷二，27 頁。

52《宋史》卷一百八十，4393 頁。《續資治通鑑長編拾補》卷三十一，1029 頁。《群書考索》後集，卷六十，葉 29a-b。

53《宋大詔令集》卷一百八十四，668-669 頁。《續資治通鑑長編拾補》卷三十，1005 頁。

54《燕翼詒謀錄》卷五，46 頁。

55《寶真齋法書贊》卷二，17-18 頁。《宋史》卷八十五，2101–2102 頁；卷四百六十八，13552、13661–13663 頁。《續資治通鑑長編拾補》卷四十三，1324–1325 頁。Maggie Bickford, "Huizong's Paintings: Art and the Art of Emperorship," in *Emperor Huizong and the Late Northern Song China: The Politics of Culture and the Culture of Politics*, pp. 505–510；Patricia Buckley Ebrey, *Accumulating Culture: The Collections of Emperor Huizong*, pp. 114, 133–134, 139；《皇朝編年綱目備要》卷二十八，713 頁。《揮麈錄・後錄》卷二，73 頁。

56 有關宦官在軍隊中的官職，參見 John Richard Labadie 博士論文 , "Rulers and Soldiers: Perception and Management of the Military in Northern Sung China (960-ca.1060)," University of Washington, 1981, pp. 174–176，更多細節參見柴德賡〈宋宦官參預軍事考〉，《輔仁學志》10 卷，1–2 號，1941 年。關於童貫的軍旅生涯，參見 Don J. Wyatt, "Unsung Men of War: Acculturated Embodiments of the Martial Ethos in the Song Dynasty," in *Military Culture in Imperial China*, edited by Nicola di Cosmo, Cambridge, MA: Harvard University Press, 2009, pp. 207–214。

57《續資治通鑑長編拾補》卷十九，676 頁。《宋史》卷四百六十八，13658 頁。蔡京在神宗統治時期曾出使遼國（《宋史》卷四百七十二，13721 頁）。

58《三朝北盟會編》卷五十二，靖康中帙二十七，518–519 頁。《宋會要輯稿・職官一》，葉 12b。《宋宰輔編年錄校補》卷十二，772–774、800–801 頁。

59 王平川和趙夢林編《宋徽宗書法全集》（北京：朝華出版社，2002 年，6-35 頁）對這幅作品有完整的說明。其他著作中也有介紹。

60《三朝北盟會編》卷五十二，靖康中帙二十七，520 頁。《鐵圍山叢談》卷一，2 頁。根據一處記載，童貫上朝時會穿著官服，但上朝結束後，他就會進宮換上宦官的衣服，行使服侍主人的職責（《鐵圍山叢談》卷一，2 頁）。但沒有其他史料能證實這一點，因此，它也許只是反映了一種仇視宦官的謠言，而不是事實。有關仇視宦官強烈情緒的另一個例子，參見 1118 年安堯臣的奏疏（《三朝北盟會編》卷二，政宣上帙二，12-18 頁，特別是第 16–18 頁）。

具。關於確定這些錢幣的成分是錫鐵合金而不是錫銅合金，參見中嶋敏《東洋史學論集 - 宋代史研究とその周邊》，44-45 頁，以及華覺明和趙匡華〈夾錫錢是鐵錢不是銅錢〉，《中國錢幣》1986 年第 3 期，21–22 頁。

40《宋史》卷一百八十，4387 頁。《宋會要輯稿・食貨五十二》（葉 15b）的數字更高，為六十萬貫當十錢幣，相當於六百萬貫一錢幣。

41《宋史》卷一百八十，4387 頁。《宋會要輯稿・食貨五十二》，葉 15b。《續資治通鑑長編拾補》卷二十五，837 頁。《皇宋通鑑長編紀事本末》卷一百三十六，2293 頁。《文獻通考》卷九，葉 96B–C。

42《宋會要輯稿・食貨二十四》，葉 34b-35b。關於徽宗朝的紙幣，參見汪聖鐸《兩宋貨幣史》，632-636 頁。從零星的資料中可看出整個徽宗朝都有物價上漲，但這些資料不足以識別出情況最惡劣的時期，或價格高到何種程度。另外，大部分的物價上漲都是發生在特定的地區，在不同貨幣形式上也表現各異，通常是一錢銅幣最穩定，紙幣最不穩定。有關北宋時期物價的史料，參見 Xinwei Peng, *A Monetary History of China*, pp. 380–403。更多相關分析參見高聰明〈北宋物價變動原因之研究〉，《河北學刊》1991 年第 4 期，95-100 頁。

43《皇宋通鑑長編紀事本末》卷一百三十六，2294–2295 頁。《續資治通鑑長編拾補》卷二十六，868、869、870、874–878 頁。《群書考索》卷六十，葉 24b。《宋會要輯稿・食貨二十四》，葉 34b–35b。關於徽宗朝出現的紙幣，參見汪聖鐸《兩宋貨幣史》，632-636 頁；《續資治通鑑長編拾補》卷二十六，887 頁。關於發行紙幣，參見中嶋敏《東洋史學論集 - 宋代史研究とその周邊》，61–63 頁。

44《皇宋通鑑長編紀事本末》卷一百三十六，2295–2296 頁。《全宋文》第 135 冊，265-266 頁。

45《續資治通鑑長編拾補》卷二十六，885–886 頁。《皇宋通鑑長編紀事本末》卷一百三十六，2296 頁。《獨醒雜志》（卷九，86–87 頁）對徽宗廢除當十錢幣的原因提供了一個不同的解釋。在一次宴會上，俳優取笑了這一政策，使徽宗受到觸動。

46《宋史》卷一百八十，4389–4390 頁。另參見汪聖鐸《兩宋貨幣史》，367-371 頁。

47《全宋文》第 137 冊，77–78 頁。《宋會要輯稿・食貨十三》，葉 23b–24a。

48《宋史》卷一百八十，4390–4391 頁。《續資治通鑑長編拾補》卷二十九，983-984 頁。《全宋文》第 102 冊，136–137 頁。《皇朝編年綱目備要》（卷二十七，699–700 頁）記載，張商英把鑄幣資金分配給政府，而不是之前的內庫。

49《宋大詔令集》卷一百八十四，669 頁。《續資治通鑑長編拾補》卷三十，1004–1006 頁。

18b；《崇儒四》，葉 10b。

35《宋史》卷四百七十二，13730–13732 頁。

36 柯睿哲、賈志揚與李弘祺仔細研究過教育和用人政策上的具體改革細節。Edward A. Kracke Jr, "The Expansion of Educational Opportunity in the Reign of Huitsung and Its Implications," *Sung Studies Newsletter* 13, 1977, pp. 6–30；John W. Chaffee, *The Thorny Gates of Learning in Sung China: A Social History of Examinations*, pp. 77–84; Thomas Hong-chi Lee, *Government Education and Examinations in Sung China*, pp. 64–65, 77–80, 126–127, 256–257。賈志揚還研究了對宗室的改革（*Branches of Heaven*, pp. 95–111）。宋格文、Silvia von Eschenbach 和郭志松研究了慈善機構方面的政策。Hugh Scogin, "Poor Relief in Nerthern Sung China," *Oriens Extremus* 25, no. 1, 1978, pp. 30–46; Silvia Freiin Ebner Von Eschenbach, "Public Graveyards of the Song Dynasty," in *Burial in Song China*, edited by Dieter Kuhn, Heidelberg: Edition Forum, 1994, pp. 215–52；Isaf Moshe Goldschmidt, "Huizon's Impact on Medicine and Public Health," in *Emperor Huizong and Late Nerthern Song China: The Politics of Culture and the Culture of Politics*, pp. 275–323）。

37 關於宋代的貨幣體系有大量的文獻資料，多數是中文和日文。英文簡介參見 Richard von Glahn, *The Sinister Way: The Divine and the Demonic in Chinese Religious Culture*；Zhihong Liang Oberst 博士論文 , "Chinese Economic Statecraft and Economic Ideas in the Song Period (960–1279)," Columbia University, 1996, pp. 345–408。比較詳細的闡述參見 Xinwei Peng, *A Monetary History of China*, Translated by Edward H. Kaplan, Berlingham: Western Washington University, Center for East Asian Studies, 1994, pp. 332–457【彭信威《中國貨幣史》，上海：上海人民出版社，1958 年】；汪聖鐸《兩宋貨幣史》，北京：社會科學文獻出版社，2003 年，352-386 頁。中嶋敏關於徽宗的每項貨幣措施都進行了研究，這些文章收錄於他 1988 年的著作中（《東洋史學論集 - 宋代史研究とその周邊》，東京：汲古書院）。關於每個鑄幣廠的地點及產量，參見 Xinwei Peng, *A Monetary History of China*, pp. 335–336。關於貨幣在不同地區的差異，參見高聰明〈北宋西北地區的銅鐵錢制度〉，《河北大學學報》1990 年第 3 期，21-29 頁。

38《續資治通鑑長編拾補》卷三十一，734 頁。《宋史》卷一百八十，4387 頁。關於貨幣的問題，除了《宋史》（卷一百八十，4386–4394 頁），其他有用資料包括：《群書考索》（後集，卷六十，葉 20a–30a）、《文獻通考》（卷九，葉 96B–97C）、《皇宋通鑑長編紀事本末》（卷一百三十六，2291–2305 頁）。

39 參見汪聖鐸《兩宋財政史》，385-386 頁。根據 Xinwei Peng, *A Monetary History of China*, pp. 344–345，鑄造錫鐵合金錢幣的理由是，這能夠防止將錢幣熔化後製成器

20《宋會要輯稿・方域四》，葉 23a-b。《宋史》卷三百五十一，11102 頁。《鶴林玉露》乙集卷五，200 頁；《老學庵筆記》卷五，63 頁；卷八，106 頁。《能改齋漫錄》卷十二，320 頁。王黼共收到兩套府宅，先是在 1116 年得到一套小的，然後在 1122 年替換為一套大的（《能改齋漫錄》卷十二，368 頁；《宋會要輯稿・崇儒六》，葉 12b–13a）。

21《宋史》卷三百五十一，11109 頁。《宋宰輔編年錄校補》卷十二，747-767 頁。另參見 David W. Chaffee, "Huizong, Cai Jing, and the Politics of Reform," pp. 46–49。

22《宋史》卷三百五十一，11101-11103 頁。《續資治通鑑長編拾補》卷二十九，988 頁。《皇朝編年綱目備要》卷二十七，699-700 頁。《揮麈錄・後錄》卷三，119 頁。

23 宋朝早期和後期的處於主導地位的其他首相也是同樣的情況。參見 Denis Twitchett and Paul Jakov Smith eds., *The Cambridge History of China,* vol. 5, part 1: *The Sung Dynasty and Its Precursors, 907–1279*，見於各處。

24《邵氏聞見錄》卷五，44 頁。《宋史》卷四百七十一，13716–13717 頁。《宋會要輯稿・職官六十八》，葉 7a–b。

25《揮麈錄・餘話》卷一，278 頁；《山左金石志》卷十七，葉 29a-31a。《癸辛雜識・別集》卷二，218 頁；Patricia Buckley Ebrey, "Huizong's Stone Inscriptions," pp. 241–248；Patricia Buckley Ebrey, "Literati Culture and the Relationship between Huizong and Caijing," pp. 1–24. 另參見詹凱琦〈蔡京與徽宗朝新書風研究〉，《中華弘道書學會會刊》第 9 期，2011 年六月。

26《宣和書譜》卷十二，92–94 頁。

27《揮麈錄・餘話》，卷一，277 頁。

28《全宋文》第 109 冊，177–178 頁，或《雞肋編》卷二，62–64 頁。

29《宋會要輯稿・職官十》，葉 2a-b；《方域四》，葉 23a。

30 有關王黼的正史傳記來源有《東都事略》（卷一百零六，葉 1a–3a）、《宋史》（卷四百七十，13681-13684 頁）、《宋宰輔編年錄校補》（卷十二，786–789 頁）和《三朝北盟會編》（卷三十一，靖康中帙六，305-309 頁）。

31 David W. Chaffee, "Huizong, Cai Jing, and the Politics of Reform," pp. 54–55.

32《宋會要輯稿・職官四》，葉 28a–b。《曲洧舊聞》卷十，225 頁。

33 關於讓宰臣的兒子作為侍臣，參見《宋史》卷三百六十一，11316 頁；《宋會要輯稿・職官六十九》，葉 21b–22a。關於蔡攸在早年作為徽宗的一個玩伴，參見《揮麈錄・後錄》卷三，109-111 頁；藤本猛〈北宋末の宣和殿 - 皇帝徽宗と學士蔡攸〉。

34 參見《宋會要輯稿・樂四》，葉 1b-2a；《禮二十四》，葉 72b；《禮三十四》，葉 13a–b、

339-340 頁。

10 參見 Charles Hartman, "A Text History of Cai Jing's Bibliography in Songshi", pp. 517–564。關於南宋初期歷史的編撰，參見 Charles Hartman, "The Making of a Villain: Ch'in Kuei Tao-hsueh," *Harvard Journal of Asiatic Studies* 58（1998）: pp. 59–146; "The Reluctant Historian: Sun Ti, Chu His, and the Fall of Northern Sung," *T'oung Pao* 89（2003）: pp. 100–148。

11《宣和書譜》卷十二，92–93 頁。中田勇次郎編《中國書論大系》第 5 卷，321-323 頁。關於這部書譜，參見 Patricia Buckley Ebrey, *Accumulating Culture: The Collections of Emperor Huizong*, pp. 223–256。關於書譜的更多譯文，參見 Patricia Buckley Ebrey, "Literati Culture and the Relationship between Huizong and Caijing," *Journal of Song-Yuan Studies* 36, 2006, pp. 1–24.

12《宣和書譜》卷十二，92 頁。

13《全宋文》第 143 冊，61-65 頁。

14《宋會要輯稿・職官五》，葉 13a–b。《宋會要輯稿補編》，308 頁；《宋史》卷一百八十，4386–4387 頁。David W. Chaffee, "Huizong, Cai Jing, and the Politics of Reform," pp. 36–40. Isaf Moshe Goldschmidt, "Huizong's Impact on Medicine and Public Health," in *Emperor Huizong and Late Northern Song China: The Politics of Culture aand the Culture of Politics*, p. 300.

15 有關徽宗和詩的其他記載，參見《齊東野語》卷十六，292-293 頁。

16《宋史》卷三百四十三，10921–10922 頁；《全宋文》143 冊，61–65 頁。《宋史》(卷三百四十三，10921–10922 頁）和《宋宰輔編年錄校補》(卷十二，770 頁）記載他的年齡是七十九歲，但墓誌銘中（《全宋文》第 143 冊，65 頁）記載為七十七歲。

17《揮麈錄・後錄》卷七，164–165 頁；《宋會要輯稿・崇儒六》，葉 11a–12a。

18《宋會要輯稿・禮十二》，葉 3a–b；《禮四十四》，葉 17b。《宋史》卷三百五十一，11100 頁。《初寮集》卷三，葉 18b–24a；卷四，葉 40b-46b、49a-52b。《揮麈錄・前錄》，卷三，26-27 頁；《續資治通鑑長編拾補》卷三十五，1130-1131 頁。Patricia Buckley Ebrey, *Accumulating Culture: The Collections of Emperor Huizong*, pp. 168–169. 受賞者包括蔡京、鄭居中、鄧洵武、余深、侯蒙、薛昂、白時中和童貫。每個受賞者收到的祭器數量多少取決於他們的品銜大小（正一品、從一品或正二品）。其中賜給童貫的一件祭器今存世，圖樣參見 Patricia Buckley Ebrey, *Accumulating Culture: The Collections of Emperor Huizong*, p. 171。

19《賓退錄》卷一，12 頁。《鐵圍山叢談》卷二，26–27 頁。

89 Patricia Buckley Ebrey, *Accumulating Culture: The Collections of Emperor Huizong*, pp. 297–301.

90《宋會要輯稿・帝系五》，葉 25a–b。John W. Chaffee, *Branches of Heaven: A History of the Imperial Clan of Sung China*, p. 106.

第十一章　與宰臣共治

題記：《宋大詔令集》卷一百七十九，649 頁。

1 Yuri Pines, *Envisioning Eternal Empire: Chinese Political Thoughts of the Warring States Era*, Honolulu: University of Hawai'i Press, 2009【尤銳《展望永恆帝國：戰國時代的中國政治思想》，孫英剛譯，王宇校，上海：上海古籍出版社，2013 年】。Denis Twicchett（杜希德）, "How to be an Emperor: T'ang T'ai-tsung's Vision of His Role," *Asia Major* 9, 3rd series, pp. 63–75；《歐陽修全集・居士集》卷十七，126-128 頁；James T. C. Liu, *Ou-yang Hsiu: An Eleventh-Century Neo-Confucianist*, Stanford: Stanford University Press, 1967, p. 118.

2 關於魏徵和唐太宗，參見 Howard Wechsler, *Mirror to the Son of Heaven: Wei Cheng at the Court of T'ang T'ai-tsung*, New Haven: Yale University Press, 1974。關於司馬光對君臣關係的觀點，參見 Xiao-bin Ji, *Politics and Conservatism in Northern Song China*, pp. 36–49。

3《東都事略》卷一百零五，葉 2a。《宋史》（卷三百四十八，11024-11025 頁）還記載了一些別的對話。

4《浮溪集》卷二十四，275-276 頁。蔣猷的墓誌銘中也記錄了他與徽宗的對話。參見《浮溪集》卷二十七，344-348 頁。

5《林泉高致》56–57 頁；Ping Leong Foong 博士論文, "Monumental and Intimate Landscape by Guo Xi ." Princeton University, 2006, pp. 125–126.

6 這裡不包含蔡京在 1124 年的一次短暫回歸，當時他已七十多歲了，幾近失明，已經沒有能力再次掌權了。

7 參見 David W. Chaffee, "Huizong, Cai Jing, and the Politics of Reform," in *Emperor Huizong and Late Northern Song China: The Politics of Culture and the Culture of Politics*, 2006, pp. 31–77。

8《宋大詔令集》卷一百九十六，723–734 頁。對蔡京發起新攻擊的原因之一是 1110 年五月出現了一次彗星，參見 David W. Chaffee, "Huizong, Cai Jing, and the Politics of Reform," p. 49。

9《宋會要輯稿・職官一》，葉 33a–b；《禮四十七》，葉 8a–b。《宋大詔令集》卷七十，

73《宋史》卷二百四十六，8725 頁。《宋會要輯稿・帝系二》，葉 20b-21a。John W. Chaffee, *Branches of Heaven: A History of the Imperial Clan of Sung China*, p. 164.

74《鐵圍山叢談》卷一，1 頁。《揮麈錄・餘話》卷一，281 頁。英文翻譯參見 Chu Djang and Jane C. Djang, trans., *A Compilation of Anecdotes of Sung Personalities*, Compiled by Ting Ch'uan-ching, New York: St. John's University Press, 1989, pp. 78–79.

75《宋會要輯稿・帝系八》，葉 39a-b、56b。曾夤的年齡根據《開封府狀》(119 頁）記錄他在 1127 年是二十八歲而推斷出來。

76 五公主在 1103 年三月獲得第一個封號，說明她是在 1102 年年底或 1103 年年初出生。而根據 1127 年對俘獲人員年齡的紀錄，蔡鞗當時虛歲二十一歲（《開封府狀》，119 頁），意味著他出生於 1107 年。當然，這個名冊可能有誤，但蔡鞗這麼年輕也不是沒有可能。也許他的年齡並不重要，徽宗希望兩家結親，但蔡京只有最小的兒子未婚。

77《宋會要輯稿・帝系八》，葉 57a-b。

78《開封府狀》卷三，114-116 頁。徽宗這些已經結婚的女兒將要和丈夫一同被發配。不清楚她們的子女是被留了下來，還是被認為不值一提。

79《續資治通鑑長編拾補》卷三十八，1197-1198 頁。

80《揮麈錄・餘話》卷一，277-278 頁。

81《貴耳集》卷二，46 頁。英文翻譯參見 Chu Djang and Jane C. Djang, trans., *A Compilation of Anecdotes of Sung Personalities*, Compiled by Ting Ch'uan-ching, pp. 550–552。

82 參見 William O. Hennessey, "Classical Sources and Vernacular Resources in Xuanhe Yishi: The Presence of Priority and the Priority of Presence," *Chinese Literature: Essays, Articles, and Reviews* 6, 1984, pp. 33–52.

83 William O. Hennessey trans., *Proclaming Harmony*, p. 35. 其他史料中說，幫助他們進行溝通的是另一位道士王仔昔。

84 William O. Hennessey trans., *Proclaming Harmony*, pp. 42–44.

85《大宋宣和遺事》亨集 15–16；英文翻譯參見 William O. Hennessey trans., *Proclaming Harmony*, pp. 69–70，有改動。

86《曾公遺錄》卷九，294-295 頁。《宋會要輯稿・帝系一》，葉 17a。《宋朝諸臣奏議》卷三十二，319-320 頁。《宋史》卷三百五十一，11099 頁。

87《宋會要輯稿・帝系二》，葉 17b。似親王於 1106 年去世（《宋史》卷三十，377 頁）。

88 關於宋朝的皇帝宗室，參見 John Chaffee, *Branches of Heaven: A History of the Imperial Clan of Sung China*。宗室的人數在第 31 頁。

57《鐵圍山叢談》卷五，88 頁。參見《甕牖閒評》卷八，80 頁。

58《歷世真仙體道通鑑》卷五十三，葉 6a-b（《道藏》第 5 冊，409 頁上欄）。《賓退錄》（卷一，4 頁）對道教法會有一個比較簡短的敘述。

59《宋史》卷二百四十三，8645 頁。《揮麈錄・後錄》卷三，115-116 頁。《宋大詔令集》卷二十四，118 頁。

60《皇宋十朝綱要》卷十五，葉 2a-b。

61 這些女性都被列為徽宗的女人。欽宗的嬪妃另外有一份列表。他的嬪妃數量要少得多，因為他即位剛剛一年，而且，似乎不像父親或弟弟趙楷那樣對多位異性伴侶有興致。趙楷的幾位嬪妃已經為他生下了好幾個子女。.

62《開封府狀》，104–111 頁。《宋俘記》，254–261 頁。在這些史料中記錄的年齡與其他一些歷史資料中的紀錄並不完全相符。儘管何忠禮提出，在韋妃（宋高宗的母親）的年齡上，女真人的紀錄可能更準確，因為高宗有理由將他母親的年齡記錄得比實際年齡大幾歲，但以一些被授予封號的公主為例，在《宋會要輯稿》中記錄的年齡要比女真人的紀錄大幾歲，因此女真人有時候可能只是推測她們的年齡，或是有些人誤報了自己的年齡。何忠禮〈環繞宋高宗生母韋氏年齡的若干問題〉，《文史》第 39 輯，1994 年，135-147 頁。

63《全宋詩》卷 1492，17053、17055 頁；卷 1493，17057 頁；英語翻譯參見 Ronald C. Egan, “Huizong’s Palace Poems,”in *Emperor Huizong and Late Northern Song China: The Politics of Culture and the Culture of Politics*, pp. 389–392。

64《宋會要輯稿・帝系二》，葉 18a-b；《方域三》，葉 22a。

65《宋會要輯稿・職官七》，葉 25b-26a。

66《全宋文》第 143 冊，55-56 頁。

67《靖康要錄》卷六，117 頁。

68《皇宋通鑑長編紀事本末》卷一百四十六，2454–2455 頁。《宋史》卷二十一，393–394 頁；卷一百一十一，2666 頁。《宋會要輯稿・帝系二》，葉 18b-19a。《宋大詔令集》卷二十五，123、129-130 頁。《續資治通鑑長編》卷四百七十，11227 頁。既然朱太妃當初不希望徽宗繼位，因此讓人很意外的是，徽宗與她的家族又成了新的姻親。

69《政和五禮新儀》政和御製冠禮，見於各處。

70《鐵圍山叢談》卷二，23 頁；卷五，89 頁。

71《宋會要輯稿・帝系八》，葉 39b。《鐵圍山叢談》卷一，2 頁。

72《宋史》卷二百四十六，8729 頁。《宋會要輯稿・帝系二》，葉 28a。

40《揮麈錄・餘話》卷一，279-280 頁。《全宋文》（第 109 冊，178-179 頁）記錄這篇文章的作者是蔡京，但從文字內容看，更有可能是李邦彥。王安中描述了另外一次元宵節宴會，可能是後來發生的。參見《全宋詩》第 24 冊，15971-15973 頁。

41 參見《鐵圍山叢談》卷六，106 頁。沈冬梅《宋代茶文化》，臺北：學海出版社，1999 年。

42《大觀茶論》，葉 13a-14b；英譯文參見 John Blofeld, *The Chinese Art of Tea*, Boston: Shambhala, 1985, pp. 34–37，略有改動。

43《宋朝諸臣奏議》卷十一，101-103 頁。

44 Priscilla Ching Chung, *Palace Women in the Northern Sung*, Monographies du T'oung Pao, 12, Leiden: E. J. Brill, 1981. Patricia Buckley Ebrey, "Record, Rumor, and Imagination: Sources for the Women of Huizong's Court before and after the Fall of Kaifeng," 46-97 頁；*Women and the Family in Chinese History*, London: Routeledge, 2003, pp. 177–193.

45 這是《宋史》（卷二百四十六，8725-8729 頁；卷二百四十八，8763-8787 頁）給出的數字。這一數字沒有包括徽宗在被囚禁期間所生的子女。根據一處記載，徽宗在被囚期間生下了六個兒子和八個女兒，這就使全部子女的人數增加到七十九人（《宋俘記》，253 頁）。關於徽宗的每位嬪妃所生子女數量，以及與其他北宋皇帝的對比，參見 Patricia Buckley Ebrey, *Women and the Family in Chinese History*, pp. 177–193。

46 賈虎臣《中國歷代帝王譜系彙編》，臺北：正中書局，1967 年。根據賈虎臣提供的圖表，有三十九位皇帝在位時間達到二十年或更長，但只有四位的子女人數超過三十人。

47 參見 Patricia Buckley Ebrey, *Women and the Family in Chinese History*, p. 190.

48《宋史》卷二百四十三，8639 頁。《宋史》卷十九，359 頁。

49《宋史》卷二百四十三，8638 頁。

50《皇宋十朝綱要》卷十五，葉 1b-2b。我在這裡使用了 Priscilla Ching Chung, *Palace Women in the Northern Sung*, p. 81 對嬪妃封號的翻譯。

51《宋史》卷二百四十三，8639 頁。

52《宋會要輯稿・后妃三》，葉 16b。

53《宋史》卷二百四十三，8638 頁。

54《宋史》卷一百一十一，2661 頁。

55《宋史》卷二百四十三，8643 頁。

56 追封主要是發生在繼位的皇帝不是皇后生下的兒子，而是由一位級別較低的嬪妃所生。如果皇后和他的生母都去世了，他就可以追封生母為皇后。

25《三朝北盟會編》卷七，政宣上帙七，60 頁。

26《全宋詩》第 31 冊，19676 頁；《栟櫚集》卷一，葉 1a-4b。《揮麈錄・後錄》卷二，98 頁。

27 參見諸葛憶兵《徽宗詞壇研究》。Ronald C. Egan, *The Problem of Beauty: Aethetic Thought and Pursuits in Northern Song Dynasty China*, pp. 237–347. 與徽宗同時代的葉夢得記錄了發生在政和年間（1111–1117）的一件非常誇張的故事：有一次，一位不會作詩的官員提議禁止詩詞，因為它是「元祐學術」。但在那一年的冬天，徽宗看到初雪時很高興，宰臣吳居厚獻上了三首詠雪的詩，徽宗還親自寫了一首應和，這就明確表示，寫詩不是冒犯行為。(《避暑錄話》卷二，葉 35a-b)。

28《曾公遺錄》卷八，155-156 頁。

29《宋史》卷一百四十二，3348 頁。關於女性演奏者，參見 Beverly Bossler（柏文莉）, "Gender and Entertainment at the Song Court," in *Servants of the Dynasty: Palace Women in World History*, edited by Anne Walthall, Berkeley: University of California Press, 2008, pp. 261–279 和 *Courtesans, Concubines, and the Cult of Female Fidelity*, Cambridge, MA: Harvard Asia Center, 2013, pp. 13–19。

30《夷堅志》乙志，卷四，822–823 頁。另參見 Wilt Idema and Stephen West, *Chinese Theater, 1100–1450: A Source Book*, pp. 175–176。

31《宋會要輯稿・禮四十五》，葉 16a。

32《雞肋編》(卷二，62 頁）提到了兩位親王。

33《全宋文》第 109 冊，169 頁。英語譯文參見 William O. Hennessey trans., *Proclaiming Harmony*, Ann Arbor: Center for Chinese Studies, University of Michigan, 1981, p. 26。

34《揮麈錄・餘話》卷一，273–276 頁。《全宋文》第 109 冊，168-171 頁。

35《清波雜志》卷八，364 頁。《皇宋十朝綱要》卷十七，葉 14a。關於他們所經過的宮殿，參見藤本猛〈北宋の宣和殿 - 皇帝徽宗と學士蔡攸〉,《東洋學報》第 81 冊(2007 年），1-68 頁。

36 關於趙仲忽，參見 Patricia Buckley Ebrey, *Accumulating Culture: The Collections of Emperor Huizong*, pp. 83, 109, 419 n.112。

37《揮麈錄・餘話》卷一，277 頁。《全宋文》第 109 冊，172-175 頁，其中有些內容引自《續資治通鑑長編拾補》卷四十，1251-1252 頁。

38 關於那裡舉辦的其他宴會，參見《宋會要輯稿・禮四十五》，葉 16a-b。

39《揮麈錄・餘話》卷一，279-281 頁。《全宋文》第 109 冊，173-175 頁。關於統治者與民同樂的詩句化用了《孟子・梁惠王章句上》「王立於沼上」。

7 關於賦詩競賽，包括對詩的韻腳，參見 Colin S. C. Hawes（柯霖），*The Social Circulation of Poetry in the Mid-Northern Song: Emotional Energy and Literati Self-Cultivation*, Albany, NY: SUNY Press, 2005，尤其是 31-50 頁。

8 《宋史》卷四百四十五，13130 頁。《浮溪文粹》附錄，葉 2b-3a。遺憾的是，他的詩都沒有保存下來。

9 《宣和書譜》卷十二，93-94 頁

10 其他一些例子還有慕容彥逢寫的詩（《摛文堂集》卷二，葉 4b-8a）和蔡京寫的詩（在《揮麈錄・餘話》卷一，271-273 頁提到）。另參見《宋詩紀事》卷一，葉 11a-12b。有幾次場合，慕容彥逢的詩中使用了與王安中一樣的韻腳（《摛文堂集》卷二，葉 5b、6a）。

11《全宋詩》第 24 冊，15974-15981 頁（《初寮集》卷一，葉 1a-24a）。

12《初寮集》卷一，葉 21b-22a（《全宋詩》第 24 冊，15979 頁）。

13《初寮集》卷一，葉 17a-b（《全宋詩》第 24 冊，15977 頁）。當時在大晟樂府任職的一些詩人所寫的有關元宵節的詞，參見諸葛憶兵《徽宗詞壇研究》，49 頁。

14《張氏可書》，葉 1b-2a。有關王安中在元宵節期間寫的另一首帶有長篇序言的詩，參見《清波雜志》卷六，245-248 頁和《揮麈錄・後錄》卷四，121-124 頁。

15《名賢氏族言行類稿》卷十九，葉 18b-19a。有關徽宗被幽默詩文逗笑的其他例子，參見《清波雜志》卷六，277 頁。

16《名賢氏族言行類稿》卷十九，葉 18a-b。

17《宋史》卷一百一十三，2698-2699 頁。

18 這裡暗指《禮記》(《禮記》卷二十五，葉 20b；英語譯文參見 James Legge, trans., *Li Chi, Book of Rites*, vol. 1, pp. 425–426）。

19 這一禮儀在冬至時行使，因此它標誌著白天開始由短轉長，會有更多的陽光（陽）。

20 這首詩的後半部分也可以理解為 :「誰寫了詠柳的詩？」這與東晉女詩人謝道韞將雪比喻為柳絮有異曲同工之妙。

21《揮麈錄・餘話》卷一，271-273 頁。這一組詩寫於 1119 年底，其中非常強烈地暗示，歷史潮流將很快轉為對徽宗不利，而他卻一無所知。

22 關於拜占庭的頌詩及其在羅馬的起源，參見 Paul Magdalino, *The Empire of Manuel J. Komnenos, 1143–1180*, Cambridge, UK: Cambridge University Press, 1993, pp. 413–70。

23 Jack Chen, *The Poetics of Sovereignty: On Emperor Taizong of the Tang Dynasty*, p. 380.

24 參見 Wu Fusheng, *Writtern at Imperial Command: Panegyric Poetry in Early Medieval China*,p. 5–6。

第十章　宮廷之樂

題記：《宋會要輯稿·帝系八》，葉 39b。《揮麈錄·後錄》卷一，280 頁。

1 關於漢武帝，參見 David R. Knechtges（康達維）, "The Emperor and Literature," in *Imperial Rulership and Cultural Change in Traditional China*, edited by Frederick P. Brandauer and Chun-chieh Huang, Seattle: University of Washington Press, 1994, pp. 51–76；關於梁朝宮廷，參見 Tian Xiaofei, *Beacon Fire and Shooting Star: The Literary Culture of the Liang (502–557)*, Cambridge, MA: Harvard University Asia Center, 2007【田曉菲《烽火與流星：蕭梁王朝的文學與文化》，北京：中華書局，2010 年】；關於唐太宗，參見 Jack Chen, "The Writing of Imperial Poetry in Medieval China," pp. 57–98，以及 *The Poetics of Sovereignty: On Emperor Taizong of the Tang Dynasty*；關於李煜，參見陳葆真《李後主和他的時代》，北京：北京大學出版社，2009 年。Chen Pao-chen, "Emperor Li Hou-chu as a Calligrapher, Painter, and Clllector," in *Selected Essays on Court Culture in Cross-Cultural Perspective*, edited by Lin Yaofu, Taipei: Taiwan University Press, 1999, pp. 133–69. 關於宮廷詩人寫的讚頌詩，參見 Fusheng Wu（吳伏生）, *Written at Imperial Command: Panegyric Poetry in Early Medieval China*, Albany, NY: SUNY Press, 2008.

2 《鐵圍山叢談》卷二，27-28 頁。《獨醒雜志》卷四，36 頁。

3 諸葛憶兵《徽宗詞壇研究》，北京：北京出版社，2001 年。關於詞人周邦彥，參見 James J. Y. Liu（劉若愚）, *Major Lyricists of the Northern Sung*, Princeton: Princeton University Press, 1974, pp. 161–194；James R. Hightower（海陶瑋）, "The Songs of Chou Pang-yen," *Harvard Journal of Asiatic Studies* 37, no. 2, 1977, pp. 233–72. Ronald C. Egan, *The Problem of Beauty: Aesthetic Thought and Pursuits in Northern Song Dynasty China*, Cambridge, MA: Harvard University Asia Center, 2006, pp. 330–347.【艾朗諾《美的焦慮：北京士大夫的審美思想與追求》，杜斐然等譯，上海：上海古籍出版社，2013 年】

4 James M. Hargett, "Song Biographies, Supplementary N. 1: Chen Yuyi (1090–1139)," *Journal of Sung-Yuan Studies* 23, 1993, pp. 113–114；Ronald C. Egan, "The Emperor and the Ink Plum: Tracing a Lost Connection netween Literati and Huizong's Court," pp. 118–122.

5 《揮麈錄·後錄》卷四，121-124 頁。《清波雜志》卷六，245-246 頁。《初寮集》卷一，葉 6a-11a。《全宋詩》第 24 冊，15971–15974 頁。《宋史》卷三百五十二，11126 頁。《揮麈錄·後錄》（卷四，121 頁）記錄這次宴會的時間是宣和七年（1125），這肯定有誤；參見《清波雜志》卷六，247-248 頁。《宋史》（卷三百五十二，11126 頁）提到了王安中在詩詞上的貢獻，但沒有給出日期。

6 《寓簡》卷十，葉 4a-5a。

90《揮麈錄・後錄》卷二，72-73 頁。祖秀說這塊石碑有三丈高，碑文是徽宗的親筆書法（James M. Hargett, "Huizong's Magic Marchmount: The Genyue Pleasure Park of Kaifeng," p. 41）。何瞻翻譯的是後來收錄於張淏著作中的碑文部分，差不多是全篇碑文的一半，不包括開篇與結尾。

91 這些翻譯均出自 James M. Hargett, "Huizong's Magic Marchmount: The Genyue Pleasure Park of Kaifeng"。

92 James M. Hargett, "Huizong's Magic Marchmount: The Genyue Pleasure Park of Kaifeng," p. 36，略有改動。

93 Lothar Ledderose, "The Earthly Paradise: Religious Elements in Chinese Landscape Art," p. 170；Victor Xiong, *Emperor Yang of the Sui Dynasty: His Life, Times, and Legacy*, p. 98.

94 Edward H. Schafer, *Tu Wan's Stone Catalogue of Cloudy Forest*, Berkeley and Los Angeles: University of California Press, 1961, p. 7.

95 參見 Edward H. Schafer, *Tu Wan's Stone Catalogue of Cloudy Forest*, pp. 8–9, 16–17.

96 英譯文參見 James M. Hargett, "Huizong's Magic Marchmount: The Genyue Pleasure Park of Kaifeng," pp. 41–42，略有改動。關於徽宗在宮苑中使用石頭，參見 Maggie Keswick, *The Chinese Garden: History, Art, and Architecture*, New York: Rizzoli, 1978, pp. 53–56。

97《揮麈錄・後錄》卷二，80-84 頁。

98《揮麈錄・後錄》卷二，87 頁。

99 Edward H. Schafer, "Hunting Parks and Animal Enclosure in Ancient China," p. 336.

100 關於參與這一項目的官員，參見《宋會要輯稿・職官五》，葉 22a。

101《宋會要輯稿・刑法二》，葉 70a-b。《宋大詔令集》卷一百四十五，532 頁。

102 關於朱勔負責的「花石綱」工程，參見 Yu-kung Kao, "A Study of the Fang La Rebellion," *Harvard Journal of Asiatic Studies* 24, 1962–1963, pp. 17–63 和 James M. Hargett, "Huizong's Magic Marchmount: The Genyue Pleasure Park of Kaifeng," pp. 10–15。

103《政和五禮新儀》卷首，葉 38b-39a。

104 Patricia Buckley Ebrey, *Accumulating Culture: The Collections of Emperor Huizong*, pp. 356–370.

105 Patricia Buckley Ebrey, *Accumulating Culture: The Collections of Emperor Huizong*, pp. 293–297.

106《全宋文》第 165 冊，162 頁。《宋會要輯稿・禮五十一》，葉 11a-b。《宋大詔令集》卷一百三十六，481 頁。

107《揮麈錄・後錄》卷二，75 頁。

面積為 7.5 平方公里。開封的宮城面積只有 0.4 平方公里。

80 作為比較，熊存瑞書中提到，隋煬帝在洛陽修建的最大宮殿長度為 120 公尺，是徽宗宮殿的三倍。Victor Xiong, *Emperor Yang of the Sui Dynasty: His Life, Times, and Legacy*, Albany, NY: SUNY Press, 2006, p. 82.

81《宋史》卷八十五，2100 頁。《容齋隨筆・三筆》卷十三，568-569 頁。

82《宋史》卷八十五，2101 頁。《續資治通鑑長編拾補》卷三十二，1061 頁。《皇朝編年綱目備要》卷二十八，709 頁。關於在這一地點儲藏的物品，參見 Patricia Buckley Ebrey, *Accumulating Culture: The Collections of Emperor Huizong*, pp. 112–113。

83 Edward H. Schafer, "Hunting Parks and Animal Enclosures in Ancient China," *Journal of the Economic and Social History of the Orient* 11, 1968, pp. 325–331；Mark Edward Lewis, *The Construction of Space in Early China*, pp. 177–178；Lothar Ledderose, "The Earthly Paradise: Religious Elements in Chinese Landscape Art," in *Theories of the Arts in China*, edited by Susan Bush and Christian Murck, Princeton: Princeton University Press, 1983, p. 166.

84 Victor Xiong, *Emperor Yang of the Sui Dynasty: His Life, Times, and Legacy*, p. 98. 與徽宗園林規模接近的是唐朝在京師長安擴建的宮殿，即周長約七公里的大明宮。在之後的朝代，皇家園林／宮苑總是占據著大塊土地（Susan Naquin〔韓書瑞〕, *Peking: Temple and City Life, 1400–1900*, Berkeley: University of California Press, 2000, pp. 129, 132–136）。在國外的類似建築中，西班牙菲利普二世修建的皇帝苑囿占地面積為 16 平方公里，裡面有噴泉和人工湖。另一個在馬德里外的阿蘭胡埃斯（Aranjuez），那裡種植了 223,000 棵樹，很多是從四面八方運過去的。（Geoffrey Parker, *Phillip II*, London: Hutchinson, 1978, pp. 39–41）

85 關於這塊石頭高度的不同說法，參見侯迺慧〈試論宋徽宗汴京艮嶽的造園成就〉，《中華學苑》1994 年第 4 期，260-261 頁；James M. Hargett, "Huizong's Magic Marchmount: The Genyue Pleasure Park of Kaifeng," p. 19, n.78。

86《揮麈錄・後錄》卷二，74 頁。

87 暗指《孟子・梁惠王章句下》中內容；參見 D. C. Lau, *Lao Tzu: Tao Te Ching*, pp. 16–17.

88《詩經・大雅・靈臺》中提到了很多的靈臺和靈沼（毛詩第 242 首）。參見 James Legge, *The Chinese Classics*, vol.4, pp. 456–457；Edward H. Schafer, *Pacing the Void: T'ang Approaches to the Stars*, p. 322.

89「金闕」和「玉京」這兩個詞在道藏中出現過數千次，在徽宗朝編纂的道藏中，「最長的道經」被列為第一篇道經，其中也多次提到這兩個詞彙。

70b-73a。《皇宋通鑑長編紀事本末》卷一百二十五，2099-2101 頁。關於蔡京在徽宗的建築項目上所起到的作用，參見久保田和男〈北宋徽宗時代と首都開封〉，《東洋史研究》第六十三卷第三號，2005 年，624-626 頁。

64《宋史》卷六十六，1417 頁。《宋會要輯稿・禮二十四》，葉 70a、71b-72a。《全宋文》第 165 冊，134 頁。《皇宋通鑑長編紀事本末》卷一百二十五，2102-2104 頁。

65《全宋文》第 146 冊，243-244、273-274 頁。《初寮集》卷四，葉 48a-b。《玉海》卷一百九十六，葉 10b-11a。《宋會要輯稿・瑞異一》，葉 21a。

66《宋會要輯稿・禮二十四》，葉 68b-70b。《皇宋通鑑長編紀事本末》卷一百二十五，2102-2104 頁。《宋史》卷一百零一，2472-2473 頁。其他資料可能是借鑑了《宋史》或基本史料，記錄的人數也大約是一萬人。

67《宋大詔令集》卷一百二十四，427-428 頁。《宋會要輯稿・禮二十四》，葉 68b-70a。《全宋文》第 165 冊，133-134 頁。

68《宋大詔令集》卷一百二十四，427-428 頁。《全宋文》第 165 冊，120-121、128 頁。

69 關於帶有這類裝飾圖案的屋簷圖樣，參見圖 9.2。

70《全宋文》第 149 冊，246-251 頁。《宋會要輯稿・禮二十四》，葉 72b-76b。

71《政和五禮新儀》卷三十和卷三十一。

72《宋史》卷一百一十七，2771-2772 頁。《宋會要輯稿・禮二十四》，葉 78a-81b、58a-64b。

73《全宋文》第 146 冊，246-247 頁。

74《全宋文》第 165 冊，210-211 頁。《宋大詔令集》卷一百二十四，428 頁。《宋會要輯稿・禮二十四》，葉 77b-78a。

75《宋會要輯稿・禮二十四》，葉 58a、64b-65a。

76《宋會要輯稿・禮二十四》，葉 66a、81b-83a。《全宋文》第 165 冊，229 頁。《宋史》卷一百零一，2477 頁。《皇宋通鑑長編紀事本末》卷一百二十五，2104 頁。《宋大詔令集》卷一百二十六至一百三十三。

77《宋會要輯稿・禮二十四》，葉 66b-67a；《刑法一》，葉 31a。《宋大詔令集》卷一百二十四，428 頁。《全宋文》第 165 冊，271 頁。

78 關於艮嶽，參見 James M. Hargett（何瞻）, "Huizong's Magic Marchmount: The Genyue Pleasure Park of Kaifeng," *Monumenta Serica* 38, 1988–1989, pp. 1–48；久保田和男〈北宋徽宗時代と首都開封〉，632-635 頁。

79 Heng Chye Kiang, *Cities of Aristocrats and Bureaucrats: The Development of Medieval Chinese Cityscapes*, p. 137，其中提到長安的宮城在大明宮修建前面積為 4.2 平方公里，修建後

306.

55《白虎通疏證》卷六，263頁。英譯文參見 Mark Edward Lewis（陸威儀）, *The Construction of Space in Early China*, Albany, NY: SUNY Press, 2006, p. 269，略有改動。

56 經典著作和傳統學問研究中關於明堂的段落在很多書中都有，如《文獻通考》卷七十三、《群書考索》卷二十八、《明堂大道錄》、《古今圖書集成・禮儀典》卷 170-178。現代學者通過明堂史料研究古代中國的著作，參見 William Edward Soothill（蘇慧廉）, *The Hall of Light: A Study of Early Chinese Kingship*, New York: Philosophical Library, 1952；Ming-Chorng Hwang（黃銘崇）博士論文 , "Ming-Tang: Cosmology, Political Order and Monuments in Early China," Harvard University, 1996。有關明堂進入戰國時期和漢代的政治考慮，參見 Wu Hung, *Monumentality in Early Chinese Art and Architecture*, pp. 176–187；Mark Edward Lewis, *The Construction of Space in Early China*, pp. 260–273。

57《三禮圖集注》卷四，葉 2b-3a、24b。《禮記》卷四十，葉 3a。關於現代學者提供的圖樣，參見 Victor Xiong, "Ritual Architecture under the Northern Wei," 刊於巫鴻主編《漢唐之間的視覺文化與物質文化》，北京：文物出版社，2003 年。

58 關於王莽修建的明堂，參見 Wu Hung, *Monumentality in Early Chinese Art and Architecture*, pp. 176–187。關於對唐代武則天修建明堂的詳細介紹，參見 Antonino Forte（富安敦）, *Mingtang and Buddhist Utopia in the History of Astronomical Clock: The Tower, Statue and Armillary Sphere Constructed by Empress Wu*, Rome: Istituto Italiano per Il Medio ed Estremo Oriente, 1988；Howard Wechsler, *Offerings of Jade and Silk: Ritual and Symbol in the Legitimation of the T'ang Dynasty*, pp. 195–211。南北朝也修建過明堂，但相關的史料比較少，參見 Victor Xiong, "Ritual Architecture under the Northern Wei"。

59 Wu Hung, *Monumentality in Early Chinese Art and Architecture*, pp. 177–178. Antonino Forte, *Mingtang and Buddhist Utopia in the History of Astronomical Clock: The Tower, Statue and Armillary Sphere Constructed by Empress Wu*, pp. 153–160.《大唐開元禮》卷十。武則天的明堂曾經被燒毀，但她按照同樣的模式重建了一座。

60《宋史》卷一百零一，2465-2466 頁。

61 James T. C. Liu, "The Sung Emperors and the Ming-t'ang or Hall of Enlightenment," in *Études Song in Memoriam Étienne Balazs*, Ser. II, edited by Françoise Aubin, Paris: Mouton, 1973.

62《皇宋通鑑長編紀事本末》卷一百二十五，2099-2102 頁。

63《續資治通鑑長編拾補》卷二十五，848-851 頁。《宋會要輯稿・禮二十四》，葉

2004 年，128-139 頁；後載入伊原弘編《「清明上河圖」と徽宗の時代：そして輝きの殘照》，勉誠出版，2012 年。

41 這些畫可以與清初皇帝用來記錄他們誕辰、狩獵和出行的許多巨幅藏畫相比，後者的繪製要花費多年的人力，但是一旦皇帝欣賞過之後，就很少被打開了。

42 關於徽宗的藏品在 Patricia Buckley Ebrey, *Accumulating Culture: The Collections of Emperor Huizong* 中有詳細的說明。

43 Patricia Buckley Ebrey, *Accumulating Culture: The Collections of Emperor Huizong*, pp. 210–217.

44《鶴林寺志》，葉 20a-b；Peter C. Struman, *Mi Fu: Style and the Art of Calligraphy in Northern Song China*, p. 183；Patricia Buckley Ebrey, *Accumulating Culture: The Collections of Emperor Huizong*, p. 409, n.31；中田勇次郎《中國書論大系》(18 卷，第 5、6 卷為《宣和畫譜》的日文譯注)，東京：二玄社，1977–1995，第 6 卷，234-236 頁。

45《廣川書跋》卷二，葉 14b-15a。《宋史》卷三百一十九，10388-10389 頁；卷四百七十二，13722 頁。《邵氏聞見後錄》卷二十七，214 頁。Patricia Buckley Ebrey, *Accumulating Culture: The Collections of Emperor Huizong*, pp. 105–112.

46《皇宋通鑑長編紀事本末》卷一百三十三，2248 頁。《續資治通鑑長編拾補》卷二十八，950 頁；卷三十二，1057、1062 頁。

47《宋史》卷三百五十六，11206-11207 頁。

48《梁溪集》卷一百六十八，葉 3b-4b。《宋史》卷四百四十三，13105-13106 頁。

49《忠惠集》附錄葉 2b-3a、21b-23a。

50 參見 Susan Bush, *The Chinese Literati on Painting: Su Shih (1037–1101) to Tung Ch'i-ch'ang (1555–1636)*, Cambridge, MA: Harvard University Press, 1971, pp. 74–82；陳翔《〈宣和畫譜〉的繪畫美學思想》，載朵雲編輯部編《中國繪畫研究論文集》，上海書店，1992 年（原載《朵雲》1990 年第二期，70-77、23 頁，署名「頡翰」）；衣若芬〈宣和畫譜與蘇軾繪畫思想〉，載李曾坡編《中國第十屆蘇軾研究會議論集》，濟南：齊魯書社，1999 年，209-238 頁。

51《宣和書譜》卷十二，89-90 頁。

52 關於皇室宗親的文化成就，參見 John Chaffee, *Branches of Heaven: The History of Imperial Clan of Song China*, pp. 267–271。

53《宣和畫譜》卷二十，307 頁。Patricia Buckley Ebrey, *Accumulating Culture: The Collections of Emperor Huizong*, pp. 297–301.

54 Patricia Buckley Ebrey, *Accumulating Culture: The Collections of Emperor Huizong*, pp. 301–

考》，北京：中華書局，1963 年，135-138 頁及各處。

29《宋會要輯稿・崇儒六》，葉 35a-36。《宣和畫譜》卷四，91、92 頁。《歷世真仙體道通鑑》卷五十一，葉 4b-5a（《道藏》第 5 冊，395 頁下欄至 396 頁上欄，《中華大道藏》第 47 冊，558 頁上欄）。

30《全宋文》第 138 冊，54-55 頁。關於這些文字，參見 Lowell Skar, "Ritual Movements, Deity Cults and the Transformation of Daoism in Song and Yuan Times," pp. 433–434；Kristofer Schipper and Franciscus Verellen, eds. *The Taoist Canon*, pp. 1057–1060；Edward L. Davis, *Society and the Supernatural in Song China*, pp. 23–24 及各處。

31 關於這個項目，參見 Maggie Bickford, "Emperor Huizong and the Aesthetic of Agency," *Archives of Asian Art* 53（2002–2003）: pp. 71–104。

32 參見，如《全宋詩》第 26 冊，卷 1491，17044 頁。

33《宋史》卷三百七十一，11517 頁。《畫繼》卷一，266 頁。參見 Betty Tseng Yu-ho Ecke, "Emperor Hui Tsung, the Artist: 1082–1136," p. 99。

34《玉海》卷二百，葉 32b-33a。《畫鑑》，419-420 頁。另參見英譯版，Diana Yeongchau Chou（周永昭）, *A Study and Translation from Chinese of Tang Hou's Huajian (Examination of Paintings): Cultivating Taste in Yuan China, 1279–1368*, Lewiston, MF: Edwin Mellen Press, 2005, p. 141。

35 關於這些繪畫，參見 Maggie Bickford, "Emperor Huizong and the Aesthetic of Agency"; "Huizong's Paintings: Art and the Art of Emperorship," pp. 453–513。

36《全宋詩》第 26 冊，17078-17079 頁。英譯文參見 Kojiro Tomita（富田幸次郎）, "The Five Colored Parakeet of Hui Tsung (1082–1136)," *Bulletin of the Museum of Fine Arts* 31（1933）, p. 78，有改動。

37 Peter C. Struman, "Crane above Kaifeng: The Auspicious Image at the Court of Huizong," *Ars Orientalis* 20（1990）: pp. 33–68. Maggie Bickford, "Huizong's Paintings: Art and the Art of Emperorship," p. 477.

38《全宋詩》第 26 冊，17069 頁。

39《全宋詩》第 26 冊，17069 頁；英譯本參見 Peter C. Struman, "Crane above Kaifeng: The Auspicious Image at the Court of Huizong," p. 33，略有改動。石慢解釋了詩中的所有暗示。

40 Peter C. Struman, "Crane above Kaifeng: The Auspicious Image at the Court of Huizong." Maggie Bickford, "Emperor Huizong and the Aesthetic of Agency." 關於瑞鶴，另參見板倉聖哲《皇帝の眼差し - 徽宗〈瑞鶴圖卷〉をめぐって》，《アジア遊學》第 64 期，

13《政和五禮新儀》卷首，葉 35a-39a；《宋史》卷二十，385 頁。

14《政和五禮新儀》卷首，葉 40a-41a，44b-54a，54b-55a，58b-59a，61a-62b.

15 前言章節中引用了十次，書的正文中提到了十七次。

16 David L. McMullen, "Bureaucrats and Cosmology: The Ritual Code of T'ang China," pp. 222–225.

17《政和五禮新儀》，葉 68、69、72、73。另參見小島毅《宋代の國家祭祀：「政和五禮新儀」の特征》，471-476 頁。

18《政和五禮新儀》卷一九一，葉 2a.

19《政和五禮新儀》卷八，葉 1a-3a.

20《政和五禮新儀》卷四，葉 1a.

21《政和五禮新儀》卷四，葉 5a，卷五，葉 7a-b。關於《政和五禮新儀》中國家舉行祭祀時的其他道教用色方法，參見朱溢《從郊丘之爭到天地分合之爭：唐至北宋時期郊祀主神位的變化》，314-318 頁。

22《宋史》卷九十八，2423 頁。另參見 Patricia Buckley Ebrey, "Education through Ritual: Efforts to Formulate Family Rituals during the Sung Period," in *New-Confucian Education: The Formative Stage*, edited by Wm. Theodore de Bary and John W. Cahhee, Berkeley: University of California Press, 1989, pp. 295–296。

23 林大介〈蔡京とその政治集團-宋代の皇帝-宰相關系理解のための一考察〉，《史朋》第 35 號（2003 年），11 頁。

24 Joseph P. McDermott, *State and Court Ritual in China*, Cambridge, UK: Cambridge University Press, 1999, p. 13.

25 Kristofer Schipper and Franciscus Verellen eds., *The Taoist Canon*, pp. 25–28.

26 這些都是指道經。

27《宋大詔令集》卷二百二十三，862 頁。《全宋文》第 165 冊，71 頁。參見《皇宋通鑑長編紀事本末》（卷一百二十七，2130 頁）的十二月諸條。另參見 Piet Van der Loon, *Taoist Books in the Liberaries of Sung Period: A Critical Study and Index*, p. 40。有關一名非常積極的縣令讓手下的地方官努力收集道經的故事，參見《夷堅志》甲志，卷六，50 頁。

28 卷冊的數量據 Piet Van der Loon, *Taoist Books in the Liberaries of Sung Period: A Critical Study and Index*, pp. 30–32。《宋會要輯稿・禮五》（葉 23a）的數字是 5587。有關這部《道藏》，參見 Michel Strickmann, "The Longest Taoist Scripture"；Piet Van der Loon, *Taoist Books in the Liberaries of Sung Period: A Critical Study and Index*；陳國符《道藏源流

Press, 1988, pp. 113–158； 以 及 Victor Xiong, *Sui-tang Chang'an: A Study in the Urban History of Medieval China*, pp. 129–164。

4 《皇宋通鑑長編紀事本末》卷一百三十三，2247-2248 頁。《續資治通鑑長編拾補》卷二十八，947-948 頁。《政和五禮新儀》卷首，葉 14a；《宋會要輯稿・職官五》，葉 21b-22a。

5 《政和五禮新儀》序，葉 2a-b。

6 《宋大詔令集》卷一百四十八，547-548 頁。《全宋文》第 164 冊，161-163 頁。《政和五禮新儀》卷首，葉 10a-12a；《宋會要輯稿・禮十四》，葉 61b-62a。

7 司馬光和朱熹關於冠禮的觀點，參見 Patracia Buckley Ebray, trans., *Chu Hsi's Family Rituals: A Twelfth-Century Chinese Manual for the Performance of Cappings, Weddings, Funerals, and Ancestral Rites*, Princeton: Princeton University Press, 1991, p. 131；*Confucianism and Family Rituals in Imperial China: A Social History of Writing About Rites*, Princeton University Press, p. 36。

8 《宋會要輯稿》中所有關於皇帝兒子冠禮的紀錄都在徽宗朝或之後。參見《宋會要輯稿・帝系二》，葉 18b-19a；《禮十四》，葉 73b；《儀制七》，葉 3b；《職官五》，葉 22b。

9 度量衡：《政和五禮新儀》卷首，葉 23a-b，葉 29a-30a；《宋會要輯稿・食貨四十一》，葉 30b–31b；《食貨六十九》，葉 5a-6a。服裝：《宋會要輯稿・輿服四》，葉 22a-b；《宋史》卷一百零五，2553 頁。絹：《宋會要輯稿・禮二十六》，葉 3b-4a。孔子塑像：《皇宋通鑑長編紀事本末》卷一百三十三，2254-2255 頁；《文獻通考》卷四十四，葉 415。器具：《宋會要輯稿・禮十五》，葉 13b-14a；《宋史》卷一百零八，2600 頁；《皇宋通鑑長編紀事本末》卷一百三十三，2255-2256 頁。靈牌：《皇宋通鑑長編紀事本末》卷一百三十三，2256 頁。奏樂：《皇宋通鑑長編紀事本末》卷一百三十三，2256 頁。順序：《政和五禮新儀》卷首，葉 23b-24a。禁欲：《政和五禮新儀》卷首，葉 31a-b。

10《皇宋通鑑長編紀事本末》卷一百三十三，2257 頁。《政和五禮新儀》卷首，葉 31b-32b；《全宋文》第 164 冊，259-260 頁。

11 對這一節日歷史的分析，參見 Stephen F. Teiser, *The Ghost Festival in Medieval China*, Princeton: Princeton University Press, 1988.【太史文《中國中世紀的鬼節》，侯旭東譯，上海：上海人民出版社，2016 年】

12《皇宋通鑑長編紀事本末》卷一百三十三，2257 頁。《政和五禮新儀》卷首，葉 32b-33a，34a；《全宋文》第 164 冊，259-260 頁。

Harvard University Press, 1971, p. 11.

43 Ronald C. Egan, "Huizong's Palace Poems."

44《全宋詩》第 26 冊，17045 頁；英譯文參見 Ronald C. Egan, "Huizong's Palace Poems," p. 385，有改動。

45《全宋詩》第 26 冊，17059 頁；英譯文見 Ronald C. Egan, "Huizong's Palace Poems," p. 391。

46《全宋詞》，897 頁；英譯文見 Julie Landau, *Beyond Spring Tz'u Poems of the Sung Dynasty*, New York: Columbia University Press, 1994, p. 154，略有改動。

47《蔡絛詩話》，2485-2486 頁。儘管蔡絛在這本書的開頭對徽宗極盡溢美之詞，但正如第四章提到的，這本書使他陷入了麻煩，因為書中也稱讚了蘇軾和黃庭堅的詩。

48《容齋隨筆・四筆》卷二，636 頁（參見本章的引語）。

49 Jack. Chen "The Writing of Imperial Poetry in Medieval China." *Harvard Journey of Asiatic Studies* 65, 2005, no. 1, p. 58; *The Poetics of Sovereignty: On Emperor Taizong and the Tang Dynasty*, Cambridge, MA: Harvard University Press, 2010, pp. 161–190，對隋朝以來的君主詩進行了概述。

50 關於南宋宮廷的詩與繪畫，參見 Richard Edwards, "Paintings and Poetry in the Late Sung." in *Words and Images: Chinese Poetry, Calligraphy, and Painting*, edited by Wen C. Fong and Alfreda Murck, Princeton: Princeton University Press, 1991, pp. 405-430.；James Cahill, *The Lyric Journey: Poetic Painting in China and Japan*, Cambridge, MA: Harvard University Press, 1996；Lee Hui-shu, *Exquisite Moments: West Lake and Southern Song Art*, New York: China Institute Gallery, 2001; *Empress, Art, and Agency in Song Dynasty China*, Seattle: University of Washington Press, 2010.

第九章　追求不朽

題記：《鐵圍山叢談》卷二，26 頁。

1 《禮記》卷二十一，葉 21b；參看 James Legge, trans., *Li Chi, Book of Rites*, vol. 1, p. 375。

2 《宋史》卷二十，377 頁；卷九十八，2423 頁。《宋會要輯稿・職官五》，葉 21b。

3 關於唐代的國教，參見 Howard Wechsler, *Offerings of Jade and Silk: Ritual and Symbol in the Legitimation of the T'ang Dynasty*；David L. McMullen, "Bureaucrats and Cosmology: The Ritual Code of T'ang China," in *Royalty: Power and Ceremonial in Traditional Societies*, edited by David Cannadine and Simon Price, Cambridge, UK: Cambridge University Press, 1987, pp. 181–236；*State and Scholar in T'ang China*, Cambridge, UK: Cambridge University

29 Patricia Buckley Ebrey, *Accumulating Culture: The Collections of Emperor Huizong*, p. 262.

30《宣和畫譜》卷十五，239 頁。

31《宣和畫譜》卷十五，243 頁。Patricia Buckley Ebrey, *Accumulating Culture: The Collections of Emperor Huizong*, p. 292.

32 參見謝稚柳編《宋徽宗趙佶全集》，23-26、46-53 頁。故宮博物院、遼寧省博物館、上海博物館《晉唐宋元書畫國寶特集》，上海：上海書畫出版社，2002 年，377-387 頁；《故宮書畫圖錄》第十五卷，臺北：國立故宮博物院，1995 年，365-368 頁。余輝《畫裡江山猶勝：百年藝術家族之趙宋家族》，134-136 頁。

33 關於臺北收藏的山水畫，參見《千禧年宋代文物大展》，臺北：國立故宮博物院，2000 年，212 頁。

34〈雪江歸棹圖〉在多本著作中都有介紹（故宮博物院《李唐萬壑松風圖》，84–91 頁；薄松年《趙佶》，26-27 頁；謝稚柳《宋徽宗趙佶全集》，6-18 頁；傅熹年主編《中國美術全集・繪畫編 3》，圖 45），但徐邦達（〈宋徽宗趙佶親筆畫與代筆畫的考辨〉64 頁）認為這幅畫是由一位宮廷畫家所畫，而高居翰認為它是一幅明代的作品，James Cahill, *An Index to Early Chinese Paintings*, p. 100。曾佑和認為這幅畫反映了徽宗的風格，同時因很多畫都以此為名而印象深刻，Betty Tseng Yu-ho Ecke, "Emperor Hui Tsung, the Artist: 1082–1136," pp. 131, 109–113。關於這幅畫，另參見 Huiping Pang, "Strange Weather: Art, Politics, and Climate Change at the Court of Northern Song Emperor Huizong," *Journal of Song-Yuan Studies* 39, 2009, pp. 1–41。有關王詵的繪畫圖例，參見傅熹年主編《中國美術全集・繪畫編 3》，68-71 頁。

35 這篇跋文收錄於《李唐萬壑松風圖》13 頁和張光賓編《中華五千年文物集刊・法書篇》第二卷，1984 年，140-141 頁。

36《全宋詩》第 26 冊，17076 頁。

37《蔡絛詩話》，2485-2486 頁。

38《全宋詩》第 24 冊，15974-15981 頁。關於這些詩的更多討論，參見第十章。

39《揮麈錄・餘話》卷一，271-273 頁。《玉海》卷二十八，葉 16b-17a。《建炎以來繫年要錄》卷一百六十七，2729 頁說共有 155 首詩。

40 序言收錄於《彊村叢書》, 宋徽宗詞序；英譯文參見 Betty Tseng Yu-ho Ecke, "Emperor Hui Tsung, the Artist: 1082–1136," p. 38。

41《北狩行錄》，8 頁。

42 Jack Chen, *The Poetics of Sovereignty: On Emperor Taizong of the Tang Dynasty*, p. 5. Harold Kahn(康無為), *Monarchy in the Emperor's Eyes: Image and Reality in the Ch'ien-lung Reign*,

Leading Masters and Principle；謝稚柳《趙佶〈聽琴圖〉和他的真筆問題》，《文物參考資料》1957 年第 3 期，20-21 頁；謝稚柳主編《宋徽宗趙佶全集》；鄧白《趙佶》，上海：上海人民出版社，1958 年；Betty Tseng Yu-ho Ecke, "Emperor Hui Tsung, the Artist: 1082–1136"；徐邦達〈宋徽宗趙佶親筆畫與代筆畫的考辨〉，《故宮博物院院刊》1979 年第 1 期，62-67、50 頁；James Cahill, *An Index to Early Chinese Paintings*；李慧淑〈宋代畫風轉變之契機 - 徽宗美術教育成功之實例〉（上、下）。Peter C. Sturman, "Crane above Faifeng: The Auspicious Image at the Court of Huizong," *Ars Orientalis* 20, 1990, pp. 33–68；陳葆真〈宋徽宗繪畫的美學特質：兼論其淵源和影響〉，《文史哲學報》40 卷 6 期，1993 年，293-344 頁；薄松年《趙佶》，北京：文物出版社，1998 年；Maggie Bickford, "Emperor Huizong and the Aesthetic of Agency," *Archives of Asian Art* 53（2002–2003）: pp. 71–104; "Huizong's Paintings: Art and the Art of Emperorship," in *Emperor Huizong and Late Northern Song China: The Politics of Culture and the Culture of Politics*, pp. 453–513；余輝《畫裡江山猶勝：百年藝術家族之趙宋家族》。高居翰列出了多數被認定的繪畫作品，以及他自己對於每件作品可信度的簡要說明，James Cahill, *An Index to Early Chinese Paintings*。另參見 James Cahill, *The Painter's Practice: How Artists Lived and Worked in Traditional China*, New York: Columbia University Press, 1994, pp. 136–139【高居翰《畫家生涯：傳統中國畫家的生活與工作》，楊賢宗等譯，北京：生活・讀書・新知三聯書店，2012 年】。曾佑和在 "Emperor Hui Tsung, the Artist: 1082–1136" 中也提出了他鑑定的大部分繪畫，其中多數都被列為存在疑點，但認為有幾幅的可信度較高。余輝《畫裡江山猶勝》（129–163 頁）將徽宗作品分為兩類：一類是徽宗本人所畫，另一類他認為是徽宗讓某位宮廷畫家為他代筆。他將臺北國立故宮博物院的〈臘梅山禽圖〉列為代筆，但認為該館所藏〈蓮塘乳鴨圖〉和上海博物館的〈柳鴨蘆雁圖〉是真跡，但有些藝術史學家對此存有疑慮。畢嘉珍是目前為止在這方面最謹慎的學者，認為沒有哪一幅具體作品可以確定為徽宗親自「執筆」的作品，但粗略估計有六幅或更多幅繪畫可能是真跡。Maggie Bickford, "Emperor Huizong and the Aesthetic of Agency," *Archives of Asian Art* 53（2002–2003）, pp. 71–104; Maggie Bickford, "Huizong's Paintings: Art and the Art of Emperorship," pp. 453–513.

27 關於這幅畫沒有很多記載，但高居翰稱它為「一幅重要的早期繪畫作品」。James Cahill, *An Index to Early Chinese Paintings*, p. 102。

28 Wen C. Fong, "The Emperor as Artist and Patron," in *Mandate of Heaven: Emperors and Artists in China*, edited by Richard Barnhart, Wen Fong, and Maxwell K. Hearn, Zurich: Museum Rietberg, 1996, p. 34.

12 伊沛霞對徽宗的書法風格進行了更透徹的研究。Patricia Buckley Ebrey, "Huizong's Stone Inscriptions," pp. 261–66.

13《宋會要輯稿・禮五》，葉23b;《侯鯖錄》卷二，57頁;Patricia Buckley Ebrey, "Huizong's Stone Inscriptions."。錢幣將在第十一章討論。

14《全宋文》第143冊，61-65頁；第146冊，244-245頁。《皇宋書錄》卷一，葉6b。Patricia Buckley Ebrey, *Accumulating Culture: The Collections of Emperor Huizong*, pp. 126–127.《揮麈錄・後錄》卷七，164-165頁。《建炎以來繫年要錄》卷七十六，1259-1260頁。

15 Patricia Buckley Ebrey, *Accumulating Culture: The Collections of Emperor Huizong*, pp. 232–240, 26, 30. 二王風格指王羲之和王獻之父子二人的書法。

16 余輝《畫裡江山猶勝：百年藝術家族之趙宋家族》，150-151頁。

17 關於高宗的書法藝術，參見 Julia K. Murray, *Ma Hezhi and the Illustration of the Book of Odes*, Princeton: Princeton University Press, 1993, pp. 10–31。

18《畫繼》卷一，264頁。

19 Patricia Buckley Ebrey, *Accumulating Culture: The Collections of Emperor Huizong*, pp. 125–127.

20《初寮集》卷一，葉21b-22a(《全宋詩》第24冊，15979頁)。這首詩的英譯文參見第10章。

21《畫錄廣遺》，葉1a-b。

22《畫繼》卷一，263-264頁。

23《南宋館閣錄・續錄》卷三，179-180頁。陳高華《宋遼金畫家史料》，北京：文物出版社，1984年，618-620頁。

24《畫斷》，419-420, 422-423頁；譯文見 Diana Yeong chau Chou（周永昭）, *A Study and Translation from the Chinese of Tang Hou's Huajian (Examination of Painting): Cultivating Taste in Yuan China, 1279–1368*, Lewiston, ME: Edwin Mellen Press, 2005, pp. 140–141, 148, 149，有改動。

25 在某些情況下，一些沒有署名和印鑑的繪畫也被認為是徽宗的作品，尤其是被金章宗（1189–1208年在位）認定的作品。金章宗繼承了女真族1127年從開封擄走的繪畫藏品。參見 Patricia Buckley Ebrey, *Accumulating Culture: The Collections of Emperor Huizong*, pp. 326–327。

26 為識別徽宗作品作出貢獻的學者包括：Benjamin Rowland, "The Problem of Hui Tsung." *Archives of the Chinese Art Society of America* 5, pp. 5–22.；Osvald Sirén, *Chinese Painting:*

題記：《容齋隨筆・四筆》卷二，636頁。

1 參見《宋徽宗高宗墨跡》，臺北：國立故宮博物院，1970年，葉14a-20a；水賚佑《趙佶的書法藝術》，北京：人民出版社，1995年，11-12頁。

2 參見 James Cahill, "The Imperial Painting Academy," p. 165所引 Charles Mason 的英譯，有改動。

3 Michael Sullivan, *The Three Perfections: Chinese Painting, Poetry and Calligraphy*, p. 7.

4 《宣和書譜》卷十二，89-90頁。關於顫筆，參見 Alexander C. Soper, *Kuo Jo-hsu's Experience in Painting*（*T'u-hua chien-wen chih*）*: An Eleventh Century History of Chinese Painting*, p. 165 n.456。

5 《宣和畫譜》卷十七，267頁。

6 《皇宋書錄》卷一，葉6b。《宋會要輯稿・職官十八》，葉22a-23b。關於徽宗書法作品的圖例，參見段書安編《中國古代書畫圖目》第15卷，北京：文物出版社，1986-2001年，33頁；宋徽宗〈千字文〉，沈陽：遼寧省博物館，1997年。

7 我能查到的最早使用「瘦金體」這個名詞，是在南宋末期或元朝初期周密（1232–1308）的《癸辛雜識別集》中（卷二，218頁）。元末明初的陶宗儀（活動於1360-1368年）說徽宗自己選擇了這個名稱，這種說法得到了其他學者的贊同。（Shang-yen Chuang〔金向陽〕, "The Slender Cold Calligraphy of Emperor Sung Hui Tsung," *National Palace Museum Bulletin* 2, 1967, pp. 8–9; James Cahill, "The Imperial Painting Academy," p. 165）。徽宗在位早期的瘦金體書法作品包括：1104年的楷書〈千字文〉，1104年的辟雍石碑，1108年的八行石碑，還有1107年幾幅畫中的題跋。此外，以「欲借」開頭的詩帖也非常接近這種字體。參見 Patricia Buckley Ebrey, "Huizong's Stone Inscriptions"。

8 National Palace Museum, *Chinese Art Treasures: A Selected Group of Objects from the Chinese National Palace Museum and the Chinese National Central Museum*, p. 219.

9 《鐵圍山叢談》卷一，5-6頁。Patricia Buckley Ebrey, "Huizong's Stone Inscriptions," pp. 263–264.

10 Betty Tseng Yu-ho Ecke 博士論文, "Emperor Hui Tsung, the Artist: 1082–1136," New York University, 1972, p. 59; Peter C. Sturman, *Mi Fu: Style and the Art of Calligraphy in Northern Song China*, pp. 189–190. Tseng Yuho, *A History of Chinese Calligraphy*, Hong Kong: The Chinese University Press, 1993, p. 182.

11 參見 Amy McNair（倪雅梅）, *The Upright Brush: Yan Zhenqing's Calligraphy and Song Literati Politics*, Honolulu: University of Hawai'i Press, 1998, pp. 79–82.

80 Alfreda Murck, *Poetry and Painting in Song China: The Subtle Art of Dissent*, p. 123.

81《李唐萬壑松風圖》是關於這幅畫的一本專著，共 96 頁，其中有幾十張放大的細節圖。

82 很多學者在著作中討論過這幅畫，包括：Max Loehr, "A Landscape by Li T'ang," *The Burlington Magazine for Connoisseurs* 74, 1939, pp. 288–93；"Chinese Paintings with Sung Dated Inscriptions," p. 246；Osvald Sirén, *Chinese Painting: Leading Masters and Principle*, vol. 2, pp. 93–94；Richard Edwards, "The Landscape of Li T'ang"；Richard Barnhart, "Li T'ang (c. 1050-c. 1130) and the Koto-in Landscapes"; "The Five Dynasties and the Song Period," in *Three Thousand Years of Chinese Painting*, edited by Yang Xin et al., New Haven: The Yale University Press, 1997, pp. 127–129【楊新等《中國繪畫三千年》，北京：外文出版社，1999 年】；National Palace Museum, *Chinese Art Treasures: A Selected Group of Objects from the Chinese National Palace Museum and the Chinese National Central Museum*, Taichung, Taiwan, Genewa: Skira, 1961, p. 90；Michael Sullivan, *Symbols of Eternity: The Art of Landscape Painting in China*, Stanford: Stanford University Press, 1979, pp. 74–76；Wen C. Fong, *Images of the Mind*, Princeton: The Art Museum, Princeton University, 1984, pp. 52–53【方聞《心印：中國書畫風格與結構分析研究》，李維琨譯，西安：陝西人民美術出版 社，2004 年】; "Monumental Landscape Painting," in *Possessing the Past: Treasures from the National Palace Museum, Taipei*, edited by Wen C. Fong and James C. Y. Watt, New York: Metropolitan Museum of Art, 1996, p. 134；林柏亭《大觀：北宋書畫特展》，103-104 頁。關於李唐活動時期證據缺乏的原因，參見注釋 61.

83 Wen C. Fong, "Monumental Landscape Painting," p. 134.

84 Richard Barnhardt, "The Five Dynasties and the Song Period," p. 127. 對這種積極的評價也有例外。蘇利文認為李唐是一個放棄現實主義風格而轉向僵化的「官方宮廷風格」的例子。「對這種僵化過程應當負直接責任的人就是極具影響的李唐」。李唐在 1124 年的繪畫中已將「范寬的堅實敏銳的畫風轉變為毫無公式」。他認為「斧劈皴」的畫法更容易模仿，且「毫無個人特色」。Michael Sullivan, *Symbols of Eternity: The Art of Landscape Painting in China*, Stanford: Stanford University Press, 1979, pp. 74–76.

85 Ping Leong Foong 博士論文 , "Monumental and Intimate Landscape by Guo Xi," Princeton: Princeton University, 2006, pp. 125–126.

86 Patricia Buckley Ebrey, *Accumulating Culture: The Collections of Emperor Huizong*, pp. 260–272.

第八章　藝術家皇帝

70 英譯文參見 Charles Hartman, "Poetry and Painting," in *Columbia History of Chinese Literature*, edited by Victor H. Mair, New York: Clumbia University Press, 2001, p. 482。

71 Charles Hartman, "Poetry and Painting," p. 482.

72 James Cahill, "The Imperial Painting Academy," p. 164.

73 英譯文見 James Cahill, "The Imperial Painting Academy," p. 165。

74 Wang Yaoting（王 耀 庭）, "Images of the Heart: Chinese Painting on a Theme of Love," *National Palace Museum Bulletin* 12, no. 6, 1988, pp. 1–21. 徽宗朝藝術家另一幅關於鳥的繪畫是一隻白鷹，在第六章討論過；還有兩幅與祥瑞有關，將在第九章討論。

75 Susan Bush and Hsio-yen Shih, *Early Chinese Textes on Painting*, p. 153.

76 Alfreda Murck, *Poetry and Painting in Song China: The Subtle Art of Dissent*, pp. 34, 36。同樣，劉和平認為北宋畫中的水車也是一種表現帝國強大的符號，說明國家對商業和工程項目的參與。Liu Heping, "The Water Mill and Northern Song Imperial Patronage of Art, Commerce, and Science," *Art Bulletin* 84, no. 4, 2002, pp. 586–88.

77 整幅繪畫及題跋的插圖參見傅熹年《中國美術全集・繪畫編 3》，北京：文物出版社，1988 年，103–127 頁。對整幅圖更大的一幅複製品參見《李唐萬壑松風圖》，臺北：國立故宮博物院，1981 年，94-132 頁。關於對這幅畫最近的鑑賞評論，參見馬嫻育《從〈千里江山圖〉看畫家傳達的理想國度》，《歷史文物》2012 年第 2 期，46-62 頁。

78 韓莊認為，這幅畫「一定反映了皇帝對道教中神仙理想住處的嚮往，這體現在對著名的艮嶽中萬頭攢動景象的描述。但王希孟使用明亮的青綠色為作品罩上了一種冷靜的理性氣氛。這更多地體現了繪圖技法，而不是詩意」。John Hay, "Poetic Space: Ch'ien Hsüan and the Association of Painting and Poetry," in *Words and Images: Chinese Poetry, Calligraphy, and Painting*, edited by Alfreda Murck and Wen C. Fong, New York: Metropolitan Museum of Art, 1991, p. 189. 另參見 Wen C. Fong, *Beyond Representation: Chinese Paintings and Calligraphy, 8th–14th Centuries*, New York: Metropolitan Museum, 1992, p. 104，他認為青綠色的礦物顏料也用於道教煉金術，同時，「孔雀綠色還與道教中長生不老的主題相關」。【方聞《超越再現：8 世紀至 14 世紀的中國書畫》，李維琨譯，杭州：浙江大學出版社，2011 年】

79 參見 Max Loehr（羅樾）, "Chinese Paintings with Sung Dated Inscriptions," *Ars Orientalis* 4, 1961, p. 242；Dickson Hall, *Chinese Paintings in the Palace Museum, Beijing 4th–14th Century*, Hong Kong: Joint Publishing Co., 1989, p. 64；Richard Vinograg（文以誠）, "Some Landscapes related to the Blue-and-Green Manner from the Early Yuan Period," *Artibus Asiae* 41, nos. 2–3, 1979, p. 102。

宗〈文會圖〉及其題詩》，《文與哲》第八期，2006年，253-278頁；《天祿千秋：宋徽宗〈文會圖〉及其題詩》，載王耀庭主編《開創典範：北宋的藝術與文化研討會論文集》，臺北國立故宮博物院，2008年，347-368頁。謝稚柳編《宋徽宗趙佶全集》和徐邦達〈宋徽宗趙佶親筆畫與代筆畫的考辨〉，《故宮博物院院刊》1979年第1期，226–227頁。謝稚柳和徐邦達認為〈文會圖〉是徽宗時期的作品，題跋也是真跡，但是由一個宮廷畫家所畫。他們認為，徽宗也沒有打算將這幅畫作為自己的作品（即它不是一幅代筆畫），只是一幅由御筆題跋的繪畫。這一觀點得到了臺北國立故宮博物院學者的認可（林柏亭《大觀：北宋書畫特展》，161–163頁）。根據衣若芬《天祿千秋：宋徽宗〈文會圖〉及其題詩》，傅申鑑定畫上的蔡京書法為真品。但較早時期的一些學者判斷這幅畫是明代的一份複製品；參見 Osvald Sirén（喜龍仁）, *Chinese Painting: Leading Masters and Principle*, vol. 2, London: Lund, Humphries and Co., 1956, p. 81；Betty Tseng Yu-ho Ecke（曾佑和）博士論文, "Emperor Hui Tsung, the Artist: 1082–1136," New York University, 1972, pp. 149–151；以及 James Cahill, *An Index to Early Chinese Paintings*, p. 100。

64 其他幾幅畫包括〈八達春遊圖〉、〈朱雲折檻圖〉，以及〈卻坐圖〉，都收藏於臺北的國立故宮博物院。這幾幅畫的插圖均收錄在 Yunru Chen, "At the Emperor's Invitation: Literary Gathering' and the Emergence of Imperial Garden Space in Northern Song Painting" 一文中的文人畫部分。

65 關於宋朝對這十八學士的描述，參見 Scarlett Jang, "Representations of Exemplary Scholar-Officials, Part and Present," in *Art of the Sung and Yuan: Ritual, Ethnicity, and Style in Painting*, edited by Cary Y. Liu and Dora C. Y. Ching, Princeton: The Art Museum, Princeton University, 1999, pp. 43–53。

66 英譯文參見 Yunru Chen, "At the Emperor's Invitation: Literary Gathering' and the Emergence of Imperial Garden Space in Northern Song Painting," p. 59。

67 關於敘事畫，參見 Julia K. Murray, *Mirror of Morality: Chinese Narrative Illustration and Confucian Ideology*, Honolulu: University of Hawai'i Press, 2007.【孟久麗《道德鏡鑑：中國敘述性圖畫與儒家意識形態》，何前譯，北京：生活・讀書・新知三聯書店，2014年】

68 《宣和畫譜》卷十五，239頁。Susan Bush and Hsio-yen Shih, *Early Chinese Textes on Painting*, pp. 127–128.

69 Maggie Bickford, "Emperor Huizong and the Aesthetic of Agency," *Archives of Asian Art* 53（2002–2003）: 71–104; 2006.

《國華》88，第 12 期，1982 年（中譯〈試論李唐南渡後重入畫院及其畫風之演變〉，《故宮季刊》1983 年第 4 期，65-80 頁）。由於各種資料提供的訊息相互不符，李唐的情況尤其複雜。儘管李唐在開封失守前已是活躍二十多年的知名畫家，而且有一幅標明日期的作品是在徽宗朝（1124 年），但歷史學家還是將他現存大部分作品認定為南宋時作品。一個已經年過五十歲的人不太可能突然改變自己的繪畫風格，因此對他的作品可能主要是基於這些作品看上去具有「南宋風格」進行判斷。宋高宗很想重建一個可以媲美開封的宮廷，因此努力收集一批書畫，同時對曾在徽宗朝任職的宮廷藝術家也來者不拒，繼續聘用。因此，高宗似乎也不太可能讓這些藝術家放棄他們原來的繪畫風格。

62 有些學者認為這幅畫很可能是徽宗時期宮廷作品，參見 Julia K. Murray（孟久麗），"Water under a Bridge: Further Thoughts on the Qingming Scroll," *Journal of Sung-Yuan Studies* 27, 1997, pp. 99–107；Ihara Hiroshi（伊原弘），"The Qing ming shang he tu by Zhang Zeduan and its Relation to Northern Song Society: Light and Shadow in the Painting," *Journal of Song-Yuan Studies* 31, 2001; 伊原弘編《「清明上河圖」と徽宗の時代：そして輝きの殘照》，勉誠出版，2012 年。有些認為是 11 世紀中晚期作品，參見 Liu Heping（劉和平）博士論文, "Painting and Commerce in Northern Song Dynasty China, 960–1126," Yale University, 1997, pp. 147–190; Roderick Whitfield（韋陀），"Material Culture in the Northern Song Dynasty-the World of Zhang Zeduan," in *Bright as Silver, White as Snow: Chinese White Ceramics from Late Tang to Yuan Dynasty*, edited by Kai-yin Lo, Hong Kong: Yongming tang, 1998, pp.49–70; 以及 Hsingyuan Tsao（曹星源），"Unraveling the Mystery of the Handscroll Qingming shanghe tu," *Journal of Song-Yuan Studies* 33, 2003, pp. 155–79。韓森認為是南宋時期的作品，見 Valerie Hansen, "The Mystery of the Qingming Scroll and Its Subject: The Case Against Kaifeng," *Journal of Song-Yuan Studies* 26, 1996, pp. 183–200。我想補充的是，《宣和畫譜》中沒有提到畫這幅畫的張擇端，從而為這幅畫可能是在徽宗時期創作提供了支持，因為徽宗沒有在這部畫譜中列出他的宮廷畫家（包括他自己及其皇子們）的名字。如果這麼有天賦和技藝的畫家曾經在父親的宮廷供職，徽宗肯定會把此人的名字包括在畫譜中（即使他的某幅作品已不在宮中收藏）。

63 林柏亭《大觀：北宋書畫特展》（臺北國立故宮博物院，2006 年）156–163 頁有一幅比較大的圖。關於這幅畫，參見 Yunru Chen, "At the Emperor's Invitation: Literary Gathering' and the Emergence of Imperial Garden Space in Northern Song Painting", *Orientations* 38, no. 1, 2007, pp. 56–61；衣若芬《「昏君」與「奸臣」的對話：談宋徽

53 島田英誠〈徽宗朝の畫學について〉。

54《畫繼》卷十，421 頁。Robert J. Maeda, *Two Twelfth Century Texts on Chinese Painting*, p. 63.

55 關於這些畫家的名單及簡介，參見佘城《北宋圖畫院之新探》109-135 頁，以及令狐彪〈宋代畫院畫家考略〉，《美術研究》1982 年第 2 期，55-57 頁。他們的名單不完全一致，因為其中一些畫家的時期無法確定。

56《畫繼》卷十，421 頁。Robert J. Maeda, *Two Twelfth Century Texts on Chinese Painting*, p. 64.

57《畫繼》卷一，270 頁。

58《畫繼》卷十，417 頁。參照 Robert J. Maeda, *Two Twelfth Century Texts on Chinese Painting*, p. 60。同一頁中還有徽宗要求繪畫精確的另外一個例子。

59《圖畫見聞誌》卷六，236 頁。Alexander C. Soper, *Kuo Jo-hsu's Experience in Painting*（*T'u-hua chien-wen chih*）*: An Eleventh Century History of Chinese Painting*, Washington, DC: American Council of Leared Societies, 1951, pp. 95–96.《夢溪筆談校證》卷十七，541 頁。James Cahill, "The Imperial Painting Academy," in *Possessing the Past: Treasures from the National Palace Museum, Taipei*, edited by Wen C. Fong and James C. Y. Watt, New York: Metropolitan Museum of Art, 1996, p. 166.

60 Michael Sullivan, *The Art of China*, 4th edition, Berkeley: University of California Press, 1999, p. 177【邁克爾・蘇利文《中國藝術史》，徐堅譯，上海：上海人民出版社，2014 年】. 李慧淑〈宋代畫風轉變之契機 - 徽宗美術教育成功之實例〉（上、下）。James Cahill, *Lyric Journey: Poetic Painting in China and Japan*, pp. 22–72; 佘輝《畫裡江山猶勝：百年藝術家族之趙宋家族》，98-99 頁。

61 另一項原因也導致了被認定為徽宗朝宮廷藝術家創作的作品不多：1127 年開封失守後，李唐、蘇漢臣等徽宗朝最著名的畫家遷往杭州。由於他們的署名作品上很少注明日期，出於謹慎，大多數藝術史學家將他們未註明日期的作品劃為南宋時期。學者們對李唐的情況進行過廣泛的討論，參見：Richard Edwards, "The Landscape Art of Li T'ang," *Archives of the Chinese Art Society of America* 12, 1958, pp. 48–60；Richard Barnhart（班　宗　華）, "Li T'ang (c. 1050-c. 1130) and the Koto-in Landscapes," *The Burlington Magazine*, EXIV, no. 830, 1972, pp. 305–14；鈴木敬〈李唐の南渡：複院とその樣式變遷についての一試論〉（之一）,《國華》88，第 6 期，1981 年，5-20 頁（中譯〈試論李唐南渡後重入畫院及其畫風之演變〉，《故宮季刊》1983 年第 3 期，57-74 頁）；鈴木敬〈李唐の南渡：複院とその樣式變遷についての一試論〉（之二），

"Aspects of Chinese Painting from 1100 to 1350," pp. xxviii-xxix；島田英誠〈徽宗朝の畫學について〉，132-139 頁。

41《畫繼》卷十，421 頁，參見 Robert J. Maeda, *Two Twelfth Century Texts on Chinese Painting*, p. 63。

42《畫繼》卷一，269-270 頁。鈴木敬〈畫學を中心とした徽宗畫院の改革と院體山水畫樣式の成立〉173 頁認出「亂山藏古寺」這句詩出自寇准（961-1023），並指出了解這首詩的人所具有的優勢。

43《畫繼》卷六，378 頁。蘇武是漢朝大臣，匈奴將他扣留了十九年，並讓他去牧羊。

44 明代著作《繪事微言》（卷二，葉 33a）記載，著名畫家李唐在那次考試中奪魁。

45《螢雪叢說》卷一，6-7 頁。

46《吹劍四錄・續錄》40，譯文見 Ronald C. Egan, "The Emperor and the Ink Plum: Tracing a Lost Connection between Literati and Huizong's Court," p. 123.

47《繪事微言》卷二，葉 32b-33a。書中記載這次考試的第一名是畫家劉松年，但劉松年進入畫院的時間是在是在淳熙年間（1174-1189），比徽宗朝要晚幾十年。也許是將南宋時期的一次考試與徽宗時期的考試混淆了。參見佘城《北宋圖畫院之新探》，37-38 頁；鈴木敬〈畫學を中心とした徽宗畫院の改革と院體山水畫樣式の成立〉，175 頁。

48 Ronald C. Egan, "The Emperor and the Ink Plum: Tracing a Lost Connection between Literati and Huizong's Court," p. 124.

49 一些相關的例子參見 James Cahill, *The Lyric Journey: Poetic Painting in China and Japan*, Cambridge, MA: Harvard University Press, 1996, pp. 20–71。【高居翰《詩之旅：中國與日本的詩意繪畫》，洪再新等譯，北京：生活・讀書・新知三聯書店，2012 年】

50《鐵圍山叢談》卷四，78 頁。《畫繼》卷一，269 頁。譯文見 Susan Bush and Hsio-yen Shih, *Early Chinese Textes on Painting*, p. 134。一些資料稱米芾既教書法也教繪畫，另外一些資料則稱他只教授書法。參見島田英誠〈徽宗朝の畫學について〉，131-132 頁。有關可能是蔡京推薦了提拔米芾，參見 Peter C. Sturman, *Mi Fu: Style and the Art of Calligraphy in Northern Song China*, 182–184 頁和第 245 頁注 22。

51 英譯文見 Peter C. Sturman, *Mi Fu: Style and the Art of Calligraphy in Northern Song China*, p. 218，有改動。

52《春渚紀聞》卷七，葉 9a-b。相關軼事的英譯文參見 Peter C. Sturman, *Mi Fu: Style and the Art of Calligraphy in Northern Song China*, p. 219，此外還有一則是徽宗召見米芾為他寫字。

26《宋史》卷一百六十五，3918 頁。

27 參見梁思成編《〈營造法式〉注釋》(北京：中國建築工業出版社，1983 年）的附圖。

28《〈營造法式〉注釋》卷十六，190 頁；卷十九，205 頁。

29《北山集》卷三十三，葉 16b-18a（《全宋文》第 155 冊，431-433 頁）。

30《北山集》卷三十三，葉 18b（《全宋文》第 155 冊，432 頁）。

31《畫 繼》 卷 十，417 頁。 參 看 Robert J. Maeda, *Two Twelfth Century Texts on Chinese Painting*, Ann Arbor: Michigan Papers in Chinese Studies, 1970, p. 60。

32《宋東京考》卷九，157 頁。

33《山左金石志》卷十七，葉 31a。

34《宋會要輯稿・禮二十四》，葉 70b-72a。

35 參 見 William Acker trans., *Some T'ang and Pre-T'ang Text on Paintings*, Leiden: E. J. Brill, 1954, pp. 260–263, 232–237, 248–250。

36《宋會要輯稿・職官三十六》，葉 95a、106b。Wai-kam Ho（何惠鑑）, "Aspects of Chinese Painting from 1100 to 1350," in *Eight Dynasties of Chinese Painting: The Collections of the Nelson Gallery-Artkins Museum, Kansas City, and the Cleverland Museum of Art*, edited by Wai-kam Ho, et al., Cleverland: Cleverland Museum of Art, 1980, p. xxviii.

37《畫繼》卷十，417 頁。Robert J. Maeda, *Two Twelfth Century Texts on Chinese Painting*, p. 60.《畫繼》中指的是五嶽觀，始建於哲宗時期。一些學者認為鄧椿說的其實是哲宗很失望，但被加在了徽宗身上。另外一些學者則認為，鄧椿可能記錯了當時在建的建築名稱，因為在 1104 年前徽宗也修建了一些建築。島田英誠〈徽宗朝の畫學について〉(133 頁、第 148 頁注 88）指出，1101 年五嶽觀的一間宮殿被燒毀，很可能迅速開始重建，儘管沒有任何關於這次重建的明確記載。

38 關於宋朝對畫師的培養，參見鈴木敬〈畫學を中心とした徽宗畫院の改革と院體山水畫樣式の成立〉,《東洋文化研究所紀要》38，1965 年，145-184 頁；島田英誠〈徽宗朝の畫學について〉；李慧淑〈宋代畫風轉變之契機 - 徽宗美術教育成功之實例〉（上、下）,《故宮學術季刊》1984 年，1 卷 4 期，71-91 頁，2 卷 1 期，9-36 頁；宗城《北宋圖畫院之新探》，臺北：文史哲出版社，1988 年；Wai-kam Ho, "Aspects of Chinese Painting from 1100 to 1350"; Ronald C. Egan, "The Emperor and the Ink Plum: Tracing a Lost Connection between Literati and Huizong's Court," pp. 122–129。

39《宋史》卷一百五十七，3688 頁。《皇宋通鑑長編紀事本末》卷一百三十五，2286-2287 頁。《宋會要輯稿・崇儒三》，葉 26a-27a。

40《宋史》卷一百五十七，3688 頁。《雲麓漫鈔》卷二，50 頁。另參見 Wai-kam Ho,

17 Isaf Moshe Goldschmidt, *The Evolution of Chinese Medicine: Song Dynasty, 960–1200*, pp. 116–121. Joseph Needham, et al, *Science and Civilsation in China, vol. 6: Biology and Biological Technology, part 1: Botany*, pp. 282–283. 岡西為人《宋以前醫籍考》第三卷，臺北：進學書局，1969 年，799 頁。

18 Isaf Moshe Goldschmidt, "Huizong's Impact on Medicine and Public Health," pp. 319–321; *The Evolution of Chinese Medicine: Song Dynasty, 960–1200*, pp. 181–182. 關於徽宗為這本書寫的序，參見岡西為人《宋以前醫籍考》第三卷，797-798 頁。Isaf Moshe Goldschmidt, "Huizong's Impact on Medicine and Public Health," p. 315.

19 Isaf Moshe Goldschmidt, *The Evolution of Chinese Medicine: Song Dynasty, 960–1200*, p. 183.

20 Isaf Moshe Goldschmidt, "Huizong's Impact on Medicine and Public Health," pp. 314–319; *The Evolution of Chinese Medicine: Song Dynasty, 960–1200*, pp. 180–183. 關於徽宗為這本書寫的序，參見岡西為人《宋以前醫籍考》第三卷，790 頁。關於道藏中收錄的一本同類書，參見 Kristofer Schipper and Franciscus Verellen, eds. *The Taoist Canon: A Historical Companion to the Daozang*, pp. 765–769。

21 關於蘇軾和沈括的醫學著作，參見《蘇沈良方》。

22 根據《宋史》卷八十五，2099 頁，玉虛殿建於 1097 年。

23 參見《曾公遺錄》卷九，255 頁。這段對話在《續資治通鑑長編拾補》(卷十五，575 頁）和《皇朝編年綱目備要》(卷二十五，621 頁）也有記載，略有改動。

24《宋會要輯稿・職官三十六》，葉 20b。

25 關於這本書，參見 Else Glahn（顧迺素）, "On the Transmission of the Ying-tsao fa-shih," *T'oung Pao* 61, nos. 4–5, 1975, pp. 232–65；"Chinese Building Standards of the 21st Century," *Scientific American* 144, no. 10, 1981, pp. 162–73；Guo Qinghua, "Yingzao Fashi: Twelfth-Century Chinese Building Manual"; *The Structure of Chinese Timber Architecture*, London: Minerva Press, 1999。一些簡短但很有意思的介紹，參見 Joseph Needham, Wang Ling and Lu Gwei-djen, *Science and Civilisation in China, vol. 4: Physics and Physical Technology, part 3: Civil Engineering and Nautics*, Cambridge, UK: Cambridge University Press, 1971, pp. 84–85, 107–110; Nancy Steinhardt, *Liao Architecture*, Honolulu: University of Hawai'i Press, 1997, pp. 182–183; Lothar Ledderose, *Ten Thousand Things: Module and Mass Production in Chinese Art*, Princeton: Princeton University Press, 2000, pp. 132–137【雷德侯《萬物：中國藝術中的模件化和模件化生產》，張總等譯，北京：生活・讀書・新知三聯書店，2005 年】; W. Percival Yetts, "A Chinese Treatise on Architecture," *Bulletin of the School of Oriental Studies* 4, no. 3, 1927, pp. 476–478。

93.

5 在科舉考試中，大經是《詩經》、《禮記》、《周禮》和《左氏春秋》，中經是《書》、《易經》、解說《春秋》的《公羊》與《穀梁》和《儀禮》。參見《宋史》卷一百五十五，3620頁。

6 Thomas Hong-chi Lee, *Geverment Education and Examination in Sung China*, pp. 94–97.

7 余輝《畫裡江山猶勝：百年藝術家族之趙宋家族》，臺北：石頭出版社，2008年，124頁。

8 Isaf Moshe Goldschmidt, *The Evolution of Chinese Medicine: Song Dynasty, 960–1200*, London: Routledge, 2009, pp. 22–31. 關於早期政府對醫學資助的簡單介紹，參見 Joseph Needham, Lu Gwei-djen（魯桂珍）, and Nathan Sivin, *Science and Civilisation in China, vol. 6: Biology and Biological Technology, part 6: Medicine*, Cambridge, UK: Cambridge University Press, 2000, pp. 95–105 等。

9 Isaf Moshe Goldschmidt, *The Evolution of Chinese Medicine: Song Dynasty, 960–1200*, p. 30.

10 Isaf Moshe Goldschmidt, *The Evolution of Chinese Medicine: Song Dynasty, 960–1200*, pp. 46–50.

11 參見 Isaf Moshe Goldschmidt, "Huizong's Impact on Medicine and Public Health," in *Emperor Huizong and Late Northern Song China: The Politics of Culture and the Culture of Politics*, p. 288 的清單。

12《宋會要輯稿・崇儒三》，葉 11b-26a。Joseph Needham et al., *Science and Civilisation in China, vol. 6: Biology and Biological Technology, part 6: Medicine*, pp. 105–111. Isaf Moshe Goldschmidt, "Huizong's Impact on Medicine and Public Health," pp. 278–294; Isaf Moshe Goldschmidt, *The Evolution of Chinese Medicine: Song Dynasty, 960–1200*, pp. 51–61。1110年，蔡京被罷免後，醫學院回到醫官院的管轄下，但在1113年蔡京重新擔任宰相時，醫學院又被放在國子監的下面。

13《全宋文》第146冊，288頁。

14 Isaf Moshe Goldschmidt, "Huizong's Impact on Medicine and Public Health," pp. 290–294; *The Evolution of Chinese Medicine: Song Dynasty, 960–1200*, pp. 55–56.

15 Isaf Moshe Goldschmidt, *The Evolution of Chinese Medicine: Song Dynasty, 960–1200*, pp. 121–123, 158–163.

16 Joseph Needham, Lu Gwei-djen, and Huang Hsing-tsung（黃興宗）, *Science and Civilsation in China, vol. 6: Biology and Biological Technology, part 1: Botany*, Cambridge, UK: Cambridge University Press, 1986, pp. 283–287.

六，葉5b）。

58《全宋詩》第26冊，17044頁（第11首詩）。關於漢武帝所作的曲子，參見 Tiziana Lippiello, *Auspicious Omens and Miracles in Ancient China: Han, Three Kingdoms, and Six Dynasties*, p. 76。麒麟閣是漢朝的一座宮殿，裡面畫有一些漢代名臣的畫像。

59《全宋文》第146冊，288頁。

60 Edward Schafer, "The Auspices of T'ang," p. 199.

61 英譯文參見 Charles Hartman, "Chinese Hawks: An Untitled Portrait"（無出版地點和日期），略有修改。 跋文參見徐邦達《古書畫偽訛考辨》，南京：江蘇古籍出版社，1984年，225頁。這幅畫目前下落不明，但它的黑白插畫可參見謝稚柳《趙佶〈聽琴圖〉和他的真筆問題》，《文物參考資料》1957第3期，圖34；《宋徽宗趙佶全集》，上海：上海人民出版社，1989年，20-21頁；以及 Maggie Bickford, "Huizong's Paintings: Art and the Art of Emperorship," in *Emperor Huizong and the Late Northern Song China: The Politics of Culture and the Culture of Politics*, 圖11.9。

62《宋會要輯稿・瑞異一》，葉23b；《儀制七》，葉4a。

63《揮麈錄・餘話》卷一，273頁。

64 這幅畫卷很可能是徽宗對一幅他崇拜的畫家所畫著名壁畫的臨摹。參見 Benjamin Rowland, "Hui-tsung and Huang Ch'uan," *Artibus Asiae* 17, no. 2, 1954, pp. 130–34。

65《宋會要輯稿・瑞異一》，葉22b。

66《宋史》卷一百二十九，3019頁。

第七章　招徠專家

題記：彩圖8

1 參見 David L. McMullen（麥大維）, *State and Scholars in T'ang China*, Cambridge, UK: Cambridge University Press, 1988。

2 關於技術官地位的長期下降，參見張邦煒《宋代政治文化史論》，100-141頁。

3 關於品銜制度，參見 Kaoru Umehara（梅原郁）, "Civil and Military Officials in the Sung: The Chi-li-kuan System," *Acta Asiatica* 50, 1986, pp. 1–30， 以及 Winston W. Lo, *An Introduction to the Civil Service of Sung China, with an Emphasis on Its Personnel Administration*, Honolulu: University of Hawai'i Press, 1987。關於低級別的技術官，參見島田英誠〈徽宗朝の畫學について〉，載《中國繪畫史論集・鈴木敬先生還曆記念》118-121頁的列表。

4 Thomas Hong-chi Lee, *Geverment Education and Examination in Sung China*, 1985, pp. 91–

44《宋會要輯稿・瑞異一》，葉 18a。所引內容見《漢書》卷二十六，1291 頁。

45《宋會要輯稿・瑞異二》，葉 4b-5a，《輿服三》，葉 2a。《全宋文》第 136 冊，193 頁；第 136 冊，197 頁；第 146 冊，249-250 頁；第 155 冊，135-136 頁。關於其他祥瑞天象，參見《宋會要輯稿・儀制七》，葉 3b，《瑞異一》，葉 22b；《全宋文》第 146 冊，263-264 頁。

46《宋書》卷二十八，第 813 頁。參見 Tiziana Lippiello, *Auspicious Omens and Miracles in Ancient China: Han, Three Kingdoms, and Six Dynasties*, pp. 102–104；Donald J. Harper（夏德安）, *Early Chinese Literature: The Mawangdui Medical Manuscripts*, London: Kegan Paul International, 1998, p. 394。

47 關於早期道經文本中提到甘露的內容，參見 Stephen R. Bokenkamp, *Early Daoist Scriptures*, pp. 221, 222。

48《能改齋漫錄》卷十一，328 頁。另參見《宋會要輯稿・瑞異一》，葉 18b-19a，其中記錄甘露降臨的日期為十一月十三日。

49《全宋文》第 146 冊，266 頁。

50《宋史》卷二十，379、381、383 頁；卷二十一，397 頁；卷二十二，405 頁。《宋會要輯稿・瑞異一》，葉 18b、23a-b；《儀制七》，葉 4a。

51《全宋文》第 136 冊，197-198 頁。

52《全宋詩》第 26 冊，17053 頁；譯文參見 Ronald C. Egan, "Huizong's Palace Poems," in *Emperor Huizong and Late Northern Song China: The Politics of Culture and the Culture of Politics*, p. 383，略有修改。

53 這裡是借用了杜甫的一句詩，將皇帝的容顏比喻為上天的容顏。

54《鐵圍山叢談》卷二，第 28 頁。未央宮是漢武帝的宮殿。晁端禮另一首關於祥瑞的詩，參見《能改齋漫錄》卷十六，479 頁。其他詩作參見《全宋詞》卷一，418-443 頁。

55《金石萃編》卷一百四十六，葉 16b-22b。

56《史記》卷六，257 頁；卷十二，477 頁。《白虎通疏證》卷六，284 頁。Tjan Tjoe Som（曾珠森）, *Po hu t'ung: The Comprehensive Discussions in the White Tiger Hall*, vol. 1, Leiden: E. J. Brill, 1952, pp. 241–242，有修改。《宋書》卷二十九，860 頁。Tiziana Lippiello, *Auspicious Omens and Miracles in Ancient China: Han, Three Kingdoms, and Six Dynasties*, p. 141.

57《太上靈寶芝草品》38a（《道藏》第 34 冊，328 頁中欄）。另參見 Kristofer Schipper and Franciscus Verellen, eds. *The Taoist Canon*, pp. 770–771。徽宗於 1116 年發布的《本草》引用了《道藏》中一本名為《神仙芝草經》的書（《重修政和經史證類備用本草》卷

of Jade and Silk: Ritual and Symbol in the Legitimation of the T'ang Dynasty, p. 60。關於王安石，參見 Douglas Edward Skonicki 博士論文, "Cosmos, State and Society: Song Dynasty Arguments concerning the Creation of Political Order," Harvard University, 2007, pp. 440–457。

34《唐六典》卷四，第 114-115 頁。關於唐代向朝廷報告的祥瑞事件，另參見 Edward H Schafer, "The Auspices of T'ang, " *Journal of American Oriental Society* 83, no.2, 1963, pp. 197–225，其中主要關注瑞鳥。

35《宋會要輯稿・瑞異一》，葉 88a-b，以及見於《瑞異》各處。

36《宋會要輯稿・瑞異一》，葉 11a；《玉海》卷二百，葉 29b-30a。

37《宋會要輯稿・瑞異一》，葉 10b-13a。《續資治通鑑長編》卷六十七，1506 頁。參看 James Cahill（高居翰）, *An Index to Early Chinese Paintings*, p. 25。關於不同的解釋，參見久保田和男〈北宋の皇帝行幸について - 首都空間における行幸を中心として -〉，載平田茂樹等編《北宋の皇帝行幸について - 首都空間における行幸を中心として - とコミユニケ - ション》，東京：汲古書院，2006 年；《宋代開封の研究》，東京：汲古書院，2007 年；〈宋代の「畋獵」を巡って - 文治政治確立の一側面〉，載《古代東アジアの社會と文化：福井文雅先生古稀・退職記念論集》，東京：汲古書院，2007 年；〈關於北宋皇帝的行幸：以在首都空間的行幸為中心〉，載平田茂樹編《宋代社會的空間與交流》，開封：河南大學出版社，2008 年，100-101 頁。更多關於宋真宗時期的祥瑞，參見方誠峰〈祥瑞與北宋徽宗朝的政治文化〉，216-226 頁。

38《續資治通鑑長編》卷四百九十八，11840-11841、11848 頁；《宋大詔令集》卷二，9 頁；《宋會要輯稿・輿服三》，葉 1b；《全宋文》第 121 冊，74-75 頁。

39《宋史》卷三百五十二，11124 頁。《宋宰輔編年錄校補》卷十二，790、796、797 頁。

40《全宋文》第 102 冊，139 頁。《宋會要輯稿・瑞異一》，葉 19a-b。《全宋詩》第 16 冊，11004-11005 頁。關於《詩經》（毛詩第 161 首）的典故，參見 James Legge（理雅各）, *The Chinese Classics*, vol.4, pp. 255–258。

41《全宋詩》第 26 冊，17051 頁（第 113 首詩）。

42 參見 Shigeru Nakayama（中山茂）, "Characteristics of Chinese Astrology," *Isis* 57, no. 4, 1966, pp. 442–54 和 Nathan Sivin, "Cosmos and Computation in Early Chinese Mathematical Astronomy," pp. 5–7。關於中國古代的天文學和占星術，另參見 Joseph Needham and Wang Ling（王鈴）, *Science and Civilisation in China, vol. 3: Mathematics and the Science of the Heaven and the Earth*, Cambridge, UK: Cambridge University Press, 1959。

43 Edward H. Schafer, *Pacing the Void*, pp. 44–53.

in Chinese Historiography, Leiden: E. J. Brill, 1990, pp. 111–174。

28 艾伯華和畢漢思研究了漢代時期對於徵兆報告的政治操縱。Wolfram Eberhard（艾伯華）, "The Political Function of Astronomy and Astronomers in Han China," in *Chinese Thought and Institutions*, edited by John K. Fairbank, Chicago: University of Chicago Press, 1957, pp. 33–70. Hans Bielenstein（畢漢思）, "An Interpretation of the Pertenes in the Ts'ien Han Shu," *Bulletin of the Museum of Far Eastern Antiquities* 22, 1950, pp. 127–43; "Han Portents and Prognosticatis," *Bulletin of the Museum of Far Eastern Antiquities* 56, 1984, pp. 97–112. 席文不太認為有政治操縱，見 Nathan Sivin, "Cosmos and Computation in Early Chinese Mathematical Astronomy," *T'oung Pao* 55, 1969, pp. 53–64。關於對祥瑞的慶祝，參見 Martin Kern（柯馬丁），"Religious Anxiety and Political Interest in Western Han Omen Interpretation: The Case of the Han Wudi Period（141–87BC）,"《中國史學》第10期，2000年，1-31頁。

29 Wu Hung, *The Wu Liang Shrine: The Ideology of Early Chinese Pictorial Art*, Stanford: Stanford University Press, 1989, pp. 76–77.【《武梁祠：中國古代畫像藝術的思想性》，柳楊、岑河譯，北京：生活・讀書、新知三聯書店，2006年】

30《漢書》卷二十二，1065頁。關於這首詩，參見 Wu Hung, *The Wu Liang Shrine: The Idealogy of Early Chinese Pictorial Art*, p. 77；Tiziana Lippiello（李集雅）, *Auspicious Omens and Miracles in Ancient China: Han, Three Kingdoms, and Six Dynasties*, Nettetal, Gemany: Steyler Verlag, 2001, p. 76.

31《宋書》卷二十八，第813、851、853頁。Tiziana Lippiello, *Auspicious Omens and Miracles in Ancient China: Han, Three Kingdoms, and Six Dynasties*, p. 102。另參見 Wu Hung, *The Wu Liang Shrine: The Idealogy of Early Chinese Pictorial Art*, p. 240，提到了在2世紀的一個石廟裡出現的這些預言。

32 Jack L. Dull 博士論文, "A Historical Introduction to Apocryphal (ch'an-wei) Texts of the Han Dynasty." University of Washington, 1966. Hans Bielenstein, "Han Portents and Prognosticatis." Howard Wechsler, *Offerings of Jade and Silk: Ritual and Symbol in the Legitimation of the T'ang Dynasty*, pp. 55–77. Mu-chou Poo, *In Search of Personal Welfare: A View of Ancient Chinese Religion*, Albany, NY: SUNY Press, 1998, pp. 152–56【蒲慕洲《追尋一己之福：中國古代的信仰世界》，上海：上海古籍出版社，2007年】. Martin Kern, "Religious Anxiety and Political Interest in Western Han Omen Interpretation: The Case of the Han Wudi Period (141-87BC)."

33《漢書》卷三十，1773頁。關於唐代的懷疑主義者，參見 Howard Wechsler, *Offerings*

2154-2157 頁；《續資治通鑑長編拾補》卷二十五，834-836 頁；《宋會要輯稿・禮五十一》，葉 22a-24a；《宋會要輯稿・輿服六》，葉 14a-16b；《容齋隨筆・三筆》卷十三，570-571 頁；《能改齋漫錄》卷十二，352-353 頁；《鐵圍山叢談》卷一，11-12 頁。另參見小島毅〈宋代の國家祭祀：「政和五禮新儀」の特征〉，載池田溫主編《中國律法と日本律令》，東京：東洋書店，468-471 頁。

15 關於李誡的作用，參見《全宋文》第 155 冊，431-433 頁。

16《皇朝編年綱目備要》卷二十七，679 頁。《續資治通鑑長編拾補》卷二十三，790 頁。《鐵圍山叢談》卷一，11-12 頁。

17《宋會要輯稿・禮五十一》，葉 23a；《宋史》卷一百零四，2544 頁。《鐵圍山叢談》卷一，11-12 頁。《宋朝事實》卷十四，222 頁。方誠峰〈祥瑞與北宋徽宗朝的政治文化〉，《中華文史論叢》2011 年第 4 期，236-237 頁。

18《宋會要輯稿・禮五十一》，葉 22b-23a；《宋史》卷一百零四，2544-2545 頁。

19《皇宋通鑑長編紀事本末》（卷一百二十八，2154 頁）記載，這兩篇銘文的作者實際上是蔡京。

20《皇宋通鑑長編紀事本末》卷一百二十八，2155 頁。《宋會要輯稿・輿服六》，葉 14a-16a。

21《宋會要輯稿・禮五十一》，葉 23b-24a；《宋史》卷一百零四，2545 頁。《政和五禮新儀》卷六十八、六十九。

22《宋會要輯稿・禮五十一》，葉 23b-24a；《宋史》卷一百零四，2545 頁。

23《宋會要輯稿・樂四》，葉 3b；《演繁露》卷六，葉 17b。《續資治通鑑長編拾補》卷二十五，836 頁。《宋史》卷一百二十八，999 頁。這句話是：景鐘，垂則為鐘，仰則為鼎。

24 關於徽宗宮廷的祥瑞符號和政治文化，參見方誠峰〈祥瑞與北宋徽宗朝的政治文化〉。

25 關於漢代在這些主題的思想發展，參見 Michael Loewe, *Divination, Mythology and Monarchy in Han China*, Cambridge, UK: Cambridge University Press, 1994, pp. 85–111, 121–141【魯惟一《漢代的信仰、神話和理性》，王浩譯，北京：北京大學出版社，2009 年】; Mark Csikszentmihalyi, "Han Cosmology and Mantic Practices"。

26《春秋繁露義證》卷四，101-103 頁。桂思卓認為關於五行的章節可能不是由董仲舒寫的。Sarah A. Queen, *From Chronicle to Canon: The Hermeneutics of the Spring and Autumn, according to Tung Chung-shu*, Cambridge, UK: Cambridge University Press, 1996, pp. 101–104.

27 參見 B. J. Mansvelt Beck, *The Treatises of Later Han: Their Author, Sources, Contents and Place*

晟鐘與宋代黃鐘標準音研究》，上海：上海音樂學院出版社，2004 年。

5 《廣川書跋》卷三，葉 6b-7a。關於在仁宗時期朝廷官員鑄造可以正常使用的編鐘時遭遇的失敗，參見 Ebrey Buckley Patricia, "Replicating Zhou Bells at the Northern Song Court"。

6 陳夢家〈宋大晟編鐘考述〉，《文物》1964 年第 2 期，51-53 頁；陳芳妹〈宋古器物學的興起與宋仿古銅器〉，《美術史研究集刊》2001 年第 10 期，95-99 頁；李幼平《大晟鐘與宋代黃鐘標準音研究》。另參見中國音樂文物大系總編輯部《中國音樂文物大系》，共 9 卷，鄭州：大象出版社，1996-2001 年，尤其是其中的北京、河南、上海和陝西卷。

7 由於這些鐘在 1127 年被女真人作為戰利品擄走，其中有一些在 1174 年改了名稱，因為「晟」（意為「旺盛」）犯了金國皇帝名字的忌諱。參見陳夢家〈宋大晟編鐘考述〉和 Richard C. Rudolph, "Dynastic Booty: An Altered Chinese Bronze," *Harvard Journal of Asiatic Studies* 11, 1948, pp. 174–183。

8 《宋史》卷一百二十九，3017-3018 頁；卷三百五十六，11206-11207 頁。Joseph S. C., "Huizong's Dashengyue, a Musical Performance of Emperorship and Officialdom," pp. 435–436.

9 《宋史》卷一百二十九，3001 頁。

10 《續資治通鑑長編拾補》卷二十五，851-853 頁。《宋朝事實》卷十四，222 頁。

11 《續資治通鑑長編拾補》卷二十九，985-986 頁。另參見 Joseph S. C., "Huizong's Dashengyue, a Musical Performance of Emperorship and Officialdom," pp. 417–418。關於新樂的部分手詔被收錄於《宋大詔令集》卷一百四十九，551-552 頁。

12 《宋史》卷一百二十九，3018 頁。

13 《宋史》卷一百零四，254 頁；卷一百二十八，2997-2998 頁。關於古代的九鼎，參見 Noel Barnard, "Records of Discoveries of Bronze Vessels in Literary Sources-and Some Pertinent Remarks on Aspects of Chinese Historiography," *Journal of the Institute of Chinese Studies of the Chinese University of Hong Kong* 6, no. 2, 1973, pp. 468–479; K. C. Chang, *Art, Myth, and Ritual: The Path to Political Authority in Ancient China*, Cambridge, MA: Harvard University Press, 1983, pp. 95–101【張光直《美術、神話與祭祀》，郭淨譯，北京：生活・讀書・新知三聯書店，2013 年】；Wu Hung, *Monumentality in Early Chinese Art and Architecture*, Stanford: Stanford University Press, 1995, pp. 4–10【巫鴻《中國古代藝術與建築中的「紀念碑性」》，鄭岩、李清泉等譯，上海：上海人民出版社，2009 年】。

14 關於徽宗時期鑄造九鼎的主要史料有《皇宋通鑑長編紀事本末》卷一百二十八，

edited by Victor H. Mair（梅維恒）, Nacy S. Steinhardt（夏南悉）, and Paul R. Goldin, Honolulu: University of Hawai'i Press, 2005, pp. 392–98.

80《宋會要輯稿・職官十三》，葉 23a。

81《宋會要輯稿・禮二十》，葉 9b-10a。韓森列出了一些碑文，其中提到了後來的詔書要求對應當受封的神靈進行系統上報。Valerie Hansen, *Changing Gods in Medieval China, 1127–1276*, pp. 90–91, n.13.

82 參見 Brian E. McKnight, *Law and Order in Song China*, Cambridge, UK: Cambridge University Press, 1992, pp. 75–79。

83《禮記》13.9a-b，參照 James Legge, *Li Chi, Book of Rites*, vol. 1, Hong Kong: Hong Kong University Press, 1967, pp. 237–238。

84《宋會要輯稿・刑法二》，葉 48b。關於中國的摩尼教，參見 Samuel N. C. Lieu（劉南強）, *Manichaeism in Central Asia and China*, Leiden: E. J. Brill, 1998。

85《宋會要輯稿・刑法二》，葉 50a，《禮二十》，葉 14b-15a。

86《宋會要輯稿・刑法二》，葉 43b-44a。

87《宋會要輯稿・刑法二》，葉 61b-62a、63b、64a-b。

第六章　重振傳統

題記：《宋會要輯稿・瑞異一》，葉 19a-b。

1 《禮記》37.3b（James Legge, *Li Chi, Book of Rites*, vol. 2, p. 93）；《周禮》18.27a.

2 《宋史》卷一百二十八，第 2997 頁。關於樂制改革，另參見 Joseph S. C. Lam,"Huizong's Dashengyue, a Musical Performance of Emperorship and Officialdom," in *Emperor Huizong and Late Northern Song China: The Politics of Culture and the Culture of Politics*, 2006, pp. 395–452；以及 Ebrey Buckley Patricia, *Accumulating Culture: The Collections of Emperor Huizong*, Seattle: University of Washington Press, 2008, pp. 159–166。

3 《續資治通鑑長編拾補》卷二十三，第 787-788 頁。《皇宋通鑑長編紀事本末》卷一百三十五，2280-2281 頁。這份奏疏的譯文參見 Joseph S. C., "Huizong's Dashengyue, a Musical Performance of Emperorship and Officialdom," pp. 429–430。

4 《宋大詔令集》卷一百四十九，第 551 頁。《續資治通鑑長編拾補》卷二十九，986 頁。《宋朝事實》卷十四，223-224 頁。另參見 Ebrey Buckley Patricia, *Accumulating Culture: The Collections of Emperor Huizong*, pp. 159–166；"Replicating Zhou Bells at the Northern Song Court," in *Reinventing the Past: Archiving and Antiquarianism in Chinese Art and Visual Culture*, edited by Wu Hung, Chicago: Art Media Resources, 2010, pp. 179–99；李幼平《大

彼得）, *Taoist Books in the Liberaries of Sung Period*, 1984, p. 39.

70《金籙齋投簡儀》(《道藏》第 9 冊，133 頁上、中欄）; Kristofer Schipper and Franciscus Verellen, eds. *The Taoist Canon*, pp. 995–996. 唐代劍《宋代道教管理制度研究》(北京：線裝書局，2003 年，47 頁)認為有一部三卷的著作和五部單卷著作，名稱都是以「金籙」開頭，是由張商英負責編纂的，這些典籍都現存於道藏中。

71 Kristofer Schipper and Franciscus Verellen eds., *The Taoist Canon*, p. 1039. 陳國符《道藏研究論文集》，上海：上海古籍出版社，2004 年，284-285 頁。《道藏》第 5 冊，765-772 頁。

72《全宋詩》卷 1494, 17067 頁。

73《全宋詩》卷 1494, 17064-17065 頁。〈步虛詞〉中有三首詩的翻譯參見 Patricia Buckley Ebrey, "Emperor Huizong as a Daoist" , *Institute of Chinese Studies Visiting Professor Lecture Series* (III), Hong Kong: Institute of Chinese Studies, Chinese University of Hong Kong, 2013, pp. 47–90。

74 Kristofer Schipper, "A Study of Buxu（步虛）: Taoist Liturgical Hymn and Dance," in *Studies of Daoist Rituals and Music of Today*, edited by Pen-Yeh Tsao and Daniel P. L. Law, Hong Kong: The Chinese Music Archive, Chinese University of Hong Kong, 1989, pp. 110, 119–120.

75 須江隆〈唐宋期における祠廟の廟額 封號の下賜について〉，《中國：社會と文化》1994 年，119 頁。《宋會要輯稿》中列出的 764 個廟宇並沒有完全囊括在徽宗在位二十多年間授予廟額的所有神祠。在十二個碑文提到被授予廟號的神祠中，只有五個被列入了《宋會要輯稿》。 韓森也發現，《宋會要輯稿》所列湖州的神祠比她從別處得知的數量還要少。Valerie Hansen, *Changing Gods in Medieval China, 1127–1276*, 1990, pp. 79–80.

76《宋會要輯稿・禮二十》，葉 100b-101a。

77《全宋文》第 138 冊，第 319-320 頁。關於可以對《宋會要輯稿》簡短記載進行補充的其他長篇碑文的例子，參見《全宋文》第 154 冊，279-281 頁和《宋會要輯稿・禮二十》，葉 121b-122a；《全宋文》第 167 冊，73-74 頁和《宋會要輯稿・禮二十》，葉 70b；《全宋文》第 167 冊，75-76 頁和《宋會要輯稿・禮二十》，葉 25b。

78《宋會要輯稿・禮二十》，葉 7b。

79 鄭振滿和丁荷生（Kenneth Dean）《福建宗教碑銘彙編》，福州：福建人民出版社，1995 年，11 頁。關於此碑文的翻譯全文，參見 Hugh R. Clark, "Fang Lue, Inscription for the Temple of Auspicious Response,'" in *Hawai'i Reader in Traditional Chinese Culture*,

中，如《皇宋通鑑長編紀事本末》卷一百二十七，2143-2144 頁。

60 關於慶祝皇帝誕辰日的風俗，參見 Patricia Buckeley Ebrey, "The Emperor and the Local Community in the Song Period." 載《中國の歴史世界：統合のシステムと多元的發展》，東京：東京都立大學出版會，2002 年；那波利貞《唐代社會文化史研究》，創文社，1974 年，28-34 頁；Charles David Benn, "Religious Aspect of Emperor Hsuan-tsung's Taoist Ideology." in *Buddhist and Daoist Practice in Medieval Chinese Society*, Edited by David W. Chappell, Honolulu: University of Hawai'i Press, 1987, pp. 136–137; Stanley Weinstein, *Buddhism under the T'ang*, UK: Cambridge University Press, 1987, pp. 54【斯坦利・威斯坦因《唐代佛教》，張煜譯，上海：上海古籍出版社，2010 年】; Mark Halperin, *Out of the Cloister: Literati Perspectives on Buddhism in Sung China, 960–1279*, Cambridge, MA: Harvard Asia Center, 2006, pp. 130–138; 汪聖鐸《宋代政教關係研究》，北京：人民出版社，2010 年，510-534 頁；《冊府元龜》卷二，葉 6b-8b。

61《冊府元龜》卷二，葉 6b-26a; 朱瑞熙等《遼宋西夏金社會生活史》，北京：中國社會科學出版社，1998 年，431-433 頁。關於宮廷中精心準備的宴席，參見《東京夢華錄箋注》卷九，225-229 頁。

62《宋會要輯稿・禮五》，葉 15a-b。關於這一制度，參見竺沙雅章《中國佛教社會史研究》，京都：同朋舍，1982 年，83-109 頁，尤其是 95-97 頁。

63《宋會要輯稿・禮五》，葉 15b-16a、23a-24a。

64《宋會要輯稿・禮五》，23 b；汪聖鐸〈宋朝禮與道教〉，《國際宋代文化研討會論文集》，成都：四川大學出版社，1991 年，227-228 頁。

65 會稽有一座寺廟和一座道觀。道觀位於州治以東三里之處，內設有本命殿（《會稽志》卷七，葉 3a）。在福州，崇寧／天寧寺是一個主要的景點，位於城南的一座山頂上。（《三山志》卷三十八，葉 25a-b〔p. 8069〕）。新安選擇的寺廟規模也比較大，有一座 13 層的佛塔，底座是 100 間殿堂（《新安志》卷三，葉 16b-17a）。四明共有四座崇寧／天寧寺觀：三座是道觀，其中一座位於州治所在地，另兩座分別位於兩個縣城。（《四明志（延祐）》卷十八，葉 30a、38a、38b；卷十六，葉 13a）。關於一座佛教寺廟改建為崇寧寺的故事，參見 Mark Halperin, *Out of the Cloister: Literati Perspectives on Buddhism in Sung China, 960–1279*, pp. 134–137。

66《全宋文》第 104 冊，34-36 頁。這座道觀位於今浙江滁州。

67《宋會要輯稿・禮五十七》，葉 24a-b。

68 Michel Strickman, "The Longest Daoist Scripture," pp. 341–342.

69《金籙齋投簡儀》卷九，葉 1（《道藏》第 9 冊，133 頁下欄）。Piet Van der Loon（龍

Gregory, Honolulu: University of Hawai'i Press, 1993, pp. 241–305. Edward L. Davis, *Society and the Supernatural in Song China*, pp. 54–66.

46 水陸法會是一種很受歡迎的佛教超度儀式。參見 Edward L. Davis, *Society and the Supernatural in Song China*, pp. 236–241，以及他引用的相關資料。

47《全宋文》第 164 冊，83-84 頁。《茅山志》卷三，葉 15a-b（《道藏》第 5 冊，567 頁中欄）。這裡提到的歲律可能就是後來的「政和五禮新儀」。徽宗希望將佛教儀式排除在歲律編纂外的努力將在第九章討論。

48《全宋文》第 164 冊，84 頁。

49《全宋文》第 129 冊，186-187 頁。《茅山志》卷十一，葉 13a-b（《道藏》第 5 冊，605 頁中欄）。

50 Isabelle Robinet, *Taoism Meditation: The Mao-shan Tradition of Great Purity*, Albany, NY: SUNY Press, 1993, pp. 97–117（引用 p. 105）; Livia Kohn, ed. *Daoism Handbook*, p. 201; Kristofer Schipper and Franciscus Verellen, eds. *The Taoist Canon*, pp. 1043–1045.

51 關於道教經典中的圖示，參見 Shih-shan Susan Huang（黃士珊）, *Picturing the True Form: Daoist Visual Culture in Medieval China*, Cambridge, MA: Harvard Asia Center, 2012.

52《全宋文》第 129 冊，188 頁；第 164 冊，66、84、85、94、97、101、104、112 頁。

53《全宋文》第 129 冊，189-190 頁；第 166 冊，387-388 頁。

54 儘管我不懷疑笪淨之最後呈遞給徽宗的是一份類似於遺囑的奏疏，但並不認為可能有後世的道教歷史學家對這封信作了「修飾」，使之看起來不應由道教為徽宗的奢華承擔任何責任。

55《全宋文》第 137 冊，303-304 頁。《茅山志》卷二十六，葉 13b-15b（《道藏》第 5 冊，669 頁下欄至 670 頁中欄）。

56 參見 Edward H. Schafer, *Pacing the Void: T'ang Approaches to the Star*, Berkeley: University of California Press, 1977; Farzeen Baldrian-Hussein, "Alchemy and Self-Cultivation in Literary Circle of the Northern Song Dynasty-Su Shi (1037–1101) and His Techniques of Survival." *Cahiers D'Extreme Asie* 9 (1996-1997) 15–53。

57 蔡絛注意到了這一點，並將宋徽宗與秦始皇、漢武帝進行對比。（《鐵圍山叢談》卷一，6 頁）。

58《宋會要輯稿·崇儒六》，葉 34b；李麗涼〈北宋神霄道士林靈素與神霄運動〉，香港中文大學博士論文，2006 年，109-110 頁。

59《歷世真仙體道通鑑》卷五十一（《道藏》第 5 冊，394 頁下欄至 395 頁下欄）、卷五十二（《道藏》402 頁中、下欄，403 頁下欄）。還有一些也記載於正統的歷史資料

33 這封信收錄在《全宋文》第 164 冊，61-62 頁（《茅山志》卷三，葉 12b〔《道藏》第 5 冊，566 頁上欄〕）。

34 參見 D. C. Lau（劉殿爵）, trans., *Lao Tzu: Tao Te Ching*, New York: Penguin, 1963, p. 69: "he who makes a present of the way without stirring from his seat"。

35 這句詩的出處是《詩經》，第 165 首：James Legge, *The Chinese Classics*, vol. 4, Hong Kong: Hong Kong University Press, 1961, p. 254, "Spiritual beings will then harken to them"；Arthur Waley, trans, *The Book of Songs*, London: Allen & Unwin, 1937, p. 204, "For the spirits are listening"。

36《全宋詩》卷 1495, 17074-17075 頁。

37 還有三封信沒有日期。

38《全宋文》第 164 冊，48-49 頁。

39《茅山志》卷十一，葉 11a（《道藏》第 5 冊，605 頁中欄）。

40《全宋文》第 164 冊，85、48-49、72-73 頁。

41《全宋文》第 164 冊，51 頁。

42《全宋文》第 164 冊，85 頁。

43 在後漢的一些墓碑上發現了類似神符的圖案，同時，後漢的歷史文獻中也提到，法師能夠利用神符控制鬼怪和神靈。參見 Anna K. Seidel, "Tokens of Immortality in Han Graves," *Numen* 29, 1982, pp. 79-122.；《後漢書》卷七十二，第 2744、2747 頁；Mark Csikszentmihalyi（齊思敏）, "Han Cosmology and Mantic Practices," in *Daoism Handbook*, 2000, pp. 69–70。關於道教中的神符，參見 Catherine Despeux（戴思博）, "Talismans and Sacred Diagrams," in *Daoism Handbook*, 2000, pp. 498–540；Fabrizio Pregadio ed., *The Encyclopedia of Taoism*, pp. 35–38；Robert Ford Campany（康儒博）, *To Live as Long as Heaven and Earth: A Translation and Study of Ge Hong's Tradition of Divine Transcendents*, Berkeley: University of California Press, 2002, pp. 61–70。

44《茅山志》卷二十六，葉 11a（《道藏》第 5 冊，668 頁下欄）。《全宋文》第 129 冊，187 頁；第 163 冊，398 頁；第 164 冊，44、50、62、73、84、94、111、117、122 頁。《茅山志》卷四，葉 2a（《道藏》第 5 冊，569 頁上欄）。

45 包括鮑菊隱和 Edward Davis 在內的一些學者指出，官員和文人往往去學習自己如何施行道教的驅魔儀式，而不是求助於道士。相比之下，徽宗和大多數外行信徒一樣，都轉向專業人士尋求幫助，而不是親自掌握這些儀式和其他一些技能。Judith M. Boltz, "Not by the Seal of Office Alone: New Weapons in Battles with the Supernatural." In *Religion and Society in T'ang and Sung China*, Edited by Patricia Buckley Ebrey and Peter N.

3–4, 1978, pp. 331–54.

21 Stephen R. Bokenkamp, *Early Daoist Scriptures*, pp. 417–418. 後來，這部經文進行了大幅擴展，並成為道教經典的第一部經文。參見 Michel Strickman, "The Longest Daoist Scripture"。

22《全宋文》第 129 冊，187 頁。Livia Kohn and Russell Kirkland, "Daoism in the Tang (618–907)," in *Daoism Handbook*, pp. 362–363. Livia Kohn, *The Taoist Experience: An Anthology*, Albany, NY: SUNY Press, 1993, pp. 24–29.

23 Livia Kohn, *The Taoist Experience: An Anthology*, pp. 25–27.

24 關於一些可能性，參見 Fabrizio Pregadio ed., *The Encyclopedia of Taoism*, pp. 695–697。

25《茅山志》卷三，葉 3a-22b；卷四，葉 1-6a（《道藏》第 5 冊，562 頁上欄至 570 頁）。這些信件已收入《全宋文》，按時間順序排列。關於這些信件，參見 Caroline Gyss-Vernande, "Litters de Song Huizong au Maître du Maoshan Liu Hunkang, ou le patronage impérial comme practique de dévotion," in *Hommage à Kwong Hing Foon: Études d'histoire culturelle de la Chine*, edited by Jean-Pierre Diény, Paris: College de France, Institute des Hautes études chinoises, 1995, pp. 239–53。《茅山志》於 1329 年撰寫，但借鑑了早期的版本，包括 1150 年的版本，其內容基本被認為是可靠的。參見 Judith M. Boltz, *A Survay of Taoist Scripture, Tenth through Seventeenth Centuries*, pp. 103–105；Fabrizio Pregadio ed., *The Encyclopedia of Taoism*, pp. 736–738。

26 這是後來給寺廟中心大殿的名稱。（《全宋文》第 137 冊，8 頁。）

27《全宋文》第 163 冊，318 頁。《茅山志》卷三，葉 4a（《道藏》第 5 冊，562 頁中欄）。

28《全宋文》第 164 冊，51、67 頁。《茅山志》卷三，葉 12b-14a（《道藏》第 5 冊，566 頁上、中、下欄）。

29《全宋文》第 129 冊，183、188 頁；第 137 冊，8-9 頁（《茅山志》卷二十六；《道藏》第 5 冊，665 頁上欄至 667 頁下欄）。

30《全宋文》第 129 冊，183 頁；第 164 冊，104、122 頁。《茅山志》卷四，葉 1b、4b（《道藏》第 5 冊，568 頁下欄、569 頁下欄）。南宋時期，徽宗畫的一幅茅山真君像被掛在杭州的一座道觀，可能就是這一幅。（《建炎以來朝野雜記》卷二，80 頁）。

31 這時所指的三座山很可能是歷來被視為仙地的蓬萊、方丈和瀛洲，參見 Scarlett Jang（張珠玉）, "Realm of the Immortals: Paintings Decorating the Jade Hall of the Northern Song," p. 83。

32《全宋詩》卷 1495，17075 頁；《全宋文》第 166 冊，390 頁。均據《茅山志》卷三，葉 13b（《道藏》第 5 冊，566 頁中欄）。

中欄)。這部文獻中記載的針刺事件發生在1086年，但這個日期是不可能的，因為當時哲宗只是一個小孩子，還沒有準備與孟氏結婚。更有可能的日期是在1094-1096年。另外一部非道教文獻(《揮麈錄・後錄》卷二，72頁)中記載，在劉混康成功地使用符水(將符紙燒成灰後溶解到水裡)治病後，開始經常出入哲宗的宮廷。此書還記載，徽宗在登上皇位不久，就向劉混康咨詢了確保生下一位男嗣的方法。此外，我們還得知，鑑於劉混康提供的風水建議，徽宗在京城東北角修建了壯觀的艮嶽，但這似乎不太可能(見附錄A)。

11《全宋文》第129冊，182、187-188頁。

12《全宋文》第129冊，183頁。

13 Livia Kohn ed., *Daoism Handbook*, p. 209. Fabrizio Pregadio ed., *The Encyclopedia of Taoism*, London: Routledge, 2007, pp. 733–734;《茅山志》卷二十六，葉2a(《道藏》第5冊，665頁上欄)；《全宋文》第137冊，8頁；第129冊，183頁。還有一次他們在討論中提到了「二許」(許謐和許翙)，由於他們在4世紀主要經文中的啟示作用，「二許」在上清派傳統中非常重要。(《全宋文》第164冊，49頁)。

14《全宋文》第163冊，262頁。

15《全宋文》第129冊，183頁。Christine Mollier(穆瑞明), *Buddhism and Taoism Face to Face: Scripture, Ritual, and Iconographic Exchange in Medieval China*, Honolulu: University of Hawai'i Press, 2008, pp. 136–173. 關於本命神，參見劉長東《宋代佛教政策論稿》，成都：巴蜀書社，2005年，391-446頁。

16 Christine Mollier, *Buddhism and Taoism Face to Face*, p. 142.

17《全宋文》第164冊，104頁，這封信的日期是1107年七月二十九日。

18《太上玄靈北斗本命長生妙經》。Christine Mollier, *Buddhism and Taoism Face to Face*, pp. 1551–1556. Fabrizio Pregadio ed., *The Encyclopedia of Taoism*, pp. 1053–1055. Kristofer Schipper and Franciscus Verellen, eds. *The Taoist Canon: A Historical Companion to the Daozang*, Chicago: University of Chicago Press, 2004, pp. 952–955. 儘管它自稱是老子向漢代道教大師張道陵的講道，但現代學者認為這部經文可能是在宋代寫成。

19《全宋文》第137冊，第8頁(《茅山志》卷二十六，葉1b-2a；《道藏》第5冊，664頁下欄至665頁上欄)；《全宋文》第129冊，183頁。

20 參見Stephen R. Bokenkamp(柏夷), *Early Daoist Scriptures*, Berkeley: University of California Press, 1997, pp. 373–438; Kristofer Schipper and Franciscus Verellen, eds. *The Taoist Canon*, pp. 214–225; Toshiaki Yamada(山田利明), "The Lingbao Scool," in *Daoism Handbook*, pp. 240–241; Michel Strickman, "The Longest Daoist Scripture," *History of Religions* 17, nos.

Skar, “Administering Thunder: A Thirteenth-Century Memorial Deliberating the Thunder Rites”; Edward L. Davis, *Society and the Supernatural in Song China*, pp. 24–44; Florian C. Reiter（常志靜）, “The Management of Nature: Convictions and Means in the Daoist Thunder Magic (Daojiao leifa).” in *Purposes, Means and Convictions in Daoism: A Berlin Symposium*, edited by Florian C. Reiter, Wiesbaden: Harrassovitz, 2007, pp. 183–200; 李遠國《神霄雷法：道教神霄派沿革與思想》，成都：四川人民出版社，2007 年 ; Joshua Capitanio 博士論文 , “Dragon Kings and Thunder Gods: Rainmaking, Magic, and Ritual in Medieval Chinese Religion.” University of Pennsylvania, 2008.

4 Judith M. Boltz, “Not by the Seal of Office Alone: New Weapons in Battles with the Supernatural”; Edward L. Davis, *Society and the Supernatural in Song China*. Robert P. Hymes, *Way and Byway: Taoism, Local Religion, and Models of Divinity in Song and Modern China*.

5 參見 Anna K. Seidel（索安）,“Imperial Treasures and Taoist Sacraments: Taoist Roots in the Apocrypha.” in *Tantric and Taoist Studies in Honour of R. A. Stein*, vol 2, edited by Michael Strickmann, Brussels: Institut Belge des Hautes Études Chinoises, 1983, pp. 291-371.

6 關於唐代宮廷對道教的參與，參見 Timothy Hugh Barrett, *Taoism under the T'ang: Religion and Empire during the Golden Age of Chinese History*, London: Wellsweep, 1996【《唐代道教：中國歷史上黃金時期的宗教與帝國》，曾維加譯，濟南：齊魯書社，2012 年】; Victor Xiong, “Ritual Innovations and Taoism under Tang Xuanzong,” *T'oung Pao* 82, nos. 4–5, 1996, pp. 258–316。

7 Piet Van der Loon（龍彼得）, *Taoist Books in the Libraries of Sung Period: A Critical Study and Index*, London: Ithaca Press, 1984, pp. 29–38. 關於真宗和道教，參見 James Cahill, *An Index to Early Chinese Paintings*, Berkeley: University of California Press, 1980。

8 有關徽宗信仰道教的簡要描述，參見 Patricia Buckley Ebrey, “Taoism and Art at the Court of Song Huizong,” in *Taoism and the Arts of China*, ed. Steven Little and Shawn Eichman, Chicago: Art Institute of Chicago, 2000, pp. 95–111；松本浩一〈徽宗と道教政策〉,《アジア遊學》64，2004 年，110-118 頁。

9 關於茅山與道教，參見 Isabelle Robinet（賀碧來）, *Taoism: Growth of a Religion*, translated by Phyllis Brooks, Stanford: Stanford University Press, 1997, pp. 114–148；Livia kohn, *Daoisnn Handbook*, 2000, pp. 196–224；Edward H. Schafer（薛愛華）, *Mao Shan in T'ang Times, Society for the Study of Chinese Religions*, 1980；Michel Strickmann, “The Mao Shan Revelations: Taoism and the Aristocracy,” *T'oung Pao* 63, no. 1, 1977, pp. 1–64。

10《全宋文》第 129 冊，第 189 頁。《茅山志》卷十一，葉 10（《道藏》第 5 冊，605 頁上、

第五章　崇奉道教（1100-1110）

題記：《全宋文》第 164 冊，122 頁。

1 Richard Von Glahn（萬志英）, *The Sinister Way: The Divine and the Demonic in Chinese Religious Culture*, Berkeley: University of California Press, 2004, pp. 130–179 對宋代宗教的多樣性有非常好的介紹。另見 Peter S. Gregory and Patricia Buckley Ebrey, "Historical and Religious Landscape." in *Religion and Society in T'ang and Sung China*, edited by Patricia Buckley Ebrey and Peter S. Gregory, Honolulu: University of Hawai'i Press, 1993, pp. 1–44。Valerie Hansen, *Changing Gods in Medieval China, 1127–1276*, Princeton: Princeton University Press, 1990【韓森《變遷之神：南宋時期的民間信仰》，包偉民譯，上海：中西書局，2016 年】. Edward L. Davis, *Society and the Supernatural in Song China*, Honolulu: University of Hawai'i Press, 2001. Robert P. Hymes, *Way and Byway: Taoism, Local Religion, and Models of Divinity in Song and Modern China*, Berkeley: University of California Press, 2002【韓明士《道與庶道：宋代以來的道教、民間信仰和神靈模式》，皮慶生譯，南京：江蘇人民出版社，2007 年】. Liao Hsien-huei（廖咸惠）, "Visualizing the Afterlife: The Song Elite's Obssession with Death, the Underworld, and Salvation."《漢學研究》第 20 卷第 1 期，399-440 頁；"Exploring Weal and Woe: The Song Elite's Mantic Beliefs and Practices." *T'oung Pao* 91, pp. 347–95; "Encountering Evil: Ghosts and Demonic Forces in the Lives of the Song Elite." *Journal of Song-Yuan Studies* 37, pp. 89–134.

2 關於宋代道教的活躍，參見孫克寬《宋元道教之發展》，東海大學，1965 年；Michel Strickmann（司馬虛）, "The Taoist Renaissance of the Twelfth Century." 第三屆道教研究國際會議論文，Unterägeri (Switzerland), September 3–9, 1979; Judith M. Boltz, *A Survay of Taoist Scripture, Tenth through Seventeenth Centuries*, Berkeley: Institute of East Asia Studies, 1987; Lowell Skar, "Administering Thunder: A Thirteenth-Century Memorial Deliberating the Thunder Rites." *Cahiers d'Extrême-Asie* 9, 1996–1997, pp. 159–202; "Ritual Movements, Deity Cults and the Transformation of Daoism in Song and Yuan Times." in *Daoism Handbook*, edited by Livia Kohn, Leiden: E. J. Brill, 2000, pp. 413–463; 以及 Edward L. Davis, *Society and the Supernatural in Song China*。

3 關於雷法，參見松本浩一〈宋代の雷法〉，*Shakai Bunka Shigaku* 卷十七，1979，45-65 頁；《宋代の道教と民間信仰》，東京：汲古書院，2006 年；Judith M. Boltz, "Not by the Seal of Office Alone: New Weapons in Battles with the Supernatural." In *Religion and Society in T'ang and Sung China*, edited by Patricial Buckley Ebrey and Peter N. Gregory, Honolulu: University of Hawai'i Press, 1993, pp. 241–305, 特別是 . pp. 272–286; Lowell

83《宋大詔令集》卷一百五十七，591 頁。

84《文獻通考》卷四十六，葉 433B。

85《朱子語類》卷一百三十，3127 頁。Thomas Hong-chi Lee, *Government Education and Examination in Sung China*, p. 256。關於趙汝愚的記載，參見 John Chaffee, "Chao Ju-yu, Spurious Learning, and Southern Sung Political Culture." *Journal of Sung-Yuan Studies* 22, 1990–1992, pp. 23–61.

86《宋大詔令集》卷一百五十，558 頁；卷一百五十七，591-592 頁；卷一百二十四，427 頁；卷一百八十六，680-681 頁；卷二百一十七，829-830 頁。

87《宋史》卷一百五十九，3731 頁。

88《能改齋漫錄》卷十三，383 頁。

89 參見 Patricia Ebrey, "Huizong's Stone Inscriptions" 和方誠峰〈御筆與御筆手詔與北宋徽宗朝的統治方式〉,《漢學研究》第 31 卷第 3 期，2013 年，3-67 頁。其中一封手諭是寫給蔡京的孫子蔡行，不准其辭職。另一封手諭是感謝皇后與嬪妃對準備郊祭事宜的關心。有關圖片參見張光賓編《中華五千年文物集刊・法書編》，臺北：中華五千年文物集刊編輯委員會，1984 年，第 3 冊，85-104、185-187 頁。

90 參見德永洋介〈宋代の御筆手詔〉,《東洋史研究》1998 年第 3 期，393-426 頁；王育濟〈論北宋末年的「御筆行事」〉,《山東大學學報》1987 年第 1 期，54-62 頁；方誠峰〈御筆與御筆手詔與北宋徽宗朝的統治方式〉。

91《宋史》卷二十，376 頁。《宋會要輯稿・崇儒六》，葉 10b-11a；《職官五十五》，葉 13a-14a。

92《宋史》卷三百五十二，11123 頁。

93 參見林大介〈蔡京とその政治集團 - 宋代の皇帝 - 宰相關係理解のための一考察〉,《史朋》第 35 卷，2003 年，11 頁。楊世利〈論北宋詔令中的內降、手詔、御筆手詔〉,《中州學刊》2007 年第 6 期，186-188 頁。

94《獨醒雜志》卷八，73-74 頁。《宋史》卷三百四十八，11028 頁；卷四百七十二，13726 頁。《宋史紀事本末》卷四十九，497 頁。關於對蔡京在 1108 年操縱御筆詔書的批評，另參見《揮麈錄・後錄》卷三，110 頁。

95《宋史》卷四百七十二，13726 頁；卷四百六十八，13662 頁。德永洋介〈宋代の御筆手詔〉,《東洋史研究》1998 年第 3 期，393-426 頁。

96《全宋文》第 109 冊，177-178 頁。

97《宋史》卷二百，4990-4991 頁。

73 Thomas Hong-chi Lee（李弘祺）, *Government Education and Examination in Sung China*, Hong Kong: The Chinese University of Hong Kong, 1985, pp. 233–246.

74 參見 John Chaffee, *The Thorny Gates of Learning in Sung China: A Social History of Examinations*, Cambridge, UK: Cambridge University Press, 1985, pp.77–84. Edward Kracke Jr., "The Expansion of Educational Opportunity in the Reign of Huizong and Its Implications." *Sung Studies Newsletter* 13, 1977, pp. 6–30；Thomas Hong-chi Lee, *Government Education and Examination in Sung China*, pp. 290–292. 近藤一成〈蔡京の科舉學校政策〉,《東洋史研究》1994 年第 1 期，24-49 頁。另參見《皇宋通鑑長編紀事本末》卷一百二十六，2118-2119 頁。《宋會要輯稿・崇儒二》，葉 7b-9a；《職官二十八》，葉 15a-b。《文獻通考》卷四十六，葉 432C-443C。

75 Edward Kracke Jr. "The Expansion of Educational Opportunity in the Reign of Huizong and Its Implications." pp. 17–18.

76《宋史》卷十九，369 頁。《宋會要輯稿・職官二十八》，葉 15b;《崇儒二》，葉 10 b。《續資治通鑑長編拾補》卷二十一，735-738、743、746 頁；卷二十二，762、767 頁；卷二十三，790 頁；卷二十四，815-816、827、828 頁。John Chaffee, "Huizong, Cai Jing, and the Politics of Reform." p. 58.

77《續資治通鑑長編拾補》卷二十五，827、833-834 頁。

78《玉海》卷一百一十三，葉 8b。《續資治通鑑長編拾補》卷二十四，828 頁。Thomas Hong-chi Lee, *Government Education and Examination in Sung China*, p. 66。《宋史》卷一百五十七，3663 頁。《丹陽集》卷二十四，葉 4b-5a。《八瓊室金石補正》卷一百零九，葉 26b。《山左金石志》卷十七，葉 29a-31b。

79《宋會要輯稿・崇儒六》，葉 10a-b。《八瓊室金石補正》卷一百零九，葉 26b、28a。另參見 Patricia Ebrey, "Huizong's Stone Inscriptions"，文中提供了一幅圖。

80 關於對經典的引用，參見《周禮》卷十，葉 24b-26a。

81《文獻通考》卷四十六，葉 433A-B 記載這件事發生在 1104 年，一些作者以這個日期為準，但《皇宋通鑑長編紀事本末》(卷一百二十六，2114 頁）和《宋會要輯稿・崇儒六》(葉 10b）卻更合理地將這一日期記錄為 1107 年。參見 Patricia Ebrey, "Huizong's Stone Inscriptions", pp. 241–248。

82《宋會要輯稿・崇儒二》，葉 15b-17b。《丹陽集》卷一，葉 2b-4b。《全宋文》第 142 冊，223-224 頁。《續資治通鑑長編拾補》卷二十四，828 頁。關於蔡京復官後 1112 年時的學校情況，參見《宋會要輯稿・崇儒二》，葉 18a-20b;《續資治通鑑長編拾補》卷三十二，1056 頁。

59《宋大詔令集》卷二百一十七，829 頁。《續資治通鑑長編拾補》卷二十五，861 頁。

60 根據《宋史・劉逵傳》(卷三百五十一，11109 頁)，劉逵勸說徽宗放鬆禁令並摧毀石碑，但此事被繫於罷免蔡京之後，其他資料則記錄蔡京被免是在二月十三日。(《宋史》卷二十，375-376 頁。)

61《宋大詔令集》卷二百一十七，829-830 頁。另參見《宋大詔令集》卷一百五十五，581 頁；《續資治通鑑長編拾補》卷二十六，868-869 頁。

62《宋大詔令集》卷一百九十六，721-722 頁。另外，中書省還廢除了 1102 年三月初六以來頒布的與元祐黨人黑名單有關的二十二項命令。(《續資治通鑑長編拾補》卷二十六，870 頁。)

63《續資治通鑑長編拾補》卷二十六，870-874 頁。

64《宋大詔令集》卷一百九十六，722 頁。

65《續資治通鑑長編拾補》卷二十六，880-882、889、895 頁。.

66《續資治通鑑長編拾補》卷二十八，938-939、945-946 頁。《續資治通鑑》卷九十，2328 頁。但後來又宣布了幾條例外規定。1111 年十一月，下令曾名列黨籍的人不得在政府學校中擔任老師，1112 年正月，又下令被列為邪等的人不得擔任各路監司。(《宋史》卷二十，387 頁，卷二十一，389 頁。)

67 沈松勤《北宋文人與黨爭：中國士大夫群體研究之一》，北京：人民出版社，1998 年，165-171 頁。

68《皇宋通鑑長編紀事本末》卷一百二十一，2033 頁。《續資治通鑑長編拾補》卷二十一，739 頁。

69《能改齋漫錄》卷十一，327 頁。

70 這個命令下達了兩次，分別在 1103 年四月二十七日和 1104 年正月(《皇宋通鑑長編紀事本末》卷一百二十一，2034 頁；卷一百二十二，2041 頁。《續資治通鑑長編拾補》卷二十一，741、791 頁)。關於為什麼這些作者和書籍會被禁毀，參見沈松勤《北宋文人與黨爭》，175-179 頁。

71《續資治通鑑長編拾補》卷四十七，1455-1456 頁。《皇朝編年綱目備要》卷二十九，750 頁。

72《宋會要輯稿・職官六十九》，葉 13a。《能改齋漫錄》卷十二，368 頁。另參見 Ronald Egan, "The Emperor and the Ink Plum: Tracing a Lost Connection between Literati and Huizong's Court." in *Rhetoric and the Discourses of Power in Court Culture: China, Europe, and Japan*, edited by David R. Knechtges and Eugene Vance, Seattle: University of Washington Press, 2005, pp.134–138。

的弟弟或兒子預留的職位、重要軍職和某些宮廷職務。(《續資治通鑑長編拾補》卷二十五，831-833頁。)

45《龜山集》卷三十五，葉3a-b。

46《續資治通鑑長編拾補》卷二十二，773-775頁。《宋會要輯稿・職官六十八》，葉9a。

47《宋會要輯稿・職官六十八》，葉10a。

48《皇宋通鑑長編紀事本末》卷一百二十二，2053-2057頁。《續資治通鑑長編拾補》卷二十四，810-815頁。有關對這份名單的完整分析，參見Helmolt Vittinghoff, *Prokription und Intrige gegen Yuan-yu-Pateiganger: ein Beitrag zu den zur Kontroversen nach den Reformen des Wang An-shih, dargestellt an den Biographien des Lu Tien (1042–1102) und des Ch'en Kuan (1057–1124)*, Frankfurt: Peter Lang, 1975。

49《皇宋通鑑長編紀事本末》卷一百二十二，2058頁。《續資治通鑑長編拾補》卷二十四，817頁。另參見陳樂素《桂林石刻〈元祐黨籍〉》，《學術研究》1983年第6期，63-71頁。

50《皇宋通鑑長編紀事本末》卷一百二十二，2053頁。《續資治通鑑長編拾補》卷二十四，810頁。

51《宋大詔令集》卷一百九十六，721頁。《宋會要輯稿・職官七十六》(葉25a)記錄這份詔書的時間要早一天，即1104年六月十六日。

52《金石萃編》卷一百四十四，葉1a-b.

53《玉海》卷一百六十三，葉28b。《宋東京考》卷二，37頁。《皇宋通鑑長編紀事本末》卷一百三十，2186頁。《續資治通鑑長編拾補》卷二十四，815頁。《宋史》卷一百零五，2549頁。《文獻通考》卷四十四，葉415A。

54 關於先將官員解職，然後再慢慢恢復他們官職的制度，參見Winston W. Lo(羅文), *An Introduction to the Civil Service of Sung China, with an Emphasis on Its Personnel Administration*, Honolulu: University of Hawai'i Press, 1987, pp. 111–112。

55《宋史》卷二十，374頁。《宋大詔令集》卷二百一十七，829頁。《宋會要輯稿・刑法六》，葉22a。《皇宋通鑑長編紀事本末》卷一百二十二，2060頁。《續資治通鑑長編拾補》卷二十五，846、853頁。

56《宋會要輯稿・刑法六》，葉22a-b。《續資治通鑑長編拾補》卷二十五，855-858頁。

57《宋會要輯稿・職官七十六》，葉25a-b。

58 這份詔書收錄於《宋大詔令集》卷二百一十七，829頁。在大赦後量移被貶謫的官員是一種標準做法。

32 文獻中關於這一系列措施背後的對話記載並不完整，主要是由於曾布離開二府後，就不再記錄政治日記。儘管曾布擔任宰相期間的這部分政治日記沒有單本存世，但南宋一些主要史官引用了他的日誌，因此，直到曾布於1102年閏六月離開朝廷前，徽宗與大臣們的許多對話都被記錄了下來，特別是他和曾布的對話。在蔡京接替曾布的職務後，關於口頭對話的歷史記載要少得多，後人更難以判斷各種政治決策背後的真正原因。

33《皇宋通鑑長編紀事本末》卷一百二十一，2021-2022頁。《續資治通鑑長編拾補》卷十九，677頁。其他奏疏接踵而來，有些還具體列出了哪些人應當被罷官。(《皇宋通鑑長編紀事本末》卷一百二十一，2022頁；《續資治通鑑長編拾補》卷十九，678頁。)

34《皇宋通鑑長編紀事本末》卷一百二十一，2023-2027頁。《續資治通鑑長編拾補》卷十九，679-683頁。

35《宋會要輯稿・刑法六》，葉21a-22a。《續資治通鑑長編拾補》卷十九，682-683頁。

36《宋史》卷二百四十五，10955-10958頁。《宋會要輯稿・職官六十七》，葉38a。

37 可能指劉皇后和向太后居住的宮殿。

38《宋大詔令集》卷二百四十一，800-801頁。

39 參見 Ari Levine, *Divided by a Common Language: Factional Conflict in Late Northern Song China*, pp.141–143。

40《皇宋通鑑長編紀事本末》卷一百二十三，2064-2071頁。《續資治通鑑長編拾補》卷二十，708-713頁列出了整個黑名單。另參見《宋會要輯稿・職官六十八》，葉1a-3b、4b-5a。

41《續資治通鑑長編拾補》卷二十，718-725頁。

42《續資治通鑑長編拾補》卷二十，714-717頁。《宋史》卷十九，365頁。《皇朝編年綱目備要》卷二十六，665-666頁。關於名單人數的差異，參見《續資治通鑑長編拾補》的注解，卷二十，715-717頁。

43《宋會要輯稿・職官六十八》，葉6a-b。月末，宣布了538名新進入官府任職的名單。根據他們之前的奏疏被列為正等還是邪等，他們的職位也會相應地進行升遷或降職（《宋史》卷十九，376頁）。這種做法不大可能影響到很多人，因為還沒有通過考試的人很少上疏。

44《續資治通鑑》卷八十八，2251頁。《宋會要輯稿・職官六十八》，葉7a。兩年後，又有一項對元祐黨人親屬較輕的限制。 1105年二月，又下令要求元祐黨人五服內親屬（如侄子、嫡親表兄弟和遠親表兄弟）不得擔任宮廷特殊崗位的衛官、為嬪妃

1067–1085", pp. 452–453。

21《宋宰輔編年錄校補》卷十一，723-725 頁。徽宗自己也對蔡京的另一個兒子產生了懷疑。他曾告訴趙挺之說，他認為蔡京讓兒子蔡翛擔任宮廷侍衛，以便隨時監視自己的行動。《宋宰輔編年錄校補》卷十一，727 頁。

22《宋宰輔編年錄校補》卷十一，729-730 頁。《續資治通鑑長編拾補》卷二十六，878-879、888-890 頁。

23《宋會要輯稿・職官五》，葉 12a-b。有關神宗下面的三司條例司，參見 Paul Smith, "Shen-tsung's Reign and the New Policies of Wang An-shih, 1067–1085", pp.378–382.

24《皇宋通鑑長編紀事本末》卷一百三十二，2235 頁。John Chaffee, "Huizong, Cai Jing, and the Politics of Reform." pp. 38-39. 第十一章將針對吳居厚和張商英進行更多討論。《皇宋通鑑長編紀事本末》(卷一百三十二，2234-2240 頁）記錄了講議司在設立三年期間所頒布的方案。Ari Levine, "The Reigns of Hui-tsung (1100–1126) and Ch'in-tsung (1126–1127)", pp. 593–596 討論了恢復鹽法和茶法。

25《宋史》卷十九，364、368 頁。《宋會要輯稿・食貨六十》，葉 3 b；《食貨六十八》，葉 129a-130a。另參見 Hugh Scogin（宋格文）, "Poor Relief in Northern Sung China." *Oriens Extremus* 25, no. 1, 1978, pp. 30–46。Patricia Ebrey, "Cremation in Sung China." *American Historical Review* 95, no. 2, 1990, pp. 406–28; Silvia Freiin Ebner von Eschenbach, "Public Graveyards of the Song Dynasty." in *Burial in Song China*, edited by Dieter Kuhn, Heideberg: Edition Frum, 1994, pp. 215–52 ; Isaf Moshe Goldschmidt（郭 志 松）, "Huizong's Impact on Medicine and Public Health." in *Emperor Huizong and Late Northern Song China: The Politics of Culture and the Culture of Politics*, 2006, pp. 304–308; 以及 John Chaffee, "Huizong, Cai Jing, and the Politics of Reform"。

26《宋會要輯稿・食貨六十八》，葉 132b-133a。John Chaffee, "Huizong, Cai Jing, and the Politics of Reform", p. 41.

27 Isaf Moshe Goldschmidt, "Huizong's Impact on Medicine and Public Health." p. 299.

28《宋會要輯稿・食貨六十八》，葉 130a。英譯參見 Isaf Moshe Goldschmidt, "Huizong's Impact on Medicine and Public Health", p. 300，略有改動。

29 Isaf Moshe Goldschmidt, "Huizong's Impact on Medicine and Public Health." p. 301.

30 Dieter Kuhn, *The Age of Confucian Rule: the Song Transformation of China*, pp. 150–151. 報告原文參見三門峽市文物工作隊《北宋陝州漏澤園》，北京：文物出版社，1999 年。

31 參見 Ari Levine, *Divided by a Common Language: Factional Conflict in Late Northern Song China*, p. 142.

11 John Chaffee, "Huizong, Cai Jing, and the Politics of Reform." in *Emperor Huizong and Late Northern Song China: The Politics of Culture and the Culture of Politics*, 2006, pp. 31–77.

12《揮麈錄・後錄》卷一第60頁記載孟太后第二次被廢是在1102年十二月。另參見《宋大詔令集》卷十七，87頁，記載的時間是1102年十月。

13 Cecelia Lee-fang Chien（錢立方）, *Salt and State: An Annotated Translation of the Songshi Salt Monopoly Treatise*, Ann Arbor: University of Michigan Center for Chinese Studies, 2004, p. 70. Patricia Buckley Ebrey, "Huizong's Stone Inscriptions," in *Emperor Huizong and Late Northern Song China: The Politics of Culture and the Culture of Politics*, pp. 241–248.

14《丹陽集》卷一，葉2b-4b。《宋會要輯稿・職官二十》，葉37a-b。John Chaffee, *Branches of Heaven: A History of the Imperial Clan of Sung China*, p. 101.

15《宋史》卷一百七十八，4339頁。空白祠部牒由國家頒發，可以進行交易，因此具有貨幣價值，在徽宗年代的價格通常在一百到兩百貫之間。Kenneth K. S. Ch'en（陳金華）, "The Sale of Monk Certificates during the Sung Dynasty: A Factor in the Decline of Buddhism in China." *Harvard Theological Review* 49, no. 4, 1956, pp. 307–327.

16《宋史》卷十九，364頁；卷一百三十一，4331頁；卷一百八十二，4444-4445頁。《宋會要輯稿・食貨三十》，葉34b；《食貨六十五》，葉73a。《續資治通鑑長編拾補》卷二十，726頁。另參見 Cecelia Lee-fang Chien, *Salt and State: An Annotated Translation of the Songshi Salt Monopoly Treatise* 和 Paul Smith, *Taxing Heaven's Storehouse: Bureaucratic Entrepreneurship and the Sichuan Tea and Horse Trade, 1074–1224*, Cambridge, MA: Council on East Asian Studies, Harvard University, 1991, pp. 195–98。

17《皇宋通鑑長編紀事本末》卷一百三十八，2318頁。《續資治通鑑長編拾補》卷二十五，819-820頁。《宋會要輯稿》(《食貨一》，葉30b；《食貨四》，葉9 a-b）記載這一制度恢復頒布的時間是1105年二月十六日。

18 關於這一領域，詳見王曾瑜〈北宋晚期政治簡論〉，《中國史研究》1994年第4期，82-87頁。

19《續資治通鑑長編拾補》卷二十五，831頁。《宋史》卷二十，373頁；卷四百七十二，13730頁。有關彈劾蔡京的一些例子，參見 Ari Levine, "The Reigns of Hui-tsung (1100–1126) and Ch'in-tsung (1126–1127)." in *The Cambridge History of China,* vol. 5, part 1: *The Sung Dynasty and Its Precursors, 907–1279*, pp. 569–570, 581–582。

20《續資治通鑑長編拾補》卷二十六，868-869頁。《宋史》卷三百五十一，11094頁。1075年十月，當天空中出現的彗星被人們視為上天的不滿時，神宗也曾讓大臣們對他提出批評。參見 Paul Smith, "Shen-tsung's Reign and the New Policies of Wang An-shih,

3 王瑞來〈論宋代皇權〉，《歷史研究》1989 年第 1 期，144-160 頁。《宋代の皇帝權力と士大夫政治》，東京：汲古書院，2001 年。〈徽宗と蔡京 - 權力の絡み合い〉，《アジア遊學》第 64 號，2004 年，33-44 頁。有些學者也提出了類似的觀點，其中包括程民生〈論宋代士大夫政治對皇權的限制〉，載漆俠、王天順主編《宋代研究論文集》，銀川：寧夏人民出版社，1999 年，61-78 頁；近藤一成〈宋代士大夫政治の特色〉，樺山弘一編《岩波講座世界歷史 9：中華の分裂與再生》，東京：岩波書店，1999 年，305-326 頁。另參見 Peter Bol（包弼德），"Whither the Emperor? Emperor Huizong, the New Policies, and the Tang-Song Transition." *Journal of Song-Yuan Studies* 31, 2001, pp. 103–34; "Emperor Can Claim Antiquity Too-Emperorship and Autocracy under the New Policies." in *Emperor Huizong and Late Northern Song China: The Politics of Culture and the Culture of Politics*, edited by Patricia Buckley Ebrey and Maggie Bickford, Cambridge, MA: Harvard University Press Asia Center, 2006, pp. 173–205。

4 Anthony William Sariti博士論文 , "The Political Thought of Ssu-ma Kuang: Bureaucratic Absolutism in the Northern Song." Georgetown University, 1979. Alan Wood, *Limits to Autocracy: From Sung Neo-Confucianism to A Doctrine of Political Rights*, Honolulu: University of Hawai'i Press, 1995. Robert Hymes and Conrad Schirokauer, "Introduction." In *Ordering the World: Approaches to State and Society in Sung Dynasty China*, edited by Robert P. Hymes and Conrad Schirokauer, Berkeley: University of California Press, 1993, pp. 43, 45. 關於不同的觀點，參見 Xiao-bin Ji, *Politics and Conservatism in Northern Song China*, pp. 14–15。

5 Charles Hartman, "A Textual History of Cai Jing's Biography in the Songshi."

6《續資治通鑑長編拾補》卷十九，676、683、686-687 頁。《皇宋通鑑長編紀事本末》卷一百三十，2205-2206 頁。《宋史》卷四百七十一，13716-13717 頁。

7《皇宋通鑑長編紀事本末》卷一百三十一，2219 頁。《續資治通鑑長編拾補》卷二十，700 頁。

8《邵氏聞見錄・前錄》卷五，44 頁。《宋史》卷四百七十二，13722 頁。Charles Hartman, "A Textual History of Cai Jing's Biography in the Songshi." pp. 539–540.

9《宋宰輔編年錄校補》卷十一，701-702 頁。這個故事據稱出自《丁未錄》（1172 年完成）。另見《程史》卷十五，173-174 頁；《皇宋通鑑長編紀事本末》卷一百三十，2199-2200 頁；《續資治通鑑長編拾補》卷十八，657-660 頁。部分故事可參見呂希哲的《呂氏雜記》卷二，294-295 頁。

10《宋史》卷一百七十二，13723 頁。另參見任命蔡京的詔書，《宋宰輔編年錄校補》卷十一，700-701 頁。

那些有影響的經歷和轉折點。後世的歐洲傳記家也汲取並發展了這些傳統。關於西方的傳記傳統，參見 Hermione Lee, *Biography: A Very Short Introduction*, Oxford: Oxford University Press, 2009。

61《皇宋通鑑長編紀事本末》卷一百三十，2197-2198 頁；《續資治通鑑長編拾補》卷十七，639-641 頁。這封信的英文譯文參見 Patricia Ebrey, *Accumulating Culture: The Collections of Emperor Huizong*, pp. 58-59。

62 關於對陳瓘的讚譽，參見《宋名臣言行錄》後集卷十三，葉 16a-24a；《閩中理學淵源考》卷七，葉 3a-7b。毫無疑問，由於明代小說《水滸傳》將陳瓘刻畫為一名品格高尚的諫者形象，使他的名望得到提升，尤其是在第 97、100、101、106 和 108 章。關於道學對宋史編纂的影響，參見 Charles Hartman, "Bibliographic Notes on Song Historical Works: Topical Narratives from the Long Draft Contiuation of the Comprehensive Mirror that Aids Administration (*Hsü tzu-chih t'ung-chien ch'ang-pien chi-shih pen-mo*《續資治通鑑長編紀事本末》) by Yang Chung-liang 楊仲良 and Related Texts." *Journal of Sung-Yuan Studies* 28, 1998, pp. 177–200; "The Making of a Villain: Ch'in Kuei and Tao-hsueh." *Harvard Journal of Asiatic Studies* 58, 1998, pp. 59–146; "The Reluctant Historian: Sun Ti, Chu Hsi, and the Fall of Northern Sung." *T'oung Pao* 89, 2003, pp. 100–148; 以及 "A Textual History of Cai Jing's Biography in the Songshi." in *Emperor Huizong and Late Northern Song China: The Politics of Culture and the Culture of Politics*, 2006, pp. 517–564；Li Cho-ying（李卓穎）and Charles Hartman, "Primary Sources for Song History in the Collected Works of Wu Ne." *Journal of Song-Yuan Studies* 41, 2011, pp. 295–341.

63《全宋文》第 129 冊，62、38 頁。

64《全宋文》第 129 冊，45-46 頁。

第四章　選擇新法（1102-1108）

題記：《宋史》卷二百，4990-4991 頁。

1 James T. C. Liu（劉子健）, *Reform in Sung China: Wang An-shih (1021–1086) and His New Policies*, Cambridge, MA: Harvard University Press, 1959, p.20. 另參見 James Liu, "An Administrative Cycle in Chinese History: The Case of Northern Sung Emperors." *Journal of Asian Studies* 21, no. 2, 1962, p. 145。

2 James Liu, *China Turning Inward: Intellectual-Political Change in the Early Twelfth Century*【劉子健《中國轉向內在：兩宋之際的文化轉向》，趙冬梅譯，南京：江蘇人民出版社，2002 年】, Cambridge, MA: Harvard University Press, 1988, p. 14.

49 Robert Hartwell, "The Imperial Treasuries: Finance and Power in Song China." pp. 28-31.

50 Peter Golas, "The Song Economy: How Big?" *Bulletin of Song-Yuan Studies* 20, 1988, pp. 90-94. Robert Hartwell, "The Imperial Treasuries: Finance and Power in Song China." p. 38.（但郝若貝在第 60 頁上說，到了 1069 年，皇帝「監管政府總收入大約 23% 的收入和花費」。）

51 Robert Hartwell, "The Imperial Treasuries: Finance and Power in Song China." pp. 38, 43-48, 57, 65.

52《曾公遺錄》卷九，281、288、303、305、309 頁。《宋史》卷十九，360 頁。

53《續資治通鑑長編拾補》卷十六，615、626 頁。《宋史》卷三百五十五，11194 頁。《全宋文》第 108 冊，341-343 頁。

54《全宋文》第 102 冊，388-389 頁。

55《續資治通鑑長編拾補》卷十七，642 頁。

56《全宋文》第 129 冊，64-65 頁。Robert Hartwell, "The Imperial Treasuries: Finance and Power in Song China." pp. 36, 55, 70, 72. 郝若貝認為將地方上的盈餘轉入內藏庫是很平常的做法。

57《全宋文》第 129 冊，63-68 頁。

58《續資治通鑑長編拾補》卷十八，650 頁。

59 許將在徽宗朝一直在尚書省任職，直到 1104 年八月，是當時任期最長的一位大臣，但他似乎很少採取什麼立場。

60 很多中國歷史學家認為向太后的駕崩能解釋政策為什麼會變化，其中一個原因也許是，人們歷來認為稟性難移。因此，中國的傳記作家往往會選擇那些看起來基本一致的事件：一個充滿勇氣的人從小就很勇敢，描述一位貪官不會提到他早年的慷慨。關於中國的傳記傳統，參見 Denis Twitchett（杜希德）, "Chinese Biographical Writing." in *Historians of China and Japan*, edited by W. G. Beasley and E. G. Pulleyblank, Oxford: Oxford University Press, 1961, pp. 95–114；"Problems in Chinese Biography." in *Confucian Personalities*, edited by Arthur F. Wright and Denis Twichett, Stanford: Stanford University Press, 1962, pp. 24-42；*The Writing of Official History under the T'ang*【《唐代官修史籍考》，黃寶華譯，上海：上海古籍出版社，2010 年】, Cambridge, UK: Cambridge University Press, 1992, pp. 62-83。然而在西方，至少追溯到羅馬時期，關於統治者的傳記就有著非常不同的傳統。2 世紀時，普魯塔克刻畫了複雜的、前後不一致和性格有缺陷的人物。他常常通過關注一些瑣碎的行為和不起眼的階段，試圖描述一些重要人物有人性的一面，列舉出改變他們性格的偶發事件，從而說明

Journal of Ritual Studies 19, no.1, 2005, pp.1–18。

42《揮麈錄・後錄》卷一，61-63 頁。另參見《續資治通鑑長編拾補》卷十八，661-663 頁。關於大赦，參見《宋朝事實》卷五，79-80 頁。

43 財政收入不足似乎是所有前現代政府的常見問題。然而，如果與後來的明朝相比，宋朝的處境看起來更加岌岌可危，因為明朝的疆域更廣袤。參見 Scarlett Jang, "The Eunuch Agency Directorate of Ceremonial and the Ming Imperial Publishing Enterprise." in *Culture, Courtiers, and Competition: The Ming Court (1368–1644)*, edited by David M. Robinson, Cambridge, MA: Harvard University Asia Center, 2008, p.122。

44 關於宋朝政府財務狀況的概覽，參見 Hon-chiu Wong 博士論文 , "Government Expenditures in Northern Sung China, 960–1270." University of Pennsylvania, 1975; Robert Hartwell, "The Imperial Treasuries: Finance and Power in Song China." *Bulletin of Sung-Yuan Studies* 20, 1988, pp. 18–89; Peter Golas, "The Son Fisical Administration." in *Cambridge History of China*, edited by John Chaffee and Denis Twichett, 即刊；汪聖鐸《兩宋財政史》，北京：中華書局，1995 年；Christian Lamouroux, *Fiscalité, comptes publics et politiques financières dans la Chine des Song (960–1276): le chapitre 179 du Songshi,* Paris: Institut des Hautes Édutes Chinoises, 2003, pp. 104–120；對中國學者近期關於這一主題的研究提供了非常有幫助的介紹。有關財政收入的數字，參見汪聖鐸《兩宋財政史》，678-683 頁。關於皇家藏庫，另參見梅原郁《宋代的內藏與左藏 - 君主獨裁的財庫》，1976 年；包偉民〈宋代的朝廷錢物及其貯存的諸庫務〉，《杭州大學學報》1989 年第 4 期，135-143 頁；朱鴻〈宋代內庫的財政管理述論〉，《西北大學學報》1991 年第 4 期，69-74 頁。郝若貝（"The Imperial Treasuries: Finance and Power in Song China", p. 71）提供了 1093 年的數字，但計量單位是一種理論上的銀公斤（the imaginary unit of the silver kilo）。如果使用第 20 頁上的兌換比率，兌換後 1093 年的總收入達 132,586,387 貫（已考慮稅收等因素）。參見《全宋文》第 95 冊，237-238 頁。關於建造皇家陵墓的費用和在三年一次郊祭上賞賜的禮品開銷，參見 Robert Hartwell, "The Imperial Treasuries: Finance and Power in Song China", pp. 46-50。

45 朱瑞熙〈宋代的宮廷制度〉，1994 年，64 頁。

46 Robert Hartwell, "The Imperial Treasuries: Finance and Power in Song China", p. 71.

47《東京夢華錄注》卷一，42-46 頁。周寶珠《宋代東京研究》，189 頁。Robert Hartwell, "The Imperial Treasuries: Finance and Power in Song China."p. 23.

48《東京夢華錄注》卷一，47 頁；Robert Hartwell, "The Imperial Treasuries: Finance and Power in Song China." p. 70；《文獻通考》卷二十五，葉 244B。

28《續資治通鑑長編》卷三百零四，7404 頁；卷三百零八，7486 頁。《揮麈錄・前錄》卷一，29-30 頁。《宋會要輯稿・禮十三》，葉 3a-b。

29《續資治通鑑長編》卷三百六十三，葉 7a-b；卷三百六十四，葉 27b-28a。《宋大詔令集》卷一百四十三，519 頁。

30《宋史》卷一百零九，2623 頁。《續資治通鑑長編拾補》卷十六，604-605 頁。

31 有的資料說請求奏疏是由蔡京起草的，有的說是韓忠彥起草。參見《玉海》卷一百，葉 27b；《續資治通鑑長編拾補》卷十六，604 頁。

32 我們從其他資料得知，景靈東宮和景靈西宮共有 2320 個房間單位，分配到每個皇帝名下的殿堂占地面積基本均衡，每位皇帝及其皇后共有 300 個房間單位。參見第一章注 17。

33《玉海》卷一百，葉 28a。《宋朝事實》卷六，100-103 頁。

34《續資治通鑑長編拾補》卷十六，605 頁。《全宋文》第 129 冊，32-35、48-50、56-57 頁。

35《宋史》卷十九，363、367 頁。《玉海》卷一百，葉 28a。保守派的畫像後來被撤掉了。

36 有關宋朝之前的時期，參見 Howard Wechsler（魏侯暐）, *Offerings of Jade and Silk: Ritual and Symbol in the Legitimation of the T'ang Dynasty*, New Haven: Yale University Press, 1985, pp. 107–22。關於宋朝的做法和爭議，參見 Yamauchi K　ichi（山內弘一）, "State Sacrifice and Daoism during the Northern Song." *Memoirs of the Research Department of the Toyo Bunko* 58, 2000, pp. 1–18; 朱溢〈從郊丘之爭到天地分合之爭 -- 唐至北宋時期郊祀主神位的變化〉，《漢學研究》第 27 卷第 2 號，2009 年，267-300 頁；〈唐至北宋時期的大祀、中祀和小祀〉，《清華學報》第 39 卷第 2 號，287-324 頁。

37《宋史》卷一百，2449-2453 頁。《宋會要輯稿・禮三》，葉 26a-b。參見 Joseph McDermott（周紹明）ed., *State and Court Ritual in China*, Cambridge, UK: Cambridge University Press, 1999。

38《宋史》卷三百四十三，10919-10920 頁。《宋會要輯稿・禮二十八》，葉 58a。

39《皇朝編年綱目備要》卷二十六，656-667 頁。《續資治通鑑長編拾補》卷十八，661-663 頁。

40《宋史》卷三百四十三，10919 頁。關於在唐代進行祭祀時需要用的器具，參見 Victor Xiong, *Sui-Tang Chang'an: A Study in the Urban History of Medieval China*, pp. 146–147。

41《宋會要輯稿・輿服一》，葉 20a；《樂三》，葉 24a-b。這些音樂都沒有存世。關於在這些儀式上演奏的音樂，參見 Joseph S. C. Lam, "Huizong's Ritual and Musical Insignia."

Emperor Taizong of the Tang Dynasty, Cambridge, MA: Harvard University Asia Center, 2010, pp. 35–37。

10 皇帝在很多社會都被作為替罪羊，參見 Declan Quigley, "Introduction: The Character of Kingship." in *The Character of Kingship*, edited by Declan Quigley, Oxford: Berg, 2005, pp. 1–23。

11 第六章對這個傳統進行了更多的分析。

12《全宋文》第 109 冊，358 頁。

13 關於這兩次日食，參見《宋會要輯稿・瑞異二》，葉 3a-4b。關於把各種有色氣體解釋為北極光的說法，參見 Xu Zhentao, David W. Pankenier, and Yaotiao Jiang, *East Asian/ Archaeoastronomy: Historical Records of Astronomical Observation of China, Japan and Korea*, Amsterdam: Gordonand Breach Science Publishers, 2000, pp. 183–187, 204。

14 見《全宋文》第 85 冊，86 頁；第 104 冊，208-210 頁；第 108 冊，227-230 頁；第 120 冊，304-305 頁；第 129 冊，25-28、228-229 頁；第 131 冊，176 頁。

15《全宋文》第 129 冊，25-28 頁，或《宋朝諸臣奏議》卷四十四，464-465 頁。

16《宋史》卷六十，1307-1313 頁。《能改齋漫錄》卷十一，327 頁。

17 關於基於每個人出生之日的本命，參見第五章。

18《宋朝諸臣奏議》卷四十四，467 頁；或《全宋文》第 108 冊，227-228 頁。

19《宋朝諸臣奏議》卷四十四，468 頁。

20《宋史》卷三百四十五，10966 頁。

21《全宋文》第 85 冊，86 頁。

22 關於北宋時期利用吉凶徵兆批評掌權者的政治手段，參見 Douglas Edward Skonicki（侯道儒）博士論文 , "Cosmos, State and Society: Song Dynasty Arguments concerning the Creation of Political Order." Harvard University, 2007。王安石明確反對漢朝的讖緯之學的思想，因為它們通常被用作政治攻擊的手段。

23《續資治通鑑長編拾補》卷十九，687 頁。《皇宋通鑑長編紀事本末》卷一百三十，2206 頁。英譯參見 Ari Levine, *Divided by Common Language: Factional Conflict in Late Northern Song China*, p. 150。

24《宋朝諸臣奏議》卷三十六，360 頁。《全宋文》第 93 冊，254-255 頁。

25《全宋文》第 129 冊，37 頁。

26《宋會要輯稿・禮三十七》，葉 66a-68a。

27 關於宋朝時期供奉先帝塑像的歷史，參見 Patricia Ebrey, "Portrait Sculpture in Imperial Ancestral Rites in Song China." *T'oung Pao* 83, 1997, pp. 42–92。

罷黜孟皇后過程中所起的作用，就不會這麼強烈地支持蔡京了。《皇宋通鑑長編紀事本末》卷一百二十，2012 頁。《續資治通鑑長編拾補》卷十六，610 頁。

85《續資治通鑑長編拾補》卷十六，612 頁。《宋朝諸臣奏議》卷三十五，346-349 頁(《全宋文》第 129 冊，48-43 頁)。

86《皇宋通鑑長編紀事本末》卷一百二十，2013 頁。《續資治通鑑長編拾補》卷十六，613 頁。

87《宋史》卷四百七十一，13716 頁。《太平治績統類》卷二十四，葉 33b。《續資治通鑑長編拾補》卷十六，615-616 頁。

88《宋史》卷三百四十五，10965 頁。

89《曾公遺錄》卷九，221-223 頁。《續資治通鑑長編》卷五百二十，12372 頁。

90《曾公遺錄》卷九，219、226、236 頁。《宋會要輯稿・禮二十九》，葉 69 b。

91《曾公遺錄》卷九，240 頁。

92《宋會要輯稿・禮二十九》，葉 70a。《續資治通鑑長編》卷五百二十，12385 頁。《曾公遺錄》卷九，282 頁。

93《宋會要輯稿・禮二十九》，葉 78a-79b；《禮三十七》，葉 15b。《續資治通鑑長編拾補》卷十六，604 頁。

第三章　謀求均衡（1101-1102）

題記：《宋朝諸臣奏議》卷十一，101-102 頁。

1 《續資治通鑑長編拾補》卷十七，632 頁。

2 《續資治通鑑長編拾補》卷十六，619-620 頁。

3 曾布似乎一直對人們的議論比較敏感。1100 年六月，曾布還沒當上宰相時，從龔原那裡聽說，徽宗跟陳瓘說，他懷疑曾布與宦官劉友端往來密切。曾布隨即追問龔夬、韓忠彥、黃履和他的弟弟曾肇，想了解徽宗的原話是什麼。《曾公遺錄》卷九，315 頁。《續資治通鑑長編拾補》卷十六，601 頁。

4 《續資治通鑑長編拾補》卷十七，634-636 頁。

5 《續資治通鑑長編拾補》卷十七，635-637 頁。

6 《續資治通鑑長編拾補》卷十七，639 頁。

7 《續資治通鑑長編拾補》卷十八，645-651 頁。

8 《續資治通鑑長編拾補》卷十八，657-658 頁。

9 《宋朝諸臣奏議》卷十一，101-103 頁。關於長久以來勸誡統治者不要沉迷於狩獵的歷史，參見 M. Chang 2007:45-50 和 Jack Chen（陳威），*The Poetics of Sovereignty: On*

67《續資治通鑑長編》卷五百二十，12381-12382 頁。

68《續資治通鑑長編拾補》卷十五，577-578 頁。《宋會要輯稿・職官七十六》，葉 21b-22b，日期為 1100 年二月二十六日。有趣的是，這個名單有一份省略了人物官職的縮簡版，其中有蘇軾的名字，沒有蘇轍，並略去了鄒浩。參見《太平治績統類》卷二十四，葉 30a–b。

69《全宋文》第 129 冊，3-6 頁。

70《宋朝諸臣奏議》卷十七，159 頁。《宋史》卷三百四十六，10982-10983 頁。

71《續資治通鑑長編拾補》卷十五，581 頁。《宋大詔令集》卷一百五十五，580 頁。《曲阜集》卷一，葉 1a-2a；《全宋文》第 109 冊，358 頁。

72 Paul Smith, "Irredentism as Political Capital: The New Policies and the Annexation of Tibetan Domains in Hehuang (the Qinghai-Gansu Highlands) under Shenzong and his Son, 1068–1126." pp. 106–107.《宋會要輯稿・番夷六》，葉 39a-b。《續資治通鑑長編拾補》卷十五，589 頁；卷十七，632-633 頁。在另一部史料《邵氏聞見錄》（卷五，42-43 頁）中，記錄的是張舜民勸說徽宗歸還了這兩個州。

73《曾公遺錄》卷九，260-261 頁。

74《曾公遺錄》卷九，263-264 頁。《續資治通鑑長編拾補》卷十五，579-580 頁。

75《曾公遺錄》卷九，269-270 頁。

76《曾公遺錄》卷九，271 頁。

77《曾公遺錄》卷九，277、279 頁。

78《曾公遺錄》卷九，279 頁。

79《曾公遺錄》卷九，282-283 頁。《皇宋通鑑長編紀事本末》卷一百二十，2009 頁。《續資治通鑑長編拾補》卷十五，588-589 頁。《全宋文》第 129 冊，7-8 頁。參看 Ari Levine, *Divided by Common Language: Factional Conflict in Late Northern Song China*, p. 145。

80《皇宋通鑑長編紀事本末》卷一百二十，2009 頁。《續資治通鑑長編拾補》卷十五，592 頁。《太平治績統類》卷二十四，葉 31b。

81《皇宋通鑑長編紀事本末》卷一百二十，2010 頁。《續資治通鑑長編拾補》卷十五，593-594 頁。《全宋文》第 129 冊，9-11 頁。

82《曾公遺錄》卷九，309-315 頁。《續資治通鑑長編拾補》卷十六，601-602 頁。

83《皇宋通鑑長編紀事本末》卷一百二十，2011 頁。《續資治通鑑長編拾補》卷十六，602-603 頁。《宋史》卷四百七十一，13713 頁。章惇四年之後七十一歲時去世。

84《續資治通鑑長編拾補》卷十六，606-607 頁。《皇宋通鑑長編紀事本末》卷一百二十九，2168-2169 頁。九月十八日，另一位官員認為，如果太后知道蔡京在即位後前兩年的黨爭，參見張邦煒〈關於建中之政〉，《四川師範大學學報》2002 年第 6 期。羅家祥〈論北宋徽宗統治初期的政局演變〉，《河北學刊》2003 年第 5 期，51-57 頁。

51《曾公遺錄》卷九，228 頁。

52 曾布也向哲宗推薦了他（《曾公遺錄》卷八，155、198 頁）。

53 這個朱服與徽宗的老師朱紱不是同一個人。

54《曾公遺錄》卷九，227-228 頁。《續資治通鑑長編》卷五百二十，12378-12379 頁。

55《曾公遺錄》卷九，233-234 頁。

56《曾公遺錄》卷九，237、249-250、252 頁。

57《曾公遺錄》卷九，311 頁。

58《曾公遺錄》卷九，253 頁。

59 參見 David Robinson（魯大維）, "The Ming Court." in *Culture, Courtiers, and Competition: The Ming Court (1368–1644)*, edited by David M. Robinson, Cambridge, MA: Harvard University Press, 2008, pp. 27–30。

60《揮麈錄・後錄》卷一，60-61 頁。

61《續資治通鑑長編拾補》卷十五，573 頁。《曾公遺錄》卷九，256 頁。

62《西臺集》卷十五，236-237 頁。《全宋文》第 111 冊，110-111 頁。

63《續資治通鑑長編》卷五百二十，12377-12378 頁。關於這場戰役的歷史，參見 Paul Smith, "Irredentism as Political Capital: The New Policies and the Annexation of Tibetan Domains in Hehuang (the Qinghai-Gansu Highlands) under Shenzong and his Son, 1068–1126." in *Emperor Huizong and the Late Northern Song China: The Politics of Culture and the Culture of Politics*, pp. 78–130。關於這個地區的吐蕃族，參見 Tsutomi Iwasaki（岩崎力）, "The Study of Ho-hsi Tibetans during the Northern Song Dynasty." *The Memoirs of the Toyo Bunko* 44, 1986, pp. 57–132。

64《續資治通鑑長編》卷五百二十，12383 頁。

65《續資治通鑑長編》卷五百一十七，12299-12300 頁。關於安南之役，參見 Paul Smith, "Shen-tsung's Reign and the New Policies of Wang An-shih, 1067–1085." p. 465，以及 James Anderson, "Treacherous Factions: Shifting Frontier Alliances in the Breakdown of Sino-Vietnamese Relations on the Eve of the 1075 Border War." in *Battlefronts Real and Imagined: War, Border, and Identity in the Chinese Middle Period*, edited by Donald J. Wyatt, New York: Palgrave Macmillan, 2008, pp. 119-151.

66《續資治通鑑長編》卷五百一十八，12317-12322、12325 頁。

當時的硬幣（稱為「錢」）中間有一個孔，可以用繩子穿起來。進行大額交易時，通用的貨幣單位是一貫錢，名義上是一千枚貨幣，但通常會少一些（納稅時法定為七百七十枚銅錢）。

41 Paul Forage, "The Sino-Tangut War of 1081–1085." *Journal of Asian History* 25, 1991, pp. 17–18.

42 關於宋朝的年號，參見 James Hargett, "A Chronology of Reigns and Reign-Periods of the Song Dynasty (960–1279)." *Bulletin of Song Yuan Studies* 19, 1987, pp. 26–34。

43《續資治通鑑長編》卷四百四十三，10667-10669 頁。Ronald Egan, *Word, Image, and Deed in the Life of Su Shi*, pp. 86–93. *Divided by a Common Language: Factional Conflict in Late Northern Song China*, pp. 99–103; "Che-tsung's Reign (1085–1100) and the Age of Faction." in *The Cambridge History of China,* vol. 5, part 1: *The Sung Dynasty and Its Precursors, 907–1279*, pp. 521–529.

44 Ronald Egan, *Word, Image, and Deed in the Life of Su Shi*, pp. 93–103. Ari Levine, "Che-tsung's Reign (1085–1100) and the Age of Faction," pp. 518–519.

45 Ronald Egan, *Word, Image, and Deed in the Life of Su Shi*, pp. 104–105.

46 有一次，哲宗和曾布談論蔡氏兄弟的矛盾，說他們總是反對對方支持的人。曾布猜測他們二人的妻子不合，哲宗認為這不無可能（《曾公遺錄》卷八，178-179、198-199 頁；Ari Levine, *Divided by Common Language: Factional Conflict in Late Northern Song China*, pp.12–13, 141–143）。關於蔡氏兄弟，另參見 Hugh Clark, "An Inquiry into the Xianyou Cai: Cai Xiang, Cai Que, Cai Jing, and the Politics of Kinship." *Journal of Song-Yuan Studies* 31, 2001, pp. 67–101。

47 在歐洲宮廷中，皇室寵臣之間經常產生許多怨恨、猜疑和恐懼。參見 J. H. Elliott and L. W. B. Brockliss, eds., *The World of the Favourite*, New Haven: Yale University Press, 1999; John Adamso ed., *The Princely Court of Europe, 1500–1750*, 1999, pp. 19–20; Antonio Feros, *Kingship and Favoritism in the Spain of Philip III, 1598–1621*, Cambridge, UK: Cambridge University Press, 2000。

48《續資治通鑑長編》卷五百二十，12371 頁。《宋史》卷十九，358 頁。《宋會要輯稿・職官七十六》，葉 21a-22b；《職官六十七》，葉 29a-b；《禮二十九》，葉 68b；《禮三十七》，葉 14a-b;《后妃一》，葉 17b-18a。《宋大詔令集》卷一，3 頁。《宋朝事實》卷二，23 頁。

49 參見富田孔明《北宋士大夫の皇帝 - 宰執論》，《東洋文化研究》第四卷，40 頁。

50《曾公遺錄》卷九，218 頁。《續資治通鑑長編》卷五百二十，12368 頁。關於徽宗

26《曾公遺錄》卷九，238-239、247-248、259-260 頁。

27《曾公遺錄》卷九，284-285 頁。這一數據大致是 14-16 世紀法國和勃根地宮廷的人數。Jeroen Duiham, *Myths of Power: Norbert Elias and the Early Modern European Court*, pp. 30–31.

28《曾公遺錄》卷九，296、297、280 頁。

29 見《西臺集》卷十五，238 頁。張邦煒《宋代政治文化史論》，265-266 頁。

30《西臺集》卷十五，238 頁。

31《曾公遺錄》卷九，292-293、316 頁。《全宋文》第 109 冊，117-118 頁。另參見《呂氏雜記》卷二，291-293 頁；《揮麈錄・後錄》卷一，56-61 頁。

32《曾公遺錄》卷九，295 頁。

33 這句話出自《易經》的「繫辭」。參見 Richard Wilhelm（衛禮賢）trans., *The I Ching or Book of Changes*, Princeton: Princeton University Press, 1967, p. 307。

34《曾公遺錄》卷九，295-296 頁。

35 這一話題的更多細節見附錄 A。

36 關於官方公告，參見 Hilde de Weerdt（魏希德）, "Byways in the Imperial Chinese Information Order: The Dissemination and Commercial Publication of State Documents." *Harvard Journal of Asiatic Studies* 66, no.1, 2006, pp. 145–88; "Court Gazettes and the Short Reports': Official Views and Unofficial Readings of Court News.' "《漢學研究》第 27 卷第 2 號，2009 年，167-200 頁；游彪〈宋代的邸報與時政〉，《中州學刊》2004 年第 6 期，108-111 頁。

37 參見 Ari Levine（李瑞）, "Terms of Estrangement: Factional Discourse in the Early Huizong Reign, 1100–1104." in *Emperor Huizong and Late Northern Song China: The Politics of Culture and the Culture of Politics*, pp. 131–170; *Divided by a Common Language: Factional Conflict in Late Northern Song China*, Honolulu: University of Hawai'i Press, 2008。

38 關於新政，參見 Paul Smith, "Shen-tsung's Reign and the New Policies of Wang An-shih, 1067–1085." in *The Cambridge History of China,* vol. 5, part 1: *The Song Dynasty and Its Precursors, 907–1279*, edited by Denis Twitchett and Paul Jakov Smith, Cambridge, UK: Cambridge University Press, 2009, pp. 347–483。關於這一時期的派系爭鬥，參見羅家祥《北宋黨爭研究》，臺北：文津出版社，1993 年。

39 Ronald Egan, *Word, Image, and Deed in the Life of Su Shi*, pp.33–38, 46–53. Charles Hartman, "Poetry and Politics in 1079: The Crow Terrace Poetry Case of Su Shih." pp.15–22.

40 Paul Smith, "Shen-tsung's Reign and the New Policies of Wang An-shih, 1067–1085." p.418.

惇謂其輕佻不可以君天下。」歷史學家在這裡可能借鑑了坊間流傳的一段添油加醋的故事。例如，還有幾個故事說，一些算命人和先知預測到了徽宗的繼位，這些故事無疑是在徽宗登基後才得以流傳。關於這些故事，參見張邦煒《宋代政治文化史論》，226-241 頁。

9 《曾公遺錄》卷九，212-213頁。參看《續資治通鑑長編》卷五百二十，12356-12357頁。

10《曾公遺錄》卷九，213 頁。

11 對照的例子，見 Jack Goody, *Succession to High Office*, Cambridge, UK: Cambridge University Press, 1966。關於宋朝的例子，見 Patricia Ebrey, "Succeccion to High Office"，以及秦玲子〈宋代の後と帝嗣決定權〉，載《柳田節子先生古稀記念：中國の傳統社會と家族》，東京：汲古書院，1993 年，51-70 頁。

12《曾公遺錄》卷九，213-214 頁。參看《續資治通鑑長編》卷五百二十，12357 頁。根據《續資治通鑑長編》中的引用（卷五百二十，12362 頁），向太后稱哲宗曾對她說端王應當繼位。

13《鐵圍山叢談》卷一，20 頁。

14《曾公遺錄》卷九，214 頁。參見《續資治通鑑長編》卷五百二十，12357-12358 頁。

15《宋大詔令集》卷七十一，30-31 頁。

16《曾公遺錄》卷九，214 頁。

17《曾公遺錄》卷九，214-215 頁。

18《曾公遺錄》卷九，221 頁。參見《續資治通鑑長編》卷五百二十，12371 頁。

19《曾公遺錄》卷九，221 頁。

20《曾公遺錄》卷九，215-216、247-248、260 頁。張邦煒在《宋代政治文化史論》第229 頁提出，宦官郝隨可能支持徽宗。

21 事實上，其中有幾位非常有才學，通過了科舉考試。例如，趙子晝（1089-1142）、趙子崧（1106 年進士）和趙子櫟（1091 年進士，1137 年去世）。參見昌彼得等《宋人傳記資料索引》（四），臺北：鼎文書局，1977 年，3381、8886 頁。

22 關於向太后，參見 Patricia Ebrey, "Empress Xiang (1046–1101) and Biographical Source beyond Formal Biographies." in *Beyond Exemplar Tales: Cultural Politics and Woman's Biography in China*, edited by Hu Ying and Joan Judge, Berkeley: University of California Press, 2011, pp. 193–211。

23《曾公遺錄》卷九，216-217頁。參見《續資治通鑑長編》卷五百二十，12368-12370頁。

24《曾公遺錄》卷九，217-218頁。參見《續資治通鑑長編》卷五百二十，12368-12371頁。

25《曾公遺錄》卷九，219、241 頁。

90 有關西歐中世紀與早期近代的宮廷文化，參見 Peter Burke, *The Fabrication of Louis XIV*, New Haven: Yale University Press, 1992【彼得・伯克《製造路易十四》，北京：商務印書館，2007 年、2015 年】；Jeroen Duinham, *Myths of Power: Norbert Elias and the Early Modern European Court*, Amsterdam: Amsterdam University Press, 1994；John Adamson ed., *The Princely Courts of Europe, 1500–1750*, London: Seven Dials, 1999；David Mateer, *Courts, Patrons, and Poets*, New Haven: Yale University Press, 2000；Malcolm Vale, *The Princely Court: Medieval Courts and Culture in North-West Europe, 1270–1380*, Oxford: Oxford University Press, 2001。拜占庭的宮廷文化也是一個很好的對比，參見 Henry Maguire ed., *Byzantine Court Culture from 829 to 1204*, Washington, DC: Dunbarton Oaks Research Library and Collection, 1997。

第二章　登基（1100）

題記：《曾公遺錄》卷八，212 頁。

1 Xiao-bin Ji（冀小斌）, *Politics and Conservatism in Northern Song China*, Hong Kong: The Chinese University Press, 2005, pp.62–94; Patricia Ebrey, "Succession to High Office: The Chinese Case." in *Culture, Technology, and History: Implication of the Anthropological Work of Jack Goody*, edited by David R. Olson and Michael Cole, Mahwah, NJ: Erlbaum, 2006, pp. 49–71.

2 Xiao-bin Ji, *Politics and Conservatism in Northern Song China*, pp.62–63.

3 精神疾病同樣也困擾著南宋的皇室，最著名的例子是宋光宗。參見 Richard L. Davis（戴仁柱）, "The Reign of Kuang-tsung (1189–1194) and Ning-tsung (1194–1224)." in *The Cambridge History of China,* Vol. 5, Part 1: *The Sung Dynasty and Its Precursors, 907–1279*, edited by Denis Twitchett and Paul Jakov Smith, Cambridge, UK: Cambridge University Press, 2009, pp.756–773。

4 Xiao-bin Ji, *Politics and Conservatism in Northern Song China*, pp.76–94.

5 有關這部日誌，參見第一章注釋 76。徽宗即位第一個月的詳細紀錄占了中國古書的 84 葉，在最新排印版中占 255 頁。

6 《曾公遺錄》卷八，145-146 頁；卷九，214 頁。《續資治通鑑長編》卷五百二十，12355 頁。

7 最後一句話的意思有些含糊，也許太后想說的是，端王對哲宗非常體貼和關心。

8 《宋史》（卷十九，357-358 頁）也記錄了這段對話，細節幾乎完全一樣，但在徽宗本紀最後一段（《宋史》卷二十二，417-418 頁）的評論中說：「然哲宗之崩，徽宗未立，

75《宋史》卷二百四十三，8638-8640 頁。

76 留存下來的三章日誌被收入《永樂大典》。三章日誌的時間涵蓋了哲宗朝的最後九個月，以及徽宗朝的最初六個月。關於宋朝大臣記載的各種日誌，參見燕永成〈北宋宰輔朝政筆記研究〉，《文獻》2001 年第 3 期，105-119 頁。由於曾布沒有活到徽宗朝的最後，他的日誌無法反映出徽宗後期統治的觀點，但其他一些日誌在這方面有比較多的體現。關於曾布的仕途，參見劉子建《兩宋史研究彙編》，臺北：聯經出版公司，1987 年，122-134 頁；羅家祥〈曾布與北宋哲宗、徽宗統治時期的政局演變〉，《華中科技大學學報》2003 年第 2 期，51-57 頁；熊鳴琴〈曾布與北宋後期政治〉，載張其凡主編《北宋中後期政治探索》，香港：華夏文化藝術出版社，2005 年，177-316 頁。

77《曾公遺錄》卷七，108-109、137 頁。

78《曾公遺錄》卷八，147、149 頁。

79《曾公遺錄》卷八，152-153、155-156 頁。

80《曾公遺錄》卷八，158、167 頁。《宋史》卷十八，158 頁；卷一百一十一，2657-2660 頁。

81 鄒浩文集中關於這份奏疏有兩個版本，一個較為標準，另一個則帶有煽動性，將哲宗比作歷史上最惡劣的暴君。據說第二個版本是後來偽造的，目的是使鄒浩再次被貶。參見《道鄉集》卷二十三，葉 1a-5b（《全宋文》第 131 冊，140-143 頁）；《皇宋通鑑長編紀事本末》卷一百二十九，2181 頁。

82《宋史》卷三百四十五，10957 頁。

83《曾公遺錄》卷八，208 頁。《浮溪集》卷二十六，310 頁（《全宋文》第 157 冊，327-329 頁）。昌彼得《宋人傳記資料索引》（一），臺北：鼎文書局，1977 年，578 頁。《續資治通鑑長編》卷五百一十六，12275 頁。

84《曾公遺錄》卷八，171、173-175 頁。《皇宋十朝綱要》卷十一，葉 2a。沒有證據表明哲宗自己的疾病與兩個孩子夭折之間的連繫，或許二者之間並無關聯。

85《宋會要輯稿・帝系二》，葉 11b-12a。

86《曾公遺錄》卷八，200 頁。

87 關於皇帝生日慶典，參見《東京夢華錄注》卷九，225-240 頁；《東京夢華錄箋注》卷九，829-878 頁；《政和五禮新儀》卷一百六十五；Joseph S. C. Lam（林萃青），"Huizong's Ritual and Musical Insignia." *Journal of Ritual Studies* 19, no.1, 2005, pp.7–8。

88《曾公遺錄》卷八，205-208 頁。

89《曾公遺錄》卷九，211-213 頁。

Princeton: Princeton University Press, 1979【雷德侯《米芾與中國書法的古典傳統》，許亞民、畢斐譯，杭州：中國美術學院出版社，2008 年】，以及 Peter Sturman（石慢），*Mi Fu: Style and the Art of Calligraphy in Northern Song China*, New Haven: Yale University Press, 1997。

67 關於蘇軾的磨難，參見 Charles Hartman（蔡涵墨），"Poetry and Politics in 1079: The Crow Terrace Poetry Case of Su Shih." *Chinese Literature: Essays, Articles, Reviews* 12, 1990, pp.15–22; Wang Yugen（王宇根），"The Limits of Poetry as Means of Social Criticism: the 1079 Literature Inquisition against Su Shi Revisited." *Journal of Song-yuan Studies* 41, 2011, pp. 29–65。對王詵的指控是，他在公主生病期間與小妾調情。但很容易懷疑，真實的原因其實是，公主一旦去世，將王詵與蘇軾一起流放就不會再遇到什麼阻撓了；神宗去世後，蘇軾被召回京城，王詵也被召回。但是，高太后仍然認為他對女兒不好，她賞識蘇軾，卻對王詵很冷淡。三十年後編寫的《宣和畫譜》中記載，王詵做了冒犯無禮的事情，並稱讚神宗在懲罰王詵上的公正無私，還說王詵在流放期間改過自新，縱情書畫（《宣和畫譜》卷十二，204 頁）。

68 Patricia Ebrey, *Accumulating Culture: The Collection of Emperor Huizong*, Seattle: University of Washinton Press, 2008, pp.104–105.

69《鐵圍山叢談》卷一，5-6 頁。這本筆記體小說的著者蔡絛在書中也經常提到他的父親蔡京，參見 Christian Lamouroux（藍克利），" Old Models,' Court Culture and Antiquity between 1070 and 1125 in Northern Song China." in *Perceptions of Antiquity in Chinese Civilization*, edited by Dieter Kuhn and Helga Stahl, Heidelberg: Edition Forum, 2008, pp. 306–309。

70 參見 Robert Maeda, "The Chao Ta-nien Tradition." *Ars Orientalis* 8, 1970, p.244；《宣和畫譜》卷二十，306 頁；John Chaffee, *Branches of Heaven: The History of Imperial Clan of Song China*【賈志揚《天潢貴胄：宋代宗室史》，趙冬梅譯，南京：江蘇人民出版社，2005 年】, Cambridge, MA: Harvard University Asia Center, 1999, p.31, p.265, pp.270–271。《宣和畫譜》中包括 35 幅王詵的畫，24 幅趙令穰的畫，189 幅吳元瑜的畫，以及 241 幅崔白的畫（《宣和畫譜》卷十二，204 頁；卷十八，285-286 頁；卷十九，294-296 頁；卷二十，306 頁）。

71 Alfreda Murck, *Poetry and Painting in Song China: The Subtle Art of Dissent*, pp.142, 146.

72《續資治通鑑長編拾補》卷十三，523-526 頁。

73《曾公遺錄》卷九，221 頁。

74《宋會要輯稿・帝系二》，葉 11b。《曾公遺錄》卷七，84、93 頁。

Northern Song", p.313。

56 Stephan West, "Spectacle, Ritual, and Social Relations: The Son of Heaven, Citizens, and Created Space in Imperial Gardens in the Northern Song." pp. 313–317.

57 Heng Chye Chiang，*Cities of Aristocrats and Bureaucrat: The Development of Medieval Chinese Cityscapes*, pp. 162–163. 開寶寺磚塔是開封現存為數不多的宋朝文物之一。

58 Alexander C. Soper, "Hsiang-kuo-ssu, An Imperial Temple of Northern Sung." *Journal of the American Oriental Society*, 68, no. 1, 1948, pp.24–35.

59《東京夢華錄注》卷三，90-91 頁。Alexander C. Soper, "Hsiang-kuo-ssu, An Imperial Temple of Northern Sung."p. 26.

60《宋會要輯稿・帝系二》，葉 15a。

61《宋會要輯稿・帝系二》，葉 16b。《宋史》卷十八，349-350 頁。《續資治通鑑長編》卷四百九十六，11792 頁。

62《續資治通鑑長編》卷五百零三，11979 頁。《宋會要輯稿・禮一》，葉 33a。關於青唐戰役，參見 Paul Smith, "Irredentism as Political Capital: The New Policies and the Annexation of Tibetan Domains in Hehuang (the Qinghai-Gansu Highlands) under Shenzong and his Son, 1068–1126." In *Emperor Huizong and Late Northern Song China: The Politics of Culture and the Culture of Politics*, edited by Patricia Buckley Ebrey and Maggie Bickford, Cambridge, MA: Harvard Asia Center, 2006, pp. 78–130。

63《庭史》卷十，110 頁。《三朝北盟會編》，靖康中帙三十一，558 頁。

64《揮麈錄・後錄》卷七，176 頁。

65 關於王詵，參見 Alfreda Murck, *Poetry and Painting in Song China: The Subtle Art of Dissent*【姜斐德《宋代詩畫中的政治隱情》，北京：中華書局，2009 年】, Cambridge, MA: Harvard Asia Center, 2000, pp. 126–156；Richard Barnhart, "Wang Shen and Late Northern Song Landscape Painting." 載《國際交流美術史研究會第 2 次會議論文集》,《アジアにおける山水表現について》，京都：京都國立美術館、Taniguchi 基金會，1983 年 ; "Three Song Landscape Paintings." *Orientations* 29, no. 2, 1998, pp. 54–58。傅海波主編《宋代名人傳記》(*Song Biographies*, Wiesbaden: Franz Steiner Verlag, 1976）中翁同文撰寫的王詵傳。關於公主的駙馬，參見 John Chaffee（賈志揚）, "The Marriage of Clanswomen in the Sung Imperial Clan." in *Marriage and Inequality in Chinese Society*, edited by Rubie S. Watson and Patricia Buckley Ebrey, Berkeley: University of California Press, pp. 142–143。

66 關於米芾，參見 Lothar Ledderose, *Mi Fu and the Classical Tradition of Chinese Calligraphy*,

1987, pp. 595–634；"Play with Food: Performance, Food, and the Aesthetics of Artificiality in the Sung and Yuan," *Harvard Journal of Asiatic Studies* vol. 57, no. 1, 1997, pp.67–106;"The Emperor Sets the Pace: Court and Consumption in the Eastern Capital of the Northern Song During the Reign of Huizong"；以及 "Spectacle, Ritual, and Social Relations: The Son of Heaven, Citizens, and Created Space in Imperial Gardens in the Northern Song." In *Baroque Garden Cultures: Emulation, Sublimation, Subversion*, Edited by M. Conan, Washington DC: Dumbarton Oaks, 2005, pp. 291–321,。

48 參見久保田和男《宋代開封の研究》，73-92頁。

49 Christian de Pee, "Purchase on Power: Imperial Space and Commercial Space in Song-Dynasty Kaifeng, 960–1127, "p.192.

50 參見 Robert Hartwell, "A Cycle of Economic Change in Imperial China: Coal and Iron in Northeast China, 750–1350." *Journal of the Economic and Social History of the Orient* 10, no. 1, 1967, p. 126, n.27;周寶珠《宋代東京研究》，346頁；久保田和男《宋代開封の研究》，202-204頁。

51 Dieter Kuhn, *The Age of Confucian Rule: the Song Transformation of China*, p.195. 關於長安城的人口，參見 Victor Xiong（熊存瑞）, *Sui-Tang Chang'an: A Study in the Urban History of Medieval China*. Ann Arbor: Center for Chinese Studies, the University of Michigan, 2000, pp. 196–201。

52 成尋《參天臺五臺山記》，東京：東洋文庫，1937年，63頁。關於成尋，參見 Robert Borgen, "San Tendai Godai San ki as a Source for the Study of Sung History." *Bulletin of Sung Yuan Studies* 19, 1987, pp. 1–16; "Jojin's Travels from Center to Center (with Some Periphery in Between)." in *Heian Japan: Centers and Peripheries*, edited by Michael S. Adolphson, Edward Kamens, and Stacie Matsumoto, Honolulu: University of Hawai'i Press, 2007, pp. 384–413。

53《東京夢華錄》卷二，14頁；Stephan West, "Recollections of the Northern Song Capital." in *Hawai'i Reader in Traditional Chinese Culture*, edited by Victor H. Mair, Nancy S. Steinhardt, and Paul R. Goldin, p.410. 參見 Wilt Idema and Stephan West, *Chinese Theater, 1100–1450: A Source Book*, pp. 15–17。

54《東京夢華錄》11；《鐵圍山叢談》卷四，70頁。英譯文參見 Stephan West, "Recollections of the Northern Song Capital", pp. 410–411。

55《東京夢華錄》卷七，40頁。英譯文參見 Stephan West, "Spectacle, Ritual, and Social Relations: The Son of Heaven, Citizens, and Created Space in Imperial Gardens in the

卷二百四十六，8721 頁。

39《揮麈錄・後錄》卷一，53 頁。

40 指《論語・衛靈公》第一條。

41《帝學》。關於本書，另參見 Marie Guarino 的博士論文 “Learning and Imperial Authority in Northern Sung China (960–1126): The Classics Mat Lectures”，1994 年，尤其是 86-117 頁。

42《續資治通鑑長編》卷四百六十七，11154 頁。

43《宋會要輯稿・帝系二》，葉 14a。

44《元祐黨人傳》卷三，葉 26b。《續資治通鑑長編》卷四百九十三，11711-11712 頁。

45《浮溪集》卷二十六，308-311 頁。《宋元學案》卷五，100 頁。《宋史》卷三百五十一，11101 頁。《宋會要輯稿・帝系二》，葉 15a。傅楫的傳記補充說，他對管理皇子設施的宦官避而遠之，從而贏得了皇子的尊重。

46 Ronald Egan（艾朗諾）, *Word, Image, and Deed in the Life of Su Shi*. Cambridge, MA: Council on East Asian Studies, Harvard University, 1994, p.104，援引《宋史紀事本末》卷四十四，431-432 頁；卷四十六，443 頁。

47 宋朝就已經有許多學者研究開封府了。英語著作中令人滿意的簡短討論，參見 Edward Kracke Jr.（柯睿哲）, “Sung K’ai-feng: Pragmatic Metropolis and Formalistic Capital.” In *Crisis and Prosperity in Sung China*, Edited by John Winthrop Haeger, 1975, pp.49–77；Heng Chye Chiang（王才強），*Cities of Aristocrats and Bureaucrat: The Development of Medieval Chinese Cityscapes*, Honolulu: University of Hawai’i Press, 1999, pp.117–135；Dieter Kuhn, *The Age of Confucian Rule: the Song Transformation of China*. Cambridge, MA: Harvard University Press, 2009, pp.191–205；Christian de Pee（裴志昂）, “Purchase on Power: Imperial Space and Commercial Space in Song-Dynasty Kaifeng, 960–1127.” *Journal of the Economic and Social History of the Orient* 53, 2010, pp. 149–84. 中國與日本的學者進行了非常廣泛的研究，尤其是伊原弘《中國開封の生活と歲時 - 描かれた宋代都市生活》，東京：山川出版社，1991 年；周寶珠《宋代東京研究》，開封：河南大學出版社，1992 年；伊永文《行走在宋代的城市》，北京：中華書局，2005 年；久保田和男《宋代開封の研究》，東京：汲古書院，2007 年。《東京夢華錄》是所有學者研究的主要資料來源，也是奚如谷幾項課題研究的主題，尤其參見 Stephen West, “The Interpretation of a Dream: The Sources, Evaluation, and Influence of the Dongjing Meng Hua Lu.” *T’oung Pao* 71, 1985, pp. 63–108；“Cilia, Scale and Bristle: The Consumption of Fish and Shellfish in the Eastern Capital of the Northern Sung.” *Harvard Journal of Asiatic Studies* vol. 47 No.2,

24 關於陳皇后去世的日期，各種資料說法不一。《宋史》(卷二百四十三，8631 頁）記載她終年三十二歲，並暗指她一直在陵墓哀悼。《宋會要輯稿・后妃一》(葉 4b）記載她的去世日期是 1089 年六月；《皇宋十朝綱要》(卷八，210 頁）也記錄了相同的離世日期，以及她去世時年齡為三十六歲。

25 河南省文物考古研究所《北宋皇陵》，鄭州：中州古籍出版社，1997 年，532-533 頁。另參見徽宗一位姊姊的碑文，這位姊姊不到四歲就去世了。河南省文物考古研究所《北宋皇陵》，539 頁。

26《續資治通鑒長編拾補》卷二十，207 頁。

27 我在本書中用名字來稱呼徽宗的兄弟（以及他的兒子）。在當時，依據大量存世史料的記載，他們的稱呼是頻繁變化的封號，比如「魏王」。

28《續資治通鑑長編拾補》卷二十，707 頁。

29《宋大詔令集》卷二十九，153-154 頁。另參見《宋史》卷十九，357 頁。《宋大詔令集》卷二十八，144 頁；卷二十九，152、155 頁；卷三十，157-158 頁。

30《宋史》卷一百二十一，2841-2842 頁。James Liu, "Polo and Cultural Change: From T'ang to Sung China." *Harvard Journal of Asiatic Studies* 45, no.1, 1985, p. 217.

31《東京夢華錄》卷六，34-35 頁。英譯文見 Stephen West（奚如谷）, "The Emperor Sets the Pace: Court and Consumption in the Eastern Capital of the Northern Song During the Reign of Huizong." In *Selected Essays on Court Culture in Cross-Cultural Perspective*, Edited by Lin Yao-fu, Taipei: National Taiwan University, 1999, pp.34–36。另參見 Wilt Idema（伊維德）and Stephen West, *Chinese Theater, 1100–1450: A Source Book*，Wiesbaden: Steiner, 1982, pp.31–35。

32《東京夢華錄箋注》卷十，242-243 頁。另參見 Patricia Ebrey, "Taking Out the Grand Carriage: Imperial Spectacle and the Visual Culture of Northern Song Kaifeng." *Asia Major* 12, no. 1, 1999, pp. 33–65。

33《蘇軾文集》卷三十五，992-993 頁。

34《宋史》卷二百四十三，8632-8633 頁。

35《宋史》卷一百一十一，2658-2660 頁。

36 河南省文物考古研究所《北宋皇陵》，539-541、542-544 頁。《宋史》卷二百四十六，8720-8721 頁。《宣和畫譜》卷二十，565 頁。

37《北宋皇陵》，540、543-544 頁。《宋史》卷二百四十六，8721 頁。

38《宣和畫譜》卷二十，304-305、307-308 頁。《宣和書譜》卷二，15 頁。《宋會要輯稿・帝系三》，葉 6b-7a。關於趙顥的愛好，另參見《東都事略》卷十六，5b-6a；《宋史》

of Sung-Yuan Studies 20, 1988, pp.42–43.

11 關於文員，參見 James T. C. Liu（劉子健）, "The Sung Views on the Control of Government Clerks."*Journal of the Economic and Social History of the Orient* 10, nos. 2–3, 1967, pp.317–44。梅原郁《宋代官僚制度研究》，京都：同朋社，1985 年，501-548 頁。關於技術專家，參見張邦煒《宋代政治文化史論》，北京：人民出版社，2005 年，98-141 頁。

12 關於她們的數量，參見朱瑞熙〈宋代的宮廷制度〉，1994 年，60-66 頁、26 頁；以及 Patricia Buckley Ebrey（伊佩霞）, "Record，Rumor，and Imagination：Sources for the Women of Huizong's Court Before and After the Fall of Kaifeng"，載鄧小南主編《唐宋女性與社會》，上海：上海辭書出版社，2003 年，46-97 頁。

13《皇宋十朝綱要》卷八，葉 1a–2a.

14《宋史》卷二百四十三，8625、8630 頁。

15 關於宋朝的宦官，參見張邦煒《宋代皇親與政治》，成都：四川人民出版社，1993 年，263-303 頁；王明蓀〈談宋代的宦官〉，《東方雜志》第 15 卷第 5 號，1981 年，57-60 頁；梅原郁《宋代官僚制度研究》，163-165 頁。

16 Robert M. Hartwell, "The Imperial Treasuries: Finance and Power in Song China."pp.21–26.

17《宋會要輯稿・職官三十四》，葉 31b。《續資治通鑑長編》卷三百四十一，8210-8211 頁。《文昌雜錄》卷三，142-143 頁。《石林燕語》卷四，56 頁。一個房間單位是四根臺柱之間的區域。作為一種長度單位，兩根柱子之間的空間被稱為一個「開間」，五個開間長和四個開間寬的一座房屋就是二十個房間單位。

18《宋東京考》卷十三，324 頁。

19《皇宋十朝綱要》卷八，葉 1b。《宋會要輯稿・后妃三》，葉 33a-b。

20 後來還有記載說，神宗的宰相密謀冊立神宗的弟弟趙顥而不是神宗的兒子為皇帝（《續資治通鑑長編》卷三百五十一，8409-8412 頁。《宋史》卷四百七十一，13703 頁）。既然趙顥不需要有攝政，如果宰相意識到太后反對他們及其改革政策，這也許是一種保留權力的方法。鑑於這段時期的歷史因派系政治鬥爭而反覆重修，很難判定這些指責是否有所依據，但我傾向於不相信這種說法，因為中國傳統對兒子繼承皇位有強烈的偏好。

21 關於唐朝與宋朝的皇后攝政，參見 Lee Hui-shu（李慧漱）, *Empresses, Art, and Agency in Song Dynasty China*. Seattle and London: University of Washington Press, 2010, pp.6–52。

22《續資治通鑑長編》卷二百五十二，6169 頁。《邵氏聞見錄》卷三，25 頁。

23《宋會要輯稿・禮二十九》，葉 57a-67a。

注釋

第一章　長在深宮（1082-1099）

題記：《續資治通鑑長編拾補》卷二十，707 頁。

1 徽宗是他的諡號，他並非在世時就被稱作徽宗。他姓趙，名佶，還是皇子時就被封以眾多封號，其中最有名的是「端王」，繼位之後，就變為「陛下」或「聖上」這類對皇帝的專稱了。

2 哲宗出生在 1076 年的最後一個月，因此他只有三十天大時，虛歲就已經是兩歲了。他在二十三年後駕崩，虛歲是二十五歲，但實際年齡只有二十三歲零一個月。參見本書開篇〈關於年代、年齡等慣例的說明〉部分。

3 《東京夢華錄》卷一，30 頁。

4 《東京夢華錄》卷六，173 頁。《政和五禮新儀》卷二十八，葉 1a–6b；卷三十三，葉 3a-6b；卷八十三，葉 2b-6a；卷一百，葉 4b-8a。

5 《東京夢華錄箋注》卷一，30–31 頁；卷六，167 頁，卷十，243 頁。周寶珠《宋代東京研究》，開封：河南大學出版社，1992 年，31 頁。關於各類建築的開間尺寸，參見 Guo Qinghua（郭慶華）, "Yingzao Fashi: Twelfth-Century Chinese Building Manual." *Architectural History* 41: 1–13。

6 《圖畫見聞誌》卷四，168-169 頁。郭熙《林泉高致》，載潘運告編《宋人畫論》，長沙：湖南美術出版社，2000 年，54 頁。Susan Bush（卜壽珊）, Hsio-yen Shih（時學顏）, *Early Chinese Texts on Painting*, Cambridge, MA: Harvard University Press, 1985, p.187.

7 《朝野類要》卷一，21-22 頁。《政和五禮新儀》，散見各處。

8 Scarlett Jang（張珠玉）, "Realm of the Immortals: Paintings Decorating the Jade Hall of the Northern Song." *Ars Orientalis* 22, 1992, pp. 81–96. 小川裕充《院中の名畫 - 董羽・巨然・燕肅から郭熙まで -》，《中國繪畫史論集：鈴木敬先生還 記念》，東京：吉川弘文館，1981 年，23-85 頁。

9 《林泉高致》，53-54 頁；Susan Bush, Hsio-yen Shih, *Early Chinese Texts on Painting*, pp. 189–190.

10 英嚴〈宋代宮廷的供給制度〉，《河北學刊》1991 年第 5 期，82-87 頁。Robert M. Hartwell（郝若貝）, "The Imperial Treasuries: Finance and Power in Song China." *Bulletin*